해커스 JLPT N5 [일본어능력시험]

한 권으로 합격

200% 활용법!

온라인 실전모의고사 1회분

무료 교재 MP3
(학습용/문제별 복습용/ 고사장 소음 버전)

JLPT N5 필수 단어·문형 암기장
(PDF+MP3)

무료 어휘 암기 퀴즈(PDF)

무료 청해 받아쓰기(PDF)

[이용 방법]

해커스일본어 사이트(japan.Hackers.com) 접속 후 로그인 ▶
페이지 상단 [교재/MP3 → MP3/자료] 클릭 후 이용하기

해커스일본어
사이트 바로 가기 ▶

해커스일본어 단과/종합 인강 **30%** 할인쿠폰

90D5-K8CC-F5F5-0000 * 쿠폰 유효기간: 쿠폰 등록 후 30일

[이용 방법]

해커스일본어 사이트(japan.Hackers.com) 접속 후 로그인 ▶
메인 우측 하단 [쿠폰&수강권 등록]에서 쿠폰번호 등록 후 강의 결제 시 사용 가능

* 본 쿠폰은 1회에 한해 등록 가능합니다.
* 이 외 쿠폰과 관련된 문의는 해커스 고객센터(02-537-5000)로 연락 바랍니다.

▲ 쿠폰 바로 등록하기

JLPT N5 **합격 목표**를 적어보자!

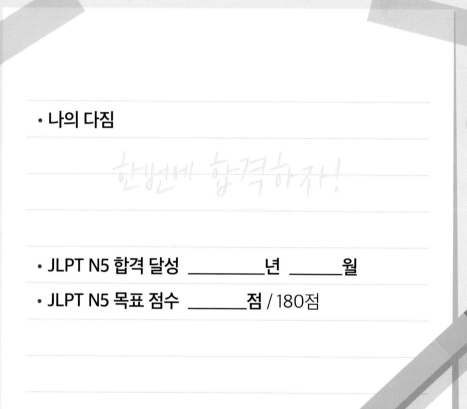

• 나의 다짐

한번에 합격하자!

• JLPT N5 합격 달성 _____년 _____월
• JLPT N5 목표 점수 _____점 / 180점

교재 p.16~17에 있는 **학습플랜을 활용하여**
매일매일 정해진 분량의 학습량으로 **JLPT N5를 준비**해보세요.

해커스

JLPT

일본어능력시험

N5

한 권으로 합격

🏛 해커스 어학연구소

JLPT 최신 출제 경향을 철저히 분석·반영한
「해커스 JLPT N5 한 권으로 합격」 교재를 내면서

"일본어를 아예 모르는데 N5 합격할 수 있을까요?"

"N5 시험 보려고 하는데 공부를 어떻게 해야 할지 알고 싶어요."

"청해 문제를 듣는데 하나도 모르겠어요."

많은 학습자들이 JLPT N5 학습에 대한 어려움을 호소합니다. 이러한 학습자들의 어려움을 해결하고자 해커스 JLPT 연구소가 수 년간의 시험 분석을 통해 최신 출제 경향을 철저하게 반영한 **「해커스 JLPT N5 한 권으로 합격」**을 드디어 출간하게 되었습니다.

해커스 JLPT 연구소는 학습자들이 단 한 권으로 충분히 JLPT 시험을 대비하고, 한 번에 JLPT 시험에 합격하는 데에 도움을 드리고자 노력하였습니다. 또한, **「해커스 JLPT N5 한 권으로 합격」**은 기존 교재들의 불편함, 부족한 점을 보완하여 단순히 학습자들의 시험 합격을 도와주는 도구뿐만 아니라 일본을 이해하고, 일본과 소통하기 위한 튼튼한 발판이 되도록 정성을 다했습니다.

JLPT N5 최신 출제 경향을 반영한 교재!

JLPT N5를 합격하기 위해서는 최신 출제 경향을 확실하게 파악하고 철저히 대비하는 것이 매우 중요합니다. 이를 위해, 해커스의 JLPT 전문 연구원들은 최신 출제 경향을 심도 있게 분석하여 교재 전반에 철저하게 반영하였습니다.

일본어를 하나도 몰라도 JLPT N5를 완벽히 대비할 수 있는 교재!

「**해커스 JLPT N5 한 권으로 합격**」은 일본어를 하나도 모르는 일본어 왕초보 학습자들도 단기간에 기초부터 탄탄히 학습할 수 있도록 구성했습니다. 일본어 기초 학습 코너를 두어 본격적인 JLPT N5 학습 전에 히라가나/가타카나부터, JLPT N5에 자주 출제되는 기초 어휘와 기초 문법까지 차근차근 학습하면서 일본어의 기초를 다질 수 있으며, 상세한 해설, 해석, 어휘를 수록하여 혼자서도 효율적으로 학습할 수 있도록 하였습니다.

듣기 실력을 극대화하는 입체적 MP3 구성!

「**해커스 JLPT N5 한 권으로 합격**」은 JLPT 초보 학습자부터 숙련된 학습자까지 모두 효과적으로 듣기 실력을 향상시킬 수 있도록 하였습니다. MP3 음원이 필수인 청해 뿐만 아니라 문자·어휘, 문법, 독해도 MP3 음원을 제공하여, N5로 일본어를 처음 시작하는 왕초보도 일본어를 보다 쉽고 정확하게 읽으며 학습할 수 있습니다. 청해의 경우, 각 테스트를 한 번에 듣고 푸는 MP3와 듣고 싶은 문제만 골라서 반복해서 듣고 학습할 수 있는 문항별 분할 MP3를 모두 제공하고 있습니다. 뿐만 아니라, '해커스 MP3 플레이어' 어플을 통해 0.5~2.0배까지 0.05배속 단위로, 원하는 배속을 선택하여 MP3를 들을 수 있습니다.

「**해커스 JLPT N5 한 권으로 합격**」으로 꼭! 합격하시기를 기원하며, 일본어 실력 향상은 물론, 더 큰 목표와 꿈을 이뤄나가시기를 바랍니다.

CONTENTS

독해

청해

실전모의고사

해설집 [책 속의 책]

JLPT N5 필수 단어·문형 암기장 [별책]

일반 버전 MP3 / 고사장 버전 MP3 / 문항별 분할 MP3

온라인 실전모의고사 PDF&MP3
어휘 암기 퀴즈 PDF
청해 받아쓰기 PDF&MP3
JLPT N5 필수 단어·문형 암기장 PDF

실전모의고사 4(온라인) 그리고 모든 MP3와 PDF는
해커스일본어 사이트(japan.Hackers.com)에서 무료로
다운받으실 수 있습니다.

JLPT N5 합격 비법!

➰ 01. JLPT N5 최신 출제 경향 및 문제 풀이 Step을 철저히 익힌다!

출제 형태 한 눈에 익히기!

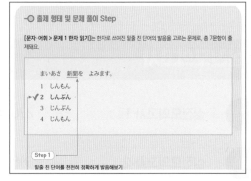

JLPT N5 각 문제의 출제 형태를 한 눈에 익힐 수 있도록 설명과 함께 쉽게 정리하였습니다.

문제 풀이 Step 익히기!

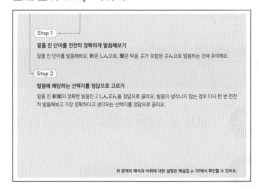

각 문제별로 가장 효과적인 문제 풀이 Step을 수록하였습니다. 실제 시험장에서 적용 가능한 Step별 문제 풀이 전략을 익힘으로써 실전에 효과적으로 대비할 수 있습니다.

출제 경향 파악하기!

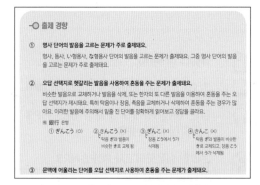

JLPT N5 최신 출제 경향을 문제별로 철저하게 분석하여 학습자들이 꼭 알아야 하는 내용을 정리하였습니다.

학습 전략 익히기!

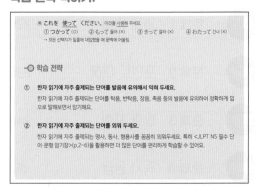

각 문제별로 더욱 효과적으로 학습할 수 있는 방법을 수록하여 실력 향상에 도움이 될 수 있도록 하였습니다.

02. 기본기와 실전 감각을 동시에 쌓는다!

N5를 위한 일본어 기초 학습과 필수 문법 학습하기!

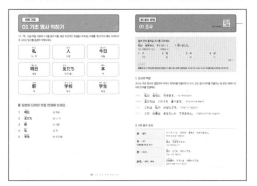

JLPT N5를 위한 일본어 기초 학습과 문제 풀이에 꼭 필요한 핵심 문법을 N5 필수 문법으로 이해하기 쉽게 정리하여 수록하였습니다. 문법 과목 뿐만 아니라 문자·어휘, 독해, 청해 전 과목에 걸친 실력 향상에 큰 도움이 될 것입니다.
* 교재에 수록된 모든 단어의 한자 및 히라가나 표기는 JLPT N5 출제 경향에 따른 것입니다.

핵심 표현 및 필수 어휘 꼼꼼히 암기하기!

핵심 표현 및 필수 어휘

■ 한자 읽기에 자주 출제되는 명사 ◀》 N5_한자읽기_핵심표현 및 필수어휘1.mp3
★표시는 10~21년도 기출 어휘예요.

朝*	あさ	아침	兄	あに	형, 오빠
姉	あね	누나, 언니	一階	いっかい	일 층
一週間	いっしゅうかん	일주일, 일주일간	犬*	いぬ	개
海*	うみ	바다	外国	がいこく	외국
会社*	かいしゃ	회사	顔	かお	얼굴
学生*	がくせい	학생	学校*	がっこう	학교
金	かね	돈	火よう日*	かようび	화요일
川*	かわ	강	木*	き	나무

JLPT N5 합격을 위해 꼭 암기해야 하는 과목별·문제별 핵심 표현 및 필수 어휘를 정리하여 수록하였습니다. 또한 2010년부터 현재까지의 문자·어휘 기출 어휘에 표시하여 보다 집중적으로 암기할 수 있도록 하였습니다.

실전 테스트로 합격 실력 굳히기!

실전 테스트 1 | **실전 테스트 2**

출제 경향을 바탕으로 실제 문제와 동일하게 구성된 여러 회차의 실전 테스트를 풀어봄으로써, 앞서 학습한 내용을 적용하고 실력을 키우면서 각 문제의 학습을 마무리하도록 하였습니다.

실전모의고사 4회분으로 실전 감각 극대화하기!

교재 수록 3회분 + 온라인 제공 1회분, 총 4회분의 실전모의고사를 풀어봄으로써, 실전 감각을 극대화하면서 자신의 실력도 확인해볼 수 있습니다. 이로써 학습자들은 실제 시험장에서도 당황하지 않고 마음껏 실력을 발휘할 수 있습니다.

03. 상세한 해설로 문제 풀이 실력을 극대화한다!

실제 시험장에서 바로 적용 가능한 문제 풀이 해설!

> **1**
>
> 저는 회사까지 지하철 (   ) 갑니다.
>
> 1 의   2 도
> 3 로   4 이
>
> **해설** 빈칸에 들어갈 적절한 조사를 고르는 문제예요. 빈칸 앞의 ちかてつ(지하철)와 빈칸 뒤의 行きます(갑니다)를 보면, 선택지 2 も(도), 3 で(로)가 정답의 후보예요. 문장 전체를 보면 私はかいしゃまでちかてつで行きます(저는 회사까지 지하철로 갑니다)라는 말이 문맥상 자연스러워요. 따라서 3 で(로)가 정답이에요.
>
> **어휘** 私 わたし [명] 저, 나   かいしゃ [명] 회사   ~まで [조] ~까지
> ちかてつ [명] 지하철   行く いく [동] 가다   ~の [조] ~의   ~も [조] ~도

문제 풀이 Step을 기반으로 하여 실제 시험장에서 바로 적용 가능한 해설을 수록하였습니다.

정답뿐만 아니라 오답에 대한 설명까지 포함한 해설!

> 2 소바의 가격은 비싸지고, 돈가스의 가격은 싸집니다.
> 3 돈가스와 콜라의 가격은 바뀌지 않습니다.
> 4 소바와 차의 가격은 바뀌지 않습니다.
>
> **해설** 안내문 형식의 지문으로, 메뉴의 가격에 대해서 묻고 있어요. 지문의 중반부에서 とんかつのねだんは100円高くなります。そばのねだんは50円安くなります(돈가스의 가격은 100엔 비싸집니다. 소바의 가격은 50엔 싸집니다)라고 언급하고 있으므로 1 とんかつのねだんは高くなり、そばのねだんは安くなります(돈가스의 가격은 비싸지고, 소바의 가격은 싸집니다)가 정답이에요. 2, 3, 4는 돈가스의 가격은 비싸지고 소바의 가격은 싸지며, 음료의 가격은 바뀌지 않는다고 했으므로 오답이에요.

정답뿐만 아니라 오답에 대한 설명까지 상세하게 수록하여 학습자들이 왜 오답인지를 충분히 이해할 수 있도록 하였습니다.

일본어 문장 구조의 이해를 돕는 해석!

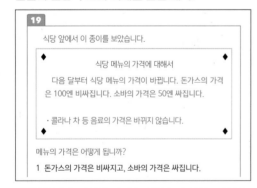
> **19**
>
> 식당 앞에서 이 종이를 보았습니다.
>
> ◆   식당 메뉴의 가격에 대해서   ◆
>
>   다음 달부터 식당 메뉴의 가격이 바뀝니다. 돈가스의 가격은 100엔 비싸집니다. 소바의 가격은 50엔 싸집니다.
>
>   · 콜라나 차 등 음료의 가격은 바뀌지 않습니다.
>
> ◆   ◆
>
> 메뉴의 가격은 어떻게 됩니까?
> 1 돈가스의 가격은 비싸지고, 소바의 가격은 싸집니다.

자연스럽지만 직역에 가까운 해석을 수록하여 해석을 통해서도 일본어 문장의 구조를 이해할 수 있도록 하였습니다.

사전이 필요 없는 어휘 정리!

> **어휘** おととい [명] 그저께   夜 よる [명] 밤   おそい [い형] 늦다
> ~まで [조] ~까지   友だち ともだち [명] 친구   あそぶ [동] 놀다
> バス [명] 버스   のる [동] 타다   さきに [부] 먼저
> 帰る かえる [동] 돌아가다   あと [명] 뒤, 후   私 わたし [명] 저, 나
> 電車 でんしゃ [명] 전철   人 ひと [명] 사람   すくない [い형] 적다
> とても [부] 매우   しずかだ [な형] 조용하다   すこし [부] 조금
> つかれる [동] 지치다   ~ている ~(해) 있다, (하)고 있다
> ~ので [조] ~때문에   目 め [명] 눈   とじる [동] (눈을) 감다, 닫다
> だれか 누군가   こえ [명] 목소리   きこえる [동] 들리다   その 그
> お客さん おきゃくさん [명] 손님   おきる [동] 일어나다
> ~てください ~(해) 주세요   ここ [명] 여기, 이곳   さいご [명] 마지막
> 駅 えき [명] 역   ~と言う ~という ~(라)고 말하다   すぐに [부] 바로

지문, 스크립트에 사용된 거의 모든 어휘 및 문형을 상세히 정리하여 학습자들이 따로 사전을 찾아보지 않아도 효율적으로 학습할 수 있도록 하였습니다.

04. 해커스만의 노하우가 담긴 학습자료를 활용한다!

JLPT N5 필수 단어 · 문형 암기장 & MP3

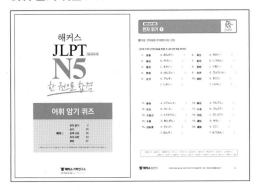

N5 합격을 위해 학습해야 하는 필수 어휘와 문형을 10일 동안 체계적으로 학습할 수 있도록 구성하였습니다. 해커스일본어(japan.Hackers.com)에서 PDF로도 내려 받을 수 있으며, 무료로 제공하는 MP3와 함께 학습하면 더욱 효과적으로 어휘와 문형을 암기할 수 있습니다.

어휘 암기 퀴즈 PDF

어휘 암기 퀴즈 PDF를 통해 어휘를 잘 암기했는지 스스로 확인해볼 수 있도록 하였습니다.

일반 버전 MP3 & 고사장 버전 MP3 & 문항별 분할 MP3

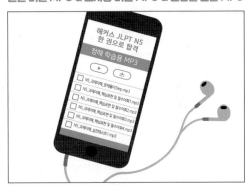

MP3 음원이 필수인 청해 뿐만 아니라 문자 · 어휘, 문법, 독해도 MP3 음원을 제공하여, 왕초보도 일본어를 보다 쉽고 정확하게 읽으며 학습할 수 있습니다. 실전모의고사는 실제 시험장의 감각을 익히도록 고사장 버전 MP3까지 준비했습니다. (모든 MP3는 '해커스 MP3 플레이어' 어플을 통해 0.5~2.0배까지 0.05배속 단위로, 원하는 배속을 선택하여 들을 수 있습니다.)

청해 받아쓰기 PDF & MP3

청해 문제 풀이에 핵심이 되는 키워드를 집중적으로 듣고 받아쓰는 연습을 하면서 직청직해 실력을 키울 수 있도록 하였습니다.

JLPT 소개

■ JLPT 란?

Japanese-Language Proficiency Test의 앞 글자를 딴 것으로, 일본어를 모어로 하지 않는 사람의 일본어 능력을 객관적으로 판단하고 인정하는 시험입니다. 일본국제교류기금과 일본국제교육지원협회가 담당하고 있으며, 전 세계적으로 인정받을 수 있는 시험입니다.

■ JLPT 급수 구성

JLPT 급수	인정 수준
어려움 ↑ N1	폭 넓은 화제에 대해 쓰인 신문의 논설, 평론 등 논리적으로 복잡한 글이나 추상적인 글을 읽고 구성이나 내용, 흐름을 이해할 수 있으며, 자연스러운 속도의 뉴스, 강의 등을 듣고 논리 구성을 이해하거나 요지를 파악할 수 있다.
N2	폭 넓은 화제에 대해 쓰인 신문이나 잡지의 기사, 해설, 평론 등 논지가 명쾌한 글을 읽고 이해할 수 있으며, 자연스러움에 가까운 속도의 뉴스, 강의 등을 듣고 흐름이나 내용, 요지를 파악할 수 있다.
N3	일상적인 화제에 대해 쓰인 구체적인 내용의 글을 읽고 이해할 수 있으며, 조금 난이도가 있는 글도 다른 표현이 주어지면 요지를 이해할 수 있다. 제법 자연스러움에 가까운 속도의 회화를 듣고 구체적인 내용이나 등장인물의 관계를 거의 이해할 수 있다.
N4	기본적인 어휘나 한자를 사용하여 쓴 일상생활과 관련된 화제의 글을 읽고 이해할 수 있으며, 천천히 말하면 내용을 거의 이해할 수 있다.
↓ 쉬움 N5	히라가나나 가타카나, 일상생활에서 쓰이는 기본적인 한자로 쓰인 정형화된 어구나 글을 읽고 이해할 수 있으며, 교실이나 주변 등 일상생활에서 자주 마주치는 장면에서 천천히 말하면 필요한 정보를 듣고 이해할 수 있다.

■ JLPT 시험 과목과 시험 시간

레벨	1교시		휴식	2교시
N1	언어지식 (문자·어휘·문법) / 독해 13:30~15:20 (110분)			청해 15:40~16:40 (60분) *시험은 55분간 진행
N2	언어지식 (문자·어휘·문법) / 독해 13:30~15:15 (105분)			청해 15:35~16:30 (55분) *시험은 50분간 진행
N3	언어지식 (문자·어휘) 13:30~14:00 (30분)	언어지식 (문법) / 독해 14:05~15:15 (70분)	20분	청해 15:35~16:20 (45분) *시험은 40분간 진행
N4	언어지식 (문자·어휘) 13:30~13:55 (25분)	언어지식 (문법) / 독해 14:00~14:55 (55분)		청해 15:15~15:55 (40분) *시험은 35분간 진행
N5	언어지식 (문자·어휘) 13:30~13:50 (20분)	언어지식 (문법) / 독해 13:55~14:35 (40분)		청해 14:55~15:30 (35분) *시험은 30분간 진행

* 시험이 시작되는 13시 30분 이후 시험장 입장은 불가하며, 2교시도 응시할 수 없습니다.
* N3 ~ N5 시험의 경우, 1교시에 언어지식(문자·어휘)과 언어지식(문법)·독해가 연결 실시됩니다.

■ JLPT 합격 기준

레벨	합격점 / 만점	과목별 과락 기준점 / 만점		
		언어지식 (문자·어휘·문법)	독해	청해
N1	100점 / 180점	19점 / 60점	19점 / 60점	19점 / 60점
N2	90점 / 180점	19점 / 60점	19점 / 60점	19점 / 60점
N3	95점 / 180점	19점 / 60점	19점 / 60점	19점 / 60점
N4	90점 / 180점	38점 / 120점		19점 / 60점
N5	80점 / 180점	38점 / 120점		19점 / 60점

* JLPT는 합격점 이상 득점하면 합격하며, 한 과목이라도 과락 기준점 미만으로 득점하면 불합격됩니다.

■ JLPT 문제 구성

* 문항 수는 시험마다 각 급수별로 1~4문항씩 달라질 수 있습니다.

과목		문제	문항 수				
		급수	N1	N2	N3	N4	N5
언어지식	문자·어휘	한자 읽기	6	5	8	7	7
		표기	–	5	6	5	5
		단어형성	–	5	–	–	–
		문맥 규정	7	7	11	8	6
		유의 표현	6	5	5	4	3
		용법	6	5	5	4	–
		합계	25	32	35	28	21
	문법	문법형식 판단	10	12	13	13	9
		문장 만들기	5	5	5	4	4
		글의 문법	5	5	5	4	4
		합계	20	22	23	21	17
독해		내용이해(단문)	4	5	4	3	2
		내용이해(중문)	9	9	6	3	2
		내용이해(장문)	4	–	4	–	–
		통합이해	2	2	–	–	–
		주장이해(장문)	4	3	–	–	–
		정보검색	2	2	2	2	1
		합계	25	21	16	8	5
청해		과제 이해	5	5	6	8	7
		포인트 이해	6	6	6	7	6
		개요 이해	5	5	3	–	–
		발화 표현	–	–	4	5	5
		즉시 응답	11	12	9	8	6
		통합 이해	3	4	–	–	–
		합계	30	32	28	28	24
총 문항수			100	107	102	85	67

■ JLPT 시험 접수부터 결과 확인까지

1. JLPT 시험 접수, 시험일, 시험 결과 조회 일정

시험	시험 접수	시험 일시	시험 결과 조회
해당연도 1회	4월 초	7월 첫 번째 일요일	8월 말
해당연도 2회	9월 초	12월 첫 번째 일요일	1월 말

* 일반 접수 기간이 끝난 뒤, 약 일주일 동안의 추가 접수 기간이 있습니다.
  정확한 시험 일정은 JLPT 한국 홈페이지 (http://jlpt.or.kr)에서 확인 가능합니다.

2. JLPT 시험 접수 방법

(1) 인터넷 접수

JLPT 한국 홈페이지(http://jlpt.or.kr)에서 [인터넷 접수]로 접수합니다.

 • 접수과정 : [인터넷접수] > [로그인] > [사진 등록] > [개인정보 등록] > [급수 선택] > [고사장 선택] > [결제]

(2) 우편 접수   *시험장 선택 불가

구비 서류를 등기우편으로 발송하여 접수합니다.

구비 서류 : 수험 원서(홈페이지 다운로드), 증명사진 1매(뒷면에 이름, 생년월일, 휴대 전화 번호 기재),
        수험료(우체국 통상환)

보낼 곳 : [서울권역] (03060) 서울시 종로구 율곡로53, 해영빌딩 1007호 JLPT일본어능력시험

        [부산권역] (48792) 부산광역시 동구 중앙대로 319, 1501호(초량동, 부산YMCA) (사) 부산한일문화교류협회

        [제주권역] (63219) 제주특별자치도 제주시 청사로 1길 18-4 제주상공회의소 JLPT사무국

3. JLPT 시험 준비물

 수험표   규정 신분증
(주민등록증, 운전면허증, 여권 등)   필기구
(연필이나 샤프, 지우개)   시계

4. JLPT 결과 확인

(1) 결과 조회

1회 시험은 8월 말, 2회 시험은 1월 말에 JLPT 한국 홈페이지(http://jlpt.or.kr)에서 조회 가능합니다.

(2) 결과표 수령 방법

JLPT 결과표는 1회 시험은 9월 말, 2회 시험은 2월 말에 접수 시 기재한 주소로 택배 발송됩니다.

합격자 : 일본어능력인정서, 일본어능력시험 인정결과 및 성적에 관한 증명서가 발송됩니다.

불합격자 : 일본어능력시험 인정결과 및 성적에 관한 증명서만 발송됩니다.

(3) 자격 유효 기간

유효 기간이 없는 평생 자격이지만, 기관 등에서는 보통 2년 이내 성적을 요구합니다.

JLPT N5 소개

■ JLPT N5 시험 구성 및 시험 시간

	입실	13:10 까지
1교시	언어지식 (문자·어휘)	13:30 ~ 13:50 (20분)
	언어지식 (문법)	13:55 ~ 14:35 (40분)
	독해	
	휴식	14:35 ~ 14:55 (20분)
2교시	청해	14:55 ~ 15:30 (35분) *시험은 30분간 진행

* 시험 입실시간은 13시 10분까지이며, 13시 30분 이후에는 시험장 입장이 불가합니다.

* 답안지는 문자·어휘, 문법/독해, 청해 답안지 총 3장을 한 번에 나누어주며, 답안지는 모두 본인이 보관하다가 각각의 시험 시간에 맞추어 답안지를 꺼내어 사용합니다.

* 문자·어휘 시험이 종료되면 시험지를 회수하고, 바로 문법/독해 시험을 40분 동안 진행한 후 다시 시험지를 회수합니다.

* 청해는 별도의 마킹 시간이 없으므로, 한 개의 문항을 풀 때마다 바로 바로 마킹합니다.

■ 시험 결과

* JLPT 에 합격하면, 「일본어능력인정서」와 「일본어능력시험 인정결과 및 성적에 관한 증명서」를 받을 수 있으며, 불합격할 경우, 「일본어능력시험 인정결과 및 성적에 관한 증명서」만 수령하게 됩니다.

* 「일본어능력시험 인정결과 및 성적에 관한 증명서」에는 과목별 점수와 총점, 백분율, 문자·어휘, 문법, 독해 과목의 정답률을 알 수 있는 참고정보가 표기되어 있어, 자신의 실력이 어느 정도인지 알 수 있습니다.

<인정결과 및 성적에 관한 증명서>

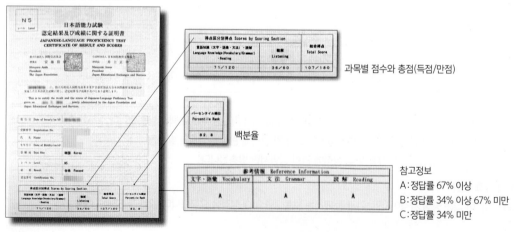

과목별 점수와 총점(득점/만점)

백분율

참고정보
A : 정답률 67% 이상
B : 정답률 34% 이상 67% 미만
C : 정답률 34% 미만

■ 학습자들이 궁금해하는 JLPT N5 관련 질문 BEST 4

01. 일본어를 하나도 모르는데 JLPT N5를 독학으로 합격할 수 있을까요?

일본어를 몰라도 독학으로 JLPT N5를 충분히 합격할 수 있습니다.

「해커스 JLPT N5」에서는 JLPT N5를 혼자서 준비하고자 하는 일본어 왕초보 학습자들을 위해 히라가나/가타카나부터, JLPT N5에 자주 출제되는 기초 어휘와 기초 문법, 그리고 N5에 반드시 나오는 필수 문법까지 익힐 수 있는 '일본어 기초 학습'과 'N5 필수 문법'을 수록하였습니다. 또한, 과목별, 문제별로 체계적인 문제 풀이 Step을 학습한 후 이를 문제 풀이에 적용하도록 하였고, 상세한 해설, 해석, 어휘를 수록하여 혼자서도 효율적으로 학습할 수 있도록 하였기 때문에 독학으로도 충분히 합격할 수 있습니다.

02. JLPT N5에 합격하려면 어떻게 공부를 해야 할지 궁금해요!

자신의 학습 환경에 맞는 학습 플랜으로 계획적이고 체계적으로 학습하는 것이 중요합니다.

시험까지 남은 기간에 따라서 체계적으로 계획을 세우고 학습을 시작하는 것이 매우 중요합니다. 「해커스 JLPT N5」는 10일, 20일, 1개월 학습 플랜(p.16)을 제공하기 때문에 시험까지 남은 기간과 자신의 상황에 따라 최적의 학습 플랜을 택하여 학습할 수 있습니다. 체계적인 학습 플랜을 따라 매일 꾸준히 학습하는 것이 합격에 이르는 지름길이에요.

03. 단어를 외울 때 한자도 꼭 같이 외워야 하나요?

JLPT N5 시험에 자주 나오는 단어를 한자와 함께 외우는 것이 중요합니다.

JLPT N5는 비교적 히라가나의 비중이 큰 편이지만, 한자도 반드시 출제되기 때문에 한자도 함께 알아두어야 합니다. 특히, N5는 다른 급수에 비해서 출제되는 단어의 양이 적고, 단어가 반복해서 나오는 경향이 있기 때문에 자주 나오는 단어를 외우면서 그 단어의 한자를 함께 외우는 것이 효율적입니다. 「해커스 JLPT N5」에서는 '핵심 표현 및 필수 어휘'와 별책부록 'N5 필수 단어·문형 암기장'에서 문제별로 자주 나오는 단어들을 분류하여 제공하기 때문에 자주 나오는 단어를 한자와 함께 효율적으로 외울 수 있습니다.

04. 청해 문제를 듣는데 하나도 모르겠어요. 어떻게 해야 하나요?

먼저 청해 문제의 MP3만 내용이 이해될 때까지 여러 번 들은 후, 문제 풀이를 합니다.

단어를 어느 정도 외웠다고 해서 청해 문제 풀이를 바로 시작하면, 듣기 실력이나 문제 풀이 실력은 늘지 않고 정답만 기억하게 될 수 있습니다. 따라서, 우선 해석의 도움 없이 내용이 이해 될 때까지 MP3만 들은 다음, 전략을 학습하고 문제를 풀도록 합니다. 본 교재의 '1개월 학습 플랜'(p.17)을 따라 하면 이러한 방식으로 학습할 수 있습니다.

학습 플랜

📅 20일 학습 플랜

히라가나부터 시작하여 JLPT N5 시험을 빠르고 꼼꼼하게 대비하고 싶은 학습자에게 추천합니다.

	1일	2일	3일	4일	5일
1주	□ __월__일	□ __월__일	□ __월__일	□ __월__일	□ __월__일
	[기초학습]	[문자·어휘] 문제1	[문자·어휘] 문제2	[문자·어휘] 문제3	[문자·어휘] 문제4
	〈단어·문형 암기장〉 1일	〈단어·문형 암기장〉 2일	〈단어·문형 암기장〉 3일	〈단어·문형 암기장〉 4일	〈단어·문형 암기장〉 5일
2주	□ __월__일	□ __월__일	□ __월__일	□ __월__일	□ __월__일
	[N5 필수 문법]	[문법] 문제1	[문법] 문제2	[문법] 문제3	[독해] 문제4
	〈단어·문형 암기장〉 6일	〈단어·문형 암기장〉 7일	〈단어·문형 암기장〉 8일	〈단어·문형 암기장〉 9일	〈단어·문형 암기장〉 10일
3주	□ __월__일	□ __월__일	□ __월__일	□ __월__일	□ __월__일
	[독해] 문제5	[독해] 문제6	[청해] 문제1	[청해] 문제2	[청해] 문제3
	[문자·어휘] 복습 문제1-2	[문자·어휘] 복습 문제3-4	[N5 필수 문법] 복습	[문법] 복습 문제1-2	[문법/독해] 복습 문제3-4
4주	□ __월__일	□ __월__일	□ __월__일	□ __월__일	□ __월__일
	[청해] 문제4	[실전모의고사1]	[실전모의고사2]	[실전모의고사3]	[실전모의고사4] (온라인)
	[독해] 복습 문제5-6	[청해] 복습 문제1-2	[청해] 복습 문제3-4	[실전모의고사 1-2] 복습	[실전모의고사 3-4] 복습

📅 10일 학습 플랜

일본어의 기초를 공부한 적이 있어 JLPT N5 학습을 좀 더 빠르게 마치고 싶은 학습자에게 추천합니다.

	1일	2일	3일	4일	5일
1주	□ __월__일	□ __월__일	□ __월__일	□ __월__일	□ __월__일
	[기초학습]	[문자·어휘]	[N5 필수 문법]	[문법]	[독해]
	〈단어·문형 암기장〉 1~2일	〈단어·문형 암기장〉 3~4일	〈단어·문형 암기장〉 5~6일	〈단어·문형 암기장〉 7~8일	〈단어·문형 암기장〉 9~10일
2주	□ __월__일	□ __월__일	□ __월__일	□ __월__일	□ __월__일
	[청해]	[실전모의고사1]	[실전모의고사2]	[실전모의고사3]	[실전모의고사4] (온라인)
	〈단어·문형 암기장〉 복습 1~3일	〈단어·문형 암기장〉 복습 4~6일	〈단어·문형 암기장〉 복습 7~9일	〈단어·문형 암기장〉 복습 10일 / 전체	〈단어·문형 암기장〉 복습 전체

📅 **1개월** 학습 플랜

JLPT N5로 일본어를 처음 시작하는데 좀 더 여유있게 꼼꼼히 공부하고 싶은 학습자에게 추천합니다.

	1일	2일	3일	4일	5일	6일
1주	□ __월__일	□ __월__일	□ __월__일	□ __월__일	□ __월__일	□ __월__일
	[기초학습] 일본어 문자와 문장	[기초학습] 어휘 기초 문법 기초	[문자·어휘] 문제1	[문자·어휘] 문제2	[문자·어휘] 문제3	[문자·어휘] 문제4
2주	□ __월__일	□ __월__일	□ __월__일	□ __월__일	□ __월__일	□ __월__일
	[N5 필수 문법] 01-02	[N5 필수 문법] 03-04	[N5 필수 문법] 05~06	[문법] 문제1	[문법] 문제2	[문법] 문제3
			[청해] 문제 1 실전테스트 1-2 음원만 듣기	[청해] 문제 2 실전테스트 1-2 음원만 듣기	[청해] 문제 3 실전테스트 1-2 음원만 듣기	[청해] 문제 4 실전테스트 1-2 음원만 듣기
3주	□ __월__일	□ __월__일	□ __월__일	□ __월__일	□ __월__일	□ __월__일
	[청해] 문제1	[청해] 문제2	[청해] 문제3	[청해] 문제4	[독해] 문제4	[독해] 문제5
	[문자·어휘] 복습 문제1	[문자·어휘] 복습 문제2	[문자·어휘] 복습 문제3	[문자·어휘] 복습 문제4	[N5 필수 문법] 복습 01~03	[N5 필수 문법] 복습 04~06
4주	□ __월__일	□ __월__일	□ __월__일	□ __월__일	□ __월__일	□ __월__일
	[독해] 문제6	[실전모의고사1]	[실전모의고사2]	[실전모의고사3]	[실전모의고사4] (온라인)	교재 전체 총정리
	[청해] 복습 문제1	[청해] 복습 문제2	[청해] 복습 문제3	[청해] 복습 문제4	[실전모의고사 1~3] 복습	

* 별책으로 제공되는 「JLPT N5 필수 단어·문형 암기장」은, 처음 2주 동안은 매일 음원과 함께 학습하고, 남은 2주는 잘 외워지지 않은 단어와 문형 위주로 학습합니다.
* 2개월 동안 학습하고자 하는 경우에는 1일 분량을 2일에 나누어 학습하세요.

일본어
기초
학습

일본어의 기초를 탄탄하게 익혀두면
N5 학습이 쉬워져요.

1일

일본어의 문자와 여러 특징 익히기
어휘 기초 01-06
문법 기초 07-14

기초학습 바로듣기

일본어의 문자와 여러 특징 익히기

기초학습 바로듣기

① 히라가나 오십음도 익히기 🔊 N5_기초학습_01 히라가나 오십음도 익히기.mp3

히라가나는 현대 일본어의 가장 기본이 되는 문자예요. 아래 표를 '히라가나 오십음도'라고 하며, '단'은 같은 모음을 가진 문자, '행'은 같은 자음을 가진 문자를 의미해요.

	あ단	い단	う단	え단	お단
あ행	あ [아]	い [이]	う [우]	え [에]	お [오]
か행	か [카]	き [키]	く [쿠]	け [케]	こ [코]
さ행	さ [사]	し [시]	す [스]	せ [세]	そ [소]
た행	た [타]	ち [치]	つ [츠]	て [테]	と [토]
な행	な [나]	に [니]	ぬ [누]	ね [네]	の [노]
は행	は [하]	ひ [히]	ふ [후]	へ [헤]	ほ [호]
ま행	ま [마]	み [미]	む [무]	め [메]	も [모]
や행	や [야]		ゆ [유]		よ [요]
ら행	ら [라]	り [리]	る [루]	れ [레]	ろ [로]
わ행	わ [와]				を [오]
			*ん [응]		

* ん은 어떤 단, 행에도 속하지 않아요.

② 가타카나 오십음도 익히기 ◀》 N5_기초학습_02 가타카나 오십음도 익히기.mp3

가타카나는 외래어를 표기할 때 주로 사용해요. 아래 표는 '가타카나 오십음도'인데, シ(시)와 ツ(츠), ソ(소)와 ン(응)과 같이 모양이 비슷한 문자가 있어 헷갈리지 않도록 정확히 익혀두는 것이 중요해요. 가타카나도 히라가 나와 마찬가지로 '단'과 '행'이 있어요.

	ア단	イ단	ウ단	エ단	オ단
ア행	ア [아]	イ [이]	ウ [우]	エ [에]	オ [오]
カ행	カ [카]	キ [키]	ク [쿠]	ケ [케]	コ [코]
サ행	サ [사]	シ [시]	ス [스]	セ [세]	ソ [소]
タ행	タ [타]	チ [치]	ツ [츠]	テ [테]	ト [토]
ナ행	ナ [나]	ニ [니]	ヌ [누]	ネ [네]	ノ [노]
ハ행	ハ [하]	ヒ [히]	フ [후]	ヘ [헤]	ホ [호]
マ행	マ [마]	ミ [미]	ム [무]	メ [메]	モ [모]
ヤ행	ヤ [야]		ユ [유]		ヨ [요]
ラ행	ラ [라]	リ [리]	ル [루]	レ [레]	ロ [로]
ワ행	ワ [와]				ヲ [오]
			*ン [응]		

* ン은 어떤 단, 행에도 속하지 않아요.

③ **탁음 익히기** 🔊 N5_기초학습_03 탁음 익히기.mp3

탁음은 か, さ, た, は행의 문자 오른쪽 위에 ゛을 붙인 것이며, が행은 우리말 [ㄱ], ざ행은 [ㅈ], だ행은 [ㄷ],
ば행은 [ㅂ]처럼 발음해요. 가타카나도 히라가나와 마찬가지로 탁음이 있어요.

	あ단	**い**단	**う**단	**え**단	**お**단
が행	が [가]	ぎ [기]	ぐ [구]	げ [게]	ご [고]
ざ행	ざ [자]	じ [지]	ず [즈]	ぜ [제]	ぞ [조]
だ행	だ [다]	ぢ [지]	づ [즈]	で [데]	ど [도]
ば행	ば [바]	び [비]	ぶ [부]	べ [베]	ぼ [보]

	ア단	**イ**단	**ウ**단	**エ**단	**オ**단
ガ행	ガ [가]	ギ [기]	グ [구]	ゲ [게]	ゴ [고]
ザ행	ザ [자]	ジ [지]	ズ [즈]	ゼ [제]	ゾ [조]
ダ행	ダ [다]	ヂ [지]	ヅ [즈]	デ [데]	ド [도]
バ행	バ [바]	ビ [비]	ブ [부]	ベ [베]	ボ [보]

④ **반탁음 익히기** 🔊 N5_기초학습_04 반탁음 익히기.mp3

반탁음은 は행의 문자 오른쪽 위에 ゜을 붙인 것이며, 우리말 [ㅍ]처럼 발음해요. 가타카나도 히라가나와 마찬가
지로 반탁음이 있어요.

	あ단	**い**단	**う**단	**え**단	**お**단
ぱ행	ぱ [파]	ぴ [피]	ぷ [푸]	ぺ [페]	ぽ [포]

	ア단	**イ**단	**ウ**단	**エ**단	**オ**단
パ행	パ [파]	ピ [피]	プ [푸]	ペ [페]	ポ [포]

22 무료 학습자료 제공 **japan.Hackers.com**

⑤ 요음 익히기   🔊 N5_기초학습_05 요음 익히기.mp3

い를 제외한 い단의 문자 뒤에 「や, ゆ, よ」를 붙여서, 앞 문자와 함께 하나의 문자처럼 발음하는 것을 요음이라고 해요. 이때 「や, ゆ, よ」는 앞 문자보다 작게 써야 해요. 가타카나도 히라가나와 마찬가지로 요음이 있어요.

	や	ゆ	よ
き	きゃ [캬]	きゅ [큐]	きょ [쿄]
し	しゃ [샤]	しゅ [슈]	しょ [쇼]
ち	ちゃ [챠]	ちゅ [츄]	ちょ [쵸]
に	にゃ [냐]	にゅ [뉴]	にょ [뇨]
ひ	ひゃ [햐]	ひゅ [휴]	ひょ [효]
み	みゃ [먀]	みゅ [뮤]	みょ [묘]
り	りゃ [랴]	りゅ [류]	りょ [료]
ぎ	ぎゃ [갸]	ぎゅ [규]	ぎょ [교]
じ	じゃ [쟈]	じゅ [쥬]	じょ [죠]
ぢ	ぢゃ [쟈]	ぢゅ [쥬]	ぢょ [죠]
び	びゃ [뱌]	びゅ [뷰]	びょ [뵤]
ぴ	ぴゃ [퍄]	ぴゅ [퓨]	ぴょ [표]

	ヤ	ユ	ヨ
キ	キャ [캬]	キュ [큐]	キョ [쿄]
シ	シャ [샤]	シュ [슈]	ショ [쇼]
チ	チャ [챠]	チュ [츄]	チョ [쵸]
ニ	ニャ [냐]	ニュ [뉴]	ニョ [뇨]
ヒ	ヒャ [햐]	ヒュ [휴]	ヒョ [효]
ミ	ミャ [먀]	ミュ [뮤]	ミョ [묘]
リ	リャ [랴]	リュ [류]	リョ [료]
ギ	ギャ [갸]	ギュ [규]	ギョ [교]
ジ	ジャ [쟈]	ジュ [쥬]	ジョ [죠]
ヂ	ヂャ [쟈]	ヂュ [쥬]	ヂョ [죠]
ビ	ビャ [뱌]	ビュ [뷰]	ビョ [뵤]
ピ	ピャ [퍄]	ピュ [퓨]	ピョ [표]

⑥ 장음 익히기 🔊 N5_기초학습_06 장음 익히기.mp3

두 음절을 한 음처럼 길게 소리 내는 것을 장음이라고 해요. 일본어는 장음인지 단음인지에 따라 단어의 뜻이 달라지는 경우가 있으므로 주의해야 해요.

あ단 + あ	앞에 오는 あ단의 문자를 길게 발음해요.	おかあさん [오카-상] 어머니 おばあさん [오바-상] 할머니 ※ おばさん [오바상] 아주머니
い단 + い	앞에 오는 い단의 문자를 길게 발음해요.	おにいさん [오니-상] 오빠, 형 おじいさん [오지-상] 할아버지 ※ おじさん [오지상] 아저씨
う단 + う	앞에 오는 う단의 문자를 길게 발음해요.	すうがく [스-가쿠] 수학 ゆうがた [유-가타] 저녁
え단 + い·え	앞에 오는 え단의 문자를 길게 발음해요.	えいが [에-가] 영화 おねえさん [오네-상] 언니, 누나
お단 + う·お	앞에 오는 お단의 문자를 길게 발음해요.	おとうさん [오토-상] 아버지 おおい [오-이] 많다
요음 + う	앞에 오는 요음의 문자를 길게 발음해요.	じょうし [죠-시] 상사 ※ じょし [죠시] 여자 じゅう [쥬-] 10
가타카나의 장음 'ー'	'ー' 앞에 오는 문자를 길게 발음해요.	チーズ [치-즈] 치즈 コーヒー [코-히-] 커피

촉음은 つ를 っ로 작게 표기한 문자예요. 뒤에 오는 문자에 따라서 촉음이 사용된 부분의 발음이 달라지는데, 우리말의 ㄱ 받침, ㅂ 받침, ㅅ 받침처럼 발음돼요. 하지만 발음이 받침처럼 들릴 뿐 받침이 아니라 하나의 문자예요. 가타카나도 히라가나와 마찬가지로 촉음이 있어요.

'ㄱ' 받침으로 발음이 되는 경우	뒤에 か행이 올 때 우리말 'ㄱ' 받침과 같이 발음해요. がっこう [각꼬-] 학교　　　いっかい [익까이] 일층
'ㅂ' 받침으로 발음이 되는 경우	뒤에 ぱ행이 올 때 우리말 'ㅂ' 받침과 같이 발음해요. いっぱい [입빠이] 가득　　　いっぽ [입뽀] 한 걸음
'ㅅ' 받침으로 발음이 되는 경우	뒤에 さ, た행이 올 때 우리말 'ㅅ' 받침과 같이 발음해요. ざっし [잣시] 잡지　　　きっと [킷또] 분명히

⑧ 일본어 한자를 읽는 2가지 방법: 훈독 vs 음독 🔊 N5_기초학습_08 일본어 한자.mp3

한자를 음(音)으로만 읽는 한국어와는 달리, 일본어는 한자를 뜻, 즉 훈(訓)으로도 읽고, 소리, 즉 음(音)으로도 읽어요. 한자를 뜻으로 읽는 것을 '훈독(訓読)'이라고 하고, 음으로 읽는 것을 '음독(音読)'이라고 해요. 일본어 한자는 같은 한자이더라도 어느 단어에 쓰이느냐에 따라 훈독으로 읽기도 하고, 음독으로 읽기도 해요. 따라서 한자 위에 히라가나로 발음을 적어 놓기도 하는데, 이것을 후리가나(ふりがな) 또는 요미가나(よみがな)라고 해요.

| 木
 나무(뜻)
 목(음) | 훈독 | き | 木 나무 |
| | 음독 | もく | 木曜日 목요일 |

月 달(뜻) 월(음)	훈독	つき	月 달
	음독	げつ	月曜日 월요일
		がつ	三月 3월

⑨ 일본어 단어의 사전형, 보통형, 정중형

단어의 원형 즉, 사전에 수록되는 형태를 '사전형'이라고 해요. 단어를 활용할 때는 항상 '사전형'을 활용해요. 또한, 우리말의 반말에 해당하는 표현을 '보통형'이라고 하고, 존댓말에 해당하는 표현을 '정중형'이라고 해요.

[사전형]　　　　　[보통형]　　　　　[정중형]

行く 가다　　　　行く 간다　　　　行きます 갑니다

⑩ 일본어 단어의 활용과 문형 접속

우리말 '가다'를 '가고 싶습니다'로 표현할 때, '가다'를 '가고'로 바꾼 다음 '싶습니다'를 붙이는 것처럼, 일본어도 상황에 따라 단어의 형태를 바꾼 다음 특정 표현을 붙여서 사용해요. 이렇게 단어의 형태를 바꾸는 것을 '활용'이라 하며, 활용할 때 변하지 않는 부분을 '어간', 변하는 부분을 '어미'라고 해요. 또한, '싶습니다'처럼 상황에 맞게 붙이는 표현을 '문형'이라고 하고, 문형을 붙이는 것을 '접속한다'고 해요.

 行く 가다
(어간 어미)

→

行きたいです 가고 싶습니다
(行く를 行き로 활용하고 たいです라는 문형 접속)

⑪ 일본어 문장의 특징

일본어 문장은 우리말과 말의 순서가 비슷해서, 우리말로 생각한 문장을 앞에서부터 순서대로 일본어로 바꾸면 쉽게 일본어 문장을 만들 수 있어요.

[우리말]	나	는	학생	입니다.
	↓	↓	↓	↓
[일본어]	私	は	学生	です。

또한, 일반적으로 일본어 문장에는 띄어쓰기와 물음표가 없어요. 대신 한자와 히라가나를 함께 쓰기 때문에 끊어서 읽고 이해해야 하는 부분을 알 수 있어요. 다만, JLPT 시험 중 가장 쉬운 급수인 N5에서는 문장에서 단어를 쉽게 구분하고 이해할 수 있도록 띄어쓰기를 하고 있어요.

[일본어 문장]　**木村さんは学校に行きますか。** 기무라 씨는 학교에 갑니까?

[N5 문장]　**木村さんは 学校に 行きますか。** 기무라 씨는 학교에 갑니까?

01 기초 명사 익히기

◀) N5_기초학습_09.
어휘기초 1.mp3

'나', '책', '오늘'처럼 사람이나 사물 등의 이름, 혹은 추상적인 개념을 나타내는 어휘를 '명사'라고 해요. N5에 자주 나오는 명사를 꼼꼼히 익혀두세요.

わたし **私** 나, 저	ひと **人** 사람	きょう **今日** 오늘
あした **明日** 내일	とも **友だち** 친구(들)	ほん **本** 책
えき **駅** 역	がっこう **学校** 학교	がくせい **学生** 학생

■ 일본어 단어와 뜻을 연결해 보세요.

1 あした **明日**　　　　　　ⓐ 학생

2 とも **友だち**　　　　　　ⓑ 나, 저

3 えき **駅**　　　　　　　　ⓒ 내일

4 わたし **私**　　　　　　　　ⓓ 역

5 がくせい **学生**　　　　　　ⓔ 친구(들)

정답 1 ⓒ 2 ⓔ 3 ⓓ 4 ⓑ 5 ⓐ

02 기초 い형용사 익히기

'맛있다', '크다'처럼 사물이나 사람의 성질, 상태, 감정 등을 나타내는 어휘를 '형용사'라고 해요. 일본어의 형용사는 두 가지가 있는데, 그중 사전형이 い로 끝나는 형용사를 い형용사라고 해요. N5에 자주 나오는 い형용사를 꼼꼼히 익혀두세요.

おいしい 맛있다	**楽(たの)しい** 즐겁다	**遅(おそ)い** 늦다
おもしろい 재미있다	**高(たか)い** 높다, 비싸다	**安(やす)い** 저렴하다
大(おお)きい 크다	**多(おお)い** 많다	**小(ちい)さい** 작다

■ 일본어 단어와 뜻을 연결해 보세요.

1　**おいしい**　　　　ⓐ 많다

2　**多(おお)い**　　　　ⓑ 늦다

3　**おもしろい**　　　　ⓒ 맛있다

4　**高(たか)い**　　　　ⓓ 높다, 비싸다

5　**遅(おそ)い**　　　　ⓔ 재미있다

정답　1 ⓒ　2 ⓐ　3 ⓔ　4 ⓓ　5 ⓑ

03 기초 な형용사 익히기

🔊 N5_기초학습_11
어휘기초 3.mp3

일본어의 형용사 중 사전형이 だ로 끝나는 형용사를 な형용사라고 해요. 명사를 수식할 때 어미 だ를 떼고 な를 붙이기 때문에 な형용사라고 해요. '문법 기초 09 な형용사 활용과 기본 문형 익히기'에서 자세히 배울 거예요. N5에 자주 나오는 な형용사를 꼼꼼히 익혀두세요.

いろいろだ 여러 가지이다	**きれいだ** 예쁘다, 깨끗하다	**静かだ** (しず) 조용하다
好きだ (す) 좋아하다	**たいへんだ** 힘들다, 큰일이다	**かんたんだ** 간단하다
上手だ (じょうず) 잘하다, 능숙하다	**下手だ** (へた) 서툴다	**べんりだ** 편리하다

■ 일본어 단어와 뜻을 연결해 보세요.

1 下手だ (へた)　　　　　ⓐ 서툴다

2 かんたんだ　　　　　ⓑ 조용하다

3 きれいだ　　　　　ⓒ 간단하다

4 静かだ (しず)　　　　　ⓓ 잘하다, 능숙하다

5 上手だ (じょうず)　　　　　ⓔ 예쁘다, 깨끗하다

정답 1 ⓐ 2 ⓒ 3 ⓔ 4 ⓑ 5 ⓓ

04 기초 동사 익히기

N5_기초학습_12_
어휘기초 4.mp3

'말하다', '가다'처럼 동작이나 존재 등을 나타내는 어휘를 '동사'라고 해요. 일본어의 동사는 어미가 항상 う단의
발음으로 끝나요. N5에 자주 나오는 동사를 꼼꼼히 익혀두세요.

い **言う** 말하다	い **行く** 가다	く **来る** 오다
み **見る** 보다	か **買う** 사다	か **書く** 적다, 쓰다
の **飲む** 마시다	た **食べる** 먹다	かえ **帰る** 돌아가다, 돌아오다

■ 일본어 단어와 뜻을 연결해 보세요.

1 い
行く 　　　　　　　　ⓐ 사다

2 み
見る 　　　　　　　　ⓑ 돌아가다, 돌아오다

3 かえ
帰る 　　　　　　　　ⓒ 적다, 쓰다

4 か
書く 　　　　　　　　ⓓ 보다

5 か
買う 　　　　　　　　ⓔ 가다

정답 1 ⓔ 2 ⓓ 3 ⓑ 4 ⓒ 5 ⓐ

05 기초 부사 익히기

🔊 N5_기초학습_13,
어휘기초 5.mp3

'많이', '매우'처럼 동작이나 상태의 정도, 빈도 등을 나타내는 어휘를 '부사'라고 해요. 부사는 문장에서 동사, 형용사, 다른 부사 혹은 문장 전체를 수식해요. N5에 자주 나오는 부사를 꼼꼼히 익혀두세요.

たくさん	いっしょに	いつも
많이	함께, 같이	늘, 항상

ときどき	とても	また
때때로	매우, 대단히	또, 다시

まだ	少^{すこ}し	もう
아직	조금, 약간	벌써, 이미

■ 일본어 단어와 뜻을 연결해 보세요.

1 少^{すこ}し   ⓐ 매우, 대단히

2 いつも   ⓑ 늘, 항상

3 まだ   ⓒ 많이

4 たくさん   ⓓ 조금, 약간

5 とても   ⓔ 아직

정답 1 ⓓ 2 ⓑ 3 ⓔ 4 ⓒ 5 ⓐ

06 기초 접속사 익히기

N5_기초학습_14.
어휘기초 6.mp3

'그리고', '그러니까'처럼 단어와 단어 혹은 문장과 문장을 연결해주는 어휘를 '접속사'라고 해요. N5에 자주 나오는 접속사를 꼼꼼히 익혀두세요.

それから 그리고	**だから** 그러니까, 그러므로	**でも** 그렇지만, 그렇더라도
そして 그리고	**しかし** 하지만, 그러나	**では** 그러면, 그렇다면
それで 그래서	**じゃあ** 그러면, 그렇다면	**ですから** 그러니까, 그러므로

■ 일본어 단어와 뜻을 연결해 보세요.

1   でも   ⓐ 그러면, 그렇다면

2   だから   ⓑ 그리고

3   それから   ⓒ 그래서

4   それで   ⓓ 그렇지만, 그렇더라도

5   では   ⓔ 그러니까, 그러므로

정답 1 ⓓ 2 ⓔ 3 ⓑ 4 ⓒ 5 ⓐ

07 명사와 사용하는 기본 문형 익히기 🔊 N5_기초학습_15 문법기초 7.mp3

우리말에서 명사 '책'에 '이다', '입니다', '이 아니다' 등을 붙이면 '책이다', '책입니다', '책이 아니다'가 되듯이, 일본어도 명사 뒤에 간단한 문형을 붙이면 상황에 맞게 긍정/부정/과거/의문 등의 표현을 만들 수 있어요.

구분		문형	문형을 사용한 예시
현재 긍정	보통형	~だ ~이다	本だ。 책이다.
	정중형	~です ~입니다	本です。 책입니다.
현재 부정	보통형	~では ない ~이 아니다	本では ない。 책이 아니다.
	정중형	~では ないです ~では ありません ~이 아닙니다	本では ないです。 = 本では ありません。 책이 아닙니다.
과거 긍정	보통형	~だった ~이었다	本だった。 책이었다.
	정중형	~でした ~이었습니다	本でした。 책이었습니다.
과거 부정	보통형	~では なかった ~이 아니었다	本では なかった。 책이 아니었다.
	정중형	~では なかったです ~では ありませんでした ~이 아니었습니다	本では なかったです。 = 本では ありませんでした。 책이 아니었습니다.
연결형		~で ~이고	本で 책이고

※ 위의 표에서 では 대신 じゃ를 사용해도 같은 의미예요. 예 本では ない(책이 아니다) = 本じゃ ない(책이 아니다)
※ 문장의 끝에 か를 붙이면 의문문이 돼요.
　예 本です(책입니다) → 本ですか(책입니까?)

■ 다음 명사를 사용하여 우리말에 해당하는 일본어 문장을 써보세요.

1 私 나, 저 → _____ 내가 아니다.

2 駅 역 → _____ 역이었다.

3 学生 학생 → _____ 학생입니까?

4 今日 오늘 → _____ 오늘이 아니었습니다.

5 友だち 친구 → _____ 친구이다.

정답 1 私じゃない。 = 私ではない。 2 駅だった。 3 学生ですか。
　　4 今日ではなかったです。 = 今日じゃなかったです。 = 今日ではありませんでした。 = 今日じゃありませんでした。 5 友だちだ。

문법 기초

08 い형용사 활용과 기본 문형 익히기 🔊 N5_기초학습_16 문법기초 8.mp3

우리말에서 '맛있다'를 '맛있습니다', '맛있지 않습니다'와 같이 바꾸어 말하는 것처럼 일본어도 형용사의 어미를 활용하고 뒤에 문형을 붙이면 상황에 맞게 긍정/부정/과거/의문 등의 표현을 만들 수 있어요. 먼저 い형용사의 활용과 기본 문형을 익혀보아요.

구분		활용과 문형	문형을 사용한 예시
사전형	–	–	おいしい 맛있다
명사 수식	–	~い ~한	おいしい うどん 맛있는 우동
현재 긍정	보통형	~い ~하다	おいしい。 맛있다.
	정중형	~い → ~いです ~입니다	おいしいです。 맛있습니다.
현재 부정	보통형	~い → ~く ない ~지 않다	おいしく ない。 맛있지 않다.
	정중형	~い → ~く ありません ~く ないです ~지 않습니다	おいしく ありません。 ＝おいしく ないです。 맛있지 않습니다.
과거 긍정	보통형	~い → ~かった ~었다	おいしかった。 맛있었다.
	정중형	~い → ~かったです ~었습니다	おいしかったです。 맛있었습니다.
과거 부정	보통형	~い → ~く なかった ~지 않았다	おいしく なかった。 맛있지 않았다.
	정중형	~い → ~く ありませんでした ~く なかったです ~지 않았습니다	おいしく ありませんでした。 ＝おいしく なかったです。 맛있지 않았습니다.
연결형		~い → ~くて ~하고, ~해서	おいしくて 맛있고, 맛있어서
부사적 표현		~い → ~く ~하게	おいしく 맛있게

※ 문장의 끝에 か를 붙이면 의문문이 돼요.
　예 おいしいです(맛있습니다) → おいしいですか(맛있습니까?)

■ 다음 い형용사를 사용하여 우리말에 해당하는 일본어 표현을 써보세요.

1 **おいしい** 맛있다 → ＿＿＿＿＿＿＿＿＿＿ 맛있었니?

2 **大きい** 크다 → ＿＿＿＿＿＿＿＿＿＿ 크지 않았습니다.

3 **楽しい** 즐겁다 → ＿＿＿＿＿＿＿＿＿＿ 즐겁습니다.

4 **おもしろい** 재미있다 → ＿＿＿＿＿＿＿＿＿＿ 재미있지 않다.

5 **遅い** 늦다 → ＿＿＿＿＿＿＿＿＿＿ 늦지 않았다.

정답 1 おいしかったか。　2 大きくなかったです。＝大きくありませんでした。　3 楽しいです。　4 おもしろくない。　5 遅くなかった。

09 な형용사 활용과 기본 문형 익히기 🔊 N5_기초학습_17. 문법기초 9.mp3

일본어 형용사 중 な형용사의 활용과 기본 문형을 익혀보아요.

구분		활용과 문형	문형을 사용한 예시
사전형	–	–	静(しず)かだ 조용하다
명사 수식	–	~だ → ~な ~한	静(しず)かな駅(えき) 조용한 역
현재 긍정	보통형	~だ ~하다	静(しず)かだ。조용하다.
	정중형	~だ → ~です ~합니다	静(しず)かです。조용합니다.
현재 부정	보통형	~だ → ~では ない ~지 않다	静(しず)かでは ない。조용하지 않다.
	정중형	~だ → ~では ありません ~では ないです ~지 않습니다	静(しず)かでは ありません。 =静(しず)かでは ないです。조용하지 않습니다.
과거 긍정	보통형	~だ → ~だった ~했다	静(しず)かだった。조용했다.
	정중형	~だ → ~でした ~だったです ~했습니다	静(しず)かでした。 =静(しず)かだったです。조용했습니다.
과거 부정	보통형	~だ → ~では なかった ~지 않았다	静(しず)かでは なかった。조용하지 않았다.
	정중형	~だ → ~では ありませんでした ~では なかったです ~지 않았습니다	静(しず)かでは ありませんでした。 =静(しず)かでは なかったです。조용하지 않았습니다.
연결형		~だ → ~で ~하고, ~해서	静(しず)かで 조용하고, 조용해서
부사적 표현		~だ → ~に ~하게	静(しず)かに 조용하게

※ 위의 표에서 では 대신 じゃ를 사용해도 같은 의미예요. 예) 静(しず)かでは ない(조용하지 않다) = 静(しず)かじゃ ない(조용하지 않다)

※ 문장의 끝에 か를 붙이면 의문문이 돼요. 예) 静(しず)かです(조용합니다) → 静(しず)かですか(조용합니까?)

■ 다음 な형용사를 사용하여 우리말에 해당하는 일본어 표현을 써보세요.

1 **かんたんだ** 간단하다 → ＿＿＿＿＿＿＿＿＿＿＿ 간단합니다.

2 **好(す)きだ** 좋아하다 → ＿＿＿＿＿＿＿＿＿＿＿ 좋아하지 않다.

3 **じょうずだ** 잘하다 → ＿＿＿＿＿＿＿＿＿＿＿ 잘합니까?

4 **へただ** 서툴다 → ＿＿＿＿＿＿＿＿＿＿＿ 서툴지 않았습니다.

5 **きれいだ** 깨끗하다 → ＿＿＿＿＿＿＿＿＿＿＿ 깨끗하지 않았다.

정답 1 かんたんです。 2 好きではない。= 好きじゃない。 3 じょうずですか。 4 へたではありませんでした。= へたじゃありませんでした。= へたではなかったです。= へたじゃなかったです。 5 きれいではなかった。= きれいじゃなかった。

10 일본어 동사의 종류 익히기

◀)) N5_기초학습_18.
문법기초 10.mp3

모든 일본어 동사의 사전형은 어미가 う단으로 끝나며, 어미의 종류 등에 따라 1그룹, 2그룹, 3그룹으로 나뉘어요. 각 그룹별로 동사의 활용 방법이 다르므로, 동사의 그룹을 구별하는 기준을 꼼꼼히 익혀두어요.

종류	동사의 그룹 구별 기준	단어 예시	
1그룹	2그룹과 3그룹 동사를 제외한 모든 동사를 포함해요. * 예외적으로, 어미가 る이고 る 앞의 문자가 い단 혹은 え단인 1그룹 동사도 있는데, 이를 예외 1그룹 동사라고 해요. 예) 帰る(돌아가다)　知る(알다)　切る(자르다)	行く 가다 書く 쓰다 急ぐ 서두르다 言う 말하다 買う 사다 待つ 기다리다	帰る 돌아가다 話す 이야기하다 死ぬ 죽다 遊ぶ 놀다 飲む 마시다
2그룹	어미가 る이고, る 앞의 문자가 い단 혹은 え단인 동사예요.	見る 보다	食べる 먹다
3그룹	する와 来る 두 가지뿐이에요.	する 하다	来る 오다

■ 다음 동사의 그룹과 뜻을 적어보세요.

		그룹	뜻
1	書く →	_____	_____
2	食べる →	_____	_____
3	する →	_____	_____
4	買う →	_____	_____
5	帰る →	_____	_____

정답　1 1그룹 / 쓰다　2 2그룹 / 먹다　3 3그룹 / 하다　4 1그룹 / 사다　5 1그룹 / 돌아가다

11 동사 활용 익히기 ① ます형

ます는 '~합니다' 라는 의미로, 동사를 정중하게 말할 때 사용해요. 동사 뒤에 ます를 붙이려면 동사를 활용해야 하는데, 이렇게 바뀐 형태를 동사의 ます형이라고 하며, 동사의 ます형에 ます를 붙인 것을 동사의 정중형이라고 해요. 동사의 ます형 뒤에는 ~ます(~합니다), ~ましょう(~합시다) 등의 문형을 붙일 수 있어요. 각 그룹별 동사들의 ます형 활용 방법을 꼼꼼히 익혀두어요.

종류	활용 방법	활용 예시		
1그룹	어미 う단을 い단으로 바꿔요.	行く 가다	→	行きます 갑니다
		書く 쓰다	→	書きます 씁니다
		急ぐ 서두르다	→	急ぎます 서두릅니다
		言う 말하다	→	言います 말합니다
		買う 사다	→	買います 삽니다
		待つ 기다리다	→	待ちます 기다립니다
		帰る 돌아가다	→	帰ります 돌아갑니다
		話す 이야기하다	→	話します 이야기합니다
		死ぬ 죽다	→	死にます 죽습니다
		遊ぶ 놀다	→	遊びます 놉니다
		飲む 마시다	→	飲みます 마십니다
2그룹	어미 る를 삭제해요.	見る 보다	→	見ます 봅니다
		食べる 먹다	→	食べます 먹습니다
3그룹	불규칙 동사 2개를 오른쪽과 같이 활용해요.	する 하다	→	します 합니다
		来る 오다	→	来ます 옵니다

■ 다음 동사를 ます형으로 활용하여 정중형을 써보세요.

1 話す 이야기하다 → _____ 이야기합니다

2 遊ぶ 놀다 → _____ 놉니다

3 待つ 기다리다 → _____ 기다립니다

4 行く 가다 → _____ 갑니다

5 急ぐ 서두르다 → _____ 서두릅니다

정답 1 話します 2 遊びます 3 待ちます 4 行きます 5 急ぎます

12 동사 활용 익히기 ② ない형

🔊 N5_기초학습_20
문법기초 12.mp3

ない는 '~않다', '~않는다' 라는 의미로, 동사의 부정을 나타낼 때 사용해요. 동사 뒤에 ない를 붙이려면 동사를 활용해야 하는데, 이렇게 바뀐 형태를 동사의 ない형이라고 하며, 동사의 ない형에 ない를 붙인 것을 동사의 부정형이라고 해요. 동사의 ない형 뒤에는 ～ない(~않다), ～ないで(~하지 않고) 등의 문형을 붙일 수 있어요. 각 그룹별 동사들의 ない형 활용 방법을 꼼꼼히 익혀두어요.

종류	활용 방법	활용 예시		
1그룹	어미 う단을 あ단으로 바꿔요. (단, 어미가 う인 경우에는 わ로 바꿔요.)	行く 가다	→	行かない 가지 않다
		書く 쓰다	→	書かない 쓰지 않다
		急ぐ 서두르다	→	急がない 서두르지 않다
		言う 말하다	→	言わない 말하지 않다
		買う 사다	→	買わない 사지 않다
		待つ 기다리다	→	待たない 기다리지 않다
		帰る 돌아가다	→	帰らない 돌아가지 않다
		話す 이야기하다	→	話さない 이야기하지 않다
		死ぬ 죽다	→	死なない 죽지 않다
		遊ぶ 놀다	→	遊ばない 놀지 않다
		飲む 마시다	→	飲まない 마시지 않다
2그룹	어미 る를 삭제해요.	見る 보다	→	見ない 보지 않다
		食べる 먹다	→	食べない 먹지 않다
3그룹	불규칙 동사 2개를 오른쪽과 같이 활용해요.	する 하다	→	しない 하지 않다
		来る 오다	→	来ない 오지 않다

■ 다음 동사를 ない형으로 활용하여 부정형을 써보세요.

1 **来る** 오다 → _____ 오지 않다

2 **見る** 보다 → _____ 보지 않다

3 **帰る** 돌아가다 → _____ 돌아가지 않다

4 **飲む** 마시다 → _____ 마시지 않다

5 **行く** 가다 → _____ 가지 않다

정답 1 来ない 2 見ない 3 帰らない 4 飲まない 5 行かない

13 동사 활용 익히기 ③ て형

て형은 '~해서' 또는 '~하고' 라는 의미로, 동사 두 개를 연결할 때 사용해요. 동사 뒤에 て를 붙이려면 동사를 활용해야 하는데, 이렇게 바뀐 형태에 て를 붙인 것을 동사의 て형이라고 하며, 동사의 て형은 동사의 연결형이라고도 해요. 동사의 て형은 ~ている(~하고 있다), ~てみる(~해 보다) 등의 문형에서 사용돼요. 각 그룹별 동사들의 て형 활용 방법을 꼼꼼히 익혀두어요.

종류	활용 방법	활용 예시	
1그룹	1. 어미가 く인 경우 いて로 바꿔요. 2. 어미가 ぐ인 경우 いで로 바꿔요. 3. 어미가 う, つ, る인 경우 って로 바꿔요. 4. 어미가 す인 경우 して로 바꿔요. 5. 어미가 ぬ, ぶ, む인 경우 んで로 바꿔요.	1. 行く 가다 　書く 쓰다 2. 急ぐ 서두르다 3. 言う 말하다 　買う 사다 　待つ 기다리다 　帰る 돌아가다 4. 話す 이야기하다 5. 死ぬ 죽다 　遊ぶ 놀다 　飲む 마시다	→ *예외) 行って 가서, 가고 → 書いて 써서, 쓰고 → 急いで 서둘러서, 서두르고 → 言って 말해서, 말하고 → 買って 사서, 사고 → 待って 기다려서, 기다리고 → 帰って 돌아가서, 돌아가고 → 話して 이야기해서, 이야기하고 → 死んで 죽어서, 죽고 → 遊んで 놀아서, 놀고 → 飲んで 마셔서, 마시고	
2그룹	어미 る를 빼고 て를 붙여요.	見る 보다 食べる 먹다	→ 見て 봐서, 보고 → 食べて 먹어서, 먹고	
3그룹	불규칙 동사 2개를 오른쪽과 같이 바꿔요.	する 하다 来る 오다	→ して 해서, 하고 → 来て 와서, 오고	

■ 다음 동사를 て형으로 바꾸어 보세요.

1　買う 사다　→ ＿＿＿＿＿＿＿＿＿　사서, 사고

2　死ぬ 죽다　→ ＿＿＿＿＿＿＿＿＿　죽어서, 죽고

3　する 하다　→ ＿＿＿＿＿＿＿＿＿　해서, 하고

4　書く 쓰다　→ ＿＿＿＿＿＿＿＿＿　써서, 쓰고

5　見る 보다　→ ＿＿＿＿＿＿＿＿＿　봐서, 보고

정답　1 買って　2 死んで　3 して　4 書いて　5 見て

14 동사 활용 익히기 ④ た형

た형은 '~했다'라는 의미로, 동사의 과거를 나타낼 때 사용해요. 동사 뒤에 た를 붙이려면 동사를 활용해야 하는데, 이렇게 바뀐 형태에 た를 붙인 것을 동사의 た형이라고 하며, 동사의 た형은 동사의 과거형이라고도 해요. 동사의 た형은 ~たあと(~한 후), ~たり~たりする(~하거나 ~하거나 하다) 등의 문형에서 사용돼요. 각 그룹별 동사들의 た형 활용 방법을 꼼꼼히 익혀두어요.

종류	활용 방법	활용 예시		
1그룹	1. 어미가 く인 경우 いた로 바꿔요. 2. 어미가 ぐ인 경우 いだ로 바꿔요. 3. 어미가 う, つ, る인 경우 った로 바꿔요. 4. 어미가 す인 경우 した로 바꿔요. 5. 어미가 ぬ, ぶ, む인 경우 んだ로 바꿔요.	1. 行く 가다 　書く 쓰다 2. 急ぐ 서두르다 3. 言う 말하다 　買う 사다 　待つ 기다리다 　帰る 돌아가다 4. 話す 이야기하다 5. 死ぬ 죽다 　遊ぶ 놀다 　飲む 마시다	→ → → → → → → → → → →	*예외) 行った 갔다 書いた 썼다 急いだ 서둘렀다 言った 말했다 買った 샀다 待った 기다렸다 帰った 돌아갔다 話した 이야기했다 死んだ 죽었다 遊んだ 놀았다 飲んだ 마셨다	
2그룹	어미 る를 빼고 た를 붙여요.	見る 보다 食べる 먹다	→ →	見た 봤다 食べた 먹었다	
3그룹	불규칙 동사 2개를 오른쪽과 같이 바꿔요.	する 하다 来る 오다	→ →	した 했다 来た 왔다	

■ 다음 동사를 た형으로 바꾸어 보세요.

1 言う 말하다 　→ _____ 말했다

2 食べる 먹다 　→ _____ 먹었다

3 話す 이야기하다 　→ _____ 이야기했다

4 待つ 기다리다 　→ _____ 기다렸다

5 急ぐ 서두르다 　→ _____ 서둘렀다

정답　1 言った　2 食べた　3 話した　4 待った　5 急いだ

문자·어휘

─○ 출제 형태 및 문제 풀이 Step

[문자·어휘 > 문제 1 한자 읽기]는 한자로 쓰여진 밑줄 친 단어의 발음을 고르는 문제로, 총 7문항이 출제돼요.

> まいあさ　新聞を　よみます。
> 1　しんもん
> ✓ 2　しんぶん
> 3　じんぶん
> 4　じんもん

Step 1

밑줄 친 단어를 천천히 정확하게 발음해보기

밑줄 친 단어를 발음해봐요. 新은 しん으로, 聞은 탁음 ぶ가 포함된 ぶん으로 발음하는 것에 유의해요.

Step 2

발음에 해당하는 선택지를 정답으로 고르기

밑줄 친 新聞의 정확한 발음인 2 しんぶん을 정답으로 골라요. 발음이 생각나지 않는 경우 다시 한 번 천천히 발음해보고 가장 정확하다고 생각되는 선택지를 정답으로 골라요.

위 문제의 해석과 어휘에 대한 설명은 해설집 p.4에서 확인할 수 있어요.

⟜○ 출제 경향

① **명사 단어의 발음을 고르는 문제가 주로 출제돼요.**

명사, 동사, い형용사, な형용사 단어의 발음을 고르는 문제가 출제돼요. 그중 명사 단어의 발음을 고르는 문제가 주로 출제돼요.

② **오답 선택지로 헷갈리는 발음을 사용하여 혼동을 주는 문제가 출제돼요.**

비슷한 발음으로 교체하거나 발음을 삭제, 또는 한자의 또 다른 발음을 이용하여 혼동을 주는 오답 선택지가 제시돼요. 특히 탁음이나 장음, 촉음을 교체하거나 삭제하여 혼동을 주는 경우가 많아요. 이러한 발음에 주의해서 밑줄 친 단어를 정확하게 읽어보고 정답을 골라요.

㉠ 銀行 은행

① ぎんこう (○)　② きんこう (×)　③ ぎんこ (×)　④ きんこ (×)

　　탁음 ぎ와 발음이　　장음 こう에서 う가　　탁음 ぎ와 발음이 비슷한
　　비슷한 き로 교체 됨　　삭제됨　　　　き로 교체되고, 장음 こう
　　　　　　　　　　　　　　　　　에서 う가 삭제됨

③ **문맥에 어울리는 단어를 오답 선택지로 사용하여 혼동을 주는 문제가 출제돼요.**

밑줄 친 부분에 대입했을 때 문맥에 어울리는 단어를 오답 선택지로 사용하여 혼동을 주는 문제가 출제돼요. 따라서 제시된 문장을 해석하여 풀 경우 정답 선택이 더 어려워질 수 있으니, 오로지 밑줄 친 단어의 발음에만 집중해서 정답을 골라요.

㉠ これを 使って ください。이것을 사용해 주세요.

① つかって (○)　② もって 들어 (×)　③ きって 잘라 (×)　④ わたって 건너 (×)

→ 모든 선택지가 밑줄에 대입했을 때 문맥에 어울림.

⟜○ 학습 전략

① **한자 읽기에 자주 출제되는 단어를 발음에 유의해서 익혀 두세요.**

한자 읽기에 자주 출제되는 단어를 탁음, 반탁음, 장음, 촉음 등의 발음에 유의하여 정확하게 입으로 말해보면서 암기해요.

② **한자 읽기에 자주 출제되는 단어를 외워 두세요.**

한자 읽기에 자주 출제되는 명사, 동사, 형용사를 꼼꼼히 외워두세요. 특히 <JLPT N5 필수 단어·문형 암기장>(p.2~6)을 활용하면 더 많은 단어를 편리하게 학습할 수 있어요.

바로 듣고 학습하기

■ 한자 읽기에 자주 출제되는 명사

🔊 N5_한자읽기_핵심표현 및 필수어휘1.mp3   ★표시는 2010년 이후 기출 어휘예요.

朝*	あさ	아침	兄	あに	형, 오빠
姉	あね	누나, 언니	一階	いっかい	일 층
一週間	いっしゅうかん	일주일, 일주일간	犬*	いぬ	개
海*	うみ	바다	外国*	がいこく	외국
会社*	かいしゃ	회사	顔	かお	얼굴
学生*	がくせい	학생	学校*	がっこう	학교
金	かね	돈	火よう日*	かようび	화요일
川*	かわ	강	木*	き	나무
九十人	きゅうじゅうにん	구십 명	九百人	きゅうひゃくにん	구백 명
九分	きゅうふん	구 분	教室	きょうしつ	교실
銀行*	ぎんこう	은행	金よう日*	きんようび	금요일
国	くに	나라	車*	くるま	차
声	こえ	목소리	午前	ごぜん	오전
先	さき	앞	雑誌	ざっし	잡지
三千円	さんぜんえん	삼천 엔	七月	しちがつ	칠 월
写真*	しゃしん	사진	十本	じゅっぽん	열 자루
食堂	しょくどう	식당	外*	そと	바깥
空*	そら	하늘	卵	たまご	계란
机	つくえ	책상	手	て	손
電話*	でんわ	전화	二百回	にひゃっかい	이백 번
庭*	にわ	정원	母*	はは	엄마, 어머니

★표시는 2010년 이후 기출 어휘예요.

春	はる	봄	東★	ひがし	동, 동쪽
左★	ひだり	왼쪽	人	ひと	사람
百円	ひゃくえん	백 엔	毎週★	まいしゅう	매주
前★	まえ	앞	窓★	まど	창문
店★	みせ	가게	来週★	らいしゅう	다음 주

한자 읽기에 자주 출제되는 동사 ◀)) N5_한자읽기_핵심표현 및 필수어휘2.mp3

遊ぶ★	あそぶ	놀다	歩く★	あるく	걷다
言う★	いう	말하다	買う★	かう	사다
帰る	かえる	돌아가다	聞く★	きく	듣다, 묻다
出す	だす	내다, 제출하다	立つ★	たつ	서다
使う	つかう	사용하다	作る	つくる	만들다
飲む★	のむ	마시다	入る★	はいる	들어가다

한자 읽기에 자주 출제되는 い·な형용사 ◀)) N5_한자읽기_핵심표현 및 필수어휘3.mp3

青い	あおい	파랗다	甘い★	あまい	달다
多い★	おおい	많다	大きい	おおきい	크다
汚い★	きたない	더럽다	暗い★	くらい	어둡다
寒い	さむい	춥다	高い★	たかい	높다, 비싸다
強い★	つよい	강하다	長い	ながい	길다
安い★	やすい	싸다	丈夫だ★	じょうぶだ	튼튼하다
便利だ★	べんりだ	편리하다	有名だ	ゆうめいだ	유명하다

もんだい1 ＿＿＿の ことばは ひらがなで どう かきますか。

1・2・3・4から いちばん いい ものを ひとつ えらんで
ください。

---

1 この 庭は とても きれいです。

1 にわ 　　　 2 いえ 　　　 3 やま 　　　 4 うみ

2 かれは 午前の じゅぎょうに きました。

1 おぜん 　　　 2 おせん 　　　 3 ごぜん 　　　 4 ごせん

3 きっさてんで おちゃを 買って ください。

1 いって 　　　 2 かって 　　　 3 もって 　　　 4 まって

4 わたしの きょうしつは 一階に あります。

1 いちけい 　　　 2 いちかい 　　　 3 いっけい 　　　 4 いっかい

5 わたしは 姉が ひとり います。

1 あに 　　　 2 あね 　　　 3 おとうと 　　　 4 いもうと

6 この くるまは 大きいです。

1 おおきい 　　　 2 おうきい 　　　 3 たいきい 　　　 4 だいきい

7 来週から かいしゃに いきます。

1 こんしゅう 　　　 2 こんしゅ 　　　 3 らいしゅう 　　　 4 らいしゅ

실전 테스트 바로듣기 *문제를 다 풀고 난 후, N5_한자읽기_실전테스트1.mp3를 들으며 다시 학습해 보세요.

정답 해설집 p.4

もんだい1 ____の ことばは ひらがなで どう かきますか。

1・2・3・4から いちばん いい ものを ひとつ えらんで
ください。

1 かれは きのう 国へ かえりました。
　　1　いえ　　　　　　2　くに　　　　　　3　みせ　　　　　　4　へや

2 この えんぴつを まいにち 使います。
　　1　つかいます　　　2　かいます　　　　3　もらいます　　　4　ならいます

3 ここの ラーメンは 百円です。
　　1　びゃくえん　　　2　ひゃくえん　　　3　ばくえん　　　　4　はくえん

4 わたしは 春が いちばん すきです。
　　1　はる　　　　　　2　なつ　　　　　　3　あき　　　　　　4　ふゆ

5 机の うえに ほんが あります。
　　1　たな　　　　　　2　はこ　　　　　　3　いす　　　　　　4　つくえ

6 かれは 雑誌を よんで います。
　　1　ざつし　　　　　2　さつし　　　　　3　ざっし　　　　　4　さっし

7 かのじょから 長い かさを かりました。
　　1　おおきい　　　　2　ちいさい　　　　3　ながい　　　　　4　たかい

실전 테스트 바로듣기　*문제를 다 풀고 난 후, N5_한자읽기_실전테스트2.mp3를 들으며 다시 학습해 보세요.

정답 해설집 p.4

2일 문자·어휘 | 문제 1 한자 읽기　**49**

もんだい1 _____の ことばは ひらがなで どう かきますか。
1・2・3・4から いちばん いい ものを ひとつ えらんで
ください。

1 手を あらって ください。
1 あし   2 て   3 かお   4 め

2 さとうさんの 学校は どこですか。
1 がっこう   2 がくこう   3 がっこ   4 がくこ

3 これは いえで 作りました。
1 わかりました   2 きりました   3 とりました   4 つくりました

4 あそこに おおきい 木が あります。
1 はな   2 き   3 え   4 はこ

5 いまは じゅうじ 九分です。
1 きゅうふん   2 きゅうぶん   3 くふん   4 くぶん

6 おばあさんの いえに 毎週 いきます。
1 めしゅう   2 めしゅ   3 まいしゅう   4 まいしゅ

7 えきまえに 高い ビルが あります。
1 ふるい   2 きたない   3 たかい   4 せまい

실전 테스트 바로듣기 *문제를 다 풀고 난 후, N5_한자읽기_실전테스트3.mp3를 들으며 다시 학습해 보세요.

정답 해설집 p.5

50 무료 학습자료 제공 **japan.Hackers.com**

もんだい1 ＿＿＿の　ことばは　ひらがなで　どう　かきますか。
　　　　　　1・2・3・4から　いちばん　いい　ものを　ひとつ　えらんで
　　　　　　ください。

1　この　先に　デパートが　あります。
　　1　となり　　　　　2　さき　　　　　　3　なか　　　　　4　うしろ

2　あしたまでに　出して　ください。
　　1　だして　　　　　2　おして　　　　　3　かえして　　　4　わたして

3　外国で　べんきょうが　したいです。
　　1　げこく　　　　　2　げごく　　　　　3　がいこく　　　4　がいごく

4　あには　クラスで　いちばん　強いです。
　　1　いそがしい　　　2　よわい　　　　　3　おもしろい　　4　つよい

5　この　かいしゃでは　九百人が　はたらいて　います。
　　1　きゅうひゃくにん　2　くひゃくにん　　3　きゅうびゃくにん　4　くびゃくにん

6　空を　みる　ことが　すきです。
　　1　うみ　　　　　　2　もり　　　　　　3　そら　　　　　4　やま

7　かのじょの　声は　きれいです。
　　1　かみ　　　　　　2　て　　　　　　　3　こえ　　　　　4　め

실전 테스트 바로듣기　*문제를 다 풀고 난 후, N5_한자읽기_실전테스트4.mp3를 들으며 다시 학습해 보세요.

정답 해설집 p.6

もんだい1 ＿＿＿の ことばは ひらがなで どう かきますか。
　　　　　1・2・3・4から いちばん いい ものを ひとつ えらんで
　　　　　ください。

1 あたらしい 車を かいました。
　　1 いえ　　　　2 くつ　　　　3 くるま　　　　4 かさ

2 かのじょは いま 歩いて います。
　　1 あるいて　　2 ないて　　　3 はたらいて　　4 かいて

3 九月なのに とても あついです。
　　1 くげつ　　　2 くがつ　　　3 きゅうげつ　　4 きゅうがつ

4 この りょうりは 甘いです。
　　1 あまい　　　2 からい　　　3 うまい　　　　4 まずい

5 ちかくに スーパーが あって 便利です。
　　1 へんい　　　2 へんり　　　3 べんい　　　　4 べんり

6 卵を かって きました。
　　1 さかな　　　2 たまご　　　3 しお　　　　　4 くすり

7 えきの となりに 銀行が あります。
　　1 きんこお　　2 きんこう　　3 ぎんこお　　　4 ぎんこう

もんだい 1　_____の　ことばは　ひらがなで　どう　かきますか。
　　　　　　1・2・3・4から　いちばん　いい　ものを　ひとつ　えらんで
　　　　　　ください。

1　きょうしつに　学生が　ひとりも　いません。
　　　1　がっせい　　　　2　がっせ　　　　　3　がくせい　　　　4　がくせ

2　窓の　そうじを　しました。
　　　1　いえ　　　　　　2　まど　　　　　　3　にわ　　　　　　4　みせ

3　この　川は　うつくしいです。
　　　1　かわ　　　　　　2　やま　　　　　　3　うみ　　　　　　4　はな

4　へやが　とても　寒いです。
　　　1　あつい　　　　　2　さむい　　　　　3　ひろい　　　　　4　せまい

5　これを　二百回くらい　かいて　おぼえました。
　　　1　にびゃっかい　　2　ふたびゃっかい　3　にひゃっかい　　4　ふたひゃっかい

6　にもつは　外に　おきました。
　　　1　なか　　　　　　2　した　　　　　　3　うえ　　　　　　4　そと

7　はやく　いえに　帰って　ください。
　　　1　かえって　　　　2　いって　　　　　3　はいって　　　　4　とまって

실전 테스트 바로듣기　*문제를 다 풀고 난 후, N5_한자읽기_실전테스트6.mp3를 들으며 다시 학습해 보세요.

정답 해설집 p.7

2일 문자·어휘 | 문제 1 한자 읽기　**53**

もんだい 1　＿＿の　ことばは　ひらがなで　どう　かきますか。
　　　　　1・2・3・4から　いちばん　いい　ものを　ひとつ　えらんで
　　　　　ください。

1　わたしは　とうきょうの　東の　ほうに　すんで　います。
　　1　ひがし　　　　2　みなみ　　　　3　きた　　　　4　にし

2　すこし　飲んでも　いいですか。
　　1　よんでも　　　2　あそんでも　　3　やすんでも　　4　のんでも

3　教室では　しずかに　して　ください。
　　1　きょうじつ　　2　きょうしつ　　3　きょしつ　　4　きょじつ

4　この　シャツは　安いです。
　　1　たかい　　　　2　ちいさい　　　3　おおきい　　　4　やすい

5　店で　しょくじを　しませんか。
　　1　いえ　　　　　2　なか　　　　　3　みせ　　　　4　そと

6　パンやの　左に　ゆうびんきょくが　あります。
　　1　まえ　　　　　2　みぎ　　　　　3　となり　　　　4　ひだり

7　この　ぼうしは　三千円です。
　　1　さんぜんえん　　2　ざんぜんえん　　3　さんせんえん　　4　ざんせんえん

もんだい1 ＿＿＿の　ことばは　ひらがなで　どう　かきますか。
　　　　　　1・2・3・4から　いちばん　いい　ものを　ひとつ　えらんで
　　　　　　ください。

1　せんせいが　ドアの　まえに　立って　います。
　　1　まって　　　　　2　とまって　　　　　3　すわって　　　　4　たって

2　ちかくの　食堂で　ひるごはんを　たべました。
　　1　しょくどう　　　2　しょくとう　　　　3　しょくど　　　　4　しょくと

3　兄と　いっしょに　プールに　いきます。
　　1　ちち　　　　　　2　はは　　　　　　　3　あに　　　　　　4　あね

4　じゅんびを　するのに　一週間　かかりました。
　　1　いっしゅかん　　2　いっしゅうかん　　3　いちしゅかん　　4　いちしゅうかん

5　顔が　あかく　なりました。
　　1　あし　　　　　　2　て　　　　　　　　3　かお　　　　　　4　め

6　この　えいがは　とても　有名です。
　　1　ゆめえ　　　　　2　ゆめい　　　　　　3　ゆうめえ　　　　4　ゆうめい

7　へやの　なかが　汚いです。
　　1　きたない　　　　2　うるさい　　　　　3　くらい　　　　　4　あかるい

출제 형태 및 문제 풀이 Step

[문자·어휘 > 문제 2 표기]는 히라가나로 쓰여진 단어의 올바른 한자 표기 또는 가타카나 표기를 고르는 문제로, 총 5문항이 출제돼요.

> ともだちと　でんわで　<u>はなしました</u>。
>
> ✓ **1　話しました**
>   2　言しました
>   3　説しました
>   4　訓しました

Step 1

밑줄 친 히라가나의 뜻을 떠올리며 한자 또는 가타카나를 써 보기

밑줄 친 히라가나의 뜻을 떠올리며 한자를 써 봐요. はなしました의 뜻은 '이야기했습니다'이고, 한자 표기는 話しました예요.

Step 2

히라가나에 해당하는 한자 또는 가타카나를 정답으로 고르기

밑줄 친 히라가나에 해당하는 올바른 한자인 1 話しました를 정답으로 골라요. 2의 言, 3의 説, 4의 訓은 모두 정답의 話와 모양이 비슷한 오답이에요.

위 문제의 해석과 어휘에 대한 설명은 해설집 p.9에서 확인할 수 있어요.

─○ 출제 경향

① **명사 단어의 올바른 한자 또는 가타카나 표기를 고르는 문제가 주로 출제돼요.**

명사, 동사, い형용사, な형용사 단어의 올바른 한자 또는 가타카나 표기를 고르는 문제가 출제돼요. 그중 명사 단어의 올바른 한자 또는 가타카나 표기를 고르는 문제가 주로 출제돼요.

② **모양이 비슷한 한자나 가타카나를 오답 선택지로 사용하여 혼동을 주는 문제가 출제돼요.**

見, 貝 혹은 シ, ツ와 같이 모양이 비슷한 한자나 가타카나를 사용하여 혼동을 주는 오답 선택지가 제시돼요. 모양이 비슷하지만 실재하지 않는 한자를 만들어서 혼동을 주는 경우도 있어요. 따라서 한자 또는 가타카나의 모양에 유의하여 정답을 골라요.

예 やすい 싸다
　① 安い (○)　　② 女い (×)　　③ 安い (×)　　④ 安い (×)
　　　　　　　　　安와 모양이 비슷한　安와 모양이 비슷한　安와 모양이 비슷한
　　　　　　　　　女가 사용됨　　　　없는 한자가 사용됨　없는 한자가 사용됨

③ **문맥에 어울리는 한자를 오답 선택지로 사용하여 혼동을 주는 문제가 출제돼요.**

문맥에 어울리는 한자를 사용하여 실제로는 없는 단어를 만든 오답 선택지나, 花(꽃), 木(나무)와 같이 서로 의미가 관련된 한자를 오답 선택지로 사용하여 혼동을 줘요. 따라서 밑줄 친 단어의 한자의 발음에만 유의하여 정답을 골라요.

예 かばんを　おきました。 가방을 두었습니다.
　① 置きました (○)　② 買きました (×)　③ 渡きました (×)　④ 忘きました (×)
　→ 밑줄 친 부분에 대입했을 때 문맥에 어울리는 한자인 買(사다), 渡(건네다), 忘(잊다)를 사용하여 실제로는 없는 단어를 만든 오답 선택지가 제시됨

─○ 학습 전략

① **표기에 자주 출제되는 한자의 모양과 의미에 유의하여 익혀 두세요.**

표기에 자주 출제되는 단어를 한자의 모양과 의미에 유의하여 암기해요. 특히 모양이 비슷하거나 의미가 관련된 한자를 포함한 단어를 함께 익혀 두세요.

② **가타카나를 정확히 읽고 쓸 수 있도록 익혀 두세요.**

가타카나를 정확하게 읽고 쓸 수 있도록 익혀 두어요. 특히 シ, ツ와 같이 모양이 비슷한 가타카나에 유의해서 암기해요. 가타카나는 일본어 기초 학습 (p.6~9)에서 학습할 수 있어요.

■ 표기에 자주 출제되는 명사 🔊 N5_표기_핵심표현 및 필수어휘1.mp3 ★표시는 2010년 이후 기출 어휘예요.

足★	あし	발	雨★	あめ	비
上★	うえ	위	後ろ★	うしろ	뒤
風★	かぜ	바람	家族	かぞく	가족
川★	かわ	강	薬	くすり	약
車★	くるま	자동차	今週★	こんしゅう	이번 주
試合	しあい	시합	新聞★	しんぶん	신문
父★	ちち	아버지, 아빠	天気★	てんき	날씨
電車	でんしゃ	전철	七千円★	ななせんえん	칠천 엔
西★	にし	서쪽	八百円	はっぴゃくえん	팔백 엔
花★	はな	꽃	半分★	はんぶん	반, 반절
毎週★	まいしゅう	매주	毎日★	まいにち	매일
右★	みぎ	오른쪽	道	みち	길
目★	め	눈	来月★	らいげつ	다음 달
エアコン★	えあこん	에어컨	エレベーター★	えれべーたー	엘리베이터
カメラ★	かめら	카메라	シャワー★	しゃわー	샤워
スポーツ	すぽーつ	스포츠	タクシー	たくしー	택시
チョコレート	ちょこれーと	초콜릿	テーブル★	てーぶる	테이블
ネクタイ	ねくたい	넥타이	ハンカチ	はんかち	손수건
ピアノ	ぴあの	피아노	プール★	ぷーる	수영장
レストラン★	れすとらん	레스토랑	ワイシャツ★	わいしゃつ	와이셔츠

■ 표기에 자주 출제되는 동사 🔊 N5_표기_핵심표현 및 필수어휘2.mp3

★표시는 2010년 이후 기출 어휘예요.

会う★	あう	만나다	言う★	いう	말하다
行く★	いく	가다	生まれる★	うまれる	태어나다
書く★	かく	쓰다	切る★	きる	자르다
来る★	くる	오다	咲く★	さく	(꽃이) 피다
進む	すすむ	나아가다	立つ★	たつ	서다
食べる★	たべる	먹다	出かける	でかける	외출하다
出る★	でる	나가다	習う★	ならう	배우다
並べる★	ならべる	늘어놓다	飲む★	のむ	마시다
乗る	のる	타다	見る★	みる	보다
持つ★	もつ	들다, 가지다	休む★	やすむ	쉬다
読む	よむ	읽다	忘れる★	わすれる	잊다

■ 표기에 자주 출제되는 い·な형용사 🔊 N5_표기_핵심표현 및 필수어휘3.mp3

明るい★	あかるい	밝다	厚い	あつい	두껍다
白い	しろい	하얗다	太い	ふとい	굵다
古い★	ふるい	낡다	易しい★	やさしい	쉽다
安い★	やすい	싸다	同じだ★	おなじだ	같다
元気だ★	げんきだ	건강하다	静かだ	しずかだ	조용하다
上手だ★	じょうずだ	잘하다	不便だ	ふべんだ	불편하다
下手だ★	へただ	서투르다, 못하다	便利だ★	べんりだ	편리하다

もんだい2 ＿＿＿の ことばは どう かきますか。1・2・3・4から いちばん
いい ものを ひとつ えらんで ください。

8 きのうは てんきが よかったです。
　　1　天気　　　　2　大気　　　　3　天汽　　　　4　大汽

9 つくえの うえに はなが あります。
　　1　後　　　　　2　前　　　　　3　下　　　　　4　上

10 きょうは ほんを よみました。
　　1　買みました　　2　読みました　　3　書みました　　4　作みました

11 れすとらんで ごはんを たべます。
　　1　レストラン　　2　レストワン　　3　レストラシ　　4　レストワシ

12 がっこうに ふるい とけいが あります。
　　1　高い　　　　2　安い　　　　3　古い　　　　4　軽い

실전 테스트 바로듣기　*문제를 다 풀고 난 후, N5_표기_실전테스트1.mp3를 들으며 다시 학습해 보세요.　　　　정답 해설집 p.9

もんだい2 _____の ことばは どう かきますか。1・2・3・4から いちばん
いい ものを ひとつ えらんで ください。

8 こどもたちは みんな げんきです。

 1 元気 2 完気 3 元気 4 完気

9 えれべーたーを つかって ください。

 1 ユレベーター 2 ユルベーター 3 エレベーター 4 エルベーター

10 おにぎりを もって きました。

 1 置って 2 食って 3 渡って 4 持って

11 この みちは とても ひろいです。

 1 家 2 道 3 店 4 庭

12 きのう ひこうきに のりました。

 1 来りました 2 乗りました 3 来りました 4 乗りました

실전 테스트 바로듣기 *문제를 다 풀고 난 후, N5_표기_실전테스트2.mp3를 들으며 다시 학습해 보세요.

정답 해설집 p.9

もんだい2　＿＿＿の　ことばは　どう　かきますか。1・2・3・4から　いちばん
いい　ものを　ひとつ　えらんで　ください。

8　ゆっくり　やすんで　ください。
　　1　食んで　　　　2　見んで　　　　3　読んで　　　　4　休んで

9　たくしーに　のって　きました。
　　1　ワクシー　　　2　ワタシー　　　3　タクシー　　　4　タワシー

10　きょうの　テストは　やさしかったです。
　　1　星しかった　　2　是しかった　　3　易しかった　　4　早しかった

11　この　くつは　ななせんえんです。
　　1　七千円　　　　2　七万円　　　　3　五千円　　　　4　五万円

12　ちゅうごくは　にほんの　にしに　あります。
　　1　東　　　　　　2　西　　　　　　3　南　　　　　　4　北

실전 테스트 바로듣기　*문제를 다 풀고 난 후, N5_표기_실전테스트3.mp3를 들으며 다시 학습해 보세요.

정답 해설집 p.10

62　무료 학습자료 제공 **japan.Hackers.com**

もんだい2 ＿＿＿の ことばは どう かきますか。1・2・3・4から いちばん
いい ものを ひとつ えらんで ください。

8 かのじょは えいごが <u>じょうず</u>です。
1 上手 　　　 2 上毛 　　　 3 下手 　　　 4 下毛

9 かれは いま いすを <u>ならべて</u> います。
1 作べて 　　 2 使べて 　　 3 持べて 　　 4 並べて

10 おとうさんに <u>ねくたい</u>を あげました。
1 オクタイ 　 2 オクケイ 　 3 ネクタイ 　 4 ネクケイ

11 きょうは ずっと <u>あめ</u>でした。
1 電 　　　 2 雨 　　　 3 雪 　　　 4 雲

12 やくそくの じかんを <u>わすれました</u>。
1 亡れました 　 2 忘れました 　 3 望れました 　 4 忙れました

실전 테스트 바로듣기 *문제를 다 풀고 난 후, N5_표기_실전테스트4.mp3를 들으며 다시 학습해 보세요.

정답 해설집 p.10

3일 문자·어휘 | 문제 2 표기 **63**

もんだい2 ＿＿＿の ことばは どう かきますか。1・2・3・4から いちばん
いい ものを ひとつ えらんで ください。

8 すずしい かぜが ふいて います。
1 凪 2 凰 3 凩 4 風

9 たなかさんは はんかちを かいました。
1 ハンカテ 2 ハンカチ 3 ハソカテ 4 ハソカチ

10 きのう なにを たべましたか。
1 食べました 2 良べました 3 見べました 4 買べました

11 まいにち しんぶんを よんで います。
1 毎朝 2 毎晩 3 毎日 4 毎週

12 しろい かばんを もらいました。
1 白い 2 高い 3 新い 4 大い

もんだい 2 _____の ことばは どう かきますか。1・2・3・4から いちばん いい ものを ひとつ えらんで ください。

8 ちちが かばんを くれました。

1 母   2 父   3 苺   4 交

9 スーパーが ちかくて べんりです。

1 便利   2 便制   3 更利   4 更制

10 えあこんを つけて ください。

1 ユアコン   2 ユマコン   3 エアコン   4 エマコン

11 これは ともだちと みた えいがです。

1 覚た   2 見た   3 買た   4 貝た

12 こどもが うまれました。

1 降まれました   2 答まれました   3 起まれました   4 生まれました

실전 테스트 바로듣기 *문제를 다 풀고 난 후, N5_표기_실전테스트6.mp3를 들으며 다시 학습해 보세요.

정답 해설집 p.11

3일 문자·어휘 | 문제 2 표기 **65**

もんだい2 _____の ことばは どう かきますか。1・2・3・4から いちばん いい ものを ひとつ えらんで ください。

8 あねから かめらを かりました。
1 カメラ 2 ヤメラ 3 カメウ 4 ヤメウ

9 がっこうが とおくて ふべんです。
1 木使 2 不使 3 不便 4 木便

10 でんわばんごうを かいて ください。
1 健いて 2 書いて 3 事いて 4 建いて

11 うちの いぬは あしが ながいです。
1 耳 2 目 3 鼻 4 足

12 だいがくで ともだちに あいました。
1 聞いました 2 教いました 3 会いました 4 話いました

실전 테스트 바로듣기 *문제를 다 풀고 난 후, N5_표기_실전테스트7.mp3를 들으며 다시 학습해 보세요.

정답 해설집 p.12

もんだい2 _____の ことばは どう かきますか。1・2・3・4から いちばん いい ものを ひとつ えらんで ください。

8 あした サッカーの しあいが あります。

1 試合　　　　2 試会　　　　3 式合　　　　4 式会

9 すきな すぽーつは なんですか。

1 スポーシ　　2 スポーツ　　3 ヌポーシ　　4 ヌポーツ

10 はなを かいに いきます。

1 傘　　　　2 車　　　　3 花　　　　4 皿

11 やさいを きって ください。

1 買って　　　2 渡って　　　3 洗って　　　4 切って

12 わたしは りょうりが へたです。

1 上千　　　　2 上手　　　　3 下千　　　　4 下手

출제 형태 및 문제 풀이 Step

[문자·어휘 > 문제 3 문맥 규정]은 제시된 문장의 빈칸에 들어갈, 문맥에 알맞은 표현을 고르는 문제로, 총 6문항이 출제돼요. 한자는 사용되지 않고 히라가나와 가타카나만 사용돼요.

> きょうは　おかあさんの　たんじょうびなので、（　　　）を　かきました。
> 1　えんぴつ
> 2　おかね
> 3　しゃしん
> ✓ 4　てがみ

Step 1

선택지를 먼저 읽고 의미를 파악하기

각 선택지의 의미는 1 '연필', 2 '돈', 3 '사진', 4 '편지' 예요.

Step 2

빈칸의 앞뒤 혹은 문장 전체와 문맥이 가장 잘 어울리는 선택지를 정답으로 고르기

빈칸 뒤 をかきました(~를 썼습니다)와 문맥상 가장 잘 어울리는 4 てがみ(편지)를 정답으로 골라요. 1은 えんぴつでかく(연필로 쓰다), 2는 おかねをはらう(돈을 지불하다), 3은 しゃしんをとる(사진을 찍다)와 같이 쓰여요.

위 문제의 해석과 어휘에 대한 설명은 해설집 p.13에서 확인할 수 있어요.

○ 출제 경향

① **문맥에 알맞은 명사를 고르는 문제가 자주 출제돼요.**

문맥에 알맞은 명사, 동사, い·な형용사, 부사, 수를 세는 단위, 인사말을 고르는 문제가 출제되는데, 그중 명사를 묻는 문제가 자주 출제돼요. 빈칸의 앞뒤나 문장 전체의 문맥에 어울리는 선택지를 정답으로 골라요.

> 예 バスの（ 　 ）は どこで かいますか。 버스의 (　　) 는 어디에서 삽니까?
> ① きっぷ 표 (O)　 ② しゅくだい 숙제 (X)　③ えき 역 (X)　　　 ④ かいしゃ 회사 (X)

② **문장과 그림이 함께 제시되는 문제가 출제되는 경우도 있어요.**

문장을 설명하는 그림이 함께 제시되는 문제가 출제되기도 해요. 이런 문제는 오답 선택지를 빈칸에 대입해도 문맥이 자연스러워요. 따라서 그림이 제시된 문제는 문장의 문맥뿐만 아니라 반드시 그림까지 확인하고 정답을 골라야 해요.

> 예 つくえの うえには（ 　 ）が あります。 책상 위에는 (　　) 이 있습니다.
> ① ほん 책 (O)　　② かばん 가방 (X)

○ 학습 전략

① **한자 없이 히라가나와 가타카나로만 되어 있는 문장과 선택지를 읽고 의미를 파악하는 연습을 해야 해요.**

문맥 규정에서는 한자가 사용되지 않으므로 히라가나와 가타카나로만 되어 있는 문장을 정확히 읽고 의미를 파악할 수 있어야 해요. 따라서 QR코드와 MP3를 활용하여 <핵심 표현 및 필수 어휘>뿐만 아니라 실전 테스트도 음원을 듣고 따라 읽으면서 동시에 의미를 파악하는 연습을 꾸준히 해야 해요.

② **문맥 규정에 자주 출제되는 표현을 꼼꼼히 외워 두세요.**

문맥 규정에 자주 출제되는 명사, 동사, 형용사, 부사 및 여러 수를 세는 단위나 인사말들을 꼼꼼히 외워 두세요. 특히 <JLPT N5 필수 단어·문형 암기장>(p.10~19)을 활용하면 더 많은 단어를 예문과 함께 편리하게 외울 수 있어요.

■ **문맥 규정에 자주 출제되는 명사** ◀)) N5_문맥규정_핵심표현 및 필수어휘1.mp3 ★표시는 2010년 이후 기출 어휘예요.

あめ★	비	**エレベーター**★	엘리베이터
かぎ	열쇠	**かど**	모퉁이
きっぷ★	표	**けっこん**	결혼
こうえん	공원	**こうちゃ**	홍차
こうばん	파출소	**じしょ**★	사전
シャワー★	샤워	**セーター**	스웨터
せんせい★	선생(님)	**たまご**	계란
チケット	티켓	**ちず**★	지도
テレビ	텔레비전	**ドア**	문
としょかん★	도서관	**ノート**	노트
パーティー	파티	**ひこうき**	비행기
びょういん★	병원	**ペン**	펜
ポケット★	주머니	**ゆき**★	눈
りゅうがく	유학	**れんしゅう**★	연습

■ **문맥 규정에 자주 출제되는 동사** ◀)) N5_문맥규정_핵심표현 및 필수어휘2.mp3

あらう★	씻다	**おきる**★	일어나다
おく	두다	**おりる**	내리다
かえす	돌려주다	**かける**★	(전화 등을) 걸다, (안경을) 쓰다
かぶる★	(모자를) 쓰다	**けす**★	끄다, 지우다
すう	(담배를) 피우다, 들이마시다	**つかれる**★	지치다

★표시는 2010년 이후 기출 어휘예요.

ならべる ★	늘어놓다	のぼる ★	오르다
はしる ★	뛰다	みがく ★	(문질러) 닦다

■ 문맥 규정에 자주 출제되는 い·な형용사 ◀)) N5_문맥규정_핵심표현 및 필수어휘3.mp3

あつい	뜨겁다	うすい ★	연하다, 얇다
おもしろい ★	재미있다	かるい ★	가볍다
わかい ★	젊다	きれいだ ★	깨끗하다, 예쁘다
しずかだ	조용하다	ゆうめいだ	유명하다

■ 문맥 규정에 자주 출제되는 부사 ◀)) N5_문맥규정_핵심표현 및 필수어휘4.mp3

すこし	조금	どうも	정말, 참
また	또	ゆっくり	천천히, 느긋하게

■ 문맥 규정에 자주 출제되는 수를 세는 단위 ◀)) N5_문맥규정_핵심표현 및 필수어휘5.mp3

~かい ★	~층	~かい	~회
~キロ	~킬로(미터), 킬로(그램)	~さい	~살
~さつ ★	~권	~だい ★	~대
~はい	~잔	~ひき	~마리
~ページ	~페이지	~ほん ★	~자루, 송이
~まい ★	~장, 매	~メートル ★	~미터

■ 문맥 규정에 자주 출제되는 인사말 ◀)) N5_문맥규정_핵심표현 및 필수어휘6.mp3

いただきます	잘 먹겠습니다	ごちそうさま	잘 먹었습니다
ただいま	다녀왔습니다	どういたしまして	천만에요

もんだい3 （　　　）に　なにが　はいりますか。1・2・3・4から　いちばん
いい　ものを　ひとつ　えらんで　ください。

13　わたしは　えきまえの　（　　　）で　ほんを　かりました。
　　1　かいしゃ　　　　2　としょかん　　　　3　こうえん　　　　4　ほんや

14　はるには　きれいな　はなが　たくさん　（　　　）。
　　1　さきます　　　　2　おきます　　　　3　のります　　　　4　みます

15　ゆうがたですが、そとが　まだ　（　　　）ので　でんきは　つけません。
　　1　うるさい　　　　2　いそがしい　　　　3　あかるい　　　　4　くらい

16　あしたは　わたしの　たんじょうび　（　　　）ですから、きて　ください。
　　1　りょこう　　　　2　やすみ　　　　3　クラス　　　　4　パーティー

17　たなかさんの　いえには　くるまが　3（　　　）あります。
　　1　だい　　　　2　まい　　　　3　ばん　　　　4　ぼん

18　きょうは　（　　　）ありがとうございました。
　　1　どうぞ　　　　2　いかが　　　　3　どうも　　　　4　よろしく

もんだい3 （　　　）に　なにが　はいりますか。1・2・3・4から　いちばん
いい　ものを　ひとつ　えらんで　ください。

13　わたしは　アメリカの　だいがくに（　　　）しました。
　　1　けっこん　　　　　2　りょうり　　　　　3　りゅうがく　　　　4　かいもの

14　テキストの　17（　　　）に　ある　いぬの　えを　みて　ください。
　　1　メートル　　　　　2　ページ　　　　　　3　さつ　　　　　　　4　まい

15　これは　もりさんの　ほんですから、かれに（　　　）ください。
　　1　ならべて　　　　　2　うって　　　　　　3　おぼえて　　　　　4　かえして

16　しゅうまつは　よく　いえで（　　　）を　みます。
　　1　テレビ　　　　　　2　ラジオ　　　　　　3　ストーブ　　　　　4　カメラ

17　へやに　だれも　いなくて　とても（　　　）です。
　　1　かんたん　　　　　2　じょうず　　　　　3　しずか　　　　　　4　げんき

18　テーブルの　うえに（　　　）を　おきました。
　　1　さかな
　　2　すいか
　　3　りんご
　　4　たまご

실전 테스트 바로듣기　*문제를 다 풀고 난 후, N5_문맥규정_실전테스트2.mp3를 들으며 다시 학습해 보세요.

정답 해설집 p.14

もんだい 3 （　　　）に　なにが　はいりますか。1・2・3・4から　いちばん
いい　ものを　ひとつ　えらんで　ください。

13 みちが　わからない　ときは（　　　）を　みます。
　　1　しゃしん　　　　2　じしょ　　　　　3　てがみ　　　　4　ちず

14 ひとが　みんな（　　　）あと、でんしゃの　なかを　そうじします。
　　1　おりた　　　　　2　のった　　　　　3　すわった　　　　4　あるいた

15 たかはしさんの　いえには　ねこが　5（　　　）います。
　　1　ほん　　　　　　2　はい　　　　　　3　ひき　　　　　　4　にん

16 らいしゅうも（　　　）あそびに　いきましょう。
　　1　あまり　　　　　2　だんだん　　　　3　とても　　　　　4　また

17 おなかが　とても　いたいので、いまから（　　　）に　いきます。
　　1　びょういん　　　2　えいがかん　　　3　アパート　　　　4　レストラン

18 これは（　　　）ので、とても　あぶないです。
　　1　つめたい
　　2　あつい
　　3　おもい
　　4　はやい

もんだい3 （　　　）に　なにが　はいりますか。1・2・3・4から　いちばん
いい　ものを　ひとつ　えらんで　ください。

13　2ねんまえに　（　　　）して、いまは　こどもが　ひとり　います。
　1　べんきょう　　　　2　けっこん　　　　3　しごと　　　　4　せんたく

14　せんしゅうは　しゅうまつも　はたらいたので、とても　（　　　）。
　1　つかれました　　2　わすれました　　3　つとめました　　4　おしえました

15　たなかさんは　まいあさ　3　（　　　）を　はしって　います。
　1　さつ　　　　　　2　はい　　　　　　3　グラム　　　　4　キロ

16　さむいですから、（　　　）を　しめて　ください。
　1　ストーブ　　　　2　エアコン　　　　3　ドア　　　　　4　ボタン

17　わたしは　（　　　）いろの　ふくが　すきです。
　1　うすい　　　　　2　ほそい　　　　　3　せまい　　　　4　まずい

18　みちが　わからなかったので、（　　　）で　けいかんに　ききました。
　1　みせ　　　　　　2　こうばん　　　　3　かいしゃ　　　4　びょういん

실전 테스트 바로듣기　*문제를 다 풀고 난 후, N5_문맥규정_실전테스트4.mp3를 들으며 다시 학습해 보세요.　**정답** 해설집 p.16

もんだい3 (   )に なにが はいりますか。1・2・3・4から いちばん
いい ものを ひとつ えらんで ください。

13 あねは (   )を して いて、がっこうで えいごを おしえて います。
1 せんせい　　　2 こども　　　　3 がくせい　　　4 おとな

14 ごはんを たべた あと、はを (   ) ください。
1 いれて　　　　2 ならべて　　　3 みがいて　　　4 けして

15 にほんごの じゅぎょうは 5 (   ) の きょうしつで します。
1 まい　　　　　2 だい　　　　　3 かい　　　　　4 はい

16 この (   ) で なまえを かいて ください。
1 テキスト　　　2 ペン　　　　　3 ナイフ　　　　4 テープ

17 かれは (   ) な ひとだから、だれでも かれを しって います。
1 かんたん　　　2 べんり　　　　3 たいへん　　　4 ゆうめい

18 (   ) に のって そらを とぶ ことは たのしいです。
1 バス　　　　　2 タクシー　　　3 でんしゃ　　　4 ひこうき

もんだい3　（　　　）に　なにが　はいりますか。1・2・3・4から　いちばん
　　　　　いい　ものを　ひとつ　えらんで　ください。

13　（　　　）を　もって　いないので、なかに　はいる　ことが　できません。
　　1　かぎ　　　　　　2　はこ　　　　　　3　はし　　　　　4　いす

14　なつは　あついので　まいにち　ぼうしを（　　　）でかけて　います。
　　1　きて　　　　　　2　はいて　　　　　3　つけて　　　　4　かぶって

15　デパートで　かわいい　かさを　3（　　　）かって　きました。
　　1　キロ　　　　　　2　グラム　　　　　3　ぼん　　　　　4　さつ

16　だれも　いない　へやの　でんきは（　　　）ください。
　　1　おいて　　　　　2　しめて　　　　　3　おして　　　　4　けして

17　いすの　うえには（　　　）が　あります。
　　1　ノート
　　2　カメラ
　　3　ランチ
　　4　ボールペン

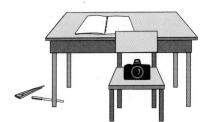

18　A「プレゼント　ありがとうございます。」
　　B「（　　　）。」
　　1　どういたしまして　2　いってきます　　3　ごちそうさま　　4　おねがいします

もんだい3 (   )に　なにが　はいりますか。1・2・3・4から　いちばん
　　　　　いい　ものを　ひとつ　えらんで　ください。

13　まっすぐ　いって、つぎの　(   )を　まがって　ください。
　　1　まち　　　　　2　かど　　　　　3　やま　　　　4　にわ

14　しらない　ことばの　いみは　(   )で　しらべます。
　　1　じしょ　　　　2　はがき　　　　3　てがみ　　　　4　ちず

15　たんじょうび　プレゼントに　ほんを　3　(   )　もらいました。
　　1　グラム　　　　2　だい　　　　　3　メートル　　　4　さつ

16　ここで　たばこを　(   )　ください。
　　1　すわないで　　2　あるかないで　　3　でないで　　　4　のまないで

17　かれは　わたしより　(   )　ですが、もう　かいしゃの　ぶちょうです。
　　1　ひろい　　　　2　わかい　　　　3　すずしい　　　4　すくない

18　すきな　かしゅの　コンサートの　(   )　が　ほしいです。
　　1　テスト　　　　2　チケット　　　　3　スイッチ　　　4　ニュース

실전 테스트 바로듣기 *문제를 다 풀고 난 후, N5_문맥규정_실전테스트7.mp3를 들으며 다시 학습해 보세요.

정답 해설집 p.19

78　무료 학습자료 제공 japan.Hackers.com

もんだい3 (　　　)に　なにが　はいりますか。1・2・3・4から　いちばん
いい　ものを　ひとつ　えらんで　ください。

13 さいふは　ふくの（　　　）に　ありました。
1　ハンカチ　　　　2　ポケット　　　　3　ドア　　　　4　プール

14 ともだちが　じゅぎょうに　こなくて　でんわを（　　　）。
1　はなしました　　2　よびました　　　3　もらいました　　4　かけました

15 よしださんは　しゅうに　3（　　　）うんどうして　います。
1　かい　　　　　2　まい　　　　　3　だい　　　　　4　こ

16 きのうは　まつむらさんと（　　　）を　のみました。
1　そば　　　　　　2　こうちゃ　　　　3　ラーメン　　　4　ケーキ

17 ともだちが　くるので、いえの　なかを（　　　）に　しました。
1　たいへん　　　2　すき　　　　　3　きれい　　　　4　じょうず

18 きょうは（　　　）が　ふって　います。
1　くも
2　はれ
3　ゆき
4　あめ

실전 테스트 바로듣기　*문제를 다 풀고 난 후, N5_문맥규정_실전테스트8.mp3를 들으며 다시 학습해 보세요.

정답 해설집 p.20

출제 형태 및 문제 풀이 Step

[문자·어휘 > 문제 4 유의 표현]은 제시문과 의미가 같거나 비슷한 문장을 고르는 문제로, 총 3문항이 출제돼요. 유의 표현에서도 한자는 사용되지 않아요.

> うちは　だいどころが　ひろいです。
> 1　うちは　からだを　あらう　ところが　ひろいです。
> ✓ 2　うちは　ごはんを　つくる　ところが　ひろいです。
> 3　うちは　ねる　ところが　ひろいです。
> 4　うちは　ほんを　よむ　ところが　ひろいです。

Step 1

제시문과 선택지를 읽고, 제시문과 선택지의 다른 부분을 찾아 표시하기

제시문과 선택지의 다른 부분을 찾아 표시하고 다른 부분의 의미를 파악해요. 제시문의 だいどこ ろ는 '부엌', 1의 からだを　あらう　ところ는 '몸을 씻는 곳', 2의 ごはんを　つくる　ところ는 '밥을 만드는 곳', 3의 ねる　ところ는 '자는 곳', 4의 ほんを　よむ　ところ는 '책을 읽는 곳'이라 는 의미예요.

Step 2

제시문을 정확히 해석한 후, 의미가 같거나 비슷한 선택지를 정답으로 고르기

제시문의 だいどころ가 '부엌'이라는 의미이고, 제시문이 '우리 집은 부엌이 넓습니다'이므로 だいどころ (부엌)와 의미가 유사한 ごはんをつくるところ(밥을 만드는 곳)를 포함한 2를 정답으로 골라요.

위 문제의 해석과 어휘에 대한 설명은 해설집 p.21에서 확인할 수 있어요.

⊸◯ 출제 경향

① **제시문 속 특정 표현과 의미가 같거나 비슷한 표현을 고르는 문제가 출제돼요.**

제시문 속 특정 표현과 의미가 같거나 비슷한 표현을 고르는 문제는, 제시문과 선택지 문장에서 특정 표현을 제외하고는 모두 형태가 동일해요. 따라서 제시문과 선택지 문장에서 형태가 다른 부분을 찾아 의미를 파악하는 것이 중요해요.

᭴ <u>トイレに</u>　いって　きました。화장실에 다녀왔습니다.

　① <u>おてあらいに</u>　いって　きました。화장실에 다녀왔습니다. (O)
　② <u>だいどころに</u>　いって　きました。부엌에 다녀왔습니다. (X)

② **제시문의 내용과 의미가 비슷하도록 바꿔 쓴 선택지를 고르는 문제가 출제돼요.**

제시문의 내용과 의미가 비슷하도록 바꿔 쓴 선택지를 고르는 문제는, 선택지들이 대부분 제시문과 형태가 달라요. 따라서 제시문과 선택지 문장 전체의 의미를 정확하게 파악해야 해요.

᭴ <u>せんたくを</u>　しました。세탁을 했습니다.

　① <u>ようふくを</u>　あらいました。옷을 빨았습니다. (O)
　② <u>ようふくを</u>　かいました。옷을 샀습니다. (X)

⊸◯ 학습 전략

① **한자 없이 히라가나로만 되어 있는 문장과 선택지를 읽고 의미를 파악하는 연습을 해야 해요.**

유의 표현에서는 한자 없이 히라가나로만 되어 있는 제시문과 선택지 문장을 정확히 읽고 의미를 파악할 수 있어야 해요. 따라서 QR코드와 MP3를 활용하여 <핵심 표현 및 필수 어휘>뿐만 아니라 실전 테스트도 음원을 듣고 따라 읽으면서 동시에 의미를 파악하는 연습을 꾸준히 해야 해요.

② **유의 표현에 자주 출제되는 표현을 꼼꼼히 외워 두세요.**

유의 표현에 자주 출제되는 표현을 유의어와 함께 묶어서 꼼꼼히 외워 두세요. 특히 <JLPT N5 필수 단어·문형 암기장>(p.20~23)을 활용하면 더 많은 표현을 유의어와 함께 편리하게 학습할 수 있어요.

핵심 표현 및 필수 어휘

■ 자주 출제되는 명사와 유의 표현　◀» N5_유의표현_핵심표현 및 필수어휘1.mp3　★표시는 2010년 이후 기출 어휘예요.

おおぜい	여럿, 많은 사람	≒	たくさんの　ひと	많은 사람
おととい ★	그저께	≒	ふつかまえ ★	2일 전
おととし ★	재작년	≒	にねんまえ ★	2년 전
おば	이모	≒	おかあさんの　いもうと	어머니의 여동생
きっさてん	찻집	≒	コーヒーや　おちゃを　のむ　ところ	커피나 차를 마시는 곳
きょうだい	형제	≒	あにと　おとうと	형과 남동생
けさ	오늘 아침	≒	きょうの　あさ	오늘 아침
しょくどう	식당	≒	レストラン ★	레스토랑
となり ★	옆	≒	ちかく	근처
やおや	채소가게	≒	やさいを　うって　いる　ところ	채소를 파는 곳
ゆうびんきょく ★	우체국	≒	てがみを　おくる　ところ	편지를 보내는 곳
りょうしん ★	부모님	≒	ちちと　はは ★	아버지와 어머니

■ 자주 출제되는 い·な형용사와 유의 표현　◀» N5_유의표현_핵심표현 및 필수어휘2.mp3

あまい ★	달다	≒	さとうが　はいって　いる	설탕이 들어가 있다
うるさい	시끄럽다	≒	しずかじゃない ★	조용하지 않다
おおい ★	많다	≒	たくさん　ある	많이 있다
まずい	맛없다	≒	おいしくない	맛있지 않다
やさしい ★	쉽다	≒	かんたんだ ★	간단하다
ひまだ ★	한가하다	≒	いそがしくない ★	바쁘지 않다
へただ ★	서투르다	≒	じょうずじゃない	잘하지 않다

■ 자주 출제되는 동사와 유의 표현
🔊 N5_유의표현_핵심표현 및 필수어휘3.mp3 ★표시는 2010년 이후 기출 어휘예요.

あらう★	씻다, 빨다	≒	せんたくする★	세탁하다
あるく★	걷다	≒	さんぽする★	산책하다
でかける	외출하다	≒	いえに　いない	집에 없다
ならう★	배우다	≒	べんきょうする★	공부하다
はたらく★	일하다	≒	しごとを　する★	일을 하다

■ 자주 출제되는 구와 유의 표현
🔊 N5_유의표현_핵심표현 및 필수어휘4.mp3

あかるく　する	밝게 하다	≒	でんきを　つける	전등을 켜다
いつも　めがねを　かけて　いる	항상 안경을 쓰고 있다	≒	めが　わるい	눈이 나쁘다
おもしろくない★	재미있지 않다	≒	つまらない★	재미없다
かのじょは　わたしの　いもうとだ	그녀는 나의 여동생이다	≒	わたしは　かのじょの　あねだ	나는 그녀의 언니이다
かばんに　ノートを　いれた	가방에 노트를 넣었다	≒	ノートは　かばんの　なかに　ある	노트는 가방 안에 있다
きょうは　いつかだ。あさってから　やすみだ。★	오늘은 5일이다. 모레부터 방학이다.	≒	やすみは　なのかからだ。★	방학은 7일부터이다.
せんせいだ	선생님이다	≒	がっこうで　じゅぎょうを　する	학교에서 수업을 하다
だれとも　いっしょに　すんで　いない	누구와도 함께 살고 있지 않다	≒	ひとりで　すんで　いる	혼자서 살고 있다
ちちが　あにに　じてんしゃを　あげる	아버지가 형에게 자전거를 준다	≒	あにが　ちちに　じてんしゃを　もらう	형이 아버지에게 자전거를 받는다
デパートに　いって　くる	백화점에 갔다 오다	≒	かいものを　する	쇼핑을 하다
へやが　きれいに　なる	방이 깨끗해지다	≒	そうじを　する	청소를 하다

もんだい4 ＿＿＿の ぶんと だいたい おなじ いみの ぶんが あります。
1・2・3・4から いちばん いい ものを ひとつ えらんで
ください。

19 もりさんは せんせいです。

1 もりさんは みせで ものを うります。

2 もりさんは がっこうで じゅぎょうを します。

3 もりさんは みせで ごはんを つくります。

4 もりさんは がっこうで じゅぎょうを ききます。

20 あそこに やさいを うって いる ところが あります。

1 あそこに やおやが あります。

2 あそこに はなやが あります。

3 あそこに アパートが あります。

4 あそこに びょういんが あります。

21 きょうは いつかです。あさってから やすみです。

1 やすみは みっかからです。

2 やすみは むいかからです。

3 やすみは なのかからです。

4 やすみは よっかからです。

실전 테스트 바로듣기 *문제를 다 풀고 난 후, N5_유의표현_실전테스트1.mp3를 들으며 다시 학습해 보세요.

정답 해설집 p.21

84 무료 학습자료 제공 **japan.Hackers.com**

もんだい4 _____の ぶんと だいたい おなじ いみの ぶんが あります。
1・2・3・4から いちばん いい ものを ひとつ えらんで
ください。

19 きっさてんで はたらいて います。

1 きっさてんで しょくじを して います。

2 きっさてんで べんきょうを して います。

3 きっさてんで しごとを して います。

4 きっさてんで でんわを して います。

20 がっこうの となりに ぎんこうが あります。

1 がっこうの ちかくに ぎんこうが あります。

2 がっこうの ちかくに ぎんこうが ありません。

3 がっこうの なかに ぎんこうが あります。

4 がっこうの なかに ぎんこうが ありません。

21 かのじょは わたしの いもうとです。

1 わたしは かのじょの おとうとです。

2 わたしは かのじょの ははです。

3 わたしは かのじょの ちちです。

4 わたしは かのじょの あねです。

실전 테스트 바로듣기 *문제를 다 풀고 난 후, N5_유의표현_실전테스트2.mp3를 들으며 다시 학습해 보세요.

정답 해설집 p.21

もんだい4　＿＿＿の　ぶんと　だいたい　おなじ　いみの　ぶんが　あります。
1・2・3・4から　いちばん　いい　ものを　ひとつ　えらんで
ください。

19　きのう　よんだ　ほんは　つまらなかったです。
1　きのう　よんだ　ほんは　やさしかったです。
2　きのう　よんだ　ほんは　やさしく　なかったです。
3　きのう　よんだ　ほんは　おもしろかったです。
4　きのう　よんだ　ほんは　おもしろく　なかったです。

20　たくさんの　ひとの　まえで　はなしました。
1　がくせいの　まえで　はなしました。
2　けいかんの　まえで　はなしました。
3　おおぜいの　まえで　はなしました。
4　かぞくの　まえで　はなしました。

21　かれは　だれとも　いっしょに　すんで　いません。
1　かれは　りょうしんと　すんで　います。
2　かれは　ひとりで　すんで　います。
3　かれは　ともだちと　すんで　います。
4　かれは　ふたりで　すんで　います。

실전 테스트 바로듣기　*문제를 다 풀고 난 후, N5_유의표현_실전테스트3.mp3를 들으며 다시 학습해 보세요.　　정답 해설집 p.22

もんだい4 ＿＿＿の　ぶんと　だいたい　おなじ　いみの　ぶんが　あります。
1・2・3・4から　いちばん　いい　ものを　ひとつ　えらんで
ください。

19 ここは　ゆうびんきょくです。

1　ここは　てがみを　おくる　ところです。

2　ここは　べんきょうを　する　ところです。

3　ここは　りょうりを　する　ところです。

4　ここは　えいがを　みる　ところです。

20 ははの　たんじょうびは　おとといでした。

1　ははの　たんじょうびは　よっかまえでした。

2　ははの　たんじょうびは　みっかまえでした。

3　ははの　たんじょうびは　ふつかまえでした。

4　ははの　たんじょうびは　いちにちまえでした。

21 かのじょは　いつも　めがねを　かけて　います。

1　かのじょは　みみが　わるいです。

2　かのじょは　あしが　わるいです。

3　かのじょは　はが　わるいです。

4　かのじょは　めが　わるいです。

실전 테스트 바로듣기　*문제를 다 풀고 난 후, N5_유의표현_실전테스트4.mp3를 들으며 다시 학습해 보세요.

정답 해설집 p.22

5일 문자·어휘 | 문제 4 유의 표현　**87**

もんだい4　＿＿＿の　ぶんと　だいたい　おなじ　いみの　ぶんが　あります。
1・2・3・4から　いちばん　いい　ものを　ひとつ　えらんで
ください。

19　きょうしつが　うるさいです。

1　きょうしつが　きれいです。

2　きょうしつが　きれいじゃ　ないです。

3　きょうしつが　しずかです。

4　きょうしつが　しずかじゃ　ないです。

20　きのうは　あにと　おとうとに　あいました。

1　きのうは　りょうしんに　あいました。

2　きのうは　ともだちに　あいました。

3　きのうは　きょうだいに　あいました。

4　きのうは　がいこくじんに　あいました。

21　デパートに　いって　きました。

1　せんたくを　しました。

2　かいものを　しました。

3　しゅくだいを　しました。

4　りょこうを　しました。

もんだい4　＿＿＿の　ぶんと　だいたい　おなじ　いみの　ぶんが　あります。
1・2・3・4から　いちばん　いい　ものを　ひとつ　えらんで
ください。

19　やまださんは　いま　ひまです。
1　やまださんは　いま　いそがしく　ないです。
2　やまださんは　いま　いそがしいです。
3　やまださんは　いま　げんきじゃ　ないです。
4　やまださんは　いま　げんきです。

20　けさ　しんぶんを　よみました。
1　きのうの　あさ　しんぶんを　よみました。
2　きのうの　よる　しんぶんを　よみました。
3　きょうの　あさ　しんぶんを　よみました。
4　きょうの　よる　しんぶんを　よみました。

21　へやが　きれいに　なりました。
1　さくぶんを　しました。
2　そうじを　しました。
3　りょうりを　しました。
4　さんぽを　しました。

실전 테스트 바로듣기　*문제를 다 풀고 난 후, N5_유의표현_실전테스트6.mp3를 들으며 다시 학습해 보세요.

정답 해설집 p.24

5일 문자·어휘 | 문제 4 유의 표현　89

もんだい4 _____の　ぶんと　だいたい　おなじ　いみの　ぶんが　あります。
1・2・3・4から　いちばん　いい　ものを　ひとつ　えらんで
ください。

19　この　ほんは　ないようが　かんたんです。

　1　この　ほんは　ないようが　おもしろいです。

　2　この　ほんは　ないようが　おおいです。

　3　この　ほんは　ないようが　むずかしいです。

　4　この　ほんは　ないようが　やさしいです。

20　かれは　りょうりが　へたです。

　1　かれは　りょうりが　じょうずです。

　2　かれは　りょうりが　すきです。

　3　かれは　りょうりが　じょうずじゃ　ないです。

　4　かれは　りょうりが　すきじゃ　ないです。

21　ちちは　あにに　じてんしゃを　あげました。

　1　あには　ちちに　じてんしゃを　もらいました。

　2　ちちは　あにに　じてんしゃを　かりました。

　3　あには　ちちに　じてんしゃを　かりました。

　4　ちちは　あにに　じてんしゃを　もらいました。

실전 테스트 바로듣기 *문제를 다 풀고 난 후, N5_유의표현_실전테스트7.mp3를 들으며 다시 학습해 보세요.

정답 해설집 p.24

90　무료 학습자료 제공 japan.Hackers.com

もんだい4 ＿＿＿の ぶんと だいたい おなじ いみの ぶんが あります。
1・2・3・4から いちばん いい ものを ひとつ えらんで
ください。

19 この おかしは まずいです。
1 この おかしは おおきいです。
2 この おかしは おおきく ないです。
3 この おかしは おいしいです。
4 この おかしは おいしく ないです。

20 ここは コーヒーや おちゃを のむ ところです。
1 ここは きっさてんです。
2 ここは ぎんこうです。
3 ここは こうばんです。
4 ここは としょかんです。

21 かばんに ノートを いれました。
1 ノートは かばんの となりに あります。
2 ノートは かばんの うえに あります。
3 ノートは かばんの なかに あります。
4 ノートは かばんの したに あります。

실전 테스트 바로듣기 *문제를 다 풀고 난 후, N5_유의표현_실전테스트8.mp3를 들으며 다시 학습해 보세요.

정답 해설집 p.25

문법

괄호 안에 들어갈 조사를 고르세요.

私は　夏休みに　すいえい（　　　）習いました。

저는 여름방학에 수영 (　　　) 배웠습니다.

1 で	2 を	3 の	4 が
에서	을	의	이

정답 : 2

학습목표

문법에서는 이처럼 괄호에 들어갈 알맞은 조사를 고르는 문제가 출제돼요. N5에 자주 나오는 조사의 의미를 예문과 함께 암기해 보아요.

1. 조사의 역할

조사는 주로 명사와 결합하여 주어나 목적어를 만들어주고 수식, 강조 등의 의미를 덧붙이는 등 문장 내에서 단어와 단어를 연결해요.

[주어]　私は　会社に　行きます。　나는 회사에 갑니다.

[목적어]　友だちは　バナナを　食べます。　친구는 바나나를 먹습니다.

[수식]　これは　私の　かばんです。　이것은 나의 가방입니다.

[강조]　この　仕事は　あなたしか　できません。　이 일은 당신밖에 할 수 없습니다.

2. N5 필수 조사

か ~할지	パーティーに　だれが　来るか　わかりません。 파티에 누가 올지 모릅니다.
か ~까? (의문문을 만드는 조사)	彼は　大学生ですか。 그는 대학생입니까?
か ~(인)가	誰か　ペンを　貸して　くれませんか。 누군가 펜을 빌려주지 않겠습니까?
が ~이(가)	空が　とても　きれいです。 하늘이 매우 예쁩니다.
から ~부터, ~에서	日本語の　テストは　9時からです。 일본어 시험은 9시부터 입니다.

から ~때문에	日曜日_{にちようび}だから 授業_{じゅぎょう}が ありません。 일요일이기 때문에 수업이 없습니다.

| から | 日曜日だから 授業が ありません。 |

から ~때문에	日曜日だから 授業が ありません。 일요일이기 때문에 수업이 없습니다.
くらい ~정도, ~만큼	家から 駅まで 15分くらいです。 집에서 역까지 15분 정도입니다.
けれど(も) ~지만	アルバイトは 大変だけれど、楽しいです。 아르바이트는 힘들지만, 즐겁습니다.
し ~고	この カメラは 小さいし、軽いです。 이 카메라는 작고, 가볍습니다.
しか ~밖에	この クラスに 韓国人は 私しか いません。 이 학급에 한국인은 저밖에 없습니다.
だけ ~만, ~뿐	一つだけ 質問が あります。 한 가지만 질문이 있습니다.
で 1. ~에서 2. ~로	1. 毎日、図書館で 勉強します。 　매일, 도서관에서 공부합니다. 2. 大学には 自転車で 通って います。 　대학에는 자전거로 다니고 있습니다.
でも ~라도, ~든지	コーヒーでも 飲みませんか。 커피라도 마시지 않겠습니까?

📋 **확인 문제** 밑줄에 들어갈 알맞은 조사를 골라보세요.

01 空_{そら}＿＿＿＿ とても きれいです。　　　ⓐ が　　　ⓑ しか

02 コーヒー＿＿＿＿ 飲_のみませんか。　　　ⓐ で　　　ⓑ でも

03 一つ_{ひと}＿＿＿＿ 質問_{しつもん}が あります。　　　ⓐ だけ　　　ⓑ から

04 家_{いえ}から 駅_{えき}まで 15分_{ふん}＿＿＿＿ です。　　　ⓐ けれど　　　ⓑ くらい

05 パーティーに だれが 来_くる＿＿＿＿ わかりません。　　　ⓐ し　　　ⓑ か

정답: 01 ⓐ 02 ⓑ 03 ⓐ 04 ⓑ 05 ⓑ

と 1. ~과(와) 2. ~라고	1. 朝、パンと バナナを 食べました。 아침, 빵과 바나나를 먹었습니다. 2. 週末は いそがしいと 思います。 주말은 바쁘다고 생각합니다.
など ~등	机の 上に 本や ノート などが あります。 책상 위에 책이나 노트 등이 있습니다.
に 1. ~에게, ~에 2. ~하러 3. '~를 만나다'라고 할 때는 　조사 に를 사용해요. 4. '~를 타다'라고 할 때는 　조사 に를 사용해요.	1. 母に 手紙を 書きます。 엄마에게 편지를 씁니다. 2. これから 買い物に 行きます。 이제부터 쇼핑하러 갑니다. 3. 駅で 友だちに 会いました。 역에서 친구를 만났습니다. 4. バスに 乗ります。 버스를 탑니다.
の ~의	これは 田中さんの 本ですか。 이것은 다나카 씨의 책입니까?
の ~것	それは 私のです。 그것은 제 것입니다.
ので ~때문에, ~므로	かぜを ひいたので、休みます。 감기를 걸렸기 때문에, 쉽니다.
のに ~인데, ~(하)는 데에	薬を 飲んだのに、よく なりません。 약을 먹었는데, 좋아지지 않습니다.
は ~는(은)	父は 会社員です。 아버지는 회사원입니다.
へ ~에	子どもと 公園へ 行きます。 아이와 공원에 갑니다.
ほど ~정도	学校の 生徒は 300人ほどです。 학교의 학생은 300명 정도입니다.

まで ~까지(지속)	銀行(ぎんこう)は 午後(ごご) 4時(じ)までです。 은행은 오후 4시까지입니다.
までに ~까지(기한, 한계)	金曜日(きんようび)までに 宿題(しゅくだい)を 出(だ)します。 금요일까지 숙제를 냅니다.
も ~도, ~(이)나	彼女(かのじょ)は 歌(うた)も ダンスも 上手(じょうず)です。 그녀는 노래도 댄스도 잘합니다.
や ~(이)나	新聞(しんぶん)や 雑誌(ざっし)を よく 読(よ)みます。 신문이나 잡지를 자주 읽습니다.
より ~보다	妹(いもうと)は 私(わたし)より 背(せ)が 高(たか)いです。 여동생은 저보다 키가 큽니다.
を ~을(를)	寒(さむ)いので、まどを 閉(し)めました。 춥기 때문에, 창문을 닫았습니다.

📋 **확인 문제** 밑줄에 들어갈 알맞은 조사를 골라보세요.

01 駅(えき)で 友(とも)だち_____ 会(あ)いました。 ⓐ に ⓑ へ

02 学校(がっこう)の 生徒(せいと)は 300人(にん)_____ です。 ⓐ より ⓑ ほど

03 銀行(ぎんこう)は 午後(ごご) 4時(じ)_____ です。 ⓐ まで ⓑ までに

04 寒(さむ)いので、まど_____ 閉(し)めました。 ⓐ を ⓑ や

05 かぜを ひいた_____、休(やす)みます。 ⓐ ので ⓑ のに

정답: 01 ⓐ 02 ⓑ 03 ⓐ 04 ⓐ 05 ⓐ

괄호 안에 들어갈 부사를 고르세요.

公園には 人が（　　　　）いました。

공원에는 사람이（　　　）있었습니다.

1 いくら	2 たくさん	3 とても	4 あまり
아무리	많이	매우	그다지

정답 : 2

학습목표

문법에서는 이처럼 괄호에 들어갈 알맞은 부사를 고르는 문제가 출제돼요. N5에 자주 나오는 부사의 의미를 예문과 함께 암기해 보아요.

---

1. 부사의 역할

부사는 동작이나 상태의 정도, 빈도 등을 나타내며, 동사, 형용사, 다른 부사 혹은 문장 전체를 수식하는 역할을 해요.

[동사 수식]　写真を　たくさん　撮りました。　사진을 많이 찍었습니다.
　　　　　　　　　　　부사 ├───→ 동사

[형용사 수식]　この　料理は　とても　おいしいです。　이 요리는 매우 맛있습니다.
　　　　　　　　　　　　　　부사 ├──→ 형용사

[부사 수식]　もっと　ゆっくり　話して　ください。　좀 더 천천히 이야기해 주세요.
　　　　　　　부사 ├─→ 부사

2. N5 필수 부사

부사에는 정도, 시간, 강조 등을 나타내는 부사가 있어요.

(1) 정도를 나타내는 부사

あまり 그다지	スポーツは　あまり　好きでは　ありません。 스포츠는 그다지 좋아하지 않습니다.	
いくら 아무리, 얼마나	妹は　いくら　食べても　太りません。 여동생은 아무리 먹어도 살찌지 않습니다.	
すこし 조금, 약간	りんごが　一つ　200円は　すこし　高いです。 사과가 한 개 200엔은 조금 비쌉니다.	
ずっと 계속, 쭉, 훨씬	ずっと　雨が　ふって　います。 계속 비가 내리고 있습니다.	

たいてい 대개, 대부분	週末は たいてい 家に います。 주말은 대개 집에 있습니다.
だいぶ 상당히, 꽤	日本語が だいぶ 上手に なりました。 일본어를 상당히 잘하게 되었습니다.
たいへん 대단히, 몹시	これは たいへん 難しい 問題です。 이것은 대단히 어려운 문제입니다.
たくさん 많이	本を たくさん 借りました。 책을 많이 빌렸습니다.
ちょっと 조금	ちょっと 待って ください。 조금 기다려 주세요.
とても 매우, 대단히	今日は とても いそがしかったです。 오늘은 매우 바빴습니다.
なかなか 1. (부정 표현과 함께) 좀처럼 ~않다 2. 상당히	1. 今日は バスが なかなか 来ませんでした。 오늘은 버스가 좀처럼 오지 않았습니다. 2. 昨日 見た 映画は なかなか おもしろかったです。 어제 본 영화는 상당히 재미있었습니다.
もっと 좀 더, 더욱	もっと 大きい 家に 住みたいです。 좀 더 큰 집에 살고 싶습니다.
よく 자주	休みの 日は よく カフェに 行きます。 쉬는 날은 자주 카페에 갑니다.

6일

필수 문법

해커스 JLPT N5 한 권으로 합격

📄 **확인 문제** 밑줄에 들어갈 알맞은 부사를 골라보세요.

01 日本語が_____上手に なりました。　　　　ⓐ あまり　　ⓑ だいぶ

02 休みの 日は_____カフェに 行きます。　　　ⓐ よく　　　ⓑ とても

03 _____待って ください。　　　　　　　　　ⓐ ちょっと　ⓑ なかなか

04 _____大きい 家に 住みたいです。　　　　　ⓐ いくら　　ⓑ もっと

05 りんごが 一つ 200円は_____高いです。　　ⓐ すこし　　ⓑ たいてい

정답: 01 ⓑ 02 ⓐ 03 ⓐ 04 ⓑ 05 ⓐ

(2) 시간을 나타내는 부사

いつか 언젠가	いつか　また　遊^{あそ}びましょう。 언젠가 또 놉시다.
いつも 언제나, 늘	いつも　寝^ねる　前^{まえ}に　お風呂^{ふろ}に　入^{はい}ります。 언제나 자기 전에 목욕을 합니다.
すぐに 바로, 곧, 즉시	彼女^{かのじょ}は　会社^{かいしゃ}を　すぐに　やめました。 그녀는 회사를 바로 그만두었습니다.
だんだん 점점	だんだん　空^{そら}が　暗^{くら}く　なりました。 점점 하늘이 어두워졌습니다.
ちょうど 마침	ちょうど　先生^{せんせい}が　来^きました。 마침 선생님이 왔습니다.
ときどき 때때로	彼^{かれ}は　ときどき　変^{へん}な　ことを　言^いいます。 그는 때때로 이상한 것을 말합니다.
はじめて 처음(으로)	たこやきを　はじめて　食^たべました。 다코야끼를 처음으로 먹었습니다.
まだ 아직, 여태까지	弟^{おとうと}は　まだ　小学生^{しょうがくせい}です。 남동생은 아직 초등학생입니다.
もう 벌써, 이제, 이미	けがは　もう　治^{なお}りましたか。 상처는 벌써 나았습니까?

(3) 강조의 역할을 하는 부사

いちばん 가장, 첫째로	ここから　いちばん　近^{ちか}い　駅^{えき}は　どこ　ですか。 여기에서 가장 가까운 역은 어디입니까?
ぜんぜん 전혀	彼女^{かのじょ}は　ぜんぜん　お酒^{さけ}を　飲^のみません。 그녀는 전혀 술을 마시지 않습니다.
どうぞ 부디, 아무쪼록	どうぞ　よろしく　お願^{ねが}いします。 부디 잘 부탁합니다.
とくに 특히	今日^{きょう}は　まつりなので、とくに　町^{まち}が　にぎやかです。 오늘은 축제이기 때문에, 특히 거리가 활기찹니다.
なにも 아무것도	デパートに　行^いきましたが、なにも　買^かいませんでした。 백화점에 갔습니다만, 아무것도 사지 않았습니다.

また 또	来週も　また　山に　登ります。 다음 주도 또 산에 오릅니다.

(4) 그 외의 부사

いっしょに 함께	友だちと　いっしょに　帰りました。 친구와 함께 돌아갔습니다.
いろいろ 여러 가지	友だちに　いろいろ　プレゼントを　もらいました。 친구에게 여러 가지 선물을 받았습니다.
たぶん 아마	たぶん　明日は　もっと　寒くなると　思います。 아마 내일은 좀 더 추워질 거라고 생각합니다.
なぜ 왜, 어째서	事故は　なぜ　起きましたか。 사고는 왜 일어났습니까?
まっすぐ 쭉, 똑바로	交番は　この　道を　まっすぐ　行って　左です。 파출소는 이 길을 쭉 가서 왼쪽입니다.
もちろん 물론	留学が　大変な　ことは　もちろん　分かって　います。 유학이 큰 일인 것은 물론 알고 있습니다.
ゆっくり 느긋하게	公園を　ゆっくり　散歩しました。 공원을 느긋하게 산책했습니다.

📋 확인 문제 밑줄에 들어갈 알맞은 부사를 골라보세요.

01 来週も＿＿＿＿山に　登ります。　　　　　　　ⓐ また　　　ⓑ もう

02 公園を＿＿＿＿散歩しました。　　　　　　　　ⓐ どうぞ　　ⓑ ゆっくり

03 たこやきを＿＿＿＿食べました。　　　　　　　ⓐ だんだん　ⓑ はじめて

04 ＿＿＿＿寝る　前に　お風呂に　入ります。　　ⓐ いつも　　ⓑ ぜんぜん

05 今日は　まつりなので、＿＿＿＿町が　にぎやかです。ⓐ すぐに　ⓑ とくに

정답: 01 ⓐ 02 ⓑ 03 ⓑ 04 ⓐ 05 ⓑ

예문 바로듣기

🔊 N5_필수문법_03접속사.mp3

괄호 안에 들어갈 접속사를 고르세요.

けさ　学校に　行きました。（　　　　）だれも　いませんでした。

오늘 아침 학교에 갔습니다. (　　　) 아무도 없었습니다.

1 それから	**2** それで	**3** だから	**4** しかし
그 다음에	그래서	그러니까	하지만

정답 : 4

학습목표

문법에서는 이처럼 괄호에 들어갈 알맞은 접속사를 고르는 문제가 출제돼요. N5에 자주 나오는 접속사의 의미를 예문과 함께 암기해 보아요.

---

1. 접속사의 역할

접속사는 단어와 단어, 혹은 문장과 문장을 연결하는 역할을 하며, 순접, 역접, 보충 등의 관계를 나타내요.

[단어 연결] バス、**または**　電車で　行きます。
　　　　　　　단어　　　　　　　단어

버스, 또는 전철로 갑니다.

[문장 연결] 私は　犬が　好きです。**でも**、ねこは　あまり　好きでは　ありません。
　　　　　　　　　　문장　　　　　　　＋　　　　　　　　　　　문장

저는 강아지를 좋아합니다. 그렇지만, 고양이는 그다지 좋아하지 않습니다.

---

2. N5 필수 접속사

(1) 순접

じゃあ(=じゃ) 그럼	じゃあ、私は　先に　帰ります。 그럼, 저는 먼저 돌아가겠습니다.
そうすると 그러자	薬を　飲みました。**そうすると**、熱が　下がりました。 약을 먹었습니다. 그러자, 열이 내렸습니다.
そして 그리고	たくさん　勉強しました。**そして**、大学に　入りました。 많이 공부했습니다. 그리고, 대학에 들어갔습니다.
それから 그 다음에, 그리고 또	土曜日は　ショッピングを　しました。**それから**、レストランで　食事を　しました。 토요일은 쇼핑을 했습니다. 그 다음에, 레스토랑에서 식사를 했습니다.
それで 그래서	宿題の　答えが　分かりませんでした。**それで**、先生に　聞きに　来ました。 숙제의 답을 몰랐습니다. 그래서, 선생님에게 물으러 왔습니다.

だから 그래서, 그러니까	<ruby>明日<rt>あした</rt></ruby>は テストが あります。**だから**、<ruby>今日<rt>きょう</rt></ruby>は はやく <ruby>寝<rt>ね</rt></ruby>ます。 내일은 시험이 있습니다. 그래서, 오늘은 빨리 잡니다.
ですから 그러므로	<ruby>今日<rt>きょう</rt></ruby>は <ruby>日曜日<rt>にちようび</rt></ruby>です。**ですから**、<ruby>店<rt>みせ</rt></ruby>は <ruby>休<rt>やす</rt></ruby>みです。 오늘은 일요일입니다. 그러므로, 가게는 휴업입니다.
それでは(=では) 그럼	**それでは**、サッカーの <ruby>練習<rt>れんしゅう</rt></ruby>を <ruby>始<rt>はじ</rt></ruby>めましょう。 그럼, 축구 연습을 시작합시다.

(2) 역접

しかし 그러나, 하지만	<ruby>約束<rt>やくそく</rt></ruby>の <ruby>時間<rt>じかん</rt></ruby>に なりました。**しかし**、<ruby>彼<rt>かれ</rt></ruby>は <ruby>来<rt>き</rt></ruby>ませんでした。 약속 시간이 되었습니다. 그러나, 그는 오지 않았습니다.
でも 그렇지만	<ruby>新<rt>あたら</rt></ruby>しい テレビが ほしいです。**でも**、お<ruby>金<rt>かね</rt></ruby>が ありません。 새로운 텔레비전을 원합니다. 그렇지만, 돈이 없습니다.

(3) 보충

それに 게다가, 더욱이	<ruby>鈴木<rt>すずき</rt></ruby>さんは とても <ruby>親切<rt>しんせつ</rt></ruby>です。**それに**、<ruby>頭<rt>あたま</rt></ruby>も いいです。 스즈키 씨는 매우 친절합니다. 게다가, 머리도 좋습니다.
また 또한, 게다가	<ruby>父<rt>ちち</rt></ruby>は パンも ケーキも **また** クッキーも <ruby>作<rt>つく</rt></ruby>る ことが できます。 아빠는 빵도 케이크도 또한 쿠키도 만들 수 있습니다.
または 또는	<ruby>肉<rt>にく</rt></ruby>、**または** <ruby>魚<rt>さかな</rt></ruby>を <ruby>使<rt>つか</rt></ruby>います。 고기, 또는 생선을 사용합니다.

📄 **확인 문제** 밑줄에 들어갈 알맞은 접속사를 골라보세요.

01 <ruby>鈴木<rt>すずき</rt></ruby>さんは とても <ruby>親切<rt>しんせつ</rt></ruby>です。_____、<ruby>頭<rt>あたま</rt></ruby>も いいです。　　ⓐ それで　ⓑ それに

02 <ruby>新<rt>あたら</rt></ruby>しい テレビが ほしいです。_____、お<ruby>金<rt>かね</rt></ruby>が ありません。　　ⓐ または　ⓑ でも

03 <ruby>父<rt>ちち</rt></ruby>は パンも ケーキも_____ クッキーも <ruby>作<rt>つく</rt></ruby>る ことが できます。　ⓐ また　ⓑ だから

04 たくさん <ruby>勉強<rt>べんきょう</rt></ruby>しました。_____、<ruby>大学<rt>だいがく</rt></ruby>に <ruby>入<rt>はい</rt></ruby>りました。　　ⓐ しかし　ⓑ そして

05 <ruby>土曜日<rt>どようび</rt></ruby>は ショッピングを しました。_____、レストランで <ruby>食事<rt>しょくじ</rt></ruby>を しました。

　　　　　　　　　　　　　　　　　　　　　　　　　　　　ⓐ それから　ⓑ それでは

정답: 01 ⓑ 02 ⓑ 03 ⓐ 04 ⓑ 05 ⓐ

예문 바로듣기

N5_필수문법_04지시어 및 의문사.mp3

괄호 안에 들어갈 지시어를 고르세요.

A「(　　　　) は　どこで　買^かいましたか。」

A "(　　　)은 어디에서 샀습니까?"

B「家^{いえ}の　近^{ちか}くに　ある　デパートで　買^かいました。」

B "집 근처에 있는 백화점에서 샀습니다."

1 どれ	2 それ	3 どの	4 その
어느 것	그것	어느	그

정답 : 2

학습목표

문법에서는 이처럼 괄호에 들어갈 알맞은 지시어 및 의문사를 고르는 문제가 출제돼요. N5에 자주 나오는 지시어 및 의문사의 의미를 예문과 함께 암기해 보아요.

---

1. 지시어 및 의문사의 역할

지시어는 사물, 장소, 방향 등을 가리킬 때 사용하며, 의문사는 무엇, 언제, 어디, 누구 등과 같이 정보를 물어볼 때 사용하는 표현이에요.

[지시어] **これ**は　コーヒーです。　이것은 커피입니다.

[지시어] **そこ**は　カフェです。　거기는 카페입니다.

[지시어] 駅^{えき}は　**あちら**です。　역은 저쪽입니다.

[의문사] あれは　**なん**ですか。　저것은 무엇입니까?

[의문사] アメリカには　**いつ**　行^いきますか。　미국에는 언제 갑니까?

[의문사] **だれ**が　歌^{うた}いますか。　누가 노래를 부릅니까?

2. N5 필수 지시어 및 의문사

(1) 지시어

	こ 이	**そ** 그	**あ** 저	**ど** 어느
사물	これ 이것	それ 그것	あれ 저것	どれ 어느 것
장소	ここ 여기	そこ 거기	あそこ 저기	どこ 어디
명사 수식	この 이	その 그	あの 저	どの 어느
	こんな 이런	そんな 그런	あんな 저런	どんな 어떤
방향	こちら こっち 이쪽	そちら そっち 그쪽	あちら あっち 저쪽	どちら どっち 어느 쪽

あれは 飛行機です。 저것은 비행기입니다.

トイレは どこですか。 화장실은 어디입니까?

その 建物は 図書館です。 그 건물은 도서관입니다.

田中さんは **どんな** 人ですか。 다나카 씨는 어떤 사람입니까?

出口は **こちら**です。 출구는 이쪽입니다.

そっちは 危ないです。 그쪽은 위험합니다.

📋 **확인 문제** 밑줄에 들어갈 알맞은 지시어를 골라보세요.

01 ＿＿＿＿建物は 図書館です。　　　　　　　ⓐ その　　　ⓑ それ

02 出口は＿＿＿＿です。　　　　　　　　　　　ⓐ こちら　　ⓑ こんな

03 トイレは＿＿＿＿ですか。　　　　　　　　　ⓐ どの　　　ⓑ どこ

04 ＿＿＿＿は 飛行機です。　　　　　　　　　　ⓐ あれ　　　ⓑ あそこ

05 田中さんは＿＿＿＿人ですか。　　　　　　　ⓐ どちら　　ⓑ どんな

정답: 01 ⓐ 02 ⓐ 03 ⓑ 04 ⓐ 05 ⓑ

(2) 의문사

いかが 어떻습니까, 어떻게	<ruby>水<rt>みず</rt></ruby>は いかが ですか。 물은 어떻습니까?
どう 어떻게	<ruby>駅<rt>えき</rt></ruby>まで どう <ruby>行<rt>い</rt></ruby>きますか。 역까지 어떻게 갑니까?
いくつ 1. 몇 개 2. 몇 살	1. たまごは いくつ <ruby>必要<rt>ひつよう</rt></ruby> ですか。 　　계란은 몇 개 필요합니까? 2. <ruby>弟<rt>おとうと</rt></ruby>さんは いくつ ですか。 　　남동생은 몇 살입니까?
いくら 얼마	これは いくら ですか。 이것은 얼마입니까?
いつ 언제	<ruby>誕生日<rt>たんじょうび</rt></ruby>は いつ ですか。 생일은 언제입니까?
だれ 누구	だれの かばん ですか。 누구의 가방입니까?
どなた 누구, 어느 분	そちらは どなた ですか。 그쪽은 누구십니까?
どうして 어째서	どうして <ruby>授業<rt>じゅぎょう</rt></ruby>に <ruby>来<rt>き</rt></ruby>ません でしたか。 어째서 수업에 오지 않았습니까?
なぜ 왜	なぜ <ruby>泣<rt>な</rt></ruby>いて いるか わかりません。 왜 울고 있는지 모릅니다.
なんで 왜	なんで <ruby>電車<rt>でんしゃ</rt></ruby>が <ruby>止<rt>と</rt></ruby>まって いますか。 왜 전철이 멈춰 있습니까?
どこ 어디	どこに <ruby>住<rt>す</rt></ruby>んで いますか。 어디에 살고 있습니까?
どこか 어딘가 *의문사 どこ와 조사 か를 결합하여 의문 　사처럼 사용해요.	どこか <ruby>行<rt>い</rt></ruby>きたい ところが ありますか。 어딘가 가고 싶은 곳이 있습니까?
どちら 어느 쪽	どちらが いいですか。 어느 쪽이 좋습니까?

どんな 어떤	**どんな** 色が 好き ですか。 어떤 색을 좋아합니까?
なん (何) 몇	**なんじに** 行きますか。 몇 시에 갑니까?
なん・なに (何) 무엇	好きな 食べ物は **なん** ですか。 좋아하는 음식은 무엇입니까?
なにか 무언가 *의문사 なに와 조사 か를 결합하여 의문 사처럼 사용해요.	**なにか** 質問は ありますか。 무언가 질문은 있습니까?

📝 **확인 문제** 밑줄에 들어갈 알맞은 의문사를 골라보세요.

01 誕生日は＿＿＿＿ですか。 　　　　　　 ⓐ いつ 　 ⓑ だれ

02 ＿＿＿＿電車が 止まって いますか。 　 ⓐ なにか 　 ⓑ なんで

03 たまごは＿＿＿＿必要ですか。 　　　　　 ⓐ いかが 　 ⓑ いくつ

04 そちらは＿＿＿＿ですか。 　　　　　　　 ⓐ どこか 　 ⓑ どなた

05 駅まで＿＿＿＿行きますか。 　　　　　　 ⓐ なに 　 ⓑ どう

정답: 01 ⓐ 02 ⓑ 03 ⓑ 04 ⓑ 05 ⓑ

05 빈출 문형

예문 바로듣기

🔊 N5_필수문법_05빈출문형.mp3

괄호 안에 들어갈 문형을 고르세요.

今日は　カレーが　（　　　　）たいです。
오늘은 카레가 (　　) 싶습니다.

1 食べて	2 食べた	3 食べ	4 食べる
먹어서	먹었다	먹고	먹다

정답 : 3

学習目標

문법에서는 이처럼 괄호에 들어갈 알맞은 문형을 고르는 문제가 출제돼요. N5에 자주 나오는 문형의 의미와 접속방법을 예문과 함께 암기해 보아요.

---

01 ～方 ~분들

접속　명사 + 方

예문　先生方に　あたたかい　メッセージを　もらいました。 선생님분들에게 따뜻한 메시지를 받았습니다.

02 ～じゅう ~내내

접속　명사 + じゅう

예문　今日は　一日じゅう　寝て　いました。 오늘은 하루 내내 잤습니다.

03 ～ちゅう ~중

접속　명사 + ちゅう

예문　今週ちゅうに　本を　返します。 이번 주 중에 책을 돌려줄게요.

04 ～たち ~들

접속　명사 + たち

예문　子どもたちが　元気に　サッカーを　して　います。 아이들이 힘차게 축구를 하고 있습니다.

05 ~に する ~로 하다

접속 명사 + に する

예문 私は うどんに します。 저는 우동으로 할게요.

06 ~に なる ~가 되다

접속 명사 + に なる

예문 彼は 医者に なりました。 그는 의사가 되었습니다.

📋 **확인 문제** 밑줄에 들어갈 알맞은 표현을 골라보세요.

01	子ども_____が 元気に サッカーを して います。	ⓐ がた	ⓑ たち
02	今週_____に 本を 返します。	ⓐ じゅう	ⓑ ちゅう
03	今日は 一日_____寝て いました。	ⓐ じゅう	ⓑ ちゅう
04	私は うどん_____。	ⓐ にします	ⓑ になります
05	彼は 医者_____。	ⓐ にしました	ⓑ になりました

정답: 01 ⓑ 02 ⓑ 03 ⓐ 04 ⓐ 05 ⓑ

07 〜の こと ~에 관한 것

접속   명사 + の　こと

예문   事故_{じこ}の　ことは　よく　覚_{おぼ}えて　いません。사고에 관한 것은 잘 기억하고 있지 않습니다.

08 〜と〜と どちら ~와 ~ 중 어느 쪽

접속   명사 + と + 명사 + と　どちら

예문   ねこと　いぬと　どちらが　好_すきですか。고양이와 강아지 중 어느 쪽을 좋아합니까?

09 〜おわる 다 ~(하)다, ~(하)는 것이 끝나다

접속   동사 ます형 + おわる

예문   みんなが　食_たべおわるまで、座_{すわ}って　いて　ください。모두가 다 먹을 때까지, 앉아 있어 주세요.

10 〜たい ~(하)고 싶다

접속   동사 ます형 + たい

예문   次_{つぎ}は　しあいに　勝_かちたいです。다음은 시합에 이기고 싶습니다.

11 〜ながら ~(하)면서

접속   동사 ます형 + ながら

예문   漢字_{かんじ}を　書_かきながら　覚_{おぼ}えます。한자를 쓰면서 외웁니다.

12 〜にくい ~(하)기 어렵다

접속   동사 ます형 + にくい

예문   この　はしは　大_{おお}きくて　使_{つか}いにくいです。이 젓가락은 커서 쓰기 어렵습니다.

13 〜はじめる ~(하)기 시작하다

접속   동사 ます형 + はじめる

예문   ギターを　習_{なら}いはじめました。기타를 배우기 시작했습니다.

14 ～やすい ~(하)기 쉽다

접속 동사 ます형 + やすい

예문 田中先生の じゅぎょうは 分かりやすいです。 다나카 선생님의 수업은 이해하기 쉽습니다.

15 ～ました ~(했)습니다

접속 동사 ます형 + ました

예문 昨日は 朝 7 時に 起きました。 어제는 아침 7시에 일어났습니다.

16 ～ましょう ~(합)시다, ~(해)요

접속 동사 ます형 + ましょう

예문 つかれたので、すこし 休みましょう。 지쳤으니까, 조금 쉽시다.

📋 **확인 문제** 밑줄에 들어갈 알맞은 표현을 골라보세요.

01 次は しあいに 勝ち_____。   ⓐ たいです   ⓑ おわります

02 ねこと いぬと_____が 好きですか。   ⓐ ながら   ⓑ どちら

03 田中先生の じゅぎょうは _____。   ⓐ 分かりましょう   ⓑ 分かりやすいです

04 この はしは 大きくて 使い_____。   ⓐ はじめます   ⓑ にくいです

05 昨日は 朝 7 時に_____。   ⓐ 起きます   ⓑ 起きました

정답: 01 ⓐ 02 ⓑ 03 ⓑ 04 ⓑ 05 ⓑ

17 **〜ません** ~(하)지 않습니다

접속 동사 ます형 + ません

예문 私は たばこを 吸いません。 저는 담배를 피우지 않습니다.

18 **〜ませんでした** ~(하)지 않았습니다

접속 동사 ます형 + ませんでした

예문 昨日は うちから 出ませんでした。 어제는 집에서 나오지 않았습니다.

19 **〜て ある** ~되어 있다

접속 동사 て형 + ある

예문 テーブルに 花が かざって あります。 테이블에 꽃이 장식되어 있습니다.

20 **〜て いく** ~(하)고 가다

접속 동사 て형 + いく

예문 ピクニックに お弁当を 持って いきます。 피크닉에 도시락을 가지고 갑니다.

21 **〜て いる** ~(하)고 있다, ~(한) 상태이다

접속 동사 て형 + いる

예문 夕方から 雪が ふって います。 저녁부터 눈이 내리고 있습니다.

22 **〜て おく** ~(해) 두다

접속 동사 て형 + おく

예문 暑かったので、エアコンを つけて おきました。 더웠기 때문에, 에어컨을 켜 두었습니다.

23 **〜て から** ~(하)고 나서

접속 동사 て형 + から

예문 野菜は 洗ってから 切ります。 야채는 씻고 나서 자릅니다.

24 ～て ください ~(해) 주세요

접속 　동사 て형 + ください

예문 　ここで 待_まって ください。 여기에서 기다려 주세요.

25 ～て くださいませんか ~(해) 주시지 않겠습니까?

접속 　동사 て형 + くださいませんか

예문 　仕事_{し ごと}を 手伝_{て つだ}って くださいませんか。 일을 도와 주시지 않겠습니까?

26 ～て くる ~(하)고 오다, ~(해) 오다

접속 　동사 て형 + くる

예문 　カフェで 勉強_{べんきょう}して きました。 카페에서 공부하고 왔습니다.

27 ～て しまう ~(해) 버리다

접속 　동사 て형 + しまう

예문 　ケータイを 落_おとして しまいました。 휴대전화를 떨어뜨려 버렸습니다.

📑 확인 문제 　밑줄에 들어갈 알맞은 표현을 골라보세요.

01 　テーブルに 花_{はな}が かざって_____。　　ⓐ あります　　ⓑ おきます

02 　カフェで 勉強_{べんきょう}して_____。　　ⓐ きました　　ⓑ しまいました

03 　ピクニックに お弁当_{べんとう}を 持_もって_____。　　ⓐ いきます　　ⓑ います

04 　野菜_{やさい}は 洗_{あら}って_____切_きります。　　ⓐ ください　　ⓑ から

05 　昨日_{きのう}は うちから_____。　　ⓐ 出_でてくださいませんか　　ⓑ 出_でませんでした

정답: 01 ⓐ 02 ⓐ 03 ⓐ 04 ⓑ 05 ⓑ

28 **～て みる** ~(해) 보다

접속 동사 て형 + みる

예문 もう いちど 考えて みます。 한 번 더 생각해 보겠습니다.

29 **～ても いい** ~(해)도 된다, ~(해)도 좋다

접속 동사 て형 + も いい

예문 写真を 撮っても いいですか。 사진을 찍어도 됩니까?

30 **～たり ～たりする** ~(하)거나 ~(하)거나 하다

접속 동사 た형 + り + 동사 た형 + りする

예문 週末は 音楽を 聞いたり、テレビを 見たりしました。
주말에는 음악을 듣거나, 텔레비전을 보거나 했습니다.

31 **～ことが できる** ~(할) 수 있다

접속 동사 사전형 + ことが できる

예문 私は 英語を 話す ことが できます。 저는 영어를 말할 수 있습니다.

32 **～ないで** ~(하)지 않고

접속 동사 ない형 + ないで

예문 彼は 手を 洗わないで、食事を しました。 그는 손을 씻지 않고, 식사를 했습니다.

33 **～つもりだ** ~(할) 생각이다, ~(할) 작정이다

접속 1 동사 사전형 + つもりだ   2 동사 ない형 + ない つもりだ

예문 1 彼女と 結婚する つもりです。 그녀와 결혼할 생각입니다.
    2 高橋さんに あやまらない つもりですか。 다카하시 씨에게 사과하지 않을 생각입니까?

34 ～に 行く ~(하)러 가다

접속　1 동작 명사 + に　行く　　　　　　　　　　2 동사 ます형 + に　行く

예문　1 デパートへ　買い物に　行きます。 백화점에 쇼핑하러 갑니다.
　　　2 海へ　泳ぎに　行きました。 바다에 수영하러 갔습니다.

35 ～に 来る ~(하)러 오다

접속　1 동작 명사 + に　来る　　　　　　　　　　2 동사 ます형 + に　来る

예문　1 学生が　質問に　来ました。 학생이 질문하러 왔습니다.
　　　2 今日、友だちが　家に　遊びに　来ます。 오늘, 친구가 집에 놀러 옵니다.

36 ～か～ないか ~(하)는지 ~(하)지 않는지, ~(할)지 ~(하)지 않을지, ~인지 ~이 아닌지

접속　1 동사 사전형 + か + 동사 ない형 + ないか
　　　2 な형용사 어간 + か + な형용사 어간 では(=じゃ) + ないか
　　　3 い형용사 사전형 + か + い형용사 어간 く + ないか
　　　4 명사 + か + 명사 では(=じゃ) + ないか

예문　1 彼が　たばこを　吸うか　吸わないか、知りません。 그가 담배를 피우는지 피우지 않는지, 모릅니다.
　　　2 番号が　同じか　同じじゃ　ないか　もう　一度　見て　ください。
　　　　번호가 같은지 같지 않은지 한 번 더 봐 주세요.
　　　3 今日　買った　本が、おもしろいか　おもしろく　ないか　分かりません。
　　　　오늘 산 책이, 재미있을지 재미있지 않을지 모릅니다.
　　　4 彼が　学生か　学生では　ないか　分かりません。 그가 학생인지 학생이 아닌지 모릅니다.

📄 **확인 문제** 밑줄에 들어갈 알맞은 표현을 골라보세요.

01 高橋さんに　あやまらない＿＿＿＿。　　　　ⓐ てもいいですか　ⓑ つもりですか
02 彼は　手を＿＿＿＿、食事を　しました。　　ⓐ 洗わないで　　ⓑ 洗わないつもりだ
03 学生が　質問に＿＿＿＿。　　　　　　　　　ⓐ 来てみます　　ⓑ 来ました
04 私は　英語を　話す＿＿＿＿。　　　　　　　ⓐ に行きます　　ⓑ ことができます
05 週末は　音楽を　聞い＿＿＿＿、テレビを　見＿＿＿＿しました。ⓐ たり　ⓑ か

정답: 01 ⓑ 02 ⓐ 03 ⓑ 04 ⓑ 05 ⓐ

37 〜あと ~(한) 후

접속 **1** 동사 た형 + あと **2** 명사 の + あと

예문 **1** ごはんを 食べた あと、薬を 飲みます。 밥을 먹은 후, 약을 먹습니다.
2 仕事の あと、いつも 運動を します。 일한 후, 언제나 운동을 합니다.

38 〜まえに ~(하)기 전에, ~전에

접속 **1** 동사 사전형 + まえに **2** 명사 の + まえに

예문 **1** 寝る まえに シャワーを あびます。 자기 전에 샤워를 합니다.
2 会議の まえに 資料を コピーします。 회의 전에 자료를 복사합니다.

39 〜か どうか ~(할)지 어떨지, ~인지 어떤지

접속 **1** 동사 보통형 + か どうか **2** な형용사 보통형 + か どうか
(단, 현재·긍정은 な형용사 어간에 접속)

3 い형용사 보통형 + か どうか **4** 명사 + か どうか
명사 뒤에 보통형 문형 접속 + か どうか

예문 **1** パーティーに 行くか どうか、まだ 決めて いません。 파티에 갈지 어떨지, 아직 결정하지 않았습니다.
2 安全か どうか、よく 確認して ください。 안전한지 어떤지, 잘 확인해 주세요.
3 答えが 正しいか どうか、わかりません。 답이 맞는지 어떤지, 모릅니다.
4 彼が この 学校の 学生か どうか、聞いて みましょう。 그가 이 학교의 학생인지 어떤지, 물어 봅시다.

40 〜でしょう ~겠지요, ~이지요

접속 **1** 동사 보통형 + でしょう **2** な형용사 보통형 + でしょう
(단, 현재·긍정은 な형용사 어간에 접속)

3 い형용사 보통형 + でしょう **4** 명사 + でしょう
명사 뒤에 보통형 문형 접속 + でしょう

예문 **1** もう すぐ さくらが 咲くでしょう。 이제 곧 벚꽃이 피겠지요.
2 スカートの 色、きれいでしょう。 치마 색, 예쁘지요?
3 この ケーキ、とても おいしいでしょう。 이 케이크, 매우 맛있지요?
4 モカは 本当に 大きい 犬でしょう。 모카는 정말 큰 개이지요?

41 ～という ~라는, ~라고 하는

접속
1 동사 보통형 + という
2 な형용사 보통형 だ + という
3 い형용사 보통형 + という
4 명사 + という
　명사 뒤에 보통형 문형 접속 + という

예문
1 遠藤さんが 会社を やめるという 話を 聞きました。
　엔도 씨가 회사를 그만둔다는 이야기를 들었습니다.

2 交通が 便利だという ことが この ホテルを 選んだ 理由です。
　교통이 편리하다는 것이 이 호텔을 고른 이유입니다.

3 学校が 楽しいという 生徒が 多いです。 학교가 즐겁다고 하는 학생이 많습니다.

4 「手紙」という 小説を 知って いますか。 '편지'라는 소설을 알고 있습니까?

42 ～とき ~(할) 때, ~때

접속
1 동사 보통형 + とき
2 な형용사 어간 な + とき
3 い형용사 보통형 + とき
4 명사 の + とき

예문
1 おくれる ときは、かならず 連絡して ください。 늦을 때는, 반드시 연락해 주세요.

2 手伝いが 必要な ときは、いつでも 呼んで ください。 도움이 필요할 때는, 언제든지 불러 주세요.

3 若い ときは、アメリカに 住んで いました。 젊을 때는, 미국에 살고 있었습니다.

4 中学生の とき、ピアノ 教室に 通って いました。 중학생 때, 피아노 교실에 다녔습니다.

📄 **확인 문제** 밑줄에 들어갈 알맞은 표현을 골라보세요.

01 彼が この 学校の 学生_____、聞いて みましょう。 　ⓐ とき 　ⓑ かどうか

02 もう すぐ さくらが 咲く_____。 　ⓐ でしょう 　ⓑ あとです

03 学校が 楽しい_____生徒が 多いです。 　ⓐ という 　ⓑ まえに

04 寝る_____シャワーを あびます。 　ⓐ あと 　ⓑ まえに

05 手伝いが 必要な_____は、いつでも 呼んで ください。 　ⓐ とき 　ⓑ という

정답: 01 ⓑ 02 ⓐ 03 ⓐ 04 ⓑ 05 ⓐ

43 　〜ほう　~쪽, ~편

접속　1 동사 보통형 + ほう　　　　　　　　2 な형용사 어간 な + ほう
　　　　3 い형용사 보통형 + ほう　　　　　　　4 명사 の + ほう

예문　1 さとうを　入れた　ほうが　おいしいですよ。설탕을 넣는 쪽이 맛있어요.
　　　2 この　テキストは　かんたんな　ほうだと　思います。이 교재는 간단한 편이라고 생각합니다.
　　　3 家は　会社から　近い　ほうが　いいです。집은 회사에서 가까운 편이 좋습니다.
　　　4 海より　山の　ほうが　好きです。바다보다 산 쪽을 좋아합니다.

44 　〜ては　いけない　~(하)면 안 된다

접속　1 동사 て형 + は　いけない　　　　　　2 な형용사 어간 + では　いけない
　　　　3 い형용사 어간 く + ては　いけない　　　4 명사 + では　いけない

예문　1 テストの　前に　遊んでは　いけません。시험 전에 놀면 안 됩니다.
　　　2 説明が　ふくざつでは　いけません。설명이 복잡하면 안 됩니다.
　　　3 本を　読む　ときは、部屋が　暗くては　いけません。책을 읽을 때는, 방이 어두우면 안 됩니다.
　　　4 むかしの　写真では　いけません。옛날 사진이면 안 됩니다.

45 　〜ても　~(해)도, ~(하)더라도

접속　1 동사 て형 + も　　　　　　　　　　2 な형용사 어간 + でも
　　　　3 い형용사 어간 く + ても　　　　　　　4 명사 + でも

예문　1 母に　電話を　しても、電話に　出ません。엄마에게 전화를 해도, 전화를 받지 않습니다.
　　　2 野菜は　嫌いでも、くだものは　好きです。야채는 싫어해도, 과일은 좋아합니다.
　　　3 安くても、必要じゃ　ない　ものは　買いません。싸더라도, 필요하지 않은 것은 사지 않습니다.
　　　4 先生でも　間違える　ことは　あります。선생님이더라도 틀리는 일은 있습니다.

46 ～なくて ~(하)지 않아서

접속   1 동사 ない형 + なくて   2 な형용사 어간 で + なくて
         3 い형용사 어간 く + なくて   4 명사 で + なくて

예문   1 じゅぎょうに 行かなくて、宿題が 分かりません。 수업에 가지 않아서, 숙제를 모릅니다.
         2 彼は 体が 丈夫で なくて、よく 学校を 休みます。 그는 몸이 튼튼하지 않아서, 자주 학교를 쉽니다.
         3 今日は 暑く なくて、いいです。 오늘은 덥지 않아서, 좋습니다.
         4 大きな 問題で なくて、よかったです。 큰 문제이지 않아서, 다행입니다.

47 ～あいだ ~동안, ~사이

접속   1 동사 사전형 + あいだ /   2 い형용사 사전형 + あいだ
           동사 て형 + いる + あいだ
         3 명사 の + あいだ

예문   1 バスを 待つ あいだ、本を 読みました。 버스를 기다리는 동안, 책을 읽었습니다.
          私が 買い物を して いる あいだ、彼は 車で 待って いました。
          내가 쇼핑을 하고 있는 동안, 그는 차에서 기다리고 있었습니다.
         2 父と 母が 忙しい あいだ、ずっと 私が 家族の 夕食を 作って いました。
          아버지와 어머니가 바쁜 사이, 계속 내가 가족의 저녁 식사를 만들고 있었습니다.
         3 冬休みの あいだ、国に 帰って いました。 겨울방학 동안, 나라에 돌아가 있었습니다.

📋 확인 문제   밑줄에 들어갈 알맞은 표현을 골라보세요.

01   大きな 問題_____、よかったです。   ⓐ でも   ⓑ でなくて

02   母に 電話を_____、電話に 出ません。   ⓐ しても   ⓑ しなくて

03   本を 読む ときは、部屋が_____。   ⓐ 暗くてはいけません   ⓑ 暗いほうです

04   この テキストは かんたんな_____だと 思います。   ⓐ あいだ   ⓑ ほう

05   父と 母が 忙しい_____、ずっと 私が 家族の 夕食を 作って いました。

                                     ⓐ ほう   ⓑ あいだ

정답: 01 ⓑ 02 ⓑ 03 ⓐ 04 ⓑ 05 ⓑ

06 빈출 회화 표현

예문 바로듣기

🔊 N5_필수문법_06빈출회화표현.mp3

괄호 안에 들어갈 회화 표현을 고르세요.

A「今日は 本当に 楽しかったですね。」

A "오늘은 정말로 즐거웠지요."

B「はい、とても 楽しかったです。じゃ、また (   )。」

B "네, 매우 즐거웠습니다. 그럼, (   ) 또 봐요."

1 おととい	2 昨日	3 今日	4 明日
그저께	어제	오늘	내일

정답 : 4

학습목표

문법에서는 이처럼 괄호에 들어갈 알맞은 회화 표현을 고르는 문제가 출제돼요. N5에 자주 나오는 회화 표현의 의미를 예문과 함께 암기해 보아요.

1. 긍정 응답(はい)과 자주 쓰이는 회화 표현

はい、いいですよ。 네, 좋아요.	昼ごはんは カレーに しませんか。 점심밥은 카레로 하지 않을래요? はい、**いいですよ**。 네, 좋아요.
はい、そうです。 네, 그렇습니다.	これが 着物ですか。 이것이 기모노입니까? はい、**そうです**。 네, 그렇습니다.
はい、どうぞ。 네, 여기 있습니다.	ペンを 借りても いいですか。 펜을 빌려도 괜찮습니까? はい、**どうぞ**。 네, 여기 있습니다.
はい、わかりました。 네, 알겠습니다.	テーブルに お皿を 並べて ください。 테이블에 접시를 늘어놓아 주세요. はい、**わかりました**。 네, 알겠습니다.

2. 부정 응답(いいえ)과 자주 쓰이는 회화 표현

いいえ、けっこうです。 아니요, 괜찮습니다.	お茶は いかがですか。 차는 어떻습니까? いいえ、**けっこうです**。 아니요, 괜찮습니다.
いいえ、ちがいます。 아니요, 아닙니다.	あのう、佐藤さんですか。 저기, 사토 씨입니까? いいえ、**ちがいます**。 아니요, 아닙니다.
いいえ、どういたしまして。 아니요, 천만에요.	ありがとうございます。 감사합니다. いいえ、**どういたしまして**。 아니요, 천만에요.

3. 인사 표현

인사 표현	뜻	인사 표현	뜻
(どうも) ありがとうございます。	(대단히) 고맙습니다.	こんにちは。	안녕하세요.(낮 인사)
いただきます。	잘 먹겠습니다.	こんばんは。	안녕하세요.(밤 인사)
いらっしゃいませ。	어서 오세요.	さよなら(さようなら)。	안녕.(작별 인사)
(では) おげんきで。	(그럼) 건강하세요.	しつれいしました。	실례했습니다.
お疲^{つか}れさまでした。	수고하셨습니다.	しつれいします。	실례합니다.
おねがいします。	부탁합니다.	すみません。	죄송합니다. / 고맙습니다. / 저기요
おはようございます。	안녕하세요.(아침 인사)	では、また。	그럼, 또 봐요.
おやすみなさい。	안녕히 주무세요.	はじめまして。	처음 뵙겠습니다.
ごちそうさまでした。	잘 먹었습니다.	(どうぞ) よろしく おねがいします。	(아무쪼록) 잘 부탁합니다.
こちらこそ。	저야말로.	また明日^{あした}。 *明日(내일) 대신 来週(다음 주), 来月(다음 달)와 같은 미래 시점의 시간 표현을 쓸 수 있어요.	내일 또 봐요.
ごめんください。	계십니까?		
ごめんなさい。	미안합니다		

📋 **확인 문제** 밑줄에 들어갈 알맞은 회화 표현을 골라보세요.

01 A 「ペンを 借^かりても いいですか。」
   B 「はい、＿＿＿＿＿。」　　　　　　　ⓐ こんにちは　　　ⓑ どうぞ

02 A 「お茶^{ちゃ}は いかがですか。」
   B 「いいえ、＿＿＿＿＿。」　　　　　　ⓐ けっこうです　　ⓑ ちがいます

03 A 「ありがとうございます。」
   B 「いいえ、＿＿＿＿＿。」　　　　　　ⓐ はじめまして　　ⓑ どういたしまして

04 A 「よろしく おねがいします。」
   B 「＿＿＿＿＿ よろしく おねがいします。」　ⓐ どうも　　　ⓑ こちらこそ

05 A 「お疲^{つか}れさまでした。」
   B 「お疲^{つか}れさまでした＿＿＿＿＿。」　ⓐ また明日^{あした}　　ⓑ ごちそうさまでした

정답: 01 ⓑ 02 ⓐ 03 ⓑ 04 ⓑ 05 ⓐ

─○ 출제 형태 및 문제 풀이 Step

[문법 > 문제 1 문법형식 판단]은 서술문 혹은 대화문 형식으로 제시되는 문장에서 빈칸에 들어갈 문법상·문맥상 적절한 표현을 고르는 문제로, 총 9문항이 출제돼요.

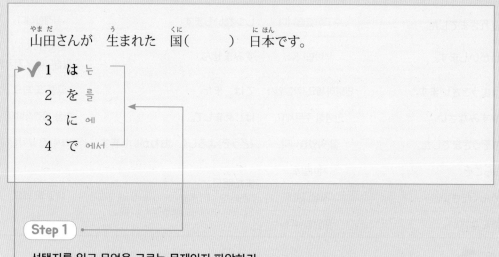

山田<small>やまだ</small>さんが 生<small>う</small>まれた 国<small>くに</small>(　　　) 日本<small>にほん</small>です。

> ✔ **1** は 는
> **2** を 를
> **3** に 에
> **4** で 에서

Step 1

선택지를 읽고 무엇을 고르는 문제인지 파악하기

선택지 4개가 모두 조사이므로, 조사를 고르는 문제예요. 각 선택지의 의미는 1 '는', 2 '를', 3 '에', 4 '에서'예요.

Step 2

빈칸 앞뒤나 제시문의 문법·문맥에 맞는 선택지를 정답으로 고르기

빈칸 앞뒤의 문맥을 보면, '태어난 나라는 일본입니다'가 가장 자연스러워요. 따라서 1 は(는)가 정답이에요.

위 문제의 해석과 어휘에 대한 설명은 해설집 p.26에서 확인할 수 있어요.

─○ 출제 경향

① **빈칸에 들어갈 조사나 문형을 고르는 문제가 주로 출제돼요.**

문장의 빈칸에 들어갈 적절한 조사, 문형, 부사, 동사, 지시어, 의문사, 회화 표현을 고르는 문제
가 출제되는데, 그 중 조사나 문형을 고르는 문제의 출제율이 높아요. 조사를 고르는 문제는 '명
사+조사'의 형태로 선택지가 구성되거나, 빈칸이 두 개로 구성되는 경우도 있어요.

> 예 明日は（　　　　）いっしょに 学校に 行きます。 내일은 (　　　) 함께 학교에 갑니다.
>
> ① 彼と 그와 (O) ② 彼を 그를 (X) → 선택지가 '명사+조사'의 형태로 구성된 문제
>
> 毎日（　　　　）まえに 本を 読みます。 매일 (　　　) 전에 책을 읽습니다.
>
> ① 寝る 자기 (O) ② 寝た 잔 (X) → 문형을 고르는 문제

② **빈칸 앞뒤의 문법·문맥에 맞는 표현을 고르는 문제가 자주 출제돼요.**

빈칸 앞뒤의 문법·문맥만으로도 정답을 고를 수 있는 문제가 자주 출제돼요. 빈칸 앞뒤만으로 정답
을 고르기 어려운 경우 제시문 전체의 문맥을 파악하여 정답을 고르면 돼요.

> 예 弟は テレビを（　　　　）ながら ごはんを 食べます。
>
> 남동생은 텔레비전을 (　　　) 면서 밥을 먹습니다.
>
> ① み 보 (O) ② みて 보고 (X) → 빈칸 앞뒤만 봐도 정답을 고를 수 있는 문제
>
> 昨日、一人で としょかんに（　　　　）。 어제, 혼자서 도서관에 (　　　).
>
> ① 行きました 갔습니다 (O) ② 行きます 갑니다 (X) → 제시문 전체의 문맥을 파악해야 정답을 고를
> 수 있는 문제

─○ 학습 전략

① **자주 출제되는 조사와 문형의 의미를 익혀 두세요.**

조사와 문형의 의미를 정확히 알아야 풀 수 있는 문제가 자주 출제되므로 N5 필수 문법
(p.94~97, p.108~119)에서 조사와 문형의 의미를 예문과 함께 꼼꼼히 암기해 두세요.

② **문법형식 판단에 자주 출제되는 어휘를 꼼꼼히 학습해 두세요.**

문법상 적절하면서 문맥에 맞는 선택지를 정답으로 고르기 위해, 제시문에 자주 출제되는 명사,
동사, 형용사, 부사를 꼼꼼히 암기해 두세요. 특히 별책부록으로 제공되는 <JLPT N5 필수 단
어·문형 암기장>(p.24~26)을 활용하면 어휘를 편리하게 학습하며 암기할 수 있어요.

■ 문법형식 판단에 자주 출제되는 명사 🔊 N5_문법형식판단_핵심표현 및 필수어휘1.mp3

<ruby>朝<rt>あさ</rt></ruby>	아침	<ruby>明日<rt>あした</rt></ruby>	내일
<ruby>後<rt>あと</rt></ruby>	후, 다음	<ruby>家<rt>いえ</rt></ruby>	집
<ruby>今<rt>いま</rt></ruby>	지금	おととい	그저께
<ruby>彼女<rt>かのじょ</rt></ruby>	그녀	<ruby>昨日<rt>きのう</rt></ruby>	어제
<ruby>今日<rt>きょう</rt></ruby>	오늘	<ruby>今度<rt>こんど</rt></ruby>	이번, 이 다음
<ruby>自分<rt>じぶん</rt></ruby>	자신, 스스로	<ruby>写真<rt>しゃしん</rt></ruby>	사진
<ruby>週末<rt>しゅうまつ</rt></ruby>	주말	<ruby>先週<rt>せんしゅう</rt></ruby>	지난주
<ruby>図書館<rt>としょかん</rt></ruby>	도서관	<ruby>友<rt>とも</rt></ruby>だち	친구
<ruby>勉強<rt>べんきょう</rt></ruby>	공부	<ruby>前<rt>まえ</rt></ruby>	전, 앞
<ruby>店<rt>みせ</rt></ruby>	가게	<ruby>来週<rt>らいしゅう</rt></ruby>	다음 주

■ 문법형식 판단에 자주 출제되는 동사 🔊 N5_문법형식판단_핵심표현 및 필수어휘2.mp3

<ruby>会<rt>あ</rt></ruby>う	만나다	あげる	주다
<ruby>行<rt>い</rt></ruby>く	가다	<ruby>売<rt>う</rt></ruby>る	팔다
<ruby>起<rt>お</rt></ruby>きる	일어나다	<ruby>買<rt>か</rt></ruby>う	사다
<ruby>帰<rt>かえ</rt></ruby>る	돌아가다, 돌아오다	<ruby>聞<rt>き</rt></ruby>く	듣다, 묻다
<ruby>来<rt>く</rt></ruby>る	오다	<ruby>食<rt>た</rt></ruby>べる	먹다
とる	(사진을) 찍다, 잡다	<ruby>登<rt>のぼ</rt></ruby>る	오르다
<ruby>飲<rt>の</rt></ruby>む	마시다	<ruby>話<rt>はな</rt></ruby>す	이야기하다
ひく	연주하다, 치다	<ruby>見<rt>み</rt></ruby>る	보다
<ruby>持<rt>も</rt></ruby>つ	들다, 가지다	もらう	받다
やる	하다	わかる	알다, 이해하다

문법형식 판단에 자주 출제되는 い·な형용사　🔊 N5_문법형식판단_핵심표현 및 필수어휘3.mp3

青い	파랗다	赤い	빨갛다
明るい	밝다	暑い	덥다
いい	좋다	忙しい	바쁘다
遅い	늦다, 느리다	面白い	재미있다
かわいい	귀엽다	暗い	어둡다
少ない	적다	冷たい	차갑다
ほしい	원하다	同じだ	같다
きれいだ	예쁘다, 깨끗하다	元気だ	건강하다
好きだ	좋아하다	大丈夫だ	괜찮다
ひまだ	한가하다	まじめだ	성실하다

문법형식 판단에 자주 출제되는 부사　🔊 N5_문법형식판단_핵심표현 및 필수어휘4.mp3

あまり	그다지	いつも	항상
ずっと	쭉, 계속	ぜんぜん	전혀
そろそろ	슬슬	だいたい	대체로
たいへん	매우, 몹시	たぶん	아마
だんだん	점점	ちょうど	마침
ちょっと	조금	ときどき	가끔, 때때로
とても	매우	なかなか	좀처럼
はじめて	처음으로	また	또
まだ	아직	もう	이미, 벌써
ゆっくり	느긋하게, 천천히	よく	잘, 자주

もんだい1 （　　　）に　何を　入れますか。1・2・3・4から　いちばん
いい　ものを　一つ　えらんで　ください。

1 私は　かいしゃまで　ちかてつ（　　　）行きます。

1　の　　　　　　2　も　　　　　　3　で　　　　　　4　が

2 この　かばんは、母（　　　）作った　ものです。

1　を　　　　　　2　で　　　　　　3　は　　　　　　4　が

3 今朝、おそく　おきました。だから　今日は　朝ご飯を（　　　）。

1　たべませんでした　　　　　　　　2　たべました

3　たべて　います　　　　　　　　　4　たべます

4 犬（　　　）好きですが、ねこ（　　　）好きじゃ　ないです。

1　に/に　　　　2　と／と　　　　3　は／は　　　　4　も／も

5 本田「石川さんは　何を　買いましたか。」
石川「私は（　　　）本と　ペンを　買いました。」

1　この　　　　2　どの　　　　3　ここ　　　　4　どこ

6 （学校で）
先生「英語の　しゅくだいを（　　　）だして　いない　人は、今週の　金よう日ま
でには　だして　ください。」

1　ちょっと　　2　もう　　　　3　まだ　　　　4　だんだん

7 昨日の　パーティーには（　　　）来ませんでした。

1　だれに　　　2　だれを　　　3　だれが　　　4　だれも

8 松田「今日は　吉田さんの　誕生日ですね。プレゼントは　何に　しましたか。」
　　　中川「私は　ぼうしを（　　　　）。」

　　1　もらいます　　　2　くれます　　　　3　あげます　　　　4　します

9 （会社で）
　　　山本「今日も　忙しかったですね。」
　　　竹内「山本さんも　お疲れさまでした。じゃ、また（　　　　）。」
　　　山本「はい、お疲れさまでした。」

　　1　おととい　　　　2　昨日　　　　　　3　今日　　　　　　4　明日

もんだい1　（　　　）に　何を　入れますか。1・2・3・4から　いちばん　いい
　　　　　　ものを　一つ　えらんで　ください。

1　ふゆやすみに　イタリア（　　　）フランスに　行きます。

　　1　が　　　　　　　2　と　　　　　　　3　を　　　　　　　4　は

2　去年までは　学生でした。今は　会社（　　　）はたらいて　います。

　　1　も　　　　　　　2　か　　　　　　　3　で　　　　　　　4　や

3　私は　本を　読むのが　すきで、学校の　となりに　ある　本屋に（　　　）行きます。

　　1　あまり　　　　　2　とても　　　　　3　もう　　　　　　4　よく

4　今は　かみ（　　　）なくて、ペン（　　　）ないです。

　　1　も／も　　　　　2　が／が　　　　　3　に／に　　　　　4　を／を

5　A「今の　電話は（　　　）からですか。」
　　B「友だちからです。」

　　1　どうして　　　　2　どなた　　　　　3　いくら　　　　　4　いくつ

6　田中「山田さんは　昨日　学校に　行きましたか。」
　　山田「いいえ、昨日は（　　　）。」

　　1　行きます　　　　2　行きました　　　3　行きません　　　4　行きませんでした

7　ラーメンは　1000円です。うどんは　800円です。ラーメンは　うどん（　　　）高
いです。

　　1　より　　　　　　2　など　　　　　　3　まで　　　　　　4　の

8 私は 音楽を（　　　　）ながら うんどうを します。

1　聞いた　　　　　2　聞いて　　　　　3　聞く　　　　　4　聞き

9　（カフェで）

店の 人「飲みものは 何に しますか。」

川村　　　「アイスコーヒーを（　　　　）。」

店の 人「はい、分かりました。」

1　ほしいですか　　　2　ください　　　3　どうも　　　4　どうぞ

もんだい 1 （　　　　）に　何を　入れますか。1・2・3・4から　いちばん　いい　ものを　一つ　えらんで　ください。

1　韓国人の　友だち（　　　　）てがみを　書きました。

　　1　を　　　　　　　2　や　　　　　　　3　に　　　　　　　4　で

2　はこの　中に　本と　ノート（　　　　）が　あります。

　　1　より　　　　　　2　も　　　　　　　3　から　　　　　　4　など

3　学校に（　　　　）まえに　朝ごはんを　食べます。

　　1　行って　　　　　2　行く　　　　　　3　行った　　　　　4　行き

4　A「週末は　何を　しましたか。」
　　B「友だちと　いっしょに　山に（　　　　）。」

　　1　登りません　　　　　　　　　　　　2　登りませんでした
　　3　登りました　　　　　　　　　　　　4　登ります

5　田中「山本さんは　どんな　人ですか。」
　　青木「（　　　　）明るくて　元気な　人です。」

　　1　彼女は　　　　　2　彼女に　　　　　3　彼女の　　　　　4　彼女が

6　昨日は　休みでした。それで　朝　10時（　　　　）寝ました。

　　1　など　　　　　　2　まで　　　　　　3　が　　　　　　　4　も

7　今日は　ひまだったので　ごはんを（　　　　）食べました。

　　1　だんだん　　　　2　ときどき　　　　3　ゆっくり　　　　4　ちょっと

---

8 木村 「ガレスさんは （　　　　） 写真が　好きですか。」

　　 ガレス「私は　右の　写真が　いいです。」

　　 1　どの　　　　　　 2　どこ　　　　　　 3　どちら　　　　　 4　どれ

9 吉田「鈴木さんと　同じ　かばんが　かいたいですが、どこで　かいましたか。」

　　 鈴木「駅前の　デパートで （　　　　）。」

　　 吉田「ありがとうございます。」

　　 1　うって　います　　　　　　　　 2　かって　います

　　 3　あって　います　　　　　　　　 4　わかって　います

もんだい1　（　　　）に　何を　入れますか。1・2・3・4から　いちばん　いい
　　　　　ものを　一つ　えらんで　ください。

1　先週（　　　）週末は　図書館で　べんきょうを　しました。

　　1　が　　　　　　　2　に　　　　　　　3　を　　　　　　　4　の

2　駅前に　ある　レストランでは　いつも　カレー（　　　）食べます。

　　1　へ　　　　　　　2　を　　　　　　　3　や　　　　　　　4　で

3　私の　家から　会社までは　車で　30分（　　　）かかります。

　　1　から　　　　　　2　しか　　　　　　3　ぐらい　　　　　4　など

4　彼女は（　　　）公園で　さんぽを　します。

　　1　なかなか　　　　2　だんだん　　　　3　ぜんぜん　　　　4　ときどき

5　田中「鈴木さんの　妹さんは（　　　）ですか。」
　　　鈴木「6さいです。ことし　小学校　1年生に　なりました。」

　　1　どうして　　　　2　どんな　　　　　3　いくつ　　　　　4　いくら

6　今日　英語の　しけん（　　　）あります。しかし、あまり　べんきょう　できません
でした。

　　1　と　　　　　　　2　が　　　　　　　3　に　　　　　　　4　で

7　（学校で）
　　　A「昨日も　授業が　終わってから　テニスの　練習を　しましたか。」
　　　B「いいえ、昨日は　とても　つかれて　いたので　すぐ　家に（　　　）。」

　　1　帰りません　　　　　　　　　　　2　帰りませんでした
　　3　帰ります　　　　　　　　　　　　4　帰りました

8 昨日は　すしを　食べました。今日は　パンを　食べました。明日は　そばを

（　　　　）つもりです。

1　食べ　　　　　　2　食べる　　　　　　3　食べて　　　　　4　食べた

9 （会社で）

高橋「今日は　本当に　ありがとうございました。」

石川「（　　　　）。」

高橋「じゃ、また　明日。」

1　はじめまして　　　2　ごめんなさい　　　3　ただいま　　　　4　どういたしまして

もんだい1　（　　　）に　何を　入れますか。1・2・3・4から　いちばん　いい
　　　　　ものを　一つ　えらんで　ください。

1　朝ごはんは　くだもの（　　　）サラダを　食べます。

　　1　も　　　　　　　2　で　　　　　　　3　や　　　　　　　4　が

2　吉田さん（　　　）昨日　一人で　歌の　れんしゅうを　しました。

　　1　に　　　　　　　2　の　　　　　　　3　を　　　　　　　4　は

3　明日の　じゅぎょうは　午前　11時（　　　）はじまります。

　　1　まで　　　　　　2　から　　　　　3　と　　　　　　　4　も

4　（バスの　中で）
　　　先生「（　　　）に　見える　あかい　たてものが　これから　行く　はくぶつかんです。
　　　　　　そろそろ　降りる　じゅんびを　しましょう。」

　　1　あそこ　　　　　2　どこ　　　　　3　あの　　　　　　4　どの

5　岡田「木村さんは　昨日　何を　しましたか。」
　　　木村「昨日は　犬と　いっしょに　こうえんに　行って、写真を（　　　）。」

　　1　とって　いますか　　　　　　　　　2　とりますか
　　3　とりません　　　　　　　　　　　　4　とりました

6　韓国（　　　）行きたかったですが、中国（　　　）行きました。

　　1　も／も　　　　　2　と／と　　　　3　に／に　　　　　4　を／を

7　昨日　図書館で　読みたかった　本を　借りました。面白くて（　　　）ぜんぶ　読
みました。

　　1　もう　　　　　　2　まだ　　　　　3　たいへん　　　　4　ときどき

8　山本「おくれて（　　　　）。」
　　川村「大丈夫です。今から　始める　つもりでした。」

　　1　おはようございます　　　　　　　2　おねがいします

　　3　ごめんください　　　　　　　　　4　ごめんなさい

9　（学校で）
　　鈴木「松田さん、消しゴム　ありますか。」
　　松田「はい、私は　三つ　もって　います。鈴木さんに　一つ（　　　　）。」
　　鈴木「ありがとうございます。」

　　1　もらいます　　　2　あげます　　　　3　はいります　　　4　でます

もんだい1 （　　　）に　何を　入れますか。1・2・3・4から　いちばん　いい
　　　　　ものを　一つ　えらんで　ください。

1　明日は　帰る　前に　友だちと　スーパー（　　　）行きます。

　　1　が　　　　　　　2　へ　　　　　　　3　と　　　　　　　4　や

2　英語の　宿題を　して　きたのは　さとしくん（　　　）でした。

　　1　だけ　　　　　　2　より　　　　　　3　しか　　　　　　4　でも

3　本田さんは　とても　まじめな　人で、週末にも　朝　6時に（　　　）。

　　1　起きませんでした　　　　　　　　　2　起きません

　　3　起きましょう　　　　　　　　　　　4　起きます

4　吉村「この　ペン、田中さんの　ものじゃ　ないですか。」
　　　田中「はい、私のです。（　　　）さがして　いました。」
　　　吉村「見つかって　よかったですね。」

　　1　もっと　　　　　　2　ずっと　　　　　3　すぐに　　　　　4　あまり

5　今日は　宿題が　多いです。でも　宿題を（　　　）あと　寝る　つもりです。

　　1　やって　　　　　　2　やった　　　　　3　やり　　　　　　4　やる

6　朝から　おなかが　いたくて　今日は（　　　）食べる　ことが　できませんでした。

　　1　何で　　　　　　　2　何が　　　　　　3　何を　　　　　　4　何も

7　私は　肉が　好きです。そして　魚も　好きです。でも　野菜（　　　）好きじゃ
ありません。

　　1　に　　　　　　　　2　の　　　　　　　3　は　　　　　　　4　も

8 川島「昨日 食べた 中国りょうりは（　　　）でしたか。」

森田「ねだんは 少し 高かったですが、とても おいしかったです。」

1 いつ　　　　　2 どう　　　　　3 なぜ　　　　4 なん

9（会社で）

A「今日は 仕事が 多くて とても 疲れました。」

B「そうですね、家に 帰って ゆっくり 休んで ください。

では（　　　）。」

1 こちらこそ　　　2 ごちそうさま　　3 はじめまして　　4 さようなら

もんだい１　（　　　）に　何を　入れますか。１・２・３・４から　いちばん　いい
　　　　　　ものを　一つ　えらんで　ください。

1　これは　山本さん（　　　）かばんです。

　　1　も　　　　　　　2　の　　　　　　　3　を　　　　　　4　へ

2　今、きょうしつには　だれ（　　　）いません。

　　1　と　　　　　　　2　が　　　　　　　3　も　　　　　　4　に

3　私は（　　　）夜に　シャワーを　あびます。

　　1　すぐに　　　　　2　いつも　　　　　3　たいへん　　　4　ぜんぜん

4　先週　中学校を　卒業しました。来週（　　　）高校生です。

　　1　から　　　　　　2　まで　　　　　　3　しか　　　　　4　だけ

5　橋本「田中さんは　東京から　来ましたか。」
　　田中「はい、（　　　）。」

　　1　ありました　　　2　そうします　　　3　そうです　　　4　わかりました

6　明日から　ねる　前に　アメリカの　ニュースを（　　　）。

　　1　見ました　　　　　　　　　　　2　見ませんでした
　　3　見て　いません　　　　　　　　4　見ます

7　私は　しょうがくせいの　妹と　弟（　　　）います。

　　1　が　　　　　　　2　か　　　　　　　3　を　　　　　　4　に

8 （学校で）

A「夏休みは　何を　しますか。」

B「いなかの　おばあさんの　家に（　　　）つもりです。」

1　行き　　　　　　2　行か　　　　　　3　行く　　　　　4　行って

9 （スーパーで）

客　　　　「この　オレンジは（　　　）ですか。」

店の　人「その　オレンジは　3つで　300円です。」

客　　　　「じゃ、3つ　お願いします。」

1　いくら　　　　　2　いつ　　　　　　3　どなた　　　　4　どこ

もんだい1 （　　　）に　何を　入れますか。1・2・3・4から　いちばん　いい
ものを　一つ　えらんで　ください。

1 明日は　朝　10時（　　　）田中さんと　会います。

1　が　　　　　　2　に　　　　　　3　を　　　　　　4　の

2 この　犬の　名前は　ベル（　　　）いいます。

1　より　　　　　2　など　　　　　3　と　　　　　　4　や

3 昨日は　家で　クッキー（　　　）作りました。

1　を　　　　　　2　と　　　　　　3　か　　　　　　4　へ

4 橋本「今度、私の　家に　遊びに（　　　）。」
田中「はい、行きたいです。」

1　来ましたか　　　　　　　　2　来て　いますか

3　来ませんか　　　　　　　　4　来て　いませんか

5 先生に　聞く　まえに、自分で（　　　）一度　考えて　みました。

1　まだ　　　　　2　もう　　　　　3　たいへん　　　4　ちょうど

6 昨日　図書館で　勉強しました。今日（　　　）図書館で　勉強します。

1　と　　　　　　2　の　　　　　　3　も　　　　　　4　で

7 （学校で）
先生「みんなの　前で　話す　時は　大きな　声で（　　　）ください。」

1　話し　　　　　2　話す　　　　　3　話した　　　　4　話して

8 （家で）

母　　「晩ごはんが　できました。食べましょう。」

子ども「（　　　　）。」

1　おねがいします　　　　　　　　　　2　おやすみなさい

3　いただきます　　　　　　　　　　　4　いらっしゃいませ

9 鈴木「この　花、とても　きれいですね。」

佐藤「きれいでしょう。昨日　田中さんから（　　　　）。」

鈴木「そうですか。よかったですね。」

1　もらいました　　2　あげました　　3　行きました　　4　来ました

실전 테스트 바로듣기　*문제를 다 풀고 난 후, N5_문법형식판단_실전테스트8.mp3를 들으며 다시 학습해 보세요.

정답 해설집 p.36

○ 출제 형태 및 문제 풀이 Step

[문법 > 문제 2 문장 만들기]는 네 개의 선택지를 배열하여 문법적·문맥적으로 문제가 없는 문장을 완성한 후, ★이 있는 빈칸에 들어갈 선택지를 고르는 문제로, 총 4문항이 출제돼요.

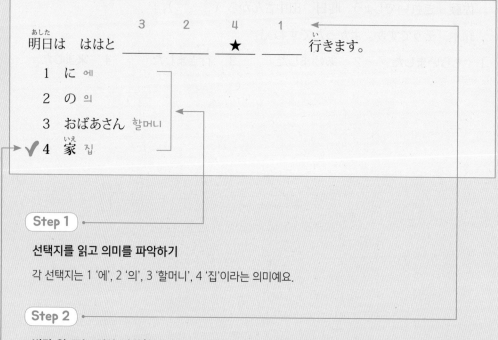

Step 1

선택지를 읽고 의미를 파악하기

각 선택지는 1 '에', 2 '의', 3 '할머니', 4 '집'이라는 의미예요.

Step 2

빈칸 앞 또는 뒤와 연결할 수 있는 선택지가 있는지 먼저 확인한 후 문맥 또는 문형에 맞게 선택지를 배열하기

빈칸 뒤의 行きます(갑니다)는 조사 に(에)와 접속하여 に行く(에 가다)라는 문형을 만들 수 있어요. 그러므로 1 に(에)를 네 번째 빈칸에 배치하여 に行きます(에 갑니다)를 만들어요. 이후 나머지 선택지들을 문맥에 적절하게 배열하면 3 おばあさん 2 の 4 家 1 に(할머니의 집에)가 돼요.

Step 3

배열한 선택지의 번호를 각 빈칸 위에 적고 ★이 있는 빈칸에 들어갈 선택지를 정답으로 고르기

배열이 완료된 제시문은 '내일은 엄마와 할머니의 집에 갑니다'예요. 따라서 ★이 있는 세 번째 빈칸에 들어갈 선택지 4 家(집)를 정답으로 골라요.

위 문제의 해석과 어휘에 대한 설명은 해설집 p.38에서 확인할 수 있어요.

─○ 출제 경향

① **빈칸 앞 또는 뒤와 연결이 가능한 선택지를 먼저 배치한 후 나머지 선택지를 배열하면 되는 문제가 자주 출제돼요.**

빈칸 앞 또는 뒤의 표현과 연결할 수 있는 선택지를 먼저 배치한 후 나머지 선택지들을 문맥에 알맞게 배열하면 돼요.

예 2<ruby>年前<rt>ねんまえ</rt></ruby> _____ _____ ★ _____ います。

① に　　　　② ここ　　　　③ <ruby>住んで<rt>す</rt></ruby>　　　　④ から
　에　　　　　여기　　　　　　살고　　　　　　　부터

→ 2<ruby>年前<rt>ねんまえ</rt></ruby> ④ から ② ここ ① に ③ <ruby>住んで<rt>す</rt></ruby> います。

2년 전 부터 여기 ★에 살고 있습니다.

→ 빈칸 뒤의 います와 함께 'ている(~하고 있다)' 문형을 만들 수 있는 ③ <ruby>住んで<rt>す</rt></ruby>를 네 번째 빈칸에 배치한 후, 나머지 선택지들을 배열

② **선택지들끼리 문형을 만들어서 배열하는 문제도 출제돼요.**

문형을 만들 수 있는 선택지들끼리 먼저 연결한 후 나머지 선택지들을 문맥에 알맞게 배열하면 돼요.

예 <ruby>学校<rt>がっこう</rt></ruby>が _____ _____ ★ _____ いっしょに <ruby>遊びます<rt>あそ</rt></ruby>。

① あと　　　② と　　　③ おわった　　　④ <ruby>友だち<rt>とも</rt></ruby>
　후　　　　　와　　　　　끝난　　　　　　친구

→ <ruby>学校<rt>がっこう</rt></ruby>が ③ おわった ① あと ④ <ruby>友だち<rt>とも</rt></ruby> ② と いっしょに <ruby>遊びます<rt>あそ</rt></ruby>。

학교가 끝난 후 ★친구 와 함께 놉니다.

→ 'たあと(~한 후)' 문형을 만들 수 있는 ③ おわった와 ① あと를 먼저 연결한 후, 나머지 선택지들을 배열

─○ 학습 전략

① **N5에서 출제되는 문형을 꼼꼼히 학습해 두세요.**

빈칸 앞뒤와 혹은 선택지들끼리 연결하여 문형을 완성하기 위해, N5에서 출제되는 문형을 학습하고 암기해야 해요. N5 필수 문법(p.108~119)에서 문형의 의미와 접속 방법을 꼼꼼히 학습해 두세요.

② **문장 만들기에 자주 출제되는 어휘를 꼼꼼히 학습해 두세요.**

문법적으로 뿐만 아니라, 문맥적으로도 오류가 없는 문장을 완성하기 위해서는 문장을 정확히 해석할 수 있어야 해요. 따라서 문장 만들기에서 자주 출제되는 어휘를 꼼꼼히 익혀 두세요. 특히 별책부록으로 제공되는 <JLPT N5 필수 단어·문형 암기장>(p.26~29)을 활용하면 어휘를 편리하게 학습하며 암기할 수 있어요.

■ 문장 만들기에 자주 출제되는 명사 N5_문장만들기_핵심표현 및 필수어휘1.mp3

あめ 雨	비	おべんとう	도시락
がっこう 学校	학교	サッカー	축구
じかん 時間	시간	しゅくだい 宿題	숙제
せ 背	키	せんせい 先生	선생(님)
た 食べもの	음식물, 먹을 것	とき 時	때
ところ	곳, 장소	なか 中	안, 속
パーティー	파티	はは 母	엄마, 어머니
びょういん 病院	병원	ひる 昼	낮
へや 部屋	방	ほん 本	책
むかし 昔	예전, 옛날	もの	것

■ 문장 만들기에 자주 출제되는 동사 N5_문장만들기_핵심표현 및 필수어휘2.mp3

ある 歩く	걷다	う 生まれる	태어나다
お 置く	놓다, 두다	お 終わる	끝나다
か 借りる	빌리다	き 着る	입다
くれる	(나에게) 주다	け 消す	끄다, 지우다
こわれる	고장 나다	す 住む	살다
つか 使う	사용하다	つく 作る	만들다
つける	붙이다, (전등 등을) 켜다	なら 習う	배우다
ね 寝る	자다	の 乗る	(버스 등에) 타다
はい 入る	들어가다	はじ 始める	시작하다
ふ 降る	(비, 눈 등이) 내리다	よ 読む	읽다

■ 문장 만들기에 자주 출제되는 い·な형용사 🔊 N5_문장만들기_핵심표현 및 필수어휘3.mp3

明るい	밝다	いたい	아프다
おいしい	맛있다	大きい	크다
かるい	가볍다	寒い	춥다
高い	비싸다, 높다	楽しい	즐겁다
小さい	작다, 어리다	近い	가깝다
ほそい	마르다, 가늘다	まるい	둥글다
難しい	어렵다	安い	싸다
簡単だ	간단하다	きれいだ	예쁘다, 깨끗하다
静かだ	조용하다	好きだ	좋아하다
大丈夫だ	괜찮다	大切だ	소중하다

■ 문장 만들기에 자주 출제되는 부사 🔊 N5_문장만들기_핵심표현 및 필수어휘4.mp3

あまり	그다지	一番	가장, 제일
いっしょに	같이, 함께	いつも	언제나, 늘
少し	조금	たくさん	많이
ちょっと	조금	とても	매우
まず	우선	また	또
まだ	아직	もう	이미

もんだい2　＿＿★＿＿に　入る　ものは　どれですか。1・2・3・4から　いちばん
　　　　　いい　ものを　一つ　えらんで　ください。

10　A「飲みものは　ぎゅうにゅうと　コーラが　ありますが、何を　飲みますか。」
　　　B「ぎゅうにゅうは　朝　＿＿＿＿　＿＿★＿＿　＿＿＿＿　＿＿＿＿　飲みます。」
　　　1　を　　　　　　2　コーラ　　　　3　ので　　　　　4　飲みました

11　昨日　友だちと　家　＿＿＿＿　＿＿＿＿　＿＿★＿＿　＿＿＿＿　へ　行きました。
　　　1　デパート　　　2　ある　　　　　3　となりに　　　4　の

12　この　レストラン　＿＿＿＿　＿＿＿＿　＿＿★＿＿　＿＿＿＿　人が　たくさん　います。
　　　1　おいしい　　　2　は　　　　　　3　から　　　　　4　安くて

13　この　コップは　2年まえ　＿＿＿＿　＿＿＿＿　＿＿★＿＿　＿＿＿＿　ものです。
　　　1　に　　　　　　2　で　　　　　　3　中国　　　　　4　買った

もんだい2 ___★___ に 入る ものは どれですか。1・2・3・4から いちばん
いい ものを 一つ えらんで ください。

10 （びょういんで）
A「まず ごはんを ＿＿＿ ＿＿＿ ＿★＿ ＿＿＿ 飲んで ください。」
B「はい、分かりました。」
1 あと 2 くすり 3 食べた 4 を

11 安藤「今日は どうして しゅくだいを しませんでしたか。」
川島「昨日 がっこうに ＿＿＿ ＿＿＿ ＿★＿ ＿＿＿ かえりました。」
1 を 2 家に 3 おいて 4 本

12 へやの テーブルの ＿＿＿ ＿＿＿ ＿★＿ ＿＿＿ 時計が あります。
1 はな 2 と 3 上 4 に

13 私は スポーツの ＿＿＿ ＿＿＿ ＿★＿ ＿＿＿ いちばん 好きです。
1 が 2 で 3 なか 4 サッカー

실전 테스트 바로듣기　*문제를 다 풀고 난 후, N5_문장만들기_실전테스트2.mp3를 들으며 다시 학습해 보세요.

정답 해설집 p.39

8일 문법 | 문제 2 문장 만들기　**147**

もんだい2 ___★___ に 入る ものは どれですか。1・2・3・4から いちばん
いい ものを 一つ えらんで ください。

10 小さい ころの ___ ___ ___★___ ___ ことでした。
1 ゆめは 2 に 3 先生 4 なる

11 中学校に ___ ___ ___★___ ___ べんきょうを 始めました。
1 から 2 入って 3 英語 4 の

12 じかんが ___ ___ ___★___ ___ 乗って 行きましょう。
1 タクシー 2 から 3 ない 4 に

13 (店で)
前田「この ___ ___★___ ___ ___ かるいですね。」
佐藤「でも、ねだんが 少し 高いです。」
1 大きいです 2 カメラ 3 が 4 は

もんだい2 ＿＿＿★＿＿に 入（はい）る ものは どれですか。1・2・3・4から いちばん
いい ものを 一（ひと）つ えらんで ください。

10 この ペンと ノートは 10年前（ねんまえ）＿＿＿ ＿＿＿ ★ ＿＿＿ ものです。

　　1　が　　　　　2　そふ　　　　　3　に　　　　　4　くれた

11 昨日（きのう）は 仕事（しごと）が ＿＿＿ ＿＿＿ ★ ＿＿＿ 晩（ばん）ごはんを 食（た）べました。

　　1　あと　　　　2　友（とも）だち　　3　おわった　　4　と

12 （学校（がっこう）で）

　　山本（やまもと）「らいしゅうから なつやすみですね。森（もり）さんは なつやすみに どこか 行（い）き
　　　　　　ますか。」

　　森（もり）　「わたしは ＿＿＿ ＿＿＿ ★ ＿＿＿ です。」

　　1　ヨーロッパ　　2　よてい　　　3　行（い）く　　　4　に

13 （図書館（としょかん）で）

　　A「本（ほん）を よんで いる 人（ひと）も いますので、図書館（としょかん）の ＿＿＿ ＿＿＿ ★
　　　　＿＿＿ ください。」

　　B「はい、すみません。」

　　1　しずか　　　　2　中（なか）では　　3　して　　　　4　に

실전 테스트 바로들기　*문제를 다 풀고 난 후, N5_문장만들기_실전테스트4.mp3를 들으며 다시 학습해 보세요.

정답 해설집 p.40

8일 문법 | 문제 2 문장 만들기　149

もんだい2 ＿＿★＿＿に 入る ものは どれですか。1・2・3・4から いちばん
いい ものを 一つ えらんで ください。

10 キムさんより パクさん ＿＿＿ ＿＿＿ ＿★＿ ＿＿＿ 高いです。

1 が　　　　　2 の　　　　　3 背が　　　　4 ほう

11 学校に ＿＿＿ ＿＿＿ ＿★＿ ＿＿＿ おべんとうを 買います。

1 コンビニで　2 行く　　　　3 まえ　　　　4 に

12 彼女は 田中さんの 誕生日 ＿＿＿ ＿＿＿ ＿★＿ ＿＿＿ 思います。

1 に　　　　　2 来ない　　　3 パーティー　4 と

13 （家で）

母 「本を よむ ときは ＿＿＿ ＿＿＿ ＿★＿ ＿＿＿ ください。」

子ども 「はい、わかりました。」

1 を　　　　　2 して　　　　3 明るく　　　4 部屋

실전 테스트 바로듣기 *문제를 다 풀고 난 후, N5_문장만들기_실전테스트5.mp3를 들으며 다시 학습해 보세요.

정답 해설집 p.41

150 무료 학습자료 제공 japan.Hackers.com

もんだい 2 ___★___ に 入る ものは どれですか。1・2・3・4から いちばん
いい ものを 一つ えらんで ください。

10 雨が 降って きましたが、かさ _____ _____ ___★___ _____ 借りました。

1 なかった　　　　2 友だちに　　　　3 が　　　　　　4 ので

11 （スーパーで）

客　　「チーズは どこに ありますか。」

店の人「たなの いちばん _____ ___★___ _____ _____ あります。」

1 の　　　　　　2 に　　　　　3 した　　　　4 ところ

12 （はくぶつかんで）

A「はくぶつかんの 中で おかしを 食べても いいですか。」

B「はくぶつかんの 中では _____ _____ ___★___ _____ が できません。」

1 こと　　　　　2 を　　　　　3 食べる　　　4 食べもの

13 この 前の タイ旅行が _____ _____ ___★___ _____ また 行きたいです。

1 楽しかった　　　2 とても　　　3 今度　　　　4 から

실전 테스트 바로듣기　*문제를 다 풀고 난 후, N5_문장만들기_실전테스트6.mp3를 들으며 다시 학습해 보세요.

정답 해설집 p.42

もんだい2 ___★___に 入(はい)る ものは どれですか。1・2・3・4から いちばん いい ものを 一(ひと)つ えらんで ください。

10 10年前(ねんまえ) _____ _____ ★ _____ 昨日(きのう) こわれました。

1 れいぞうこが　　2 きた　　　　　3 から　　　　　4 使(つか)って

11 昔(むかし) 鈴木先生(すずきせんせい)に もらった 手紙(てがみ) _____ _____ ★ _____ に して います。

1 も　　　　　　2 たいせつ　　　3 を　　　　　　4 今(いま)

12 (学校(がっこう)で)

本田(ほんだ)「キムさんの しゅみは なんですか。」

キム「私(わたし)の しゅみは 日本(にほん) _____ _____ ★ _____ ことです。」

1 アニメ　　　　2 見(み)る　　　　3 の　　　　　　4 を

13 A「明日(あした) いっしょに サッカーの れんしゅうを しませんか。」

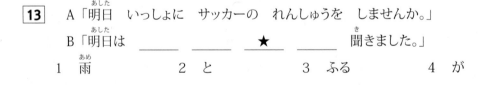

B「明日(あした)は _____ _____ ★ _____ 聞(き)きました。」

1 雨(あめ)　　　　2 と　　　　　　3 ふる　　　　　4 が

もんだい 2 ___★___ に 入る ものは どれですか。1・2・3・4から いちばん
いい ものを 一つ えらんで ください。

10 A「昨日 ____ ____ ___★___ ____ は ほかの 食べものを 食べましょう。」

B「はい、そうしましょう。」

1 から 2 食べた 3 今日 4 カレーを

11 先週の 土よう日 ____ ____ ___★___ ____ を 見て いました。

1 は 2 テレビ 3 じゅう 4 一日

12 頭が いたい 時は びょういん ____ ____ ___★___ ____ いいです。

1 が 2 行った 3 に 4 ほう

13 私の そふは 毎朝 ____ ____ ___★___ ____ さんぽに 行きます。

1 あと 2 を 3 読んだ 4 しんぶん

실전 테스트 바로듣기   *문제를 다 풀고 난 후, N5_문장만들기_실전테스트8.mp3를 들으며 다시 학습해 보세요.

정답 해설집 p.43

8일 문법 | 문제 2 문장 만들기   **153**

─○ 출제 형태 및 문제 풀이 Step

[문법 > 문제 3 글의 문법]은 글의 문맥상 빈칸에 들어갈 적절한 표현을 고르는 문제예요. 특정 주제와 관련된 지문 2개와 각 지문에 2문항씩, 총 4문항이 출제되거나, 지문 1개에 4문항이 출제돼요.

クリスさんが 「私の 友だち」の ぶんしょうを 書いて、クラスの みんなの 前で 読みました。

クリスさんの ぶんしょう

私には リチャードと いう 友だちが います。国に いる ときは 家が 近かったです から よく いっしょに あそんで いました。しかし、私が 日本に 来てから 一回も 会って いません。はやく 国に 帰って リチャード に ☐。

1 会いましょう
✓ 2 会いたいです
3 会いません
4 会いませんでした

Step 1

선택지를 읽고 무엇을 고르는 문제인지 파악하기

선택지를 보면 1 '만납시다', 2 '만나고 싶습니다', 3 '만나지 않습니다', 4 '만나지 않았습니다'이므로 글의 문맥상 적절한 문형을 고르는 문제예요.

Step 2

빈칸의 주변을 꼼꼼히 해석하여 문맥 파악하기

빈칸의 앞 부분을 보면 しかし、私が 日本に 来てから 一回も 会って いません。はやく 国に 帰って リチャードに (하지만, 제가 일본에 오고 나서 한 번도 만나지 않았습니다. 빨리 고국에 돌아가서 리차드를)라는 내용이므로, 빈칸에는 '만나고 싶습니다'라는 내용이 필요해요.

Step 3

글의 문맥에 맞는 선택지를 정답으로 고르기

선택지 중 2 会いたいです(만나고 싶습니다)가 글의 문맥상 가장 자연스러우므로 2 会いたいです를 정답으로 골라요.

위 문제의 해석과 어휘에 대한 설명은 해설집 p.44에서 확인할 수 있어요.

출제 경향

① **빈칸에 들어갈 조사나 문형을 고르는 문제가 자주 출제돼요.**

지문의 빈칸에 들어갈 적절한 조사, 문형, 부사, 접속사, 동사를 고르는 문제가 출제되는데, 그 중 조사나 문형을 고르는 문제의 출제율이 높아요. 조사를 고르는 문제는 '명사+조사'의 형태로 선택지가 구성되는 경우도 있어요.

예 私 [   ] りょうりが 好きです。 저 [   ] 요리를 좋아합니다.

　① は 는 (○)　　　　　　　② を 를 (×) → 빈칸에 들어갈 조사를 고르는 문제

② **빈칸이 포함된 문장뿐만 아니라, 그 앞뒤 문장의 문맥까지 파악해야 풀 수 있는 문제도 출제돼요.**

빈칸이 포함된 문장만 읽었을 때는 정답이 되지만 앞 또는 뒷문장까지 읽었을 때는 오답인 선택지들이 제시되는 경우가 있으므로 주의해야 해요.

예 いもうとは 明日の パーティーに 行きます。でも 私は [   ]。
여동생은 내일 파티에 갑니다. 하지만 저는 [   ].

　① 行きません 가지 않습니다 (○)　② 行きます 갑니다 (×)

　→ 빈칸이 포함된 문장의 앞 문장까지 읽어야 정답을 고를 수 있는 문제

학습 전략

① **조사, 문형, 부사, 접속사의 의미를 익혀 두세요.**

조사, 문형, 부사, 접속사의 의미를 알아야 글의 문맥을 정확히 파악할 수 있으므로 N5 필수 문법(p.94~121)에서 조사, 문형, 부사, 접속사를 꼼꼼히 익혀 두세요.

② **글의 문법에서 자주 출제되는 어휘를 꼼꼼히 학습해 두세요.**

빈칸이 포함된 문장뿐만 아니라 그 앞뒤 문장까지 읽고 문맥을 확실하게 파악해야 문제를 풀 수 있으므로 지문에서 자주 출제되는 어휘를 꼼꼼히 익혀 두세요. 특히 <JLPT N5 필수 단어·문형 암기장>(p.29~31)을 활용하면 어휘를 편리하게 학습하며 암기할 수 있어요.

핵심 표현 및 필수 어휘

바로 듣고 학습하기

■ 글의 문법에 자주 출제되는 명사 🔊 N5_글의문법_핵심표현 및 필수어휘1.mp3

おとうと 弟	남동생	がくせい 学生	학생
か ぞく 家族	가족	くに 国	나라, 고국
クラス	학급, 클래스	こうえん 公園	공원
はん ご飯	밥, 식사	コンサート	콘서트
こんしゅう 今週	이번 주	さくぶん 作文	작문
し あい 試合	시합	に ほん 日本	일본
ば しょ 場所	장소	ひ 日	날
ひと 人	사람	ぶんしょう	글, 문장
まいにち 毎日	매일	みんな	모두
よ てい 予定	예정	りょこう 旅行	여행

■ 글의 문법에 자주 출제되는 동사 🔊 N5_글의문법_핵심표현 및 필수어휘2.mp3

あそ 遊ぶ	놀다	い 言う	말하다
い 入れる	넣다	おく 遅れる	늦다
おし 教える	가르치다	おも 思う	생각하다
か 書く	쓰다	かよう	다니다
き 決まる	정해지다	こた 答える	대답하다
さ 咲く	(꽃이) 피다	ちが 違う	다르다
で 出る	나오다	なおす	치료하다, 고치다
なる	되다	はたら 働く	일하다
ひっこす	이사하다	ひら 開く	열다
まちがえる	착각하다, 틀리다	よろこぶ	기뻐하다

■ 글의 문법에 자주 출제되는 い·な형용사　◀)) N5_글의문법_핵심표현 및 필수어휘3.mp3

明^{あか}るい	밝다	新^{あたら}しい	새롭다
嬉^{うれ}しい	기쁘다	おいしい	맛있다
多^{おお}い	많다	悲^{かな}しい	슬프다
さびしい	외롭다	少^{すく}ない	적다, 드물다
小^{ちい}さい	작다, 어리다	遠^{とお}い	멀다
いやだ	싫다	いろいろだ	다양하다
簡単^{かんたん}だ	간단하다	静^{しず}かだ	조용하다
大変^{たいへん}だ	힘들다	にぎやかだ	번화하다, 활기차다
人気^{にんき}だ	인기다	ふくざつだ	복잡하다
便利^{べんり}だ	편리하다	有名^{ゆうめい}だ	유명하다

■ 글의 문법에 자주 출제되는 부사　◀)) N5_글의문법_핵심표현 및 필수어휘4.mp3

あまり	그다지	一番^{いちばん}	가장
いつか	언젠가	いっしょに	함께, 같이
いつも	항상, 언제나	少^{すこ}し	조금
ぜひ	꼭, 제발	たくさん	많이
たとえば	예를 들면	ちょっと	조금
ときどき	때때로	とくに	특히
とても	매우	はじめて	처음으로
はやく	빨리	また	또, 다시
まだ	아직	もっと	더욱
ゆっくり	느긋하게	よく	자주, 잘

もんだい3　　14　から　　17　に　何を　入れますか。ぶんしょうの　いみを
かんがえて、1・2・3・4から　いちばん　いい　ものを　一つ
えらんで　ください。

　　ケイティさんと　エリザさんは「私の　好きな　場所」の　さくぶんを　書いて、クラスの
みんなの　前で　読みます。

(1)　ケイティさんの　さくぶん

　　私の　好きな　場所は　カフェです。カフェで　コーヒーや　お茶を　飲みながら
ゆっくり　するのが　好きだからです。日本には　かわいい　カフェが　たくさん　あり
ます。　14　、これからも　いろいろな　カフェに　行くのが　楽しみです。コーヒーや
お茶が　好きな　人は　いっしょに　15　。

---

(2)　エリザさんの　さくぶん

　　私は　こうえんに　行くのが　好きです。とくに、私が　すんで　いる　家の　となりに
ある　こうえん　16　よく　行きます。きれいな　花を　見たり、うんどうを　したり
します。しかし、今は　冬なので　こうえんに　花が　17　。花が　たくさん　さく　春
に、また　こうえんへ　花を　見に　行きたいです。

14

　1　でも　　　　　2　だから　　　　　3　いつも　　　　　4　まだ

15

　1　行きましたか　　　　　　　　　2　行くからですか
　3　行きませんか　　　　　　　　　4　行って　いませんか

16

　1　に　　　　　2　より　　　　　3　で　　　　　4　から

17

　1　あるからです　　　　　　　　　2　あります
　3　あったからです　　　　　　　　4　ありません

もんだい3 　14　 から 　17　 に 何^{なに}を 入^いれますか。ぶんしょうの いみを かんがえて、1・2・3・4から いちばん いい ものを 一^{ひと}つ えらんで ください。

　日本^{に ほん}で べんきょうして いる 学生^{がくせい}が「私^{わたし}の しゅみ」の ぶんしょうを 書^かいて、クラスの みんなの 前^{まえ}で 読^よみました。

(1) ボブさんの ぶんしょう

　私^{わたし}は りょうりを するのが 好^すきです。むかしから 母^{はは}と いっしょに りょうりを して いたからです。今^{いま}は 日本^{に ほん}の りょうりを れんしゅう 　14　。

　先週^{せんしゅう}の 週末^{しゅうまつ}は やきそばを 　15　。やきそばは はじめてでしたが、あまり 難^{むずか}しく なかったです。これからも いろいろな 食^たべものを 作^{つく}って みたいです。

---

(2) サンディーさんの ぶんしょう

　私^{わたし}は 歌^{うた}を 聞^きくのが 好^すきです。とくに 私^{わたし}が 好^すきな かしゅの ジョージさんの 歌^{うた}を よく 聞^ききます。ジョージさんの 歌^{うた} 　16　 明^{あか}るい 歌^{うた}が 多^{おお}くて いつ 聞^きいても 元気^{げん き}が 出^でるからです。

　また、ジョージさんの コンサートは とても ゆうめいです。いつかは コンサートに 行^いって、彼^{かれ}の 歌^{うた}を 　17　。

14

  1 して　いません   2 して　います

  3 しませんでした   4 しました

15

  1 買いました   2 飲みました

  3 作りました   4 見ました

16

  1 も   2 の   3 か   4 は

17

  1 聞きたいです   2 聞いて　います

  3 聞きました   4 聞いて　みました

もんだい3　14 から 17 に 何を 入れますか。ぶんしょうの いみを
かんがえて、1・2・3・4から いちばん いい ものを 一つ
えらんで ください。

　リウさんと チェンさんは 「私の 町」の さくぶんを 書いて、クラスの みんなの
前で 読みます。

(1) リウさんの さくぶん

私は 静かな いなかの 町に すんで います。昔 14 にぎやかな ばしょに すんで いましたが、5年前に 今 すんで いる ところに ひっこしました。 　ここには、いろいろな 花が あります。15、夜には 星も たくさん みる ことが できます。学校からは 少し とおい ところに ありますが、きれいな 花や 星を みに きませんか。

(2) チェンさんの さくぶん

私が すんで いる 町は 人が 多くて いつも にぎやかです。また 交通も とても べんりで、高い ビルも たくさん あります。 　先週、新しい ショッピング センターが 16。そこには おいしい レストランや かわいい ものを うって いる 店が たくさん ありました。今週の 週末も 友だちと いっしょに 17 に いきたいです。

14

1 を　　　　　　2 も　　　　　　3 は　　　　　　4 で

15

1 では　　　　　2 それで　　　　3 しかし　　　　4 そして

16

1 できます　　　　　　　　　2 できて　います
3 できました　　　　　　　　4 できませんでした

17

1 遊<ruby>あそ</ruby>ぶ　　　　2 遊<ruby>あそ</ruby>び　　　　3 遊<ruby>あそ</ruby>んで　　　　4 遊<ruby>あそ</ruby>んだ

실전 테스트 바로듣기　*문제를 다 풀고 난 후, N5_글의문법_실전테스트3.mp3를 들으며 다시 학습해 보세요.

정답 해설집 p.47

9일 문법 | 문제 3 글의 문법　**163**

もんだい3 　14　から　17　に　何を　入れますか。ぶんしょうの　いみを
かんがえて、1・2・3・4から　いちばん　いい　ものを　一つ
えらんで　ください。

　　日本で　べんきょうして　いる　学生が　「私の　国」の　ぶんしょうを　書いて、クラス
の　みんなの　前で　読みました。

(1) ロイさんの　ぶんしょう

　　私は　フランスから　来ました。フランスと　日本は　とても　14　。とくに、食
べものが　一番　ちがうと　おもいます。たとえば、フランスでは　食事の　時、パンを
食べて、日本では　ご飯を　食べます。また、フランス　料理には　チーズを　使った
ものが　多いです。
　　日本の　食べものも　おいしいですが、たまに　フランスの　パンと　チーズ
が　15　。

---

(2) ハメスさんの　ぶんしょう

　　私は　ブラジルから　来ました。私の　国では　サッカーが　人気です。週末には、
たくさんの　人が　サッカーの　試合を　見に　行きます。私も　ブラジルに　い
る　16　、毎週　サッカーの　試合を　見に　行って　いました。
　　でも、日本では　まだ　サッカーの　試合を　見に　行って　いません。ブラジルに
帰る　前に、日本でも　サッカーの　試合を　17　。

14

1　ちがいます　　　2　にあいます　　　3　おもいます　　　4　あります

15

1　食<ruby>た</ruby>べたく　なりません　　　　2　食<ruby>た</ruby>べたく　なります

3　食<ruby>た</ruby>べて　きます　　　　　　　4　食<ruby>た</ruby>べに　きます

16

1　時<ruby>とき</ruby>へ　　　　2　時<ruby>とき</ruby>は　　　　3　時<ruby>とき</ruby>を　　　　4　時<ruby>とき</ruby>も

17

1　見<ruby>み</ruby>ても　いいです　　　　2　見<ruby>み</ruby>て　います

3　見<ruby>み</ruby>る　つもりです　　　　4　見<ruby>み</ruby>て　ください

실전 테스트 바로듣기　*문제를 다 풀고 난 후, N5_글의문법_실전테스트4.mp3를 들으며 다시 학습해 보세요.

정답 해설집 p.48

9일 문법 | 문제 3 글의 문법　165

もんだい3　14　から　17　に　何を　入れますか。ぶんしょうの　いみを
かんがえて、1・2・3・4から　いちばん　いい　ものを　一つ
えらんで　ください。

　マイケルさんと　オリバーさんは　「私の　家族」の　さくぶんを　書いて、クラスの
みんなの　前で　読みます。

(1) マイケルさんの　さくぶん

　私の　家族は　5人　家族です。りょうしんと　私、そして　妹、弟です。小さい　こ
ろは　兄弟と　たくさん　けんかを　して　兄弟が　多いのが　いやでした。でも
今　14　兄弟と　いろいろな　話を　したり、いっしょに　旅行に　行ったり　して
兄弟が　いて　よかったと　思います。
　今度の　冬休みにも　兄弟と　いっしょに　ヨーロッパに　旅行に　15　。

---

(2) オリバーさんの　さくぶん

　私の　家族は　りょうしんと　私の　3人　家族です。兄弟は　いません。しかし、兄
弟が　いなくても　さびしくは　ありません。私には　犬の　ゴールディが　いるからで
す。ゴールディは　私が　嬉しい　時も　悲しい　時も　私の　そばに　います。
　でも　16　ゴールディと　いっしょに　とった　家族　写真が　ありません。それで
来週は　ゴールディと　家族　写真を　17　。

14

　　1　に　　　　　2　で　　　　　3　は　　　　　4　も

15

　　1　行って　ください　　　　　2　行く　よていです
　　3　行きません　　　　　　　　4　行きました

16

　　1　はじめて　　　　2　ときどき　　　　3　まだ　　　　　4　ちょっと

17

　　1　とる　まえです　　　　　　　2　とった　あとです
　　3　とるからです　　　　　　　　4　とりに　行きます

もんだい3　　14　　から　　17　　に　何を　入れますか。ぶんしょうの　いみを
　　　　　　かんがえて、1・2・3・4から　いちばん　いい　ものを　一つ
　　　　　　えらんで　ください。

　ベンさんは　「日本　りゅうがく」の　さくぶんを　書いて、クラスの　みんなの　前で
読みます。

日本　りゅうがく

ベン・ハディ

　私は　こうこうせいの　時、家族旅行で　はじめて　日本に　　14　　。日本に　旅行に
行く　前までは　日本を　よく　知りませんでした。しかし、日本を　旅行してから、日本
に　きょうみを　　15　　。それで　日本へ　りゅうがくしたく　なって、1年前から　日本
で　りゅうがくして　います。日本に　りゅうがくして　日本の　文化や　日本語を　たく
さん　勉強する　ことが　できました。でも　私の　　16　　まだ　日本を　よく　知って
いる　人が　少ないです。だから　しょうらいは　国に　帰って　日本の　文化や　日本
語を　おしえる　先生に　　17　　。

14

1 おしえました   2 来ました   3 できました   4 ありました

15

1 持たなく　なりました   2 持っては　いけないです

3 持ちました   4 持ちませんでした

16

1 国には   2 国にも   3 国が   4 国を

17

1 なっても　いいです   2 なりましょう

3 なって　ください   4 なりたいです

もんだい 3　　14　から　　17　に　何を　入れますか。ぶんしょうの　いみを　かんがえて、1・2・3・4から　いちばん　いい　ものを　一つ　えらんで　ください。

　トニーさんと　ケビンさんは　「週末に　した　こと」の　さくぶんを　書いて、クラスの　みんなの　前で　読みます。

(1) トニーさんの　さくぶん

　週末は　友だちと　こうえんに　ピクニックに　　14　。こうえんには　きれいな　花　が　たくさん　咲いて　いました。

　こうえんを　さんぽした　後、持って　いった　お弁当を　食べました。外で　きれ　いな　花を　見ながら　食べる　ごはんは　とても　おいしかったです。天気が　い　い　　15　、また　ピクニックに　行きたいです。

---

(2) ケビンさんの　さくぶん

　先週の　週末は　家の　そうじを　しました。いつもは　しない　キッチンや　窓の　そうじまで　　16　。

　家が　きれいに　なったので　心も　きれいに　なりました。週末、外に　遊びに　行くのも　いいですが、たまには　外に　出ないで　家で　そうじを　する　ことも　い　いと　　17　。

14

　　1　行って　きませんでした　　　　　2　行きましょう
　　3　行って　きました　　　　　　　　4　行きたいです

15

　　1　日に　　　　　2　日と　　　　　3　日が　　　　　4　日を

16

　　1　して　みます　　　　　　　　　2　して　みました
　　3　する　からです　　　　　　　　4　した　からです

17

　　1　なりました　　　2　しました　　　3　思いました　　　4　言いました

もんだい3　　14　から　　17　に　何を　入れますか。ぶんしょうの　いみを
かんがえて、1・2・3・4から　いちばん　いい　ものを　一つ
えらんで　ください。

　　日本で　べんきょうして　いる　学生が　「日本の　電車」の　ぶんしょうを　書いて、クラスの　みんなの　前で　読みました。

(1) アニクさんの　ぶんしょう

　　日本の　電車は　どこにでも　はやく　行く　ことが　できて、とても　べんりです。　14　、いつも　決まった　時間に　来るので　やくそくの　時間に　おくれる　ことも　ありません。

　　だから　私は　どこかに　行く　時に、よく　電車を　利用して　います。これから　15　べんりな　日本の　電車を　よく　利用する　つもりです。

---

(2) イザベルさんの　ぶんしょう

　　私は　毎日　電車に　乗って　学校に　16　。しかし、私は　日本の　電車が　あまり　好きじゃ　ないです。日本の　電車は　とても　ふくざつだからです。この　前も　まちがえて　ちがう　電車に　乗りました。

　　また、いつも　人が　多くて　電車に　乗るのが　たいへんです。だから、はやく　うんてんを　ならって、自分の　車で　学校に　17　。

14

1 そして 　　　 2 しかし 　　　 3 それで 　　　 4 それでは

15

1 は 　　　 2 も 　　　 3 の 　　　 4 が

16

1 来^きませんでした 　　　　　 2 来^きて　みます
3 来^きて　います 　　　　　 4 来^くるからです

17

1 かよって　ください 　　　　　 2 かよいたいです
3 かよっては　いけないです 　　 4 かよいました

실전 테스트 바로듣기　*문제를 다 풀고 난 후, N5_글의문법_실전테스트8.mp3를 들으며 다시 학습해 보세요.

정답 해설집 p.52

9일 문법 | 문제 3 글의 문법 173

일본어도 역시, 1위 해커스
japan.Hackers.com

독해

10일 문제 4 내용 이해(단문)

─○ 출제 형태 및 문제 풀이 Step

[독해 > 문제 4 내용 이해(단문)]는 60자~140자 내외의 지문 및 관련된 문항을 읽고 푸는 문제로, 지문 2개와 각 지문에 1문항씩, 총 2문항이 출제돼요.

毎週 金曜日は 学校が 終わった あと、ピアノ
を ならう 日です。でも、今日は 頭が 痛かったの
で ピアノ教室に 行かないで 家に 帰って ねま
した。明日は 友だちと あそびたいですが、まずは
病院に 行く つもりです。

今日 学校が 終わった あと、何を しましたか。

  1　ピアノを ならいました。
✓ 2　家で ねました。
  3　友だちと あそびました。
  4　病院に 行きました。

Step 2

지문을 꼼꼼히 읽으면서 질문과 관련된 내용을 파악하여 정답의 단서 찾기

지문에서 でも、今日は 頭が 痛かったので ピアノ教室に 行かないで 家に 帰って ねました(그렇지만, 오늘은 머리가 아팠기 때문에 피아노 교실에 가지 않고 집에 돌아와서 잤습니다)라고 언급하고 있어요. 따라서 오늘은 학교가 끝난 뒤 집에 돌아가 잤다는 것을 알 수 있어요.

Step 1

질문을 먼저 읽고 무엇을 묻고 있는지 파악하기

오늘 학교가 끝난 뒤 무엇을 했는지를 묻는 문제임을 알 수 있어요.

Step 3

지문에서 찾은 정답의 단서와 일치하는 내용의 선택지를 정답으로 고르기

선택지 2 家で ねました(집에서 잤습니다)를 정답으로 골라요.

위 문제의 해석과 어휘에 대한 설명은 해설집 p.54에서 확인할 수 있어요.

🔵 출제 경향

① **에세이와 메모가 주로 출제돼요.**

지문으로는 에세이, 메모, 안내문, 이메일이 출제되는데, 그중 에세이와 메모가 자주 출제돼요. 에세이의 경우 글쓴이의 친구나 가족, 일과 등에 관련된 내용이 주로 출제되고, 메모의 경우 학교나 회사에서의 할 일과 관련된 내용이 주로 출제돼요.

② **지문의 세부 내용을 묻는 문제, 지문의 내용에 맞는 그림을 묻는 문제, 지문의 밑줄 친 부분을 묻는 문제가 출제돼요.**

지문의 세부 내용을 묻는 문제는 지문에서 각각의 선택지 내용을 찾아 읽고, 지문의 내용에 맞는 그림을 묻는 문제는 지문에서 모양, 위치, 개수 등을 묘사하는 부분을 찾아서 특히 주의 깊게 읽어요. 밑줄 친 부분을 묻는 문제는 지문의 밑줄 친 부분과 그 주변을 읽어요.

예 「私」は　昨日、何を　しましたか。 '나'는 어제, 무엇을 했습니까? → 지문의 세부 내용을 묻는 문제

さとうさんの　家は　どれですか。 사토 씨의 집은 어느 것입니까? → 지문의 내용에 맞는 그림을 묻는 문제

リンさんは　何を　買いましたか。 린 씨는 무엇을 샀습니까? → 지문의 밑줄 친 부분을 묻는 문제

🔵 학습 전략

가정·여가, 학습·업무 등과 관련된 어휘를 충분히 익혀 두세요.

내용 이해(단문)에서는 가정·여가, 학습·업무 등과 관련된 다양한 주제의 지문이 출제돼요. 따라서 지문의 주제와 관련하여 자주 출제되는 어휘를 꼼꼼히 학습해두세요. 특히 <JLPT N5 필수 단어·문형 암기장> (p.32~36)을 활용하면 더 많은 어휘를 익힐 수 있어요.

■ 가정·여가   N5_단문_핵심표현 및 필수어휘1.mp3

一緒に	함께, 같이	映画館	영화관
お金	돈	おもちゃ	장난감
買う	사다	かばん	가방
かわいい	귀엽다	着る	입다
今年	올해	自転車	자전거
上手だ	잘하다	好きだ	좋아하다
住む	살다	センター	센터
そうじ	청소	高い	비싸다, 높다
誕生日	생일	作る	만들다
時	때	となり	옆, 이웃
友だち	친구	にもつ	짐
ねだん	가격	寝る	자다
花	꽃	母	엄마, 어머니
はらう	지불하다	ハンカチ	손수건
番号	번호	日	날짜
昼ご飯	점심 식사	服	옷
プレゼント	선물	本	책
町	마을	窓	창문
むかい	맞은편	約束	약속
よろこぶ	기뻐하다	りょうしん	부모님

■ 학습·업무 🔊 N5_단문_핵심표현 및 필수어휘2.mp3

<ruby>後<rt>あと</rt></ruby>	후, 뒤, 나중	<ruby>以上<rt>い じょう</rt></ruby>	이상
<ruby>送る<rt>おく</rt></ruby>	보내다	<ruby>会議<rt>かい ぎ</rt></ruby>	회의
<ruby>学生<rt>がく せい</rt></ruby>	학생	<ruby>貸す<rt>か</rt></ruby>	빌려주다
<ruby>学校<rt>がっ こう</rt></ruby>	학교	<ruby>紙<rt>かみ</rt></ruby>	종이
<ruby>借りる<rt>か</rt></ruby>	빌리다	<ruby>変わる<rt>か</rt></ruby>	바뀌다, 변하다
<ruby>聞く<rt>き</rt></ruby>	듣다, 묻다	<ruby>決める<rt>き</rt></ruby>	정하다
<ruby>教室<rt>きょうしつ</rt></ruby>	교실	<ruby>高校<rt>こうこう</rt></ruby>	고등학교
コピー	복사	<ruby>字<rt>じ</rt></ruby>	글자
<ruby>授業<rt>じゅぎょう</rt></ruby>	수업	<ruby>紹介<rt>しょうかい</rt></ruby>	소개
<ruby>調べる<rt>しら</rt></ruby>	찾아보다, 조사하다	<ruby>知る<rt>し</rt></ruby>	알다
<ruby>座る<rt>すわ</rt></ruby>	앉다	<ruby>席<rt>せき</rt></ruby>	자리
<ruby>先生<rt>せん せい</rt></ruby>	선생(님)	<ruby>卒業<rt>そつぎょう</rt></ruby>	졸업
<ruby>大学<rt>だい がく</rt></ruby>	대학	<ruby>正しい<rt>ただ</rt></ruby>	맞다, 올바르다
<ruby>机<rt>つくえ</rt></ruby>	책상	<ruby>伝える<rt>つた</rt></ruby>	전하다
<ruby>電話<rt>でん わ</rt></ruby>	전화	ねがう	바라다, 원하다
ノート	노트	<ruby>美術館<rt>び じゅつかん</rt></ruby>	미술관
ペン	펜	メール	메일
メモ	메모	<ruby>休み<rt>やす</rt></ruby>	쉼, 휴일
<ruby>予定<rt>よ てい</rt></ruby>	예정	<ruby>読む<rt>よ</rt></ruby>	읽다
<ruby>予約<rt>よ やく</rt></ruby>	예약	れんらく	연락

もんだい 4　つぎの（1）から（2）の　ぶんしょうを　読んで、しつもんに　こたえて　ください。こたえは、1・2・3・4から　いちばん　いい　ものを　一つ　えらんで　ください。

(1)

　昨日は　母の　誕生日でした。私は　ケーキを　作りました。母は　私が　作った　ケーキを　食べて、とても　よろこびました。去年は　何も　しなかった　弟は、花と　ハンカチを　母に　あげました。来年は　弟と　いっしょに　かわいい　かばんを　プレゼントしたいです。

18　「弟」は　母に　何を　プレゼントしましたか。
1　今年は　何も　プレゼントしませんでした。でも　来年は、ケーキを　あげます。
2　今年は　何も　プレゼントしませんでした。でも　来年は、花と　ハンカチを　あげます。
3　去年は　何も　プレゼントしませんでしたが、今年は　花と　ハンカチを　あげました。
4　去年は　何も　プレゼントしませんでしたが、今年は　かばんを　あげました。

(2)

金子さんの　机の　上に、この　メモと　本が　あります。

金子さん

　　今日の　ごご　3時に　ある　授業に　この　本を　持って　きて　ください。その
まえに、松岡さんに　授業に　来る　学生が　何人　いるか　聞いて　ください。そし
て、授業の　ときに　学生が　使う　ノートと　ペンを　かって　きて　ください。

　　よろしく　おねがいします。

松田

19　この　メモを　読んで、金子さんは　はじめに　何を　しますか。

1　授業に　本を　持って　きます。

2　授業に　何人　来るか　聞きます。

3　松岡さんの　ノートと　ペンを　使います。

4　ノートと　ペンを　かって　きます。

실전 테스트 바로듣기　*문제를 다 풀고 난 후, N5_단문_실전테스트1.mp3를 들으며 다시 학습해 보세요.

정답 해설집 p.54

10일 독해 | 문제 4 내용 이해(단문)　**181**

もんだい４　つぎの（１）から（２）の　ぶんしょうを　読んで、しつもんに
　　　　　　こたえて　ください。こたえは、１・２・３・４から　いちばん　いい
　　　　　　ものを　一つ　えらんで　ください。

（1）

　さとうさんは　わたしの　友だちです。さとうさんは　かみが　長かったですが、先週　か
みを　切って　短く　なりました。さとうさんは　ズボンより　スカートが　好きで　いつも
スカートを　はいて　います。また　さとうさんは　英語が　とても　上手で、高校で　英語
を　教えて　います。

18　さとうさんは　だれですか。

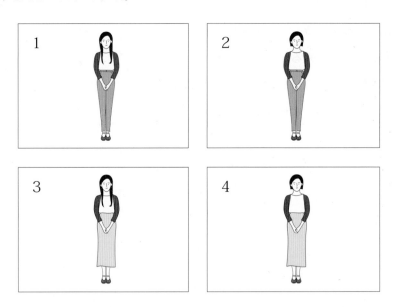

(2)

レストランの　前で　この　紙を　見ました。

◆　　　　　　　　　　　　　　　　　　　　　　　　　　　　◆

レストランの　メニューの　ねだんに　ついて

来月から　レストランの　メニューの　ねだんが　かわります。とんかつの　ねだんは
100円　高く　なります。そばの　ねだんは　50円　安く　なります。

・コーラや　おちゃなど　飲みものの　ねだんは　かわりません。

◆　　　　　　　　　　　　　　　　　　　　　　　　　　　　◆

19　メニューの　ねだんは　どう　なりますか。

1　とんかつの　ねだんは　高く　なり、そばの　ねだんは　安く　なります。

2　そばの　ねだんは　高く　なり、とんかつの　ねだんは　安く　なります。

3　とんかつと　コーラの　ねだんは　かわりません。

4　そばと　おちゃの　ねだんは　かわりません。

もんだい4 つぎの（1）から（2）の ぶんしょうを 読んで、しつもんに
こたえて ください。こたえは、1・2・3・4から いちばん いい
ものを 一つ えらんで ください。

(1)

　私が 住んで いる 町を 紹介します。まず 学校の となりに コンビニが ありま
す。コンビニの むかいには 病院が あります。病院の 右側には 図書館が あります。
そして 来月、病院の 左側に 映画館が できます。

18 「私」の 町は どれですか。

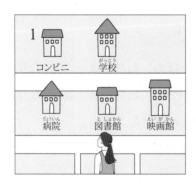

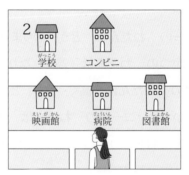

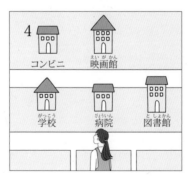

(2)

　5月　5日は　「子どもの　日」です。この　日は　子どもが　元気で　いて　ほしいと
ねがう　日です。
　私も　昔は　子どもの　日に　りょうしんから　おもちゃや　きれいな　服などの　プレ
ゼントを　たくさん　もらったり、家族と　おいしい　ものを　食べたり　して　とても　楽し
かったです。それは　もう　昔の　ことですが、今も　覚えて　います。

19　　それは　どんな　ことですか。
　1　おもちゃを　プレゼントした　こと
　2　きれいな　服を　買った　こと
　3　いろいろな　ものを　もらった　こと
　4　おいしい　りょうりを　作った　こと

もんだい4　つぎの　（1）から　（2）の　ぶんしょうを　読んで、しつもんに
　　　　　こたえて　ください。こたえは、1・2・3・4から　いちばん　いい
　　　　　ものを　一つ　えらんで　ください。

(1)

（大学で）

学生が　この　ポスターを　見ました。

自転車を　貸します

　学校から　自転車を　貸します。借りる　ことが　できる　きかんは　七日間です。
それ　以上は　できません。

・学校が　休みの　時は　借りる　ことが　できません。
・卒業した　学生は　借りる　ことが　できません。

山崎大学　学生センター

18　この　ポスターに　ついて　正しいのは　どれですか。
1　学校が　休みじゃない　時に、自転車を　一週間　借りる　ことが　できます。
2　学校が　休みじゃない　時に、自転車を　一週間　以上　借りる　ことが　できます。
3　学校が　休みの　時にも　自転車を　借りる　ことが　できます。しかし、一週間
　　しか　借りる　ことが　できません。
4　学校が　休みの　時にも　自転車を　借りる　ことが　できます。そして、一週間
　　以上　借りる　ことも　できます。

(2)

木村先生の　机の　上に、この　メモが　あります。

木村先生

　来週　行く　びじゅつかんから　れんらくが　来ました。びじゅつかんに　何時までに
来るか　知りたいと　言って　いました。れんらくは　電話で　して　ほしいと　言って
いました。学生が　何人　行くかは　私が　つたえました。びじゅつかんに　れんらくし
た　あと、　昼ごはんを　食べる　レストランの　よやくも　おねがいします。

中田

19　この　メモを　読んで、木村先生は　はじめに　何を　しますか。

1　学生と　びじゅつかんに　行きます。

2　来週　行く　びじゅつかんに　電話を　します。

3　びじゅつかんに　何人　行くか　つたえます。

4　昼ごはんを　食べる　レストランを　よやくします。

もんだい４　つぎの（1）から（2）の ぶんしょうを 読^よんで、しつもんに
こたえて ください。こたえは、1・2・3・4から いちばん いい
ものを 一^{ひと}つ えらんで ください。

(1)

　学校^{がっこう}で 私^{わたし}が いつも 座^{すわ}る せきを しょうかいします。私は 背^せが 高^{たか}い ほうなので いちばん 前^{まえ}の せきには 座^{すわ}りません。また、目^めが 悪^{わる}くて いちばん 後^{うし}ろの せきで は じが よく 見^みえません。それで いちばん 後^{うし}ろの せきにも 座^{すわ}りません。私は 窓^{まど} の となりに 座^{すわ}って います。教室^{きょうしつ}が あつく なった 時^{とき}や さむく なった 時^{とき}に、窓^{まど} を 開^あけたり、閉^しめたり します。

18　「私^{わたし}」の せきは どこですか。

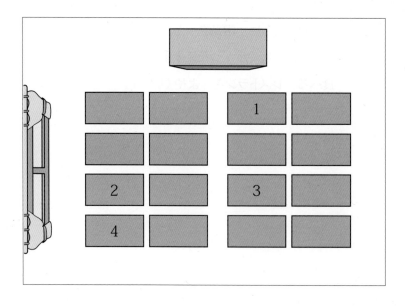

(2)

これは　松田さんが　川崎さんに　送った　メールです。

川崎さんへ

　今日の　ランチの　約束ですが、きゅうに　会議が　入って　行く　ことが　できません。すみませんが、来週に　しても　いいですか。その　かわりに　今度の　ランチの　お金は　私が　だします。

　約束の　日を　また　きめたいので、この　メールを　よんだ　あとに、電話して　ください。

※ 川崎さんは　私の　電話番号を　知らないと　思います。私の　電話番号は
　　012-423-5627です。

松田

19　松田さんは　どうして　川崎さんに　メールを　送りましたか。

1　会議に　行く　ことが　できないから
2　ランチの　お金を　はらいたいから
3　約束の　日を　変えたいから
4　川崎さんの　電話番号が　知りたいから

실전 테스트 바로듣기　*문제를 다 풀고 난 후, N5_단문_실전테스트5.mp3를 들으며 다시 학습해 보세요.

정답 해설집 p.57

10일 독해 | 문제 4 내용 이해(단문)　189

출제 형태 및 문제 풀이 Step

[독해 > 문제 5 내용 이해(중문)]는 250자~280자 내외의 지문 및 관련된 문항을 읽고 푸는 문제로, 지문 1개와 관련 문제 2문항이 출제돼요.

※ 지문을 처음부터 읽으면서 아래의 문제 풀이 Step을 각 문항에 적용하며 차례대로 문제를 풀어요.

おととい　夜　おそくまで　友だちと　あそびました。友だちは　バスに　のって　さきに　帰りました。友だちが　帰った　あと、私は　電車に　のりました。
　電車は　人が　すくなくて　とても　しずかでした。すこし　つかれて　いたので　目を　とじました。
　だれかの　こえが　きこえました。その　人は　私に　「お客さん、おきて　ください。ここが　さいごの　駅ですよ。」と　言いました。私は　すぐに　おりました。こまりました。そこは　しらない　駅でした。私は　家の　近くの　駅で　おりないで　しらない　駅まで　来て　いました。
　そこから　タクシーに　のって　家まで　帰りました。家に　ついた　ときには　午前　2時でした。

どうして　こまりましたか。

1　友だちが　さきに　帰ったから
2　電車に　人が　すくなかったから
3　だれかの　こえが　きこえたから
✓ 4　しらない　駅で　おりたから

Step 2

지문에서 정답의 단서 찾기

밑줄 앞에서 私は　すぐに　おりました(저는 바로 내렸습니다)라고 언급하고, 밑줄 뒤에서 そこは　しらない　駅でした(그곳은 모르는 역이었습니다)라고 언급하고 있어요. 따라서 모르는 역에서 내려서 곤란했음을 알 수 있어요.

Step 1

질문을 먼저 읽고 무엇을 묻고 있는지 파악하기

밑줄 친 こまりました(곤란했습니다)의 이유를 묻는 문제예요.

Step 3

선택지를 읽고 정답의 단서와 일치하는 선택지를 정답으로 고르기

정답의 단서와 일치하는 4 しらない　駅で　おりたから(모르는 역에서 내렸기 때문에)를 정답으로 골라요.

위 문제의 해석과 어휘에 대한 설명은 해설집 p.59에서 확인할 수 있어요.

출제 경향

① 에세이가 주로 출제돼요.

지문으로는 에세이나 편지가 출제되는데, 그중 에세이가 주로 출제돼요. 글쓴이의 일상 생활, 특별한 체험 등을 바탕으로 작성한 에세이가 주로 출제되며, 외국인의 입장에서 작성한 일본에서의 경험에 관한 에세이도 출제돼요.

② 지문의 밑줄 친 부분을 묻는 문제, 지문의 세부 내용을 묻는 문제, 글쓴이의 생각 및 지문의 주제를 묻는 문제가 출제돼요.

밑줄 친 부분을 묻는 문제는 지문의 밑줄 친 부분과 그 주변을 읽어요. 지문의 세부 내용을 묻는 문제는 지문에서 각각의 선택지와 관련된 내용을 찾아 읽어요. 글쓴이의 생각 및 지문의 주제를 묻는 문제는 지문의 마지막 부분을 주의 깊게 읽어요.

예 どうして 楽(たの)しかったですか。어째서 즐거웠습니까? → 지문의 밑줄 친 부분을 묻는 문제

　「私(わたし)」は 明日(あした)、何(なに)を しますか。'나'는 내일, 무엇을 합니까? → 지문의 세부 내용을 묻는 문제

　マークさんは 何(なに)が 言(い)いたいですか。마크 씨는 무엇을 말하고 싶습니까? → 글쓴이의 생각을 묻는 문제

③ 대체로 지문의 내용 순서대로 문제가 출제돼요.

질문의 내용을 염두에 두고 지문을 처음부터 꼼꼼히 읽고 해석하면서 첫 번째 문제의 정답의 단서를 찾아서 문제를 풀고, 두 번째 문제는 그 다음부터 읽으면서 정답의 단서를 찾아서 문제를 풀면 돼요.

학습 전략

문화, 여가·일상 등과 관련된 어휘를 꼼꼼히 학습하세요.

내용 이해(중문)에서는 문화, 여가·일상 등과 관련된 다양한 주제의 지문이 출제되므로, 주제와 관련하여 자주 출제되는 어휘를 꼼꼼히 학습해두어요. 특히 <JLPT N5 필수 단어·문형 암기장>(p.36~40)을 활용하면 더 많은 어휘를 익힐 수 있어요.

■ **문화** 🔊 N5_중문_핵심표현 및 필수어휘1.mp3

家 (いえ)	집	今 (いま)	지금
意味 (いみ)	의미	英語 (えいご)	영어
多い (おお)	많다	同じだ (おな)	같다
外国人 (がいこくじん)	외국인	書く (か)	쓰다
かたち	모양	漢字 (かんじ)	한자
かんしゃ	감사	きもの	기모노
ことば	말	ご飯 (はん)	밥
こまる	곤란하다	作文 (さくぶん)	작문
さくら	벚꽃	ずっと	계속
たくさん	많이	たとえば	예를 들어
楽しい (たの)	즐겁다	楽しむ (たの)	즐기다
食べ物 (た もの)	음식, 먹을 것	食べる (た)	먹다
ちがう	다르다	使う (つか)	사용하다
習う (なら)	배우다	にている	닮다
日本語 (にほんご)	일본어	日本人 (にほんじん)	일본인
初めて (はじ)	처음	はじめる	시작하다
場所 (ばしょ)	장소	話 (はなし)	이야기
人 (ひと)	사람	文 (ぶん)	글
ぶんしょう	문장, 글	まつり	축제
昔 (むかし)	옛날	別れる (わか)	헤어지다

■ 여가·일상 🔊 N5_중문_핵심표현 및 필수어휘2.mp3

会^あう	만나다	遊^{あそ}ぶ	놀다
雨^{あめ}	비	洗^{あら}う	씻다
アルバイト	아르바이트	忙^{いそが}しい	바쁘다
いつも	평소, 보통	犬^{いぬ}	개, 강아지
うれしい	기쁘다	駅^{えき}	역
教^{おし}える	알려주다, 가르치다	遅^{おそ}い	늦다
お腹^{なか}がすく	배가 고프다	おばあさん	할머니
会社^{かいしゃ}	회사	買^かい物^{もの}	쇼핑
かう	기르다, 키우다	帰^{かえ}る	돌아가다
かさ	우산	がんばる	힘내다
汚^{きたな}い	더럽다	きらいだ	싫어하다
くつ	신발	公園^{こうえん}	공원
声^{こえ}をかける	말을 걸다	コップ	컵
散歩^{さんぽ}	산책	週末^{しゅうまつ}	주말
水泳^{すいえい}	수영	大変^{たいへん}だ	힘들다
ティッシュペーパー	화장지, 티슈 페이퍼	手伝^{てつだ}う	도와주다, 돕다
デパート	백화점	店長^{てんちょう}	점장(님)
夏休^{なつやす}み	여름 방학	走^{はし}る	달리다
不便^{ふべん}だ	불편하다	勉強^{べんきょう}	공부
ほしい	원하다, 바라다	汚^{よご}れる	더러워지다

もんだい5　つぎの　ぶんしょうを　読んで、しつもんに　こたえて　ください。

　　　　　　こたえは、1・2・3・4から　いちばん　いい　ものを　一つ　えらんで

　　　　　　ください。

　　きのうは　友だちと　いっしょに　デパートで　買い物を　しました。私たちは　デパートの
前で　12時に　会う　やくそくを　して　いました。

　　しかし、友だちは　12時　半に　なっても　来ませんでした。やくそくの　時間の　1時間
あとに　友だちが　来ました。友だちは　駅で　会った　おばあさんに　道を　おしえて　いて、
おそく　なったと　いいました。

　　ご飯の　時間が　おそく　なって、おなかが　すいて　いたので、いつもより　ご飯を
たくさん　食べました。昼ご飯を　食べた　あと、私たちは　ほしかった　ものを　買いまし
た。私は　会社で　使う　コップと　くつを　買って、友だちは　家で　使う　ティッシュペー
パーを　買いました。とても　たのしい　一日でした。

20 どうして　友だちは　12時　半に　なっても　来ませんでしたか。

1　買い物を　したから

2　デパートの　前で　友だちに　会ったから

3　おばあさんに　道を　おしえたから

4　ご飯を　おそく　食べたから

21 「私」は　何を　買いましたか。

1　会社に　持って　いく　コップと　くつ

2　会社に　持って　いく　ティッシュペーパー

3　家で　使う　コップと　くつ

4　家で　使う　ティッシュペーパー

もんだい5　つぎの　ぶんしょうを　読んで、しつもんに　こたえて　ください。
　　　　　こたえは、1・2・3・4から　いちばん　いい　ものを　一つ　えらんで
　　　　　ください。

これは　ゴメスさんが　書いた　さくぶんです。

日本語の　勉強

パウロ・ゴメス

　私は　日本語　学校で　日本語を　習って　います。初めて　日本語を　勉強した
ときは　ひらがなや　カタカナを　読む　ことも　難しかったですが、今は　問題なく
読む　ことが　できます。しかし、まだ　①日本語の　ぶんしょうは　読む　ことが　でき
ません。それは　日本語には　漢字も　あるからです。
②日本語の　漢字は　とても　難しいと　思います。かたちは　にていますが、いみは
ちがう　ことが　たくさん　あります。たとえば、「目」と「日」です。「目」と「日」の
かたちは　にていますが、いみは　ちがいます。
　今までは　テキストに　ある　漢字を　読んで　勉強して　いました。でも、これから
は、テキストを　読んだ　あとに、そこに　ある　漢字を　書いて　勉強したいと　思い
ます。

---

20 どうして　①日本語の　ぶんしょうは　読む　ことが　できませんか。

1　日本語を　初めて　勉強するから

2　ひらがなを　読むのが　難しいから

3　カタカナを　読む　ことが　できないから

4　日本語に　漢字が　あるから

21　「私」は　どうして　②日本語の　漢字は　とても　難しいと　思いますか。

1　かたちは　にているが、いみは　ちがう　ことが　あるから

2　かたちは　ちがうが、いみは　にている　ことが　あるから

3　にている　いみの　漢字が　たくさん　あるから

4　ちがう　かたちの　漢字が　たくさん　あるから

실전 테스트 바로듣기　*문제를 다 풀고 난 후, N5_중문_실전테스트2.mp3를 들으며 다시 학습해 보세요.

정답 해설집 p.60

11일 독해 | 문제 5 내용 이해(중문)　**197**

もんだい5 つぎの ぶんしょうを 読んで、しつもんに こたえて ください。

こたえは、1・2・3・4から いちばん いい ものを 一つ えらんで

ください。

　昨日 えきで 出口を さがして いる 外国人を 見ました。てつだいたかったですが、

私は 英語が 上手じゃ ないですので、少し ①しんぱいに なりました。でも がんばって

英語で 声を かけました。

　その 外国人は 私が 行く ばしょと おなじ ところを さがして いました。それで

私たちは いっしょに 行きました。行きながら いろいろな 話を しました。

　別れる まえに その 外国人は 日本語で 「ありがとうございました」と 言いました。

それを 聞いて 私は ②とても うれしかったです。これからも こまって いる 人に

声を かけたいと 思いました。

20 なぜ ①しんぱいに なりましたか。

1 出口を さがして いる 人を 見たから

2 英語が 上手じゃ ないから

3 外国人が 声を かけたから

4 外国人と いっしょに 行ったから

21 どうして ②とても うれしかったですか。

1 こまって いる 日本人を てつだったから

2 こまって いる 外国人を てつだったから

3 日本人から かんしゃの ことばを もらったから

4 外国人から かんしゃの ことばを もらったから

실전 테스트 바로듣기 *문제를 다 풀고 난 후, N5_중문_실전테스트3.mp3를 들으며 다시 학습해 보세요.

정답 해설집 p.60

11일 독해 | 문제 5 내용 이해(중문) 199

もんだい5　つぎの　ぶんしょうを　読んで、しつもんに　こたえて　ください。

こたえは、1・2・3・4から　いちばん　いい　ものを　一つ　えらんで
ください。

　　私は　カフェで　アルバイトを　して　います。カフェの　アルバイトは　夏休みに　なって
から　はじめました。休みの　時は　時間が　多かったので　毎週　火よう日と　木よう日、
そして　週末の　午前に　アルバイトを　して　いました。

　　しかし　休みが　おわって、学校が　はじまってからは　授業が　いそがしくて　週末だけ
する　ことに　しました。また、週末の　午前は　水泳教室に　行く　ことに　したので
アルバイトを　する　①時間も　午後に　かえました。

　　でも　昨日は　学校が　おわった　後、すぐ　カフェに　行きました。てんちょうは　私に
「どうして　来たの」と　言いました。②まちがえました。昨日は　木よう日だったから　アル
バイトに　行かない　日でした。次からは　まちがえないでしょう。

20 どうして ①時間も 午後に かえましたか。

1 夏休みに なったから

2 学校が はじまったから

3 授業が いそがしかったから

4 水泳教室に 行く ことに したから

21 「私」は 何を ②まちがえましたか。

1 アルバイトに 行く 時間

2 アルバイトに 行く 日

3 学校に 行く 時間

4 学校に 行く 日

실전 테스트 바로듣기 *문제를 다 풀고 난 후, N5_중문_실전테스트4.mp3를 들으며 다시 학습해 보세요.

정답 해설집 p.61

11일 독해 | 문제 5 내용 이해(중문) 201

もんだい5 つぎの ぶんしょうを 読んで、しつもんに こたえて ください。
こたえは、1・2・3・4から いちばん いい ものを 一つ えらんで
ください。

　私は 一か月 前から トムと いう 小さい 犬を かって います。トムと いっしょに
あそんだり、こうえんを さんぽしたり するのは 本当に 楽しいです。
　今までは 雨の 日は さんぽを しませんでしたが、昨日 はじめて 雨が 降る 日に
さんぽを しました。雨が きらいな 犬も 多いと 聞いたので しんぱいして いました。
でも トムは 雨を 楽しんで いて、雨の 中を ずっと はしって いました。私たちは
いつもより 30分ぐらい 長く さんぽを してから 家に 帰りました。
　トムが とても きたなく なったので、あらうのが たいへんでした。でも トムが よろ
こんで いたので これからは 雨が 降る 日でも さんぽに 行く つもりです。

20 ぶんに ついて 正しいのは どれですか。

1 「私」は 昨日から 犬を かって います。

2 「私」は 小さい ときから ずっと 犬を かって います。

3 トムは 雨を 楽しんで いました。

4 トムは 雨が きらいです。

21 どうして たいへんでしたか。

1 はじめて さんぽに 行ったから

2 長い 時間 さんぽを したから

3 家に おそく 帰ったから

4 トムが とても よごれて いたから

실전 테스트 바로듣기　*문제를 다 풀고 난 후, N5_중문_실전테스트5.mp3를 들으며 다시 학습해 보세요.

정답 해설집 p.62

11일 독해 | 문제 5 내용 이해(중문)　**203**

─○ 출제 형태 및 문제 풀이 Step

[독해 > 문제 6 정보 검색]은 1개의 문항과 150자~250자 내외의 지문을 읽고 푸는 문제로, 조건을 제시하는 문제 1문항과 관련된 안내문 1개가 출제돼요.

ルイさんは 野球が 好きで、リバーズの しあいを 見に 行きたいです。しかし、月曜日から 金曜日まで は いそがしいので 行く ことが できません。ルイさんは いつ しあいを 見に 行きますか。

1 5月12日
2 5月13日
✓ 3 5月16日
4 5月17日

野球の しあいの お知らせ

野球チーム「東京マウンテンズ」の しあいが あります。
家族や 友だちと いっしょに 行きましょう!

日	チーム	時間
5月12日(火)	VS リバーズ	午後6時～
5月13日(水)	VS ファイアーズ	午後6時～
5月16日(土)	VS リバーズ	午後2時～
5月17日(日)	VS ファイアーズ	午前11時～

Step 1

질문을 읽고 제시되는 조건과 묻는 내용 파악하기

제시된 조건 (1) リバーズの しあいを 見に 行きたい です(리버즈의 시합을 보러 가고 싶습니다), (2) 月曜日 から 金曜日までは いそ がしいので 行く ことが できません(월요일부터 금요일 까지는 바빠서 갈 수 없습니다)에 따라 언제 시합을 보러 가는지 묻고 있어요.

Step 2

지문에서 조건에 해당하는 내용을 찾아 표시하기

(1) 표에서 리버즈와의 시합이 있는 부분을 찾아서 O 표시 를 해요.
(2) 리버즈와의 시합이 있는 5 월 12일(화)과 5월 16일 (토) 중 주말인 5월 16일 (토)에 O 표시를 해요.

Step 3

조건에 모두 부합하는 선택지를 정답으로 고르기

질문에 제시된 모든 조건을 만족시키는 3 5月16日(5월 16일)를 정답으로 골라요.

위 문제의 해석과 어휘에 대한 설명은 해설집 p.63에서 확인할 수 있어요.

① **상품이나 행사 등에 대한 안내문이 주로 출제돼요.**

지문으로는 상품이나 행사 등과 관련된 가격, 일정 등의 정보를 알려주는 안내문이 주로 출제돼요.

② **취향, 요일, 시간에 대한 조건이 주로 제시돼요.**

질문에 취향, 요일, 시간, 금액, 날짜, 나이 등에 대한 조건이 2~3개 정도 제시되는데, 그중 취향, 요일, 시간에 대한 조건이 주로 질문에 제시돼요. 예를 들어 질문에 ~が好きです(~가 좋습니다), ~たいです(~하고 싶습니다)와 같은 표현이 있으면, 취향에 대한 조건이에요.

⑩ トマスさんは <u>しゅうまつに</u> <u>ひまわり 公園に 行きたいです。</u>時間は みじかいほ
　　　　　　　　 조건 ①　　　　　　　 조건 ②　　　　　　　　　　　　　　　　 조건 ③

うが いいです。トマスさんは どの 行き方で 行きますか。

<u>토마스 씨는 주말에</u> <u>히마와리 공원에 가고 싶습니다.</u> <u>시간은 짧은 편이 좋습니다.</u> 토마스 씨는 어떤 방법으로 갑니까?

③ **안내문의 표 하단에 특이 사항에 대한 설명이 제시되는 경우도 있어요.**

지문으로 수록된 안내문의 표 하단에는 간단한 특이 사항이나 주의 사항이 제시되는 경우도 있어요. 이 경우, 질문에 제시된 조건의 내용과 표 하단의 설명을 대조해가며 꼼꼼히 읽고 정답을 골라야 해요.

◐ 학습 전략

① **조건에 부합하는 내용을 지문에서 찾는 연습을 하며 문제 풀이 실력을 키워요.**

정보 검색은 질문에 포함된 조건을 정확히 파악하여, 해당되는 내용을 지문에서 찾아야 해요. 때문에 문제를 풀어본 후에는 반드시 해설집의 해석과 해설을 꼼꼼히 확인하며 조건과 일치하는 내용을 지문에서 찾는 연습을 해요.

② **안내·일정, 행사·홍보 등과 관련된 어휘를 꼼꼼히 학습하세요.**

정보 검색에서는 안내·일정, 행사·홍보 등과 관련된 다양한 주제의 지문이 출제되므로, 주제와 관련하여 자주 출제되는 어휘를 꼼꼼히 학습해두어요. 특히 <JLPT N5 필수 단어·문형 암기장>(p.40~43)을 활용하면 더 많은 어휘를 익힐 수 있어요.

■ 안내·일정 🔊 N5_정보검색_핵심표현 및 필수어휘1.mp3

朝 あさ	아침	案内 あんない	안내
以下 いか	이하	行く い	가다
かかる	걸리다	火曜日 かようび	화요일
期間 きかん	기간	金曜日 きんようび	금요일
クラス	클래스, 수업	来る く	오다
月曜日 げつようび	월요일	午後 ごご	오후
午前 ごぜん	오전	今度 こんど	이번, 이 다음
時間 じかん	시간	食堂 しょくどう	식당
水曜日 すいようび	수요일	スポーツ	스포츠
それから	그리고	大丈夫だ だいじょうぶ	괜찮다
たのむ	주문하다, 부탁하다	できる	할 수 있다, 생기다
泊まる と	숙박하다, 묵다	土曜日 どようび	토요일
日曜日 にちようび	일요일	始まる はじ	시작되다
ホテル	호텔	毎週 まいしゅう	매주
毎日 まいにち	매일	また	또한
または	또는	短い みじか	짧다
木曜日 もくようび	목요일	休む やす	쉬다
曜日 ようび	요일	夜 よる	밤
～月 がつ	~월	～時 じ	~시
～日 にち	~일	～分 ふん	~분

■ 행사·홍보 🔊 N5_정보검색_핵심표현 및 필수어휘2.mp3

アニメ	애니메이션	歌 うた	노래
美しい うつく	아름답다	海 うみ	바다
英会話 えいかい わ	영어 회화	円 えん	엔(화폐 단위)
おいしい	맛있다	海外 かい がい	해외
外国語 がいこく ご	외국어	歌手 か しゅ	가수
韓国 かん こく	한국	ギター	기타
教育 きょういく	교육	きれいだ	예쁘다, 깨끗하다
元気だ げん き	건강하다	子ども こ	아이
ゴルフ	골프	サークル	동아리, 서클
しゅみ	취미	小学校 しょうがっ こう	초등학교
ショッピング	쇼핑	スペイン	스페인
セット	세트	選手 せん しゅ	선수
タイ	태국	中国 ちゅうごく	중국
テニス	테니스	ドイツ	독일
ドラマ	드라마	内容 ない よう	내용
バイオリン	바이올린	バドミントン	배드민턴
ベトナム	베트남	見る み	보다
安い やす	싸다	ゆっくり	느긋하게
ヨーロッパ	유럽	ランチ	런치, 점심
利用 り よう	이용	料理 りょう り	요리

もんだい6 右の ページを 見て、下の しつもんに こたえて ください。
こたえは、1・2・3・4から いちばん いい ものを 一つ えらんで
ください。

22 ニコルさんは 学生しょくどうで ランチセットを たのみたいです。ニコルさんは ト
マトが 好きでは ありません。それから、600円より 安い ものが いいです。ニコ
ルさんは 何を えらびますか。

1 ①

2 ②

3 ③

4 ④

森山大学
学生しょくどう

4月の
ランチセット！

時間

午前11時30分～
午後1時30分

電話

☎：013-465-289

① Aセット　450円
☺ やきそば　または　うどん
☺ おにぎり

② Bセット　500円
☺ トマトパスタ
☺ パン　または　スープ

③ Cセット　650円
☺ トマトパスタ
☺ パン
☺ スープ
☺ ぎゅうにゅう　または　りんごジュース

おいしい！

④ Dセット　700円
☺ とんかつ
☺ ご飯　または　うどん
☺ サラダ
☺ おちゃ　または　りんごジュース

실전 테스트 바로듣기 　*문제를 다 풀고 난 후, N5_정보검색_실전테스트1.mp3를 들으며 다시 학습해 보세요.

정답 해설집 p.63

もんだい6 右の ページを 見て、下の しつもんに こたえて ください。

こたえは、1・2・3・4から いちばん いい ものを 一つ えらんで
ください。

22 本田さんは しゅみ教室に 行きたいです。木よう日には アルバイトが あります。
学校が 終わる 16時の あとに はじまって、外国語を 習う クラスが いいです。
本田さんは どの クラスに 行きますか。

1 ①

2 ②

3 ③

4 ④

♣ いち、に、さん　しゅみ教室！♣

新しい　しゅみを　はじめたい　人は　きて　ください！

クラス	習う　こと	よう日	時間	ばしょ
①	バイオリン - アニメの　歌を　習います。	毎週 水、金	17:00 〜 19:00	101号室
②	ギター - すきな　かしゅの　歌を　習います。	毎週 木、金	10:30 〜 12:30	103号室
③	かんこくご - かんこくの　歌を　ききながら　かんこくごを　習います。	毎週 月、金	10:30 〜 12:30	101号室
④	ちゅうごくご - ちゅうごくの　ドラマを　みながら　ちゅうごくごを　習います。	毎週 火、水	17:00 〜 19:00	103号室

ひので　文化センター

(☎電話: 013-749-3245)

실전 테스트 바로듣기 　*문제를 다 풀고 난 후, N5_정보검색_실전테스트2.mp3를 들으며 다시 학습해 보세요.

정답 해설집 p.64

もんだい6　右の　ページを　見て、下の　しつもんに　こたえて　ください。
　　　　　こたえは、1・2・3・4から　いちばん　いい　ものを　一つ　えらんで
　　　　　ください。

22　　ローラさんは　今週の　金曜日、友だちと　ひまわりワールドに　行きたいです。ひ
　　　がし駅から　シャトルバスに　乗る　よていです。いちばん　早い　時間の　バスに
　　　乗りたいです。ローラさんは　何時の　シャトルバスに　乗りますか。
　　　1　9時の　シャトルバス
　　　2　9時　10分の　シャトルバス
　　　3　10時の　シャトルバス
　　　4　10時　10分の　シャトルバス

シャトルバスの　時間

7月から　ひまわりワールドまでの　シャトルバスを　始めます。
次の　内容を　読んで　ください。

みなみ駅 → ひまわりワールド
09:00　→　09:20
10:00　→　10:20
11:00　→　11:20
12:00　→　12:20
13:00　→　13:20
14:00　→　14:20
15:00　→　15:20

ひがし駅 → ひまわりワールド
09:10　→　09:20
10:10　→　10:20
11:10　→　11:20
12:10　→　12:20
13:10　→　13:20
14:10　→　14:20
15:10　→　15:20

＊ 9時と　9時10分の　シャトルバスは　週末だけ　利用できます。

＊ 大人は　200円、子どもは　100円です。

☎ 012-343-5435

실전 테스트 바로듣기　*문제를 다 풀고 난 후, N5_정보검색_실전테스트3.mp3를 들으며 다시 학습해 보세요.

정답 해설집 p.65

もんだい6　右の　ページを　見て、下の　しつもんに　こたえて　ください。
こたえは、1・2・3・4から　いちばん　いい　ものを　一つ　えらんで
ください。

22　山本さんは　7月　22日から　7月　28日まで　休みです。また　ヨーロッパに　旅
行に　行きたいです。山本さんは　何を　えらびますか。

1　①

2　②

3　③

4　④

海外旅行は　スマイル旅行で！ ☺

今度の　夏休みには　海外旅行に　行きませんか。

① ベトナム旅行

☺ 旅行きかん：7月　22日〜7月　24日

☺ お金：一人　35,000円

☺ おいしい　ベトナム料理を　毎日　食べる　ことが　できます。

② ドイツ旅行

☺ 旅行きかん：7月　22日〜7月　27日

☺ お金：一人　200,000円

☺ きれいな　ホテルに　泊まる　ことが　できます。

③ スペイン旅行

☺ 旅行きかん：7月　23日〜7月　30日

☺ お金：一人　250,000円

☺ うつくしい　海で　ゆっくり　休む　ことが　できます。

④ タイ旅行

☺ 旅行きかん：7月　26日〜7月　28日

☺ お金：一人　40,000円

☺ 安い　ねだんで　ショッピングする　ことが　できます。

실전 테스트 바로듣기　*문제를 다 풀고 난 후, N5_정보검색_실전테스트4.mp3를 들으며 다시 학습해 보세요.

정답 해설집 p.65

もんだい6　右の　ページを　見て、下の　しつもんに　こたえて　ください。
こたえは、1・2・3・4から　いちばん　いい　ものを　一つ　えらんで
ください。

22　ローズさんは　友だちの　アナさんと　いっしょに　おかし教室に　行きたいです。
ふたりは　いつ　おかし教室に　行きますか。
1　月曜日 11:00-12:00
2　水曜日 15:00-16:00
3　金曜日 12:00-13:00
4　土曜日 13:00-14:00

(1) おかし教室の 時間

	10:00-11:00	11:00-12:00	12:00-13:00	13:00-14:00	14:00-15:00	15:00-16:00
月曜日～金曜日	X	X	O	X	O	O
土曜日	O	O	O	X	X	X

(2) ローズさんの アルバイトの 時間

	10:00-11:00	11:00-12:00	12:00-13:00	13:00-14:00	14:00-15:00	15:00-16:00
月曜日					14:00-15:00	15:00-16:00
火曜日			12:00-13:00	13:00-14:00	14:00-15:00	15:00-16:00
水曜日		11:00-12:00	12:00-13:00			
木曜日	10:00-11:00				14:00-15:00	15:00-16:00
金曜日			12:00-13:00	13:00-14:00		
土曜日	10:00-11:00	11:00-12:00	12:00-13:00			

(3) アナさんの アルバイトの 時間

	10:00-11:00	11:00-12:00	12:00-13:00	13:00-14:00	14:00-15:00	15:00-16:00
月曜日		11:00-12:00	12:00-13:00			
火曜日		11:00-12:00			14:00-15:00	15:00-16:00
水曜日				13:00-14:00	14:00-15:00	
木曜日			12:00-13:00	13:00-14:00	14:00-15:00	
金曜日					14:00-15:00	15:00-16:00
土曜日						15:00-16:00

실전 테스트 바로듣기   *문제를 다 풀고 난 후, N5_정보검색_실전테스트5.mp3를 들으며 다시 학습해 보세요.

정답 해설집 p.66

일본어도 역시, 1위 해커스
japan.Hackers.com

청해

출제 형태 및 문제 풀이 Step 🔊 N5_과제이해_문제 풀이 Step.mp3

문제 풀이 Step 바로듣기

[청해 > 문제 1 과제 이해]는 두 사람의 대화 또는 한 사람의 말을 듣고 최종적으로 결정된 사항을 고르는 문제로, 총 7문항이 출제돼요.

[문제지]

Step 1

음성을 듣기 전, 선택지를 보고 음성에서 언급될 내용을 미리 확인하기

선택지 그림을 보고 1 '피자', 2 '무언가 끼얹어진 밥 (카레)', 3 '초밥', 4 '소바'에 관한 내용이 음성에 언급될 것임을 확인해요.

[음성]

うちで女の人と男の人が話しています。二人は何を食べますか。

F：昼ご飯、何が食べたいですか。

M：昨日ピザを食べましたから、今日は他のものを食べましょう。

F：はい、カレーはどうですか。

M：僕たちがいつも行くカレー屋は今日お休みです。

F：それじゃ、すしはどうですか。駅前のそば屋のとなりに新しく店ができました。

M：いいですね。

二人は何を食べますか。

Step 2

음성 초반에 질문을 들을 때 무엇을 묻는지 파악하고, 대화나 한 사람의 말을 들으며 최종 결정된 사항을 파악하기

두 사람이 무엇을 먹는지 고르는 문제예요. 대화에서 여자가 남자에게 초밥은 어떠냐고 묻자 남자가 좋다고 대답했으므로 3번에 O 표시를 해요. 피자는 어제 먹은 것, 오늘 카레 가게가 휴무, 소바는 초밥 가게가 소바 가게 옆에 생겼다고 한 것이므로 1, 2, 4번은 X 표시를 해요.

Step 3

질문을 다시 들을 때 정답 고르기

O 표시를 한 3 초밥을 정답으로 골라요.

위 문제의 해석과 어휘에 대한 설명은 해설집 p.68에서 확인할 수 있어요.

① **선택지는 주로 그림으로 제시돼요.**

선택지는 주로 그림으로 제시되고, 단어나 구, 문장으로 된 선택지가 출제되기도 해요. 선택지가 단어, 구, 문장인 경우 음성에서 대부분 그대로 언급되므로 선택지를 미리 파악해 두는 것이 좋아요.

② **최종 결정된 물건이 무엇인지 묻는 문제가 주로 출제돼요.**

최종 결정된 물건, 일정, 장소, 수량이나 횟수, 해야 할 일을 묻는 문제가 출제되는데, 그중 최종 결정된 물건을 묻는 문제가 가장 많이 출제돼요. 이 경우 선택지가 자주 그림으로 제시되며 각 선택지에 있는 물건의 종류, 모양, 개수 등을 미리 확인한 후 음성을 들으면 정답을 더 수월하게 선택할 수 있어요.

예 女の人は、明日何を持っていきますか。 (여자는, 내일 무엇을 가지고 갑니까?)

🔵 학습 전략

① **음성을 반복해서 들으며, 핵심 표현을 받아쓰는 연습을 해요.**

과제 이해는 음성을 끝까지 들으며 최종 결정되는 사항이 무엇인지 정확하게 파악하여 정답을 고를 수 있도록 듣기 연습을 충분히 해야 해요. 별도로 제공되는 문항별 분할 음성 파일과 '청해 받아쓰기 PDF(해커스일본어 사이트에서 다운로드)'를 활용하면 더욱 효과적으로 학습할 수 있어요.

② **쇼핑, 여행·장소, 요리·식사, 학업 등과 관련된 어휘를 꼼꼼히 학습하세요.**

과제 이해에서는 쇼핑, 여행·장소, 요리·식사, 학업 등과 관련된 다양한 주제의 문제가 출제되므로, 주제와 관련되어 자주 출제되는 어휘를 꼼꼼히 학습해 두어요. 특히 <JLPT N5 필수 단어·문형 암기장>(p.44~46)을 활용하면 언제 어디서나 편리하게 어휘를 암기할 수 있어요.

핵심 표현 및 필수 어휘

■ 쇼핑 🔊 N5_과제이해_핵심표현 및 필수어휘1.mp3

色 いろ	색깔	絵 え	그림
選ぶ えら	고르다	買い物 か もの	쇼핑
着る き	입다	靴下 くつした	양말
黒い くろ	까맣다	財布 さい ふ	지갑
雑誌 ざっ し	잡지	白い しろ	하얗다
高い たか	비싸다, 높다	時計 と けい	시계
ネクタイ	넥타이	払う はら	지불하다
ハンカチ	손수건	欲しい ほ	갖고 싶다
安い やす	싸다	リボン	리본
渡す わた	전달하다	ワンピース	원피스

■ 여행·장소 🔊 N5_과제이해_핵심표현 및 필수어휘2.mp3

アメリカ	미국	後ろ うし	뒤
駅 えき	역	銀行 ぎん こう	은행
公園 こう えん	공원	交差点 こう さ てん	교차로
着く つ	도착하다	博物館 はく ぶつ かん	박물관
ピクニック	피크닉	左側 ひだり がわ	왼편
病院 びょういん	병원	ビル	빌딩, 건물
ホテル	호텔	前 まえ	앞, 전
曲がる ま	돌다, 방향을 바꾸다	まっすぐ	곧장
右側 みぎ がわ	오른편	道 みち	길
旅行 りょ こう	여행	旅行会社 りょ こう がい しゃ	여행회사

■ 요리·식사 🔊 N5_과제이해_핵심표현 및 필수어휘3.mp3

洗う	씻다	いちご	딸기
おにぎり	주먹밥	カップ	컵
牛乳	우유	薬を 飲む	약을 먹다
魚	물고기	食事	식사
スーパー	슈퍼	すし	스시, 초밥
スパゲッティ	스파게티	食べ物	음식
卵	계란	チーズ	치즈
とんかつ	돈가스	飲み物	음료
メニュー	메뉴	もも	복숭아
野菜	야채	冷蔵庫	냉장고

■ 학업 🔊 N5_과제이해_핵심표현 및 필수어휘4.mp3

鉛筆	연필	覚える	기억하다, 외우다
返す	돌려주다	漢字	한자
簡単だ	간단하다	がんばる	힘내다, 열심히 하다
消しゴム	지우개	辞書	사전
質問	질문	小学生	초등학생
新聞	신문	説明	설명
全部	전부	机	책상
テキスト	교과서	テストを 受ける	시험을 보다
習う	배우다, 익히다	ノート	노트, 공책
ボールペン	볼펜	問題	문제

13일

문제 1 과제 이해

해커스 JLPT N5 한 권으로 합격

🔊 N5_과제이해_실전테스트1.mp3

실전 테스트 바로듣기

もんだい1

　もんだい1では、はじめに　しつもんを　きいて　ください。それから　はなしを
きいて、もんだいようしの　1から4の　なかから、いちばん　いい　ものを
ひとつ　えらんで　ください。

1ばん

2ばん

3ばん

1　やさいを　あらう

2　やさいを　きる

3　くだものを　あらう

4　たまごを　だす

4ばん

1　うみ

2　やま

3　えいがかん

4　びじゅつかん

5ばん

6ばん

1 すいようびの　ごぜん

2 すいようびの　ごご

3 もくようびの　ごぜん

4 もくようびの　ごご

7ばん

🔊 N5_과제이해_실전테스트2.mp3

실전 테스트 바로듣기

もんだい 1

　もんだい１では、はじめに　しつもんを　きいて　ください。それから　はなしを
きいて、もんだいようしの　１から４の　なかから、いちばん　いい　ものを
ひとつ　えらんで　ください。

1ばん

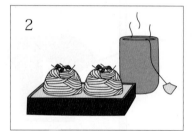

2ばん

3ばん

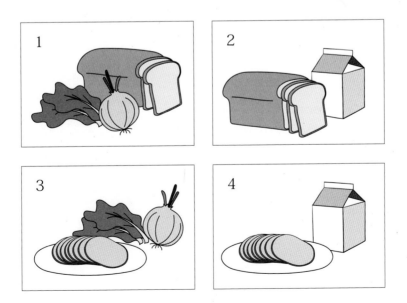

4ばん

1　4じ
2　5じ
3　6じ
4　7じ

5ばん

1　1かい
2　2かい
3　3かい
4　4かい

6ばん

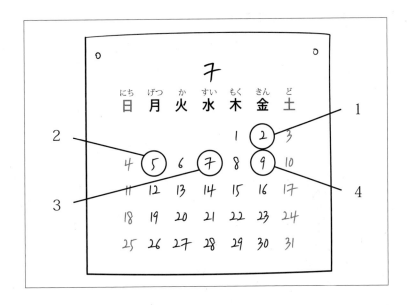

7ばん

정답 해설집 p.72

🔊 N5_과제이해_실전테스트3.mp3

もんだい1

もんだい1では、はじめに　しつもんを　きいて　ください。それから　はなしを
きいて、もんだいようしの　1から4の　なかから、いちばん　いい　ものを
ひとつ　えらんで　ください。

1ばん

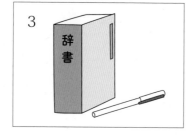

2ばん

1　こんしゅうの　きんようび

2　こんしゅうの　どようび

3　らいしゅうの　かようび

4　らいしゅうの　きんようび

3 ばん

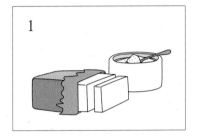

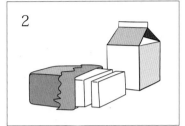

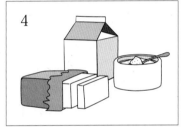

4 ばん

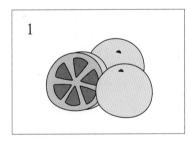

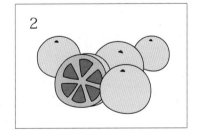

5ばん

1 げつようび

2 すいようび

3 どようび

4 にちようび

6ばん

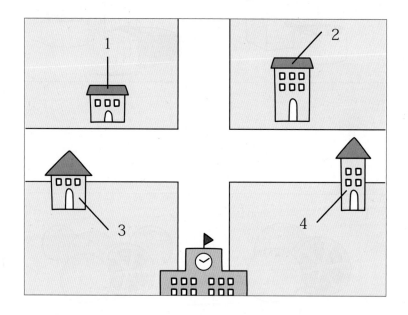

7ばん

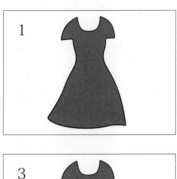

출제 형태 및 문제 풀이 Step 🔊 N5_포인트이해_문제 풀이 Step.mp3

문제 풀이 Step 바로듣기

[청해 > 문제 2 포인트 이해]는 두 사람의 대화 또는 한 사람의 말을 듣고 질문에 맞는 정답을 고르는 문제로, 총 6문항이 출제돼요.

[문제지]

  1　ジュース　✕
✓ 2　コーヒー　○
  3　ぎゅうにゅう　✕
  4　おちゃ　✕

Step 1

음성을 듣기 전, 선택지를 보고 음성에서 언급될 내용을 미리 확인하기

1 '주스', 2 '커피', 3 '우유', 4 '차'와 관련된 내용이 대화에 언급될 것임을 파악해요.

[음성]

男の人と女の人が話しています。男の人は何を飲みますか。

M：佐藤さん、何にしますか。

F：うーん、私はジュースにします。コーヒーとか牛乳とかを飲むとお腹が痛くなりますので。

M：そうですか。じゃあ、僕はコーヒーにします。あ、お茶もありますよ。

F：あ、そうですか。じゃあ、私、お茶にします。

M：はい、わかりました。頼んできます。

男の人は何を飲みますか。

Step 2

음성 초반에서 질문을 들을 때 무엇을 묻는지 파악하고, 대화나 한 사람의 말을 들을 때 정답의 후보를 파악하기

남자가 무엇을 마시는지 묻는 문제예요. 남자가 僕はコーヒーにします(저는 커피로 하겠습니다)라고 언급했으므로 2 コーヒー(커피)에 ○ 표시를 해요. 주스, 우유, 차는 모두 여자와 관련되어 언급되었으므로 1, 3, 4번에 ✕ 표시를 해요.

Step 3

질문을 다시 들을 때 정답 고르기

○ 표시를 한 2 コーヒー(커피)를 정답으로 골라요.

위 문제의 해석과 어휘에 대한 설명은 해설집 p.80에서 확인할 수 있어요.

① **의문사 何(무엇)를 사용한 질문이 주로 출제돼요.**

의문사 何(무엇, 몇)를 사용하여 사물이나 할 일, 개수를 묻는 질문이 주로 출제돼요. 이외에도 どこ(어디), だれ(누구), いつ(언제) 등의 의문사를 사용하여 장소, 인물, 일정 등을 묻는 질문도 출제돼요.

例 女の人は、昨日何をしましたか。 여자는, 어제 무엇을 했습니까?

男の学生は、夏休みにどこへ行きましたか。 남학생은, 여름 방학에 어디에 갔습니까?

② **선택지는 주로 한 단어로 제시되며, 대부분 음성에도 그대로 언급돼요.**

선택지는 단어나 구, 문장, 그림, 전화번호 등 다양한 형태로 제시돼요. 그중 한 단어로 된 선택지가 주로 출제돼요. 선택지의 내용은 대부분 음성에서 그대로 언급되므로 선택지를 미리 읽어두는 것이 중요해요.

例 선택지

1 ゆうびんきょく (×)
우체국

2 ぎんこう (○)
은행

음성

女の人と男の人が話しています。男の人は昨日どこに行ってきましたか。 여자와 남자가 이야기하고 있습니다. 남자는 어제 어디에 다녀왔습니까?

F : 昨日は、郵便局で手紙を送りました。
어제는, 우체국에서 편지를 보냈습니다.

M : そうですか。僕は昨日銀行に行ってきました。
그렇습니까? 저는 어제 은행에 다녀왔습니다.

○ 학습 전략

① **음성을 반복해서 들으며 핵심 표현을 받아쓰는 연습을 해요.**

포인트 이해는 음성을 들으면서 각 선택지와 관련하여 언급되는 내용을 구별하며 파악해야 해요. 따라서 음성에서 언급되는 특정 내용을 골라서 듣고 이해할 수 있도록 듣기 실력을 꾸준히 키워야 해요. 별도로 제공되는 문항별 분할 음성 파일과 '청해 받아쓰기 PDF(해커스일본어 사이트에서 다운로드)'를 활용하면 더욱 효과적으로 학습할 수 있어요.

② **가족, 수업·일, 음식·식당, 취미 등과 관련된 어휘를 꼼꼼히 학습하세요.**

포인트 이해에서는 가족, 수업·일, 음식·식당, 취미 등과 관련된 다양한 주제의 문제가 출제되므로, 주제와 관련되어 자주 출제되는 어휘를 꼼꼼히 학습해 두어요. 특히 <JLPT N5 필수 단어·문형 암기장>(p.47~49)을 활용하면 언제 어디서나 편리하게 어휘를 암기할 수 있어요.

14일

문제 2 포인트 이해

해커스 JLPT N5 한 권으로 합격

■ 가족　◀)) N5_포인트이해_핵심표현 및 필수어휘1.mp3

兄 あに	형, 오빠	姉 あね	누나, 언니
家 いえ	집	妹 いもうと	여동생
妹さん いもうと	(남의) 여동생	お母さん かあ	어머니
奥さん おく	부인	お父さん とう	아버지
弟 おとうと	남동생	弟さん おとうと	(남의) 남동생
お兄さん にい	형, 오빠	お姉さん ねえ	누나, 언니
家族 か ぞく	가족	兄弟 きょうだい	형제
結婚 けっこん	결혼	祖父 そ ふ	할아버지
祖母 そ ぼ	할머니	父 ちち	아빠, 아버지
母 はは	엄마, 어머니	両親 りょうしん	부모님

■ 수업·일　◀)) N5_포인트이해_핵심표현 및 필수어휘2.mp3

アルバイト	아르바이트	椅子 い す	의자
教える おし	가르치다	遅い おそ	늦다
会社 かいしゃ	회사	書く か	쓰다
学生 がくせい	학생	聞く き	듣다, 묻다
教室 きょうしつ	교실	クラス	클래스, 수업
仕事 し ごと	일	電話番号 でん わ ばんごう	전화번호
日本語 に ほん ご	일본어	場所 ば しょ	장소
働く はたら	일하다	勉強 べんきょう	공부
毎朝 まいあさ	매일 아침	休みの日 やす ひ	쉬는 날, 휴일
予定 よ てい	예정	読む よ	읽다

음식·식당 🔊 N5_포인트이해_핵심표현 및 필수어휘3.mp3

お菓子	과자	お腹が　空く	배가 고프다
お昼	점심(식사)	お弁当	도시락
喫茶店	찻집, 카페	果物	과일
クッキー	쿠키	さとう	설탕
皿	접시	サンドイッチ	샌드위치
ジュース	주스	食堂	식당
ステーキ	스테이크	そば	소바
パン	빵	晩ご飯	저녁식사
みかん	귤	ランチ	런치
料理	요리	りんご	사과

취미 🔊 N5_포인트이해_핵심표현 및 필수어휘4.mp3

新しい	새롭다	運動場	운동장
映画館	영화관	面白い	재미있다
コンサート	콘서트	サッカー	축구
自転車	자전거	小説	소설
スキー	스키	すごい	대단하다
大変だ	힘들다	楽しい	즐겁다
ダンス	댄스	動物園	동물원
走る	뛰다, 달리다	バスケットボール	농구
パソコン	컴퓨터	美術館	미술관
プール	수영장	練習	연습

🔊 N5_포인트이해_실전테스트1.mp3

실전 테스트 바로듣기

もんだい2

　もんだい2では、はじめに　しつもんを　きいて　ください。それから　はなしを
きいて、もんだいようしの　1から4の　なかから、いちばん　いい　ものを
ひとつ　えらんで　ください。

1ばん

2ばん

1　おとうさん

2　おかあさん

3　あに

4　あね

3ばん

1 1かいの　1ばん　きょうしつ

2 1かいの　2ばん　きょうしつ

3 2かいの　1ばん　きょうしつ

4 2かいの　2ばん　きょうしつ

4ばん

1 531-4189

2 531-4819

3 538-4189

4 538-4819

5ばん

1 2まい

2 3まい

3 4まい

4 5まい

6ばん

1 やま

2 うみ

3 えき

4 デパート

정답 해설집 p.80

🔊 N5_포인트이해_실전테스트2.mp3

もんだい2

　もんだい2では、はじめに　しつもんを　きいて　ください。それから　はなしを
きいて、もんだいようしの　1から4の　なかから、いちばん　いい　ものを
ひとつ　えらんで　ください。

1ばん

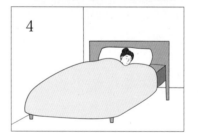

2ばん

1　ともだち

2　あに

3　いもうと

4　せんせい

3ばん

1　3にん

2　4にん

3　5にん

4　6にん

4ばん

1　じてんしゃ

2　タクシー

3　でんしゃ

4　バス

5ばん

1　2かい

2　3かい

3　5かい

4　7かい

6 ばん

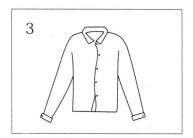

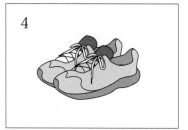

정답 해설집 p.83

🔊 N5_포인트이해_실전테스트3.mp3

실전 테스트 바로듣기

もんだい 2

　もんだい 2 では、はじめに　しつもんを　きいて　ください。それから　はなしを
きいて、もんだいようしの　1 から 4 の　なかから、いちばん　いい　ものを
ひとつ　えらんで　ください。

1 ばん

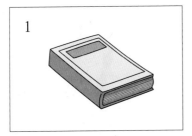

2ばん

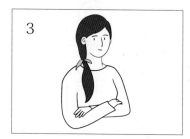

3ばん

1　1まい

2　2まい

3　4まい

4　7まい

4ばん

1 しゅくだいを　しました
2 じゅぎょうを　ききました
3 りょうりを　しました
4 えいがを　みました

5ばん

1 レストラン
2 えき
3 スーパー
4 がっこう

6ばん

1 1つ
2 2つ
3 3つ
4 5つ

정답 해설집 p.86

출제 형태 및 문제 풀이 Step 🔊 N5_발화표현_문제 풀이 Step.mp3

문제 풀이 Step 바로듣기

[청해 > 문제 3 발화 표현]은 주어진 그림 속 상황에서 화살표가 표시된 인물이 할 말을 고르는 문제로, 총 5문항이 출제되고, 각 문항 당 3개의 선택지가 제시돼요.

[문제지]

✔ 1. ○
2. ✕
3. ✕

※ 예시 문제를 들려줄 때, 각 문항의 그림 오른쪽의 빈 공간에 선택지 번호를 미리 써 두어요.

Step 2

음성에서 선택지를 듣고, 질문에 가장 적절한 것을 정답으로 고르기

1 '집에 오지 않을래요?'는 친구를 집에 부르고 싶은 상황에 적절한 말이므로 ○ 표시를 해요. 2 '큰 집이네요'는 상황에 맞지 않아요. 3 '지금 가도 좋습니까?'는 화살표 표시가 없는 인물이 할 수 있는 말이므로 ✕ 표시를 해요. 따라서, ○ 표시를 한 1을 정답으로 골라요.

[음성]

友だちをうちに呼びたいです。友だちに何と言いますか。

M: ✔ 1 うちに来ませんか。
2 大きなうちですね。
3 今行ってもいいですか。

Step 1

그림 속 상황과 화살표가 표시된 인물을 확인하고, 음성에서 질문을 들을 때 어떤 상황인지 파악하기

화살표가 표시된 남자가 친구를 집에 부르고 싶어하는 상황에서 할 수 있는 말을 고르는 문제예요.

위 문제의 해석과 어휘에 대한 설명은 해설집 p.89에서 확인할 수 있어요.

🔘 출제 경향

① **상대방에게 권유하는 상황이 주로 출제돼요.**

상대방에게 권유, 인사, 질문, 부탁, 주의하는 상황이 출제되는데, 그중 권유하는 상황이 주로 출제돼요.

예  → 남자에게 화살표 표시가 되어 있어요. 그림 속 인물들을 보았을 때 남자가 여자에게 케이크를 주려고 하는 것을 알 수 있어요. 이때, 남자가 여자에게 어떤 말을 할 수 있을지 생각하며 질문과 선택지를 들어요.

② **오답 선택지로 화살표가 없는 인물이 할 수 있는 말이나 상황에 맞지 않는 말이 자주 제시돼요.**

음성을 듣기 전에 그림을 보며 화살표가 표시된 인물이 누구인지 반드시 먼저 확인해야 해요. 또한, 질문을 들을 때 상황을 빠르고 정확하게 파악해야 해요. 그래야 화살표 표시가 없는 인물이 할 법한 말이나 상황에 맞지 않는 말을 오답으로 제거할 수 있어요.

예 友だちにケーキをあげます。何と言いますか。
친구에게 케이크를 줍니다. 뭐라고 말합니까?

① このケーキ食べませんか。 이 케이크 먹지 않을래요? (O)

② ケーキはおいしかったです。 케이크는 맛있었습니다. (X) → 상황에 맞지 않는 말

③ ケーキをください。 케이크를 주세요. (X) → 화살표 표시가 없는 인물이 할 수 있는 말

🔘 학습 전략

① **음성을 반복해서 들으며 핵심 표현을 받아쓰는 연습을 해요.**

발화 표현은 질문과 선택지 모두 문제지에 적혀있지 않아요. 따라서 질문과 선택지를 정확하게 듣고 이해할 수 있도록 듣기 연습을 충분히 해 둬야 해요. 별도로 제공되는 문항별 분할 음성 파일과 '청해 받아쓰기 PDF(해커스일본어 사이트에서 다운로드)'를 활용하면 더욱 효과적으로 학습할 수 있어요.

② **건강·음식, 쇼핑·관광, 의사소통 등과 관련된 어휘를 꼼꼼히 학습하세요.**

발화 표현에서는 건강·음식, 쇼핑·관광, 의사소통 등과 관련된 다양한 주제의 문제가 출제되므로, 주제와 관련되어 자주 출제되는 어휘를 꼼꼼히 학습해 두어요. 특히 <JLPT N5 필수 단어·문형 암기장>(p.50~52)을 활용하면 언제 어디서나 편리하게 어휘를 암기할 수 있어요.

■ 건강·음식 🔊 N5_발화표현_핵심표현 및 필수어휘1.mp3

足 あし	발, 다리	暑い あつ	덥다
熱い あつ	뜨겁다	危ない あぶ	위험하다
歩く ある	걷다	痛い いた	아프다
お茶 ちゃ	차	お水 みず	물
カレー	카레	ケーキ	케이크
コーヒー	커피	ご飯 はん	밥, 식사
散歩 さん ぽ	산책	頼む たの	주문하다, 부탁하다
注意 ちゅう い	주의	チョコレート	초콜릿
疲れる つか	지치다, 피로해지다	飲む の	마시다
店 みせ	가게	レストラン	레스토랑

■ 쇼핑·관광 🔊 N5_발화표현_핵심표현 및 필수어휘2.mp3

開く あ	열리다	開ける あ	열다
いくら	얼마	海 うみ	바다
大きい おお	크다	買う か	사다
客 きゃく	손님	サイズ	사이즈
シャツ	셔츠	週末 しゅうまつ	주말
好きだ す	좋아하다	少し すこ	조금
タクシー	택시	小さい ちい	작다
チケット	티켓	テレビ	텔레비전
長い なが	길다	荷物 に もつ	짐
はがき	엽서	必要だ ひつ よう	필요하다

■ 의사소통 🔊 N5_발화표현_핵심표현 및 필수어휘3.mp3

会う	만나다	あげる	주다
あまり	그다지	ある	있다
いい	좋다	言う	말하다
うち	집	うるさい	시끄럽다
遅れる	늦다	終わる	끝나다
変える	바꾸다	貸す	빌려 주다
借りる	빌리다	来る	오다
子ども	아이	静かだ	조용하다
失礼	실례	知る	알다
すぐ	곧, 바로	する	하다
座る	앉다	たくさん	많이
次	다음	できる	할 수 있다
手伝う	돕다	出る	나오다
となり	옆, 이웃	入る	들어가다
早く	빨리	人	사람
ふむ	밟다	また	또
まだ	아직	待つ	기다리다
窓	창문	もう	이제
もらう	받다	約束	약속
呼ぶ	부르다	わかる	알다, 이해하다

🔊 N5_발화표현_실전테스트1.mp3

실전 테스트 바로듣기

もんだい 3

　もんだい 3 では、えを　みながら　しつもんを　きいて　ください。

➡ (やじるし)の　ひとは　なんと　いいますか。1 から 3 の　なかから、いちばん

いい　ものを　ひとつ　えらんで　ください。

1 ばん

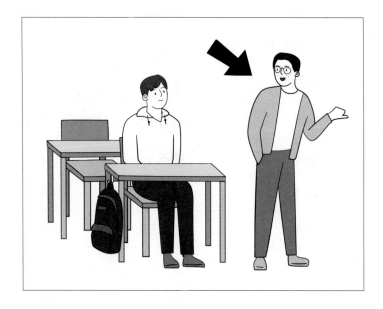

2ばん

3ばん

4ばん

5ばん

정답 해설집 p.89

🔊 N5_발화표현_실전테스트2.mp3

실전 테스트 바로듣기

もんだい 3

　もんだい３では、えを　みながら　しつもんを　きいて　ください。

➡ (やじるし)の　ひとは　なんと　いいますか。１から３の　なかから、いちばん
いい　ものを　ひとつ　えらんで　ください。

１ばん

2ばん

3ばん

4ばん

5ばん

정답 해설집 p.91

🔊 N5_발화표현_실전테스트3.mp3

실전 테스트 바로듣기

もんだい 3

　もんだい 3 では、えを　みながら　しつもんを　きいて　ください。

➡ (やじるし)の　ひとは　なんと　いいますか。1 から 3 の　なかから、いちばん

いい　ものを　ひとつ　えらんで　ください。

1 ばん

2ばん

3ばん

4ばん

5ばん

정답 해설집 p.93

일본어도 역시,
1위 해커스

japan.Hackers.com

🔾 출제 형태 및 문제 풀이 Step 🔊 N5_즉시응답_문제 풀이 Step.mp3

문제 풀이 Step 바로듣기

[청해 > 문제 4 즉시 응답]은 짧은 질문과 3개의 선택지를 듣고 질문에 적절한 응답을 고르는 문제로, 총 6문항이 출제돼요.

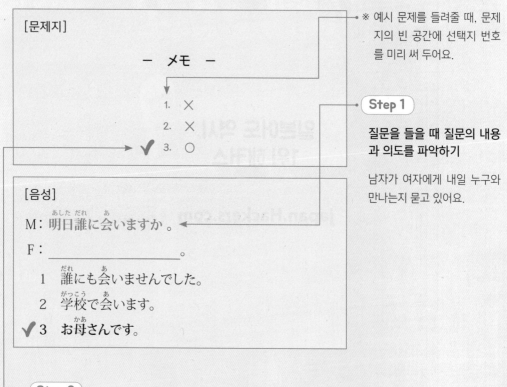

[문제지]

─ メモ ─

1. ✕
2. ✕
✔ 3. ○

※ 예시 문제를 들려줄 때, 문제 지의 빈 공간에 선택지 번호 를 미리 써 두어요.

Step 1

질문을 들을 때 질문의 내용 과 의도를 파악하기

남자가 여자에게 내일 누구와 만나는지 묻고 있어요.

[음성]

M: 明日誰に会いますか。

F: ＿＿＿＿＿＿＿＿。

1 誰にも会いませんでした。
2 学校で会います。
✔ 3 お母さんです。

Step 2

선택지를 듣고 질문에 가장 적절한 것을 정답으로 고르기

1은 질문의 誰(누구)를 반복 사용하고 会いますか(만납니까?)와 관련된 会いませんでした(만나지 않았습니 다)를 사용한 오답이므로 ✕ 표시를 해요. 2는 どこで会いますか(어디에서 만납니까?)라는 질문에 대한 답변 이므로 ✕ 표시를 해요. 3은 어머니와 만난다는 말이므로 내일 누구와 만나는지 묻는 남자의 말에 대한 알맞 은 응답이에요. 따라서 ○ 표시를 해요. ○ 표시를 한 3 お母さんです(어머니입니다)를 정답으로 골라요.

위 문제의 해석과 어휘에 대한 설명은 해설집 p.95에서 확인할 수 있어요.

─○ 출제 경향

① **의문사를 사용한 질문이 가장 많이 출제돼요.**

何(무엇, 몇), いつ(언제), どこ(어디), 誰(누구) 등의 의문사를 사용한 질문, 사실을 확인하는 질문, 권유하는 질문이 출제돼요. 그중 의문사를 사용한 질문이 주로 출제돼요. 따라서 질문에 사용된 의문사에 적절한 답변을 정답으로 골라야 해요.

예 何を食べましたか。 무엇을 먹었습니까? - ラーメンを食べました。 라멘을 먹었습니다.
　 いつ帰りますか。 언제 돌아갑니까? - 来月帰ります。 다음 달 돌아갑니다.

② **오답 선택지로는, 다른 의문사를 사용한 질문의 답변이 될 수 있는 말, 상황에 맞지 않는 말, 질문에 사용된 표현을 그대로 반복한 말, 질문과 관련된 표현을 사용한 말이 제시되어 혼동을 줘요.**

정답이 무엇인지 고민할 시간이 충분하지 않으므로, 질문과 선택지의 내용을 직청직해 하되, 특히 오답 선택지의 함정에 빠지지 않도록 주의해야 해요.

예 週末はどこに行きますか。 주말은 어디에 갑니까?

① 映画館に行きます。 영화관에 갑니다. (O)

② 明日行きます。 내일 갑니다. (X)

　→ いつ行きますか(언제 갑니까?)라는 질문에 대한 답변으로, 다른 의문사를 사용한 질문의 답변이 될 수 있는
　　 말로 혼동을 줌

③ どこにも行きませんでした。 어디에도 가지 않았습니다. (X)

　→ 질문의 どこ를 사용하고, 行きますか(갑니까?)와 관련된 行きませんでした(가지 않았습니다)를 사용하여
　　 혼동을 줌

─○ 학습 전략

① **질문과 선택지를 직청직해 할 수 있도록 듣기 훈련을 충분히 해야 해요.**

즉시 응답은 문제지에 아무것도 적혀있지 않아서, 오로지 질문과 선택지를 듣고 풀어야 해요. 또한 정답을 고민할 시간이 충분하지 않으므로 음성을 빠르고 정확하게 이해할 수 있어야 해요. 별도로 제공되는 문항별 분할 음성 파일과 '청해 받아쓰기 PDF'(해커스일본어 사이트에서 다운로드)를 활용하면 더욱 효과적으로 학습할 수 있어요.

② **약속·일정, 일상생활, 학교·회사 등과 관련된 어휘를 꼼꼼히 학습하세요**

즉시 응답에서는 약속·일정, 일상생활, 학교·회사 등과 관련된 다양한 주제의 문제가 출제되므로, 주제와 관련되어 자주 출제되는 단어를 꼼꼼히 학습해 두어요. 특히 <JLPT N5 필수 단어·문형 암기장>(p.53~55)을 활용하면 언제 어디서나 편리하게 어휘를 암기할 수 있어요

핵심 표현 및 필수 어휘

■ 약속·일정 🔊 N5_즉시응답_핵심표현 및 필수어휘1.mp3

あさって	모레	明日 あした	내일
忙しい いそが	바쁘다	いつ	언제
一緒に いっしょ	함께	今 いま	지금
昨日 きのう	어제	今日 きょう	오늘
去年 きょねん	작년	今朝 けさ	오늘 아침
時間 じかん	시간	出す だ	내다, 제출하다
何時 なんじ	몇 시	日 ひ	날
毎日 まいにち	매일	休み やす	쉼, 휴식, 방학
～か月 げつ	～개월	～間 かん	～간, 사이
～時 じ	～시	～時間 じかん	～시간

■ 일상생활 🔊 N5_즉시응답_핵심표현 및 필수어휘2.mp3

遊ぶ あそ	놀다	行く い	가다
いる	있다	運動 うんどう	운동
映画 えいが	영화	おいしい	맛있다
多い おお	많다	起きる お	일어나다
置く お	두다, 놓다	思う おも	생각하다
降りる お	내리다	かさ	우산
風邪 かぜ	감기	カメラ	카메라
かわいい	귀엽다	元気だ げんき	건강하다
コート	코트	写真 しゃしん	사진
上手だ じょうず	잘하다	食べる た	먹다

誕生日 (たんじょうび)	생일	近く (ちか)	근처
使う (つか)	사용하다, 쓰다	デパート	백화점
電車 (でんしゃ)	전철	遠い (とお)	멀다
とても	매우	登る (のぼ)	오르다
乗る (の)	타다	バス	버스
飛行機 (ひこうき)	비행기	昼ご飯 (ひる はん)	점심(식사)
プレゼント	선물	部屋 (へ や)	방
短い (みじか)	짧다	見る (み)	보다
持つ (も)	들다, 가지다	優しい (やさ)	상냥하다
山 (やま)	산	ラーメン	라멘

■ 학교·회사 🔊 N5_즉시응답_핵심표현 및 필수어휘3.mp3

英語 (えい ご)	영어	帰る (かえ)	돌아가다
学校 (がっこう)	학교	かばん	가방
授業 (じゅぎょう)	수업	宿題 (しゅくだい)	숙제
先生 (せんせい)	선생(님)	大学 (だいがく)	대학교
作る (つく)	만들다	テスト	시험, 테스트
図書館 (としょかん)	도서관	友だち (とも)	친구
夏休み (なつやす)	여름 방학	二人 (ふたり)	2명
冬休み (ふゆやす)	겨울 방학	本 (ほん)	책
本屋 (ほん や)	서점	難しい (むずか)	어렵다
休む (やす)	쉬다	～年生 (ねんせい)	~학년

실전 테스트 바로듣기

もんだい 4

　もんだい 4 は、えなどが　ありません。ぶんを　きいて、1 から 3 の　なかから、いちばん　いい　ものを　ひとつ　えらんで　ください。

– メモ –

실전 테스트 1	실전 테스트 2	실전 테스트 3
🔊 N5_즉시응답_실전테스트1.mp3	🔊 N5_즉시응답_실전테스트2.mp3	🔊 N5_즉시응답_실전테스트3.mp3
정답 해설집 p.95	정답 해설집 p.96	정답 해설집 p.98

일본어도 역시,
1위 해커스

japan.Hackers.com

일본어도 역시,
1위 해커스

japan.Hackers.com

실전모의고사 1, 2, 3

실전모의고사 1

답안지 작성법

じゅけんばんごう
(Examinee Registration Number)
수험 번호

20A101010123-30123

수험표 상의 수험 번호가
답안지에 기재된 수험 번호가
일치하는지 확인하세요.

じゅけんばんごうを かいて、その したの マークらんに マークして ください。
Fill in your examinee registration number in this box, and then mark the circle for each digit of the number.

せいねんがっぴ(Date of Birth)

せいねんがっぴを かいて ください。
Fill in your date of birth in the box.
생년월일

ねん Year	つき Month	ひ Day
1993	04	14

수험표 상의 영문 이름과 답안지에 기재된 영문 이름이 일치하는지 확인하세요.
생년월일을 올바르게 기재하세요.
오늘 눈금 칸째로 올바르게 작성하였는지 확인하세요.

답안 마킹 시 문항 번호와
답안지에 기재된 수험 번호가
일치하는지 확인하세요.

もんだい 1 문제 1

1	①	②	③	④
2	①	②	③	④
3	①	②	③	④
4	①	②	③	④
5	①	②	③	④
6	①	②	③	④
7	①	②	③	④

もんだい 2 문제 2

8	①	②	③	④
9	①	②	③	④
10	①	②	③	④
11	①	②	③	④
12	①	②	③	④

もんだい 3 문제 3

13	①	②	③	④
14	①	②	③	④
15	①	②	③	④
16	①	②	③	④
17	①	②	③	④
18	①	②	③	④

もんだい 4 문제 4

19	①	②	③	④
20	①	②	③	④
21	①	②	③	④

일본어도 역시,
1위 해커스

japan.Hackers.com

실전모의고사 1

にほんごのうりょくしけん かいとうようし

N5 언어지식(문자·어휘)
げんごちしき (もじ・ごい)

Please print in block letters.

あなたの なまえを ローマじで かいて ください。

なまえ
Name

じゅけんばんごう
(Examinee Registration Number)

20A10101123-30123

せいねんがっぴ(Date of Birth)

ねん Year	つき Month	ひ Day

もんだい 1

1	①	②	③	④
2	①	②	③	④
3	①	②	③	④
4	①	②	③	④
5	①	②	③	④
6	①	②	③	④
7	①	②	③	④

もんだい 2

8	①	②	③	④
9	①	②	③	④
10	①	②	③	④
11	①	②	③	④
12	①	②	③	④

もんだい 3

13	①	②	③	④
14	①	②	③	④
15	①	②	③	④
16	①	②	③	④
17	①	②	③	④
18	①	②	③	④

もんだい 4

19	①	②	③	④
20	①	②	③	④
21	①	②	③	④

실전모의고사 1

にほんごのうりょくしけん かいとうようし

N5 げんごちしき (ぶんぽう)・どっかい

언어지식(문법)・독해

あなたの なまえを ローマじで かいて ください。

Please print in block letters.

なまえ
Name

(ちゅうい Notes)
1. くろい えんぴつ(HB、No.2)で かいて ください。
   Use a black medium soft (HB or No.2) pencil.
   (ペンや ボールペンでは かかないで ください。)
   (Do not use any kind of pen.)
2. かきなおす ときは、けしゴムで きれいに けしてください。
   Erase any unintended marks completely.
3. きたなく したり、おったり しないで ください。
   Do not soil or bend this sheet.
4. マークれい Marking Examples

よい れい Correct Example	わるい れい Incorrect Examples
●	⊘ ○ ○ ○ ⊜ ◑ ●

じゅけんばんごう (Examinee Registration Number)

20A1010123 - 30123

せいねんがっぴ(Date of Birth)

ねん Year	つき Month	ひ Day

せいねんがっぴを かいて ください。
Fill in your date of birth in the box.

じゅけんばんごうを かいて、その したの マークらんに マークして ください。
Fill in your examinee registration number in this box, and then mark the circle for each digit of the number.

もんだい 1

1	① ② ③ ④
2	① ② ③ ④
3	① ② ③ ④
4	① ② ③ ④
5	① ② ③ ④
6	① ② ③ ④
7	① ② ③ ④
8	① ② ③ ④
9	① ② ③ ④

もんだい 2

10	① ② ③ ④
11	① ② ③ ④
12	① ② ③ ④
13	① ② ③ ④

もんだい 3

14	① ② ③ ④
15	① ② ③ ④
16	① ② ③ ④
17	① ② ③ ④

もんだい 4

| 18 | ① ② ③ ④ |
| 19 | ① ② ③ ④ |

もんだい 5

| 20 | ① ② ③ ④ |
| 21 | ① ② ③ ④ |

もんだい 6

| 22 | ① ② ③ ④ |

실전모의고사 1

にほんごのうりょくしけん かいとうようし

N5 정해

ちょうかい

〈ちゅうい Notes〉
1. くろい えんぴつ(HB、No.2)で かいて ください。
   Use a black medium soft (HB or No.2) pencil.
   (ペンや ボールペンでは かかないで ください。)
   (Do not use any kind of pen.)
2. かきなおす ときは、けしゴムで きれいに けしてください。
   Erase any unintended marks completely.
3. きたなく したり、おったり しないで ください。
   Do not soil or bend this sheet.
4. マークれい Marking Examples

よい れい Correct Example	わるい れい Incorrect Examples
●	⊘ ⊖ ○ ◑ ◐ ①

あなたの なまえを ローマじで かいて ください。
Please print in block letters.

なまえ
Name

じゅけんばんごう
(Examinee Registration Number)

じゅけんばんごうを かいて、その したの マークらんに マークして ください。
Fill in your examinee registration number in this box, and then mark the circle for each digit of the number.

20A10101 23-30123

せいねんがっぴを かいて ください。
Fill in your date of birth in the box.

せいねんがっぴ(Date of Birth)

ねん Year	つき Month	ひ Day

もんだい 1

れい	①	②	③	④
1	①	②	③	④
2	①	②	③	④
3	①	②	③	④
4	①	②	③	④
5	①	②	③	④
6	①	②	③	④
7	①	②	③	④

もんだい 2

れい	①	②	③	④
1	①	②	③	④
2	①	②	③	④
3	①	②	③	④
4	①	②	③	④
5	①	②	③	④
6	①	②	③	④

もんだい 3

れい	①	②	③
1	①	②	③
2	①	②	③
3	①	②	③
4	①	②	③
5	①	②	③

もんだい 4

れい	①	②	③
1	①	②	③
2	①	②	③
3	①	②	③
4	①	②	③
5	①	②	③
6	①	②	③

N5

げんごちしき（もじ・ごい）

（20ぷん）

じゅけんばんごう　Examinee Registration Number	

なまえ　Name	

もんだい1 ＿＿＿の ことばは ひらがなで どう かきますか。
1・2・3・4から いちばん いい ものを ひとつ えらんで
ください。

（れい） 姉は しょうがっこうの せんせいです。

1　そふ　　　　　2　そぼ　　　　　3　あね　　　　　4　あに

（かいとうようし）　| **（れい）** | ① ② ● ④ |

1　前に たって ください。

1　よこ　　　　　2　あいだ　　　　3　まえ　　　　　4　うしろ

2　あかい はなを 十本 かいました。

1　じゅっぽん　　2　じゅっぼん　　3　じゅうぼん　　4　じゅうぽん

3　やまださんは ふくが 多いです。

1　おおきい　　　2　きたない　　　3　すくない　　　4　おおい

4　よく 聞いて ください。

1　おいて　　　　2　きいて　　　　3　みがいて　　　4　かいて

5　さとうさんから 電話が ありました。

1　でんわ　　　　2　でんは　　　　3　てんわ　　　　4　てんは

6　母は ぎんこうで 15ねん はたらいて います。

1　はは　　　　　2　ちち　　　　　3　おとうと　　　4　いもうと

7　とても うつくしい 写真ですね。

1　じゃじん　　　2　しゃじん　　　3　しゃしん　　　4　じゃしん

もんだい2 ＿＿＿の ことばは どう かきますか。1・2・3・4から
いちばん いい ものを ひとつ えらんで ください。

（れい） ひがしの そらが あかるく なりました。

　　　　1　軍　　　　　2　車　　　　　　3　東　　　　　4　束

　　　（かいとうようし）　| （れい）| ① ② ● ④ |

8　いっしょに　ぴあのを　ひきませんか。
　　　1　ピマソ　　　　2　ピアソ　　　3　ピマノ　　　4　ピアノ

9　すいえいを　ならいます。
　　　1　教います　　2　習います　　3　休います　　4　始います

10　あした　かぞくと　りょこうに　いきます。
　　　1　家族　　　　2　家旅　　　　3　宅族　　　　4　宅旅

11　ふとい　ペンは　どこに　ありますか。
　　　1　夫い　　　　2　犬い　　　　3　太い　　　　4　天い

12　めが　いたくて　くすりを　のみました。
　　　1　禁　　　　　2　薬　　　　　3　茶　　　　　4　楽

もんだい3 （　　　）に　なにが　はいりますか。1・2・3・4から　いちばん
　　　　　　いい　ものを　ひとつ　えらんで　ください。

（れい）　　さむいので、まどを（　　　）ください。

　　　　　　1　しめて　　　　　2　もって　　　　　3　とって　　　　　4　けして

　　　　（かいとうようし）　　| **（れい）** | ● ② ③ ④ |

13　きょうは（　　　）を　きたので　さむく　ないです。
　　　1　セーター　　　　2　ハンカチ　　　　3　ネクタイ　　　　4　ボタン

14　けさ　おそく（　　　）、じゅぎょうに　おくれました。
　　　1　おぼえて　　　　2　こたえて　　　　3　とまって　　　　4　おきて

15　この　ちずを　2（　　　）コピーして　ください。
　　　1　ほん　　　　　　2　だい　　　　　　3　ひき　　　　　　4　まい

16　きのう　ともだちと　やきゅうの（　　　）を　しました。
　　　1　もんだい　　　　2　れんしゅう　　　　3　えいが　　　　4　ざっし

17　A「おとうさん、（　　　）。」
　　　B「おかえり。」
　　　1　いただきます　　2　さようなら　　　　3　ただいま　　　4　すみません

18　まつださんは　こうえんを（　　　）います。
　　　1　はしって
　　　2　およいで
　　　3　のぼって
　　　4　とって

もんだい4 ＿＿＿＿の ぶんと だいたい おなじ いみの ぶんが あります。

　　　　　1・2・3・4から いちばん いい ものを ひとつ えらんで ください。

（れい）　かいしゃは ちかいですか。

　　　　1　べんきょうを する ところは ちかいですか。

　　　　2　ごはんを たべる ところは ちかいですか。

　　　　3　おかねを だす ところは ちかいですか。

　　　　4　しごとを する ところは ちかいですか。

　　　（かいとうようし）　　| **（れい）** | ① | ② | ③ | ● |

19　おととし だいがくに はいりました。

　　　1　いっかげつまえに だいがくに はいりました。

　　　2　にかげつまえに だいがくに はいりました。

　　　3　いちねんまえに だいがくに はいりました。

　　　4　にねんまえに だいがくに はいりました。

20　おばの いえは とおいです。

　　　1　ははの おとうとの いえは とおいです。

　　　2　ははの いもうとの いえは とおいです。

　　　3　ははの そふの いえは とおいです。

　　　4　ははの そぼの いえは とおいです。

21　へやが くらかったです。それで あかるく しました。

　　　1　へやの でんきを つけました。

　　　2　へやの そうじを しました。

　　　3　へやの ベッドを かえました。

　　　4　へやの ドアを しめました。

N5

げんごちしき　ぶんぽう　　　どっかい
言語知識（文法）・読解

ぷん
（40分）

ちゅう　い
注　意
Notes

し　けん　はじ　　　　　　　　　　　もんだいようし　あ
１．試験が始まるまで、この問題用紙を開けないでください。

Do not open this question booklet until the test begins.

もんだいようし　も　　　　かえ
２．この問題用紙を持って帰ることはできません。

Do not take this question booklet with you after the test.

じゅけんばんごう　　　　　　　　　　らん　　　じゅけんひょう
３．受験番号となまえをしたの欄に、受験票とおなじように
かいてください。

Write your examinee registration number and name clearly in each box below as written on your test voucher.

もんだいようし　　　　ぜんぶ
４．この問題用紙は、全部で12ページあります。

This question booklet has 12 pages.

もんだい　かいとうばんごう
５．問題には解答番号の 1 、 2 、 3 … があります。
かいとう　　かいとうようし　　　　　　ばんごう
解答は、解答用紙にあるおなじ番号のところにマークして
ください。

One of the row numbers 1 , 2 , 3 … is given for each question. Mark your answer in the same row of the answer sheet.

じゅけんばんごう
受験番号　Examinee Registration Number

なまえ　Name

もんだい1 （　　　）に　何を　入れますか。1・2・3・4から　いちばん

　　　　　　いい　ものを　一つ　えらんで　ください。

（れい）　わたしは　えいご（　　　　）すきです。

　　　　　1　の　　　　　2　を　　　　　3　が　　　　　4　に

　　　　（かいとうようし）　　**（れい）**　　① ② ● ④

1　週末は　いつも　そと（　　　　）晩ごはんを　食べます。

　　1　が　　　　　2　は　　　　　3　で　　　　　4　も

2　外国に　いる　友だち（　　　　）手紙を　書きました。

　　1　へ　　　　　2　か　　　　　3　を　　　　　4　や

3　昨日、本屋で　英語（　　　　）じしょを　買いました。

　　1　に　　　　　2　の　　　　　3　と　　　　　4　が

4　アメリカ　旅行で　行く　ところが（　　　　）決まりました。

　　1　まだ　　　　2　あまり　　　　3　たいへん　　　4　だいたい

5　（会社で）

岡田「林さん、これを　木下さんに　伝えて　ください。」

林　「はい、（　　　　）。」

　　1　ありました　　2　ありません　　3　わかりました　　4　わかりません

6 今日は　とても　あついですね。冷たい　お水が（　　　）たいです。

1　飲んで　　　　2　飲んだ　　　　3　飲む　　　　4　飲み

7 明日　おんがくしつで　いっしょに　ピアノを（　　　）。

1　ひいて　いますか　　　　　　　　2　ひいて　いましたか

3　ひきませんか　　　　　　　　　　4　ひきましたか

8 A「この　中に（　　　）いますか。」

B「いいえ、そこは　あいて　います。」

1　だれか　　　　2　だれに　　　　3　だれも　　　　4　だれへ

9 松田「イさんは（　　　）まで　日本に　いますか。」

イ　「私は　来年の　8月まで　日本に　います。」

松田「そうですか。その　時まで　たくさん　遊びましょう。」

1　いくつ　　　　2　いつ　　　　3　どこ　　　　4　どなた

もんだい2 ___★___ に 入る ものは どれですか。1・2・3・4から いちばん いい ものを 一つ えらんで ください。

(もんだいれい)

A「きのうは 何を しましたか。」

B「きのうは としょかん _____ _____ ___★___ _____ べんきょうを しました。」

　　1　の　　　　　2　にほんご　　　　3　行って　　　4　に

(こたえかた)

1. ただしい 文を つくります。

A「きのうは 何を しましたか。」

B「きのうは としょかん _____ _____ ___★___ _____ べんきょう を しました。」

　　　　　　　4　に　　3　行って　　2　にほんご　　1　の
---

2. ___★___ に 入る ばんごうを くろく ぬります。

（かいとうようし）　|（れい）|　①　●　③　④　|

---

10 山田さんの お兄さんは _____ _____ ___★___ _____ です。

　　1　ほそい　　　　2　せ　　　　　3　が　　　　4　高くて

11 今日は 学校に _____ _____ ___★___ _____ じぶんで 作りました。

　　1　おべんとう　　2　を　　　　3　持って　　　4　いく

12 私が いま 着て いる きもの ＿＿＿ ＿＿＿ ★ ＿＿＿ です。

1 もの 　　　　　　　　　　　　2 もらった

3 は 　　　　　　　　　　　　4 おばあさんから

13 （きょうしつの 中で）

A「ちょっと 寒い ＿＿＿ ＿＿＿ ★ ＿＿＿ いいですか。」

B「はい、だいじょうぶです。」

1 けしても 　　　2 エアコン 　　　3 ので 　　　4 を

もんだい3　　14　から　17　に　何を　入れますか。ぶんしょうの　いみを
　　　　　　かんがえて、1・2・3・4から　いちばん　いい　ものを　一つ
　　　　　　えらんで　ください。

　テイラーさんと　ウディさんは　「好きな　食べもの」の　さくぶんを　書いて、
クラスの　みんなの　前で　読みます。

(1)　テイラーさんの　さくぶん

　　私は　食べものの　中で、たこやきが　一番　好きです。たこやきは　家で
も　かんたんに　作る　ことが　できるので、よく　作って　14　。家で　たこ
やきを　作る　時は　好きな　食べものを　入れて　作る　ことが　できます。
　　今週の　週末は　私の　家で　友だちと　いっしょに　たこやき　15
作って　食べる　よていです。とても　楽しみです。

---

(2)　ウディさんの　さくぶん

　　私は　ハンバーガーが　とても　好きです。毎日　一回は　ハンバーガーを
食べます。　16　家の　前に　ある　お店が　とても　おいしくて　よく　行
きます。
　　しかし、ハンバーガーを　毎日　食べるのは　体に　よく　ないと　17　。
これからは　ハンバーガーを　週末だけ　食べる　ことに　します。

14

1 食べません 2 食べませんでした

3 食べて　います 4 食べて　ください

15

1 を 2 が 3 と 4 に

16

1 もっと 2 とくに 3 でも 4 では

17

1 聞いて　みます 2 聞かないです

3 聞きましょう 4 聞きました

もんだい4 つぎの （1）から （2）の ぶんしょうを 読んで、しつもんに
こたえて ください。こたえは、1・2・3・4から いちばん いい
ものを 一つ えらんで ください。

（1）

　明日は クラスの みんなで プールに 行きます。いつもは 8時までに 学
校に 行きますが、プールが 10時に あくので、明日は 9時までに 学校に
行きます。また、明日は きょうかしょの 代わりに おべんとうと 飲みものを
持って 行きます。早く 明日に なって、プールで 泳ぎたいです。

18 この ぶんに ついて 正しいのは どれですか。

1　いつもは 8時までに 学校に 行きます。でも、明日は 9時までに
学校に 行きます。

2　いつもは 9時までに 学校に 行きます。でも、明日は 8時までに
学校に 行きます。

3　明日は 学校に きょうかしょを 持って 行きます。

4　明日は 学校に おべんとうだけ 持って 行きます。

(2)

これは　サラーさんが　ジョンさんに　送った　メールです。

ジョンさんへ

　かぜで　先週の　日本語の　授業を　休みましたが、ジョンさんから　借りた　ノートを　見て、授業の　ないようが　分かりました。本当に　ありがとうございます。明日の　授業に、借りた　ノートを　持って　行きます。また、私が　作った　クッキーも　持って　行くので、いっしょに　食べましょう。では、明日の　授業で　会いましょう。

サラー

19　サラーさんは　どうして　ジョンさんに　メールを　送りましたか。
1　授業の　ないようを　教えたいから
2　借りた　ノートを　返したいから
3　おいしい　クッキーが　作りたいから
4　明日　いっしょに　授業に　行きたいから

もんだい5 つぎの ぶんしょうを 読んで、しつもんに こたえて ください。

こたえは、1・2・3・4から いちばん いい ものを 一つ えらんで
ください。

これは リンさんが 書いた さくぶんです。

はじめての きもの

リン・メイ

　私は 日本に 来る 前から きものを 着て みたかったです。しゃしん
で 見た きものが とても きれいだったからです。そして 昨日、きものを
着る ことが できました。

　しかし、きものを 着る ことは おもったより 難しかったです。とても
難しくて、一人では 着る ことが できませんでした。でも、お店の 人の
おかげで かんたんに 着る ことが できました。

　きものを 着た あと となり まちの さくら まつりに 行きました。そこ
で さくらと いっしょに きれいな しゃしんを たくさん とりました。また、
さくらの 木の 下で おいしい やきそばも 食べました。食べものを 食
べる 時や トイレに 行く 時は 少し ふべんでしたが、きものを 着て
まつりに 行く ことが できて、とても 楽しい 一日でした。

---

20 ぶんに ついて 正しいのは どれですか。

1 「私」は 日本に 来る 前は きものを 着たく なかったです。

2 「私」は 日本に 来る 前も よく きものを 着て いました。

3 一人で きものを 着る ことは 難しかったです。

4 一人で きものを 着る ことは かんたんでした。

21 どうして 楽しい 一日でしたか。

1 うつくしい きものの しゃしんを たくさん 見たから

2 きものを 着て まつりに 行ったから

3 自分で きものを 着る ことが できたから

4 おいしい 食べものを 食べたから

もんだい6 　右の　ページを　見て、下の　しつもんに　こたえて　ください。

　　　　　こたえは、1・2・3・4から　いちばん　いい　ものを　一つ　えらんで

　　　　　ください。

22　　森さんは　日よう日に、小学校　2年生の　むすめと　いっしょに　山登り

　に　行きたいです。森さんは　どの　コースに　行きますか。

　　1　　Aコース

　　2　　Bコース

　　3　　Cコース

　　4　　Dコース

家族 山登り 教室

丈夫な 体の ために 家族で ひがし山に 山登りに 行きませんか。

Aコース

- よう日：土よう日
- 時間：午前10：00～
  午後 4：00
- 小学校 2年生 いじょうの 子どもと 行く ことが できます。

Bコース

- よう日：土よう日
- 時間：午前9：00～
  午後 4：00
- 小学校 3年生 いじょうの 子どもと 行く ことが できます。

Cコース

- よう日：日よう日
- 時間：午前10：00～
  午後 3：00
- 小学校 1年生 いじょうの 子どもと 行く ことが できます。

Dコース

- よう日：日よう日
- 時間：午前9：00～
  午後 4：00
- 小学校 3年生 いじょうの 子どもと 行く ことが できます。

N5

ちょうかい
聴解

ぷん
（30分）

ちゅう　い
注　意
Notes

1. 試験が始まるまで、この問題用紙を開けないでください。
   Do not open this question booklet until the test begins.

2. この問題用紙を持って帰ることはできません。
   Do not take this question booklet with you after the test.

3. 受験番号と名前を下の欄に、受験票と同じように書いて
   ください。
   Write your examinee registration number and name clearly in each box below as
   written on your test voucher.

4. この問題用紙は、全部で14ページあります。
   This question booklet has 14 pages.

5. この問題用紙にメモをとってもいいです。
   You may make notes in this question booklet.

じゅけんばんごう
受験番号　Examinee Registration Number

なまえ
名　前　Name

もんだい１

もんだい１では、はじめに　しつもんを　きいて　ください。それから　はなしを
きいて、もんだいようしの　１から４の　なかから、いちばん　いい　ものを
ひとつ　えらんで　ください。

れい

1ばん

2ばん

3ばん

6

日 にち	月 げつ	火 か	水 すい	木 もく	金 きん	土 ど
		1	2	3	④	5
6	7	⑧	9	⑩	11	12
13	14	15	16	17	18	19
⑳	21	22	23	24	25	26
27	28	29	30			

1 → 4
2 → 8
3 → 10
4 → 20

4ばん

1
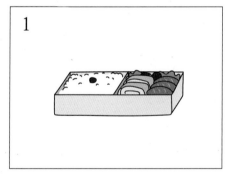

2

3
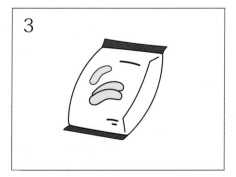

4

5ばん

1 500えん

2 600えん

3 1000えん

4 1100えん

6ばん

1 せんせい

2 いしゃ

3 サッカーせんしゅ

4 けいかん

7ばん

1　6月8日
2　6月9日
3　7月8日
4　7月9日

もんだい 2

　もんだい2では、はじめに　しつもんを　きいて　ください。それから　はなしを
きいて、もんだいようしの　1から4の　なかから、いちばん　いい　ものを
ひとつ　えらんで　ください。

れい

1　うみ

2　やま

3　びじゅつかん

4　えいがかん

1ばん

2ばん

3ばん

1 ピザ

2 すし

3 ラーメン

4 カレー

4ばん

1 あさ　おそく　おきたから

2 でんしゃが　おくれて　きたから

3 トイレに　いったから

4 びょういんに　いったから

5ばん

1 レストラン

2 ぎんこう

3 えき

4 がっこう

6ばん

1 17こ

2 18こ

3 19こ

4 20こ

もんだい3

もんだい3では、えを　みながら　しつもんを　きいて　ください。
➡（やじるし）の　ひとは　なんと　いいますか。1から3の　なかから、
いちばん　いい　ものを　ひとつ　えらんで　ください。

れい

1ばん

2ばん

3ばん

4ばん

5ばん

もんだい４

　もんだい４は、えなどが　ありません。ぶんを　きいて、１から３の　なかから、いちばん　いい　ものを　ひとつ　えらんで　ください。

- メ モ -

정답 해설집 p.100

일본어도 역시,
1위 해커스

japan.Hackers.com

실전모의고사 2

실전모의고사 2

にほんごのうりょくしけん かいとうようし

N5 언어지식(문자·어휘)

げんごちしき (もじ・ごい)

あなたの なまえを ローマじで かいて ください。

Please print in block letters.

なまえ
Name

じゅけんばんごうを かいて、その したの
マークらんに マークして ください。
Fill in your examinee registration number
in this box, and then mark the circle for
each digit of the number.

じゅけんばんごう
(Examinee Registration Number)

20A10101 23 - 30123

せいねんがっぴを かいて ください。
Fill in your date of birth in the box.

せいねんがっぴ(Date of Birth)

ねん Year	つき Month	ひ Day

もんだい 1

1	①	②	③	④
2	①	②	③	④
3	①	②	③	④
4	①	②	③	④
5	①	②	③	④
6	①	②	③	④
7	①	②	③	④

もんだい 2

8	①	②	③	④
9	①	②	③	④
10	①	②	③	④
11	①	②	③	④
12	①	②	③	④

もんだい 3

13	①	②	③	④
14	①	②	③	④
15	①	②	③	④
16	①	②	③	④
17	①	②	③	④
18	①	②	③	④

もんだい 4

19	①	②	③	④
20	①	②	③	④
21	①	②	③	④

にほんごのうりょくしけん かいとうようし

N5 언어지식(문법)·독해

げんごちしき (ぶんぽう)・どっかい

あなたの なまえを ローマじで かいて ください。
Please print in block letters.

なまえ
Name

じゅけんばんごうを かいて、その したの マークらんに マークして ください。
Fill in your examinee registration number in this box, and then mark the circle for each digit of the number.

じゅけんばんごう
(Examinee Registration Number)

20A1010123-30123

せいねんがっぴを かいて ください。
Fill in your date of birth in the box.

せいねんがっぴ(Date of Birth)

ねん Year	つき Month	ひ Day

もんだい 1

1	①	②	③	④
2	①	②	③	④
3	①	②	③	④
4	①	②	③	④
5	①	②	③	④
6	①	②	③	④
7	①	②	③	④
8	①	②	③	④
9	①	②	③	④

もんだい 2

10	①	②	③	④
11	①	②	③	④
12	①	②	③	④
13	①	②	③	④

もんだい 3

14	①	②	③	④
15	①	②	③	④
16	①	②	③	④
17	①	②	③	④

もんだい 4

| 18 | ① | ② | ③ | ④ |
| 19 | ① | ② | ③ | ④ |

もんだい 5

| 20 | ① | ② | ③ | ④ |
| 21 | ① | ② | ③ | ④ |

もんだい 6

| 22 | ① | ② | ③ | ④ |

실전모의고사 2

にほんごのうりょくしけん かいとうようし

N5 _{청해}
ちょうかい

〈ちゅうい Notes〉
1. くろい えんぴつ(HB、No.2)で かいて
   ください。
   Use a black medium soft (HB or No.2) pencil.
   (ペンや ボールペンでは かかないで
   ください。)
   (Do not use any kind of pen.)
2. かきなおす ときは、けしゴムで きれいに
   けしてください。
   Erase any unintended marks completely.
3. きたなく したり、おったり しないで ください。
   Do not soil or bend this sheet.
4. マークれい Marking Examples

よい れい Correct Example	わるい れい Incorrect Examples
●	⊘ ⊗ ◯ ◑ ⊖ ●

あなたの なまえを ローマじで かいて ください。

Please print in block letters.

なまえ
Name

もんだい 1				
れい	①	●	③	④
1	①	②	③	④
2	①	②	③	④
3	①	②	③	④
4	①	②	③	④
5	①	②	③	④
6	①	②	③	④
7	①	②	③	④

もんだい 2				
れい	①	②	③	④
1	①	②	●	④
2	①	②	③	④
3	①	②	③	④
4	①	②	③	④
5	①	②	③	④
6	①	②	③	④

もんだい 3			
れい	①	●	③
1	①	②	③
2	①	②	③
3	①	②	③
4	①	②	③
5	①	②	③

もんだい 4			
れい	●	②	③
1	①	②	③
2	①	②	③
3	①	②	③
4	①	②	③
5	①	②	③
6	①	②	③

じゅけんばんごうを かいて、その したの
マークらんに マークして ください。
Fill in your examinee registration number
in this box, and then mark the circle for
each digit of the number.

じゅけんばんごう
(Examinee Registration Number)

20A101 0123 - 30123

2	0	A	1	0	1	0	1	2	3	-	3	0	1	2	3
●	⓪	Ⓐ	⓪	●	⓪	●	⓪	⓪	⓪		⓪	●	⓪	⓪	⓪
①	①	⑧	●	①	●	①	●	①	①		①	①	●	①	①
●	②		②	②	②	②	②	●	②		②	②	②	●	②
③	③		③	③	③	③	③	③	●		●	③	③	③	●
④	④		④	④	④	④	④	④	④		④	④	④	④	④
⑤	⑤		⑤	⑤	⑤	⑤	⑤	⑤	⑤		⑤	⑤	⑤	⑤	⑤
⑥	⑥		⑥	⑥	⑥	⑥	⑥	⑥	⑥		⑥	⑥	⑥	⑥	⑥
⑦	⑦		⑦	⑦	⑦	⑦	⑦	⑦	⑦		⑦	⑦	⑦	⑦	⑦
⑧	⑧		⑧	⑧	⑧	⑧	⑧	⑧	⑧		⑧	⑧	⑧	⑧	⑧
⑨	⑨		⑨	⑨	⑨	⑨	⑨	⑨	⑨		⑨	⑨	⑨	⑨	⑨

せいねんがっぴを かいて ください。
Fill in your date of birth in the box.

せいねんがっぴ(Date of Birth)

ねん Year	つき Month	ひ Day

もんだいようし

N5

げんごちしき（もじ・ごい）

（20ぷん）

ちゅうい
Notes

1．しけんが　はじまるまで、この　もんだいようしを　あけないで　ください。
 Do not open this question booklet until the test begins.

2．この　もんだいようしを　もって　かえる　ことは　できません。
 Do not take this question booklet with you after the test.

3．じゅけんばんごうと　なまえを　したの　らんに、じゅけんひょうと
 おなじように　かいて　ください。
 Write your examinee registration number and name clearly in each box below as written on your test voucher.

4．この　もんだいようしは、ぜんぶで　4ページ　あります。
 This question booklet has 4pages.

5．もんだいには　かいとうばんごうの　1、2、3…が　あります。
 かいとうは、かいとうようしに　ある　おなじ　ばんごうの　ところに
 マークして　ください。
 One of the row numbers 1, 2, 3 … is given for each question. Mark your answer in the same row of the answer sheet.

じゅけんばんごう　Examinee Registration Number	

なまえ　Name	

もんだい1 _____の ことばは ひらがなで どう かきますか。

1・2・3・4から いちばん いい ものを ひとつ えらんで
ください。

（れい） <u>姉</u>は しょうがっこうの せんせいです。

    1 そふ   2 そぼ   3 あね   4 あに

    （かいとうようし） | **（れい）** | ① | ② | ● | ④ |

---

1 お<u>金</u>は どこに ありますか。

    1 みせ   2 みず   3 さら   4 かね

2 <u>朝</u>は ほんを よみます。

    1 あさ   2 よる   3 ひる   4 いま

3 がっこうに がくせいが <u>九十人</u> います。

    1 きゅうじゅにん   2 きゅうじゅうにん

    3 きゅうじゅじん   4 きゅうじゅうじん

4 <u>暗い</u> ところで べんきょうを しないで ください。

    1 ぐろい   2 くろい   3 ぐらい   4 くらい

5 <u>火</u>よう日に りょうしんに あいます。

    1 げつようび   2 かようび   3 きんようび   4 にちようび

6 やまださんと <u>遊んで</u> きました。

    1 のんで   2 たのんで   3 あそんで   4 よんで

7 やすみの ひは いつも <u>海</u>に いきます。

    1 うみ   2 やま   3 かわ   4 いけ

もんだい2 ＿＿＿の ことばは どう かきますか。1・2・3・4から
いちばん いい ものを ひとつ えらんで ください。

（れい） ひがしの そらが あかるく なりました。

    1 軍   2 車   3 東   4 束

（かいとうようし）　| **（れい）** | ① ② ● ④ |

---

8 しごとが すすみません。

    1 進みません   2 焦みません   3 準みません   4 住みません

9 すきな おかしは ちょこれーとです。

    1 テョユレート   2 チョユレート   3 テョコレート   4 チョコレート

10 こんしゅう、テストが あります。

    1 今週   2 来週   3 今月   4 来月

11 ここを みぎに まがって ください。

    1 存   2 右   3 左   4 在

12 この ほんは とても あついです。

    1 女い   2 安い   3 厚い   4 原い

もんだい3 （　　　）に　なにが　はいりますか。1・2・3・4から　いちばん
　　　　　　いい　ものを　ひとつ　えらんで　ください。

（れい）　さむいので、まどを　（　　　　）ください。

　　　　　1　しめて　　　　　2　もって　　　　　3　とって　　　　　4　けして

　（かいとうようし）　| **（れい）** | ● ② ③ ④ |

13　ここは　10かいまで　あるのに、（　　　　）が　ないので　ふべんです。
　　　1　ラジオ　　　　　2　ストーブ　　　　3　タクシー　　　　4　エレベーター

14　しょくじが　おわってから、さらを　きれいに　（　　　　）。
　　　1　あびます　　　　2　あらいます　　　3　とまります　　　4　かいます

15　これは　こどもでも　つかう　ことが　できる　（　　　　）かばんです。
　　　1　かるい　　　　　2　おもい　　　　　3　きたない　　　　4　むずかしい

16　うんどうした　あと、コーラを　2（　　　　）のみました。
　　　1　ひき　　　　　　2　さつ　　　　　　3　まい　　　　　　4　はい

17　えいごは　にがてなので、すこし　（　　　　）はなして　ください。
　　　1　いちばん　　　　2　ちょうど　　　　3　ゆっくり　　　　4　まっすぐ

18　きのうは　ともだちと　（　　　　）で　じてんしゃに　のりました。
　　　1　こうえん　　　　2　えき　　　　　　3　ぎんこう　　　　4　だいどころ

もんだい4　 ＿＿＿　の　ぶんと　だいたい　おなじ　いみの　ぶんが　あります。

　　　　　　1・2・3・4から　いちばん　いい　ものを　ひとつ　えらんで　ください。

（れい）　　かいしゃは　ちかいですか。

　　　　1　べんきょうを　する　ところは　ちかいですか。

　　　　2　ごはんを　たべる　ところは　ちかいですか。

　　　　3　おかねを　だす　ところは　ちかいですか。

　　　　4　しごとを　する　ところは　ちかいですか。

　　　（かいとうようし）　　| **（れい）** | ① | ② | ③ | ● |

19　　えきまえに　しょくどうが　あります。

　　　　1　えきまえに　トイレが　あります。

　　　　2　えきまえに　やおやが　あります。

　　　　3　えきまえに　レストランが　あります。

　　　　4　えきまえに　ゆうびんきょくが　あります。

20　　とけいが　たくさん　あります。

　　　　1　とけいが　ちいさいです。

　　　　2　とけいが　おおきいです。

　　　　3　とけいが　すくないです。

　　　　4　とけいが　おおいです。

21　　もりさんは　わたしの　あねと　けっこんしました。

　　　　1　あねは　もりさんの　おくさんです。

　　　　2　あねは　もりさんの　ともだちです。

　　　　3　あねは　もりさんの　せいとです。

　　　　4　あねは　もりさんの　せんせいです。

N5

げんごちしき ぶんぽう どっかい
言語知識（文法）• 読解

ぷん
（40分）

じゅけんばんごう 受験番号　Examinee Registration Number	

な まえ 名　前　Name	

もんだい1 （　　　）に 何を 入れますか。1・2・3・4から いちばん
いい ものを 一つ えらんで ください。

（れい） わたしは えいご（　　　）すきです。

      1 の　　　　　　2 を　　　　　　3 が　　　　　　4 に

    （かいとうようし）　| **（れい）** | ① ② ● ④ |

---

1 きょうは 一人（　　　）ごはんを 食べます。

   1 へ　　　　　　2 に　　　　　　3 で　　　　　　4 を

2 私の つくえの 上には ペン（　　　）ノートなどが あります。

   1 の　　　　　　2 が　　　　　　3 は　　　　　　4 や

3 A 「（　　　）かわいいですね。」

   B 「ありがとうございます。これは 昨日 デパートで かいました。」

   1 それ　　　　　2 その　　　　　3 あれ　　　　　4 あの

4 （学校で）

   先生「みなさん、明日は みなさんの お母さんが 学校に 来る 日で
す。だから、きょうしつを（　　　）しましょう。」

   1 きれい　　　　2 きれいに　　　3 きれいな　　　4 きれいだ

5 会社まで 何（　　　）乗って きましたか。

   1 が　　　　　　2 を　　　　　　3 も　　　　　　4 に

6 この クラスは 学生が 少ないです。10人（　　　）いません。

   1 から　　　　　2 など　　　　　3 しか　　　　　4 だけ

7 （コンサートで）

A 「ここで　写真を　（　　　）。」

B 「すみません。知りませんでした。」

A 「注意してくださいね。」

1　とりましょう

2　とらないで　ください

3　とりたく　ないです

4　とりませんでした

8 （きっさてんで）

佐藤「山田さん、この　店、コーヒー　いがいに　ジュースも　（　　　）。

　　　あ、お茶も　（　　　）ね。」

山田「じゃ、私は　お茶に　します。」

1　あります　　　2　そうです　　　3　わかります　　　4　けっこうです

9 彼は　いつも　はやく　来るから、（　　　）来て　いると　思います。

1　もう　　　　　2　たくさん　　　3　とても　　　　　4　ちょっと

もんだい2　＿★＿に　入る ものは どれですか。1・2・3・4から いちばん

いい ものを 一つ えらんで ください。

（もんだいれい）

A「きのうは　何を　しましたか。」

B「きのうは　としょかん　＿＿＿＿　＿＿＿＿　＿★＿　＿＿＿＿　べんきょうを

　しました。」

　　1　の　　　　　　2　にほんご　　　　3　行って　　　　4　に

（こたえかた）

1．ただしい　文を　つくります。

> A「きのうは　何を　しましたか。」
>
> B「きのうは　としょかん　＿＿＿＿　＿＿＿＿　＿★＿　＿＿＿＿　べんきょうを
>
> 　しました。」
>
> 　　　　　　4　に　　3　行って　　2　にほんご　　1　の

2．＿★＿に　入る ばんごうを くろく ぬります。

（かいとうようし）　| （れい） | ① ● ③ ④ |

18일
실전모의고사 2

10　今は　じゅぎょう　＿＿＿＿　＿＿＿＿　＿★＿　＿＿＿＿　して ください。

　　1　しずか　　　　2　に　　　　　　3　だから　　　　4　ちゅう

11　この　へやは　昼　＿＿＿＿　＿＿＿＿　＿★＿　＿＿＿＿　つけて います。

　　1　くらい　　　　2　電気を　　　　3　ので　　　　　4　でも

12 一週間　前に　生まれた ＿＿＿ ＿＿＿ ＿★＿ ＿＿＿ います。

　　1　ずっと　　　　2　寝て　　　　3　いもうと　　　4　は

13 前田「田中さん、クリスマス ＿＿＿ ＿＿＿ ＿★＿ ＿＿＿ ですか。」

　　田中「クリスマスだから　チキンが　いいですね。」

　　1　なに　　　　2　食べたい　　　3　に　　　　4　が

もんだい3　　[14]　から　[17]　に　何を　入れますか。ぶんしょうの　いみを
　　　　　　　かんがえて、1・2・3・4から　いちばん　いい　ものを　一つ
　　　　　　　えらんで　ください。

　　トムさんと　サマンサさんは　「私の　ゆめ」の　さくぶんを　書いて、クラス
の　みんなの　前で　読みます。

(1)　トムさんの　さくぶん

　　私は　花屋　[14]　はたらきたいです。子どもの　ころから　きれいな　花を
見る　ことが　好きでした。また、花を　プレゼントした　とき、人が　よろ
こんで　いる　顔を　見る　ことも　大好きです。だから、いつか　自分の
花屋を　開いて、まいにち　花と　いっしょに　はたらきたいです。その　とき
は　私の　花屋に　[15]　。

---

(2)　サマンサさんの　さくぶん

　　私の　ゆめは　医者に　なる　ことです。私の　弟は　小さい　ころ、病
気で　いつも　病院に　いました。でも、今　弟は　サッカーも　できるくら
い　[16]　元気です。弟が　元気に　なったのは、病院の　お医者さんの　お
かげです。その　お医者さんを　見て　医者に　なりたいと　思いました。もっ
と　勉強して、たくさんの　人の　病気を　[17]　。

14

    1　を　　　　　　2　に　　　　　　3　で　　　　　　4　は

15

    1　来_きます　　　　　　　　　　2　来_きて　ください

    3　来_きましたか　　　　　　　　4　来_きても　いいですか

16

    1　あまり　　　　2　もっと　　　　3　まだ　　　　　4　とても

17

    1　なおしたいです　　　　　　　2　なおしました

    3　なおしましょう　　　　　　　4　なおして　います

もんだい4　つぎの　（1）から　（2）の　ぶんしょうを　読んで、しつもんに
こたえて　ください。こたえは、1・2・3・4から　いちばん　いい
ものを　一つ　えらんで　ください。

(1)

（教室で）

学生が　この　紙を　見ました。

○　　　　　　　　　　　　　　　　　　　　　　　　　　　　　　　　　○

クラスの　みなさんへ

来週の　木曜日は　どうぶつえんに　行きます。どうぶつえんでは　いろい
ろな　どうぶつを　見る　ことが　できます。とくに　1月に　生まれた　パン
ダが　有名です。

どうぶつを　見る　まえに、まず　クラスの　みんなで　写真を　とります。
昼ごはんは　どうぶつを　見た　あと、きれいな　花が　咲いて　いる　とこ
ろで　食べます。

○　　　　　　　　　　　　　　　　　　　　　　　　　　　　　　　　　○

18　学生は　どうぶつえんで　はじめに　何を　しますか。

1　どうぶつを　見ます。

2　クラスの　みんなで　写真を　とります。

3　昼ごはんを　食べます。

4　花が　さいて　いる　ところに　行きます。

(2)

（会社で）

吉村さんの　机の　上に、この　メモが　あります。

吉村さん

　さっき、鈴木ぶちょうから　電話が　ありました。

　明日（28日）10時の　かいぎが　明後日（29日）に　変わりました。時間は　変わりませんが、かいぎに　来る　人が　5人から　7人に　変わりました。

　それで、かいぎしつの　よやくを　よろしく　おねがいします、と　ぶちょうが　言って　いました。

山田

19　メモに　ついて　正しいのは　どれですか。

1　かいぎの　日は　変わりませんが、時間が　午前に　変わりました。

2　かいぎの　日は　変わりませんが、時間が　午後に　変わりました。

3　かいぎの　日が　明後日に　変わりました。人数は　変わりません。

4　かいぎの　日が　明後日に　変わりました。人数も　変わりました。

もんだい5 つぎの　ぶんしょうを　読んで、しつもんに　こたえて　ください。
こたえは、1・2・3・4から　いちばん　いい　ものを　一つ　えらんで
ください。

さゆりさんは　ミシェルさんに　てがみを　書きました。

ミシェルさんへ

　おげんきですか。東京は　もう　春です。カナダは　どうですか。

　①ミシェルさんが　東京に　来たのが　2年前の　冬ですね。ミシェルさん
が「日本の　えいがが　好きで、日本語の　勉強を　しに　来ました。えいが
で　みた　東京に　すむ　ことが　できて　うれしいです」と　言った　ことを
今でも　おぼえて　います。

　ミシェルさんと　なかよく　なってから　いっしょに　海に　行ったり、山
に　登ったり　しましたね。いなかの　おばあさんの　うちに　ふたりで　あそ
びに　行った　ことが　②いちばん　楽しかったです。きれいな　星を　みな
がら　いろいろな　はなしを　しましたね。

　ミシェルさんが　カナダに　帰って　さびしいです。ことしの　夏休みは　私
が　カナダに　会いに　行きます。

　では、また　れんらくします。

　　　　　　　　　　　　　　　　　　　　　　　　　　　　さゆりより

---

20 ①ミシェルさんが　東京に　来たのは　どうしてですか。

1　えいがの　勉強が　したかったから

2　日本語の　勉強が　したかったから

3　東京が　好きだったから

4　東京に　すんで　みたかったから

21 何が　②いちばん　楽しかったですか。

1　海に　行った　こと

2　山に　登った　こと

3　おばあさんの　うちに　行った　こと

4　カナダに　会いに　行った　こと

もんだい6 　右の　ページを　見て、下の　しつもんに　こたえて　ください。

こたえは、1・2・3・4から　いちばん　いい　ものを　一つ　えらんで

ください。

22 　山田さんは　スポーツ　教室に　行きたいです。毎週　火よう日には　英会

話の　教室が　ありますので、スポーツ　教室に　行く　ことが　できません。

会社が　6時に　終わるので　6時　30分より　後に　始まる　ものが　い

いです。また、ねだんが　5,000円　以下の　ものに　したいです。山田さんは

どの　教室に　行きますか。

1　ゴルフ

2　バドミントン

3　すいえい

4　テニス

5月の スポーツ 教室☆彡

教室
あんない

好きな スポーツを して げんきに なりましょう♥

❶ ゴルフ

✽ よう日：毎週 月・水

✽ 時間：午後 7時～8時 30分

✽ お金：10,000円

✽ ゴルフが はじめての 人でも 大丈夫です。

❷ バドミントン

✽ よう日：毎週 火・木

✽ 時間：午後 6時 30分～ 7時 30分

✽ お金：4,000円

✽ バドミントンの せんしゅだった せんせいが おしえます。

❸ すいえい

✽ よう日：毎週 水・金

✽ 時間：午後 7時～8時

✽ お金：3,000円

✽ 一クラスに、15人 以下です。

❹ テニス

✽ よう日：毎週 木・金

✽ 時間：午後 6時～7時

✽ お金：5,000円

✽ 小学校 1年生から 6年生までの クラスです。

きたやま スポーツ センター

(☎電話: 012-435-3584)

N5

ちょうかい
聴解

ぷん
（30分）

ちゅう　い
注　意
Notes

1. 試験が始まるまで、この問題用紙を開けないでください。
   Do not open this question booklet until the test begins.

2. この問題用紙を持って帰ることはできません。
   Do not take this question booklet with you after the test.

3. 受験番号と名前を下の欄に、受験票と同じように書いて
   ください。
   Write your examinee registration number and name clearly in each box below as
   written on your test voucher.

4. この問題用紙は、全部で14ページあります。
   This question booklet has 14 pages.

5. この問題用紙にメモをとってもいいです。
   You may make notes in this question booklet.

じゅけんばんごう 受験番号　Examinee Registration Number	

な まえ 名　前　Name	

もんだい1

　もんだい1では、はじめに　しつもんを　きいて　ください。それから　はなしを
きいて、もんだいようしの　1から4の　なかから、いちばん　いい　ものを
ひとつ　えらんで　ください。

れい

1ばん

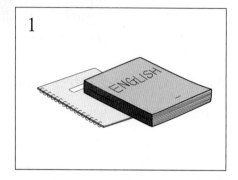

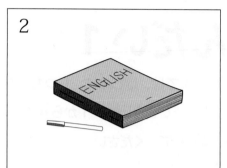

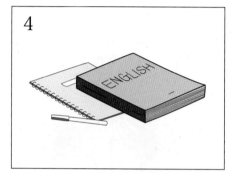

2ばん

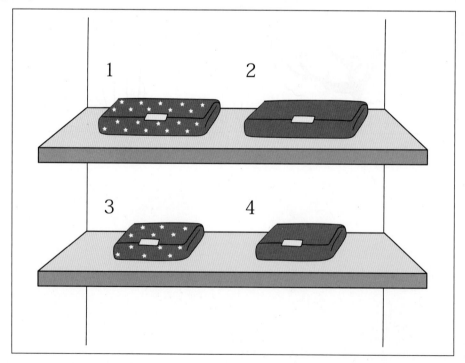

3ばん

4ばん

1　バス

2　じてんしゃ

3　でんしゃ

4　タクシー

5ばん

6ばん

1　2まい

2　3まい

3　4まい

4　5まい

7ばん

もんだい2

　　もんだい2では、はじめに　しつもんを　きいて　ください。それから　はなしを
きいて、もんだいようしの　1から4の　なかから、いちばん　いい　ものを
ひとつ　えらんで　ください。

れい

1　うみ

2　やま

3　びじゅつかん

4　えいがかん

1ばん

1　ひとり

2　ふたり

3　よにん

4　ごにん

2ばん

1　がっこう

2　としょかん

3　いえ

4　きっさてん

18일

실전모의고사 2

해커스 JLPT N5 한 권으로 합격

3ばん

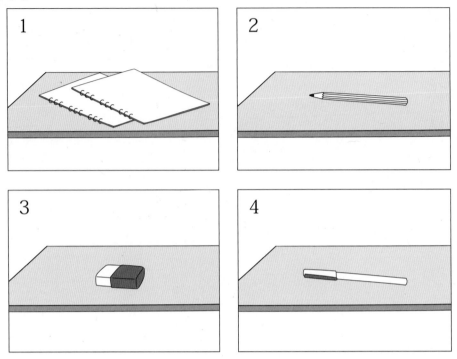

4ばん

1 はは

2 あね

3 いもうと

4 ともだち

5ばん

1 30ぷん

2 1じかん

3 2じかん

4 2じかんはん

6ばん

もんだい 3

　もんだい 3 では、えを　みながら　しつもんを　きいて　ください。

➡（やじるし）の　ひとは　なんと　いいますか。1 から 3 の　なかから、いちばん

いい　ものを　ひとつ　えらんで　ください。

れい

1ばん

2ばん

3 ばん

4 ばん

5ばん

もんだい 4

　もんだい 4は、えなどが　ありません。ぶんを　きいて、1から3の　なかから、いちばん　いい　ものを　ひとつ　えらんで　ください。

- メモ -

정답 해설집 p.120

일본어도 역시,
1위 해커스

japan.Hackers.com

실전모의고사 3

にほんごのうりょくしけん かいとうようし

N5 언어지식(문자·어휘)

げんごちしき (もじ・ごい)

あなたの なまえを ローマじで かいて ください。

なまえ Name	

じゅけんばんごう
(Examinee Registration Number)

じゅけんばんごうを かいて、その したの マークらんに マークして ください。
Fill in your examinee registration number in this box, and then mark the circle for each digit of the number.

`20A1010123-30123`

せいねんがっぴを かいて ください。
Fill in your date of birth in the box.

せいねんがっぴ(Date of Birth)

ねん Year	つき Month	ひ Day

〈ちゅうい Notes〉
1. くろい えんぴつ(HB、No.2)で かいて ください。
Use a black medium soft (HB or No.2) pencil.
(ペンや ボールペンでは かかないで ください。)
(Do not use any kind of pen.)
2. かきなおす ときは、けしゴムで きれいに けしてください。
Erase any unintended marks completely.
3. きたなく したり、おったり しないで ください。
Do not soil or bend this sheet.
4. マークれい Marking Examples

よい れい Correct Example	わるい れい Incorrect Examples
●	⊘ ⊖ ○ ◑ ⊗ ◍

Please print in block letters.

もんだい 1

1	① ② ③ ④
2	① ② ③ ④
3	① ② ③ ④
4	① ② ③ ④
5	① ② ③ ④
6	① ② ③ ④
7	① ② ③ ④

もんだい 2

8	① ② ③ ④
9	① ② ③ ④
10	① ② ③ ④
11	① ② ③ ④
12	① ② ③ ④

もんだい 3

13	① ② ③ ④
14	① ② ③ ④
15	① ② ③ ④
16	① ② ③ ④
17	① ② ③ ④
18	① ② ③ ④

もんだい 4

19	① ② ③ ④
20	① ② ③ ④
21	① ② ③ ④

실전모의고사 3

にほんごのうりょくしけん かいとうようし

N5 언어지식(문법)·독해
げんごちしき (ぶんぽう)・どっかい

Please print in block letters.

あなたの なまえを ローマじで かいて ください。

なまえ
Name

じゅけんばんごう
(Examinee Registration Number)

20A1010123-30123

せいねんがっぴを かいて ください。
Fill in your date of birth in the box.

せいねんがっぴ(Date of Birth)

ねん Year	つき Month	ひ Day

もんだい 1

1	①	②	③	④
2	①	②	③	④
3	①	②	③	④
4	①	②	③	④
5	①	②	③	④
6	①	②	③	④
7	①	②	③	④
8	①	②	③	④
9	①	②	③	④

もんだい 2

10	①	②	③	④
11	①	②	③	④
12	①	②	③	④
13	①	②	③	④

もんだい 3

14	①	②	③	④
15	①	②	③	④
16	①	②	③	④
17	①	②	③	④

もんだい 4

18	①	②	③	④
19	①	②	③	④

もんだい 5

20	①	②	③	④
21	①	②	③	④

もんだい 6

22	①	②	③	④

にほんごのうりょくしけん かいとうようし

N5 청해

ちょうかい

あなたの なまえを ローマじで かいて ください。
Please print in block letters.

なまえ Name	

もんだい 1

れい	①	②	③	●
1	①	②	③	④
2	①	②	③	④
3	①	②	③	④
4	①	②	③	④
5	①	②	③	④
6	①	②	③	④
7	①	②	③	④

もんだい 2

れい	①	②	●	④
1	①	②	③	④
2	①	②	③	④
3	①	②	③	④
4	①	②	③	④
5	①	②	③	④
6	①	②	③	④

もんだい 3

れい	①	●	③
1	①	②	③
2	①	②	③
3	①	②	③
4	①	②	③

もんだい 4

れい	①	●	③
1	①	②	③
2	①	②	③
3	①	②	③
4	①	②	③
5	①	②	③
6	①	②	③

じゅけんばんごうを かいて、その したの マークらんに マークして ください。
Fill in your examinee registration number in this box, and then mark the circle for each digit of the number.

じゅけんばんごう
(Examinee Registration Number)

20A1010123-30123

せいねんがっぴを かいて ください。
Fill in your date of birth in the box.

せいねんがっぴ(Date of Birth)

ねん Year	つき Month	ひ Day

N5

げんごちしき（もじ・ごい）

（20ぷん）

ちゅうい
Notes

1．しけんが　はじまるまで、この　もんだいようしを　あけないで　ください。
　　Do not open this question booklet until the test begins.

2．この　もんだいようしを　もって　かえる　ことは　できません。
　　Do not take this question booklet with you after the test.

3．じゅけんばんごうと　なまえを　したの　らんに、じゅけんひょうと
　　おなじように　かいて　ください。
　　Write your examinee registration number and name clearly in each box below as written on your
　　test voucher.

4．この　もんだいようしは、ぜんぶで　4ページ　あります。
　　This question booklet has 4pages.

5．もんだいには　かいとうばんごうの　 1 、 2 、 3 … が　あります。
　　かいとうは、かいとうようしに　ある　おなじ　ばんごうの　ところに
　　マークして　ください。
　　One of the row numbers 1 , 2 , 3 … is given for each question. Mark your answer in the
　　same row of the answer sheet.

じゅけんばんごう　Examinee Registration Number	

なまえ　Name	

もんだい1 ＿＿＿の ことばは ひらがなで どう かきますか。

1・2・3・4から いちばん いい ものを ひとつ えらんで
ください。

（れい） <u>姉</u>は しょうがっこうの せんせいです。

　　　　1 そふ　　　　　　2 そぼ　　　　　　3 あね　　　　　4 あに

　　　（かいとうようし）　**（れい）**　① ② ● ④

---

1 とても おおきい <u>犬</u>ですね。

　　1 とり　　　　　　2 ねこ　　　　　　3 さかな　　　　　4 いぬ

2 えきまえで おんなの <u>人</u>に みちを ききました。

　　1 ひと　　　　　　2 ひど　　　　　　3 こ　　　　　　4 ご

3 たかくても <u>丈夫</u>な ものを かいます。

　　1 しょうぶ　　　　2 しょおぶ　　　　3 じょうぶ　　　　4 じょおぶ

4 おとうとが ほんやに <u>入</u>りました。

　　1 うりました　　　2 はいりました　　3 とまりました　　4 おくりました

5 わたしは きょうも <u>会社</u>に いきます。

　　1 かいさ　　　　　2 かいしゃ　　　　3 がいさ　　　　　4 がいしゃ

6 <u>金よう日</u>から なつやすみです。

　　1 どようび　　　　2 きんようび　　　3 かようび　　　　4 げつようび

7 かのじょは <u>青い</u> ふくを きて います。

　　1 くろい　　　　　2 しろい　　　　　3 あおい　　　　　4 あかい

もんだい2　＿＿＿の　ことばは　どう　かきますか。1・2・3・4から　いちばん　いい　ものを　ひとつ　えらんで　ください。

（れい）　ひがしの　そらが　あかるく　なりました。

1　軍　　　　　2　車　　　　　3　東　　　　　4　束

（かいとうようし）　| **（れい）** | ① ② ● ④ |

8　この　りんごは　はっぴゃくえんです。

1　六万円　　　2　六千円　　　3　八千円　　　4　八百円

9　しずかに　して　ください。

1　清か　　　　2　晴か　　　　3　青か　　　　4　静か

10　てーぶるの　うえに　りんごが　あります。

1　ラーブレ　　2　テーブレ　　3　ラーブル　　4　テーブル

11　これから　ちょっと　でかけて　きます。

1　出かけて　　2　話かけて　　3　行かけて　　4　遊かけて

12　いまから　でんしゃに　のります。

1　雪卓　　　　2　雪車　　　　3　電車　　　　4　電卓

もんだい3 （　　　）に　なにが　はいりますか。1・2・3・4から　いちばん　いい　ものを　ひとつ　えらんで　ください。

（れい）　さむいので、まどを（　　　）ください。

　　　　1　しめて　　　　　2　もって　　　　　3　とって　　　　　4　けして

　　　（かいとうようし）　　**（れい）**　　● ② ③ ④

13　ねる　まえに　いつも（　　　）を　あびます。

　　1　テレビ　　　　　2　シャワー　　　　3　ラジオ　　　　4　ドア

14　こちらの　ほんだなに　ほんを（　　　）ください。

　　1　ならべて　　　　2　うって　　　　3　かして　　　　4　おわって

15　しゅくだいを（　　　）ので、いま　だす　ことが　できません。

　　1　おぼえた　　　　2　わすれた　　　　3　つくった　　　　4　はなした

16　いもうとは　らいねん　5（　　　）に　なります。

　　1　さい　　　　　2　にん　　　　　3　かい　　　　　4　さつ

17　とうきょうまで　いく　バスの（　　　）を　かいました。

　　1　じしょ　　　　2　てがみ　　　　3　にっき　　　　4　きっぷ

18　ごはんを　たべる　まえに　「（　　　）」と　いいます。

　　1　おやすみなさい

　　2　いってきます

　　3　いただきます

　　4　ごちそうさまでした

もんだい4　_____の　ぶんと　だいたい　おなじ　いみの　ぶんが　あります。
　　　　　1・2・3・4から　いちばん　いい　ものを　ひとつ　えらんで　ください。

（れい）　かいしゃは　ちかいですか。
　　　　1　べんきょうを　する　ところは　ちかいですか。
　　　　2　ごはんを　たべる　ところは　ちかいですか。
　　　　3　おかねを　だす　ところは　ちかいですか。
　　　　4　しごとを　する　ところは　ちかいですか。

　　　　（かいとうようし）　　| **（れい）** | ① ② ③ ● |

19　りょうしんは　まいあさ　うんどうを　します。
　　1　ちちと　ははは　まいあさ　うんどうを　します。
　　2　そふと　そぼは　まいあさ　うんどうを　します。
　　3　あにと　おとうとは　まいあさ　うんどうを　します。
　　4　あねと　いもうとは　まいあさ　うんどうを　します。

20　この　りょうりは　あまいです。
　　1　この　りょうりは　にくが　はいって　います。
　　2　この　りょうりは　しょうゆが　はいって　います。
　　3　この　りょうりは　しおが　はいって　います。
　　4　この　りょうりは　さとうが　はいって　います。

21　この　たまごは　あそこで　かいました。
　　1　あそこは　ゆうびんきょくです。
　　2　あそこは　ほんやです。
　　3　あそこは　スーパーです。
　　4　あそこは　プールです。

N 5

げんごちしき　　ぶんぽう　　　どっかい
言語知識（文法）・ 読解

ぷん
（40分）

ちゅう　　い
注　意

Notes

１．試験が始まるまで、この問題用紙を開けないでください。

　　　Do not open this question booklet until the test begins.

２．この問題用紙を持って帰ることはできません。

　　　Do not take this question booklet with you after the test.

３．受験番号と名前を下の欄に、受験票と同じように書いて
　　ください。

　　　Write your examinee registration number and name clearly in each box below as
　　written on your test voucher.

４．この問題用紙は、全部で12ページあります。

　　　This question booklet has 12 pages.

５．問題には解答番号の 1 、 2 、 3 … があります。
　　解答は、解答用紙にある同じ番号のところにマークして
　　ください。

　　　One of the row numbers 1 , 2 , 3 … is given for each question. Mark your answer
　　in the same row of the answer sheet.

じゅけんばんごう
受験番号　Examinee Registration Number

な　まえ
名 前　Name

もんだい1 （　　　）に 何を 入れますか。1・2・3・4から いちばん いい ものを 一つ えらんで ください。

(れい) わたしは えいご（　　　）すきです。

　　　　1 の　　　　　2 を　　　　　3 が　　　　　4 に

（かいとうようし）　| **(れい)** | ① ② ● ④ |

---

1 本田さんは イギリス人（　　　）けっこんしました。

　　　1 の　　　　　2 が　　　　　3 も　　　　　4 と

2 今日は そら（　　　）とても 青いです。

　　　1 や　　　　　2 が　　　　　3 を　　　　　4 に

3 暗い ところで 本（　　　）読む ことは 目に よくないです。

　　　1 を　　　　　2 や　　　　　3 は　　　　　4 と

4 A「すみません、松本さんは 今（　　　）に いますか。」

　　　B「さっき トイレに 行きました。」

　　　1 だれ　　　　2 なに　　　　3 どこ　　　　4 いつ

5 先生「来週の 水よう日は ひたちこうえんに 行きます。その 日は、

　　　　　　じぶんの おべんとうを（　　　）きて ください。」

　　　学生「はい、分かりました。」

　　　1 持って　　　2 持った　　　3 持ち　　　4 持つ

6 3時間（　　　　）宿題を　しました。でも　まだ　おわって　いません。

1　から　　　　　　　2　より　　　　　　　3　くらい　　　　　4　が

7 今度の　夏休みは（　　　　）一人で　海外旅行に　行きます。

1　だんだん　　　　2　はじめて　　　　3　ぜんぜん　　　　4　たいへん

8 おととい　花を　買いました。昨日は　本を　買いました。今日は
何も（　　　　）ない　つもりです。

1　買い　　　　　　2　買わ　　　　　　3　買う　　　　　　4　買った

9 木下「明日は　どこで　会うのが　いいですか。」
吉田「駅の　前で（　　　　）。」
木下「はい。じゃ、また　明日。」

1　会いません　　　　　　　　　　　2　会って　います

3　会いましょう　　　　　　　　　　4　会いました

もんだい2 ___★___ に 入る ものは どれですか。1・2・3・4から いちばん
いい ものを 一つ えらんで ください。

___

（もんだいれい）

A「きのうは 何を しましたか。」

B「きのうは としょかん _____ _____ ___★___ _____ べんきょうを
しました。」

　　1　の　　　　　2　にほんご　　　　3　行って　　　　4　に

（こたえかた）

1．ただしい 文を つくります。

A「きのうは 何を しましたか。」

B「きのうは としょかん _____ _____ ___★___ _____ べんきょう
を しました。」

　　　　　　4　に　　3　行って　　2　にほんご　　1　の

2．___★___に 入る ばんごうを くろく ぬります。

（かいとうようし）　　| （れい） | ① ● ③ ④ |

___

10　私は 学校から _____ _____ ___★___ _____ 学校までは 歩いて
5分です。

　　1　住んで いて　　2　ところ　　　3　近い　　　　4　に

11　母は 毎週 金よう日、アベルさん _____ _____ ___★___ _____
います。

　　1　を　　　　　　2　に　　　　　　3　習って　　　　4　フランス語

12 鈴木「昨日の　パーティーは　どうでしたか。」

村山「とても ＿＿＿＿ ＿＿＿＿ ★ ＿＿＿＿ なかったです。」

1　おいしく　　　2　ですが　　　3　りょうりが　　　4　楽しかった

13 （図書館で）

A「この ＿＿＿＿ ＿＿＿＿ ★ ＿＿＿＿ ですか。」

B「すみません、その　パソコンは　こわれて　います。」

1　いい　　　　　2　パソコン　　　3　使っても　　　4　を

もんだい3 14 から 17 に 何を 入れますか。ぶんしょうの いみを かんがえて、1・2・3・4から いちばん いい ものを 一つ えらんで ください。

　ルカクさんと ロバートさんは 「旅行したい 国」の さくぶんを 書いて、クラスの みんなの 前で 読みます。

(1) ルカクさんの　さくぶん

　サッカーが 好きな 私は サッカーが 有名な イタリアを 旅行して みたいです。イタリアに 行って テレビで 見て いた しあいを 見たいです。また、イタリアの 食べものは とても おいしいと 14 。それで、イタリアで おいしい ものも たくさん 食べたいです。

　イタリアは 私の 国 15 遠いですが、ぜひ 行って みたいです。

---

(2) ロバートさんの　さくぶん

　私が 旅行したい 国は 韓国です。韓国には 私が 好きな かしゅ が 16 。それで、韓国に 行って 好きな かしゅの コンサートに 行って みたいです。また、韓国でしか 売って いない アルバムなども 買い たいです。

　今年は 勉強を がんばらなくては いけないので、来年の なつやすみに 韓国に 17 。

14

    1　言います　　　2　答えます　　　3　します　　　　4　います

15

    1　へ　　　　　　2　の　　　　　　3　から　　　　　4　だけ

16

    1　いるからです　　　　　　　　　2　いませんでした
    3　いる　ときです　　　　　　　　4　いない　ほうが　いいです

17

    1　行って　います　　　　　　　　2　行く　つもりです
    3　行って　ください　　　　　　　4　行かないです

もんだい4 つぎの （1）から （2）の ぶんしょうを 読んで、しつもんに
こたえて ください。こたえは、1・2・3・4から いちばん いい もの
を 一つ えらんで ください。

(1)

　明日から フランス 旅行に 行きます。一か月間 旅行を しますので、昨日
は 部屋の そうじを しました。そして、フランスで 行く びじゅつかんや 有
名な レストランも しらべました。今日は 旅行に 持って 行く にもつを か
ばんに 入れて 早く 寝る よていです。

18 「私」は 昨日、何を しましたか。
　1 旅行に 行って きました。
　2 部屋の そうじを しました。
　3 びじゅつかんに 行きました。
　4 にもつを かばんに 入れました。

(2)

これは　山本さんが　石田先生に　送った　メールです。

石田先生

　来週の　金曜日までに　出す　しゅくだいの　ことで　しつもんが　ありま
す。英語の　テキストに　何度　読んでも　わからない　ところが　あって、
明日　先生の　ところに　聞きに　行っても　いいですか。時間は　いつでも
大丈夫です。

　この　メールを　読んで　へんじを　ください。よろしく　おねがいします。

山本

19　この　メールを　読んで、石田先生は　はじめに　何を　しますか。

1　しつもんを　読みます。

2　テキストを　読みます。

3　山本さんの　ところに　行きます。

4　山本さんに　へんじを　します。

もんだい5 つぎの　ぶんしょうを　読んで、しつもんに　こたえて　ください。

こたえは、1・2・3・4から　いちばん　いい　ものを　一つ　えらんで
ください。

　私は　毎日　きっさてんに　行きます。　コーヒーは　もちろん　好きですが、り
ゆうは　それでは　ありません。　きっさてんに　行く　りゆうは　一人で　ゆっく
り　したいからです。　昔は　きっさてんに　パソコンを　持って　行って　仕事を
したり、　お店の　人と　友だちに　なって　話を　したり　して　いましたが、
さいきんは　して　いません。　それは、　一人の　時間が　たいせつだと　いう
ことを　しったからです。

　大人に　なると、　仕事や　かぞくの　ことで　いそがしくて　休む　時間を
持つ　ことも　かんたんでは　ありません。　しかし、ずっと　いそがしいと　あた
まや　こころが　つかれて　いきます。　一人で　ゆっくり　する　時間は　だれ
にでも　ひつような、たいせつな　ことだと　思います。

20 どうして 毎日 きっさてんに 行きますか。

1 コーヒーが 好きだから

2 一人で ゆっくり したいから

3 きっさてんで 仕事を するから

4 お店の 人と 友だちに なったから

21 「私」は 何が 言いたいですか。

1 毎日 仕事を する ほうが いいです。

2 かぞくとの 時間は たいせつです。

3 一人の 時間は たいせつです。

4 ときどき 友だちに 会う ほうが いいです。

もんだい６　右の　ページを　見て、下の　しつもんに　こたえて　ください。
こたえは、１・２・３・４から　いちばん　いい　ものを　一つ　えらんで
ください。

22　トマスさんは　週末に　いちご　まつりに　行きたいです。外で　できる
イベントが　好きです。トマスさんは　どんな　イベントに　行きますか。

1　①

2　②

3　③

4　④

いちご　まつりへ　ようこそ

３月17日（月）〜３月23日（日）

	イベント	曜日	ばしょ
①	いちごの　ジャムを　作って、持って　帰ります。	月・水・金・日	にし　センターの　101号室
②	自分で　いちごを　とって、持って　帰ります。	金・土・日	にし　いちご　パーク ＊雨が　降る　日は　休みです。
③	いちごを　使った　おいしい　ケーキを　作ります。	月・木・土	にし　センターの　203号室
④	いちごの　木を　うえる　ことが　できます。	火・金・土	にし　センターの　庭 ＊雨が　降る　日は　休みです。

＜まつり　期間の　天気＞

月	火	水	木	金	土	日
☀	☂	☂	☀	☀	☂	☀

N5

ちょうかい
聴解

ぷん
（30分）

ちゅう　い
注　意
Notes

１．試験が始まるまで、この問題用紙を開けないでください。

　　Do not open this question booklet until the test begins.

２．この問題用紙を持って帰ることはできません。

　　Do not take this question booklet with you after the test.

３．受験番号と名前を下の欄に、受験票と同じように書いて
　　ください。

　　Write your examinee registration number and name clearly in each box below as
　　written on your test voucher.

４．この問題用紙は、全部で14ページあります。

　　This question booklet has 14 pages.

５．この問題用紙にメモをとってもいいです。

　　You may make notes in this question booklet.

じゅけんばんごう 受験番号　Examinee Registration Number	

な　まえ 名　前　Name	

もんだい１

　もんだい１では、はじめに　しつもんを　きいて　ください。それから　はなしを
きいて、もんだいようしの　１から４の　なかから、いちばん　いい　ものを
ひとつ　えらんで　ください。

れい

1ばん

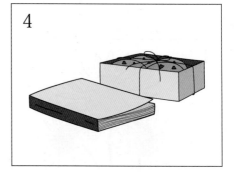

2ばん

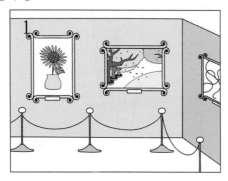

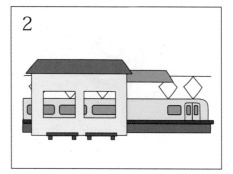

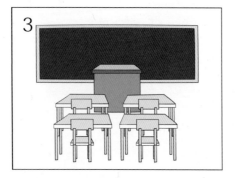

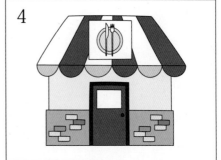

3ばん

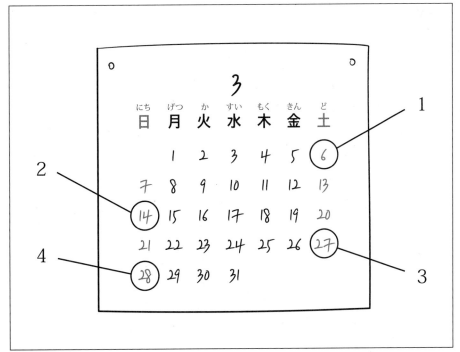

4ばん

5ばん

1　りょこうに　いく

2　かばんを　かう

3　けいかくを　たてる

4　おかしを　かう

6ばん

1　4かい

2　5かい

3　6かい

4　7かい

7ばん

もんだい 2

　もんだい2では、はじめに　しつもんを　きいて　ください。それから　はなしを
きいて、もんだいようしの　1から4の　なかから、いちばん　いい　ものを
ひとつ　えらんで　ください。

れい

1　うみ

2　やま

3　びじゅつかん

4　えいがかん

1ばん

1 サンドイッチ

2 バナナ

3 カレー

4 ラーメン

2ばん

3ばん

1 えいごを　べんきょうする　こと
2 えいごを　おしえる　こと
3 しょうせつを　よむ　こと
4 しょうせつを　かく　こと

4ばん

1 2まい
2 4まい
3 6まい
4 8まい

5ばん

1 テニス

2 サッカー

3 スキー

4 ダンス

6ばん

1 518-6718

2 581-6718

3 518-6781

4 581-6781

19일

실전모의고사 3

해커스 JLPT N5 한 권으로 합격

もんだい３

　もんだい３では、えを　みながら　しつもんを　きいて　ください。

➡（やじるし）の　ひとは　なんと　いいますか。１から３の　なかから、いちばん
いい　ものを　ひとつ　えらんで　ください。

れい

1ばん

2ばん

3ばん

4ばん

5ばん

もんだい４

　もんだい４は、えなどが　ありません。ぶんを　きいて、１から３の　なかから、いちばん　いい　ものを　ひとつ　えらんで　ください。

－ メ モ －

정답 해설집 p.140

일본어도 역시,
1위 해커스

japan.Hackers.com

해커스
JLPT 일본어능력시험
N5
한 권으로 합격

초판 9쇄 발행 2024년 12월 16일
초판 1쇄 발행 2021년 8월 26일

지은이	해커스 JLPT연구소
펴낸곳	㈜해커스 어학연구소
펴낸이	해커스 어학연구소 출판팀

주소	서울특별시 서초구 강남대로61길 23 ㈜해커스 어학연구소
고객센터	02-537-5000
교재 관련 문의	publishing@hackers.com
	해커스일본어 사이트(japan.Hackers.com) 교재 Q&A 게시판
동영상강의	japan.Hackers.com

ISBN	978-89-6542-436-9 (13730)
Serial Number	01-09-01

일본어 교육 1위
해커스일본어(japan.Hackers.com)

해커스일본어

- 해커스 스타강사의 **본 교재 인강**(교재 내 할인쿠폰 수록)
- 언제 어디서나 편리하게 보는 **JLPT N5 필수 단어·문형 암기장**
- **어휘 암기 퀴즈, 청해 받아쓰기, 실전모의고사** 등 다양한 JLPT 학습 콘텐츠

한경비즈니스 선정 2020 한국브랜드선호도 교육(온·오프라인 일본어) 부문 1위

쉽고 재미있는 일본어 학습을 위한
체계적 학습자료

무료 일본어 레벨테스트

5분 만에 일본어 실력 확인
& 본인의 실력에 맞는 학습법 추천!

선생님과의 1:1 Q&A

학습 내용과 관련된 질문사항을
Q&A를 통해 직접 답변!

해커스일본어 무료 강의

실시간 가장 핫한 해커스일본어
과목별 무료 강의 제공!

데일리 무료 학습 콘텐츠

일본어 단어부터 한자, 회화 콘텐츠까지
매일매일 확인하는 데일리 무료 콘텐츠!

해커스
JLPT
일본어능력시험
N5
한 권으로 합격

정답 · 해설 · 해석 · 어휘정리 · 오답분석까지 다 담은

완벽 분석 해설집

해커스 어학연구소

해커스
JLPT 일본어능력시험
N5
한 권으로 합격

정답 · 해설 · 해석 · 어휘정리 · 오답분석까지 다 담은

완벽 분석 해설집

🏛 해커스 어학연구소

일본어도 역시,
1위 해커스

japan.Hackers.com

해커스 JLPT N5 한 권으로 합격

Contents

문자·어휘

 문제 1 한자 읽기

출제 형태 및 문제 풀이 Step   p.44

매일 아침 신문**新聞**을 읽습니다.

어휘 新聞 しんぶん 圏신문　まいあさ 凰매일 아침　よむ 圄읽다

실전 테스트 1   p.48

1 1	**2** 3	**3** 2	**4** 4	**5** 2
6 1	**7** 3			

문제 1 ＿＿＿의 말은 히라가나로 어떻게 씁니까? 1·2·3·4에서 가장 알맞은 것을 하나 골라 주세요.

1

이 정원**庭**은 매우 예쁩니다.

해설 庭는 1 にわ로 발음해요.

어휘 庭 にわ 圏정원　家 いえ 圏집　山 やま 圏산　海 うみ 圏바다　この 이　とても 凰매우　きれいだ な형예쁘다

2

그는 오전**午前**의 수업에 왔습니다.

해설 午前은 3 ごぜん으로 발음해요. ぜん이 탁음인 것에 주의해요.

어휘 午前 ごぜん 圏오전　かれ 圏그　じゅぎょう 圏수업　くる 圄오다

3

찻집에서 차를 <u>사**買**って</u> 주세요.

해설 買って는 2 かって로 발음해요.

어휘 買う かう 圄사다　言う いう 圄말하다　持つ もつ 圄들다　待つ まつ 圄기다리다　きっさてん 圏찻집　おちゃ 圏차　～てください ~(해) 주세요

4

저의 교실은 일 층**一階**에 있습니다.

해설 一階는 4 いっかい로 발음해요. 숫자 1을 의미하는 一는 いち로 발

음하지만, 층을 세는 단위인 階(かい)가 뒤에 오면 촉음이 있는 いっ으로 발음하는 것에 주의해요.

어휘 一階 いっかい 圏일 층　わたし 圏저, 나　きょうしつ 圏교실　ある 圄있다

5

저는 누나**姉**가 한 명 있습니다.

해설 姉는 2 あね로 발음해요.

어휘 姉 あね 圏누나, 언니　兄 あに 圏형, 오빠　弟 おとうと 圏남동생　妹 いもうと 圏여동생　わたし 圏저, 나　ひとり 圏한 명　いる 圄있다

6

이 자동차는 큽**大き**い니다.

해설 大きい는 1 おおきい로 발음해요. 大는 음독으로 たい 혹은 だい, 훈독으로 おお로 발음할 수 있는데, 大きい의 경우에는 おお로 발음하는 것에 주의해요.

어휘 大きい おおきい い형크다　この 이　くるま 圏자동차

7

다음 주**来週**부터 회사에 갑니다.

해설 来週는 3 らいしゅう로 발음해요. しゅう가 장음인 것에 주의해요.

어휘 来週 らいしゅう 圏다음 주　今週 こんしゅう 圏이번 주　かいしゃ 圏회사　いく 圄가다

실전 테스트 2   p.49

1 2	**2** 1	**3** 2	**4** 1	**5** 4
6 3	**7** 3			

문제 1 ＿＿＿의 말은 히라가나로 어떻게 씁니까? 1·2·3·4에서 가장 알맞은 것을 하나 골라 주세요.

1

그는 어제 <u>고국**国**</u>으로 돌아갔습니다.

해설 国는 2 くに로 발음해요.

어휘 国 くに 圏고국, 나라　家 いえ 圏집　店 みせ 圏가게　部屋 へや 圏방　かれ 圏그　きのう 圏어제　かえる 圄돌아가다

2

이 연필을 매일 <u>사용합니다使います</u>.

해설 使います는 1 つかいます로 발음해요.

어휘 使う つかう 图사용하다　買う かう 图사다　もらう 图받다
　　習う ならう 图배우다　この 이　えんぴつ 图연필
　　まいにち 图매일

3

여기의 라멘은 <u>백 엔百円</u>입니다.

해설 百円은 2 ひゃくえん으로 발음해요. ひゃく가 탁음이 아닌 것에 주의해요.

어휘 百円 ひゃくえん 图백 엔　ここ 图여기　ラーメン 图라멘

4

저는 <u>봄春</u>이 가장 좋습니다.

해설 春는 1 はる로 발음해요.

어휘 春 はる 图봄　夏 なつ 图여름　秋 あき 图가을　冬 ふゆ 图겨울
　　わたし 图저, 나　いちばん 图가장　すきだ な형좋다, 좋아하다

5

<u>책상机</u> 위에 책이 있습니다.

해설 机는 4 つくえ로 발음해요.

어휘 机 つくえ 图책상　棚 たな 图선반　箱 はこ 图상자
　　椅子 いす 图의자　うえ 图위　ほん 图책　ある 图있다

6

그는 <u>잡지雑誌</u>를 읽고 있습니다.

해설 雑誌는 3 ざっし로 발음해요. ざっ이 탁음인 것과 촉음이 있는 것에 주의해요.

어휘 雑誌 ざっし 图잡지　かれ 图그　よむ 图읽다
　　~ている ~(하)고 있다

7

그녀로부터 <u>긴長い</u> 우산을 빌렸습니다.

해설 長い는 3 ながい로 발음해요.

어휘 長い ながい い형길다　大きい おおきい い형크다
　　小さい ちいさい い형작다　高い たかい い형비싸다, 높다
　　かのじょ 图그녀　~から 图~로부터　かさ 图우산
　　かりる 图빌리다

실전 테스트 3　　　　　　　p.50

1 2	2 1	3 4	4 2	5 1
6 3	7 3			

문제1 ＿＿＿의 말은 히라가나로 어떻게 씁니까? 1·2·3·4에서 가장 알맞은 것을 하나 골라 주세요.

1

<u>손手</u>을 씻어 주세요.

해설 手는 2 て로 발음해요.

어휘 手 て 图손　足 あし 图다리　顔 かお 图얼굴　目 め 图눈
　　あらう 图씻다　~てください ~(해) 주세요

2

사토 씨의 <u>학교学校</u>는 어디입니까?

해설 学校는 1 がっこう로 발음해요. がっ이 촉음이 있는 것과 こう가 장음인 것에 주의해요.

어휘 学校 がっこう 图학교　どこ 图어디

3

이것은 집에서 <u>만들었습니다作りました</u>.

해설 作りました는 4 つくりました로 발음해요.

어휘 作る つくる 图만들다　分かる わかる 图알다, 이해하다
　　切る きる 图자르다　撮る とる 图(사진을) 찍다　これ 图이것
　　いえ 图집

4

저기에 큰 <u>나무木</u>가 있습니다.

해설 木는 2 き로 발음해요.

어휘 木 き 图나무　花 はな 图꽃　絵 え 图그림　箱 はこ 图상자
　　あそこ 图저기　おおきい い형크다　ある 图있다

5

지금은 열 시 <u>구 분九分</u>입니다.

해설 九分은 1 きゅうふん으로 발음해요. 숫자 9를 의미하는 九는 きゅう와 く 두 가지로 발음할 수 있는데, 九分의 경우에는 きゅう로 발음하는 것과 ふん이 탁음이 아닌 것에 주의해요.

어휘 九分 きゅうふん 图구 분　いま 图지금　~じ ~시

6

할머니의 집에 <u>매주毎週</u> 갑니다.

해설 **毎週**는 3 まいしゅう로 발음해요. しゅう가 장음인 것에 주의해요.

어휘 **毎週** まいしゅう 圓매주 **おばあさん** 圓할머니 **いえ** 圓집
　　いく 圄가다

7

역 앞에 높은**高い** 빌딩이 있습니다.

해설 **高い**는 3 たかい로 발음해요.

어휘 **高い** たかい い형 높다, 비싸다 **古い** ふるい い형 낡다
　　汚い きたない い형 더럽다 **狭い** せまい い형 좁다
　　えきまえ 圓역 앞 **ビル** 圓빌딩 **ある** 圄있다

실전 테스트 4　　　　　　　　p.51

1 2	2 1	3 3	4 4	5 1
6 3	7 3			

문제 1　_____의 말은 히라가나로 어떻게 씁니까? 1·2·3·4에서
　　　　가장 알맞은 것을 하나 골라 주세요.

1

이 앞**先**에 백화점이 있습니다.

해설 **先**는 2 さき로 발음해요.

어휘 **先** さき 圓앞 **隣** となり 圓옆 **中** なか 圓안, 속 **後ろ** うしろ 圓뒤
　　この 이 **デパート** 圓백화점 **ある** 圄있다

2

내일까지 내**出して** 주세요.

해설 **出して**는 1 だして로 발음해요.

어휘 **出す** だす 圄내다, 제출하다 **押す** おす 圄누르다
　　返す かえす 圄돌려주다 **渡す** わたす 圄건네주다 **あした** 圓내일
　　～までに ~까지(기한) **～てください** ~(해) 주세요

3

외국**外国**에서 공부를 하고 싶습니다.

해설 **外国**는 3 がいこく로 발음해요. こく가 탁음이 아닌 것에 주의해요.

어휘 **外国** がいこく 圓외국 **べんきょう** 圓공부 **する** 圄하다
　　～たい ~(하)고 싶다

4

형은 반에서 가장 강합**強い**니다.

해설 **強い**는 4 つよい로 발음해요.

어휘 **強い** つよい い형 강하다 **忙しい** いそがしい い형 바쁘다
　　弱い よわい い형 약하다 **面白い** おもしろい い형 재미있다

あに 圓형, 오빠 **クラス** 圓반 **いちばん** 圄가장

5

이 회사에서는 구백 명**九百人**이 일하고 있습니다.

해설 **九百人**은 1 きゅうひゃくにん으로 발음해요. 숫자 9를 의미하는 九
　　는 きゅう와 く 두 가지로 발음할 수 있는데, 숫자 900을 의미하는
　　九百의 경우에는 きゅう로 발음하는 것에 주의하고, ひゃく가 탁음
　　이 아닌 것에 주의해요.

어휘 **九百人** きゅうひゃくにん 圓구백 명 **この** 이 **かいしゃ** 圓회사
　　はたらく 圄일하다 **～ている** ~(하)고 있다

6

하늘**空**을 보는 것을 좋아합니다.

해설 **空**는 3 そら로 발음해요.

어휘 **空** そら 圓하늘 **海** うみ 圓바다 **森** もり 圓숲 **山** やま 圓산
　　みる 圄보다 **こと** 圓것 **すきだ** な형 좋아하다

7

그녀의 목소리**声**는 예쁩니다.

해설 **声**는 3 こえ로 발음해요.

어휘 **声** こえ 圓목소리 **かみ** 圓머리, 머리카락 **手** て 圓손 **目** め 圓눈
　　かのじょ 圓그녀 **きれいだ** な형 예쁘다

실전 테스트 5　　　　　　　　p.52

1 3	2 1	3 2	4 1	5 4
6 2	7 4			

문제 1　_____의 말은 히라가나로 어떻게 씁니까? 1·2·3·4에서
　　　　가장 알맞은 것을 하나 골라 주세요.

1

새로운 차**車**를 샀습니다.

해설 **車**는 3 くるま로 발음해요.

어휘 **車** くるま 圓차 **家** いえ 圓집 **靴** くつ 圓신발 **傘** かさ 圓우산
　　あたらしい い형 새롭다 **かう** 圄사다

2

그녀는 지금 걷고**歩いて** 있습니다.

해설 **歩いて**는 1 あるいて로 발음해요.

어휘 **歩く** あるく 圄걷다 **泣く** なく 圄울다 **働く** はたらく 圄일하다
　　書く かく 圄쓰다 **かのじょ** 圓그녀 **いま** 圓지금
　　～ている ~(하)고 있다

3

구월**九月**인데 매우 덥습니다.

해설 九月는 2 くがつ로 발음해요. 숫자 9를 의미하는 九는 く와 きゅう 두 가지로 발음할 수 있는데, 9월을 의미하는 九月의 경우에는 く로 발음하는 것에 주의해요.

어휘 九月 くがつ 圏구월 ～のに 国～인데 とても 囲매우 あつい い형덥다

4

이 요리는 답**甘**니다.

해설 甘い는 1 あまい로 발음해요.

어휘 甘い あまい い형달다 辛い からい い형맵다 うまい い형맛있다 まずい い형맛이 없다 この 이 りょうり 圏요리

5

근처에 슈퍼가 있어서 편리**便利**합니다.

해설 便利는 4 べんり로 발음해요. べん이 탁음인 것에 주의해요.

어휘 便利だ べんりだ な형편리하다 ちかく 圏근처 スーパー 圏슈퍼 ある 동있다

6

계란**卵**을 사 왔습니다.

해설 卵는 2 たまご로 발음해요.

어휘 卵 たまご 圏계란 魚 さかな 圏생선, 물고기 塩 しお 圏소금 薬 くすり 圏약 かう 동사다 くる 동오다

7

역의 옆에 은행**銀行**이 있습니다.

해설 銀行는 4 ぎんこう로 발음해요. ぎん이 탁음이고 こう가 こ와 う가 함께 사용된 장음인 것에 주의해요.

어휘 銀行 ぎんこう 圏은행 えき 圏역 となり 圏옆 ある 동있다

실전 테스트 6　　　　　　　　p.53

| 1 3 | 2 2 | 3 1 | 4 2 | 5 3 |
| 6 4 | 7 1 | | | |

문제1 _____ 의 말은 히라가나로 어떻게 씁니까? 1·2·3·4에서 가장 알맞은 것을 하나 골라 주세요.

1

교실에 학생**学生**이 한 명도 없습니다.

해설 学生는 3 がくせい로 발음해요. がく가 촉음이 없는 것과 せい가 장음인 것에 주의해요.

어휘 学生 がくせい 圏학생 きょうしつ 圏교실 ひとり 圏한 명 いる 동있다

2

창문**窓**의 청소를 했습니다.

해설 窓는 2 まど로 발음해요.

어휘 窓 まど 圏창문 家 いえ 圏집 庭 にわ 圏정원 店 みせ 圏가게 そうじ 圏청소 する 동하다

3

이 강**川**은 아름답습니다.

해설 川는 1 かわ로 발음해요.

어휘 川 かわ 圏강 山 やま 圏산 海 うみ 圏바다 花 はな 圏꽃 この 이 うつくしい い형아름답다

4

방이 매우 춥**寒**습니다.

해설 寒い는 2 さむい로 발음해요.

어휘 寒い さむい い형춥다 暑い あつい い형덥다 広い ひろい い형넓다 狭い せまい い형좁다 へや 圏방 とても 囲매우

5

이것을 이백 번**二百回** 정도 써서 외웠습니다.

해설 二百回는 3 にひゃっかい로 발음해요. 숫자 2를 의미하는 二는 음독으로 に, 훈독으로 ふた로 발음할 수 있는데, 二百回에서는 に로 발음하는 것에 주의하고, ひゃっかい가 탁음이 아닌 것에 주의해요.

어휘 二百回 にひゃっかい 圏이백 번 これ 圏이것 ～くらい 国～정도 かく 동쓰다 おぼえる 동외우다

6

짐은 바깥**外**에 두었습니다.

해설 外는 4 そと로 발음해요.

어휘 外 そと 圏바깥 中 なか 圏안, 속 下 した 圏아래 上 うえ 圏위 にもつ 圏짐 おく 동두다

7

빨리 집에 돌아가**帰って** 주세요.

해설 帰って는 1 かえって로 발음해요.

어휘 帰る かえる 동돌아가다 行く いく 동가다 入る はいる 동들어가다 止る とまる 동멈추다 はやく 囲빨리 いえ 圏집 ～てください ～(해) 주세요

실전 테스트 7   p.54

1 1	2 4	3 2	4 4	5 3
6 4	7 1			

문제1 _____의 말은 히라가나로 어떻게 씁니까? 1·2·3·4에서
   가장 알맞은 것을 하나 골라 주세요.

1

저는 도쿄의 동東쪽에 살고 있습니다.

해설 東는 1 ひがし로 발음해요.

어휘 東 ひがし 명동, 동쪽   南 みなみ 명남, 남쪽   北 きた 명북, 북쪽
   西 にし 명서, 서쪽   わたし 저, 나   とうきょう 명도쿄(지명)
   ほう 명쪽, 방면   すむ 동살다   ~ている ~(하)고 있다

2

조금 마셔도飲んでも 괜찮습니까?

해설 飲んでも는 4 のんでも로 발음해요.

어휘 飲む のむ 동마시다   読む よむ 동읽다   遊ぶ あそぶ 동놀다
   休む やすむ 동쉬다   すこし 훈조금   ~てもいい ~(해)도 괜찮다

3

교실教室에서는 조용히 해 주세요.

해설 教室는 2 きょうしつ로 발음해요. きょう가 장음이고 しつ가 탁음이
   아닌 것에 주의해요.

어휘 教室 きょうしつ 명교실   しずかだ な형조용하다   する 동하다
   ~てください ~(해) 주세요

4

이 셔츠는 저렴安い합니다.

해설 安い는 4 やすい로 발음해요.

어휘 安い やすい い형저렴하다   高い たかい い형비싸다
   小さい ちいさい い형작다   大きい おおきい い형크다   この 이
   シャツ 명셔츠

5

가게店에서 식사를 하지 않겠습니까?

해설 店는 3 みせ로 발음해요.

어휘 店 みせ 명가게   家 いえ 명집   中 なか 명안   外 そと 명밖
   しょくじ 명식사   する 동하다

6

빵집의 왼쪽左에 우체국이 있습니다.

해설 左는 4 ひだり로 발음해요.

어휘 左 ひだり 명왼쪽   前 まえ 명앞   右 みぎ 명오른쪽
   隣 となり 명옆   パンや 명빵집   ゆうびんきょく 명우체국
   ある 동있다

7

이 모자는 삼천 엔三千円입니다.

해설 三千円은 1 さんぜんえん으로 발음해요. 숫자 1000을 의미하는
   千은 せん으로 발음하지만 숫자 3000을 의미하는 三千은 さん
   ぜん으로 발음하는 것에 주의해요.

어휘 三千円 さんぜんえん 명삼천 엔   この 이   ぼうし 명모자

실전 테스트 8   p.55

1 4	2 1	3 3	4 2	5 3
6 4	7 1			

문제1 _____의 말은 히라가나로 어떻게 씁니까? 1·2·3·4에서
   가장 알맞은 것을 하나 골라 주세요.

1

선생님이 문 앞에 서立って 있습니다.

해설 立って는 4 たって로 발음해요.

어휘 立つ たつ 동서다   待つ まつ 동기다리다   止る とまる 동멈추다
   座る すわる 동앉다   せんせい 명선생님   ドア 명문   まえ 명앞
   ~ている ~해 있다, ~(하)고 있다

2

근처의 식당食堂에서 점심을 먹었습니다.

해설 食堂는 1 しょくどう로 발음해요. どう가 탁음이면서 장음인 것에
   주의해요.

어휘 食堂 しょくどう 명식당   ちかく 명근처
   ひるごはん 명점심, 점심 식사   たべる 동먹다

3

형兄과 함께 수영장에 갑니다.

해설 兄는 3 あに로 발음해요.

어휘 兄 あに 명형, 오빠   父 ちち 명아빠, 아버지   母 はは 명엄마, 어머니
   姉 あね 명누나, 언니   いっしょに 훈함께   プール 명수영장
   いく 동가다

4

준비를 하는 데 일주일一週間 걸렸습니다.

해설 一週間은 2 いっしゅうかん으로 발음해요. 숫자 1을 의미하는 一는 いち로 발음하지만 주간을 세는 단위인 週間(しゅうかん)이 뒤에 오면 촉음이 있는 いっ으로 발음하는 것에 주의하고, しゅう가 장음인 것에 주의해요.

어휘 一週間 いっしゅうかん 圀일주일, 일주일간   じゅんび 圀준비
する 동하다   〜のに ~는데   かかる 동걸리다

5

얼굴顔이 빨갛게 되었습니다.

해설 顔는 3 かお로 발음해요.

어휘 顔 かお 圀얼굴   足 あし 圀다리, 발   手 て 圀손   目 め 圀눈
あかい い형빨갛다   〜くなる ~(하)게 되다

6

이 영화는 매우 유명有名합니다.

해설 有名는 4 ゆうめい로 발음해요. ゆう가 장음이고 めい가 め와 い가 함께 사용된 장음인 것에 주의해요.

어휘 有名だ ゆうめいだ な형유명하다   この 이   えいが 圀영화
とても 튀매우

7

방 안이 더럽汚い습니다.

해설 汚い는 1 きたない로 발음해요.

어휘 汚い きたない い형더럽다   うるさい い형시끄럽다
暗い くらい い형어둡다   明るい あかるい い형밝다   へや 圀방
なか 圀안, 속

 문제 2 표기

출제 형태 및 문제 풀이 Step   p.56

친구와 전화로 이야기했습니다はなしました.

어휘 話す はなす 동이야기하다   ともだち 圀친구   でんわ 圀전화

실전 테스트 1   p.60

8 1	**9** 4	**10** 2	**11** 1	**12** 3

문제2 ＿＿＿의 말은 어떻게 씁니까? 1·2·3·4에서 가장 알맞은
것을 하나 골라 주세요.

8

어제는 날씨てんき가 좋았습니다.

해설 てんき는 1 天気로 표기해요. 3, 4는 없는 단어예요. 天(てん, 하늘)을 선택지 2와 4의 大(たい, 크다)와 구별해서 알아두고, 気(き, 기운)를 선택지 3과 4의 汽(き, 김)와 구별해서 알아두어요.

어휘 天気 てんき 圀날씨   きのう 圀어제   よい い형좋다

9

책상 위うえ에 꽃이 있습니다.

해설 うえ는 4 上로 표기해요.

어휘 上 うえ 圀위   後 あと 圀뒤   前 まえ 圀앞   下 した 圀아래
つくえ 圀책상   はな 圀꽃   ある 동있다

10

오늘은 책을 읽었습니다よみました.

해설 よみました는 2 読みました로 표기해요. 1, 3, 4는 없는 단어예요.

어휘 読む よむ 동읽다   きょう 圀오늘   ほん 圀책

11

레스토랑れすとらん에서 밥을 먹습니다.

해설 れすとらん을 가타카나로 올바르게 표기한 것은 1 レストラン이에요. 2, 3, 4는 없는 단어예요.

어휘 レストラン 圀레스토랑   ごはん 圀밥   たべる 동먹다

12

학교에 오래된ふるい 시계가 있습니다.

해설 ふるい는 3 古い로 표기해요.

어휘 古い ふるい い형오래되다, 낡다   高い たかい い형비싸다
安い やすい い형저렴하다, 싸다   軽い かるい い형가볍다
がっこう 圀학교   とけい 圀시계   ある 동있다

실전 테스트 2   p.61

8 1	**9** 3	**10** 4	**11** 2	**12** 4

문제2 ＿＿＿의 말은 어떻게 씁니까? 1·2·3·4에서 가장 알맞은
것을 하나 골라 주세요.

8

아이들은 모두 건강げんき합니다.

해설 げんき는 1 元気로 표기해요. 2, 3, 4는 없는 단어예요. 元(げん, 근원)을 선택지 2와 4의 完(かん, 완전)과 구별해서 알아두어요.

어휘 元気だ げんきだ な형건강하다   こども 圀아이   〜たち ~들
みんな 圀모두

9

엘리베이터えれべーたーを 사용해 주세요.

해설 えれべーたー를 가타카나로 올바르게 표기한 것은 3 エレベーター 예요. 1, 2, 4는 없는 단어예요.

어휘 エレベーター 圓엘리베이터　つかう 圄사용하다
　　～てください ~(해) 주세요

10

주먹밥을 가지고もって 왔습니다.

해설 もって는 4 持って로 표기해요. 1은 없는 단어예요.

어휘 持つ もつ 圄가지다, 들다　渡る わたる 圄건너다
　　おにぎり 圓주먹밥　くる 圄오다

11

이 길みち은 매우 넓습니다.

해설 みち는 2 道로 표기해요.

어휘 道みち 圓길　家 いえ 圓집　店 みせ 圓가게　庭 にわ 圓정원
　　この 이　とても 圉매우　ひろい 圓넓다

12

어제 비행기를 탔습니다のりました.

해설 のりました는 4 乗りました로 표기해요. 1, 2, 3은 없는 단어예요.

어휘 乗る のる 圄타다　きのう 어제　ひこうき 圓비행기

실전 테스트 3　　　　　　　　　　　p.62

8 4	9 3	10 3	11 1	12 2

문제2 _____의 말은 어떻게 씁니까? 1·2·3·4에서 가장 알맞은
것을 하나 골라 주세요.

8

느긋하게 쉬어やすんで 주세요.

해설 やすんで는 4 休んで로 표기해요. 1, 2는 없는 단어예요.

어휘 休む やすむ 圄쉬다　読む よむ 圄읽다
　　ゆっくり 圉느긋하게, 천천히　～てください ~(해) 주세요

9

택시たくしー를 타고 왔습니다.

해설 たくしー를 가타카나로 올바르게 표기한 것은 3 タクシー예요. 1,
2, 4는 없는 단어예요.

어휘 タクシー 圓택시　のってくる 타고 오다

10

오늘 시험은 쉬웠やさしかった습니다.

해설 やさしかった는 3 易しかった로 표기해요. 1, 2, 4는 없는 단어예
요.

어휘 易しい やさしい 圓쉽다　きょう 圓오늘　テスト 圓시험, 테스트

11

이 신발은 칠천 엔ななせんえん입니다.

해설 ななせんえん은 1 七千円으로 표기해요.

어휘 七千円 ななせんえん 圓칠천 엔　七万円 ななまんえん 圓칠만 엔
　　五千円 ごせんえん 圓오천 엔　五万円 ごまんえん 圓오만 엔
　　この 이　くつ 圓신발

12

중국은 일본의 서쪽にし에 있습니다.

해설 にし는 2 西로 표기해요.

어휘 西 にし 圓서쪽　東 ひがし 圓동쪽　南 みなみ 圓남쪽
　　北 きた 圓북쪽　ちゅうごく 圓중국　にほん 圓일본　ある 圄있다

실전 테스트 4　　　　　　　　　　　p.63

8 1	9 4	10 3	11 2	12 2

문제2 _____의 말은 어떻게 씁니까? 1·2·3·4에서 가장 알맞은
것을 하나 골라 주세요.

8

그녀는 영어를 잘합じょうず니다.

해설 じょうず는 1 上手로 표기해요.

어휘 上手だ じょうずだ 圉잘하다, 능숙하다
　　下手だ へただ 圉못하다, 서투르다　かのじょ 圓그녀
　　えいご 圓영어

9

그는 지금 의자를 늘어놓고ならべて 있습니다.

해설 ならべて는 4 並べて로 표기해요. 1, 2, 3은 없는 단어예요.

어휘 並べる ならべる 圄늘어놓다　かれ 圓그　いま 圓지금
　　いす 圓의자　～ている ~(하)고 있다

10

아버지에게 넥타이ねくたい를 주었습니다.

해설 ねくたい를 가타카나로 올바르게 표기한 것은 3 ネクタイ예요. 1,

2, 4는 없는 단어예요.

어휘 ネクタイ 몡넥타이　おとうさん 몡아버지　あげる 동주다

11

오늘은 계속 비**あめ**였습니다.

해설 あめ는 2 雨로 표기해요.

어휘 雨 あめ 몡비　雪 ゆき 몡눈　雲 くも 몡구름　きょう 몡오늘
ずっと 튄계속

12

약속 시간을 잊었습니다**わすれました**.

해설 わすれました는 2 忘れました로 표기해요. 1, 3, 4는 없는 단어예요.

어휘 忘れる わすれる 동잊다　やくそく 몡약속　じかん 몡시간

실전 테스트 5　　　　　　　　p.64

| 8 4 | 9 2 | 10 1 | 11 3 | 12 1 |

문제 2 ＿＿＿의 말은 어떻게 씁니까? 1·2·3·4에서 가장 알맞은
것을 하나 골라 주세요.

8

시원한 바람**かぜ**이 불고 있습니다.

해설 かぜ는 4 風로 표기해요. 2는 없는 단어예요.

어휘 風 かぜ 몡바람　すずしい い형시원하다　ふく 동불다
～ている ~(하)고 있다

9

다나카 씨는 손수건**はんかち**을 샀습니다.

해설 はんかち를 가타카나로 올바르게 표기한 것은 2 ハンカチ예요. 1,
3, 4는 없는 단어예요.

어휘 ハンカチ 몡손수건　かう 동사다

10

어제 무엇을 먹었습니다**たべました**까?

해설 たべました는 1 食べました로 표기해요. 2, 3, 4는 없는 단어예요.

어휘 食べる たべる 동먹다　きのう 몡어제　なに 몡무엇

11

매일**まいにち** 신문을 읽고 있습니다.

해설 まいにち는 3 毎日로 표기해요.

어휘 毎日 まいにち 몡매일　毎朝 まいあさ 몡매일 아침

毎晩 まいばん 몡매일 밤　毎週 まいしゅう 몡매주
しんぶん 몡신문　よむ 동읽다　～ている ~(하)고 있다

12

하얀**しろい** 가방을 받았습니다.

해설 しろい는 1 白い로 표기해요. 3은 없는 단어예요.

어휘 白い しろい い형하얗다　高い たかい い형비싸다, 높다
かばん 몡가방　もらう 동받다

실전 테스트 6　　　　　　　　p.65

| 8 2 | 9 1 | 10 3 | 11 2 | 12 4 |

문제 2 ＿＿＿의 말은 어떻게 씁니까? 1·2·3·4에서 가장 알맞은
것을 하나 골라 주세요.

8

아버지**ちち**가 가방을 주었습니다.

해설 ちち는 2 父로 표기해요.

어휘 父 ちち 몡아버지, 아빠　母 はは 몡어머니, 엄마　苺 いちご 몡딸기
かばん 몡가방　くれる 동(나에게) 주다

9

슈퍼가 가까워서 편리**べんり**합니다.

해설 べんり는 1 便利로 표기해요. 2, 3, 4는 없는 단어예요. 便(べん, 편
하다)을 선택지 3과 4의 更(こう, 고치다)와 구별해서 알아두고, 利
(り, 이롭다)를 선택지 2와 4의 制(せい, 절제하다)와 구별해서 알아
두어요.

어휘 便利だ べんりだ な형편리하다　スーパー 몡슈퍼
ちかい い형가깝다

10

에어컨**えあこん**을 켜 주세요.

해설 えあこん을 가타카나로 올바르게 표기한 것은 3 エアコン이에요.
1, 2, 4는 없는 단어예요.

어휘 エアコン 몡에어컨　つける 동켜다　～てください ~(해) 주세요

11

이것은 친구와 본**みた** 영화입니다.

해설 みた는 2 見た로 표기해요. 1, 3, 4는 없는 단어예요.

어휘 見る みる 동보다　これ 몡이것　ともだち 몡친구　えいが 몡영화

12

아이가 태어났습니다うまれました.

해설 うまれました는 4 生まれました로 표기해요. 1, 2, 3은 없는 단어예요.

어휘 生まれる うまれる 图태어나다　こども 图아이

실전 테스트 7　　　　　　　　　　p.66

8 1	**9** 3	**10** 2	**11** 4	**12** 3

문제2 ＿＿＿의 말은 어떻게 씁니까? 1·2·3·4에서 가장 알맞은 것을 하나 골라 주세요.

8

누나로부터 카메라かめら를 빌렸습니다.

해설 かめら를 가타카나로 올바르게 표기한 것은 1 カメラ예요. 2, 3, 4는 없는 단어예요.

어휘 カメラ 图카메라　あね 图누나, 언니　〜から 图~로부터
　　かりる 图빌리다

9

학교가 멀어서 불편ふべん합니다.

해설 ふべん은 3 不便으로 표기해요. 不(ふ, 아니다)를 선택지 1과 4의 木(き, 나무)와 구별해서 알아두고, 便(べん, 편리하다)을 선택지 1과 2의 使(し, 사용하다)와 구별해서 알아두어요.

어휘 不便だ ふべんだ 图불편하다　がっこう 图학교　とおい 图멀다

10

전화번호를 써かいて 주세요.

해설 かいて는 2 書いて로 표기해요. 1, 3, 4는 없는 단어예요.

어휘 書く かく 图쓰다　でんわばんごう 图전화번호
　　〜てください ~(해) 주세요

11

우리 개는 다리あし가 깁니다.

해설 あし는 4 足로 표기해요.

어휘 足 あし 图다리, 발　耳 みみ 图귀　目 め 图눈　鼻 はな 图코
　　うち 图우리, 우리 집　いぬ 图개　ながい 图길다

12

대학에서 친구를 만났습니다あいました.

해설 あいました는 3 会いました로 표기해요. 1, 2, 4는 없는 단어예요.

실전 테스트 8　　　　　　　　　　p.67

8 1	**9** 2	**10** 3	**11** 4	**12** 4

문제2 ＿＿＿의 말은 어떻게 씁니까? 1·2·3·4에서 가장 알맞은 것을 하나 골라 주세요.

8

내일 축구 시합しあい이 있습니다.

해설 しあい는 1 試合로 표기해요. 2, 3, 4는 없는 단어예요. 試(し, 시험하다)를 선택지 3과 4의 式(しき, 방식)와 구별해서 알아두고, 合(あい, 합하다)를 선택지 2와 4의 会(かい, 모임)와 구별해서 알아두어요.

어휘 試合 しあい 图시합　あした 图내일　サッカー 图축구
　　ある 图있다

9

좋아하는 스포츠すぽーつ는 무엇입니까?

해설 すぽーつ를 가타카나로 올바르게 표기한 것은 2 スポーツ예요. 1, 3, 4는 없는 단어예요.

어휘 スポーツ 图스포츠　すきだ 图좋아하다　なん 图무엇

10

꽃はな을 사러 갑니다.

해설 はな는 3 花로 표기해요.

어휘 花 はな 图꽃　傘 かさ 图우산　車 くるま 图차　皿 さら 图접시
　　かう 图사다　〜にいく ~(하)러 가다

11

채소를 잘라きって 주세요.

해설 きって는 4 切って로 표기해요.

어휘 切る きる 图자르다　買う かう 图사다　渡る わたる 图건너다
　　洗う あらう 图씻다　やさい 图채소　〜てください ~(해) 주세요

12

저는 요리가 서툽へた니다.

해설 へた는 4 下手로 표기해요. 1, 3은 없는 단어예요.

어휘 下手だ へただ 图서투르다, 못하다　上手だ じょうずだ 图잘하다
　　わたし 图저, 나　りょうり 图요리

문제 3 문맥 규정

출제 형태 및 문제 풀이 Step　　　　　　　　p.68

오늘은 어머니의 생일이므로, (　　　　) 를 썼습니다.

1 연필　　　　　　　　　　2 돈
3 사진　　　　　　　　　　**4 편지**

어휘 きょう 圏오늘　おかあさん 圏어머니　たんじょうび 圏생일
　　～ので～므로　かく 图쓰다　えんぴつ 圏연필　おかね 圏돈
　　しゃしん 圏사진　てがみ 圏편지

실전 테스트 1　　　　　　　　　　　　　p.72

| **13** 2 | **14** 1 | **15** 3 | **16** 4 | **17** 1 |
| **18** 3 | | | | |

문제 3 (　　　　)에 무엇이 들어갑니까? 1·2·3·4에서 가장 알맞
　　　은 것을 하나 골라 주세요.

13

저는 역 앞의 (　　　　) 에서 책을 빌렸습니다.

1 회사　　　　　　　　　**2 도서관**
3 공원　　　　　　　　　4 서점

해설 선택지가 모두 명사예요. 빈칸 뒤의 내용과 함께 쓸 때 としょかんで
　　ほんをかりました(도서관에서 책을 빌렸습니다)라는 문맥이 가장
　　자연스러우므로 2 としょかん(도서관)이 정답이에요. 1은 かいしゃ
　　ではたらく(회사에서 일하다), 3은 こうえんでさんぽする(공원에
　　서 산책하다), 4는 ほんやでほんをかう(서점에서 책을 사다)와 같
　　이 자주 쓰여요.

어휘 わたし 圏저, 나　えきまえ 圏역 앞　ほん 圏책　かりる 图빌리다
　　かいしゃ 圏회사　としょかん 圏도서관　こうえん 圏공원
　　ほんや 圏서점

14

봄에는 예쁜 꽃이 많이 (　　　　).

1 핍니다　　　　　　　　2 둡니다
3 탑니다　　　　　　　　　4 봅니다

해설 선택지가 모두 동사예요. 빈칸 앞의 내용과 함께 쓸 때 はながたく
　　さんさきます(꽃이 많이 핍니다)라는 문맥이 가장 자연스러우므로
　　1 さきます(핍니다)가 정답이에요. 2는 にもつをおく(짐을 두다),
　　3은 バスにのる(버스를 타다), 4는 テレビをみる(텔레비전을 보
　　다)와 같이 자주 쓰여요.

어휘 はる 圏봄　きれいだ 圏예쁘다　はな 圏꽃　たくさん 凰많이
　　さく (꽃이) 피다　おく 图두다　のる 图타다　みる 图보다

15

저녁 때입니다만, 밖이 아직 (　　　　) 때문에 전등은 켜지 않습니다.

1 시끄럽기　　　　　　　　2 바쁘기
3 밝기　　　　　　　　　4 어둡기

해설 선택지가 모두 い형용사예요. 빈칸 뒤의 내용과 함께 쓸 때 あかる
　　いのででんきはつけません(밝기 때문에 전등은 켜지 않습니다)이
　　라는 문맥이 가장 자연스러우므로 3 あかるい(밝기)가 정답이에요.
　　빈칸 바로 앞의 そとがまだ(밖이 아직)만 보고 4 くらい(어둡기)를
　　정답으로 선택하지 않도록 주의해요. 1은 テレビの音がうるさいの
　　でテレビを消す(텔레비전의 소리가 시끄럽기 때문에 텔레비전을
　　끄다), 2는 仕事がいそがしいのでつかれる(일이 바쁘기 때문에
　　지친다), 4는 部屋がくらいのででんきをつける(방이 어둡기 때문
　　에 전등을 켜다)와 같이 자주 쓰여요.

어휘 ゆうがた 圏저녁때　そと 圏밖　まだ 凰아직　～ので 圏～때문에
　　でんき 圏전등, 전기　つける 图켜다　うるさい 圏시끄럽다
　　いそがしい 圏바쁘다　あかるい 圏밝다　くらい 圏어둡다

16

내일은 저의 생일 (　　　　) 니까, 와 주세요.

1 여행　　　　　　　　　　2 휴일
3 반　　　　　　　　　　　**4 파티**

해설 선택지가 모두 명사예요. 빈칸 앞의 내용과 함께 쓸 때 たんじょう
　　びパーティー(생일 파티)라는 문맥이 가장 자연스러우므로 4 パー
　　ティー(파티)가 정답이에요. 1은 家族りょこう(가족 여행), 2는 夏
　　やすみ(여름 방학), 3은 午前クラス(오전반)와 같이 자주 쓰여요.

어휘 あした 圏내일　わたし 圏저, 나　たんじょうび 圏생일
　　～から 圏～니까　くる 图오다　～てください ～(해) 주세요
　　りょこう 圏여행　やすみ 圏휴일　クラス 圏반, 학급
　　パーティー 圏파티

17

다나카 씨의 집에는 자동차가 3 (　　　　) 있습니다.

1 대　　　　　　　　　　2 장
3 번　　　　　　　　　　　4 자루

해설 선택지가 모두 수를 세는 단위예요. 빈칸 앞에서 언급한 くるま(자동
　　차)를 세는 단위로는 だい(대)를 사용하는 것이 가장 적절하므로 1
　　だい(대)가 정답이에요. 2는 종이, 3은 번호, 4는 연필이나 꽃과 같
　　이 가늘고 긴 것을 셀 때 사용하는 단위예요.

어휘 いえ 圏집　くるま 圏자동차　ある 图있다　～だい ～대
　　～まい ～장　～ばん ～번　～ほん ～자루, 송이

18

오늘은 (　　　　) 감사했습니다.

1 부디　　　　　　　　　　2 어떻습니까
3 정말　　　　　　　　　4 잘

해설 선택지가 모두 부사예요. 제시문 전체를 보았을 때 きょうはどうも ありがとうございました(오늘은 정말 감사했습니다)라는 문맥이 가장 자연스러우므로 3 どうも(정말)가 정답이에요. 1은 상대방에게 공손하게 무언가를 권할 때, 2는 상대방의 기분이나 상태를 물어볼 때, 4는 잘 부탁한다는 말을 할 때 주로 쓰여요.

어휘 きょう 圀오늘　どうぞ 凬부디　いかが 凬어떻습니까, 어떻게
　　　どうも 凬정말, 참　よろしく 凬잘

실전 테스트 2　　　　　　　　　　　　　　　　p.73

13 3	**14** 2	**15** 4	**16** 1	**17** 3
18 4				

문제3 (　　　)에 무엇이 들어갑니까? 1·2·3·4에서 가장 알맞은 것을 하나 골라 주세요.

13

저는 미국의 대학에 (　　　) 했습니다.

1 결혼　　　　　　　　　　　2 요리
3 유학　　　　　　　　　　4 쇼핑

해설 선택지가 모두 명사예요. 빈칸 앞의 내용과 함께 쓸 때 アメリカのだいがくにりゅうがく(미국의 대학에 유학)라는 문맥이 가장 자연스러우므로 3 りゅうがく(유학)가 정답이에요. 1은 彼とけっこんする(그와 결혼하다), 2는 魚をりょうりする(생선을 요리하다), 4는 デパートでかいものする(백화점에서 쇼핑하다)와 같이 자주 쓰여요.

어휘 わたし 圀저, 나　アメリカ 圀미국　だいがく 圀대학　する 圄하다
　　　けっこん 圀결혼　りょうり 圀요리　りゅうがく 圀유학
　　　かいもの 圀쇼핑

14

교과서의 17 (　　　) 에 있는 개 그림을 봐 주세요.

1 미터　　　　　　　　　　　**2 페이지**
3 권　　　　　　　　　　　　4 장

해설 선택지가 모두 수를 세는 단위예요. 빈칸 앞, 뒤의 내용과 함께 쓸 때 テキストの17ページにあるいぬのえ(교과서의 17페이지에 있는 개 그림)라는 문맥이 가장 자연스러우므로 2 ページ(페이지)가 정답이에요. 빈칸 앞의 テキスト(교과서)만 보고 3 さつ(권)를 정답으로 고르지 않도록 주의해요. 1은 길이, 3은 책, 4는 종이를 셀 때 사용하는 단위예요.

어휘 テキスト 圀교과서　ある 圄있다　いぬ 圀개　え 圀그림
　　　みる 圄보다　～てください ~(해) 주세요　～メートル ~미터
　　　～ページ ~페이지　～さつ ~권　～まい ~장

15

이것은 모리 씨의 책이니까, 그에게 (　　　) 주세요.

1 늘어놓아　　　　　　　　　2 팔아
3 기억해　　　　　　　　　　**4 되돌려**

해설 선택지가 모두 동사예요. 문장 전체를 보았을 때 これはもりさんのほんですから、かれにかえしてください(이것은 모리 씨의 책이니까, 그에게 되돌려 주세요)라는 문맥이 가장 자연스러우므로 4 かえして(되돌려)가 정답이에요. 1은 テーブルにならべる(테이블에 늘어놓다), 2는 スーパーでうる(슈퍼에서 팔다), 3은 なまえをおぼえる(이름을 기억하다)와 같이 자주 쓰여요.

어휘 これ 圀이것　ほん 圀책　～から 졠~니까　かれ 圀그
　　　～てください ~(해) 주세요　ならべる 圄늘어놓다　うる 圄팔다
　　　おぼえる 圄기억하다, 외우다　かえす 圄되돌리다, 돌려주다

16

주말은 자주 집에서 (　　　) 을 봅니다.

1 텔레비전　　　　　　　　2 라디오
3 난로　　　　　　　　　　　4 카메라

해설 선택지가 모두 명사예요. 빈칸 뒤의 내용과 함께 쓸 때 テレビをみます(텔레비전을 봅니다)라는 문맥이 가장 자연스러우므로 1 テレビ(텔레비전)가 정답이에요. 2는 ラジオをきく(라디오를 듣다), 3은 ストーブをつける(난로를 켜다), 4는 カメラでとる(카메라로 찍다)와 같이 자주 쓰여요.

어휘 しゅうまつ 圀주말　よく 凬자주, 잘　いえ 圀집　みる 圄보다
　　　テレビ 圀텔레비전　ラジオ 圀라디오　ストーブ 圀난로
　　　カメラ 圀카메라

17

방에 아무도 없어서 매우 (　　　) 합니다.

1 간단　　　　　　　　　　　2 잘
3 조용　　　　　　　　　　4 건강

해설 선택지가 모두 な형용사예요. 빈칸 앞의 내용과 함께 쓸 때 だれもいなくてとてもしずか(아무도 없어서 매우 조용)라는 문맥이 가장 자연스러우므로 3 しずか(조용)가 정답이에요. 1은 この問題はかんたんだ(이 문제는 간단하다), 2는 父はりょうりがじょうずだ(아버지는 요리를 잘한다), 4는 こどもはげんきだ(아이는 건강하다)와 같이 자주 쓰여요.

어휘 へや 圀방　だれ 누구　いる 圄있다　とても 凬매우
　　　かんたんだ 뎐형간단하다　じょうずだ 뎐형잘하다
　　　しずかだ 뎐형조용하다　げんきだ 뎐형건강하다

18

테이블 위에 (　　　) 을 두었습니다.

1 생선　　　　　　　　　2 수박
3 사과　　　　　　　　　**4 계란**

해설 제시된 문장의 빈칸에는 테이블 위에(テーブルのうえに) 있는 물건이 들어가야 해요. 그림을 보면 테이블 위에는 계란이 있어요. 따라서 4 たまご(계란)가 정답이에요.

어휘 テーブル 圏테이블　うえ 圏위　おく 图두다　さかな 圏생선
すいか 圏수박　りんご 圏사과　たまご 圏계란

실전 테스트 3　　　　　　　　　　　p.74

13 4	14 1	15 3	16 4	17 1
18 2				

문제 3 (　　　)에 무엇이 들어갑니까? 1·2·3·4에서 가장 알맞은 것을 하나 골라 주세요.

13

길을 모를 때는 (　　　) 를 봅니다.

1 사진　　　　　　　　　2 사전
3 편지　　　　　　　　　**4 지도**

해설 선택지가 모두 명사예요. 문장 전체를 보았을 때 みちがわからないときはちずをみます(길을 모를 때는 지도를 봅니다)라는 문맥이 가장 자연스러우므로 4 ちず(지도)가 정답이에요. 1은 家族としゃしんをとる(가족과 사진을 찍다), 2는 ことばのいみはじしょでさがす(말의 의미는 사전에서 찾는다), 3은 友だちにてがみを書く(친구에게 편지를 쓰다)와 같이 자주 쓰여요.

어휘 みち 圏길　わかる 图알다, 이해하다　とき 圏때　みる 图보다
しゃしん 圏사진　じしょ 圏사전　てがみ 圏편지　ちず 圏지도

14

사람이 모두 (　　　) 후, 전철 안을 청소합니다.

1 내린　　　　　　　　2 탄
3 앉은　　　　　　　　　4 걸은

해설 선택지가 모두 동사예요. 문장 전체를 보았을 때 ひとがみんなおりたあと、でんしゃのなかをそうじします(사람이 모두 내린 후, 전철 안을 청소합니다)라는 문맥이 가장 자연스러우므로 1 おりた(내린)가 정답이에요. 빈칸 바로 앞의 ひとがみんな(사람이 모두)와 빈

칸 바로 뒤의 あと(후)만 보고 2 のった(탄), 3 すわった(앉은)를 정답으로 선택하지 않도록 주의해요. 2는 バスにのる(버스를 타다), 3은 いすにすわる(의자에 앉다), 4는 みちをあるく(길을 걷다)와 같이 자주 쓰여요.

어휘 ひと 圏사람　みんな 圏모두　あと 圏후　でんしゃ 圏전철
なか 圏안, 속　そうじ 圏청소　する 图하다　おりる 图내리다
のる 图타다　すわる 图앉다　あるく 图걷다

15

다카하시 씨의 집에는 고양이가 5 (　　　) 있습니다.

1 송이　　　　　　　　　2 잔
3 마리　　　　　　　　4 명

해설 선택지가 모두 수를 세는 단위예요. 빈칸 앞에서 언급한 ねこ(고양이)를 세는 단위로는 ひき(마리)를 사용하는 것이 가장 적절하므로 3 ひき(마리)가 정답이에요. 1은 꽃이나 연필과 같이 가늘고 긴 물건, 2는 컵에 담긴 것, 4는 사람을 셀 때 사용하는 단위예요.

어휘 いえ 圏집　ねこ 圏고양이　いる 图있다　～ほん ~송이, 자루
～はい ~잔　～ひき ~마리　～にん ~명

16

다음 주도 (　　　) 놀러 갑시다.

1 그다지　　　　　　　　2 점점
3 매우　　　　　　　　　**4 또**

해설 선택지가 모두 부사예요. 문장 전체를 보았을 때 らいしゅうもまたあそびにいきましょう(다음 주도 또 놀러 갑시다)라는 문맥이 가장 자연스러우므로 4 また(또)가 정답이에요. 1은 今はあまりあつくない(지금은 그다지 덥지 않다), 2는 天気がだんだんよくなる(날씨가 점점 좋아지다), 3은 今日はとてもさむい(오늘은 매우 춥다)와 같이 자주 쓰여요.

어휘 らいしゅう 圏다음 주　あそぶ 图놀다　～にいく ~(하)러 가다
あまり 튄그다지　だんだん 튄점점　とても 튄매우　また 튄또

17

배가 너무 아파서, 지금부터 (　　　) 에 갑니다.

1 병원　　　　　　　　2 영화관
3 아파트　　　　　　　　4 레스토랑

해설 선택지가 모두 명사예요. 빈칸 앞의 내용과 함께 쓸 때 おなかがとてもいたいので、いまからびょういん(배가 너무 아파서, 지금부터 병원)이라는 문맥이 가장 자연스러우므로 1 びょういん(병원)이 정답이에요. 2는 えいがを見にえいがかんに行く(영화를 보러 영화관에 가다), 3은 アパートにすんでいる(아파트에 살고 있다), 4는 おなかがすいたのでレストランに行く(배가 고프기 때문에 레스토랑에 가다)와 같이 자주 쓰여요.

어휘 おなか 圏배　とても 튄너무, 매우　いたい い형아프다
～ので 图~(해)서　いま 圏지금　～から 图~부터　いく 图가다
びょういん 圏병원　えいがかん 圏영화관　アパート 圏아파트
レストラン 圏레스토랑

18

이것은 (　　　　) 때문에, 매우 위험합니다.

1 차갑기	**2 뜨겁기**
3 무겁기	4 빠르기

해설 제시된 그림은 끓고 있는 주전자예요. 그림에 따라 제시된 문장을 보면 これはあついので、とてもあぶないです(이것은 뜨겁기 때문에, 매우 위험합니다)라는 문맥이 가장 적절하므로 2 あつい(뜨겁다)가 정답이에요.

어휘 これ 몡이것　～ので 조～때문에　とても 뷔매우
あぶない 이형위험하다　つめたい 이형차갑다　あつい 이형뜨겁다
おもい 이형무겁다　はやい 이형빠르다

실전 테스트 4　　　　　　　　　　　p.75

13 2	**14** 1	**15** 4	**16** 3	**17** 1
18 2				

문제3 (　　　　)에 무엇이 들어갑니까? 1·2·3·4에서 가장 알맞은 것을 하나 골라 주세요.

13

2년 전에 (　　　　) 해서, 지금은 아이가 한 명 있습니다.

1 공부	**2 결혼**
3 일	4 세탁

해설 선택지가 모두 명사예요. 문장 전체를 보았을 때 2ねんまえにけっこんして、いまはこどもがひとりいます(2년 전에 결혼해서, 지금은 아이가 한 명 있습니다)라는 문맥이 가장 자연스러우므로 2 けっこん(결혼)이 정답이에요. 1은 まじめにべんきょうして大学に入った(성실하게 공부해서 대학에 들어갔다), 3은 しごとをしてつかれた(일을 해서 지쳤다), 4는 せんたくをしてきれいになった(세탁을 해서 깨끗해졌다)와 같이 자주 쓰여요.

어휘 ～ねん 몡～년　まえ 몡전　する 됭하다　いま 몡지금
こども 몡아이　ひとり 몡한 명　いる 됭있다　べんきょう 몡공부
けっこん 몡결혼　しごと 몡일　せんたく 몡세탁

14

지난주는 주말도 일했기 때문에, 매우 (　　　　).

1 지쳤습니다	2 잊었습니다
3 근무했습니다	4 가르쳤습니다

해설 선택지가 모두 동사예요. 빈칸 앞의 내용과 함께 쓸 때 しゅうまつもはたらいたので、とてもつかれました(주말도 일했기 때문에, 매우 지쳤습니다)라는 문장이 가장 자연스러우므로 1 つかれました(지쳤습니다)가 정답이에요. 2는 しゅくだいをわすれる(숙제를 잊다), 3은 ぎんこうにつとめる(은행에 근무하다), 4는 英語をおしえる(영어를 가르치다)와 같이 자주 쓰여요.

어휘 せんしゅう 몡지난주　しゅうまつ 몡주말　はたらく 됭일하다
～ので 조～때문에　とても 뷔매우　つかれる 됭지치다
わすれる 됭잊다　つとめる 됭근무하다　おしえる 됭가르치다

15

다나카 씨는 매일 아침 3 (　　　　) 를 뛰고 있습니다.

1 권	2 잔
3 그램	**4 킬로**

해설 선택지가 모두 수를 세는 단위예요. 빈칸 앞, 뒤의 내용과 함께 쓸 때 3キロをはしっています(3킬로를 뛰고 있습니다)라는 문맥이 가장 자연스러우므로 거리를 셀 때 사용하는 4 キロ(킬로)가 정답이에요. 1은 책, 2는 컵에 담긴 것, 3은 무게를 셀 때 사용하는 단위예요.

어휘 まいあさ 몡매일 아침　はしる 됭뛰다　～ている ~(하)고 있다
～さつ ~권　～はい ~잔　～グラム ~그램　～キロ ~킬로(미터)

16

추우니까, (　　　　) 을 닫아 주세요.

1 난로	2 에어컨
3 문	4 버튼

해설 선택지가 모두 명사예요. 문장 전체를 보았을 때 さむいですから、ドアをしめてください(추우니까, 문을 닫아 주세요)라는 문맥이 가장 자연스러우므로 3 ドア(문)가 정답이에요. 빈칸 바로 앞의 さむいですから(추우니까)만 보고 1 ストーブ(난로)를 정답으로 선택하지 않도록 주의해요. 1은 ストーブをつける(난로를 켜다), 2는 エアコンをつける(에어컨을 켜다), 4는 ボタンをおす(버튼을 누르다)와 같이 자주 쓰여요.

어휘 さむい 이형춥다　～から 조～니까　しめる 됭닫다
～てください ~(해) 주세요　ストーブ 몡난로　エアコン 몡에어컨
ドア 몡문　ボタン 몡버튼

17

저는 (　　　　) 색의 옷을 좋아합니다.

1 연한	2 가는
3 좁은	4 맛이 없는

해설 선택지가 모두 い형용사예요. 빈칸 뒤의 내용과 함께 쓸 때 うすいいろ(연한 색)라는 문맥이 가장 자연스러우므로 1 うすい(연한)가 정답이에요. 2는 ほそいかみ(가는 머리카락), 3은 せまい部屋(좁은 방), 4는 まずい料理(맛이 없는 요리)와 같이 자주 쓰여요.

어휘 わたし 몡저, 나　いろ 몡색　ふく 몡옷　すきだ 나형좋아하다
うすい 이형연하다　ほそい 이형가늘다, 폭이 좁다　せまい 이형좁다
まずい 이형맛이 없다

18

길을 몰랐기 때문에, ( ) 에서 경관에게 물었습니다.	
1 가게	**2 파출소**
3 회사	4 병원

해설 선택지가 모두 명사예요. 빈칸 뒤의 내용과 함께 쓸 때 こうばんで けいかんにききました(파출소에서 경관에게 물었습니다)라는 문맥이 가장 자연스러우므로 2 こうばん(파출소)이 정답이에요. 1은 みせ でかいものする(가게에서 쇼핑하다), 3은 かいしゃではたらく(회사에서 일하다), 4는 びょういんで薬をもらう(병원에서 약을 받다) 와 같이 자주 쓰여요.

어휘 みち 명길　わかる 동알다, 이해하다　～ので 조～때문에
けいかん 명경관, 경찰관　きく 동묻다　みせ 명가게
こうばん 명파출소　かいしゃ 명회사　びょういん 명병원

실전 테스트 5　　　　　　　　　p.76

13 1	**14** 3	**15** 3	**16** 2	**17** 4
18 4				

문제3 ( )에 무엇이 들어갑니까? 1·2·3·4에서 가장 알맞 은 것을 하나 골라 주세요.

13

누나는 ( ) 을 하고 있어서, 학교에서 영어를 가르치고 있습 니다.	
1 선생님	2 아이
3 학생	4 어른

해설 선택지가 모두 명사예요. 빈칸 뒤의 내용과 함께 쓸 때 せんせいを していて、がっこうでえいごをおしえています(선생님을 하고 있 어서, 학교에서 영어를 가르치고 있습니다)라는 문맥이 가장 자연스 러우므로 1 せんせい(선생님)가 정답이에요. 2는 こどもがうまれ る(아이가 태어나다), 3은 がくせいがべんきょうをする(학생이 공 부를 하다), 4는 おとなになる(어른이 되다)와 같이 자주 쓰여요.

어휘 あね 명누나, 언니　する 동하다　～ている ～(하)고 있다
がっこう 명학교　えいご 명영어　おしえる 동가르치다
せんせい 명선생(님)　こども 명아이　がくせい 명학생
おとな 명어른

14

밥을 먹은 후, 이를 ( ) 주세요.	
1 넣어	2 늘어놓아
3 닦아	4 꺼

해설 선택지가 모두 동사예요. 빈칸 앞의 내용과 함께 쓸 때 はをみがい て(이를 닦아)라는 문맥이 가장 자연스러우므로 3 みがいて(닦아)

가 정답이에요. 1은 はこにいれる(상자에 넣다), 2는 皿をならべる (접시를 늘어놓다), 4는 電気をけす(전등을 끄다)와 같이 자주 쓰여 요.

어휘 ごはん 명밥　たべる 동먹다　あと 명후, 뒤　は 명이, 이빨
～てください ～(해) 주세요　いれる 동넣다　ならべる 동늘어놓다
みがく 동(문질러) 닦다　けす 동끄다, 지우다

15

일본어 수업은 5 ( ) 의 교실에서 합니다.	
1 장	2 대
3 층	4 잔

해설 선택지가 모두 수를 세는 단위예요. 빈칸 앞, 뒤의 내용과 함께 쓸 때 5かいのきょうしつでします(5층의 교실에서 합니다)라는 문맥이 가장 자연스러우므로 3 かい(층)가 정답이에요. 1은 종이, 2는 자동 차, 4는 컵에 담긴 것을 셀 때 사용하는 단위예요.

어휘 にほんご 명일본어　じゅぎょう 명수업　きょうしつ 명교실
する 동하다　～まい ~장　～だい ~대　～かい ~층　～はい ~잔

16

이 ( ) 으로 이름을 써 주세요.	
1 노트	**2 펜**
3 나이프	4 테이프

해설 선택지가 모두 명사예요. 빈칸 뒤의 내용과 함께 쓸 때 ペンでなまえ をかいて(펜으로 이름을 써)라는 문맥이 가장 자연스러우므로 2 ペン (펜)이 정답이에요. 1은 テキストを読む(교재를 읽다), 3은 ナイフ で切る(나이프로 자르다), 4는 テープを切る(테이프를 끊다)와 같 이 자주 쓰여요.

어휘 この 이　なまえ 명이름　かく 동쓰다　～てください ~(해) 주세요
テキスト 명교재　ペン 명펜　ナイフ 명나이프　テープ 명테이프

17

그는 ( ) 한 사람이니까, 누구라도 그를 알고 있습니다.	
1 간단	2 편리
3 힘듦	**4 유명**

해설 선택지가 모두 な형용사예요. 문장 전체를 보았을 때 かれはゆうめ いなひとだから、だれでもかれをしっています(그는 유명한 사람 이니까, 누구라도 그를 알고 있습니다)라는 문맥이 가장 자연스러우 므로 4 ゆうめい(유명)가 정답이에요. 1은 かんたんな問題(간단한 문제), 2는 べんりなところ(편리한 곳), 3은 たいへんな仕事(힘든 일)와 같이 자주 쓰여요.

어휘 かれ 명그　ひと 명사람　～から 조~니까　だれ 명누구
～でも 조~라도　しる 동알다　～ている ~(하)고 있다
かんたんだ な형간단하다　べんりだ な형편리하다
たいへんだ な형힘들다　ゆうめいだ な형유명하다

18

( ) 를 타고 하늘을 나는 것은 즐겁습니다.
1 버스
2 택시
3 전철
4 비행기

해설 선택지가 모두 명사예요. 빈칸 뒤의 내용과 함께 쓸 때 ひこうきにのっ
てそらをとぶこと(비행기를 타고 하늘을 나는 것)라는 문맥이 가장 자
연스러우므로 4 ひこうき(비행기)가 정답이에요. 1은 バスにのって学
校に行く(버스를 타고 학교에 가다), 2는 タクシーを呼ぶ(택시를 부
르다), 3은 でんしゃをのりかえる(전철을 갈아타다)와 같이 자주 쓰
여요.

어휘 のる 동 타다 そら 명 하늘 とぶ 동 날다 こと 명 것
たのしい い형 즐겁다 バス 명 버스 タクシー 명 택시
でんしゃ 명 전철 ひこうき 명 비행기

실전 테스트 6   p.77

13 1	14 4	15 3	16 4	17 2
18 1				

문제 3 ( )에 무엇이 들어갑니까? 1·2·3·4에서 가장 알맞은 것을 하나 골라 주세요.

13

( ) 를 가지고 있지 않기 때문에, 안에 들어갈 수 없습니다.
1 열쇠
2 상자
3 다리
4 의자

해설 선택지가 모두 명사예요. 문장 전체를 보았을 때 かぎをもっていな
いので、なかにはいることができません(열쇠를 가지고 있지 않
기 때문에, 안에 들어갈 수 없습니다)이라는 문맥이 가장 자연스러우
므로 1 かぎ(열쇠)가 정답이에요. 2는 はこににもつを入れる(상자
에 짐을 넣다), 3은 はしをわたる(다리를 건너다), 4는 いすにすわ
る(의자에 앉다)와 같이 자주 쓰여요.

어휘 もつ 동 가지다, 들다 〜ている ~(하)고 있다 〜ので 조 ~때문에
なか 명 안, 속 はいる 동 들어가다 〜ことができる ~(할) 수 있다
かぎ 명 열쇠 はこ 명 상자 はし 명 다리 いす 명 의자

14

여름은 덥기 때문에 매일 모자를 ( ) 외출하고 있습니다.
1 입고
2 신고
3 달고
4 쓰고

해설 선택지가 모두 동사예요. 빈칸 앞의 내용과 함께 쓸 때 ぼうしをかぶっ
て(모자를 쓰고)라는 문맥이 가장 자연스러우므로 4 かぶって(쓰고)가
정답이에요. 1은 シャツをきる(셔츠를 입다), 2는 くつをはく(구두를
신다), 3은 ボタンをつける(단추를 달다)와 같이 자주 쓰여요.

어휘 なつ 명 여름 あつい い형 덥다 〜ので 조 ~때문에
まいにち 명 매일 ぼうし 명 모자 でかける 동 외출하다
〜ている ~(하)고 있다 きる 동 (상의를) 입다
はく 동 (신발) 신다, (하의를) 입다 つける 동 달다, 붙이다
かぶる 동 (모자를) 쓰다

15

백화점에서 귀여운 우산을 3 ( ) 사 왔습니다.
1 킬로
2 그램
3 자루
4 권

해설 선택지가 모두 수를 세는 단위예요. 빈칸 앞에서 언급한 かさ(우산)
를 세는 단위로는 ほん(자루)을 사용하는 것이 가장 적절하므로 3
ぼん(자루)이 정답이에요. 가늘고 긴 것을 세는 단위인 本은 ほん으
로 발음하지만, 앞에 숫자 3이 오면 탁음 ぼん으로 발음하는 것에 주
의해요. 1은 길이 혹은 무게, 2는 무게, 4는 책을 셀 때 사용하는 단위
예요.

어휘 デパート 명 백화점 かわいい い형 귀엽다 かさ 명 우산
かう 동 사다 くる 동 오다 〜キロ ~킬로 〜グラム ~그램
〜ほん ~자루 〜さつ ~권

16

아무도 없는 방의 전등은 ( ) 주세요.
1 두어
2 닫아
3 눌러
4 꺼

해설 선택지가 모두 동사예요. 빈칸 앞의 내용과 함께 쓸 때 でんきはけし
て(전등은 꺼)라는 문맥이 가장 자연스러우므로 4 けして(꺼)가 정
답이에요. 1은 にもつをおく(짐을 두다), 2는 まどをしめる(창문을
닫다), 3은 ボタンをおす(버튼을 누르다)와 같이 자주 쓰여요.

어휘 だれも 아무도 いる 동 있다 へや 명 방 でんき 명 전등, 전기
〜てください ~(해) 주세요 おく 동 두다 しめる 동 닫다
おす 동 누르다 けす 동 끄다

17

의자 위에는 ( ) 가 있습니다.
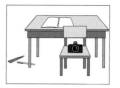
1 공책
2 카메라
3 런치
4 볼펜

해설 제시된 문장의 빈칸에는 의자 위에(いすのうえに) 있는 물건이 들어
가야 해요. 그림을 보면 의자 위에는 카메라가 있어요. 따라서 2 カメ
ラ(카메라)가 정답이에요.

어휘 いす 명 의자 うえ 명 위 ある 동 있다 ノート 명 공책, 노트
カメラ 명 카메라 ランチ 명 런치, 점심 ボールペン 명 볼펜

18

A "선물 감사합니다."
B " (   )."

1 천만에요   2 다녀오겠습니다
3 잘 먹었습니다   4 부탁합니다

해설 선택지가 모두 인사말이에요. 제시문 전체를 보았을 때 A가 プレゼントありがとうございます(선물 감사합니다)라고 말하고 있으므로 B가 どういたしまして(천만에요)라고 말하는 것이 문맥상 가장 자연스러워요. 따라서 1 どういたしまして(천만에요)가 정답이에요. 2는 외출하기 전에, 3은 식사를 마친 후에, 4는 부탁할 때 주로 쓰여요.

어휘 プレゼント 阅선물

실전 테스트 7   p.78

| **13** 2 | **14** 1 | **15** 4 | **16** 1 | **17** 2 |
| **18** 2 | | | | |

문제 3 (   )에 무엇이 들어갑니까? 1·2·3·4에서 가장 알맞은 것을 하나 골라 주세요.

13

똑바로 가서, 다음의 (   ) 를 돌아 주세요.

1 동네   **2 모퉁이**
3 산   4 정원

해설 선택지가 모두 명사예요. 빈칸 뒤의 내용과 함께 쓸 때 かどをまがってください(모퉁이를 돌아 주세요)라는 문맥이 가장 자연스러우므로 2 かど(모퉁이)가 정답이에요. 1은 まちをあるく(동네를 걷다), 3은 やまをのぼる(산을 오르다), 4는 にわに花をうえる(정원에 꽃을 심다)와 같이 자주 쓰여요.

어휘 まっすぐ 囝똑바로, 곧장   いく 图가다   つぎ 阅다음
まがる 图돌다, 방향을 바꾸다   〜てください 〜(해) 주세요
まち 阅동네   かど 阅모퉁이   やま 阅산   にわ 阅정원

14

모르는 말의 의미는 (   ) 에서 찾습니다.

1 사전   2 엽서
3 편지   4 지도

해설 선택지가 모두 명사예요. 문장 전체를 보았을 때 しらないことばのいみはじしょでしらべます(모르는 말의 의미는 사전에서 찾습니다)라는 문맥이 가장 자연스러우므로 1 じしょ(사전)가 정답이에요. 2는 友だちにはがきを送る(친구에게 엽서를 보내다), 3은 先生にてがみを書く(선생님에게 편지를 쓰다), 4는 道が分からなくてちずを見る(길을 몰라서 지도를 보다)와 같이 자주 쓰여요.

어휘 しる 图알다   ことば 阅말   いみ 阅의미

しらべる 图찾다, 조사하다   じしょ 阅사전   はがき 阅엽서
てがみ 阅편지   ちず 阅지도

15

생일 선물로 책을 3 (   ) 받았습니다.

1 그램   2 대
3 미터   **4 권**

해설 선택지가 모두 수를 세는 단위예요. 빈칸 앞에서 언급한 ほん(책)을 세는 단위로는 さつ(권)를 사용하는 것이 가장 적절하므로 4 さつ(권)가 정답이에요. 1은 무게, 2는 자동차, 3은 길이를 셀 때 사용하는 단위예요.

어휘 たんじょうび 阅생일   プレゼント 阅선물   ほん 阅책
もらう 图받다   〜グラム 〜그램   〜だい 〜대   〜メートル 〜미터
〜さつ 〜권

16

여기에서 담배를 (   ) 주세요.

1 피우지 말아   2 걷지 말아
3 나가지 말아   4 마시지 말아

해설 선택지가 모두 동사예요. 빈칸 앞의 내용과 함께 사용할 때 たばこをすわないで(담배를 피우지 말아)라는 문맥이 가장 자연스러우므로 1 すわないで(피우지 말아)가 정답이에요. 2는 エスカレーターをあるかないでください(에스컬레이터를 걷지 말아 주세요), 3은 部屋をでないでください(방을 나가지 말아 주세요), 4는 お酒をのまないでください(술을 마시지 말아 주세요)와 같이 자주 쓰여요.

어휘 ここ 阅여기   たばこ 阅담배   〜ないでください 〜(하)지 말아 주세요
すう 图(담배를) 피우다   あるく 图걷다   でる 图나가다
のむ 图마시다

17

그는 저보다 (   ) 니다만, 벌써 회사의 부장입니다.

1 넓습   **2 어립**
3 서늘합   4 적습

해설 선택지가 모두 い형용사예요. 빈칸 앞의 내용과 함께 쓸 때 かれはわたしよりわかい(그는 저보다 어리다)라는 문맥이 가장 자연스러우므로 2 わかい(어리다)가 정답이에요. 1은 私の部屋よりひろい(내 방보다 넓다), 3은 昨日よりすずしい(어제보다 서늘하다), 4는 去年より仕事がすくない(작년보다 일이 적다)와 같이 자주 쓰여요.

어휘 かれ 阅그   わたし 阅저, 나   〜より 图〜보다   もう 囝벌써
かいしゃ 阅회사   ぶちょう 阅부장   ひろい い형넓다
わかい い형어리다, 젊다   すずしい い형서늘하다
すくない い형적다

좋아하는 가수의 콘서트 (　　　) 이 갖고 싶습니다.

1 테스트　　　　　　　　　2 티켓
3 스위치　　　　　　　　　4 뉴스

해설 선택지가 모두 명사예요. 빈칸 앞, 뒤의 내용과 함께 쓸 때 コンサー
　　 トのチケットがほしいです(콘서트의 티켓이 갖고 싶습니다)라는
　　 문맥이 가장 자연스러우므로 2 チケット(티켓)가 정답이에요. 1은
　　 英語のテスト(영어 테스트), 3은 電気のスイッチ(전등의 스위치),
　　 4는 今日のニュース(오늘의 뉴스)와 같이 자주 쓰여요.

어휘 すきだ ［な형］좋아하다　かしゅ ［명］가수　コンサート ［명］콘서트
　　 ほしい ［い형］갖고 싶다, 탐나다　テスト ［명］테스트　チケット ［명］티켓
　　 スイッチ ［명］스위치　ニュース ［명］뉴스

실전 테스트 8　　　　　　　　　　　　　　p.79

13 2	14 4	15 1	16 2	17 3
18 4				

문제3 (　　　　)에 무엇이 들어갑니까? 1·2·3·4에서 가장 알맞
　　　 은 것을 하나 골라 주세요.

13

지갑은 옷의 (　　　) 에 있었습니다.

1 손수건　　　　　　　　　2 주머니
3 문　　　　　　　　　　　4 수영장

해설 선택지가 모두 명사예요. 빈칸 앞의 내용과 함께 쓸 때 ふくのポケット
　　 (옷의 주머니)라는 문맥이 가장 자연스러우므로 2 ポケット(주머니)
　　 가 정답이에요. 1은 かわいいハンカチ(귀여운 손수건), 3은 部屋の
　　 ドア(방의 문), 4는 学校のプール(학교의 수영장)와 같이 자주 쓰여요.

어휘 さいふ ［명］지갑　ふく ［명］옷　ある ［동］있다　ハンカチ ［명］손수건
　　 ポケット ［명］주머니　ドア ［명］문　プール ［명］수영장

14

친구가 수업에 오지 않아서 전화를 (　　　).

1 이야기했습니다　　　　　2 불렀습니다
3 받았습니다　　　　　　　4 걸었습니다

해설 선택지가 모두 동사예요. 빈칸 앞의 내용과 함께 쓸 때 でんわをか
　　 けました(전화를 걸었습니다)라는 문맥이 가장 자연스러우므로 4
　　 かけました(걸었습니다)가 정답이에요. 1은 ともだちとはなす(친
　　 구와 이야기하다), 2는 タクシーをよぶ(택시를 부르다), 3은 プレ
　　 ゼントをもらう(선물을 받다)와 같이 자주 쓰여요.

어휘 ともだち ［명］친구　じゅぎょう ［명］수업　くる ［동］오다　でんわ ［명］전화
　　 はなす ［동］이야기하다　よぶ ［동］부르다　もらう ［동］받다
　　 かける ［동］걸다

15

요시다 씨는 주에 3 (　　　) 운동하고 있습니다.

1 회　　　　　　　　　　　2 장
3 대　　　　　　　　　　　4 개

해설 선택지가 모두 수를 세는 단위예요. 빈칸 앞, 뒤의 내용과 함께 쓸 때
　　 しゅうに3かいうんどう(주에 3회 운동)라는 문장이 가장 자연스러
　　 우므로 횟수를 셀 때 사용하는 1 かい(회)가 정답이에요. 2는 종이,
　　 3은 자동차, 4는 물건의 개수를 셀 때 사용하는 단위예요.

어휘 しゅう ［명］주　うんどう ［명］운동　する ［동］하다　～ている ~(하)고 있다
　　 ～かい ~회　～まい ~장　～だい ~대　～こ ~개

16

어제는 마쓰무라 씨와 (　　　) 를 마셨습니다.

1 소바　　　　　　　　　　2 홍차
3 라멘　　　　　　　　　　4 케이크

해설 선택지가 모두 명사예요. 빈칸 뒤의 내용과 함께 쓸 때 こうちゃをの
　　 みました(홍차를 마셨습니다)라는 문맥이 가장 자연스러우므로 2 こ
　　 うちゃ(홍차)가 정답이에요. 1은 そばをたべる(소바를 먹다), 3은
　　 ラーメンをたべる(라멘을 먹다), 4는 ケーキをつくる(케이크를 만
　　 들다)와 같이 자주 쓰여요.

어휘 きのう ［명］어제　のむ ［동］마시다　そば ［명］소바　こうちゃ ［명］홍차
　　 ラーメン ［명］라멘　ケーキ ［명］케이크

17

친구가 오니까, 집 안을 (　　　) 하게 했습니다.

1 힘들　　　　　　　　　　2 좋아
3 깨끗　　　　　　　　　　4 잘

해설 선택지가 모두 な형용사예요. 빈칸 앞, 뒤의 내용과 함께 쓸 때 いえの
　　 なかをきれいにしました(집 안을 깨끗하게 했습니다)라는 문맥이
　　 가장 자연스러우므로 3 きれい(깨끗)가 정답이에요. 1은 たいへん
　　 な仕事(힘든 일), 2는 ラーメンがすきになる(라멘이 좋아지다), 4는
　　 英語がじょうずになる(영어를 잘하게 되다)와 같이 자주 쓰여요.

어휘 ともだち ［명］친구　くる ［동］오다　～ので ［조］~니까　いえ ［명］집
　　 なか ［명］안, 속　～にする ~(하)게 하다　たいへんだ ［な형］힘들다
　　 すきだ ［な형］좋아하다　きれいだ ［な형］깨끗하다　じょうずだ ［な형］잘하다

18

오늘은 (　　　　) 가 내리고 있습니다.

1 구름　　　　　　　　　　2 맑음
3 눈　　　　　　　　　　　4 비

해설 제시된 그림은 비가 내리고 있는 그림이에요. 그림에 따라 제시된 문장을 보면 きょうはあめがふっています(오늘은 비가 내리고 있습니다)라는 문맥이 가장 적절하므로 4 あめ(비)가 정답이에요.

어휘 きょう 圏 오늘   ふる 图 내리다   ~ている ~(하)고 있다   くも 圏 구름
はれ 圏 맑음   ゆき 圏 눈   あめ 圏 비

 문제 4 유의 표현

출제 형태 및 문제 풀이 Step   p.80

우리 집은 부엌이 넓습니다.
1 우리 집은 몸을 씻는 곳이 넓습니다.
2 우리 집은 밥을 만드는 곳이 넓습니다.
3 우리 집은 자는 곳이 넓습니다.
4 우리 집은 책을 읽는 곳이 넓습니다.

어휘 うち 圏 우리 집, 집   だいどころ 圏 부엌   ひろい い형 넓다
からだ 圏 몸   あらう 图 씻다   ところ 圏 곳   ごはん 圏 밥
つくる 图 만들다   ねる 图 자다   ほん 圏 책   よむ 图 읽다

실전 테스트 1   p.84

19 2   **20** 1   **21** 3

문제 4 _____의 문장과 대체로 같은 의미의 문장이 있습니다.
1·2·3·4에서 가장 알맞은 것을 하나 골라 주세요.

19

모리 씨는 선생님입니다.
1 모리 씨는 가게에서 물건을 팝니다.
2 모리 씨는 학교에서 수업을 합니다.
3 모리 씨는 가게에서 밥을 만듭니다.
4 모리 씨는 학교에서 수업을 듣습니다.

해설 제시문에 사용된 せんせいです가 '선생님입니다'라는 의미이므로, 이와 의미가 유사한 がっこうでじゅぎょうをします(학교에서 수업을 합니다)를 사용한 2 もりさんはがっこうでじゅぎょうをします (모리 씨는 학교에서 수업을 합니다)가 정답이에요.

어휘 せんせい 圏 선생님   みせ 圏 가게   もの 圏 물건   うる 图 팔다
がっこう 圏 학교   じゅぎょう 圏 수업   する 图 하다   ごはん 圏 밥
つくる 图 만들다   きく 图 듣다

20

저기에 채소를 팔고 있는 곳이 있습니다.
1 저기에 채소 가게가 있습니다.
2 저기에 꽃 가게가 있습니다.
3 저기에 아파트가 있습니다.
4 저기에 병원이 있습니다.

해설 제시문에 사용된 やさいをうっているところ가 '채소를 팔고 있는 곳'이라는 의미이므로 이와 의미가 유사한 やおや(채소 가게)를 사용한 1 あそこにやおやがあります(저기에 채소 가게가 있습니다)가 정답이에요.

어휘 あそこ 圏 저기   やさい 圏 채소   うる 图 팔다
~ている ~(하)고 있다   ところ 圏 곳   ある 图 있다
やおや 圏 채소 가게   はなや 圏 꽃 가게   アパート 圏 아파트
びょういん 圏 병원

21

오늘은 5일입니다. 모레부터 방학입니다.
1 방학은 3일부터입니다.
2 방학은 6일부터입니다.
3 방학은 7일부터입니다.
4 방학은 4일부터입니다.

해설 제시문 きょうはいつかです。あさってからやすみです(오늘은 5일입니다. 모레부터 방학입니다)와 의미가 가장 비슷한 3 やすみはなのかからです(방학은 7일부터입니다)가 정답이에요.

어휘 きょう 圏 오늘   いつか 圏 5일   あさって 圏 모레   ~から 图 ~부터
やすみ 圏 방학, 휴일   みっか 圏 3일   むいか 圏 6일
なのか 圏 7일   よっか 圏 4일

실전 테스트 2   p.85

19 3   **20** 1   **21** 4

문제 4 _____의 문장과 대체로 같은 의미의 문장이 있습니다.
1·2·3·4에서 가장 알맞은 것을 하나 골라 주세요.

19

찻집에서 일하고 있습니다.
1 찻집에서 식사를 하고 있습니다.
2 찻집에서 공부를 하고 있습니다.
3 찻집에서 일을 하고 있습니다.
4 찻집에서 전화를 하고 있습니다.

해설 제시문에 사용된 はたらいて가 '일하고'라는 의미이므로, 이와 의미가 유사한 しごとをして(일을 하고)를 사용한 3 きっさてんでしごとをしています(찻집에서 일을 하고 있습니다)가 정답이에요.

어휘 きっさてん 圏 찻집, 카페 はたらく 圏 일하다 ～ている ~(하)고 있다
　　 しょくじ 圏 식사 する 圏 하다 べんきょう 圏 공부
　　 しごと 圏 일 でんわ 圏 전화

> 학교의 옆에 은행이 있습니다.
>
> **1 학교의 근처에 은행이 있습니다.**
> 2 학교의 근처에 은행이 없습니다.
> 3 학교의 안에 은행이 있습니다.
> 4 학교의 안에 은행이 없습니다.

해설 제시문에 사용된 となり가 '옆'이라는 의미이므로, 이와 의미가 유사
　　 한 ちかく(근처)를 사용하였고, 제시문과 의미가 동일한 1 がっこう
　　 のちかくにぎんこうがあります(학교의 근처에 은행이 있습니다)가
　　 정답이에요.
어휘 がっこう 圏 학교 となり 圏 옆 ぎんこう 圏 은행 ある 圏 있다
　　 ちかく 圏 근처 なか 圏 안

> 그녀는 저의 여동생입니다.
>
> 1 저는 그녀의 남동생입니다.
> 3 저는 그녀의 엄마입니다.
> 3 저는 그녀의 아빠입니다.
> **4 저는 그녀의 언니입니다.**

해설 제시문 かのじょはわたしのいもうとです(그녀는 저의 여동생입니
　　 다)와 가장 의미가 비슷한 4 わたしはかのじょのあねです(저는 그
　　 녀의 언니입니다)가 정답이에요.
어휘 かのじょ 圏 그녀 わたし 圏 저, 나 いもうと 圏 여동생
　　 おとうと 圏 남동생 はは 圏 엄마, 어머니 ちち 圏 아빠, 아버지
　　 あね 圏 언니, 누나

실전 테스트 3　　　　　　　　　　　p.86

19 4	**20** 3	**21** 2

문제4 _____의 문장과 대체로 같은 의미의 문장이 있습니다.
　　　 1·2·3·4에서 가장 알맞은 것을 하나 골라 주세요.

> 어제 읽은 책은 재미없었습니다.
>
> 1 어제 읽은 책은 쉬웠습니다.
> 2 어제 읽은 책은 쉽지 않았습니다.
> 3 어제 읽은 책은 재미있었습니다.
> **4 어제 읽은 책은 재미있지 않았습니다.**

해설 제시문에 사용된 つまらなかったです가 '재미없었습니다'라는 의미
　　 이므로, 이와 의미가 같은 おもしろくなかったです(재미있지 않았

습니다)를 사용한 4 きのうよんだほんはおもしろくなかったです
(어제 읽은 책은 재미있지 않았습니다)가 정답이에요.
어휘 きのう 圏 어제 よむ 圏 읽다 ほん 圏 책 つまらない 재미없다
　　 やさしい い형 쉽다 おもしろい い형 재미있다

> 많은 사람의 앞에서 이야기했습니다.
>
> 1 학생의 앞에서 이야기했습니다.
> 2 경관의 앞에서 이야기했습니다.
> **3 여럿의 앞에서 이야기했습니다.**
> 4 가족의 앞에서 이야기했습니다.

해설 제시문에 사용된 たくさんのひと가 '많은 사람'이라는 의미이므로
　　 이와 의미가 유사한 おおぜい(여럿)를 사용한 3 おおぜいのまえ
　　 ではなしました(여럿의 앞에서 이야기했습니다)가 정답이에요.
어휘 たくさん 圏 많이 ひと 圏 사람 まえ 圏 앞 はなす 圏 이야기하다
　　 がくせい 圏 학생 けいかん 圏 경관, 경찰관
　　 おおぜい 圏 여럿, 많은 사람 かぞく 圏 가족

> 그는 누구와도 함께 살고 있지 않습니다.
>
> 1 그는 부모님과 살고 있습니다.
> **2 그는 혼자서 살고 있습니다.**
> 3 그는 친구와 살고 있습니다.
> 4 그는 두 명이서 살고 있습니다.

해설 제시문 かれはだれともいっしょにすんでいません(그는 누구와도
　　 함께 살고 있지 않습니다)과 가장 의미가 비슷한 2 かれはひとりで
　　 すんでいます(그는 혼자서 살고 있습니다)가 정답이에요.
어휘 かれ 圏 그 だれ 圏 누구 いっしょに 圏 함께 すむ 圏 살다
　　 ～ている ~(하)고 있다 りょうしん 圏 부모님 ひとり 圏 혼자, 한 명
　　 ともだち 圏 친구 ふたり 圏 두 명

실전 테스트 4　　　　　　　　　　　p.87

19 1	**20** 3	**21** 4

문제4 _____의 문장과 대체로 같은 의미의 문장이 있습니다.
　　　 1·2·3·4에서 가장 알맞은 것을 하나 골라 주세요.

> 여기는 우체국입니다.
>
> **1 여기는 편지를 보내는 곳입니다.**
> 2 여기는 공부를 하는 곳입니다.
> 3 여기는 요리를 하는 곳입니다.
> 4 여기는 영화를 보는 곳입니다.

해설 제시문에 사용된 ゆうびんきょく가 '우체국'이라는 의미이므로, 이
   와 의미가 유사한 てがみをおくるところ(편지를 보내는 곳)를 사용
   한 1 ここはてがみをおくるところです(여기는 편지를 보내는 곳입
   니다)가 정답이에요.
어휘 ここ 圓 여기 ゆうびんきょく 圓 우체국 てがみ 圓 편지
   おくる 圄 보내다 ところ 圓 곳 べんきょう 圓 공부 する 圄 하다
   りょうり 圓 요리 えいが 圓 영화 みる 圄 보다

교실이 시끄럽습니다.

1 교실이 깨끗합니다.

2 교실이 깨끗하지 않습니다.

3 교실이 조용합니다.

4 교실이 조용하지 않습니다.

해설 제시문에 사용된 うるさいです가 '시끄럽습니다'라는 의미이므로,
   이와 의미가 같은 しずかじゃないです(조용하지 않습니다)를 사용
   한 4 きょうしつがしずかじゃないです(교실이 조용하지 않습니다)
   가 정답이에요.
어휘 きょうしつ 圓 교실 うるさい い형 시끄럽다
   きれいだ 굟형 깨끗하다, 예쁘다 しずかだ 굟형 조용하다

20

어머니의 생일은 그저께였습니다.

1 어머니의 생일은 4일 전이었습니다.

2 어머니의 생일은 3일 전이었습니다.

3 어머니의 생일은 2일 전이었습니다.

4 어머니의 생일은 1일 전이었습니다.

해설 제시문에 사용된 おととい가 '그저께'라는 의미이므로, 이와 의미가
   같은 ふつかまえ(2일 전)를 사용한 3 ははのたんじょうびはふつ
   かまえでした(어머니의 생일은 2일 전이었습니다)가 정답이에요.
어휘 はは 圓 어머니, 엄마 たんじょうび 圓 생일 おととい 圓 그저께
   よっか 圓 4일 まえ 圓 전 みっか 圓 3일 ふつか 圓 2일
   いちにち 圓 1일

20

어제는 형과 남동생을 만났습니다.

1 어제는 부모님을 만났습니다.

2 어제는 친구를 만났습니다.

3 어제는 형제를 만났습니다.

4 어제는 외국인을 만났습니다.

해설 제시문에 사용된 あにとおとうと가 '형과 남동생'이라는 의미이므
   로, 이와 의미가 같은 きょうだい(형제)를 사용한 3 きのうはきょう
   だいにあいました(어제는 형제를 만났습니다)가 정답이에요.
어휘 きのう 圓 어제 あに 圓 형, 오빠 おとうと 圓 남동생
   あう 圄 만나다 りょうしん 圓 부모님 ともだち 圓 친구
   きょうだい 圓 형제 がいこくじん 圓 외국인

21

그녀는 항상 안경을 쓰고 있습니다.

1 그녀는 귀가 좋지 않습니다.

2 그녀는 다리가 좋지 않습니다.

3 그녀는 이가 좋지 않습니다.

4 그녀는 눈이 좋지 않습니다.

해설 제시문 かのじょはいつもめがねをかけています(그녀는 항상 안
   경을 쓰고 있습니다)와 가장 의미가 비슷한 4 かのじょはめがわる
   いです(그녀는 눈이 좋지 않습니다)가 정답이에요.
어휘 かのじょ 圓 그녀 いつも 凹 항상 めがね 圓 안경
   かける 圄 (안경을) 쓰다 〜ている 〜(하)고 있다 みみ 圓 귀
   わるい い형 좋지 않다, 나쁘다 あし 圓 다리 は 圓 이 め 圓 눈

21

백화점에 갔다 왔습니다.

1 세탁을 했습니다.

2 쇼핑을 했습니다.

3 숙제를 했습니다.

4 여행을 했습니다.

해설 제시문 デパートにいってきました(백화점에 갔다 왔습니다)와 가
   장 의미가 비슷한 2 かいものをしました(쇼핑을 했습니다)가 정답
   이에요.
어휘 デパート 圓 백화점 いく 圄 가다 くる 圄 오다 せんたく 圓 세탁
   する 圄 하다 かいもの 圓 쇼핑 しゅくだい 圓 숙제
   りょこう 圓 여행

실전 테스트 5   p.88

19 4	**20** 3	**21** 2

문제4 _____의 문장과 대체로 같은 의미의 문장이 있습니다.
   1·2·3·4에서 가장 알맞은 것을 하나 골라 주세요.

19 1   **20** 3   **21** 2

19 4   **20** 3   **21** 1

문제4 _____의 문장과 대체로 같은 의미의 문장이 있습니다.
1·2·3·4에서 가장 알맞은 것을 하나 골라 주세요.

문제4 _____의 문장과 대체로 같은 의미의 문장이 있습니다.
1·2·3·4에서 가장 알맞은 것을 하나 골라 주세요.

19

야마다 씨는 지금 한가합니다.

1 **야마다 씨는 지금 바쁘지 않습니다.**
2 야마다 씨는 지금 바쁩니다.
3 야마다 씨는 지금 건강하지 않습니다.
4 야마다 씨는 지금 건강합니다.

해설 제시문에 사용된 ひまです가 '한가합니다'라는 의미이므로, 이와 의미가 같은 いそがしくないです(바쁘지 않습니다)를 사용한 1 やまだ さんはいまいそがしくないです(야마다 씨는 지금 바쁘지 않습니다)가 정답이에요.

어휘 いま 圀 지금 ひまだ 圀 한가하다 いそがしい 圀 바쁘다
げんきだ 圀 건강하다

19

이 책은 내용이 간단합니다.

1 이 책은 내용이 재미있습니다.
2 이 책은 내용이 많습니다.
3 이 책은 내용이 어렵습니다.
4 **이 책은 내용이 쉽습니다.**

해설 제시문에 사용된 かんたんです가 '간단합니다'라는 의미이므로, 이와 의미가 유사한 やさしいです(쉽습니다)를 사용한 4 このほんは ないようがやさしいです(이 책은 내용이 쉽습니다)가 정답이에요.

어휘 この 이 ほん 圀 책 ないよう 圀 내용 かんたんだ 圀 간단하다
おもしろい 圀 재미있다 おおい 圀 많다
むずかしい 圀 어렵다 やさしい 圀 쉽다

20

오늘 아침 신문을 읽었습니다.

1 어제 아침 신문을 읽었습니다.
2 어젯밤 신문을 읽었습니다.
3 **오늘 아침 신문을 읽었습니다.**
4 오늘 밤 신문을 읽었습니다.

해설 제시문에 사용된 けさ가 '오늘 아침'이라는 의미이므로, 이와 의미가 같은 きょうのあさ(오늘 아침)를 사용한 3 きょうのあさしんぶん をよみました(오늘 아침 신문을 읽었습니다)가 정답이에요.

어휘 けさ 圀 오늘 아침 しんぶん 圀 신문 よむ 圄 읽다 きのう 圀 어제
あさ 圀 아침 よる 圀 밤 きょう 圀 오늘

20

그는 요리가 서투릅니다.

1 그는 요리를 잘합니다.
2 그는 요리를 좋아합니다.
3 **그는 요리를 잘하지 않습니다.**
4 그는 요리를 좋아하지 않습니다.

해설 제시문에 사용된 へたです가 '서투릅니다'라는 의미이므로 이와 의미가 유사한 じょうずじゃないです(잘하지 않습니다)를 사용한 3 かれはりょうりがじょうずじゃないです(그는 요리를 잘하지 않습니다)가 정답이에요.

어휘 かれ 圀 그 りょうり 圀 요리 へただ 圀 서투르다
じょうずだ 圀 잘하다 すきだ 圀 좋아하다

21

방이 깨끗하게 되었습니다.

1 작문을 했습니다.
2 **청소를 했습니다.**
3 요리를 했습니다.
4 산책을 했습니다.

해설 제시문 へやがきれいになりました(방이 깨끗하게 되었습니다)와 가장 의미가 비슷한 2 そうじをしました(청소를 했습니다)가 정답이에요.

어휘 へや 圀 방 きれいだ 圀 깨끗하다, 예쁘다 なる 圄 되다
さくぶん 圀 작문 する 圄 하다 そうじ 圀 청소 りょうり 圀 요리
さんぽ 圀 산책

21

아버지는 오빠에게 자전거를 주었습니다.

1 **오빠는 아버지에게 자전거를 받았습니다.**
2 아버지는 오빠에게 자전거를 빌렸습니다.
3 오빠는 아버지에게 자전거를 빌렸습니다.
4 아버지는 오빠에게 자전거를 받았습니다.

해설 제시문 ちちはあににじてんしゃをあげました(아버지는 오빠에게 자전거를 주었습니다)와 가장 의미가 비슷한 1 あにはちちにじて んしゃをもらいました(오빠는 아버지에게 자전거를 받았습니다)가 정답이에요.

어휘 ちち 圀 아버지, 아빠 あに 圀 오빠, 형 じてんしゃ 圀 자전거
あげる 圄 주다 もらう 圄 받다 かりる 圄 빌리다

19 4	**20** 1	**21** 3

> **문제4** _____의 문장과 대체로 같은 의미의 문장이 있습니다.
> 1·2·3·4에서 가장 알맞은 것을 하나 골라 주세요.

19

> 이 과자는 맛없습니다.
>
> 1 이 과자는 큽니다.
> 2 이 과자는 크지 않습니다.
> 3 이 과자는 맛있습니다.
> **4 이 과자는 맛있지 않습니다.**

해설 제시문에 사용된 **まずいです**가 '맛없습니다'라는 의미이므로, 이와 의미가 같은 **おいしくないです**(맛있지 않습니다)를 사용한 4 **この おかしはおいしくないです**(이 과자는 맛있지 않습니다)가 정답이에요.

어휘 **この** 이 **おかし** 몡 과자 **まずい** い형 맛없다 **おおきい** い형 크다
おいしい い형 맛있다

20

> 여기는 커피나 차를 마시는 곳입니다.
>
> **1 여기는 찻집입니다.**
> 2 여기는 은행입니다.
> 3 여기는 파출소입니다.
> 4 여기는 도서관입니다.

해설 제시문에 사용된 **コーヒーやおちゃをのむところ**가 '커피나 차를 마시는 곳'이라는 의미이므로, 이와 의미가 같은 **きっさてん**(찻집)을 사용한 1 **ここはきっさてんです**(여기는 찻집입니다)가 정답이에요.

어휘 **ここ** 몡 여기 **コーヒー** 몡 커피 **～や** 조 ~(이)나 **おちゃ** 몡 차
のむ 동 마시다 **ところ** 몡 곳 **きっさてん** 몡 찻집, 카페
ぎんこう 몡 은행 **こうばん** 몡 파출소 **としょかん** 몡 도서관

21

> 가방에 노트를 넣었습니다.
>
> 1 노트는 가방 옆에 있습니다.
> 2 노트는 가방 위에 있습니다.
> **3 노트는 가방 안에 있습니다.**
> 4 노트는 가방 아래에 있습니다.

해설 제시문 **かばんにノートをいれました**(가방에 노트를 넣었습니다)와 가장 의미가 비슷한 3 **ノートはかばんのなかにあります**(노트는 가방 안에 있습니다)가 정답이에요.

어휘 **かばん** 몡 가방 **ノート** 몡 노트 **いれる** 동 넣다 **となり** 몡 옆
ある 동 있다 **うえ** 몡 위 **なか** 몡 안, 속 **した** 몡 아래

문법

문제 1 문법형식 판단

출제 형태 및 문제 풀이 Step   p.122

> 야마다 씨가 태어난 나라 (   ) 일본입니다.
>
> 1 는   2 를
> 3 에   4 에서

어휘 生まれる うまれる 튭태어나다 国 くに 튭나라
　　日本 にほん 튭일본　〜は 좀〜는, 은　〜を 좀〜를, 을
　　〜に 좀〜에　〜で 좀〜에서

실전 테스트 1   p.126

1 3	2 4	3 1	4 3	5 1
6 3	7 4	8 3	9 4	

> 문제1 (   )에 무엇을 넣습니까? 1·2·3·4에서 가장 알맞은
> 것을 하나 골라주세요.

1

> 저는 회사까지 지하철 (   ) 갑니다.
>
> 1 의   2 도
> 3 로   4 이

해설 빈칸에 들어갈 적절한 조사를 고르는 문제예요. 빈칸 앞의 ちかてつ
　　(지하철)와 빈칸 뒤의 行きます(갑니다)를 보면, 선택지 2 も(도), 3
　　で(로)가 정답의 후보예요. 문장 전체를 보면 私はかいしゃまでちか
　　てつで行きます(저는 회사까지 지하철로 갑니다)라는 말이 문맥
　　상 자연스러워요. 따라서 3 で(로)가 정답이에요.

어휘 私 わたし 튭저, 나　かいしゃ 튭회사　〜まで 좀〜까지
　　ちかてつ 튭지하철　行く いく 튭가다　〜の 좀〜의　〜も 좀〜도
　　〜で 좀〜(으)로　〜が 좀〜이, 가

2

> 이 가방은, 엄마 (   ) 만든 것입니다.
>
> 1 를   2 로
> 3 는   4 가

해설 빈칸에 들어갈 적절한 조사를 고르는 문제예요. 빈칸 앞의 母(엄마)
　　와 빈칸 뒤의 作ったものです(만든 것입니다)를 보면, '엄마가 만든

것입니다'라는 말이 문맥상 자연스러워요. 따라서 4 が(가)가 정답이
에요.

어휘 この 이　かばん 튭가방　母 はは 튭엄마, 어머니
　　作る つくる 튭만들다　もの 튭것, 물건　〜を 좀〜를, 을
　　〜で 좀〜(으)로　〜は 좀〜는, 은　〜が 좀〜가, 이

3

> 오늘 아침, 늦게 일어났습니다. 그래서 오늘은 아침 밥을 (   ).
>
> 1 먹지 않았습니다   2 먹었습니다
> 3 먹고 있습니다   4 먹습니다

해설 빈칸에 들어갈 적절한 문형을 고르는 문제예요. 빈칸 앞의 だから今
　　日は朝ご飯を(그래서 오늘은 아침 밥을)를 보면, 모든 선택지가 정
　　답의 후보예요. 앞 문장에서 おそくおきました(늦게 일어났습니다)
　　라고 말하고 있으므로, だから今日は朝ご飯をたべませんでした
　　(그래서 오늘은 아침 밥을 먹지 않았습니다)라는 말이 문맥상 자연
　　스러워요. 따라서 1 たべませんでした(먹지 않았습니다)가 정답이
　　에요.

어휘 今朝 けさ 튭오늘 아침　おそい い튭늦다　おきる 튭일어나다
　　だから 좀그래서　今日 きょう 튭오늘　朝ご飯 あさごはん 튭아침 밥
　　たべる 튭먹다　〜ている 〜(하)고 있다

4

> 개 (   ) 좋아합니다만, 고양이 (   ) 좋아하지 않습니다.
>
> 1 에게/에게   2 와/와
> 3 는/는   4 도/도

해설 빈칸에 들어갈 적절한 조사를 고르는 문제예요. 첫 번째 빈칸 앞의 犬
　　(개)와 빈칸 뒤의 好きですが(좋아합니다만)를 보면, 선택지 3 は
　　(는), 4 も(도)가 정답의 후보예요. 두 번째 빈칸 앞의 ねこ(고양이)
　　와 빈칸 뒤의 好きじゃないです(좋아하지 않습니다)를 보면, '개는
　　좋아합니다만, 고양이는 좋아하지 않습니다'라는 말이 문맥상 자연스
　　러워요. 따라서 3 は/は(는/는)가 정답이에요.

어휘 犬 いぬ 튭개　好きだ すきだ 표형좋아하다　ねこ 튭고양이
　　〜に 좀〜에게, 에　〜と 좀〜와, 과　〜は 좀〜는, 은　〜も 좀〜도

5

> 혼다 　"이시카와 씨는 무엇을 샀습니까?"
> 이시카와 "저는 (   ) 책과 펜을 샀습니다."
>
> 1 이   2 어느
> 3 이곳   4 어느 곳

해설 빈칸에 들어갈 적절한 지시어를 고르는 문제예요. 빈칸 앞의 私は(저
　　는)와 빈칸 뒤의 本と(책과)를 보면, '저는 이 책과'라는 말이 문맥상

자연스러워요. 따라서 1 この(이)가 정답이에요.

어휘 何 なに 몡무엇　買う かう 동사다　私 わたし 몡저, 나

本 ほん 몡책　ペン 몡펜　この 이　どの 어느　ここ 몡이곳

どこ 몡어느곳

6

(학교에서)

선생님 "영어 숙제를 (　　　) 내지 않은 사람은, 이번 주 금요일
　　　　 까지는 내 주세요."

1 조금　　　　　　　　　2 이미

3 아직　　　　　　　　4 점점

해설 빈칸에 들어갈 적절한 부사를 고르는 문제예요. 빈칸 앞의 しゅくだ
いを(숙제를)와 빈칸 뒤의 だしていない(내지 않은)를 보면, '숙제
를 아직 내지 않은'이라는 말이 문맥상 자연스러워요. 따라서 3 まだ
(아직)가 정답이에요.

어휘 学校 がっこう 몡학교　先生 せんせい 몡선생(님)

英語 えいご 몡영어　しゅくだい 몡숙제　だす 동내다, 제출하다

～ている ~(한) 상태이다　人 ひと 몡사람

今週 こんしゅう 몡이번 주　金よう日 きんようび 몡금요일

～までに ~까지(기한)　～てください ~(해) 주세요　ちょっと 𝄖조금

もう 𝄖이미, 벌써　まだ 𝄖아직　だんだん 𝄖점점

7

어제 파티에는 (　　　) 오지 않았습니다.

1 누구에게　　　　　　　　2 누구를

3 누가　　　　　　　　　　**4 누구도**

해설 빈칸에 들어갈 적절한 조사가 포함된 선택지를 고르는 문제예요. 빈
칸 앞의 パーティーには(파티에는)와 빈칸 뒤의 来ませんでした
(오지 않았습니다)를 보면, '파티에는 누구도 오지 않았습니다'라는
말이 문맥상 자연스러워요. 따라서 '~도'라는 의미의 조사 も가 포함
된, 4 だれも(누구도)가 정답이에요.

어휘 昨日 きのう 몡어제　パーティー 몡파티　来る くる 동오다

だれ 몡누구　～に 조~에게, 에　～を 조~를, 을　～が 조~가, 이

～も 조~도

8

마쓰다 　"오늘은 요시다 씨의 생일이네요. 선물은 무엇으로 했습
　　　　 니까?"

나카가와 "저는 모자를 (　　　)."

1 받습니다　　　　　　　　2 (나에게) 줍니다

3 (남에게) 줍니다　　　　4 합니다

해설 빈칸에 들어갈 적절한 동사를 고르는 문제예요. 빈칸 앞의 私はぼう
しを(저는 모자를)를 보면, 선택지 1 もらいます(받습니다), 3 あげ
ます(줍니다)가 정답의 후보예요. 마쓰다가 プレゼントは何にしまし
たか(선물은 무엇으로 했습니까)라고 했으므로 '저는 모자를 줍니
다'라는 말이 문맥상 자연스러워요. 따라서 3 あげます(줍니다)가
정답이에요. 참고로 1의 もらう는 '받다'라는 의미, 2의 くれる(주

다)는 '남이 나에게 준다'는 의미, 3의 あげる(주다)는 '내가 남에게
준다'는 의미임을 알아두세요.

어휘 今日 きょう 몡오늘　誕生日 たんじょうび 몡생일

プレゼント 몡선물　何 なに 몡무엇　する 동하다

私 わたし 몡저, 나　ぼうし 몡모자　もらう 동받다

くれる 동(나에게) 주다　あげる 동주다

9

(회사에서)

야마모토 "오늘도 바빴네요."

타케우치 "야마모토 씨도 수고하셨습니다. 그럼, 또 (　　　)."

야마모토 "네, 수고하셨습니다."

1 그저께　　　　　　　　　2 어제

3 오늘　　　　　　　　　　**4 내일**

해설 빈칸에 들어갈 적절한 회화 표현을 고르는 문제예요. 빈칸 앞에 また
(또)가 있으므로, 빈칸에는 미래의 시점을 나타내는 표현이 올 수 있
어요. 따라서 4 明日(내일)가 정답이에요. また明日의 경우 직역을
하면 '또 내일'로 해석되지만, 내일 또 보자는 의미의 인사말로 '내일
또 봐요'라고 해석할 수 있어요. また明日(내일 또 봐요)와 같이, 미
래의 어느 시점에 또 보자고 할 때에는 'また + 미래의 어느 시점'이
라고 하는 것을 알아두세요.

어휘 会社 かいしゃ 몡회사　今日 きょう 몡오늘

忙しい いそがしい い형바쁘다　じゃ 접그럼　また 𝄖또

おととい 몡그저께　昨日 きのう 몡어제　明日 あした 몡내일

また明日 またあした 내일 또 봐요

실전 테스트 2　　　　　　　　　　　　　　　p.128

1 2	2 3	3 4	4 1	5 2
6 4	7 1	8 4	9 2	

문제 1 (　　　)에 무엇을 넣습니까? 1·2·3·4에서 가장 알맞은
　　　　 것을 하나 골라주세요.

1

겨울방학에 이탈리아 (　　　) 프랑스에 갑니다.

1 가　　　　　　　　　　　**2 와**

3 를　　　　　　　　　　　4 는

해설 빈칸에 들어갈 적절한 조사를 고르는 문제예요. 빈칸 앞의 イタリア
(이탈리아)와 빈칸 뒤의 フランスに行きます(프랑스에 갑니다)를
보면, '이탈리아와 프랑스에 갑니다'라는 말이 문맥상 자연스러워요.
따라서 2 と(와)가 정답이에요.

어휘 ふゆやすみ 몡겨울방학　イタリア 몡이탈리아　フランス 몡프랑스

行く いく 동가다　～が 조~가, 이　～と 조~와, 과

～を 조~를, 을　～は 조~는, 은

누구로부터 입니까'라는 말이 문맥상 자연스러워요. 따라서 2 どな
た (누구)가 정답이에요.

어휘 今 いま 圏지금 電話 でんわ 圏전화 ～から 区~로부터
　　友だち ともだち 圏친구 どうして 閉어째서 どなた 圏누구, 어느 분
　　いくら 圏얼마 いくつ 圏몇 개

2

작년까지는 학생이었습니다. 지금은 회사 (　　　) 일하고 있습
니다.

1 도	2 일지
3 에서	4 나

해설 빈칸에 들어갈 적절한 조사를 고르는 문제예요. 빈칸 앞의 会社(회
사)와 빈칸 뒤의 はたらいて(일하고)를 보면, '회사에서 일하고'라는
말이 문맥상 자연스러워요. 따라서 3 で(에서)가 정답이에요.

어휘 去年 きょねん 圏작년 ～まで 区~까지 学生 がくせい 圏학생
　　今 いま 圏지금 会社 かいしゃ 圏회사 はたらく 圏일하다
　　～ている ~(하)고 있다 ～も 区~도 ～か 区~일지
　　～で 区~에서 ～や 区~(이)나

3

저는 책을 읽는 것을 좋아해서, 학교 옆에 있는 서점에 (　　　) 갑
니다.

1 그다지	2 매우
3 이미	**4 자주**

해설 빈칸에 들어갈 적절한 부사를 고르는 문제예요. 빈칸 앞의 本屋に(서
점에)와 빈칸 뒤의 行きます(갑니다)를 보면, '서점에 자주 갑니다'
라는 말이 문맥상 자연스러워요. 따라서 4 よく(자주)가 정답이에요.

어휘 私 わたし 圏저, 나 本 ほん 圏책 読む よむ 圏읽다
　　すきだ 区형좋아하다 学校 がっこう 圏학교 となり 圏옆
　　ある 圏있다 本屋 ほんや 圏서점 行く いく 圏가다
　　あまり 閉그다지 とても 閉매우 もう 閉이미 よく 閉자주

4

지금은 종이 (　　　) 없고, 펜 (　　　) 없습니다.

1 도/도	2 가/이
3 에/에	4 를/을

해설 빈칸에 들어갈 적절한 조사를 고르는 문제예요. 첫 번째 빈칸 앞의 か
み(종이)와 빈칸 뒤의 なくて(없고)를 보면, 선택지 1 も(도), 2 が
(가)가 정답의 후보예요. 두 번째 빈칸 앞의 ぺん(펜)과 빈칸 뒤의 な
いです(없습니다)를 보면, '종이도 없고, 펜도 없습니다'라는 말이 문
맥상 자연스러워요. 따라서 1 も/も(도/도)가 정답이에요.

어휘 今 いま 圏지금 かみ 圏종이 ない 区형없다 ペン 圏펜
　　～も 区~도 ～が 区~가, 이 ～に 区~에 ～を 区~를, 을

5

A "지금 전화는 (　　　) 로부터 입니까?"
B "친구로부터입니다."

1 어째서	**2 누구**
3 얼마	4 몇 개

해설 빈칸에 들어갈 적절한 의문사를 고르는 문제예요. 빈칸 앞의 電話は
(전화는)와 빈칸 뒤의 からですか(로부터 입니까)를 보면, '전화는

6

다나카 "야마다 씨는 어제 학교에 갔습니까?"
야마다 "아니요, 어제는 (　　　)."

1 갑니다	2 갔습니다
3 가지 않습니다	**4 가지 않았습니다**

해설 빈칸에 들어갈 적절한 문형을 고르는 문제예요. 빈칸 앞의 いいえ、
昨日は(아니요, 어제는)를 보면, 선택지 2 行きました(갔습니다), 4
行きませんでした(가지 않았습니다)가 정답의 후보예요. 다나카가
昨日学校に行きましたか(어제 학교에 갔습니까)라고 물었는데 い
いえ라고 대답했으므로 빈칸에는 동사의 과거 부정형을 사용한 선
택지 4 行きませんでした(가지 않았습니다)가 들어가는 것이 문맥
상 자연스러워요. 따라서 4 行きませんでした(가지 않았습니다)가
정답이에요. 4의 ませんでした는 '~(하)지 않았습니다', 1의 ます는
'~(합)니다', 2의 ました는 '~(했)습니다', 3의 ません은 '~(하)지
않습니다'라는 의미임을 알아두세요.

어휘 昨日 きのう 圏어제 学校 がっこう 圏학교 行く いく 圏가다

7

라멘은 1000엔입니다. 우동은 800엔입니다. 라멘은 우동 (　　　)
비쌉니다.

1 보다	2 등
3 까지	4 의

해설 빈칸에 들어갈 적절한 조사를 고르는 문제예요. 빈칸 앞의 ラーメン
はうどん(라멘은 우동)과 빈칸 뒤의 高いです(비쌉니다)를 보면,
'라멘은 우동보다 비쌉니다'라는 말이 문맥상 자연스러워요. 따라서
1 より(보다)가 정답이에요.

어휘 ラーメン 圏라멘 ～円 ~えん ~엔 うどん 圏우동
　　高い たかい 区형비싸다 ～より 区~보다 ～など 区~등
　　～まで 区~까지 ～の 区~의

8

저는 음악을 (　　　) 면서 운동을 합니다.

1 들은	2 듣고
3 듣는	**4 들으**

해설 빈칸 뒤의 문형에 접속하는 알맞은 동사 형태를 고르는 문제예요. 빈
칸 뒤의 ながら는 동사 ます형과 접속하여 '~(하)면서'라는 의미의
문형을 만들 수 있어요. 그러므로 동사 ます형인 선택지 4 聞き(들
으)를 빈칸에 넣으면 聞きながら(들으면서)가 돼요. 따라서 4 聞き
(들으)가 정답이에요. 동사 ます형 + ながら가 '~(하)면서'라는 의
미의 문형임을 알아두세요.

어휘 私 わたし 图저, 나   音楽 おんがく 图음악   ～ながら ~(하)면서
うんどう 图운동   する 图하다   聞く きく 图듣다

9

(카페에서)
가게 사람 "마실 것은 무엇으로 합니까?"
가와무라 "아이스커피를 (   )."
가게 사람 "네, 알겠습니다."

1 원합니까	**2 주세요**
3 정말	4 아무쪼록

해설 빈칸에 들어갈 적절한 회화 표현을 고르는 문제예요. 빈칸 앞의 アイ
スコーヒーを(아이스커피를)를 보면, '아이스커피를 주세요'라는 말
이 문맥상 자연스러워요. 따라서 2 ください(주세요)가 정답이에요.
무언가를 달라고 부탁할 때는 ～をください(~를 주세요)라고 표현하
고, ほしい(원하다) 앞에는 조사 が를 사용한다는 것을 알아두세요.

어휘 カフェ 图카페   店 みせ 图가게   人 ひと 图사람
飲みもの のみもの 图마실 것   何 なに 图무엇   する 图하다
アイスコーヒー 图아이스커피   分かる わかる 图알다
ほしい い 图원하다   ～ください ~주세요   どうも 图정말
どうぞ 图아무쪼록

실전 테스트 3

p.130

1 3	2 4	3 2	4 3	5 1
6 2	7 3	8 1	9 1	

문제1 (   )에 무엇을 넣습니까? 1·2·3·4에서 가장 알맞은
것을 하나 골라주세요.

1

한국인 친구 (   ) 편지를 썼습니다.

1 를	2 나
3 에게	4 에서

해설 빈칸에 들어갈 적절한 조사를 고르는 문제예요. 빈칸 앞의 友だち(친
구)와 빈칸 뒤의 てがみを(편지를)를 보면, '친구에게 편지를'이라는
말이 문맥상 자연스러워요. 따라서 3 に(에게)가 정답이에요.

어휘 韓国人 かんこくじん 图한국인   友だち ともだち 图친구
てがみ 图편지   書く かく 图쓰다   ～を 图~를, 을
～や 图~(이)나   ～に 图~에게, 에   ～で 图~에서

2

상자 안에 책과 노트 (   ) 이 있습니다.

1 보다	2 도
3 부터	**4 등**

해설 빈칸에 들어갈 적절한 조사를 고르는 문제예요. 빈칸 앞의 ノート(노

트)와 빈칸 뒤의 が(이)를 보면, '노트 등이'라는 말이 문맥상 자연스
러워요. 따라서 4 など(등)가 정답이에요.

어휘 はこ 图상자   中 なか 图안   本 ほん 图책   ノート 图노트
ある 图있다   ～より 图~보다   ～も 图~도   ～から 图~부터
～など 图~등

3

학교에 (   ) 전에 아침 밥을 먹습니다.

1 가고	**2 가기**
3 간	4 갑

해설 빈칸 뒤의 문형에 접속하는 알맞은 동사 형태를 고르는 문제예요. 빈
칸 뒤의 まえに는 동사 사전형과 접속하여 '~(하)기 전에'라는 의미
의 문형을 만들 수 있어요. 그러므로 동사 사전형인 선택지 2 行く(가
기)를 빈칸에 넣으면 行くまえに(가기 전에)가 돼요. 따라서 2 行く
(가기)가 정답이에요. 동사 사전형 + まえに가 '~(하)기 전에'라는
의미의 문형임을 알아두세요.

어휘 学校 がっこう 图학교   ～まえに ~(하)기 전에
朝ごはん あさごはん 图아침 밥   食べる たべる 图먹다
行く いく 图가다

4

A "주말은 무엇을 했습니까?"
B "친구와 함께 산에 (   )."

1 오르지 않습니다	2 오르지 않았습니다
3 올랐습니다	4 오릅니다

해설 빈칸에 들어갈 적절한 문형을 고르는 문제예요. 빈칸 앞의 友だちと
いっしょに山に(친구와 함께 산에)를 보면, 모든 선택지가 정답의
후보예요. A가 週末は何をしましたか(주말은 무엇을 했습니까)라
고 했으므로 '친구와 함께 산에 올랐습니다'라는 말이 문맥상 자연스
러워요. 따라서 3 登りました(올랐습니다)가 정답이에요. 3의 まし
た는 '~(했)습니다', 1의 ません은 '~(하)지 않습니다', 2의 ません
でした는 '~(하)지 않았습니다', 4의 ます는 '~(합)니다'라는 의미임
을 알아두세요.

어휘 週末 しゅうまつ 图주말   何 なに 图무엇   する 图하다
友だち ともだち 图친구   いっしょに 图함께   山 やま 图산
登る のぼる 图오르다, 올라가다

5

다나카 "야마모토 씨는 어떤 사람입니까?"
아오키 "(   ) 밝고 건강한 사람입니다."

1 그녀는	2 그녀에게
3 그녀의	4 그녀가

해설 빈칸에 들어갈 적절한 조사가 포함된 선택지를 고르는 문제예요. 빈
칸 뒤의 明るくて元気な人です(밝고 건강한 사람입니다)를 보면,
'그녀는 밝고 건강한 사람입니다'라는 말이 문맥상 자연스러워요. 따
라서 '~는'이라는 의미의 조사 は가 포함된, 1 彼女は(그녀는)가 정
답이에요.

어휘 どんな 어떤　人 ひと 몡사람　明るい あかるい い형밝다
　　元気だ げんきだ 나형건강하다　彼女 かのじょ 몡그녀
　　～は 조~는, 은　～に 조~에게, 에　～の 조~의　～が 조~가, 이

6

어제는 휴일이었습니다. 그래서 아침 10시 (　　　) 잤습니다.

1 등	**2 까지**
3 가	4 도

해설 빈칸에 들어갈 적절한 조사를 고르는 문제예요. 빈칸 앞의 10時(10시)와 빈칸 뒤의 寝ました(잤습니다)를 보면, '10시까지 잤습니다'라는 말이 문맥상 자연스러워요. 따라서 2 まで(까지)가 정답이에요.

어휘 昨日 きのう 몡어제　休み やすみ 몡휴일　それで 쩝그래서
　　朝 あさ 몡아침　～時 ～じ ~시　寝る ねる 동자다　～など 조~등
　　～まで 조~까지　～が 조~가, 이　～も 조~도

7

오늘은 한가했기 때문에 밥을 (　　　) 먹었습니다.

1 점점	2 가끔
3 천천히	4 조금

해설 빈칸에 들어갈 적절한 부사를 고르는 문제예요. 빈칸 앞의 ひまだったのでごはんを(한가했기 때문에 밥을)와 빈칸 뒤의 食べました(먹었습니다)를 보면, '한가했기 때문에 밥을 천천히 먹었습니다'라는 말이 문맥상 자연스러워요. 따라서 3 ゆっくり(천천히)가 정답이에요.

어휘 今日 きょう 몡오늘　ひまだ 나형한가하다　～ので 조~때문에
　　ごはん 몡밥　食べる たべる 동먹다　だんだん 뿐점점
　　ときどき 뿐가끔　ゆっくり 뿐천천히　ちょっと 뿐조금

8

기무라 "가레스 씨는 (　　　) 사진이 좋습니까?"
가레스 "저는 오른쪽의 사진이 좋습니다."

1 어느	2 어디
3 어느 분	4 어느 것

해설 빈칸에 들어갈 적절한 지시어를 고르는 문제예요. 빈칸 앞의 ガレスさんは(가레스 씨는)와 빈칸 뒤의 写真が(사진이)를 보면, '가레스 씨는 어느 사진이'라는 말이 문맥상 자연스러워요. 따라서 1 どの(어느)가 정답이에요. 빈칸 뒤의 명사 写真(사진) 앞에 명사가 접속하기 위해서는 명사와 명사 사이에 조사 の가 필요하기 때문에 명사인 2 どこ(어디), 3 どちら(어느 분)는 빈칸에 넣을 수 없어요.

어휘 写真 しゃしん 몡사진　好きだ すきだ 나형좋다, 좋아하다
　　私 わたし 몡저, 나　右 みぎ 몡오른쪽　いい い형좋다　どの 어느
　　どこ 몡어디　どちら 몡어느 분　どれ 몡어느 것

9

요시다 "스즈키 씨와 같은 가방을 사고 싶습니다만, 어디에서 샀습니까?"
스즈키 "역 앞의 백화점에서 (　　　)."
요시다 "감사합니다."

1 팔고 있습니다	2 사고 있습니다
3 만나고 있습니다	4 알고 있습니다

해설 빈칸에 들어갈 적절한 동사를 고르는 문제예요. 빈칸 앞의 駅前のデパートで(역 앞의 백화점에서)를 보면, 선택지 1 うっています(팔고 있습니다), 2 かっています(사고 있습니다), 3 あっています(만나고 있습니다)가 정답의 후보예요. 요시다가 鈴木さんと同じかばんがかいたいですが, どこでかいましたか(스즈키 씨와 같은 가방을 사고 싶습니다만, 어디에서 샀습니까)라고 했으므로 '역 앞의 백화점에서 팔고 있습니다'라는 말이 문맥상 자연스러워요. 따라서 1 うっています(팔고 있습니다)가 정답이에요.

어휘 同じだ おなじだ 나형같다　かばん 몡가방　かう 동사다
　　～たい ~(하)고 싶다　どこ 몡어디　駅前 えきまえ 몡역 앞
　　デパート 몡백화점　うる 동팔다　～ている ~(하)고 있다
　　あう 동만나다　わかる 동알다

실전 테스트 4　　　　　　p.132

1 4	**2** 2	**3** 3	**4** 4	**5** 3
6 2	**7** 4	**8** 2	**9** 4	

문제1 (　　　)에 무엇을 넣습니까? 1·2·3·4에서 가장 알맞은 것을 하나 골라주세요.

1

지난주 (　　　) 주말은 도서관에서 공부를 했습니다.

1 가	2 에
3 를	**4 의**

해설 빈칸에 들어갈 적절한 조사를 고르는 문제예요. 빈칸 앞의 先週(지난주)와 빈칸 뒤의 週末は(주말은)를 보면, '지난주의 주말은'이라는 말이 문맥상 자연스러워요. 따라서 4 の(의)가 정답이에요.

어휘 先週 せんしゅう 몡지난주　週末 しゅうまつ 몡주말
　　図書館 としょかん 몡도서관　べんきょう 몡공부　する 동하다
　　～が 조~가, 이　～に 조~에　～を 조~를, 을　～の 조~의

2

역 앞에 있는 레스토랑에서는 항상 카레 (　　　) 먹습니다.

1 에	**2 를**
3 며	4 에서

해설 빈칸에 들어갈 적절한 조사를 고르는 문제예요. 빈칸 앞의 カレー(카

레)와 빈칸 뒤의 **食べます**(먹습니다)를 보면, '카레를 먹습니다'라는 말이 문맥상 자연스러워요. 따라서 2 **を**(를)가 정답이에요.

어휘 **駅前** えきまえ 圏 역 앞 **ある** 图 있다 **レストラン** 圏 레스토랑 **いつも** 图 항상 **カレー** 圏 카레 **食べる** たべる 图 먹다 **～へ** 图 ～에 **～を** 图 ～를, 을 **～や** 图 ～(이)며, (이)나 **～で** 图 ～에서

3

> 저의 집부터 회사까지는 차로 30분 (   ) 걸립니다.
>
> 1 부터   2 밖에
> **3 정도**   4 등

해설 빈칸에 들어갈 적절한 조사를 고르는 문제예요. 빈칸 앞의 **30分**(30분)과 빈칸 뒤의 **かかります**(걸립니다)를 보면, '30분 정도 걸립니다'라는 말이 문맥상 자연스러워요. 따라서 3 **ぐらい**(정도)가 정답이에요.

어휘 **私** わたし 圏 저, 나 **家** いえ 圏 집 **～から** 图 ～부터 **会社** かいしゃ 圏 회사 **～まで** 图 ～까지 **車** くるま 圏 차 **～分** ～ふん ～분 **かかる** 图 걸리다 **～しか** 图 ～밖에 **～ぐらい** 图 ～정도 **～など** 图 ～등

4

> 그녀는 (   ) 공원에서 산책을 합니다.
>
> 1 좀처럼   2 점점
> 3 전혀   **4 가끔씩**

해설 빈칸에 들어갈 적절한 부사를 고르는 문제예요. 빈칸 앞의 **彼女は**(그녀는)와 빈칸 뒤의 **公園で**(공원에서)를 보면, 모든 선택지가 정답의 후보예요. 문장 전체를 보면 **彼女はときどき公園でさんぽをします**(그녀는 가끔씩 공원에서 산책을 합니다)라는 말이 문맥상 자연스러워요. 따라서 4 **ときどき**(가끔씩)가 정답이에요.

어휘 **彼女** かのじょ 圏 그녀 **公園** こうえん 圏 공원 **さんぽ** 圏 산책 **する** 图 하다 **なかなか** 图 좀처럼 **だんだん** 图 점점 **ぜんぜん** 图 전혀 **ときどき** 图 가끔씩, 때때로

5

> 다나카 "스즈키 씨의 여동생은 (   ) 입니까?"
> 스즈키 "6살입니다. 올해 초등학교 1학년이 되었습니다."
>
> 1 어째서   2 어떤
> **3 몇 살**   4 얼마

해설 빈칸에 들어갈 적절한 의문사를 고르는 문제예요. 빈칸 앞의 **鈴木さんの妹さんは**(스즈키 씨의 여동생은)와 빈칸 뒤의 **ですか**(입니까)를 보면, 선택지 1 **どうして**(어째서), 3 **いくつ**(몇 살)가 정답의 후보예요. 스즈키가 **6さいです**(6살입니다)라고 대답했으므로 '스즈키 씨의 여동생은 몇 살입니까'라는 말이 문맥상 자연스러워요. 따라서 3 **いくつ**(몇 살)가 정답이에요.

어휘 **妹さん** いもうとさん 圏 (남의) 여동생 **～さい** ～살 **ことし** 圏 올해 **小学校** しょうがっこう 圏 초등학교 **～年生** ～ねんせい ～학년

なる 图 되다 **どうして** 图 어째서 **どんな** 어떤 **いくつ** 圏 몇 살 **いくら** 圏 얼마

6

> 오늘 영어 시험 (   ) 있습니다. 하지만, 그다지 공부할 수 없었습니다.
>
> 1 과   **2 이**
> 3 에   4 에서

해설 빈칸에 들어갈 적절한 조사를 고르는 문제예요. 빈칸 앞의 **しけん**(시험)과 빈칸 뒤의 **あります**(있습니다)를 보면, '시험이 있습니다'라는 말이 문맥상 자연스러워요. 따라서 2 **が**(이)가 정답이에요.

어휘 **今日** きょう 圏 오늘 **英語** えいご 圏 영어 **しけん** 圏 시험 **ある** 图 있다 **しかし** 圙 하지만 **あまり** 图 그다지 **べんきょう** 圏 공부 **できる** 图 할 수 있다 **～と** 图 ～과, 와 **～が** 图 ～이, 가 **～に** 图 ～에 **～で** 图 ～에서

7

> (학교에서)
> A "어제도 수업이 끝나고 나서 테니스 연습을 했습니까?"
> B "아니요, 어제는 매우 피곤했기 때문에 바로 집에 (   )."
>
> 1 돌아가지 않습니다   2 돌아가지 않았습니다
> 3 돌아갑니다   **4 돌아갔습니다**

해설 빈칸에 들어갈 적절한 문형을 고르는 문제예요. 빈칸 앞의 **つかれていたのですぐ家に**(피곤했기 때문에 바로 집에)를 보면, '피곤했기 때문에 바로 집에 돌아갔습니다'라는 말이 문맥상 자연스러워요. 따라서 4 **帰りました**(돌아갔습니다)가 정답이에요. 4의 ました는 '~(했)습니다', 1의 ません은 '~(하)지 않습니다', 2의 ませんでした는 '~(하)지 않았습니다', 3의 ます는 '~(합)니다'라는 의미임을 알아두세요.

어휘 **学校** がっこう 圏 학교 **昨日** きのう 圏 어제 **授業** じゅぎょう 圏 수업 **終わる** おわる 图 끝나다 **～てから** ~(하)고 나서 **テニス** 圏 테니스 **練習** れんしゅう 圏 연습 **する** 图 하다 **とても** 图 매우 **つかれる** 图 피곤하다 **～ている** ~(하)다, (한) 상태이다 **～ので** 图 ~때문에 **すぐ** 图 바로 **家** いえ 圏 집 **帰る** かえる 图 돌아가다

8

> 어제는 스시를 먹었습니다. 오늘은 빵을 먹었습니다. 내일은 소바를 (   ) 예정입니다.
>
> 1 먹   **2 먹을**
> 3 먹고   4 먹은

해설 빈칸 뒤의 문형에 접속하는 알맞은 동사 형태를 고르는 문제예요. 빈칸 뒤의 **つもりです**는 **つもりだ**의 정중형이며 **つもりだ**는 동사 사전형과 접속하여 '~(할) 예정이다'라는 의미의 문형을 만들 수 있어요. 그러므로 동사 사전형인 선택지 2 **食べる**(먹을)를 빈칸에 넣으면 **食べるつもりだ**(먹을 예정이다)가 돼요. 따라서 2 **食べる**(먹을)가 정답이에요. 동사 사전형 + **つもりだ**가 '~(할) 예정이다'라는 의미

의 문형임을 알아두세요.

어휘 昨日 きのう 阁 어제   すし 阁 스시   食べる たべる 图 먹다

今日 きょう 阁 오늘   パン 阁 빵   明日 あした 阁 내일   そば 阁 소바

~つもりだ ~(할) 예정이다

해설 빈칸에 들어갈 적절한 조사를 고르는 문제예요. 빈칸 앞의 吉田さん(요시다 씨)과 빈칸 뒤의 昨日(어제)를 보면, 선택지 1 に(에게), 3 を(를), 4 は(는)가 정답의 후보예요. 문장 전체를 보면 吉田さんは昨日一人で歌のれんしゅうをしました(요시다 씨는 어제 혼자서 노래 연습을 했습니다)라는 말이 문맥상 자연스러워요. 따라서 4 は(는)가 정답이에요.

어휘 昨日 きのう 阁 어제   一人 ひとり 阁 혼자   歌 うた 阁 노래

れんしゅう 阁 연습   する 图 하다   ~に 图 ~에게, 에   ~の 图 ~의

~を 图 ~를, 을   ~は 图 ~는, 은

9

(회사에서)

다카하시 "오늘은 정말로 감사했습니다."

이시카와 "(   )."

다카하시 "그럼, 내일 봐요."

1 처음 뵙겠습니다   2 미안합니다

3 다녀왔습니다   **4 천만에요**

해설 빈칸에 들어갈 적절한 회화 표현을 고르는 문제예요. 앞에서 다카하시가 ありがとうございました(감사했습니다)라고 했으므로 どういたしまして(천만에요)라고 대답하는 것이 문맥상 자연스러워요. 따라서 4 どういたしまして(천만에요)가 정답이에요. 감사 인사를 받았을 때는 どういたしまして(천만에요)라고 대답할 수 있음을 알아두세요.

어휘 会社 かいしゃ 阁 회사   今日 きょう 阁 오늘

本当に ほんとうに 閉 정말로   じゃ 옙 그럼   また 閉 또

明日 あした 阁 내일

3

내일 수업은 오전 11시 (   ) 시작됩니다.

1 까지   **2 부터**

3 와   4 도

해설 빈칸에 들어갈 적절한 조사를 고르는 문제예요. 빈칸 앞의 11時(11시)와 빈칸 뒤의 はじまります(시작됩니다)를 보면, '11시부터 시작됩니다'라는 말이 문맥상 자연스러워요. 따라서 2 から(부터)가 정답이에요.

어휘 明日 あした 阁 내일   じゅぎょう 阁 수업   午前 ごぜん 阁 오전

~時 ~じ ~시   はじまる 图 시작되다   ~まで 图 ~까지

~から 图 ~부터   ~と 图 ~와, 과   ~も 图 ~도

실전 테스트 5

p.134

1 3	2 4	3 2	4 1	5 4
6 3	7 1	8 4	9 2	

문제1 (   )에 무엇을 넣습니까? 1·2·3·4에서 가장 알맞은 것을 하나 골라주세요.

1

아침 밥은 과일 (   ) 샐러드를 먹습니다.

1 도   2 에서

3 이나   4 이

해설 빈칸에 들어갈 적절한 조사를 고르는 문제예요. 빈칸 앞의 くだもの(과일)와 빈칸 뒤의 サラダを(샐러드를)를 보면, '과일이나 샐러드를'이라는 말이 문맥상 자연스러워요. 따라서 3 や(이나)가 정답이에요.

어휘 朝ごはん あさごはん 阁 아침 밥   くだもの 阁 과일

サラダ 阁 샐러드   食べる たべる 图 먹다   ~も 图 ~도

~で 图 ~에서   ~や 图 ~(이)나   ~が 图 ~이, 가

2

요시다 씨 (   ) 어제 혼자서 노래 연습을 했습니다.

1 에게   2 의

3 를   **4 는**

4

(버스 안에서)

선생님 "(   )에 보이는 빨간 건물이 이제부터 갈 박물관입니다. 슬슬 내릴 준비를 합시다."

1 저쪽   2 어디

3 저   4 어느

해설 빈칸에 들어갈 적절한 지시어를 고르는 문제예요. 빈칸 뒤의 に見えるあかいたてものが(에 보이는 빨간 건물이)를 보면, '저쪽에 보이는 빨간 건물이'라는 말이 문맥상 자연스러워요. 따라서 1 あそこ(저쪽)가 정답이에요.

어휘 バス 阁 버스   中 なか 阁 안   先生 せんせい 阁 선생(님)

見える みえる 图 보이다   あかい い형 빨갛다   たてもの 阁 건물

これから 이제부터   行く いく 图 가다   はくぶつかん 阁 박물관

そろそろ 閉 슬슬   降りる おりる 图 내리다   じゅんび 阁 준비

する 图 하다   あそこ 阁 저쪽, 저기   どこ 阁 어디, 어느 곳

あの 저   どの 어느

5

오카다 "기무라 씨는 어제 무엇을 했습니까?"

기무라 "어제는 강아지와 함께 공원에 가서, 사진을 (   )."

1 찍고 있습니까   2 찍습니까

3 찍지 않습니다   **4 찍었습니다**

해설 빈칸에 들어갈 적절한 문형을 고르는 문제예요. 빈칸 앞의 写真を(사진을)를 보면, 모든 선택지가 정답의 후보예요. 빈칸이 포함된 문장 전체를 보면 昨日は犬といっしょにこうえんに行って、写真をとり

ました(어제는 강아지와 함께 공원에 가서, 사진을 찍었습니다)라는 말이 문맥상 자연스러워요. 따라서 4 とりました(찍었습니다)가 정답이에요. 4의 ました는 '~(했)습니다', 1의 ていますか는 '~(하)고 있습니까', 2의 ますか는 '~(합)니까', 3의 ません은 '~(하)지 않습니다'라는 의미임을 알아두세요.

어휘 昨日 きのう 圏 어제 何 なに 圏 무엇 する 圏 하다
犬 いぬ 圏 강아지, 개 いっしょに 凰 함께 こうえん 圏 공원
行く いく 圄 가다 写真 しゃしん 圏 사진 とる 圄 찍다
~ている ~(하)고 있다

6

한국 (　　　) 가고 싶었습니다만, 중국 (　　　) 갔습니다.

1 도/도　　　　　　　　　　2 과/과
3 에/에　　　　　　　　　4 을/을

해설 빈칸에 들어갈 적절한 조사를 고르는 문제예요. 첫 번째 빈칸 앞의 **韓国**(한국)와 빈칸 뒤의 行きたかったですが(가고 싶었습니다만)를 보면, 선택지 1 も(도), 3 に(에)가 정답의 후보예요. 두 번째 빈칸 앞의 中国(중국)와 빈칸 뒤의 行きました(갔습니다)를 보면, '한국에 가고 싶었습니다만, 중국에 갔습니다'라는 말이 문맥상 자연스러워요. 따라서 3 に/に(에/에)가 정답이에요. 빈칸 뒤의 동사 行く(가다)는 조사 を(을)가 아닌 조사 に(에)에 접속하여 '~을 가다'와 같은 의미로 사용됨을 알아두세요.

어휘 韓国 かんこく 圏 한국 行く いく 圄 가다 ~たい ~(하)고 싶다
中国 ちゅうごく 圏 중국 ~も 죄 ~도 ~と 죄 ~과, 와
~に 죄 ~에 ~を 죄 ~을, 를

7

어제 도서관에서 읽고 싶었던 책을 빌렸습니다. 재미있어서 (　　　) 전부 읽었습니다.

1 벌써　　　　　　　　　2 아직
3 매우　　　　　　　　　　4 때때로

해설 빈칸에 들어갈 적절한 부사를 고르는 문제예요. 빈칸 앞의 面白くて(재미있어서)와 빈칸 뒤의 ぜんぶ読みました(전부 읽었습니다)를 보면, '재미있어서 벌써 전부 읽었습니다'라는 말이 문맥상 자연스러워요. 따라서 1 もう(벌써)가 정답이에요.

어휘 昨日 きのう 圏 어제 図書館 としょかん 圏 도서관
読む よむ 圄 읽다 ~たい ~(하)고 싶다 本 ほん 圏 책
借りる かりる 圄 빌리다 面白い おもしろい い형 재미있다
ぜんぶ 圏 전부 もう 凰 벌써 まだ 凰 아직 たいへん 凰 매우
ときどき 凰 때때로

8

야마모토 "늦어서 (　　　)."
가와무라 "괜찮습니다. 지금부터 시작할 생각이었습니다."

1 안녕하세요　　　　　　　2 부탁합니다
3 계십니까　　　　　　　　**4 죄송합니다**

해설 빈칸에 들어갈 적절한 회화 표현을 고르는 문제예요. 빈칸 앞의 おく

れて(늦어서)를 보면, '늦어서 죄송합니다'라는 말이 문맥상 자연스러워요. 따라서 4 ごめんなさい(죄송합니다)가 정답이에요. 죄송하다고 사과할 때는 ごめんなさい(죄송합니다)라고 표현할 수 있음을 알아두세요.

어휘 おくれる 圄 늦다 大丈夫だ だいじょうぶだ な형 괜찮다
今 いま 圏 지금 ~から 죄 ~부터 始める はじめる 圄 시작하다
~つもりだ ~(할) 생각이다

9

(학교에서)
스즈키 "마쓰다 씨, 지우개 있습니까?"
마쓰다 "네, 저는 세 개 가지고 있습니다. 스즈키 씨에게 한 개 (　　　)."
스즈키 "감사합니다."

1 받을게요　　　　　　　　**2 줄게요**
3 들어올게요　　　　　　　4 나갈게요

해설 빈칸에 들어갈 적절한 동사를 고르는 문제예요. 빈칸 앞의 鈴木さんに一つ(스즈키 씨에게 한 개)를 보면, 선택지 1 もらいます(받을게요), 2 あげます(줄게요)가 정답의 후보예요. 앞 문장에서 私は三つもっています(저는 세 개 가지고 있습니다)라고 했으므로 '스즈키 씨에게 한 개 줄게요'라는 말이 문맥상 자연스러워요. 따라서 2 あげます(줄게요)가 정답이에요.

어휘 学校 がっこう 圏 학교 消しゴム けしゴム 圏 지우개 ある 圄 있다
私 わたし 圏 저, 나 三つ みっつ 圏 세 개 もつ 圄 가지다
~ている ~(하)고 있다 一つ ひとつ 圏 한 개 もらう 圄 받다
あげる 圄 주다 はいる 圄 들어오다 でる 圄 나가다

실전 테스트 6
p.136

1 2	**2** 1	**3** 4	**4** 2	**5** 2
6 4	**7** 3	**8** 2	**9** 4	

문제1 (　　　)에 무엇을 넣습니까? 1·2·3·4에서 가장 알맞은 것을 하나 골라주세요.

1

내일은 돌아가기 전에 친구와 슈퍼 (　　　) 갑니다.

1 가　　　　　　　　　　　**2 에**
3 와　　　　　　　　　　　4 랑

해설 빈칸에 들어갈 적절한 조사를 고르는 문제예요. 빈칸 앞의 スーパー(슈퍼)와 빈칸 뒤의 行きます(갑니다)를 보면, '슈퍼에 갑니다'라는 말이 문맥상 자연스러워요. 따라서 2 へ(에)가 정답이에요.

어휘 明日 あした 圏 내일 帰る かえる 圄 돌아가다 前 まえ 圏 전
友だち ともだち 圏 친구 スーパー 圏 슈퍼 行く いく 圄 가다
~が 죄 ~가, 이 ~へ 죄 ~에 ~と 죄 ~와, 과
~や 죄 ~(이)랑, ~(이)나

2

영어 숙제를 해 온 것은 사토시 군 (　　　) 이었습니다.

1 뿐　　　　　　　　　　　2 보다

3 밖에　　　　　　　　　　4 이라도

해설 빈칸에 들어갈 적절한 조사를 고르는 문제예요. 빈칸 앞의 さとしくん(사토시 군)과 빈칸 뒤의 でした(이었습니다)를 보면, '사토시 군 뿐이었습니다'라는 말이 문맥상 자연스러워요. 따라서 1 だけ(뿐)가 정답이에요.

어휘 英語 えいご 圀영어　宿題 しゅくだい 圀숙제　する 圄하다
くる 圄오다　〜だけ 国~뿐, 만　〜より 国~보다　〜しか 国~밖에
〜でも 国~(이)라도

3

혼다 씨는 매우 성실한 사람으로, 주말에도 아침 6시에 (　　　).

1 일어나지 않았습니다　　　2 일어나지 않습니다

3 일어납시다　　　　　　　4 일어납니다

해설 빈칸에 들어갈 적절한 문형을 고르는 문제예요. 빈칸 앞의 朝6時に(아침 6시에)를 보면, 모든 선택지가 정답의 후보예요. 문장 전체를 보면 本田さんはとてもまじめな人で、週末にも朝6時に起きます(혼다 씨는 매우 성실한 사람으로, 주말에도 아침 6시에 일어납니다)라는 말이 문맥상 자연스러워요. 따라서 4 起きます(일어납니다)가 정답이에요. 4의 ます는 '~(합)니다', 1의 ませんでした는 '~(하)지 않았습니다', 2의 ません은 '~(하)지 않습니다', 3의 ましょう는 '~(합)시다'라는 의미임을 알아두세요.

어휘 とても 凰매우　まじめだ 国성실하다　人 ひと 圀사람
週末 しゅうまつ 圀주말　朝 あさ 圀아침　〜時 ~じ ~시
起きる おきる 圄일어나다

4

요시무라 "이 펜, 다나카 씨의 것 아닙니까?"
다나카 "네, 제 것입니다. (　　　) 찾고 있었습니다."
요시무라 "발견되어서 다행이네요."

1 더　　　　　　　　　　　2 계속

3 곧　　　　　　　　　　　4 그다지

해설 빈칸에 들어갈 적절한 부사를 고르는 문제예요. 빈칸 뒤의 さがしていました(찾고 있었습니다)를 보면, 선택지 1 もっと(더), 2 ずっと(계속)가 정답의 후보예요. 앞 문장에서 はい、私のです(네, 제 것입니다)라고 말하고 있으므로, ずっとさがしていました(계속 찾고 있었습니다)라는 말이 문맥상 자연스러워요. 따라서 2 ずっと(계속)가 정답이에요.

어휘 この 이　ペン 圀펜　もの 圀것, 물건　私 わたし 圀저, 나
さがす 圄찾다　〜ている ~(하)고 있다
見つかる みつかる 圄발견되다　よい 凰다행이다　もっと 凰더
ずっと 凰계속, 쭉　すぐに 凰곧, 즉시　あまり 凰그다지

5

오늘은 숙제가 많습니다. 하지만 숙제를 (　　　) 후 잘 생각입니다.

1 하고　　　　　　　　　　2 한

3 합　　　　　　　　　　　4 하다

해설 빈칸 뒤의 문형에 접속하는 알맞은 동사 형태를 고르는 문제예요. 빈칸 뒤의 あと는 동사 た형과 접속하여 '~(한) 후'라는 의미의 문형을 만들 수 있어요. 그러므로 동사 た형인 선택지 2 やった(한)를 빈칸에 넣으면 やったあと(한 후)가 돼요. 따라서 2 やった(한)가 정답이에요. 동사 た형 + あと가 '~(한) 후'라는 의미의 문형임을 알아두세요.

어휘 今日 きょう 圀오늘　宿題 しゅくだい 圀숙제　多い おおい 凰많다
でも 凰하지만　あと 圀후　寝る ねる 圄자다
〜つもりだ ~(할) 생각이다　やる 圄하다

6

아침부터 배가 아파서 오늘은 (　　　) 먹을 수 없었습니다.

1 무엇으로　　　　　　　　2 무엇이

3 무엇을　　　　　　　　　4 무엇도

해설 빈칸에 들어갈 적절한 조사가 포함된 선택지를 고르는 문제예요. 빈칸 앞의 今日は(오늘은)와 빈칸 뒤의 食べることができませんでした(먹을 수 없었습니다)를 보면, '오늘은 무엇도 먹을 수 없었습니다'라는 말이 문맥상 자연스러워요. 따라서 '~도'라는 의미의 조사 も가 포함된, 4 何も(무엇도)가 정답이에요.

어휘 朝 あさ 圀아침　〜から 国~부터　おなか 圀배
いたい 凰아프다　今日 きょう 圀오늘　食べる たべる 圄먹다
〜ことができない ~(할) 수 없다　何 なに 圀무엇　〜で 国~으로
〜が 国~이, 가　〜を 国~을, 를　〜も 国~도

7

저는 고기를 좋아합니다. 그리고 생선도 좋아합니다. 하지만 야채 (　　　) 좋아하지 않습니다.

1 에　　　　　　　　　　　2 의

3 는　　　　　　　　　　　4 도

해설 빈칸에 들어갈 적절한 조사를 고르는 문제예요. 빈칸 앞의 でも野菜(하지만 야채)와 빈칸 뒤의 好きじゃありません(좋아하지 않습니다)을 보면, 선택지 3 は(는), 4 も(도)가 정답의 후보예요. 앞 문장에서 魚も好きです(생선도 좋아합니다)라고 말하고 있으므로, でも野菜は好きじゃありません(하지만 야채는 좋아하지 않습니다)이라는 말이 문맥상 자연스러워요. 따라서 3 は(는)가 정답이에요.

어휘 私 わたし 圀저, 나　肉 にく 圀고기　好きだ すきだ 国좋아하다
そして 圙그리고　魚 さかな 圀생선　でも 圙하지만
野菜 やさい 圀야채　〜に 国~에　〜の 国~의　〜は 国~는, 은
〜も 国~도

8

> 가와시마 "어제 먹은 중국요리는 (   ) 했습니까?"
> 모리타 "가격은 조금 비쌌습니다만, 매우 맛있었습니다."
>
> 1 언제   **2 어떠**
> 3 왜   4 무엇

해설 빈칸에 들어갈 적절한 의문사를 고르는 문제예요. 빈칸 앞의 **昨日食**
べた**中国**りょうりは(어제 먹은 중국요리)와 빈칸 뒤의 でしたか
(했습니까)를 보면, 선택지 2 どう(어떠), 4 なん(무엇)이 정답의 후
보예요. 모리타가 高かったですが、とてもおいしかったです(비쌌
습니다만, 매우 맛있었습니다)라고 했으므로 '어제 먹은 중국요리는
어땠습니까'라는 말이 문맥상 자연스러워요. 따라서 2 どう(어떠)
가 정답이에요.

어휘 **昨日** きのう 몡어제   **食べる** たべる 동먹다
中国 ちゅうごく 몡중국   りょうり 몡요리   ねだん 몡가격
少し すこし 틧조금   **高い** たかい ｲ형비싸다, 높다   とても 틧매우
おいしい ｲ형맛있다   いつ 몡언제   どう 어떠함   なぜ 틧왜
なん 몡무엇

9

> (회사에서)
> A "오늘은 일이 많아서 매우 지쳤습니다."
> B "그렇네요, 집에 돌아가서 충분히 쉬어 주세요. 그럼 (   )"
>
> 1 저야말로   2 잘 먹었습니다
> 3 처음 뵙겠습니다   **4 안녕히 가세요**

해설 빈칸에 들어갈 적절한 회화 표현을 고르는 문제예요. 빈칸 앞의 では
(그럼)를 보면, '그럼 안녕히 가세요'라는 말이 문맥상 자연스러워
요. 따라서 4 さようなら(안녕히 가세요)가 정답이에요. 헤어질 때는
さようなら(안녕히 가세요)라고 할 수 있음을 알아두세요.

어휘 **会社** かいしゃ 몡회사   **今日** きょう 몡오늘   **仕事** しごと 몡일
多い おおい ｲ형많다   とても 틧매우   **疲れる** つかれる 동지치다
家 いえ 몡집   **帰る** かえる 동돌아가다   ゆっくり 틧충분히, 천천히
休む やすむ 동쉬다   ~てください ~(해) 주세요   では 젭그럼

실전 테스트 7

p.138

1 2	**2** 3	**3** 2	**4** 1	**5** 3
6 4	**7** 1	**8** 3	**9** 1	

> 문제1 (   )에 무엇을 넣습니까? 1·2·3·4에서 가장 알맞은
> 것을 하나 골라주세요.

1

> 이것은 야마모토 씨 (   ) 가방입니다.
>
> 1 도   **2 의**
> 3 를   4 에게

해설 빈칸에 들어갈 적절한 조사를 고르는 문제예요. 빈칸 앞의 山本さん
(야마모토 씨)과 빈칸 뒤의 かばんです(가방입니다)를 보면, '야마
모토 씨의 가방입니다'라는 말이 문맥상 자연스러워요. 따라서 2 の
(의)가 정답이에요.

어휘 これ 몡이것   かばん 몡가방   ~も 죄~도   ~の 죄~의
~を 죄~를, 을   ~へ 죄~에게

2

> 지금, 교실에는 누구 (   ) 없습니다.
>
> 1 와   2 가
> **3 도**   4 에게

해설 빈칸에 들어갈 적절한 조사를 고르는 문제예요. 빈칸 앞의 だれ(누
구)와 빈칸 뒤의 いません(없습니다)을 보면, '누구도 없습니다'라는
말이 문맥상 자연스러워요. 따라서 3 も(도)가 정답이에요.

어휘 **今** いま 몡지금   きょうしつ 몡교실   だれ 몡누구   いる 동있다
~と 죄~와, 과   ~が 죄~가, 이   ~も 죄~도   ~に 죄~에게

3

> 저는 (   ) 밤에 샤워를 합니다.
>
> 1 곧   **2 항상**
> 3 매우   4 전혀

해설 빈칸에 들어갈 적절한 부사를 고르는 문제예요. 빈칸 앞의 私は(저
는)와 빈칸 뒤의 夜に(밤에)를 보면, 선택지 2 いつも(항상), 4 ぜん
ぜん(전혀)이 정답의 후보예요. 문장 전체를 보면 私はいつも夜に
シャワーをあびます(저는 항상 밤에 샤워를 합니다)라는 말이 문맥
상 자연스러워요. 따라서 2 いつも(항상)가 정답이에요.

어휘 **私** わたし 몡저, 나   **夜** よる 몡밤   シャワーをあびる 샤워를 하다
すぐに 틧곧   いつも 틧항상   たいへん 틧매우   ぜんぜん 틧전혀

4

> 지난주 중학교를 졸업했습니다. 다음 주 (   ) 고등학생입니다.
>
> **1 부터**   2 까지
> 3 밖에   4 만

해설 빈칸에 들어갈 적절한 조사를 고르는 문제예요. 빈칸 앞의 来週(다음
주)와 빈칸 뒤의 高校生です(고등학생입니다)를 보면, 선택지 1 か
ら(부터), 2 まで(까지)가 정답의 후보예요. 앞 문장에서 先週中学
校を卒業しました(지난주 중학교를 졸업했습니다)라고 말하고 있
으므로, 来週から高校生です(다음 주부터 고등학생입니다)라는 말
이 문맥상 자연스러워요. 따라서 1 から(부터)가 정답이에요.

어휘 **先週** せんしゅう 몡지난주   **中学校** ちゅうがっこう 몡중학교
卒業 そつぎょう 몡졸업   **する** 동하다   **来週** らいしゅう 몡다음 주

高校生 こうこうせい 图고등학생　 ～から 조~부터
～まで 조~까지　 ～しか 조~밖에　 ～だけ 조~만

5

하시모토 "다나카 씨는 도쿄에서 왔습니까?"
다나카　 "네, (　　　)."

1 있었습니다　　　　　　2 그렇게 할게요
3 그렇습니다　　　　　　4 알겠습니다

해설 빈칸에 들어갈 적절한 회화 표현을 고르는 문제예요. 빈칸 앞의 はい
(네)를 보면 모든 선택지가 정답의 후보예요. 하시모토가 田中さん
は東京から来ましたか(다나카 씨는 도쿄에서 왔습니까)라고 물었
으므로 はい、そうです(네, 그렇습니다)라고 대답하는 것이 문맥상
자연스러워요. 따라서 3 そうです(그렇습니다)가 정답이에요. 사실
을 확인하는 질문에 대해 맞다고 대답할 때는 はい、そうです(네, 그
렇습니다)라고 할 수 있음을 알아두세요.

어휘 東京 とうきょう 图도쿄(지명)　 ～から 조~에서, 부터
来る くる 图오다　 ある 图있다　 そう 甲그렇게　 する 图하다
わかる 图알다

6

내일부터 자기 전에 미국의 뉴스를 (　　　).

1 봤습니다　　　　　　　2 보지 않았습니다
3 보고 있지 않습니다　　　**4 봅니다**

해설 빈칸에 들어갈 적절한 문형을 고르는 문제예요. 빈칸 앞의 ニュース
を(뉴스를)를 보면, 모든 선택지가 정답의 후보예요. 문장 전체를 보
면 明日からねる前にアメリカのニュースを見ます(내일부터 자기
전에 미국의 뉴스를 봅니다)라는 말이 문맥상 자연스러워요. 따라서
4 見ます(봅니다)가 정답이에요. 4의 ます는 '~(합)니다', 1의 まし
た는 '~(했)습니다', 2의 ませんでした는 '~(하)지 않았습니다', 3의
ていません은 '~(하)고 있지 않습니다'라는 의미임을 알아두세요.

어휘 明日 あした 图내일　 ～から 조~부터　 ねる 图자다　 前 まえ 图전
アメリカ 图미국　 ニュース 图뉴스　 見る みる 图보다
～ている ~(하)고 있다

7

저는 초등학생인 여동생과 남동생 (　　　) 습니다.

1 이　　　　　　　　　　2 일지
3 을　　　　　　　　　　　4 에게

해설 빈칸에 들어갈 적절한 조사를 고르는 문제예요. 빈칸 앞의 弟(남동
생)와 빈칸 뒤의 います(있습니다)를 보면, 선택지 1 が(이), 4 に(에
게)가 정답의 후보예요. 문장 전체를 보면 私はしょうがくせいの妹
と弟がいます(저는 초등학생인 여동생과 남동생이 있습니다)라는
말이 문맥상 자연스러워요. 따라서 1 が(이)가 정답이에요.

어휘 私 わたし 图저, 나　 しょうがくせい 图초등학생
妹 いもうと 图여동생　 弟 おとうと 图남동생　 いる 图있다
～が 조~이, 가　 ～か 조~일지　 ～を 조~을, 를　 ～に 조~에게

8

(학교에서)
A "여름방학은 무엇을 합니까?"
B "시골 할머니 집에 (　　　) 예정입니다."

1 갑　　　　　　　　　　　2 가지
3 갈　　　　　　　　　　　4 가서

해설 빈칸 뒤의 문형에 접속하는 알맞은 동사 형태를 고르는 문제예요. 빈
칸 뒤의 つもりです는 つもりだ의 정중형이며 つもりだ는 동사 사
전형과 접속하여 '~(할) 예정이다'라는 의미의 문형을 만들 수 있어
요. 그러므로 동사 사전형인 선택지 3 行く(갈)를 빈칸에 넣으면 行く
つもりだ(갈 예정이다)가 돼요. 따라서 3 行く(갈)가 정답이에요. 동
사 사전형 + つもりだ가 '~(할) 예정이다'라는 의미의 문형임을 알
아두세요.

어휘 学校 がっこう 图학교　 夏休み なつやすみ 图여름방학
何 なに 图무엇　 する 图하다　 いなか 图시골
おばあさん 图할머니　 家 いえ 图집　 ～つもりだ ~(할) 예정이다
行く いく 图가다

9

(슈퍼에서)
손님　　　 "이 오렌지는 (　　　) 입니까?"
가게 사람 "그 오렌지는 3개에 300엔입니다."
손님　　　 "그럼, 3개 부탁 드립니다."

1 얼마　　　　　　　　　　2 언제
3 누구　　　　　　　　　　　4 어디

해설 빈칸에 들어갈 적절한 의문사를 고르는 문제예요. 빈칸 앞의 このオ
レンジは(이 오렌지는)와 빈칸 뒤의 ですか(입니까)를 보면, '이 오
렌지는 얼마입니까'라는 말이 문맥상 자연스러워요. 따라서 1 いくら
(얼마)가 정답이에요.

어휘 スーパー 图슈퍼　 客 きゃく 图손님　 この 이　 オレンジ 图오렌지
店 みせ 图가게　 人 ひと 图사람　 その 그　 3つ みっつ 图3개
～円 ～えん ~엔　 じゃ 접그럼　 いくら 图얼마　 いつ 图언제
どなた 图누구　 どこ 图어디

실전 테스트 8　　　　　　　　　　　　　　　　p.140

| 1 2 | 2 3 | 3 1 | 4 3 | 5 2 |
| 6 3 | 7 4 | 8 3 | 9 1 | |

문제1 (　　　)에 무엇을 넣습니까? 1·2·3·4에서 가장 알맞은
것을 하나 골라주세요.

1

내일은 아침 10시 (　　　) 다나카 씨와 만납니다.

1 가
2 에
3 를
4 의

해설 빈칸에 들어갈 적절한 조사를 고르는 문제예요. 빈칸 앞의 **10時**(10시)와 빈칸 뒤의 **田中さんと**(다나카 씨와)를 보면, '10시에 다나카 씨와'라는 말이 문맥상 자연스러워요. 따라서 **2 に**(에)가 정답이에요.

어휘 **明日 あした** 몡 내일　**朝 あさ** 몡 아침　**~時 ~じ** ~시
会う あう 동 만나다　**~が** 조 가, 이　**~に** 조 ~에, 에게
~を 조 ~를, 을　**~の** 조 ~의

2

이 개의 이름은 벨 (　　　) 말합니다.

1 보다
2 등
3 이라고
4 이나

해설 빈칸에 들어갈 적절한 조사를 고르는 문제예요. 빈칸 앞의 **ベル**(벨)와 빈칸 뒤의 **いいます**(말합니다)를 보면, '벨이라고 말합니다'라는 말이 문맥상 자연스러워요. 따라서 **3 と**(이라고)가 정답이에요.

어휘 **この** 이　**犬 いぬ** 몡 개　**名前 なまえ** 몡 이름　**いう** 동 (말)하다
~より 조 ~보다　**~など** 조 ~등　**~と** 조 ~(이)라고, 과
~や 조 ~(이)나

3

어제는 집에서 쿠키 (　　　) 만들었습니다.

1 를
2 와
3 일지
4 에

해설 빈칸에 들어갈 적절한 조사를 고르는 문제예요. 빈칸 앞의 **クッキー**(쿠키)와 빈칸 뒤의 **作りました**(만들었습니다)를 보면, '쿠키를 만들었습니다'라는 말이 문맥상 자연스러워요. 따라서 **1 を**(를)가 정답이에요.

어휘 **昨日 きのう** 몡 어제　**家 いえ** 몡 집　**クッキー** 몡 쿠키
作る つくる 동 만들다　**~を** 조 ~를, 을　**~と** 조 ~와, 과
~か 조 ~일지　**~へ** 조 ~에

4

하시모토 "이 다음, 저의 집에 놀러 (　　　)."
다나카 　"네, 가고 싶습니다."

1 왔습니까
2 오고 있습니까
3 오지 않겠습니까
4 오고 있지 않습니까

해설 빈칸에 들어갈 적절한 문형을 고르는 문제예요. 빈칸 앞의 **今度, 私の家に遊びに**(이 다음, 저의 집에 놀러)를 보면, '이 다음, 저의 집에 놀러 오지 않겠습니까'라는 말이 문맥상 자연스러워요. 따라서 **3 来ませんか**(오지 않겠습니까)가 정답이에요. 3의 ませんか는 '~(하)지 않겠습니까', 1의 ましたか는 '~(했)습니까', 2의 ていますか는

'~(하)고 있습니까', 4의 ていませんか는 '~(하)고 있지 않습니까'라는 의미임을 알아두세요.

어휘 **今度 こんど** 몡 이 다음, 이번　**私 わたし** 몡 저, 나　**家 いえ** 몡 집
遊ぶ あそぶ 동 놀다　**行く いく** 동 가다　**~たい** ~(하)고 싶다
来る くる 동 오다　**~ている** ~(하)고 있다, (한) 상태이다

5

선생님에게 묻기 전에, 스스로 (　　　) 한 번 생각해 보았습니다.

1 아직
2 더
3 매우
4 마침

해설 빈칸에 들어갈 적절한 부사를 고르는 문제예요. 빈칸 앞의 **自分で**(스스로)와 빈칸 뒤의 **一度**(한 번)를 보면, '스스로 더 한 번'이라는 말이 문맥상 자연스러워요. 따라서 **2 もう**(더)가 정답이에요. 일본어로 '한 번 더'라고 할 때는 もう(더)가 一度(한 번) 앞에 와서 もう一度(한 번 더)라고 하는 것을 알아두세요.

어휘 **先生 せんせい** 몡 선생(님)　**聞く きく** 동 묻다, 듣다　**まえ** 몡 전, 앞
自分で じぶんで 스스로　**一度 いちど** 몡 한 번
考える かんがえる 동 생각하다　**~てみる** ~(해) 보다　**まだ** 보 아직
もう 보 더, 이미　**たいへん** 보 매우　**ちょうど** 보 마침

6

어제 도서관에서 공부했습니다. 오늘 (　　　) 도서관에서 공부합니다.

1 과
2 의
3 도
4 에서

해설 빈칸에 들어갈 적절한 조사를 고르는 문제예요. 빈칸 앞의 **今日**(오늘)와 빈칸 뒤의 **図書館で**(도서관에서)를 보면, '오늘도 도서관에서'라는 말이 문맥상 자연스러워요. 따라서 **3 も**(도)가 정답이에요.

어휘 **昨日 きのう** 몡 어제　**図書館 としょかん** 몡 도서관
勉強 べんきょう 몡 공부　**する** 동 하다　**今日 きょう** 몡 오늘
~と 조 ~과, 와　**~の** 조 ~의　**~も** 조 ~도　**~で** 조 ~에서

7

(학교에서)
선생님 "모두의 앞에서 말할 때는 큰 소리로 (　　　) 주세요."

1 말
2 말하다
3 말한
4 말해

해설 빈칸 뒤의 문형에 접속하는 알맞은 동사 형태를 고르는 문제예요. 빈칸 뒤의 **ください**는 동사 て형과 접속하여 '~(해) 주세요'라는 의미의 문형을 만들 수 있어요. 그러므로 동사 て형인 선택지 4 **話して**(말해)를 빈칸에 넣으면 **話してください**(말해 주세요)가 돼요. 따라서 **4 話して**(말해)가 정답이에요. 동사 て형 + ください가 '~(해) 주세요'라는 의미의 문형임을 알아두세요.

어휘 **学校 がっこう** 몡 학교　**先生 せんせい** 몡 선생(님)　**みんな** 몡 모두
前 まえ 몡 앞, 전　**話す はなす** 말하다, 이야기하다　**時 とき** 몡 때
大きな おおきな 큰　**声 こえ** 몡 소리　**~てください** ~(해) 주세요

8

(집에서)
엄마 "저녁 밥이 되었습니다. 먹읍시다."
아이 "(   )."

1 부탁합니다   2 안녕히 주무세요
3 잘 먹겠습니다   4 어서 오세요

해설 빈칸에 들어갈 적절한 회화 표현을 고르는 문제예요. 엄마가 晩ごは
　　んができました。食べましょう(저녁 밥이 되었습니다. 먹읍시다)
　　라고 했으므로 いただきます(잘 먹겠습니다)라고 하는 것이 문맥상
　　자연스러워요. 따라서 3 いただきます(잘 먹겠습니다)가 정답이에
　　요. 식사를 하기 전에는 いただきます(잘 먹겠습니다)라고 인사하
　　는 것을 알아두세요.

어휘 家 いえ 🅟집　母 はは 🅟엄마, 어머니
　　晩ごはん ばんごはん 🅟저녁 밥　できる 🅥되다
　　食べる たべる 🅥먹다　子ども こども 🅟아이

9

스즈키 "이 꽃, 매우 예쁘네요."
사토 　"예쁘지요. 어제 다나카 씨로부터 (   )."
스즈키 "그렇습니까? 잘 됐네요."

1 받았습니다   2 주었습니다
3 갔습니다   4 왔습니다

해설 빈칸에 들어갈 적절한 동사를 고르는 문제예요. 빈칸 앞의 昨日田中
　　さんから(어제 다나카 씨로부터)를 보면, '어제 다나카 씨로부터 받
　　았습니다'라는 말이 문맥상 자연스러워요. 따라서 1 もらいました
　　(받았습니다)가 정답이에요. 참고로 1의 もらう는 '받다'라는 의미, 2
　　의 あげる(주다)는 '내가 남에게 준다'는 의미임을 알아두세요.

어휘 この 이　花 はな 🅟꽃　とても 🅐매우　きれいだ 🅐예쁘다
　　昨日 きのう 🅟어제　〜から 🅚로부터　よい 🅐잘 되다
　　もらう 🅥받다　あげる 🅥주다　行く いく 🅥가다
　　来る くる 🅥오다

문제 2 　문장 만들기

출제 형태 및 문제 풀이 Step   p.142

내일은 엄마와 ＿＿＿ ＿＿＿ ★ ＿＿＿ 갑니다.

1 에   2 의
3 할머니   **4 집**

어휘 明日 あした 🅟내일　はは 🅟엄마, 어머니　行く いく 🅥가다
　　〜に 🅚~에　〜の 🅚~의　おばあさん 🅟할머니　家 いえ 🅟집

| **10** 3 | **11** 2 | **12** 1 | **13** 2 |

문제2 ＿＿＿ ★ 에 들어갈 것은 어느 것입니까? 1·2·3·4에서 가장
　　알맞은 것을 하나 골라 주세요.

10

A "마실 것은 우유와 콜라가 있습니다만, 무엇을 마시겠습니까?"
B "우유는 아침 마셨기 ★때문에 콜라 를 마시겠습니다."

1 를   2 콜라
3 때문에   4 마셨기

해설 빈칸 앞뒤와 연결할 수 있는 선택지가 없고, 선택지들끼리 연결하여
　　만들 수 있는 문형도 없어요. 따라서 전체 선택지를 의미적으로 배열
　　하면 4 飲みました 3 ので 2 コーラ 1 を(마셨기 때문에 콜라를)가
　　돼요. 전체 문맥과도 자연스럽게 연결되므로 3 ので(때문에)가 정답
　　이에요.

어휘 飲みもの のみもの 🅟마실 것, 음료　ぎゅうにゅう 🅟우유
　　コーラ 🅟콜라　ある 🅥있다　何 なに 🅟무엇
　　飲む のむ 🅥마시다　朝 あさ 🅟아침　〜を 🅚~를, 을
　　〜ので 🅚~때문에

11

어제 친구와 집 의 옆에 ★있는 백화점 에 갔습니다.

1 백화점   **2 있는**
3 옆에   4 의

해설 빈칸 앞의 家는 명사이므로 조사와 접속할 수 있어요. 그러므로 4 の
　　(의)를 첫 번째 빈칸에 넣어서 '家の(집의)'를 만들어요. 이후 나머지
　　선택지들을 의미적으로 배열하면 4 の 3 となりに 2 ある 1 デパー
　　ト(의 옆에 있는 백화점)가 돼요. 전체 문맥과도 자연스럽게 연결되
　　므로 2 ある(있는)가 정답이에요.

어휘 昨日 きのう 🅟어제　友だち ともだち 🅟친구　家 いえ 🅟집
　　行く いく 🅥가다　デパート 🅟백화점　ある 🅥있다
　　となり 🅟옆, 이웃　〜に 🅚~에　〜の 🅚~의

12

이 레스토랑 은 싸고 ★맛있기 때문에 사람이 많이 있습니다.

1 맛있기   2 은
3 때문에   4 싸고

해설 빈칸 앞의 레스토랑은 명사이므로 조사와 접속할 수 있어요. 그러
　　므로 2 は(은) 또는 3 から(로부터)를 첫 번째 빈칸에 넣어서 '레스
　　토랑は(레스토랑은)' 혹은 '레스토랑から(레스토랑으로부터)'를
　　만들어요. 이후 나머지 선택지들을 의미적으로 배열하면 2 は 4 安
　　くて 1 おいしい 3 から(은 싸고 맛있기 때문에) 혹은 3 から 2 は
　　4 安くて 1 おいしい(으로부터는 싸고 맛있는)가 돼요. 빈칸 앞뒤

를 보면 '레스토랑은 싸고 맛있기 때문에 사람이'로 연결하는 것이 문맥상 자연스러우므로 1 おいしい(맛있기)가 정답이에요. 참고로 선택지 3의 から는 명사와 접속할 때 '으로부터'라는 뜻으로 사용되며, '때문에'라는 뜻으로 사용하기 위해서는 명사 뒤에 だ가 접속해야 함을 알아두세요.

어휘 この 이 レストラン 명레스토랑 人 ひと 명사람 たくさん 부많이
いる 통있다 おいしい い형맛있다 ~は 조~은, 는
~から 조~때문에, (으)로부터 安い やすい い형싸다

13

이 컵은 2년 전 에 중국 ★에서 산 것입니다.	
1 에	**2 에서**
3 중국	4 산

해설 빈칸 뒤의 もの는 동사 た형과 접속하여 たもの(~(한) 것)라는 문형을 만들 수 있어요. 그러므로 선택지 4의 買った(산)를 마지막 빈칸에 넣어서 '買ったもの(산 것)'를 만들어요. 이후 나머지 선택지들을 의미적으로 배열하면 1 に 3 中国 2 で 4 買った(에 중국에서 산)가 돼요. 전체 문맥과도 자연스럽게 연결되므로 2 で(에서)가 정답이에요.

어휘 この 이 コップ 명컵 ~年 ~ねん ~년 まえ 명전 もの 명것
~に 조~에 ~で 조~에서 中国 ちゅうごく 명중국
買う かう 통사다

실전 테스트 2
p.147

10 2	**11** 3	**12** 1	**13** 4

문제2 ★ 에 들어갈 것은 어느 것입니까? 1·2·3·4에서 가장 알맞은 것을 하나 골라 주세요.

10

(병원에서)
A "우선 밥을 먹은 후 ★약 을 먹어 주세요."
B "네, 알겠습니다."

1 후	**2 약**
3 먹은	4 을

해설 서로 연결할 수 있는 선택지가 있는지 확인해요. 선택지 3의 동사 た형은 선택지 1의 あと와 접속하여 たあと(~(한) 후)라는 문형을 만들 수 있어요. 그러므로 선택지 3 食べた와 1 あと를 우선 연결해요. 이후 나머지 선택지들을 의미적으로 배열하면 3 食べた 1 あと 2 く すり 4 を(먹은 후 약을)가 돼요. 전체 문맥과도 자연스럽게 연결되므로 2 くすり(약)가 정답이에요.

어휘 びょういん 명병원 まず 부우선 ごはん 명밥
くすりを飲む くすりをのむ 약을 먹다 ~てください ~(해) 주세요
分かる わかる 통알다 あと 명후, 뒤 食べる たべる 통먹다

~を 조~을, 를

11

안도 "오늘은 어째서 숙제를 하지 않았습니까?"
가와시마 "어제 학교에 책 을 ★두고 집에 돌아갔습니다."

1 을	2 집에
3 두고	4 책

해설 서로 연결할 수 있는 선택지가 있는지 확인해요. 선택지 4의 本은 명사이므로 조사와 접속할 수 있어요. 그러므로 선택지 4 本과 1 을를 우선 연결해요. 이후 나머지 선택지들을 의미적으로 배열하면 4 本 1 を 3 おいて 2 家に(책을 두고 집에)가 돼요. 전체 문맥과도 자연스럽게 연결되므로 3 おいて(두고)가 정답이에요.

어휘 今日 きょう 명오늘 どうして 부어째서 しゅくだい 명숙제
する 통하다 昨日 きのう 명어제 がっこう 명학교
かえる 통돌아가다 ~を 조~을, 를 家 いえ 명집 ~に 조~에
おく 통두다, 놓다 本 ほん 명책

12

방의 테이블 위 에 ★꽃 과 시계가 있습니다.

1 꽃	2 과
3 위	4 에

해설 빈칸 앞뒤와 연결할 수 있는 선택지가 없고, 선택지들끼리 연결하여 만들 수 있는 문형도 없어요. 따라서 전체 선택지를 의미적으로 배열하면 3 上 4 に 1 は な 2 と(위에 꽃과)가 돼요. 전체 문맥과도 자연스럽게 연결되므로 1 はな(꽃)가 정답이에요.

어휘 へや 명방 テーブル 명테이블 時計 とけい 명시계 ある 통있다
はな 명꽃 ~と 조~과, 와 上 うえ 명위 ~に 조~에

13

저는 스포츠 중 에서 ★축구 가 가장 좋습니다.

1 가	2 에서
3 중	**4 축구**

해설 빈칸 앞뒤와 연결할 수 있는 선택지가 없고, 선택지들끼리 연결하여 만들 수 있는 문형도 없어요. 따라서 전체 선택지를 의미적으로 배열하면 3 なか 2 で 4 サッカー 1 が(중에서 축구가)가 돼요. 전체 문맥과도 자연스럽게 연결되므로 4 サッカー(축구)가 정답이에요.

어휘 私 わたし 명저, 나 スポーツ 명스포츠 いちばん 부가장, 제일
好きだ すきだ な형좋다, 좋아하다 ~が 조~가, 이 ~で 조~에서
なか 명중, 안 サッカー 명축구

실전 테스트 3
p.148

10 2	**11** 3	**12** 1	**13** 4

문제2 ★ 에 들어갈 것은 어느 것입니까? 1·2·3·4에서 가장 알맞은 것을 하나 골라 주세요.

10

어린 시절의 <u>꿈은 선생님</u> ★이 <u>되는</u> 것이었습니다.

1 꿈은   **2 이**
3 선생님   4 되는

해설 서로 연결할 수 있는 선택지가 있는지 확인해요. 선택지 2의 に는 선택지 4의 なる와 접속하여 になる(~이 되다)라는 문형을 만들 수 있어요. 그러므로 선택지 2 に와 4 なる를 우선 연결해요. 이후 나머지 선택지들을 의미적으로 배열하면 1 ゆめは 3 先生 2 に 4 なる(꿈은 선생님이 되는)가 돼요. 전체 문맥과도 자연스럽게 연결되므로 2 に(이)가 정답이에요. '~이 되다'라고 할 때는 なる(되다)에 조사 が(이)가 아닌 조사 に(에)를 사용함을 알아두세요.

어휘 小さい ちいさい [い형]어리다, 작다 ころ [명]시절, 때 こと [명]것
ゆめ [명]꿈 ~は [조]~은 ~になる ~이 되다
先生 せんせい [명]선생(님)

11

<u>중학교에 들어가고 나서</u> ★영어 <u>의</u> 공부를 시작했습니다.

1 나서   2 들어가고
3 영어   4 의

해설 서로 연결할 수 있는 선택지가 있는지 확인해요. 선택지 2의 동사 て형은 선택지 1의 から와 접속하여 てから(~(하)고 나서)라는 문형을 만들 수 있어요. 그러므로 선택지 2 入って와 1 から를 우선 연결해요. 이후 나머지 선택지들을 의미적으로 배열하면 2 入って 1 から 3 英語 4 の(들어가고 나서 영어의)가 돼요. 전체 문맥과도 자연스럽게 연결되므로 3 英語(영어)가 정답이에요.

어휘 中学校 ちゅうがっこう [명]중학교 べんきょう [명]공부
始める はじめる [동]시작하다 ~てから ~(하)고 나서
入る はいる [동]들어가다 英語 えいご [명]영어 ~の [조]~의

12

<u>시간이 없기 때문에</u> ★택시 <u>를</u> 타고 갑시다.

1 택시   2 때문에
3 없기   4 를

해설 빈칸 앞뒤와 연결할 수 있는 선택지가 없고, 선택지들끼리 연결하여 만들 수 있는 문형도 없어요. 따라서 전체 선택지를 의미적으로 배열하면 3 ない 2 から 1 タクシー 4 に(없기 때문에 택시를)가 돼요. 전체 문맥과도 자연스럽게 연결되므로 1 タクシー(택시)가 정답이에요. '~를 타다'라고 할 때는 乗る(타다)에 조사 を(를)가 아닌 조사 に(에)를 사용함을 알아두세요.

어휘 じかん [명]시간 ~に乗る ~에 타다 ~를 타다 行く いく [동]가다
タクシー [명]택시 ~から [조]~때문에 ない [い형]없다

13

(가게에서)
마에다 "이 카메라 ★는 큽니다 만 가볍네요."
사토 "하지만, 가격이 조금 비쌉니다."

1 큽니다   2 카메라
3 만   **4 는**

해설 빈칸 앞의 この(이)는 지시어이므로 다음에 명사가 접속할 수 있어요. 그러므로 2 カメラ(카메라)를 첫 번째 빈칸에 넣어서 'このカメラ(이 카메라)'를 만들어요. 이후 나머지 선택지들을 의미적으로 배열하면 2 カメラ 4 は 1 大きいです 3 が(카메라는 큽니다만)가 돼요. 전체 문맥과도 자연스럽게 연결되므로 4 は(는)가 정답이에요.

어휘 店 みせ [명]가게 この 이 かるい [い형]가볍다 でも [접]하지만
ねだん [명]가격 少し すこし [부]조금 高い たかい [い형]비싸다
大きい おおきい [い형]크다 カメラ [명]카메라 ~が [조]~지만
~は [조]~는, 은

실전 테스트 4   p.149

10 1   **11** 2   **12** 3   **13** 4

문제2 ★ 에 들어갈 것은 어느 것입니까? 1·2·3·4에서 가장 알맞은 것을 하나 골라 주세요.

10

이 펜과 노트는 10년 <u>전 에 할아버지</u> ★가 <u>준</u> 것입니다.

1 가   2 할아버지
3 에   4 준

해설 빈칸 뒤의 もの는 동사 た형과 접속하여 たもの(~(한) 것)라는 문형을 만들 수 있어요. 그러므로 선택지 4의 くれた(준)를 마지막 빈칸에 넣어서 'くれたもの(준 것)'를 만들어요. 이후 나머지 선택지들을 의미적으로 배열하면 3 に 2 そふ 1 が 4 くれた(에 할아버지가 준)가 돼요. 전체 문맥과도 자연스럽게 연결되므로 1 が(가)가 정답이에요.

어휘 この 이 ペン [명]펜 ノート [명]노트 ~年 ~ねん ~년
前 まえ [명]전 もの [명]것 ~が [조]~가, 이 そふ [명]할아버지
~に [명]에 くれる [동](나에게) 주다

11

<u>어제는 일이 끝난 뒤</u> ★친구 <u>와</u> 저녁밥을 먹었습니다.

1 뒤   **2 친구**
3 끝난   4 와

해설 서로 연결할 수 있는 선택지가 있는지 확인해요. 선택지 3의 동사 た형은 선택지 1의 あと와 접속하여 たあと(~(한) 후)라는 문형을 만들 수 있어요. 그러므로 선택지 3 おわった와 1 あと를 우선 연결해

요. 이후 나머지 선택지들을 의미적으로 배열하면 3 おわった 1 あ
と 2 友だち 4 と(끝난 뒤 친구와)가 돼요. 전체 문맥과도 자연스럽
게 연결되므로 2 友だち(친구)가 정답이에요.

어휘 昨日 きのう 閏어제　仕事 しごと 閏일
　　晩ごはん ばんごはん 閏저녁밥　食べる たべる 툉먹다
　　あと 閏뒤, 후　友だち ともだち 閏친구　おわる 툉끝나다
　　～と 죄~와, 과

12

(학교에서)
야마모토 "다음 주부터 여름 방학이네요. 모리 씨는 여름 방학에 어
　　　　　딘가 갑니까?"
모리　　 "저는 유럽 에 ★갈 예정 입니다."

1 유럽　　　　　　　　　　　2 예정
3 갈　　　　　　　　　　　　4 에

해설 빈칸 뒤의 です는 명사에 접속할 수 있어요. 그러므로 1 ヨーロ
ッパ(유럽) 또는 2 よてい(예정)를 마지막 빈칸에 넣어서 'ヨー
ロッパです(유럽입니다)' 혹은 'よていです(예정입니다)'를 만들어
요. 이후 나머지 선택지들을 의미적으로 배열하면 1 ヨーロッパ 4
に 3 行く 2 よてい(유럽에 갈 예정) 혹은 2 よてい 4 に 3 行く 1
ヨーロッパ(예정에 갈 유럽)가 돼요. '유럽에 갈 예정'으로 배열하는
것이 전체 문맥과 어울리므로 3 行く(갈)가 정답이에요.

어휘 学校 がっこう 閏학교　らいしゅう 閏다음 주　～から 죄~부터
　　なつやすみ 閏여름 방학　どこか 어딘가　行く いく 툉가다
　　わたし 閏저, 나　ヨーロッパ 閏유럽　よてい 閏예정　～に 죄~에

13

(도서관에서)
A "책을 읽고 있는 사람도 있으므로, 도서관 안에서는 조용 ★히
　해 주세요."
B "네, 죄송합니다."

1 조용　　　　　　　　　　　2 안에서는
3 해　　　　　　　　　　　　4 히

해설 빈칸 뒤의 ください는 동사 て형과 접속하여 てください(~(해) 주
세요)라는 문형을 만들 수 있어요. 그러므로 선택지 3의 して(해)를
마지막 빈칸에 넣어서 'してください(해 주세요)'를 만들어요. 이후
나머지 선택지들을 의미적으로 배열하면 2 中では 1 しずか 4 に 3
して(안에서는 조용히 해)가 돼요. 전체 문맥과도 자연스럽게 연결되
므로 4 に(히)가 정답이에요. 조사 に가 な형용사 어간과 접속하면
'~히'와 같이 부사적으로 사용됨을 알아두세요.

어휘 図書館 としょかん 閏도서관　本 ほん 閏책　よむ 툉읽다
　　～ている ~(하)고 있다　人 ひと 閏사람　いる 툉있다
　　～ので 죄~므로　～てください ~(해) 주세요
　　しずかだ 囚형조용하다　中 なか 閏안, 속　～では ~에서는
　　～にする ~(히) 하다

10 1	**11** 4	**12** 2	**13** 3

문제2 ____★____ 에 들어갈 것은 어느 것입니까? 1·2·3·4에서 가장
　　　알맞은 것을 하나 골라 주세요.

10

김 씨보다 박 씨 의 쪽 ★이 키가 큽니다.

1 이　　　　　　　　　　　　2 의
3 키가　　　　　　　　　　　4 쪽

해설 서로 연결할 수 있는 선택지가 있는지 확인해요. 선택지 4의 ほう는
선택지 2의 の와 접속하여 のほう(~쪽)라는 문형을 만들 수 있어요.
그러므로 선택지 2 の와 4 ほう를 우선 연결한 후 첫 번째 빈칸에 배
열하여 'パクさんのほう(박 씨의 쪽)'를 만들어요. 이후 나머지 선
택지들을 의미적으로 배열하면 2 の 4 ほう 1 が 3 背が(의 쪽이 키
가)가 돼요. 전체 문맥과도 자연스럽게 연결되므로 1 が(이)가 정답
이에요.

어휘 ～より 죄~보다　高い たかい 囚형(키가) 크다, 높다　～が 죄~이, 가
　　～の 죄~의　背 せ 閏키　ほう 閏쪽, 방향

11

학교에 가기 전 ★에 편의점에서 도시락을 삽니다.

1 편의점에서　　　　　　　　2 가기
3 전　　　　　　　　　　　　4 에

해설 서로 연결할 수 있는 선택지가 있는지 확인해요. 선택지 3의 まえ는
선택지 4의 に와 접속하여 まえに(~(하)기 전에)라는 문형을 만들
수 있어요. 그러므로 선택지 3 まえ와 4 に를 우선 연결해요. 그리고
선택지 2의 동사 사전형은 선택지 3의 まえ와 접속하여 동사 사전
형 + まえ(~(하)기 전)라는 문형을 만들 수 있어요. 따라서 선택지 2
行く와 3 まえ를 배열해요. 이후 나머지 선택지들을 의미적으로 배
열하면 2 行く 3 まえ 4 に 1 コンビニで(가기 전에 편의점에서)가
돼요. 전체 문맥과도 자연스럽게 연결되므로 4 に(에)가 정답이에요.

어휘 学校 がっこう 閏학교　おべんとう 閏도시락　買う かう 툉사다
　　コンビニ 閏편의점　行く いく 툉가다　まえ 閏전, 앞　～に 죄~에

12

그녀는 다나카 씨의 생일 파티 에 ★오지 않는다 고 생각합니다.

1 에　　　　　　　　　　　　2 오지 않는다
3 파티　　　　　　　　　　　4 고

해설 빈칸 뒤 思います의 사전형은 思う이고, 思う는 조사 と와 접속하
여 と思う(~(라)고 생각하다)라는 문형을 만들 수 있어요. 그러므로
선택지 4의 と(고)를 마지막 빈칸에 넣어서 'と思います(고 생각합
니다)'를 만들어요. 이후 나머지 선택지들을 의미적으로 배열하면 3
パーティー 1 に 2 来ない 4 と(파티에 오지 않는다고)가 돼요. 전

문제 2 문장 만들기　**41**

체 문맥과도 자연스럽게 연결되므로 2 来ない(오지 않는다)가 정답이에요.

어휘 彼女 かのじょ 圏 그녀　誕生日 たんじょうび 圏 생일
　　　〜と思う 〜とおもう 〜라고 생각하다　〜に 国 〜에　来る くる 图 오다
　　　パーティー 圏 파티

13

(집에서)
엄마 "책을 읽을 때는 방 을 ★밝게 해 주세요."
아이 "네, 알겠습니다."

1 을	2 해
3 밝게	4 방

해설 빈칸 뒤의 ください는 동사 て형과 접속하여 てください(~(해) 주세요)라는 문형을 만들 수 있어요. 그러므로 선택지 2의 して(해)를 마지막 빈칸에 넣어서 'してください(해 주세요)'를 만들어요. 이후 나머지 선택지들을 의미적으로 배열하면 4 部屋 1 を 3 明るく 2 して(방을 밝게 해)가 돼요. 전체 문맥과도 자연스럽게 연결되므로 3 明るく(밝게)가 정답이에요.

어휘 家 いえ 圏 집　母 はは 圏 엄마, 어머니　本 ほん 圏 책
　　　よむ 图 읽다　とき 圏 때　〜てください 〜(해) 주세요
　　　子ども こども 圏 아이　わかる 图 알다　〜を 国 〜을, 를
　　　する 图 하다　明るい あかるい い형 밝다　部屋 へや 圏 방

실전 테스트 6　　　　　　　p.151

10 4	**11** 1	**12** 3	**13** 4

문제2 ____★____ 에 들어갈 것은 어느 것입니까? 1·2·3·4에서 가장
알맞은 것을 하나 골라 주세요.

10

비가 내려 왔습니다만, 우산 이 없었기 ★때문에 친구에게 빌렸습니다.

1 없었기	2 친구에게
3 이	**4 때문에**

해설 빈칸 앞의 かさ는 명사이므로 조사와 접속할 수 있어요. 그러므로 3 が(이)를 첫 번째 빈칸에 넣어서 'かさが(우산이)'를 만들어요. 이후 나머지 선택지들을 의미적으로 배열하면 3 が 1 なかった 4 ので 2 友だちに(이 없었기 때문에 친구에게)가 돼요. 전체 문맥과도 자연스럽게 연결되므로 4 ので(때문에)가 정답이에요. 참고로, 선택지 4의 조사 ので는 명사와 접속할 때 앞에 な를 붙여서 '명사 + なので'의 형태로 사용해요.

어휘 雨 あめ 圏 비　降る ふる 图 (비, 눈 등이) 내리다　くる 图 오다
　　　かさ 圏 우산　借りる かりる 图 빌리다　ない い형 없다
　　　友だち ともだち 圏 친구　〜が 国 〜이　〜ので 国 〜때문에

11

(슈퍼에서)
손님　　　 "치즈는 어디에 있습니까?"
가게 사람 "선반의 가장 아래 ★의 장소 에 있습니다."

1 의	2 에
3 아래	4 장소

해설 빈칸 앞뒤와 연결할 수 있는 선택지가 없고, 선택지들끼리 연결하여 만들 수 있는 문형도 없어요. 따라서 전체 선택지를 의미적으로 배열하면 3 した 1 の 4 ところ 2 に(아래의 장소에)가 돼요. 전체 문맥과도 자연스럽게 연결되므로 1 の(의)가 정답이에요.

어휘 スーパー 圏 슈퍼　客 きゃく 圏 손님　チーズ 圏 치즈　どこ 圏 어디
　　　ある 图 있다　店 みせ 圏 가게　人 ひと 圏 사람　たな 圏 선반
　　　いちばん 囝 가장　〜の 国 〜의　〜に 国 〜에　した 圏 아래
　　　ところ 圏 장소, 곳

12

(박물관에서)
A "박물관 안에서 과자를 먹어도 괜찮습니까?"
B "박물관 안에서는 음식물 을 ★먹는 것 을 할 수 없습니다."

1 것	2 을
3 먹는	4 음식물

해설 빈칸 앞뒤와 연결할 수 있는 선택지가 있는지 확인해요. 빈칸 뒤의 が できません의 できません은 できる의 부정 정중형이고, が できる는 동사 사전형 + こと와 접속하여 동사 사전형 + ことができる(~(하)는 것을 할 수 있다)라는 문형을 만들 수 있어요. 그러므로 동사 사전형인 선택지 3 食べる와 1 こと를 연결한 후 마지막 빈칸에 넣어서 '食べることができません(먹는 것을 할 수 없습니다)'을 만들어요. 이후 나머지 선택지들을 의미적으로 배열하면 4 食べもの 2 を 3 食べる 1 こと(음식물을 먹는 것)가 돼요. 전체 문맥과도 자연스럽게 연결되므로 3 食べる(먹는)가 정답이에요.

어휘 はくぶつかん 圏 박물관　中 なか 圏 안, 속　おかし 圏 과자
　　　食べる たべる 图 먹다　〜てもいい 〜(해)도 괜찮다
　　　〜ことができる 〜(하)는 것을 할 수 있다　〜を 国 〜을, 를
　　　食べもの たべもの 圏 음식물

13

일전의 태국 여행이 매우 즐거웠기 ★때문에 이 다음 또 가고 싶습니다.

1 즐거웠기	2 매우
3 이 다음	**4 때문에**

해설 빈칸 앞뒤와 연결할 수 있는 선택지가 없고, 선택지들끼리 연결하여 만들 수 있는 문형도 없어요. 따라서 전체 선택지를 의미적으로 배열하면 2 とても 1 楽しかった 4 から 3 今度(매우 즐거웠기 때문에 이 다음)가 돼요. 전체 문맥과도 자연스럽게 연결되므로 4 から(때문에)가 정답이에요.

어휘 この前 このまえ 圏 일전　タイ 圏 태국　旅行 りょこう 圏 여행

また 国또 行く いく 国가다 ～たい ～(하)고 싶다
楽しい たのしい い형즐겁다 とても 国매우 今度 こんど 명이 다음
～から 조～때문에

실전 테스트 7
p.152

| **10** 2 | **11** 1 | **12** 4 | **13** 3 |

문제2 ___★___ 에 들어갈 것은 어느 것입니까? 1·2·3·4에서 가장
알맞은 것을 하나 골라 주세요.

10

10년 전 부터 사용해 ★온 냉장고가 어제 고장 났습니다.

1 냉장고가　　　　　　　　　2 온
3 부터　　　　　　　　　　　4 사용해

해설 서로 연결할 수 있는 선택지가 있는지 확인해요. 선택지 2의 きた는
くる의 た형이고, くる는 동사 て형과 접속하여 てくる(～(해) 오다)
라는 문형을 만들 수 있어요. 그러므로 선택지 4 使って와 2 きた를
우선 연결해요. 이후 나머지 선택지들을 의미적으로 배열하면 3 から
4 使って 2 きた 1 れいぞうこが(부터 사용해 온 냉장고가)가 돼
요. 전체 문맥과도 자연스럽게 연결되므로 2 きた(온)가 정답이에요.

어휘 ～年 ～ねん ～년　前 まえ 전　昨日 きのう 어제
こわれる 동고장 나다　れいぞうこ 명냉장고　くる 동오다
～から 조～부터　使う つかう 동사용하다

11

예전 스즈키 선생님에게 받은 편지 를 지금 ★도 소중 히 하고 있습
니다.

1 도　　　　　　　　　　　2 소중
3 를　　　　　　　　　　　4 지금

해설 빈칸 뒤 にして의 して는 する의 て형이고, にする는 な형용사 어
간과 접속하여 な형용사 어간 + にする(～(히) 하다)라는 문형을 만
들 수 있어요. 그러므로 선택지 2의 たいせつ(소중)를 마지막 빈칸
에 넣어서 'たいせつにして(소중히 하고)'를 만들어요. 이후 나머지
선택지들을 의미적으로 배열하면 3 を 4 今 1 も 2 たいせつ(를 지
금도 소중)가 돼요. 전체 문맥과도 자연스럽게 연결되므로 1 も(도)
가 정답이에요.

어휘 昔 むかし 명예전, 옛날　先生 せんせい 명선생(님)　もらう 동받다
手紙 てがみ 명편지　する 동하다　～ている ～(하)고 있다
～も 조～도　たいせつだ な형소중하다　～を 조～를, 을
今 いま 명지금

12

(학교에서)
혼다 "김 씨의 취미는 무엇입니까?"
김 "저의 취미는 일본 의 애니메이션 ★을 보는 것입니다."

1 애니메이션　　　　　　　　2 보는
3 의　　　　　　　　　　　4 을

해설 선택지 2의 동사 사전형 見る는 빈칸 뒤의 こと와 접속하여 동사 사
전형 + こと(～(하)는 것)라는 문형을 만들 수 있어요. 그러므로 2의
見る(보는)를 마지막 빈칸에 넣어서 '見ること(보는 것)'를 만들어
요. 이후 나머지 선택지들을 의미적으로 배열하면 3 의 1 アニメ 4
を 2 見る(의 애니메이션을 보는)가 돼요. 전체 문맥과도 자연스럽게
연결되므로 4 を(을)가 정답이에요.

어휘 学校 がっこう 명학교　しゅみ 명취미　なん 명무엇
私 わたし 명저, 나　日本 にほん 명일본　こと 명것, 일
アニメ 명애니메이션　見る みる 동보다　～の 조～의
～を 조～을, 를

13

A "내일 같이 축구 연습을 하지 않겠습니까?"
B "내일은 비 가 ★내린다 고 들었습니다."

1 비　　　　　　　　　　　2 고
3 내린다　　　　　　　　　4 가

해설 빈칸 앞뒤와 연결할 수 있는 선택지가 없고, 선택지들끼리 연결하여
만들 수 있는 문형도 없어요. 따라서 전체 선택지를 의미적으로 배열
하면 1 雨 4 が 3 ふる 2 と(비가 내린다고)가 돼요. 전체 문맥과도
자연스럽게 연결되므로 3 ふる(내린다)가 정답이에요.

어휘 明日 あした 명내일　いっしょに 国같이, 함께　サッカー 명축구
れんしゅう 명연습　する 동하다　聞く きく 동듣다　雨 あめ 명비
～と 조～(라)고　ふる 동(비, 눈 등이) 내리다　～が 조～가, 이

실전 테스트 8
p.153

| **10** 1 | **11** 3 | **12** 4 | **13** 3 |

문제2 ___★___ 에 들어갈 것은 어느 것입니까? 1·2·3·4에서 가장
알맞은 것을 하나 골라 주세요.

10

A "어제 카레를 먹었 ★으니까 오늘 은 다른 음식을 먹읍시다."
B "네, 그렇게 합시다."

1 으니까　　　　　　　　　2 먹었
3 오늘　　　　　　　　　　4 카레를

해설 빈칸 뒤의 は(은)는 조사이므로 앞에 명사가 접속할 수 있어요. 그러
므로 3 今日(오늘)를 마지막 빈칸에 넣어서 '今日は(오늘은)'를 만

들어요. 이후 나머지 선택지들을 의미적으로 배열하면 4 カレーを 2 食べた 1 から 3 今日(카레를 먹었으니까 오늘)가 돼요. 전체 문맥과도 자연스럽게 연결되므로 1 から(으니까)가 정답이에요.

어휘 昨日 きのう 圏어제　ほか 圏다른 것
食べもの たべもの 圏음식, 먹을 것　食べる たべる 圄먹다
そう 凰그렇게　する 圄하다　～から 조~(으)니까
今日 きょう 圏오늘　カレー 圏카레　～を 조~를, 을

11

지난주 토요일 은 하루 ★내내 텔레비전 을 보고 있었습니다.

1 은	2 텔레비전
3 내내	4 하루

해설 서로 연결할 수 있는 선택지가 있는지 확인해요. 선택지 3의 じゅう 는 시간 명사와 접속하여 '시간 명사 + じゅう(~내내)'라는 문형을 만 들 수 있어요. 그러므로 선택지 4 一日와 3 じゅう를 우선 연결해요. 이후 나머지 선택지들을 의미적으로 배열하면 1 は 4 一日 3 じゅ う 2 テレビ(은 하루 내내 텔레비전)가 돼요. 전체 문맥과도 자연스럽 게 연결되므로 3 じゅう(내내)가 정답이에요.

어휘 先週 せんしゅう 圏지난주　土よう日 どようび 圏토요일
見る みる 圄보다　～ている ~(하)고 있다　～は 조~은, 는
テレビ 圏텔레비전　～じゅう ~내내, 종일　一日 いちにち 圏하루

12

머리가 아플 때는 병원 에 가는 ★편 이 좋습니다.

1 이	2 가는
3 에	**4 편**

해설 서로 연결할 수 있는 선택지가 있는지 확인해요. 선택지 2의 동사 た 형은 선택지 4의 ほう와 접속하여 たほう(~(하)는 편)라는 문형을 만들 수 있어요. 그러므로 선택지 2 行った와 4 ほう를 우선 연결해 요. 이후 나머지 선택지들을 의미적으로 배열하면 3 に 2 行った 4 ほう 1 が(에 가는 편이)가 돼요. 전체 문맥과도 자연스럽게 연결되 므로 4 ほう(편)가 정답이에요.

어휘 頭 あたま 圏머리　いたい い헝아프다　時 とき 圏때
びょういん 圏병원　いい い헝좋다　～が 조~이, 가
行く いく 圄가다　～に 조~에　ほう 圏편, 쪽

13

저의 할아버지는 매일 아침 신문 을 ★읽은 후 산책을 갑니다.

1 후	2 을
3 읽은	4 신문

해설 서로 연결할 수 있는 선택지가 있는지 확인해요. 선택지 3의 동사 た 형은 선택지 1의 あと와 접속하여 たあと(~(한) 후)라는 문형을 만들 수 있어요. 그러므로 선택지 3 読んだ와 1 あと를 우선 연결해요. 이후 나머지 선택지들을 의미적으로 배열하면 4 しんぶん 2 を 3 読んだ 1 あと(신문을 읽은 후)가 돼요. 전체 문맥과도 자연스럽게 연결되므로 3 読んだ(읽은)가 정답이에요.

어휘 私 わたし 圏저, 나　そふ 圏할아버지　毎朝 まいあさ 圏매일 아침
さんぽ 圏산책　行く いく 圄가다　あと 圏후, 뒤　～を 조~을, 를
読む よむ 圄읽다　しんぶん 圏신문

글의 문법

출제 형태 및 문제 풀이 Step　　　　　　　　　p.154

크리스 씨가 "나의 친구"의 글을 쓰고, 학급 모두의 앞에서 읽었습니다.

크리스 씨의 글

> 저에게는 리차드라고 하는 친구가 있습니다. 고국에 있을 때 는 집이 가까웠기 때문에 자주 함께 놀았습니다. **하지만, 제가 일본에 오고 나서 한번도 만나지 않았습니다.** 빨리 고국에 돌 아가서 리차드를 [　　　　].

1 만납시다
2 만나고 싶습니다
3 만나지 않습니다
4 만나지 않았습니다

어휘 私 わたし 圏나, 저　友だち ともだち 圏친구　ぶんしょう 圏글
書く かく 圄쓰다　クラス 圏학급, 클래스　みんな 圏모두
前 まえ 圏앞　読む よむ 圄읽다　～という ~라고 하다
いる 圄있다　国 くに 圏고국, 나라　とき 圏때　家 いえ 圏집
近い ちかい い헝가깝다　よく 凰자주　いっしょに 凰함께
あそぶ 圄놀다　～ている ~(하)다, (하)고 있다　しかし 쩝하지만
日本 にほん 圏일본　～てから ~(하)고 나서
一回 いっかい 圏한번, 일회　会う あう 圄만나다　はやく 凰빨리
帰る かえる 圄돌아가다

실전 테스트 1　　　　　　　　　　　　　　p.158

14 2	**15** 3	**16** 1	**17** 4

문제3 [**14**] 부터 [**17**]에 무엇을 넣습니까? 문장의 의미를 생각해서, 1·2·3·4에서 가장 알맞은 것을 하나 골라 주세요.

케이티 씨와 엘리자 씨는 "나의 좋아하는 장소"의 작문을 쓰고, 학급 모두의 앞에서 읽습니다.

(1) 케이티 씨의 작문

저의 좋아하는 장소는 카페입니다. 카페에서 커피나 차를 마시면서 느긋하게 있는 것을 좋아하기 때문입니다. [14]일본에는 귀여운 카페가 많이 있습니다. ___14___ , [14], [15]앞으로도 다양한 카페에 가는 것이 기대됩니다. 커피나 차를 좋아하는 사람은 함께 ___15___ ?

(2) 엘리자 씨의 작문

저는 공원에 가는 것을 좋아합니다. [16]특히, 제가 살고 있는 집 옆에 있는 공원 ___16___ 자주 갑니다. 예쁜 꽃을 보거나, 운동을 하거나 합니다. [17]하지만, 지금은 겨울이기 때문에 공원에 꽃이 ___17___ . 꽃이 많이 피는 봄에, 또 공원에 꽃을 보러 가고 싶습니다.

어휘 私 わたし 몡나, 저 好きだ すきだ な형좋아하다
場所 ばしょ 몡장소 さくぶん 몡작문 書く かく 图쓰다
クラス 몡학급, 클래스 みんな 몡모두 前 まえ 몡앞
読む よむ 图읽다 カフェ 몡카페 コーヒー 몡커피
〜や 图〜(이)나 お茶 おちゃ 몡차 飲む のむ 图마시다
〜ながら 〜(하)면서 ゆっくりする 느긋하게 있다 〜から 图〜때문
日本 にほん 몡일본 かわいい い형귀엽다 たくさん 囘많이
ある 图있다 これから 앞으로 いろいろだ な형다양하다
行く いく 图가다 楽しみ たのしみ 몡기대 人 ひと 몡사람
いっしょに 囘함께, 같이 こうえん 몡공원 とくに 囘특히
すむ 图살다 〜ている 〜(하)고 있다 家 いえ 몡집
となり 몡옆, 이웃 よく 囘자주, 잘 きれいだ な형예쁘다
花 はな 몡꽃 見る みる 图보다
〜たり〜たりする 〜(하)거나 〜(하)거나 하다 うんどう 몡운동
する 图하다 しかし 쥅하지만 今 いま 몡지금 冬 ふゆ 몡겨울
〜ので 图〜때문에 たくさん 囘많이 さく 图(꽃이)피다
春 はる 몡봄 また 囘또, 다시 〜たい 〜(하)고 싶다

1 하지만	**2 그래서**
3 항상	4 아직

해설 빈칸에 들어갈 적절한 접속사 또는 부사를 고르는 문제예요. 빈칸이 포함된 문장인 ___、これからもいろいろなカフェに行くのが楽しみです(___, 앞으로도 다양한 카페에 가는 것이 기대됩니다)를 보면, 선택지 1 でも(하지만), 2 だから(그래서)가 정답의 후보예요. 앞 문장에서 日本にはかわいいカフェがたくさんあります(일본에는 귀여운 카페가 많이 있습니다)라고 했으므로 빈칸 앞 뒤의 내용을 순접으로 연결하는 접속사 だから(그래서)가 빈칸에 들어가는 것이

문맥상 자연스러워요. 따라서 2 だから(그래서)가 정답이에요.

어휘 でも 쥅하지만, 그래도 だから 쥅그래서 いつも 囘항상
まだ 囘아직

1 갔습니까	2 가기 때문입니까
3 가지 않겠습니까	4 가고 있지 않습니까

해설 빈칸에 들어갈 적절한 문형을 고르는 문제예요. 빈칸 앞 부분인 コーヒーやお茶が好きな人はいっしょに(커피나 차를 좋아하는 사람은 함께)를 보면, 모든 선택지가 정답의 후보예요. 앞 문장에서 これからもいろいろなカフェに行くのが楽しみです(앞으로도 다양한 카페에 가는 것이 기대됩니다)라고 했으므로 行きませんか(가지 않겠습니까)가 빈칸에 들어가는 것이 문맥상 자연스러워요. 따라서 3 行きませんか(가지 않겠습니까)가 정답이에요. 3의 ませんか는 '〜(하)지 않겠습니까', 1의 ましたか는 '〜(했)습니까', 2의 からですか는 '〜(하)기 때문입니까', 4의 ていませんか는 '〜(하)고 있지 않습니까'라는 의미임을 알아두세요.

1 에	2 보다
3 에서	4 부터

해설 빈칸에 들어갈 적절한 조사를 고르는 문제예요. 빈칸 앞의 とくに、私がすんでいる家のとなりにあるこうえん(특히, 제가 살고 있는 집 옆에 있는 공원)과 빈칸 뒤의 よく行きます(자주 갑니다)를 보면, '특히, 제가 살고 있는 집 옆에 있는 공원에 자주 갑니다'라는 말이 문맥상 자연스러워요. 따라서 1 に(에)가 정답이에요.

어휘 〜に 图〜에 〜より 图〜보다 〜で 图〜에서 〜から 图〜부터

1 있기 때문입니다	2 있습니다
3 있었기 때문입니다	**4 없습니다**

해설 빈칸에 들어갈 적절한 문형을 고르는 문제예요. 모든 선택지가 빈칸 앞의 조사 が(이)에 접속할 수 있어요. 빈칸이 포함된 문장을 보면 しかし、今は冬なのでこうえんに花がありません(하지만, 지금은 겨울이기 때문에 공원에 꽃이 없습니다)이라는 말이 문맥상 자연스러워요. 따라서 4 ありません(없습니다)이 정답이에요. 4의 ません은 '〜(하)지 않습니다', 1의 からです는 '〜(하)기 때문입니다', 2의 ます는 '〜(합)니다', 3의 たからです는 '〜(했)기 때문입니다'라는 의미임을 알아두세요.

p.160

14 2	**15** 3	**16** 4	**17** 1

문제3 [**14**]부터 [**17**]에 무엇을 넣습니까? 문장의 의미를 생각해서, 1·2·3·4에서 가장 알맞은 것을 하나 골라 주세요.

14-17

일본에서 공부하고 있는 학생이 "나의 취미"의 글을 쓰고, 학급 모두의 앞에서 읽었습니다.

(1) 밥 씨의 글

> [14]저는 요리를 하는 것을 좋아합니다. 예전부터 어머니와 함께 요리를 했었기 때문입니다. [14]지금은 일본의 요리를 연습 [**14**].
> [15]지난주 주말은 야키소바를 [**15**]. 야키소바는 처음이었습니다만, 그다지 어렵지 않았습니다. 앞으로도 다양한 음식을 만들어 보고 싶습니다.

(2) 샌디 씨의 글

> 저는 노래를 듣는 것을 좋아합니다. 특히 제가 좋아하는 가수인 조지 씨의 노래를 자주 듣습니다. [16]조지 씨의 노래 [**16**] 밝은 노래가 많아서 언제 들어도 기운이 나기 때문입니다.
> 또, 조지 씨의 콘서트는 매우 유명합니다. [17]언젠가는 콘서트에 가서, 그의 노래를 [**17**].

어휘 日本 にほん 圐일본 べんきょう 圐공부 する 圐하다
~ている ~(하)고 있다 学生 がくせい 圐학생 私 わたし 圐나, 저
しゅみ 圐취미 ぶんしょう 圐글, 문장 書く かく 圐쓰다
クラス 圐학급, 클래스 みんな 圐모두 前 まえ 圐앞
読む よむ 圐읽다 りょうり 圐요리 好きだ すきだ な형좋아하다
むかし 圐예전, 옛날 ~から 조~부터 母 はは 圐어머니, 엄마
いっしょに 閂함께 ~から 조~때문 今 いま 圐지금
れんしゅう 圐연습 先週 せんしゅう 圐지난주
週末 しゅうまつ 圐주말 やきそば 圐야키소바 はじめて 閂처음
あまり 閂그다지 難しい むずかしい い형어렵다 これから 앞으로
いろいろだ な형다양하다 食べもの たべもの 圐음식, 먹을 것
作る つくる 圐만들다 ~てみる ~(해) 보다 ~たい ~(하)고 싶다
歌 うた 圐노래 聞く きく 圐듣다 とくに 閂특히 かしゅ 圐가수
よく 閂자주 明るい あかるい い형밝다 多い おおい い형많다
いつ 圐언제 元気が出る げんきがでる 기운이 나다 また 閂또
コンサート 圐콘서트 とても 閂매우 ゆうめいだ な형유명하다
いつか 閂언젠가 行く いく 圐가다 彼 かれ 圐그

14

1 하고 있지 않습니다	**2 하고 있습니다**
3 하지 않았습니다	4 했습니다

해설 빈칸에 들어갈 적절한 문형을 고르는 문제예요. 모든 선택지가 빈칸 앞의 명사 れんしゅう에 접속할 수 있어요. 빈칸 앞 부분인 私はりょうりをするのが好きです(저는 요리를 하는 것을 좋아합니다)를 보면, '지금은 일본의 요리를 연습하고 있습니다'라는 말이 문맥상 자연스러워요. 따라서 2 しています(하고 있습니다)가 정답이에요.

15

1 샀습니다	2 마셨습니다
3 만들었습니다	4 보았습니다

해설 빈칸에 들어갈 적절한 동사를 고르는 문제예요. 빈칸 앞 부분인 先週の週末はやきそばを(지난주 주말은 야키소바를)를 보면, 선택지 1 買いました(샀습니다), 3 作りました(만들었습니다)가 정답의 후보예요. 뒷문장에서 やきそばははじめてでしたが、あまり難しくなかったです(야키소바는 처음이었습니다만, 그다지 어렵지 않았습니다)라고 했으므로 作りました(만들었습니다)가 빈칸에 들어가는 것이 문맥상 자연스러워요. 따라서 3 作りました(만들었습니다)가 정답이에요.

어휘 買う かう 圐사다 飲む のむ 圐마시다 見る みる 圐보다

16

1 도	2 의
3 나	**4 는**

해설 빈칸에 들어갈 적절한 조사를 고르는 문제예요. 빈칸 앞의 ジョージさんの歌(조지 씨의 노래)와 빈칸 뒤의 明るい歌が多くていつ聞いても元気が出るからです(밝은 노래가 많아서 언제 들어도 기운이 나기 때문입니다)를 보면, '조지 씨의 노래는 밝은 노래가 많아서 언제 들어도 기운이 나기 때문입니다'라는 말이 문맥상 자연스러워요. 따라서 4 は(는)가 정답이에요.

어휘 ~も 조~도 ~の 조~의 ~か 조~(이)나 ~は 조~는, 은

17

1 듣고 싶습니다	2 듣고 있습니다
3 들었습니다	4 들어 봤습니다

해설 빈칸에 들어갈 적절한 문형을 고르는 문제예요. 모든 선택지가 빈칸 앞의 조사 を(를)에 접속할 수 있어요. 빈칸이 포함된 문장을 보면 いつかはコンサートに行って、彼の歌を聞きたいです(언젠가는 콘서트에 가서, 그의 노래를 듣고 싶습니다)라는 말이 문맥상 자연스러워요. 따라서 1 聞きたいです(듣고 싶습니다)가 정답이에요. 1의 たいです는 '~(하)고 싶습니다', 2의 ています는 '~(하)고 있습니다', 3의 ました는 '~(했)습니다', 4의 てみました는 '~(해) 봤습니다'라는 의미임을 알아두세요.

14 3	**15** 4	**16** 3	**17** 2

문제3 [14] 부터 [17]에 무엇을 넣습니까? 문장의 의미를 생각해서, 1·2·3·4에서 가장 알맞은 것을 하나 골라 주세요.

14-17

리우 씨와 첸 씨는 "나의 마을"의 작문을 쓰고, 학급 모두의 앞에서 읽습니다.

(1) 리우 씨의 작문

> [14]저는 조용한 시골 마을에 살고 있습니다. 예전 [14] 번화한 곳에 살고 있었습니다만, 5년 전에 지금 살고 있는 곳으로 이사했습니다.
> [15]여기에는, 다양한 꽃이 있습니다. [15], 밤에는 별도 많이 볼 수 있습니다. 학교에서는 조금 먼 곳에 있습니다만, 예쁜 꽃이나 별을 보러 오지 않겠습니까?

(2) 첸 씨의 작문

> 제가 살고 있는 마을은 사람이 많고 언제나 활기찹니다. 또한 교통도 매우 편리하고, 높은 빌딩도 많이 있습니다. [16]지난주, 새로운 쇼핑 센터가 [16]. 그곳에는 맛있는 레스토랑이나 귀여운 물건을 팔고 있는 가게가 많이 있었습니다. 이번 주 주말도 친구와 함께 [17] [17]러 가고 싶습니다.

어휘 私 わたし 명나, 저　町 まち 명마을　さくぶん 명작문
書く かく 동쓰다　クラス 명학급, 클래스　みんな 명모두
前 まえ 명앞, 전　読む よむ 동읽다　静かだ しずかだ 나형조용하다
いなか 명시골　すむ 동살다　〜ている 〜(하)고 있다
昔 むかし 명예전, 옛날　にぎやかだ 나형번화하다, 활기차다
ばしょ 명곳, 장소　〜年 〜ねん 〜년　今 いま 명지금　ところ 명곳
ひっこす 동이사하다　ここ 명여기　いろいろだ 나형다양하다
花 はな 명꽃　ある 동있다　夜 よる 명밤　星 ほし 명별
たくさん 부많이　みる 동보다　〜ことができる 〜(할) 수 있다
学校 がっこう 명학교　〜から 조〜에서, 부터　少し すこし 부조금
とおい い형멀다　きれいだ 나형예쁘다　〜や 〜이나
〜にくる 〜(하)러 오다　人 ひと 명사람　多い おおい い형많다
いつも 부언제나　また 접또한　交通 こうつう 명교통
とても 부매우　べんりだ 나형편리하다　高い たかい い형높다
ビル 명빌딩, 건물　先週 せんしゅう 명지난주
新しい あたらしい い형새롭다　ショッピング 명쇼핑
センター 명센터　そこ 명그곳　おいしい い형맛있다
レストラン 명레스토랑　かわいい い형귀엽다　もの 명물건, 것
うる 동팔다　店 みせ 명가게　今週 こんしゅう 명이번 주

週末 しゅうまつ 명주말　友だち ともだち 명친구
いっしょに 부함께　〜にいく 〜(하)러 가다　〜たい 〜(하)고 싶다

14

1 을	2 도
3 은	4 에서

해설 빈칸에 들어갈 적절한 조사를 고르는 문제예요. 빈칸이 포함된 문장인 昔 [　　] にぎやかなばしょにすんでいましたが、5年前に今すんでいるところにひっこしました(예전 [　　] 번화한 곳에 살고 있었습니다만, 5년 전에 지금 살고 있는 곳으로 이사했습니다)를 보면, 선택지 2 も(도), 3 は(은)가 정답의 후보예요. 앞 문장에서 私は静かないなかの町にすんでいます(저는 조용한 시골 마을에 살고 있습니다)라고 했으므로 빈칸 앞뒤의 내용이 상반됨을 나타내는 조사 は(은)가 빈칸에 들어가는 것이 문맥상 자연스러워요. 따라서 3 は(은)가 정답이에요.

어휘 〜を 조〜을, 를　〜も 조〜도　〜は 조〜은, 는　〜で 조〜에서

15

1 그럼	2 그래서
3 하지만	**4 그리고**

해설 빈칸에 들어갈 적절한 접속사를 고르는 문제예요. 빈칸이 포함된 문장인 [　　]、夜には星もたくさんみることができます([　　], 밤에는 별도 많이 볼 수 있습니다)를 보면, 선택지 2 それで(그래서), 3 しかし(하지만), 4 そして(그리고)가 정답의 후보예요. 앞 문장에서 ここには、いろいろな花があります(여기에는, 다양한 꽃이 있습니다)라고 했으므로 빈칸 앞뒤의 내용을 순접으로 연결하는 접속사 そして(그리고)가 빈칸에 들어가는 것이 문맥상 자연스러워요. 따라서 4 そして(그리고)가 정답이에요.

어휘 では 접그럼　それで 접그래서　しかし 접하지만
そして 접그리고

16

1 생깁니다	2 생겨 있습니다
3 생겼습니다	4 생기지 않았습니다

해설 빈칸에 들어갈 적절한 문형을 고르는 문제예요. 모든 선택지가 빈칸 앞의 조사 が(가)에 접속할 수 있어요. 빈칸 앞 부분인 先週、新しいショッピングセンターが(지난주, 새로운 쇼핑 센터가)를 보면, 선택지 3 できました(생겼습니다), 4 できませんでした(생기지 않았습니다)가 정답의 후보예요. 뒷문장에서 そこにはおいしいレストランやかわいいものをうっている店がたくさんありました(그곳에는 맛있는 레스토랑이나 귀여운 물건을 팔고 있는 가게가 많이 있었습니다)라고 했으므로 できました(생겼습니다)가 빈칸에 들어가는 것이 문맥상 자연스러워요. 따라서 3 できました(생겼습니다)가 정답이에요. 3의 ました는 '〜(했)습니다', 1의 ます는 '〜(합)니다', 2의 ています는 '〜(되)어 있습니다', 4의 ませんでした는 '〜(하)지 않았습니다'라는 의미임을 알아두세요.

어휘 できる 동생기다

1 놀다	**2 놀**
3 놀고	4 놀았다

해설 빈칸에 들어갈 적절한 문형을 고르는 문제예요. 빈칸 뒤의 にいき たいは にいく의 いく를 ます형으로 바꾸고 たい(~(하)고 싶다) 라는 문형을 접속한 표현이에요. にいく는 동사 ます형과 접속하 여 '~(하)러 가다'라는 의미의 문형을 만들 수 있어요. 그러므로 선택 지 2 遊び(놀)를 빈칸에 넣으면 遊びにいきたい(놀러 가고 싶다) 가 돼요. 따라서 2 遊び(놀)가 정답이에요. 동사 ます형 + にいく가 '~(하)러 가다'라는 의미의 문형임을 알아두세요.

어휘 遊ぶ あそぶ 图 놀다

실전 테스트 4 　　　　　　　　　p.164

14 1	**15** 2	**16** 2	**17** 3

문제3 　14　부터 　17　에 무엇을 넣습니까? 문장의 의미를 생각해서, 1·2·3·4에서 가장 알맞은 것을 하나 골라 주세요.

14-17

일본에서 공부하고 있는 학생이 "나의 나라"의 글을 쓰고, 학급 모두의 앞에서 읽었습니다.

(1) 로이 씨의 글

> 저는 프랑스에서 왔습니다. [14]프랑스와 일본은 매우 　14　. 특히, 음식이 가장 다르다고 생각합니다. 예를 들 면, 프랑스에서는 식사 때, 빵을 먹고, 일본에서는 밥을 먹습 니다. 또, 프랑스 요리에는 치즈를 사용한 것이 많습니다.
> [15]일본 음식도 맛있습니다만, 가끔 프랑스의 빵과 치즈 가 　15　.

(2) 하메스 씨의 글

> 저는 브라질에서 왔습니다. 나의 나라에서는 축구가 인기입 니다. 주말에는, 많은 사람이 축구 시합을 보러 갑니다. [16]저도 브라질에 있을 　16　, 매주 축구 시합을 보러 갔었습니다.
> 하지만, [17]일본에서는 아직 축구 시합을 보러 가지 않았 습니다. 브라질에 돌아가기 전에, 일본에서도 축구 시합을 　17　.

어휘 日本 にほん 圏 일본　べんきょう 圏 공부　する 图 하다
　　~ている ~(하)고 있다　学生 がくせい 圏 학생　私 わたし 圏 나, 저
　　国 くに 圏 나라　ぶんしょう 圏 글, 문장　書く かく 图 쓰다
　　クラス 圏 학급, 클래스　みんな 圏 모두　前 まえ 圏 앞, 전
　　読む よむ 图 읽다　フランス 圏 프랑스　~から 图 ~에서

来る くる 图 오다　とても 囤 매우　とくに 囤 특히
食べもの たべもの 圏 음식　一番 いちばん 囤 가장
ちがう 图 다르다　~とおもう ~라고 생각하다　たとえば 囤 예를 들면
食事 しょくじ 圏 식사　時 とき 圏 때　パン 圏 빵
食べる たべる 图 먹다　ご飯 ごはん 圏 밥　また 圙 또, 또한
料理 りょうり 圏 요리　チーズ 圏 치즈　使う つかう 图 사용하다
もの 圏 것　多い おおい い図 많다　おいしい い図 맛있다
たまに 가끔　ブラジル 圏 브라질　サッカー 圏 축구
人気だ にんきだ な図 인기다　週末 しゅうまつ 圏 주말
たくさん 囤 많이　人 ひと 圏 사람　試合 しあい 圏 시합
見る みる 图 보다　~に行く ~にいく ~(하)러 가다　いる 图 있다
毎週 まいしゅう 圏 매주　~ている ~(하)다, (한) 상태이다
でも 圙 하지만　まだ 囤 아직　帰る かえる 图 돌아가다

14

1 다릅니다	2 어울립니다
3 생각합니다	4 있습니다

해설 빈칸에 들어갈 적절한 동사를 고르는 문제예요. 빈칸 앞 부분인 フラ ンスと日本はとても(프랑스와 일본은 매우)를 보면, 선택지 1 ちが います(다릅니다), 2 にあいます(어울립니다)가 정답의 후보예요. 뒷문장에서 とくに、食べものが一番ちがうとおもいます(특히, 음식이 가장 다르다고 생각합니다)라고 했으므로 ちがいます(다릅 니다)가 빈칸에 들어가는 것이 문맥상 자연스러워요. 따라서 1 ちが います(다릅니다)가 정답이에요.

어휘 にあう 图 어울리다　おもう 图 생각하다　ある 图 있다

15

1 먹고 싶어지지 않습니다	**2 먹고 싶어집니다**
3 먹고 옵니다	4 먹으러 옵니다

해설 빈칸에 들어갈 적절한 문형을 고르는 문제예요. 모든 선택지가 빈칸 앞의 조사 が(가)에 접속할 수 있어요. 빈칸이 포함된 문장을 보면 日 本の食べものもおいしいですが、たまにフランスのパンとチー ズが食べたくなります(일본 음식도 맛있습니다만, 가끔 프랑스의 빵과 치즈가 먹고 싶어집니다)라는 말이 문맥상 자연스러워요. 따라 서 2 食べたくなります(먹고 싶어집니다)가 정답이에요. 2의 くな ります는 '~(해) 집니다', 1의 くなりません은 '~(해) 지지 않습니 다', 3의 てきます는 '~(하)고 옵니다', 4의 にきます는 '~(하)러 옵 니다'라는 의미임을 알아두세요.

어휘 ~たい ~(하)고 싶다　~くなる ~(해) 지다, (하)게 되다
　　~にくる ~(하)러 오다

16

1 때에	**2 때는**
3 때를	4 때도

해설 빈칸에 들어갈 적절한 조사가 포함된 선택지를 고르는 문제예요. 빈 칸 앞의 私もブラジルにいる(저도 브라질에 있을)와 빈칸 뒤의 毎 週サッカーの試合を見に行っていました(매주 축구 시합을 보러

갔었습니다)를 보면, '저도 브라질에 있을 때는 매주 축구 시합을 보러 갔었습니다'라는 말이 문맥상 자연스러워요. 따라서 '~는'이라는 의미의 조사 は가 포함된, 2 時는(때는)가 정답이에요

어휘 ~へ 조 ~에　~は 조 ~는　~を 조 ~를　~も 조 ~도

17

1 봐도 괜찮습니다	2 보고 있습니다
3 볼 예정입니다	4 봐 주세요

해설 빈칸에 들어갈 적절한 문형을 고르는 문제예요. 모든 선택지가 빈칸 앞의 조사 を(을)에 접속할 수 있어요. 빈칸 앞 부분인 ブラジルに帰る前に、日本でもサッカーの試合を(브라질에 돌아가기 전에, 일본에서도 축구 시합을)를 보면, 선택지 3 見るつもりです(볼 예정입니다), 4 見てください(봐 주세요)가 정답의 후보예요. 앞 문장에서 日本ではまだサッカーの試合を見に行っていません(일본에서는 아직 축구 시합을 보러 가지 않았습니다)이라고 했으므로 앞으로 볼 것이라는 의미로 見るつもりです(볼 예정입니다)가 빈칸에 들어가는 것이 문맥상 자연스러워요. 따라서 3 見るつもりです(볼 예정입니다)가 정답이에요. 3의 つもりです는 '~(할) 예정입니다', 1의 て도 いいです는 '~(해)도 괜찮습니다', 2의 ています는 '~(하)고 있습니다', 4의 てください는 '~(해) 주세요'라는 의미임을 알아두세요.

어휘 ~てもいい ~(해)도 괜찮다　~つもりだ ~(할) 예정이다
　　~てください ~(해) 주세요

실전 테스트 5　　　　　　　　　　　　　p.166

14 3	**15** 2	**16** 3	**17** 4

문제3 **14** 부터 **17** 에 무엇을 넣습니까? 문장의 의미를 생각해서, 1·2·3·4에서 가장 알맞은 것을 하나 골라 주세요.

14-17

마이클 씨와 올리버 씨는 "나의 가족"의 작문을 쓰고, 학급 모두의 앞에서 읽습니다.

(1) 마이클 씨의 작문

> 저의 가족은 5인 가족입니다. 부모님과 저, 그리고 여동생, 남동생입니다. [14]어릴 때는 형제와 많이 싸움을 해서 형제가 많은 것이 싫었습니다. 하지만 지금 **14** 형제와 여러 가지 이야기를 하거나, [14], [15]함께 여행에 가거나 해서 형제가 있어서 좋았다고 생각합니다.
> [15]이번 겨울방학에도 형제와 함께 유럽에 여행을 **15** .

(2) 올리버 씨의 작문

> 저의 가족은 부모님과 저인 3인 가족입니다. 형제는 없습니다. 하지만, 형제가 없어도 외롭지는 않습니다. 저에게는 강아지인 골디가 있기 때문입니다. 골디는 제가 기쁠 때도 슬플 때도 저의 옆에 있습니다.
> [16]하지만 **16** 골디와 함께 찍은 가족 사진이 없습니다. [17]그래서 다음 주는 골디와 가족 사진을 **17** .

어휘 私 わたし 명 나, 저　家族 かぞく 명 가족　さくぶん 명 작문
書く かく 동 쓰다　クラス 명 학급, 클래스　みんな 명 모두
前 まえ 명 앞　読む よむ 동 읽다　~人 ~にん ~인
りょうしん 명 부모님　そして 접 그리고　妹 いもうと 명 여동생
弟 おとうと 명 남동생　小さい ちいさい い형 어리다, 작다
ころ 명 때　兄弟 きょうだい 명 형제　たくさん 부 많이
けんか 명 싸움　する 동 하다　多い おおい い형 많다
いやだ な형 싫다　でも 접 하지만　今 いま 명 지금
いろいろ 부 여러 가지　話 はなし 명 이야기
~たり~たりする ~(하)거나 ~(하)거나 하다　いっしょに 부 함께
旅行 りょこう 명 여행　行く いく 동 가다　いる 동 (사람, 동물이) 있다
よい い형 좋다　~と思う ~とおもう ~(라)고 생각하다
今度 こんど 명 이번　冬休み ふゆやすみ 명 겨울방학
ヨーロッパ 명 유럽　しかし 접 하지만　~ても ~(해)도
さびしい い형 외롭다　犬 いぬ 명 강아지, 개　~から 조 ~때문
嬉しい うれしい い형 기쁘다　時 とき 명 때
悲しい かなしい い형 슬프다　そば 명 옆　とる 동 (사진을) 찍다
写真 しゃしん 명 사진　ある 동 (사물, 식물이) 있다
それで 접 그래서　来週 らいしゅう 명 다음 주

14

1 에	2 에서
3 은	4 도

해설 빈칸에 들어갈 적절한 조사를 고르는 문제예요. 빈칸이 포함된 문장인 でも今□兄弟といろいろな話をしたり、いっしょに旅行に行ったりして兄弟がいてよかったと思います(하지만 지금 □ 형제와 여러 가지 이야기를 하거나, 함께 여행에 가거나 해서 형제가 있어서 좋았다고 생각합니다)를 보면, 선택지 3 は(은), 4 も(도)가 정답의 후보예요. 앞 문장에서 小さいころは兄弟とたくさんけんかをして兄弟が多いのがいやでした(어릴 때는 형제와 많이 싸움을 해서 형제가 많은 것이 싫었습니다)라고 했으므로 빈칸 앞뒤의 내용이 상반됨을 나타내는 조사 は(은)가 빈칸에 들어가는 것이 문맥상 자연스러워요. 따라서 3 は(은)가 정답이에요.

어휘 ~に 조 ~에, 에게　~で 조 ~에서　~は 조 ~은, 는　~も 조 ~도

15

1 가 주세요	**2 갈 예정입니다**
3 가지 않습니다	4 갔습니다

해설 빈칸에 들어갈 적절한 문형을 고르는 문제예요. 빈칸 앞 부분인 今度

の冬休みにも兄弟といっしょにヨーロッパに旅行に(이번 겨울 방학에도 형제와 함께 유럽에 여행을)를 보면, 선택지 1 行ってください(가 주세요), 2 行くよていです(갈 예정입니다), 3 行きません(가지 않습니다)이 정답의 후보예요. 앞 문장에서 いっしょに旅行に行ったりして兄弟がいてよかったと思います(함께 여행에 가거나 해서 형제가 있어서 좋았다고 생각합니다)라고 했으므로 行くよていです(갈 예정입니다)가 빈칸에 들어가는 것이 문맥상 자연스러워요. 따라서 2 行くよていです(갈 예정입니다)가 정답이에요. 1의 てください는 '~(해) 주세요', 3의 ません은 '~(하)지 않습니다', 4의 ました는 '~(했)습니다'라는 의미임을 알아두세요.

어휘 ~てください ~(해) 주세요   よてい 몡 예정

16

1 처음으로	2 때때로
3 아직	4 조금

해설 빈칸에 들어갈 적절한 부사를 고르는 문제예요. 빈칸 앞의 でも(하지만)와 빈칸 뒤의 ゴールディといっしょにとった家族写真がありません(골디와 함께 찍은 가족 사진이 없습니다)을 보면, '하지만 아직 골디와 함께 찍은 가족 사진이 없습니다'라는 말이 문맥상 자연스러워요. 따라서 3 まだ(아직)가 정답이에요.

어휘 はじめて 튄 처음으로   ときどき 튄 때때로   まだ 튄 아직
ちょっと 튄 조금

17

1 찍기 전입니다	2 찍은 후입니다
3 찍기 때문입니다	**4 찍으러 갑니다**

해설 빈칸에 들어갈 적절한 문형을 고르는 문제예요. 모든 선택지가 빈칸 앞의 조사 を(을)에 접속할 수 있어요. 빈칸이 포함된 문장을 보면 それで来週はゴールディと家族写真をとりに行きます(그래서 다음 주는 골디와 가족 사진을 찍으러 갑니다)라는 말이 문맥상 자연스러워요. 따라서 4 とりに行きます(찍으러 갑니다)가 정답이에요. 4의 に行きます는 '~(하)러 갑니다', 1의 まえです는 '~(하)기 전입니다', 2의 たあとです는 '~(한) 후입니다', 3의 からです는 '~(하)기 때문입니다'라는 의미임을 알아두세요.

어휘 まえ 몡 전, 앞   あと 몡 후, 뒤

실전 테스트 6

p.168

14 2	15 3	16 1	17 4

문제3 [14] 부터 [17] 에 무엇을 넣습니까? 문장의 의미를
생각해서, 1·2·3·4에서 가장 알맞은 것을 하나 골라 주세요.

14-17

벤 씨는 "일본 유학"의 작문을 쓰고, 학급 모두의 앞에서 읽습니다.

일본 유학

벤·하디

[14]저는 고등학생 때, 가족여행으로 처음으로 일본에 [14]. 일본에 여행을 가기 전까지는 일본을 잘 몰랐습니다. [15]그러나, 일본을 여행하고 나서, 일본에 흥미를 [15]. 그래서 일본으로 유학하고 싶어져서, 1년 전부터 일본에서 유학하고 있습니다. [16]일본에 유학해서 일본의 문화나 일본어를 많이 공부할 수 있었습니다. 하지만 우리 [16] [16],[17]아직 일본을 잘 알고 있는 사람이 적습니다. 그래서 장래에는 고국에 돌아가서 일본의 문화나 일본어를 가르치는 선생님이 [17].

어휘 日本 にほん 몡 일본   りゅうがく 몡 유학   さくぶん 몡 작문
書く かく 동 쓰다   クラス 몡 학급, 클래스   みんな 몡 모두
前 まえ 몡 앞, 전   読む よむ 동 읽다   私 わたし 떼 저, 나
こうこうせい 몡 고등학생   時 とき 몡 때   家族 かぞく 몡 가족
旅行 りょこう 몡 여행   はじめて 튄 처음으로   行く いく 동 가다
~まで 조 ~까지   よく 튄 잘   知る しる 동 알다   しかし 젭 그러나
する 동 하다   ~てから ~(하)고 나서   きょうみ 몡 흥미
それで 젭 그래서   ~たい ~(하)고 싶다   なる 동 되다
~年 ~ねん ~년   ~から 조 ~부터   ~ている ~(하)고 있다
文化 ぶんか 몡 문화   日本語 にほんご 몡 일본어   たくさん 튄 많이
勉強 べんきょう 몡 공부   ~ことができる ~(할) 수 있다
でも 젭 하지만   まだ 튄 아직   人 ひと 몡 사람
少ない すくない い형 적다, 드물다   だから 젭 그래서
しょうらい 몡 장래   国 くに 몡 고국, 나라   帰る かえる 동 돌아가다
おしえる 동 가르치다   先生 せんせい 몡 선생님

14

1 가르쳤습니다	**2 왔습니다**
3 생겼습니다	4 있었습니다

해설 빈칸에 들어갈 적절한 동사를 고르는 문제예요. 빈칸 앞의 私はこうこうせいの時、家族旅行ではじめて日本に(저는 고등학생 때, 가족여행으로 처음으로 일본에)를 보면, '저는 고등학생 때, 가족여행으로 처음으로 일본에 왔습니다'라는 말이 문맥상 자연스러워요. 따라서 2 来ました(왔습니다)가 정답이에요.

어휘 来る くる 동 오다   できる 동 생기다   ある 동 있다

15

1 가지지 않게 되었습니다	2 가져서는 안 됩니다
3 가졌습니다	4 가지지 않았습니다

해설 빈칸에 들어갈 적절한 문형을 고르는 문제예요. 모든 선택지가 빈칸 앞의 조사 を(를)에 접속할 수 있어요. 빈칸 앞 부분인 しかし、日本を旅行してから、日本にきょうみを(그러나, 일본을 여행하고 나

서, 일본에 흥미를)를 보면, 선택지 1 持たなくなりました(가지지 않게 되었습니다)와 3 持ちました(가졌습니다)가 정답의 후보예요. 뒷문장에서 それで日本へりゅうがくしたくなって(그래서 일본으로 유학하고 싶어져서)라고 했으므로 持ちました(가졌습니다)가 들어가는 것이 문맥상 자연스러워요. 따라서 3 持ちました(가졌습니다)가 정답이에요. 3의 ました는 '~(했)습니다', 1의 くなりました는 '~(하)게 되었습니다', 2의 てはいけないです는 '~(해)서는 안 됩니다', 4의 ませんでした는 '~(하)지 않았습니다'라는 의미임을 알아두세요.

어휘 〜てはいけない ~(해)서는 안 된다

16

1 나라에는	2 나라에도
3 나라가	4 나라를

해설 빈칸에 들어갈 적절한 조사가 포함된 선택지를 고르는 문제예요. 빈칸이 포함된 문장인 でも私の___ まだ日本をよく知っている人が少ないです(하지만 우리 ___ 아직 일본을 잘 알고 있는 사람이 적습니다)를 보면, 선택지 1 国には(나라에는), 2 国にも(나라에도)가 정답의 후보예요. 앞 문장에서 日本にりゅうがくして日本の文化や日本語をたくさん勉強することができました(일본에 유학해서 일본의 문화와 일본어를 많이 공부할 수 있었습니다)라고 했으므로, '~는'이라는 의미의 조사 は가 포함된 国には(나라에는)가 들어가는 것이 문맥상 자연스러워요. 따라서 1 国には(나라에는)가 정답이에요.

어휘 〜に ㈜~에   〜は ㈜~는, 은   〜も ㈜~도   〜が ㈜~가, 이   〜を ㈜~를, 을

17

1 되어도 좋습니다	2 됩시다
3 되어 주세요	**4 되고 싶습니다**

해설 빈칸에 들어갈 적절한 문형을 고르는 문제예요. 빈칸 앞 부분인 だからしょうらいは国に帰って日本の文化や日本語をおしえる先生に(그래서 장래에는 고국에 돌아가서 일본의 문화나 일본어를 가르치는 선생님이)를 보면, 모든 선택지가 정답의 후보예요. 앞 문장에서 日本をよく知っている人が少ないです(일본을 잘 알고 있는 사람이 적습니다)라고 했으므로 なりたいです(되고 싶습니다)가 들어가는 것이 문맥상 자연스러워요. 따라서 4 なりたいです(되고 싶습니다)가 정답이에요. 4의 たいです는 '~(하)고 싶습니다', 1의 てもいいです는 '~(해)도 좋습니다', 2의 ましょう는 '~(합)시다', 3의 てくださいは '~(해) 주세요'라는 의미임을 알아두세요.

어휘 〜てもいい ~(해)도 좋다   〜ましょう ~(합)시다   〜てください ~(해) 주세요

실전 테스트 7
p.170

14 3	**15** 1	**16** 2	**17** 3

문제3 [14] 부터 [17]에 무엇을 넣습니까? 문장의 의미를 생각해서, 1·2·3·4에서 가장 알맞은 것을 하나 골라 주세요.

14-17

토니 씨와 케빈 씨는 "주말에 한 일"의 작문을 쓰고, 학급 모두의 앞에서 읽습니다.

(1) 토니 씨의 작문

> [14]주말은 친구와 공원에 피크닉을 [14]. 공원에는 예쁜 꽃이 많이 피어 있었습니다.
> 공원을 산책한 후, 가지고 간 도시락을 먹었습니다. 밖에서 예쁜 꽃을 보면서 먹는 밥은 매우 맛있었습니다. [15]날씨가 좋은 [15], 또 피크닉에 가고 싶습니다.

(2) 케빈 씨의 작문

> 지난주 [16]주말은 집 청소를 했습니다. 여느 때는 하지 않는 부엌이나 창문 청소까지 [16].
> [17]집이 깨끗하게 되었기 때문에 마음도 깨끗하게 되었습니다. 주말, 밖에 놀러 가는 것도 좋습니다만, 가끔은 밖에 나가지 않고 집에서 청소를 하는 것도 좋다고 [17].

어휘 週末 しゅうまつ 圀 주말   する 圐 하다   こと 圀 일, 것
さくぶん 圀 작문   書くかく 圐 쓰다   クラス 圀 학급, 클래스
みんな 圀 모두   前 まえ 圀 앞   読む よむ 圐 읽다
友だち ともだち 圀 친구   こうえん 圀 공원   ピクニック 圀 피크닉
きれいだ 뉘형 예쁘다, 깨끗하다   花 はな 圀 꽃   たくさん 凬 많이
咲く さく 圐 (꽃이) 피다   〜ている ~(해) 있다   さんぽ 圀 산책
後 あと 圀 후   持つ もつ 圐 가지다   行く いく 圐 가다
お弁当 おべんとう 圀 도시락   食べる たべる 圐 먹다
外 そと 圀 밖   見る みる 圐 보다   〜ながら ~(하)면서
ごはん 圀 밥   とても 凬 매우   おいしい 니형 맛있다
天気 てんき 圀 날씨   いい 니형 좋다   また 凬 또
〜たい ~(하)고 싶다   先週 せんしゅう 圀 지난주   家 いえ 圀 집
そうじ 圀 청소   いつも 圀 여느 때   キッチン 圀 부엌
窓 まど 圀 창문   〜まで ㈜ ~까지   なる 圐 되다   〜ので ㈜ ~때문
心 こころ 圀 마음   遊ぶ あそぶ 圐 놀다
〜に行く 〜にいく ~(하)러 가다   たまに 가끔   出る でる 圐 나가다

14

1 갔다 오지 않았습니다	2 갑시다
3 갔다 왔습니다	4 가고 싶습니다

해설 빈칸에 들어갈 적절한 문형을 고르는 문제예요. 빈칸 앞 부분인 週末は友だちとこうえんにピクニックに(주말은 친구와 공원에 피크닉을)를 보면, 모든 선택지가 정답의 후보예요. 뒷문장에서 こうえんにはきれいな花がたくさん咲いていました(공원에는 예쁜 꽃이 많이 피어 있었습니다)라고 했으므로 行ってきました(갔다 왔습니다)

가 빈칸에 들어가는 것이 문맥상 자연스러워요. 따라서 3 行ってきました(갔다 왔습니다)가 정답이에요. 3의 てきました는 '~(하)고 왔습니다', 1의 てきませんでした는 '~(하)고 오지 않았습니다', 2의 ましょうる는 '~(합)시다', 4의 たいでする '~(하)고 싶습니다'라는 의미임을 알아두세요.

어휘 くる 图 오다

15

| 1 날에 | 2 날과 |
| 3 날이 | 4 날을 |

해설 빈칸에 들어갈 적절한 조사가 포함된 선택지를 고르는 문제예요. 빈칸 앞의 天気がいい(날씨가 좋은)와 빈칸 뒤의 またピクニックに行きたいです(또 피크닉에 가고 싶습니다)를 보면, '날씨가 좋은 날에 또 피크닉에 가고 싶습니다'라는 말이 문맥상 자연스러워요. 따라서 '~에'라는 의미의 조사 に가 포함된, 1 日に(날에)가 정답이에요.

어휘 日 ひ 阅 날 ～に 图 ~에 ～と 图 ~과, 와 ～が 图 ~이, 가 ～を 图 ~을, 를

16

| 1 해 봅니다 | 2 해 보았습니다 |
| 3 하기 때문입니다 | 4 했기 때문입니다 |

해설 빈칸에 들어갈 적절한 문형을 고르는 문제예요. 모든 선택지가 빈칸 앞의 조사 まで(까지)에 접속할 수 있어요. 빈칸 앞 부분인 いつもはしないキッチンや窓のそうじまで(여느 때는 하지 않는 부엌이나 창문 청소까지)를 보면, 모든 선택지가 정답의 후보예요. 앞 문장에서 週末は家のそうじをしました(주말은 집 청소를 했습니다)라고 했으므로 してみました(해 보았습니다)가 빈칸에 들어가는 것이 문맥상 자연스러워요. 따라서 2 してみました(해 보았습니다)가 정답이에요. 2의 てみました는 '~(해) 보았습니다', 1의 てみます는 '~(해) 봅니다', 3의 からです는 '~(하)기 때문입니다', 4의 たからです는 '~(했)기 때문입니다'라는 의미임을 알아두세요.

어휘 ～てみる ~(해) 보다 ～から 图 ~때문

17

| 1 되었습니다 | 2 했습니다 |
| 3 생각했습니다 | 4 말했습니다 |

해설 빈칸에 들어갈 적절한 동사를 고르는 문제예요. 빈칸이 포함된 문장인 週末、外に遊びに行くのもいいですが、たまには外に出ないで家でそうじをすることもいいと ▢ (주말, 밖에 놀러 가는 것도 좋습니다만, 가끔은 밖에 나가지 않고 집에서 청소를 하는 것도 좋다고 ▢)를 보면, 선택지 3 思いました(생각했습니다), 4 言いました(말했습니다)가 정답의 후보예요. 앞 문장에서 家がきれいになったので心もきれいになりました(집이 깨끗하게 되었기 때문에 마음도 깨끗하게 되었습니다)라고 했으므로 빈칸이 포함된 문장의 내용이 자신이 청소를 하고 생각한 것임을 나타내는 동사 思いました(생각했습니다)가 빈칸에 들어가는 것이 문맥상 자연스러워요. 따라서 3 思いました(생각했습니다)가 정답이에요. 참고로 동사

思う는 조사 と와 접속하여 と思う(~라고 생각하다)라는 문형이 되는 것을 알아두세요.

어휘 思う おもう 图 생각하다 言う いう 图 말하다

실전 테스트 8

| **14** 1 | **15** 2 | **16** 3 | **17** 2 |

문제3 [14] 부터 [17] 에 무엇을 넣습니까? 문장의 의미를 생각해서, 1·2·3·4에서 가장 알맞은 것을 하나 골라 주세요.

14-17

일본에서 공부하고 있는 학생이 "일본의 전철"의 글을 쓰고, 학급 모두의 앞에서 읽었습니다.

(1) 아니크 씨의 글

일본의 전철은 어디에든지 빨리 갈 수 있어서, [14]매우 편리합니다. [14], 항상 정해진 시간에 오기 때문에 약속 시간에 늦을 일도 없습니다.
그래서 저는 어딘가에 갈 때에, [15]자주 전철을 이용하고 있습니다. 앞으로 [15] 편리한 일본의 전철을 자주 이용할 예정입니다.

(2) 이사벨 씨의 글

[16]저는 매일 전철을 타고 학교에 [16]. 하지만, 저는 일본의 전철을 그다지 좋아하지 않습니다. 일본의 전철은 매우 복잡하기 때문입니다. 일전에도 착각해서 다른 전철을 탔습니다.
또한, 항상 사람이 많아서 [17]전철을 타는 것이 힘듭니다. 그래서, 빨리 운전을 배워서, 자신의 차로 학교에 [17].

어휘 日本 にほん 阅 일본 べんきょう 阅 공부 する 图 하다
～ている ~(하)고 있다 学生 がくせい 阅 학생
電車 でんしゃ 阅 전철 ぶんしょう 阅 글, 문장 書く かく 图 쓰다
クラス 阅 학급, 클래스 みんな 阅 모두 前 まえ 阅 앞
読む よむ 图 읽다 どこ 阅 어디 はやく 图 빨리
行く いく 图 가다 ～ことができる ~(할) 수 있다 とても 图 매우
べんりだ 圀 편리하다 いつも 图 항상 決まる きまる 图 정해지다
時間 じかん 阅 시간 来る くる 图 오다 ～ので 图 ~때문
やくそく 阅 약속 おくれる 图 늦다 こと 阅 일, 것 ある 图 있다
だから 圙 그래서 私 わたし 阅 저, 나 どこか 어딘가
時 とき 阅 때 よく 图 자주, 잘 利用 りよう 阅 이용
これから 앞으로 ～つもりだ ~(할) 예정이다 毎日 まいにち 阅 매일
乗る のる 图 타다 学校 がっこう 阅 학교 しかし 圙 하지만
あまり 图 그다지 好きだ すきだ 圀 좋아하다
ふくざつだ 圀 복잡하다 ～から 图 ~때문

この前 このまえ 명 일전 まちがえる 동 착각하다, 틀리다

ちがう 동 다르다 また 부 또한 人 ひと 명 사람

多い おおい い형 많다 たいへんだ な형 힘들다 うんてん 명 운전

ならう 동 배우다 自分 じぶん 명 자신, 자기 車 くるま 명 차

14

| 1 그리고 | 2 하지만 |
| 3 그래서 | 4 그러면 |

해설 빈칸에 들어갈 적절한 접속사를 고르는 문제예요. 빈칸이 포함된
문장인 ____、いつも決まった時間に来るのでやくそくの
時間におくれることもありません(____, 항상 정해진 시간
에 오기 때문에 약속 시간에 늦을 일도 없습니다)을 보면, 선택지
1 そして(그리고), 2 しかし(하지만), 3 それで(그래서)가 정답의
후보예요. 앞 문장에서 とてもべんりです(매우 편리합니다)라고 했
으므로 빈칸 앞뒤의 일본 전철의 좋은 점을 순접으로 연결하는 접속
사 そして(그리고)가 빈칸에 들어가는 것이 문맥상 자연스러워요. 따
라서 1 そして(그리고)가 정답이에요.

어휘 そして 접 그리고 それで 접 그래서 それでは 접 그러면, 그럼

15

| 1 는 | 2 도 |
| 3 의 | 4 가 |

해설 빈칸에 들어갈 적절한 조사를 고르는 문제예요. 빈칸이 포함된 문장
인 これから____べんりな日本の電車をよく利用するつもり
です(앞으로 ____ 편리한 일본의 전철을 자주 이용할 예정입니
다)를 보면, 선택지 1 は(는), 2 も(도)가 정답의 후보예요. 앞 문장에
서 よく電車を利用しています(자주 전철을 이용하고 있습니다)라
고 했으므로 이미 자주 이용하고 있지만 앞으로도 자주 이용할 것임
을 나타내는 조사 も(도)가 빈칸에 들어가는 것이 문맥상 자연스러워
요. 따라서 2 も(도)가 정답이에요.

어휘 ～は 조 ~는, 은 ～も 조 ~도 ～の 조 ~의 ～が 조 ~가, 이

16

| 1 오지 않았습니다 | 2 와 보겠습니다 |
| **3 오고 있습니다** | 4 오기 때문입니다 |

해설 빈칸에 들어갈 적절한 문형을 고르는 문제예요. 모든 선택지가 빈칸
앞의 조사 に(에)에 접속할 수 있어요. 빈칸이 포함된 문장을 보면 私
は毎日電車に乗って学校に来ています(저는 매일 전철을 타고 학
교에 오고 있습니다)라는 말이 문맥상 자연스러워요. 따라서 3 来て
います(오고 있습니다)가 정답이에요. 3의 ています는 '~(하)고 있
습니다', 1의 ませんでした는 '~(하)지 않았습니다', 2의 てみます
는 '~(해) 봅니다', 4의 からです는 '~(하)기 때문입니다'라는 의미
임을 알아두세요.

어휘 ～てみる ~(해) 보다

17

| 1 다녀 주세요 | **2 다니고 싶습니다** |
| 3 다녀서는 안 됩니다 | 4 다녔습니다 |

해설 빈칸에 들어갈 적절한 문형을 고르는 문제예요. 모든 선택지가 빈칸
앞의 조사 に(에)에 접속할 수 있어요. 빈칸 앞 부분인 だから、はや
くうんてんをならって、自分の車で学校に(그래서, 빨리 운전을 배
워서, 자신의 차로 학교에)를 보면, 선택지 1 かよってください(다녀
주세요), 2 かよいたいです(다니고 싶습니다)가 정답의 후보예요.
앞 문장에서 電車に乗るのがたいへんです(전철을 타는 것이 힘
듭니다)라고 했으므로 かよいたいです(다니고 싶습니다)가 빈칸에
들어가는 것이 문맥상 자연스러워요. 따라서 2 かよいたいです(다
니고 싶습니다)가 정답이에요. 2의 たいです는 '~(하)고 싶습니다',
1의 てください는 '~(해) 주세요', 3의 てはいけないです는 '~(해)
서는 안 됩니다', 4의 ました는 '~(했)습니다'라는 의미임을 알아
두세요.

어휘 ～てください ~(해) 주세요 ～たい ~(하)고 싶다
～てはいけない ~(해)서는 안 된다

독해

문제 4 · 내용 이해(단문)

출제 형태 및 문제 풀이 Step   p.176

매주 금요일은 학교가 끝난 뒤, 피아노를 배우는 날입니다. 그렇지만, 오늘은 머리가 아팠기 때문에 피아노 교실에 가지 않고 집에 돌아와서 잤습니다. 내일은 친구와 놀고 싶습니다만, 우선은 병원에 갈 생각입니다.

오늘 학교가 끝난 뒤, 무엇을 했습니까?

1 피아노를 배웠습니다.
2 집에서 잤습니다.
3 친구와 놀았습니다.
4 병원에 갔습니다.

어휘 毎週 まいしゅう 명 매주 　金曜日 きんようび 명 금요일
　学校 がっこう 명 학교 　終わる おわる 통 끝나다 　あと 명 뒤, 후
　ピアノ 명 피아노 　ならう 통 배우다 　日 ひ 명 날 　でも 접 그렇지만
　今日 きょう 명 오늘 　頭 あたま 명 머리 　痛い いたい い형 아프다
　〜ので 조 〜때문에 　教室 きょうしつ 명 교실 　行く いく 통 가다
　家 いえ 명 집 　帰る かえる 통 돌아오다, 돌아가다 　ねる 통 자다
　明日 あした 명 내일 　友だち ともだち 명 친구 　あそぶ 통 놀다
　〜たい 〜(하)고 싶다 　まず 부 우선 　病院 びょういん 명 병원
　〜つもりだ 〜(할) 생각이다 　何 なに 명 무엇 　する 통 하다

실전 테스트 1   p.180

18 3   **19** 2

문제 4 다음의 (1)부터 (2)의 글을 읽고, 질문에 답해 주세요. 답은, 1·2·3·4에서 가장 알맞은 것을 하나 골라주세요.

18

어제는 엄마의 생일이었습니다. 저는 케이크를 만들었습니다. 엄마는 제가 만든 케이크를 먹고, 매우 기뻐했습니다. 작년은 아무것도 하지 않았던 남동생은, 꽃과 손수건을 엄마에게 주었습니다. 내년은 남동생과 함께 귀여운 가방을 선물하고 싶습니다.

'남동생'은 엄마에게 무엇을 선물했습니까?

1 올해는 아무것도 선물하지 않습니다. 하지만 내년은, 케이크를 줄 것입니다.

2 올해는 아무것도 선물하지 않습니다. 하지만 내년은, 꽃과 손수건을 줄 것입니다.

3 작년은 아무것도 선물하지 않았습니다만, 올해는 꽃과 손수건을 주었습니다.

4 작년은 아무것도 선물하지 않았습니다만, 올해는 가방을 주었습니다.

해설 에세이 형식의 지문으로, 남동생이 엄마에게 선물한 물건을 묻고 있어요. 지문의 중반부에서 去年は何もしなかった弟は、花とハンカチを母にあげました(작년은 아무것도 하지 않았던 남동생은, 꽃과 손수건을 엄마에게 주었습니다)라고 언급하고 있으므로 3 去年は何もプレゼントしませんでしたが、今年は花とハンカチをあげました(작년은 아무것도 선물하지 않았습니다만, 올해는 꽃과 손수건을 주었습니다)가 정답이에요. 1, 2, 4는 남동생이 작년에는 아무것도 선물하지 않았지만, 올해는 엄마에게 꽃과 손수건을 선물했고, 내년에는 '나'와 함께 가방을 선물하려고 하므로 오답이에요.

어휘 昨日 きのう 명 어제 　母 はは 명 엄마, 어머니
　誕生日 たんじょうび 명 생일 　私 わたし 명 저, 나
　ケーキ 명 케이크 　作る つくる 통 만들다 　食べる たべる 통 먹다
　とても 부 매우 　よろこぶ 통 기뻐하다 　去年 きょねん 명 작년
　何も なにも 아무것도 　する 통 하다 　弟 おとうと 명 남동생
　花 はな 명 꽃 　ハンカチ 명 손수건 　あげる 통 주다
　来年 らいねん 명 내년 　いっしょに 부 함께, 같이
　かわいい い형 귀엽다 　かばん 명 가방 　プレゼント 명 선물
　〜たい 〜(하)고 싶다 　何 なに 명 무엇 　今年 ことし 명 올해
　でも 접 하지만

19

가네코 씨의 책상 위에, 이 메모와 책이 있습니다.

가네코 씨

　오늘 오후 3시에 있는 수업에 이 책을 가지고 와 주세요. 그 전에, 마쓰오카 씨에게 수업에 오는 학생이 몇 명 있는지 물어 주세요. 그리고, 수업 때에 학생이 사용할 노트와 펜을 사와 주세요.
　잘 부탁합니다.

마쓰다

이 메모를 읽고, 가네코 씨는 우선 무엇을 합니까?

1 수업에 책을 가지고 옵니다.
2 수업에 몇 명 오는지 묻습니다.
3 마쓰오카 씨의 노트와 펜을 사용합니다.
4 노트와 펜을 사 옵니다.

해설 메모 형식의 지문으로, 가네코 씨가 우선 할 일을 묻고 있어요. 지문의 중반부에서 そのまえに、松岡さんに授業に来る学生が何人いるか聞いてください(그 전에, 마쓰오카 씨에게 수업에 오는 학생이 몇 명 있는지 물어 주세요)라고 언급하고 있으므로, 2 授業に何人来るか聞きます(수업에 몇 명 오는지 묻습니다)가 정답이에요. 1과 4는 마쓰오카 씨에게 수업에 오는 학생이 몇 명인지 물어본 뒤에 할 일이고, 3은 수업 때 학생이 사용할 노트와 펜을 사 와달라는 것이므로 오답이에요.

어휘 机 つくえ 몡책상　上 うえ 몡위　この 이　メモ 몡메모
本 ほん 몡책　ある 동(사물, 식물 등이) 있다　今日 きょう 몡오늘
ごご 몡오후　～時 ～じ ~시　授業 じゅぎょう 몡수업
持つ もつ 동가지다　来る くる 동오다　～てください ~(해) 주세요
その 그　まえ 몡전, 앞　学生 がくせい 몡학생
何人 なんにん 몡몇 명　いる 동(사람, 동물이) 있다
聞く きく 동묻다, 듣다　そして 젭그리고　とき 몡때
使う つかう 동사용하다　ノート 몡노트　ペン 몡펜
かう 동사다　読む よむ 동읽다　はじめに 뫼우선
何 なに 몡무엇　する 동하다

실전 테스트 2

p.182

18 4　　**19** 1

문제4 다음의 (1)부터 (2)의 글을 읽고, 질문에 답해 주세요. 답은, 1·2·3·4에서 가장 알맞은 것을 하나 골라주세요.

18

사토 씨는 저의 친구입니다. 사토 씨는 머리가 길었습니다만, 지난주 머리를 잘라서 짧아졌습니다. 사토 씨는 바지보다 치마를 좋아해서 항상 치마를 입고 있습니다. 또한 사토 씨는 영어를 매우 잘해서, 고등학교에서 영어를 가르치고 있습니다.

사토 씨는 누구입니까?

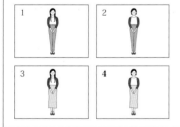

해설 에세이 형식의 지문으로, 지문의 내용에 맞는 그림을 묻고 있어요. 질문의 さとうさん(사토 씨)을 지문에서 찾아 그 주변을 주의 깊게 읽어요. 지문의 초~중반부에서 さとうさんはかみが長かったですが、先週かみを切って短くなりました。さとうさんはズボンよりスカートが好きでいつもスカートをはいています(사토 씨는 머리가 길었습니다만, 지난주 머리를 잘라서 짧아졌습니다. 사토 씨는 바지보다 치마를 좋아해서 항상 치마를 입고 있습니다)라고 언급하

고 있으므로 머리가 짧고 치마를 입고 있는 그림인 4가 정답이에요. 1과 3은 사토 씨는 지난주 머리를 잘라서 머리가 짧아졌다고 했고, 1과 2는 사토 씨는 항상 치마를 입고 있다고 했으므로 오답이에요.

어휘 わたし 몡저, 나　友だち ともだち 몡친구　かみ 몡머리, 머리카락
長い ながい い형길다　先週 せんしゅう 몡지난주
切る きる 동자르다　短い みじかい い형짧다　～くなる ~(해)지다
ズボン 몡바지　～より 죄~보다　スカート 몡치마
好きだ すきだ な형좋아하다　いつも 뫼항상
はく 동(하의를) 입다, (신발을) 신다　～ている ~(하)고 있다
また 젭또한　英語 えいご 몡영어　とても 뫼매우
上手だ じょうずだ な형잘하다　高校 こうこう 몡고등학교
教える おしえる 동가르치다　だれ 몡누구

19

식당 앞에서 이 종이를 보았습니다.

◆　　　　식당 메뉴의 가격에 대해서

다음 달부터 식당 메뉴의 가격이 바뀝니다. 돈가스의 가격은 100엔 비싸집니다. 소바의 가격은 50엔 싸집니다.

· 콜라나 차 등 음료의 가격은 바뀌지 않습니다. ◆

메뉴의 가격은 어떻게 됩니까?

1 돈가스의 가격은 비싸지고, 소바의 가격은 싸집니다.
2 소바의 가격은 비싸지고, 돈가스의 가격은 싸집니다.
3 돈가스와 콜라의 가격은 바뀌지 않습니다.
4 소바와 차의 가격은 바뀌지 않습니다.

해설 안내문 형식의 지문으로, 메뉴의 가격에 대해서 묻고 있어요. 지문의 중반부에서 とんかつのねだんは100円高くなります。そばのねだんは50円安くなります(돈가스의 가격은 100엔 비싸집니다. 소바의 가격은 50엔 싸집니다)라고 언급하고 있으므로 1 とんかつのねだんは高くなり、そばのねだんは安くなります(돈가스의 가격은 비싸지고, 소바의 가격은 싸집니다)가 정답이에요. 2, 3, 4는 돈가스의 가격은 비싸지고 소바의 가격은 싸지며, 음료의 가격은 바뀌지 않는다고 했으므로 오답이에요.

어휘 レストラン 몡식당, 레스토랑　前 まえ 몡앞　この 이
紙 かみ 몡종이　見る みる 동보다　メニュー 몡메뉴
ねだん 몡가격　～について ~에 대해서　来月 らいげつ 몡다음 달
～から 죄~부터　かわる 동바뀌다, 변하다　とんかつ 몡돈가스
～円 ～えん ~엔　高い たかい い형비싸다　～くなる ~(해)지다
そば 몡소바　安い やすい い형싸다　コーラ 몡콜라
～や ~(이)나　おちゃ 몡차　～など 죄~등
飲みもの のみもの 몡음료, 마실 것　どう 뫼어떻게　なる 동되다

실전 테스트 3

p.184

18 2　　**19** 3

문제4 다음의 (1)부터 (2)의 글을 읽고, 질문에 답해 주세요. 답은,
1·2·3·4에서 가장 알맞은 것을 하나 골라주세요.

18

제가 살고 있는 마을을 소개합니다. 우선 학교 옆에 편의점이 있습니다. 편의점의 맞은편에는 병원이 있습니다. 병원의 오른쪽에는 도서관이 있습니다. 그리고 다음 달, 병원의 왼쪽에 영화관이 생깁니다.

'나'의 마을은 어느 것입니까?

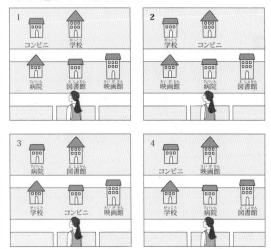

해설 에세이 형식의 지문으로, 지문의 내용에 맞는 그림을 묻고 있어요. 질문의 町(마을)를 지문에서 찾아 그 주변을 주의 깊게 읽어요. 지문 초반부에서 まず学校のとなりにコンビニがあります。コンビニのむかいには病院があります(우선 학교 옆에 편의점이 있습니다. 편의점의 맞은편에는 병원이 있습니다)라고 언급하고 있어요. 그 다음에 病院の右側には図書館があります。そして来月、病院の左側に映画館ができます(병원의 오른쪽에는 도서관이 있습니다. 그리고 다음 달, 병원의 왼쪽에 영화관이 생깁니다)라고 언급하고 있으므로 지문 내용과 일치하는 그림인 2가 정답이에요.

어휘 私 わたし 몡 저, 나 住む すむ 동 살다 ~ている ~(하)고 있다
町 まち 몡 마을 紹介 しょうかい 몡 소개 する 동 하다
まず 뮈 우선 学校 がっこう 몡 학교 となり 몡 옆, 이웃
コンビニ 몡 편의점 ある 동 있다 むかい 몡 맞은편
病院 びょういん 몡 병원 右側 みぎがわ 몡 오른쪽, 우측
図書館 としょかん 몡 도서관 そして 젭 그리고
来月 らいげつ 몡 다음 달 左側 ひだりがわ 몡 왼쪽, 좌측
映画館 えいがかん 몡 영화관 できる 동 생기다 どれ 몡 어느 것

5월 5일은 '어린이 날'입니다. 이 날은 어린이가 건강하게 지내기를 바란다고 기원하는 날입니다.

저도 옛날에는 어린이 날에 부모님으로부터 장난감이나 예쁜 옷 등의 선물을 많이 받거나, 가족과 맛있는 것을 먹거나 하여 매우 즐거웠습니다. <u>그것은</u> 이미 옛날 일입니다만, 지금도 기억하고 있습니다.

<u>그것은</u> 어떤 것입니까?
1 장난감을 선물했던 것
2 예쁜 옷을 샀던 것
3 다양한 것을 받았던 것
4 맛있는 요리를 만들었던 것

해설 에세이 형식의 지문으로, 밑줄 친 それ(그것)가 무엇인지 묻고 있어요. 지문에서 밑줄 친 부분의 앞에서 りょうしんからおもちゃやきれいな服などのプレゼントをたくさんもらったり(부모님으로부터 장난감이나 예쁜 옷 등의 선물을 많이 받거나)라고 언급하고 있으므로 3 いろいろなものをもらったこと(다양한 것을 받았던 것)가 정답이에요. 1과 2는 옛날에 어린이 날에 장난감이나 예쁜 옷을 선물 받았다는 것이고, 4는 옛날에 어린이 날에 가족과 맛있는 것을 먹었다는 것이므로 오답이에요.

어휘 ~月 ~がつ ~월 ~日 ~にち ~일 子ども こども 몡 어린이
日 ひ 몡 날 この 이
元気でいる げんきでいる 건강하게 지내다, 건강하게 있다
~てほしい ~(하)기를 바라다 ねがう 동 기원하다
私 わたし 몡 저, 나 昔 むかし 몡 옛날 りょうしん 몡 부모님
~から 조 ~로부터 おもちゃ 몡 장난감 ~や 조 ~이나
きれいだ 힝힝 예쁘다 服 ふく 몡 옷 ~など 조 ~등
プレゼント 몡 선물 たくさん 뮈 많이 もらう 동 받다
~たり~たりする ~(하)거나 ~(하)거나 하다 家族 かぞく 몡 가족
おいしい い형 맛있다 もの 몡 것 食べる たべる 동 먹다
とても 뮈 매우 楽しい たのしい い형 즐겁다 それ 몡 그것
もう 뮈 이미 こと 몡 일, 것 今 いま 몡 지금
覚える おぼえる 동 기억하다 ~ている ~(하)고 있다 どんな 어떤
する 동 하다 買う かう 동 사다 いろいろだ 힝형 다양하다
りょうり 몡 요리 作る つくる 동 만들다

실전 테스트 4   p.186

18 1	**19** 2

문제4 다음의 (1)부터 (2)의 글을 읽고, 질문에 답해 주세요. 답은,
1·2·3·4에서 가장 알맞은 것을 하나 골라주세요.

18

(대학에서)

학생이 이 포스터를 봤습니다.

○   **자전거를 빌려줍니다**   ○

   학교에서 자전거를 빌려줍니다. 빌릴 수 있는 기간은 7일
간입니다. 그것 이상은 불가능합니다.

  · 학교가 휴일일 때는 빌릴 수 없습니다.
  · 졸업한 학생은 빌릴 수 없습니다.

                           야마자키대학 학생센터
○   ○

이 포스터에 대해 맞는 것은 어느 것입니까?

1 학교가 휴일이 아닐 때에, 자전거를 일주일 빌릴 수 있습니다.

2 학교가 휴일이 아닐 때에, 자전거를 일주일 이상 빌릴 수 있습
니다.

3 학교가 휴일일 때에도 자전거를 빌릴 수 있습니다. 하지만, 일주
일밖에 빌릴 수 없습니다.

4 학교가 휴일일 때에도 자전거를 빌릴 수 있습니다. 그리고, 일주
일 이상 빌릴 수도 있습니다.

해설 안내문 형식의 지문으로, 포스터에 대해 맞는 것을 묻고 있어요. 지문
의 초반부에서 借りることができるきかんは七日間です(빌릴 수
있는 기간은 7일간입니다)라고 언급했고, 지문의 중반부에서 学校
が休みの時は借りることができません(학교가 휴일일 때는 빌릴
수 없습니다)이라고 언급하고 있으므로 1 学校が休みじゃない時
に、自転車を一週間借りることができます(학교가 휴일이 아닐
때에, 자전거를 일주일 빌릴 수 있습니다)가 정답이에요. 2, 4는 자전
거는 일주일 이상 빌릴 수 없다고 했으며, 3, 4는 학교가 휴일일 때는
빌릴 수 없다고 했으므로 오답이에요.

어휘 大学 だいがく 圆대학   学生 がくせい 圆학생   この 이
ポスター 圆포스터   見る みる 통보다   自転車 じてんしゃ 圆자전거
貸す かす 통빌려주다   学校 がっこう 圆학교   〜から 조〜에서
借りる かりる 통빌리다   〜ことができる 〜(할) 수 있다
きかん 圆기간   七日 なのか 圆7일   〜間 〜かん 〜간
それ 圆그것   以上 いじょう 圆이상   できる 통가능하다
休み やすみ 圆휴일, 쉼   時 とき 圆때   卒業 そつぎょう 圆졸업
する 통하다   センター 圆센터   〜について 〜에 대해
正しい ただしい い형맞다   どれ 圆어느 것
一週間 いっしゅうかん 圆일주일   しかし 접하지만
〜しか 조〜밖에   そして 접그리고

19

기무라 선생님의 책상 위에, 이 메모가 있습니다.

기무라 선생님

   다음 주 갈 미술관에서 연락이 왔습니다. 미술관에 몇 시
까지 오는지 알고 싶다고 말했습니다. 연락은 전화로 해 주
길 바란다고 말했습니다. 학생이 몇 명 가는지는 제가 전했습
니다. 미술관에 연락한 후, 점심 밥을 먹을 레스토랑의 예약도
부탁합니다.

                                     나카타

이 메모를 읽고, 기무라 선생님은 우선 무엇을 합니까?

1 학생과 미술관에 갑니다.

2 다음 주 갈 미술관에 전화를 합니다.

3 미술관에 몇 명 가는지 전합니다.

4 점심 밥을 먹을 레스토랑을 예약합니다.

해설 메모 형식의 지문으로, 기무라 선생님이 우선 해야 할 일을 묻고 있어
요. 지문의 초반부에서 来週行くびじゅつかんかられんらくが来
ました(다음 주 갈 미술관에서 연락이 왔습니다. 미술관에 몇 시까
지 오는지 알고 싶다고 말했습니다)라고 언급했고, れんらくは電話
でしてほしいと言っていました(연락은 전화로 해 주길 바란다고
말했습니다)라고 언급하고 있으므로 2 来週行くびじゅつかんに電
話をします(다음 주 갈 미술관에 전화를 합니다)가 정답이에요. 1은
다음 주에 할 일이고, 3은 나카타 씨가 이미 한 일이며, 4는 미술관에
연락을 한 뒤에 할 일이므로 오답이에요.

어휘 先生 せんせい 圆선생(님)   机 つくえ 圆책상   上 うえ 圆위
この 이   メモ 圆메모   ある 통있다   来週 らいしゅう 圆다음 주
行く いく 통가다   びじゅつかん 圆미술관   〜から 조〜에서
れんらく 圆연락   来る くる 통오다   何〜 なん〜 몇〜
〜時 〜じ 〜시   〜までに 〜까지   知る しる 통알다
〜たい 〜(하)고 싶다   〜と言っていた 〜といていた 〜라고 말했다
電話 でんわ 圆전화   する 통하다   〜てほしい 〜(해) 주길 바라다
学生 がくせい 圆학생   〜人 〜にん 〜명   私 わたし 圆저, 나
つたえる 통전하다   あと 圆후, 뒤   昼ごはん ひるごはん 圆점심 밥
食べる たべる 통먹다   レストラン 圆레스토랑   よやく 圆예약
読む よむ 통읽다   はじめに 뷔우선   何 なに 圆무엇

실전 테스트 5   p.188

18 2   **19** 3

문제4 다음의 (1)부터 (2)의 글을 읽고, 질문에 답해 주세요. 답은,
          1·2·3·4에서 가장 알맞은 것을 하나 골라주세요.

　학교에서 제가 항상 앉는 자리를 소개합니다. 저는 키가 큰 편이기 때문에 가장 앞 자리에는 앉지 않습니다. 또한, 눈이 나빠서 가장 뒷자리에서는 글자가 잘 보이지 않습니다. 그래서 가장 뒷자리에도 앉지 않습니다. 저는 창문 옆에 앉습니다. 교실이 더워졌을 때나 추워졌을 때에, 창문을 열거나, 닫거나 합니다.

'나'의 자리는 어디입니까?

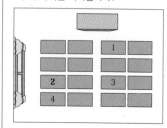

해설 에세이 형식의 지문으로, 지문의 내용에 맞는 자리가 어디인지를 묻고 있어요. 질문의 せき(자리)를 지문에서 찾아 그 주변을 주의 깊게 읽어요. 지문의 초반부에서 いちばん前のせきには座りません(가장 앞자리에는 앉지 않습니다)이라고 언급했고 지문의 중반부에서 いちばん後ろのせきにも座りません。私は窓のとなりに座っています(가장 뒷자리에도 앉지 않습니다. 저는 창문 옆에 앉습니다)라고 언급하고 있으므로 가장 앞자리도, 가장 뒷자리도 아니며, 창문 옆 자리인 2가 정답이에요.

어휘 学校 がっこう 몡학교　私 わたし 몡저, 나　いつも 틧항상, 언제나
座る すわる 됭앉다　せき 몡자리　しょうかい 몡소개
する 됭하다　背 せ 몡키　高い たかい い혱(키가) 크다, 높다
ほう 몡편　~ので 죄~때문　いちばん 틧가장, 제일
前 まえ 몡앞　また 틧또한, 또　目 め 몡눈
悪い わるい い혱나쁘다　後ろ うしろ 몡뒤　じ 몡글자　よく 틧잘
見える みえる 됭보이다　それで 쩝그래서　窓 まど 몡창문
となり 몡옆　~ている ~(하)다, (하)고 있다　教室 きょうしつ 몡교실
あつい い혱덥다　~くなる ~(해)지다　時 とき 몡때
~や 죄~(이)나　さむい い혱춥다　開ける あける 됭열다
~たり~たりする ~(하)거나 ~(하)거나 하다　閉める しめる 됭닫다
どこ 몡어디

이것은 마쓰다 씨가 가와사키 씨에게 보낸 이메일입니다.

> 가와사키 씨에게
>
> 　오늘 점심 약속입니다만, 갑자기 회의가 생겨서 갈 수 없습니다. 죄송합니다만, 다음 주로 해도 괜찮습니까? 그 대신에 이 다음 점심 식사의 돈은 제가 내겠습니다.
> 　약속 날짜를 다시 정하고 싶기 때문에, 이 이메일을 읽은 후에, 전화해 주세요.
> ※가와사키 씨는 저의 전화번호를 모른다고 생각합니다. 저의 전화번호는 012-423-5627입니다.
>
> 마쓰다

마쓰다 씨는 어째서 가와사키 씨에게 이메일을 보냈습니까?

1 회의에 갈 수 없기 때문
2 점심 식사의 돈을 지불하고 싶기 때문
3 약속 날짜를 바꾸고 싶기 때문
4 가와사키 씨의 전화번호를 알고 싶기 때문

해설 이메일 형식의 지문으로, 마쓰다 씨가 가와사키 씨에게 이메일을 보낸 이유를 묻고 있어요. 지문 중반부에서 約束の日をまたきめたいので、このメールをよんだあとに、電話してください(약속 날짜를 다시 정하고 싶기 때문에, 이 이메일을 읽은 후에, 전화해 주세요)라고 언급하고 있으므로 3 約束の日を変えたいから(약속 날짜를 바꾸고 싶기 때문)가 정답이에요. 1은 회의가 갑자기 생겨서 점심 약속에 갈 수 없다는 것이고, 2는 다음 점심을 먹을 때 돈을 지불하겠다고는 했지만 그것이 이메일을 보낸 이유는 아니며, 4는 마쓰다 씨가 가와사키 씨에게 자신의 전화번호를 알려준 것이므로 오답이에요.

어휘 これ 몡이것　送る おくる 됭보내다　メール 몡이메일, 메일
今日 きょう 몡오늘　ランチ 몡점심, 점심 식사　約束 やくそく 몡약속
きゅうに 갑자기　会議 かいぎ 몡회의
入る はいる 됭생기다, 들어오다　行く いく 됭가다
~ことができる ~(할) 수 있다　来週 らいしゅう 몡다음 주
する 됭하다　~てもいい ~(해)도 괜찮다　そのかわりに 그 대신에
今度 こんど 몡이 다음　お金 おかね 몡돈　私 わたし 몡저, 나
だす 됭내다　日 ひ 몡날짜　また 틧다시, 또　きめる 됭정하다
~たい ~(하)고 싶다　~ので 죄~때문　この 이　よむ 됭읽다
あと 몡후　電話 でんわ 몡전화　~てください ~(해) 주세요
番号 ばんごう 몡번호　知る しる 됭알다
~と思う ~とおもう ~(라)고 생각하다　どうして 틧어째서
~から 죄~때문　はらう 됭지불하다　変える かえる 됭바꾸다

해커스 JLPT [N5] 한 권으로 합격 | 독해

문제 5 내용 이해(중문)

출제 형태 및 문제 풀이 Step
p.190

그저께 밤 늦게까지 친구와 놀았습니다. 친구는 버스를 타고 먼저 돌아갔습니다. 친구가 돌아간 뒤, 저는 전철을 탔습니다. 전철은 사람이 적어서 매우 조용했습니다. 조금 지쳐있었기 때문에 눈을 감았습니다.

누군가의 목소리가 들렸습니다. 그 사람은 저에게 "손님, 일어나 주세요. 여기가 마지막 역이에요."라고 말했습니다. **저는 바로 내렸습니다. 곤란했습니다. 그곳은 모르는 역이었습니다.** 저는 집 근처의 역에서 내리지 않고 모르는 역까지 와 있었습니다.

그곳에서 택시를 타고 집까지 돌아갔습니다. 집에 도착했을 때는 오전 2시였습니다.

어째서 곤란했습니까?

1 친구가 먼저 돌아갔기 때문
2 전철에 사람이 적었기 때문
3 누군가의 목소리가 들렸기 때문
4 모르는 역에서 내렸기 때문

어휘 おととい 몡 그저께　夜 よる 몡 밤　おそい い형 늦다
　　 ～まで 조 ~까지　友だち ともだち 몡 친구　あそぶ 동 놀다
　　 バス 몡 버스　のる 동 타다　さきに 부 먼저
　　 帰る かえる 동 돌아가다　あと 몡 뒤, 후　私 わたし 몡 저, 나
　　 電車 でんしゃ 몡 전철　人 ひと 몡 사람　すくない い형 적다
　　 とても 부 매우　しずかだ な형 조용하다　すこし 부 조금
　　 つかれる 동 지치다　～ている ~(해) 있다, (하)고 있다
　　 ～ので 조 ~때문에　目 め 몡 눈　とじる 동 (눈을) 감다, 닫다
　　 だれか 누군가　こえ 몡 목소리　きこえる 동 들리다　その 그
　　 お客さん おきゃくさん 몡 손님　おきる 동 일어나다
　　 ～てください ~(해) 주세요　ここ 여기, 이곳　さいご 몡 마지막
　　 駅 えき 몡 역　～と言う ～という ~(라)고 말하다　すぐに 부 바로
　　 おりる 동 내리다　こまる 동 곤란하다　そこ 몡 그곳, 거기
　　 しる 동 알다　家 いえ 몡 집　近く ちかく 몡 근처　来る くる 동 오다
　　 ～から 조 ~에서　タクシー 몡 택시　つく 동 도착하다　とき 몡 때
　　 午前 ごぜん 몡 오전　～時 ～じ ~시　どうして 부 어째서
　　 ～から 조 ~때문

실전 테스트 1
p.194

| 20 3 | 21 1 |

문제 5 다음의 글을 읽고, 질문에 답해 주세요. 답은, 1·2·3·4에서 가장 알맞은 것을 하나 골라주세요.

20-21

어제는 친구와 함께 백화점에서 쇼핑을 했습니다. 우리는 백화점 앞에서 12시에 만날 약속을 했습니다.

하지만, 친구는 12시 반이 되어도 오지 않았습니다. 약속 시간의 1시간 뒤에 친구가 왔습니다. [20]친구는 역에서 만난 할머니에게 길을 알려주어서, 늦게 되었다고 말했습니다.

밥 시간이 늦어져서, 배가 고팠기 때문에, 평소보다 밥을 많이 먹었습니다. 점심 밥을 먹은 후, 우리는 원했던 물건을 샀습니다. [21]저는 회사에서 사용할 컵과 신발을 샀고, 친구는 집에서 사용할 화장지를 샀습니다. 매우 즐거운 하루였습니다.

어휘 きのう 몡 어제　友だち ともだち 몡 친구　いっしょに 부 함께, 같이
　　 デパート 몡 백화점　買い物 かいもの 몡 쇼핑　する 동 하다
　　 私たち わたしたち 몡 우리　前 まえ 몡 앞　～時 ～じ ~시
　　 会う あう 동 만나다　やくそく 몡 약속　～ている ~(하)다, (하)고 있다
　　 しかし 접 하지만　半 はん 몡 반　なる 동 되다　～ても ~(해)도
　　 来る くる 동 오다　時間 じかん 몡 시간　あと 몡 뒤, 후
　　 駅 えき 몡 역　おばあさん 몡 할머니　道 みち 몡 길
　　 おしえる 동 알려주다, 가르치다　おそい い형 늦다
　　 ～という ~라고 말하다　ご飯 ごはん 몡 밥　～くなる ~(해)지다
　　 おなかがすく 배가 고프다　～ので 조 ~때문에
　　 いつも 몡 평소, 보통 때　～より 조 ~보다　たくさん 부 많이
　　 食べる たべる 동 먹다　昼ご飯 ひるごはん 몡 점심 밥
　　 ほしい い형 원하다, 바라다　もの 몡 물건, 것　買う かう 동 사다
　　 私 わたし 몡 저, 나　会社 かいしゃ 몡 회사
　　 使う つかう 동 사용하다　コップ 몡 컵　くつ 몡 신발
　　 家 いえ 몡 집　ティッシュペーパー 몡 화장지, 티슈 페이퍼
　　 とても 부 매우　たのしい い형 즐겁다　一日 いちにち 몡 하루

20

어째서 친구는 12시 반이 되어도 오지 않았습니까?

1 쇼핑을 했기 때문
2 백화점 앞에서 친구를 만났기 때문
3 할머니에게 길을 알려주었기 때문
4 밥을 늦게 먹었기 때문

해설 지문에서 밑줄 친 12時半になっても来ませんでした(12시 반이 되어도 오지 않았습니다)의 이유가 무엇인지를 뒷부분에서 찾아요. 밑줄의 뒷부분에서 友だちは駅で会ったおばあさんに道をおしえていて、おそくなったといいました(친구는 역에서 만난 할머니에게 길을 알려주어서, 늦게 되었다고 말했습니다)라고 언급하고 있으므로 3 おばあさんに道をおしえたから(할머니에게 길을 알려주었기 때문)가 정답이에요. 1은 친구와 만나서 쇼핑을 하기로 한 것이고, 2는 백화점 앞에서 만날 약속을 한 것이며, 4는 친구가 늦게 와서 밥을 늦게 먹었다고 한 것이므로 오답이에요.

어휘 どうして 부 어째서　～から 조 ~때문

21

'나'는 무엇을 샀습니까?

1 회사에 가지고 갈 컵과 신발
2 회사에 가지고 갈 화장지
3 집에서 사용할 컵과 신발
4 집에서 사용할 화장지

해설 질문의 私(나)와 買う(사다)를 지문에서 찾아 그 주변을 주의 깊게 읽어요. 세 번째 단락에서 私は会社で使うコップとくつを買って (저는 회사에서 사용할 컵과 신발을 샀고)라고 언급하고 있으므로 1 会社に持っていくコップとくつ(회사에 가지고 갈 컵과 신발)가 정답이에요. 2는 친구가 집에서 사용할 화장지를 샀다고 했고, 3은 '나'가 회사에서 사용할 컵과 신발을 샀다는 것이며, 4는 친구가 산 것이므로 오답이에요.

어휘 何 なに 몡 무엇　持つ もつ 동 가지다　いく 동 가다

실전 테스트 2 　　　　　　　　　　p.196

20 4	**21** 1

문제5 다음의 글을 읽고, 질문에 답해 주세요. 답은, 1·2·3·4에서 가장 알맞은 것을 하나 골라주세요.

20-21

이것은 고메스 씨가 쓴 작문입니다.

일본어 공부

파울로·고메스

　저는 일본어 학교에서 일본어를 배우고 있습니다. 처음 일본어를 공부했을 때는 히라가나나 가타카나를 읽는 것도 어려웠습니다만, 지금은 문제없이 읽을 수 있습니다. 하지만, 아직 ①일본어 문장은 읽을 수 없습니다. [20]그것은 일본어에는 한자도 있기 때문입니다.

　②일본어의 한자는 매우 어렵다고 생각합니다. [21]모양은 비슷하지만, 의미는 다른 것이 많이 있습니다. 예를 들어, '目'와 '日'입니다. '目'와 '日'의 모양은 비슷하지만, 의미는 다릅니다.

　지금까지는 교과서에 있는 한자를 읽으며 공부했습니다. 하지만, 앞으로는, 교과서를 읽은 뒤에, 거기에 있는 한자를 쓰며 공부하고 싶다고 생각합니다.

어휘 これ 몡 이것　書く かく 동 쓰다　さくぶん 몡 작문
日本語 にほんご 몡 일본어　勉強 べんきょう 몡 공부
私 わたし 몡 저, 나　学校 がっこう 몡 학교　習う ならう 동 배우다
~ている ~(하)고 있다, (하)다　初めて はじめて 閉 처음　とき 몡 때
ひらがな 몡 히라가나　カタカナ 몡 가타카나　読む よむ 동 읽다

こと 몡 것　難しい むずかしい い형 어렵다　今 いま 몡 지금
問題 もんだい 몡 문제　~ことができる ~(할) 수 있다
しかし 졉 하지만　まだ 閉 아직　ぶんしょう 몡 문장　それ 몡 그것
漢字 かんじ 몡 한자　ある 동 있다　~から 조 ~때문
とても 閉 매우　~と思う ~とおもう ~(라)고 생각하다
かたち 몡 모양　にている 비슷하다　いみ 몡 의미
ちがう 동 다르다　たくさん 閉 많이　たとえば 閉 예를 들어
目 め 몡 눈　日 ひ 몡 날, 해　~まで 조 ~까지　テキスト 몡 교과서
でも 졉 하지만　これから 앞으로　あと 몡 뒤, 후　そこ 몡 거기
~たい ~(하)고 싶다

20

어째서 ①일본어 문장은 읽을 수 없습니까?

1 일본어를 처음 공부하기 때문
2 히라가나를 읽는 것이 어렵기 때문
3 가타카나를 읽을 수 없기 때문
4 일본어에 한자가 있기 때문

해설 지문에서 밑줄 친 日本語のぶんしょうは読むことができません (일본어 문장은 읽을 수 없습니다)의 이유가 무엇인지를 뒷부분에서 찾아요. 밑줄의 뒷부분에서 それは日本語には漢字もあるからです(그것은 일본어에는 한자도 있기 때문입니다)라고 언급하고 있으므로, 4 日本語に漢字があるから(일본어에 한자가 있기 때문)가 정답이에요. 1, 2, 3은 일본어를 처음 공부했을 때는 히라가나와 가타카나를 읽는 것도 어려웠지만 지금은 잘 읽을 수 있다고 한 것이므로 오답이에요.

어휘 どうして 閉 어째서

21

'나'는 어째서 ②일본어의 한자는 매우 어렵다고 생각합니까?

1 모양은 비슷하지만, 의미는 다른 것이 있기 때문
2 모양은 다르지만, 의미는 비슷한 것이 있기 때문
3 비슷한 의미의 한자가 많이 있기 때문
4 다른 모양의 한자가 많이 있기 때문

해설 지문에서 밑줄 친 日本語の漢字はとても難しいと思います(일본어의 한자는 매우 어렵다고 생각합니다)의 이유가 무엇인지를 뒷부분에서 찾아요. 밑줄의 뒷부분에서 かたちはにていますが、いみはちがうことがたくさんあります(모양은 비슷하지만, 의미는 다른 것이 많이 있습니다)라고 언급하고 있으므로 1 かたちはにているが、いみはちがうことがあるから(모양은 비슷하지만, 의미는 다른 것이 있기 때문)가 정답이에요. 3과 4는 지문에서 언급되지 않았으므로 오답이에요.

실전 테스트 3 　　　　　　　　　　p.198

20 2	**21** 4

문제 5 다음의 글을 읽고, 질문에 답해 주세요. 답은, 1·2·3·4에서 가장 알맞은 것을 하나 골라주세요.

20-21

어제 역에서 출구를 찾고 있는 외국인을 보았습니다. 돕고 싶었습니다만, [20]저는 영어를 잘하지 않기 때문에, 조금 ①걱정이 되었습니다. 그래도 힘내서 영어로 말을 걸었습니다.

그 외국인은 제가 가는 장소와 같은 곳을 찾고 있었습니다. 그래서 우리는 함께 갔습니다. 가면서 여러 가지 이야기를 했습니다.

헤어지기 전에 그 [21]외국인은 일본어로 "감사합니다"라고 말했습니다. 그것을 듣고 저는 ②매우 기뻤습니다. 앞으로도 곤란한 사람에게 말을 걸고 싶다고 생각했습니다.

어휘 昨日 きのう 圕어제   えき 圕역   出口 でぐち 圕출구
さがす 圐찾다   ~ている ~(하)고 있다, (하)다
外国人 がいこくじん 圕외국인   見る みる 圐보다
てつだう 圐돕다, 도와주다   ~たい ~(하)고 싶다
私 わたし 圕저, 나   英語 えいご 圕영어
上手だ じょうずだ 焥잘하다   ~ので 㯑~때문에
少し すこし 圎조금   しんぱい 圕걱정   ~になる ~이 되다
でも 圙그래도   がんばる 圐힘내다
声をかける こえをかける 말을 걸다   その 그   行く いく 圐가다
ばしょ 圕장소   おなじ 같은   ところ 圕곳   それで 圙그래서
私たち わたしたち 圕우리   いっしょに 圎함께   ~ながら ~(하)면서
いろいろだ 焥여러 가지이다   話 はなし 圕이야기   する 圐하다
別れる わかれる 圐헤어지다   まえ 圕전
日本語 にほんご 圕일본어   ~と言う ~という ~라고 말하다
それ 圕그것   聞く きく 圐듣다   とても 圎매우
うれしい 焥기쁘다   これから 앞으로   こまる 圐곤란하다
人 ひと 圕사람   ~と思う ~とおもう ~(라)고 생각하다

20

왜 ①걱정이 되었습니까?
1 출구를 찾고 있는 사람을 봤기 때문
2 영어를 잘하지 않기 때문
3 외국인이 말을 걸었기 때문
4 외국인과 함께 갔기 때문

해설 지문에서 밑줄 친 **しんぱいになりました**(걱정이 되었습니다)의 이유가 무엇인지를 앞부분에서 찾아요. 밑줄의 앞부분에서 私は英語が上手じゃないですので(저는 영어를 잘하지 않기 때문에)라고 언급하고 있으므로, 2 英語が上手じゃないから(영어를 잘하지 않기 때문)가 정답이에요. 1은 출구를 찾는 사람을 본 것 자체가 '나'가 걱정을 하게 된 이유는 아니므로 오답이며, 3은 '나'가 먼저 외국인에게 말을 걸었으며 그것이 '나'가 걱정하게 된 이유는 아니므로 오답이에요.

어휘 なぜ 圎왜   ~から 㯑~때문

21

어째서 ②매우 기뻤습니까?
1 곤란한 일본인을 도왔기 때문
2 곤란한 외국인을 도왔기 때문
3 일본인으로부터 감사의 말을 받았기 때문
4 외국인으로부터 감사의 말을 받았기 때문

해설 지문에서 밑줄 친 **とてもうれしかったです**(매우 기뻤습니다)의 이유가 무엇인지를 앞부분에서 찾아요. 밑줄의 앞부분에서 外国人は日本語で「ありがとうございました」と言いました。それを聞いて私は(외국인은 일본어로 "감사합니다"라고 말했습니다. 그것을 듣고 저는)라고 언급하고 있으므로 4 外国人からかんしゃのことばをもらったから(외국인으로부터 감사의 말을 받았기 때문)가 정답이에요. 2는 곤란한 외국인을 도와준 것 자체가 기뻤던 이유는 아니므로 오답이에요.

어휘 どうして 圎어째서   日本人 にほんじん 圕일본인
~から 㯑~으로부터   かんしゃ 圕감사   ことば 圕말
もらう 圐받다

실전 테스트 4
p.200

20 4	21 2

문제 5 다음의 글을 읽고, 질문에 답해 주세요. 답은, 1·2·3·4에서 가장 알맞은 것을 하나 골라주세요.

20-21

저는 카페에서 아르바이트를 하고 있습니다. 카페 아르바이트는 여름 방학이 되고 나서 시작했습니다. 방학 때는 시간이 많았기 때문에 매주 화요일과 목요일, 그리고 주말 오전에 아르바이트를 하고 있었습니다.

하지만 방학이 끝나고, 학교가 시작되고 나서는 수업이 바빠서 주말만 하기로 했습니다. 또한, [20]주말 오전은 수영 교실에 가기로 했기 때문에 아르바이트를 하는 ①시간도 오후로 바꾸었습니다.

그렇지만 어제는 학교가 끝난 뒤, 바로 카페에 갔습니다. 점장님은 저에게 "왜 왔어"라고 말했습니다. ②착각했습니다. [21]어제는 목요일이었기 때문에 아르바이트에 가지 않는 날이었습니다. 다음부터는 착각하지 않을 것입니다.

어휘 私 わたし 圕저, 나   カフェ 圕카페   アルバイト 圕아르바이트
する 圐하다   ~ている ~(하)고 있다
夏休み なつやすみ 圕여름 방학   ~になる ~이 되다, 가 되다
~てから ~(하)고 나서   はじめる 圐시작하다
休み やすみ 圕방학, 휴가   時 とき 圕때   時間 じかん 圕시간
多い おおい 焥많다   ~ので 㯑~때문에   毎週 まいしゅう 圕매주
火よう日 かようび 圕화요일   木よう日 もくようび 圕목요일
そして 圙그리고   週末 しゅうまつ 圕주말   午前 ごぜん 圕오전

しかし 図하지만　おわる 图끝나다　学校 がっこう 图학교

はじまる 图시작되다　授業 じゅぎょう 图수업

いそがしい い형바쁘다　〜だけ 〜만　〜ことにする 〜(하)기로 하다

また 图또한　水泳 すいえい 图수영　教室 きょうしつ 图교실

行く いく 图가다　午後 ごご 图오후　かえる 图바꾸다

でも 图그렇지만, 하지만　昨日 きのう 图어제

後 あと 图뒤　すぐ 图바로　てんちょう 图점장(님)

どうして 图왜, 어째서　来る くる 图오다

〜と言う 〜という 〜라고 말하다　まちがえる 图착각하다, 잘못 알다

〜から 〜때문　日 ひ 图날　次 つぎ 图다음

〜から 图〜부터

20

어째서 ①시간도 오후로 바꾸었습니까?

1 여름 방학이 되었기 때문
2 학교가 시작되었기 때문
3 수업이 바빴기 때문
4 수영 교실에 가기로 했기 때문

해설 지문에서 밑줄 친 時間も午後にかえました(시간도 오후로 바꾸었습니다)의 이유가 무엇인지를 앞부분에서 찾아요. 밑줄의 앞부분에서 週末の午前は水泳教室に行くことにしたので(주말 오전은 수영 교실에 가기로 했기 때문)라고 언급하고 있으므로, 4 水泳教室に行くことにしたから(수영 교실에 가기로 했기 때문)가 정답이에요. 2와 3은 학교가 시작되고 나서는 수업이 바빠서 주말만 하는 것으로 날짜를 바꾼 것이지, 시간을 바꾼 것은 아니므로 오답이에요.

21

'나'는 무엇을 ②착각했습니까?

1 아르바이트에 가는 시간
2 아르바이트에 가는 날
3 학교에 가는 시간
4 학교에 가는 날

해설 지문에서 밑줄 친 まちがえました(착각했습니다)가 무엇에 대한 것인지를 밑줄의 뒷부분에서 찾아요. 밑줄의 뒷부분에서 昨日は木よう日だったからアルバイトに行かない日でした(어제는 목요일이었기 때문에 아르바이트에 가지 않는 날이었습니다)라고 언급하고 있으므로, 2 アルバイトに行く日(아르바이트에 가는 날)가 정답이에요.

어휘 何 なに 图무엇

실전 테스트 5

p.202

20 3	21 4

문제5 다음의 글을 읽고, 질문에 답해 주세요. 답은, 1·2·3·4에서 가장 알맞은 것을 하나 골라주세요.

20-21

　저는 한달 전부터 톰이라는 작은 개를 기르고 있습니다. 톰과 함께 놀거나, 공원을 산책하거나 하는 것은 정말로 즐겁습니다.

　지금까지는 비 오는 날은 산책을 하지 않았습니다만, 어제 처음으로 비가 내리는 날에 산책을 했습니다. 비를 싫어하는 개도 많다고 들었기 때문에 걱정하고 있었습니다. 하지만 [20]톰은 비를 즐기며, 빗속을 계속 달렸습니다. 우리는 여느 때보다 30분 정도 길게 산책을 하고 나서 집에 돌아갔습니다.

[21]톰이 매우 더러워졌기 때문에, 씻는 것이 힘들었습니다. 하지만 톰이 기뻐했기 때문에 앞으로는 비가 내리는 날이더라도 산책을 갈 생각입니다.

어휘 私 わたし 图저, 나　一か月 いっかげつ 图한 달　前 まえ 图전, 앞
〜から 图〜부터, 때문　〜という 〜(라)는, (라)고 하는
小さい ちいさい い형작다, 어리다　犬 いぬ 图개, 강아지
かう 图기르다, 키우다　〜ている 〜(하)고 있다, 〜(하)다, (해)있다
いっしょに 图함께　あそぶ 图놀다
〜たり〜たりする 〜(하)거나 〜(하)거나 하다　こうえん 图공원
さんぽ 图산책　する 图하다　本当に ほんとうに 图정말로
楽しい たのしい い형즐겁다　今 いま 图지금　〜まで 图〜까지
雨 あめ 图비　日 ひ 图날　昨日 きのう 图어제
はじめて 图처음으로　降る ふる 图내리다　きらいだ な형싫어하다
多い おおい い형많다　聞く きく 图듣다　〜ので 图〜때문에
しんぱい 图걱정　でも 图하지만　楽しむ たのしむ 图즐기다
中 なか 图속, 안　ずっと 图계속　はしる 图달리다
私たち わたしたち 图우리　いつも 图여느 때　〜より 图〜보다
〜分 〜ふん 〜분　〜ぐらい 图〜정도　長い ながい い형길다
〜てから 〜(하)고 나서　家 いえ 图집　帰る かえる 图돌아가다
とても 图매우　きたない い형더럽다　〜くなる 〜(해) 지다
あらう 图씻다　たいへんだ な형힘들다
よろこぶ 图기뻐하다, 즐거워하다　これから 앞으로
〜でも 图〜(하)더라도　行く いく 图가다
〜つもりだ 〜(할) 생각이다

20

글에 대해서 맞는 것은 어느 것입니까?

1 '나'는 어제부터 개를 기르고 있습니다.
2 '나'는 어릴 때부터 계속 개를 기르고 있습니다.
3 톰은 비를 즐겼습니다.
4 톰은 비를 싫어합니다.

해설 지문에 대해 맞는 것을 찾기 위해 선택지에 자주 언급되는 犬(개), トム(톰), 雨(비)를 지문에서 찾아 그 주변을 주의 깊게 읽어요. 두 번째 단락에서 トムは雨を楽しんでいて、雨の中をずっとはしっていました(톰은 비를 즐기며, 빗속을 계속 달렸습니다)라고 언급하고 있으므로 3 トムは雨を楽しんでいました(톰은 비를 즐겼습니다)가 정답이에요. 1과 2는 '나'가 한달 전부터 개를 기르고 있다고 했고, 4는 톰이 비를 즐겼다고 했으므로 오답이에요.

어휘 ぶん 图글　〜について 〜에 대해서　正しい ただしい い형맞다
どれ 图어느 것　とき 图때

21

어째서 힘들었습니까?

1 처음으로 산책을 갔기 때문

2 긴 시간 산책을 했기 때문

3 집에 늦게 돌아갔기 때문

4 톰이 매우 더러워져 있었기 때문

해설 지문에서 밑줄 친 たいへんでした(힘들었습니다)의 이유가 무엇인지를 앞부분에서 찾아요. 밑줄의 앞부분에서 トムがとてもきたなくなったので(톰이 매우 더러워졌기 때문에)라고 언급하고 있으므로 4 トムがとてもよごれていたから(톰이 매우 더러워져 있었기 때문)가 정답이에요. 1은 처음으로 비가 오는 날 산책을 했다는 것이고, 2와 3은 평소보다 더 길게 산책을 하고 집에 돌아갔다고 했지만 그것이 힘들던 이유는 아니므로 오답이에요.

어휘 どうして 見어째서　時間 じかん 명시간　おそい い형늦다

よごれる 동더러워지다

정보 검색

출제 형태 및 문제 풀이 Step　p.204

루이 씨는 야구를 좋아해서, 리버즈의 시합을 보러 가고 싶습니다. 하지만, 월요일부터 금요일까지는 바빠서 갈 수 없습니다. 루이 씨는 언제 시합을 보러 갑니까?

1 5월 12일

2 5월 13일

3 5월 16일

4 5월 17일

야구 시합의 안내		
야구 팀 "도쿄 마운텐즈"의 시합이 있습니다.		
가족이나 친구와 함께 갑시다!		
날짜	팀	시간
5월 12일 (화)	VS 리버즈	오후 6시~
5월 13일 (수)	VS 파이어즈	오후 6시~
5월 16일 (토)	VS 리버즈	오후 2시~
5월 17일 (일)	VS 파이어즈	오전 11시~

어휘 野球 やきゅう 명야구　好きだ すきだ な형좋아하다　しあい 명시합

見る みる 동보다　行く いく 동가다　〜たい 〜(하)고 싶다

しかし 접하지만　月曜日 げつようび 명월요일　〜から 조〜부터

金曜日 きんようび 명금요일　〜まで 조〜까지

いそがしい い형바쁘다　〜ので 조〜해서

〜ことができる 〜(할) 수 있다　いつ 언제　〜月 〜がつ 〜월

〜日 〜にち 〜일　お知らせ おしらせ 명안내　チーム 명팀

東京 とうきょう 명도쿄(지명)　ある 동있다　家族 かぞく 명가족

〜や 조〜이나　友だち ともだち 명친구　いっしょに 見함께, 같이

日 ひ 명날짜, 날　時間 じかん 명시간　火 か 명화(요일)

실전 테스트 1　p.208

22 1

문제6 오른쪽 페이지를 보고, 아래의 질문에 답해주세요. 답은, 1·2·3·4에서 가장 알맞은 것을 하나 골라주세요.

22

니콜 씨는 학생 식당에서 런치 세트를 주문하고 싶습니다. 니콜 씨는 토마토를 좋아하지 않습니다. 그리고, 600엔보다 싼 것이 좋습니다. 니콜 씨는 무엇을 고릅니까?

1 ①

2 ②

3 ③

4 ④

해설 니콜 씨가 고르는 런치 세트를 묻는 문제예요. 질문에서 언급된 조건

(1) トマトが好きではありません(토마토를 좋아하지 않습니다),

(2) 600円より安いものがいいです(600엔보다 싼 것이 좋습니다)에 따라 지문을 보면,

(1) 토마토를 좋아하지 않음 : 각 세트의 메뉴를 보면 토마토가 들어간 메뉴는 Bセット(B세트)와 Cセット의 トマトパスタ(토마토 파스타)예요. B세트와 C세트는 정답의 후보에서 제외해요.

(2) 600엔 보다 싼 것 : B세트와 C세트를 제외하고 A세트와 D세트의 가격을 보았을 때 600엔 보다 싼 것은 A세트예요.

따라서, A세트인 1 ①이 정답이에요.

어휘 学生 がくせい 명학생　しょくどう 명식당　ランチ 런치, 점심

セット 명세트　たのむ 동주문하다, 부탁하다　〜たい 〜(하)고 싶다

トマト 명토마토　好きだ すきだ な형좋아하다　それから 접그리고

〜円 〜えん 〜엔　〜より 조〜보다　安い やすい い형싸다

もの 명것, 물건　いい い형좋다　何 なに 명무엇

えらぶ 동고르다

모리야마대학 학생 식당	① A세트 450엔 ☺ 야키소바 또는 우동 ☺ 주먹밥
4월의 런치 세트! (시간) 오전 11시 30분~ 오후 1시 30분 (전화) ☎ : 013-465-289	② B세트 500엔 ☺ 토마토 파스타 ☺ 빵 또는 스프
	③ C세트 650엔 ☺ 토마토 파스타 ☺ 빵 ☺ 스프 ☺ 우유 또는 사과 주스 맛있다!
	④ D세트 700엔 ☺ 돈가스 ☺ 밥 또는 우동 ☺ 샐러드 ☺ 차 또는 사과 주스

어휘 大学 だいがく 몡 대학 　～月 ～がつ ～월 　時間 じかん 몡 시간
　　午前 ごぜん 몡 오전 　～時 ～じ ～시 　～分 ～ふん ～분
　　午後 ごご 몡 오후 　電話 でんわ 몡 전화 　やきそば 몡 야키소바
　　または 쩝 또는 　うどん 몡 우동 　おにぎり 몡 주먹밥
　　パスタ 몡 파스타 　パン 몡 빵 　スープ 몡 스프
　　ぎゅうにゅう 몡 우유 　りんご 몡 사과 　ジュース 몡 주스
　　おいしい い형 맛있다 　とんかつ 몡 돈가스 　ご飯 ごはん 몡 밥
　　サラダ 몡 샐러드 　おちゃ 몡 차

실전 테스트 2   p.210

22 4

문제6 오른쪽 페이지를 보고, 아래의 질문에 답해주세요. 답은,
1·2·3·4에서 가장 알맞은 것을 하나 골라주세요.

22

　　혼다 씨는 취미 교실에 가고 싶습니다. 목요일에는 아르바이트가
있습니다. 학교가 끝나는 16시 이후에 시작되고, 외국어를 배우는
클래스가 좋습니다. 혼다 씨는 어느 클래스에 갑니까?

1 ①

2 ②

3 ③

4 ④

해설 혼다 씨가 갈 클래스를 묻는 문제예요. 질문에서 제시된 조건 (1) 木
よう日にはアルバイトがあります(목요일에는 아르바이트가 있습
니다), (2) 16時のあとにはじまって(16시 이후에 시작되고, (3)
外国語を習うクラス(외국어를 배우는 클래스)에 따라 지문을 보면,

(1) 목요일에는 아르바이트가 있음 : 지문에서 よう日(요일)를 보면
　　목요일에 클래스가 있는 ②는 갈 수 없어요.
(2) 16시 이후에 시작 : 지문에서 時間(시간)을 보면 ①, ③, ④ 중
　　에서 16시 이후에 시작하는 것은 ①과 ④예요.
(3) 외국어를 배우는 클래스 : ①과 ④ 중에서 외국어를 배우는 클래
　　스는 중국어를 배우는 ④예요.
　　따라서, 4 ④가 정답이에요.

어휘 しゅみ 몡 취미 　教室 きょうしつ 몡 교실 　行く いく 동 가다
　　～たい ～(하)고 싶다 　木よう日 もくようび 몡 목요일
　　アルバイト 몡 아르바이트 　ある 동 있다 　学校 がっこう 몡 학교
　　終わる おわる 동 끝나다 　～時 ～じ ～시 　あと 몡 이후, 뒤
　　はじまる 동 시작되다 　外国語 がいこくご 몡 외국어
　　習う ならう 동 배우다 　クラス 몡 클래스, 수업 　いい い형 좋다
　　どの 어느

♣ 하나, 둘, 셋 취미 교실! ♣
새로운 취미를 시작하고 싶은 사람은 와 주세요!

클래스	배우는 것	요일	시간	장소
①	바이올린 - 애니메이션의 노래를 　배웁니다.	매주 수, 금	17:00 ~ 19:00	101 호실
②	기타 - 좋아하는 가수의 노래 　를 배웁니다.	매주 목, 금	10:30 ~ 12:30	103 호실
③	한국어 - 한국 노래를 들으면서 　한국어를 배웁니다.	매주 월, 금	10:30 ~ 12:30	101 호실
④	중국어 - 중국 드라마를 보면서 　중국어를 배웁니다.	매주 화, 수	17:00 ~ 19:00	103 호실

히노데 문화센터
(☎전화: 013-749-3245)

어휘 いち 몡 하나 　に 몡 둘 　さん 몡 셋
　　新しい あたらしい い형 새롭다 　はじめる 동 시작하다
　　人 ひと 몡 사람 　くる 동 오다 　～てください ～(해) 주세요
　　こと 몡 것 　よう日 ようび 몡 요일 　時間 じかん 몡 시간
　　ばしょ 몡 장소 　バイオリン 몡 바이올린 　アニメ 몡 애니메이션
　　歌 うた 몡 노래 　毎週 まいしゅう 몡 매주 　水 すい 몡 수(요일)
　　金 きん 몡 금(요일) 　～号室 ～ごうしつ ～호실 　ギター 몡 기타
　　すきだ な형 좋아하다 　かしゅ 몡 가수 　木 もく 몡 목(요일)
　　かんこくご 몡 한국어 　かんこく 몡 한국 　きく 동 듣다
　　～ながら ～(하)면서 　月 げつ 몡 월(요일) 　ちゅうごくご 몡 중국어
　　ちゅうごく 몡 중국 　ドラマ 몡 드라마 　みる 동 보다
　　火 か 몡 화(요일) 　文化 ぶんか 몡 문화 　センター 몡 센터
　　電話 でんわ 몡 전화

22 4

> **문제6** 오른쪽 페이지를 보고, 아래의 질문에 답해주세요. 답은, 1·2·3·4에서 가장 알맞은 것을 하나 골라주세요.

22

로라 씨는 이번 주 금요일, 친구와 히마와리 월드에 가고 싶습니다. 히가시 역에서 셔틀 버스를 탈 예정입니다. 가장 이른 시간의 버스를 타고 싶습니다. 로라 씨는 몇 시의 셔틀 버스를 탑니까?

1 9시의 셔틀 버스
2 9시 10분의 셔틀 버스
3 10시의 셔틀 버스
4 10시 10분의 셔틀 버스

해설 로라 씨가 탈 셔틀 버스를 묻는 문제예요. 질문에서 제시된 조건 (1) 金曜日(금요일), (2) ひがし駅からシャトルバスに乗る(히가시 역에서 셔틀 버스를 탄다), (3) いちばん早い時間のバス(가장 이른 시간의 버스)에 따라 지문을 보면,

(1) 금요일 : 시간표 하단의 설명을 보면 9時と9時10分のシャトルバスは週末だけ利用できます(9시와 9시 10분의 셔틀 버스는 주말만 이용 가능합니다)라고 언급하고 있으므로, 로라 씨가 갈 예정인 금요일에는 9시와 9시 10분 셔틀 버스를 이용할 수 없어요.

(2) 히가시 역에서 셔틀 버스를 탄다 : 2개의 시간표 중에서 ひがし駅 → ひまわりワールド(히가시 역 → 히마와리 월드)라고 쓰여진 시간표를 봐야 해요.

(3) 가장 이른 시간의 버스 : ひがし駅 → ひまわりワールド(히가시 역 → 히마와리 월드)라고 쓰여진 시간표에서 가장 이른 시간의 버스는 9시 10분의 셔틀 버스이지만, 금요일에는 9시 10분 셔틀 버스를 이용할 수 없어요. 그 다음으로 이른 시간의 셔틀 버스는 10시 10분의 셔틀 버스예요.

따라서, 4 10時10分のシャトルバス(10시 10분의 셔틀 버스)가 정답이에요.

어휘 今週 こんしゅう 囘이번 주 金曜日 きんようび 囘금요일
友だち ともだち 囘친구 行く いく 暠가다 ~たい ~(하)고 싶다
駅 えき 囘역 ~から 盃~에서, 부터 シャトルバス 셔틀 버스
乗る のる 暠타다 よてい 예정 いちばん 囲가장
早い はやい い囲이르다 時間 じかん 囘시간 バス 囘버스
何~ なん~ 몇~ ~時 ~じ ~시 ~分 ~ふん ~분

셔틀 버스의 시간

7월부터 히마와리 월드까지의 셔틀 버스를 시작합니다.
다음의 내용을 읽어 주세요.

미나미 역 → 히마와리 월드	히가시 역 → 히마와리 월드
09:00 → 09:20	09:10 → 09:20
10:00 → 10:20	10:10 → 10:20
11:00 → 11:20	11:10 → 11:20
12:00 → 12:20	12:10 → 12:20
13:00 → 13:20	13:10 → 13:20
14:00 → 14:20	14:10 → 14:20
15:00 → 15:20	15:10 → 15:20

* 9시와 9시 10분의 셔틀 버스는 주말만 이용 가능합니다.
* 어른은 200엔, 아이는 100엔입니다.

☎ 012 - 343 - 5435

어휘 ~月 ~がつ ~월 ~まで 盃~까지 始める はじめる 暠시작하다
次 つぎ 囘다음 内容 ないよう 囘내용 読む よむ 暠읽다
~てください ~(해) 주세요 週末 しゅうまつ 囘주말
~だけ 盃~만, 뿐 利用 りよう 囘이용 できる 暠가능하다
大人 おとな 囘어른 ~円 ~えん ~엔 子ども こども 囘아이

22 2

> **문제6** 오른쪽 페이지를 보고, 아래의 질문에 답해주세요. 답은, 1·2·3·4에서 가장 알맞은 것을 하나 골라주세요.

22

야마모토 씨는 7월 22일부터 7월 28일까지 휴가입니다. 또한 유럽으로 여행을 가고 싶습니다. 야마모토 씨는 무엇을 고릅니까?

1 ①
2 ②
3 ③
4 ④

해설 야마모토 씨가 고르는 여행 상품이 무엇인지 묻는 문제예요. 질문에서 제시된 조건 (1) 7月22日から7月28日まで休み(7월 22일부터 7월 28일까지 휴가), (2) ヨーロッパに旅行に行きたいです(유럽으로 여행을 가고 싶습니다)에 따라 지문을 보면,

(1) 7월 22일~7월 28일 휴가 : 지문에서 旅行きかん(여행기간)을 보면 ③ スペイン旅行(스페인 여행)는 여행기간이 7月23日~7月30日(7월 23일~7월 30일)이므로 고를 수 없어요.

(2) 유럽 여행 : 스페인 여행을 제외한 것 중에서 여행지가 유럽인 것은 ② ドイツ旅行(독일 여행)뿐이에요.

따라서, 2 ②가 정답이에요.

～月 ～がつ ~월　～日 ～にち ~일　～から 國 ~부터
　　 ～まで 國 ~까지　休み やすみ 圏 휴가, 휴일　また 剾 또한
　　 ヨーロッパ 圏 유럽　旅行 りょこう 圏 여행　行く いく 튕 가다
　　 ～たい ~(하)고 싶다　何 なに 圏 무엇　えらぶ 튕 고르다

해외 여행은 스마일 여행에서! ☺

이번 여름휴가에는 해외 여행을 가지 않겠습니까?

① 베트남 여행

☺ 여행기간: 7월 22일~7월 24일
☺ 돈 : 한 사람 35,000엔
☺ 맛있는 베트남 요리를 매일 먹을 수 있습니다.

② 독일 여행

☺ 여행기간: 7월 22일~7월 27일
☺ 돈 : 한 사람 200,000엔
☺ 예쁜 호텔에서 숙박할 수 있습니다.

③ 스페인 여행

☺ 여행기간: 7월 23일~7월 30일
☺ 돈 : 한 사람 250,000엔
☺ 아름다운 바다에서 느긋하게 쉴 수 있습니다.

④ 태국 여행

☺ 여행기간: 7월 26일~7월 28일
☺ 돈 : 한 사람 40,000엔
☺ 싼 가격으로 쇼핑할 수 있습니다.

어휘 海外 かいがい 圏 해외　今度 こんど 圏 이번
　　 夏休み なつやすみ 圏 여름휴가　ベトナム 圏 베트남
　　 きかん 圏 기간　お金 おかね 圏 돈　一人 ひとり 圏 한 사람
　　 ～円 ～えん ~엔　おいしい い형 맛있다　料理 りょうり 圏 요리
　　 毎日 まいにち 圏 매일　食べる たべる 튕 먹다
　　 ～ことができる ~(할) 수 있다　ドイツ 圏 독일
　　 きれいだ な형 예쁘다, 깨끗하다　ホテル 圏 호텔
　　 泊まる とまる 튕 숙박하다, 묵다　スペイン 圏 스페인
　　 うつくしい い형 아름답다　海 うみ 圏 바다　ゆっくり 剾 느긋하게
　　 休む やすむ 튕 쉬다　タイ 圏 태국　安い やすい い형 싸다
　　 ねだん 圏 가격, 값　ショッピング 圏 쇼핑　する 튕 하다

실전 테스트 5

p.216

22 2

문제6 오른쪽 페이지를 보고, 아래의 질문에 답해주세요. 답은,
　　　1·2·3·4에서 가장 알맞은 것을 하나 골라주세요.

22

로즈 씨는 친구인 안나 씨와 함께 과자 교실에 가고 싶습니다.

두 사람은 언제 과자 교실에 갑니까?
1　월요일 11:00-12:00
2　수요일 15:00-16:00
3　금요일 12:00-13:00
4　토요일 13:00-14:00

해설 로즈 씨가 안나 씨와 함께 언제 과자 교실을 가는지 묻는 문제예요.
　　 두 사람이 함께 갈 수 있는 과자 교실의 요일/시간을 찾기 위해 먼저
　　 선택지와 표 (1)의 내용을 비교하여 선택지 1부터 4까지의 일정 중에
　　 서 과자 교실을 운영하는 요일/시간을 찾아요.
　　 표 (1)을 보면, 1 月曜日 11:00-12:00(월요일 11:00-12:00)와 4
　　 土曜日 13:00-14:00(토요일 13:00-14:00)에는 과자 교실을 운영
　　 하지 않으므로 우선 고를 수 있는 것은 2 水曜日 15:00-16:00(수
　　 요일 15:00-16:00)와 3 金曜日 12:00-13:00(금요일 12:00-
　　 13:00)이에요.
　　 표 (2)와 (3)을 보면, 두 사람 모두 아르바이트를 하지 않기 때문에
　　 과자 교실에 갈 수 있는 요일/시간은 2 水曜日 15:00-16:00(수
　　 요일 15:00-16:00)와 3 金曜日 12:00-13:00(금요일 12:00-
　　 13:00) 중에서 2에요.
　　 따라서, 2 水曜日 15:00-16:00(수요일 15:00-16:00)가 정답이
　　 에요.

어휘 友だち ともだち 圏 친구　いっしょに 剾 함께　おかし 圏 과자
　　 教室 きょうしつ 圏 교실　行く いく 튕 가다　～たい ~(하)고 싶다
　　 ふたり 圏 두 사람, 두 명　いつ 圏 언제　月曜日 げつようび 圏 월요일
　　 水曜日 すいようび 圏 수요일　金曜日 きんようび 圏 금요일
　　 土曜日 どようび 圏 토요일

(1) 과자 교실의 시간

	10:00~11:00	11:00~12:00	12:00~13:00	13:00~14:00	14:00~15:00	15:00~16:00
월요일 ~ 금요일	X	X	O	X	O	O
토요일	O	O	O	X	X	X

(2) 로즈 씨의 아르바이트 시간

	10:00~11:00	11:00~12:00	12:00~13:00	13:00~14:00	14:00~15:00	15:00~16:00
월요일					14:00~15:00	15:00~16:00
화요일			12:00~13:00	13:00~14:00	14:00~15:00	15:00~16:00
수요일		11:00~12:00	12:00~13:00			
목요일	10:00~11:00				14:00~15:00	15:00~16:00
금요일			12:00~13:00	13:00~14:00		
토요일	10:00~11:00	11:00~12:00	12:00~13:00			

(3) 안나 씨의 아르바이트 시간

	10:00~11:00	11:00~12:00	12:00~13:00	13:00~14:00	14:00~15:00	15:00~16:00
월요일		11:00~12:00	12:00~13:00			
화요일		11:00~12:00			14:00~15:00	15:00~16:00
수요일				13:00~14:00	14:00~15:00	
목요일			12:00~13:00	13:00~14:00	14:00~15:00	
금요일					14:00~15:00	15:00~16:00
토요일						15:00~16:00

어휘 時間 じかん 圀시간　アルバイト 圀아르바이트
火曜日 かようび 圀화요일　木曜日 もくようび 圀목요일

문제 1 과제 이해

문항별 분할 바로가기

출제 형태 및 문제 풀이 Step   p.220

[음성]

うちで女の人と男の人が話しています。二人は何を食べますか。

F：昼ご飯、何が食べたいですか。

M：昨日ピザを食べましたから、今日は他のものを食べましょう。

F：はい、カレーはどうですか。

M：僕たちがいつも行くカレー屋は今日お休みです。

F：それじゃ、すしはどうですか。駅前のそば屋のとなりに新しく店ができました。

M：いいですね。

二人は何を食べますか。

[문제지]

해석 집에서 여자와 남자가 이야기하고 있습니다. 두 사람은 무엇을 먹습니까?

F : 점심, 무엇이 먹고 싶어요?

M : 어제 피자를 먹었으니까, 오늘은 다른걸 먹읍시다.

F : 네, 카레는 어때요?

M : 우리가 항상 가는 카레 가게는 오늘 휴일입니다.

F : 그러면, 스시는 어때요? 역 앞 소바 가게 옆에 새로 가게가 생겼습니다.

M : 좋아요.

두 사람은 무엇을 먹습니까?

어휘 うち 몡집　食べる たべる 됭먹다　昼ご飯 ひるごはん 몡점심(식사)

何 なに 몡무엇　〜たい ~(하)고 싶다　昨日 きのう 어제

ピザ 몡피자　〜から 죠~니까　今日 きょう 몡오늘

他 ほか 몡다름　もの 몡것, 물건　カレー 몡카레

僕たち ぼくたち 몡우리　いつも 뷔항상　行く いく 됭가다

カレー屋 カレーや 몡카레 가게　お休み おやすみ 몡휴일, 쉬는 날

それじゃ 젭그러면　すし 몡스시　駅前 えきまえ 몡역 앞

そば屋 そばや 몡소바 가게　となり 몡옆

新しい あたらしい い형새롭다　店 みせ 몡가게　できる 됭생기다

いい い형좋다

실전 테스트 1   p.224

1 2	2 4	3 4	4 1	5 3
6 1	7 4			

문제 1에서는, 먼저 질문을 들어 주세요. 그리고 이야기를 듣고, 문제 용지의 1부터 4 중에서, 가장 알맞은 것을 하나 골라주세요.

1

[음성]

教室で、男の学生と女の学生が話しています。男の学生は明日何を持ってきますか。

M：明日の授業に何を持ってきますか。

F：明日は自分の家族を紹介する作文を英語で書くから、家族の写真とボールペンがいります。

M：はい。

F：それから、辞書は学校にありますから、持ってこなくてもいいと言っていましたよ。

M：はい、ありがとうございます。

男の学生は明日何を持ってきますか。

[문제지]

해석 교실에서, 남학생과 여학생이 이야기하고 있습니다. 남학생은 내일 무엇을 가지고 옵니까?

M : 내일 수업에 무엇을 가지고 옵니까?

F : 내일은 자신의 가족을 소개하는 작문을 영어로 쓰니까, 가족 사진과 볼펜이 필요합니다.

M：네.

F：그리고, 사전은 학교에 있으니까, 가지고 오지 않아도 된다고 말했어요.

M：네, 감사합니다.

남학생은 내일 무엇을 가지고 옵니까?

해설 선택지가 사진, 볼펜, 사전 그림이고, 질문에서 남학생이 내일 무엇을 가지고 와야 하는지를 물었으므로, 대화를 들을 때 내일 남학생이 가져와야 하는 것이 무엇인지를 파악해요. 여학생이 家族の写真とボールペンがいります(가족 사진과 볼펜이 필요합니다)라고 했으므로, 사진과 볼펜 그림으로 구성된 2가 정답이에요. 1은 볼펜이 그림에 없고, 3, 4의 사전은 가지고 오지 않아도 된다고 했으므로 오답이에요.

어휘 教室 きょうしつ 圀교실　学生 がくせい 圀학생
明日 あした 圀내일　持つ もつ 圄가지다　くる 圄오다
授業 じゅぎょう 圀수업　何 なに 圀무엇
自分 じぶん 圀자신, 자기 자신　家族 かぞく 圀가족
紹介 しょうかい 圀소개　する 圄하다　作文 さくぶん 圀작문
英語 えいご 圀영어　書く かく 圄쓰다　～から 图~니까
写真 しゃしん 圀사진　ボールペン 圀볼펜　いる 圄필요하다
それから 囼그리고　辞書 じしょ 圀사전　学校 がっこう 圀학교
ある 圄있다　～なくてもいい ~(하)지 않아도 된다
～と言っていた ～といっていた ~라고 말했다

2

[음성]

バスの中で、先生が話しています。学生は、始めに何をしますか。

F：みなさん、ひがし公園に着きました。今日はひがし公園を見たあと、コンサートに行きます。そして、そのあとホテルに行きます。あ、みなさん、公園に入る前にご飯を食べます。じゃ、今から公園の前のレストランに行きましょう。

学生は、始めに何をしますか。

[문제지]

해석 버스 안에서, 선생님이 이야기하고 있습니다. 학생은, 우선 무엇을 합니까?

F：여러분, 히가시 공원에 도착했습니다. 오늘은 히가시 공원을 본 후, 콘서트에 갑니다. 그리고, 그 후 호텔에 갑니다. 아, 여러분, 공원에 들어가기 전에 밥을 먹습니다. 그럼, 지금부터 공원 앞의 레스토랑에 갑시다.

학생은, 우선 무엇을 합니까?

해설 선택지가 공원을 구경하는 그림, 연주회를 관람하는 그림, 호텔에서 쉬는 그림, 식사를 하는 그림이고, 질문에서 학생이 우선 무엇을 하는지를 물었으므로, 선생님의 말을 들을 때 학생이 가장 먼저 해야 하는 일을 파악해요. 선생님이 公園に入る前にご飯を食べます(공원에 들어가기 전에 밥을 먹습니다)라고 했으므로, 식사를 하는 그림인 4가 정답이에요. 1은 식사를 하고 난 후에 공원에 들어간다고 했고, 2는 공원을 본 후에 콘서트를 간다고 했으며, 3은 콘서트를 본 후에 호텔에 간다고 했으므로 오답이에요.

어휘 バス 圀버스　中 なか 圀안　先生 せんせい 圀선생(님)
学生 がくせい 圀학생　始めに はじめに 우선
みなさん 圀여러분　公園 こうえん 圀공원　着く つく 圄도착하다
今日 きょう 圀오늘　見る みる 圄보다　あと 圀후, 뒤
コンサート 圀콘서트　行く いく 圄가다　そして 囼그리고
その あと 圀후　ホテル 圀호텔　入る はいる 圄들어가다
前 まえ 圀전, 앞　ご飯 ごはん 圀밥, 식사　食べる たべる 圄먹다
じゃ 囼그럼　今 いま 圀지금　～から 图~부터
レストラン 圀레스토랑

3

[음성]

家で、男の人と女の人が話しています。男の人は始めに何をしますか。

M：今何を作っていますか。

F：スパゲッティを作っています。

M：何か手伝うことはないですか。

F：うーん、私が野菜を洗って、それを切ります。その間に、スパゲッティのあとに食べる果物を洗ってください。

M：はい。

F：あ、その前に冷蔵庫から卵を一つ出してください。

M：はい、わかりました。

男の人は始めに何をしますか。

[문제지]

1　やさいを　あらう
2　やさいを　きる
3　くだものを　あらう
4　たまごを　だす

해석 집에서, 남자와 여자가 이야기하고 있습니다. 남자는 우선 무엇을 합니까?

M：지금 무엇을 만들고 있습니까?

F：스파게티를 만들고 있어요.

M：뭔가 도와줄 것은 없습니까?

F：음, 제가 야채를 씻고, 그것을 자를게요. 그동안에, 스파게티의 다음에 먹을 과일을 씻어 주세요.

M : はい。

F : あ、その前に冷蔵庫で卵を一つ出してください。

M : 네, 알겠습니다.

남자는 우선 무엇을 합니까?

1 야채를 씻는다
2 야채를 자른다
3 과일을 씻는다
4 계란을 꺼낸다

해설 선택지가 야채를 씻는다, 야채를 자른다, 과일을 씻는다, 계란을 꺼낸다 이고, 질문에서 남자가 우선 무엇을 해야 하는지를 물었으므로, 대화를 들을 때 남자가 가장 먼저 해야 하는 일을 파악해요. 여자가 그 전에 冷蔵庫から卵を一つ出してください(그 전에 냉장고에서 계란을 하나 꺼내 주세요)라고 했으므로, 4 たまごを だす(계란을 꺼낸다)가 정답이에요. 1, 2는 여자가 해야 할 일이고, 3은 계란을 꺼낸 다음에 할 일이므로 오답이에요.

어휘 家 いえ 圀집　始めに はじめに 우선　今 いま 圀지금
何 なに 圀무엇　作る つくる 圄만들다　～ている ~(하)고 있다
スパゲッティ 圀스파게티　手伝う てつだう 圄돕다　こと 圀것
ない い혱없다　私 わたし 圀저, 나　野菜 やさい 圀야채
洗う あらう 圄씻다　それ 圀그것　切る きる 圄자르다　その 그
間 あいだ 圀동안, 사이　あと 圀다음, 후　食べる たべる 圄먹다
果物 くだもの 圀과일　～てください ~(해) 주세요　前 まえ 圀전
冷蔵庫 れいぞうこ 圀냉장고　～から 조~에서　卵 たまご 圀계란
一つ ひとつ 圀하나, 한 개　出す だす 圄꺼내다
わかる 圄알다, 이해하다

4

[음성]
女の人と男の人が話しています。二人は今週末、どこに行きますか。

F : 今週末、どこか遊びに行きましょう。

M : いいですよ。どこに行きたいですか。

F : 海はどうですか。先週は山に行ってきたから、今度は海に行きましょう。

M : うーん、海もいいですが、外は暑いから、涼しい映画館や美術館はどうですか。

F : 映画は家で見ることもできるし、今週末は晴れだと聞いたので、海に行きましょう。

M : それもそうですね。そうしましょう。

二人は今週末、どこに行きますか。

[문제지]

1 うみ
2 やま
3 えいがかん
4 びじゅつかん

해석 여자와 남자가 이야기하고 있습니다. 두 사람은 이번 주말, 어디에 갑니까?

F : 이번 주말, 어딘가 놀러 갑시다.

M : 좋아요. 어디에 가고 싶습니까?

F : 바다는 어때요? 지난주는 산에 갔다 왔으니까, 이번은 바다에 갑시다.

M : 음, 바다도 좋지만, 바깥은 더우니까, 시원한 영화관이나 미술관은 어때요?

F : 영화는 집에서 볼 수도 있고, 이번 주말은 맑다고 들었으니까, 바다에 갑시다.

M : 그것도 그러네요. 그렇게 합시다.

두 사람은 이번 주말, 어디에 갑니까?

1 바다
2 산
3 영화관
4 미술관

해설 선택지가 바다, 산, 영화관, 미술관이고, 질문에서 두 사람이 주말에 어디에 가는지를 물었으므로, 대화를 들을 때 두 사람이 주말에 가는 장소를 파악해요. 여자가 海に行きましょう(바다에 갑시다)라고 하자, 남자가 そうしましょう(그렇게 합시다)라고 했으므로, 1 うみ(바다)가 정답이에요. 2는 지난주에 갔다 온 곳이고, 3, 4는 남자가 제안하였으나 여자가 이번 주말은 맑으니까 바다에 가자고 거절하였으므로 오답이에요.

어휘 二人 ふたり 圀두 사람　今週末 こんしゅうまつ 이번 주말
行く いく 圄가다　どこか 어딘가　遊ぶ あそぶ 圄놀다
いい い혱좋다　どこ 圀어디　～たい ~(하)고 싶다　海 うみ 圀바다
先週 せんしゅう 지난주　山 やま 圀산　くる 圄오다
～から 조~니까　今度 こんど 圀이번　外 そと 圀바깥
暑い あつい い혱덥다　涼しい すずしい い혱시원하다
映画館 えいがかん 圀영화관　～や 조~이나
美術館 びじゅつかん 圀미술관　映画 えいが 圀영화
家 いえ 圀집　見る みる 圄보다　～こともできる ~(할) 수도 있다
晴れ はれ 圀맑음, 날씨가 갬　聞く きく 圄듣다　～ので 조~니까
それ 圀그것

5

[음성]
男の人と女の人が話しています。男の人は何を買ってきますか。

M : 今からりんごを買いにスーパーに行ってきます。

F : 卵とジュースも買ってきてください。

M : はい。

F : あ、すみません。ジュースは冷蔵庫にありました。卵だけお願いします。

男の人は何を買ってきますか。

[문제지]

1 2 3 4

해석 남자와 여자가 이야기하고 있습니다. 남자는 무엇을 사 옵니까?

　M : 지금부터 사과를 사러 슈퍼에 갔다 오겠습니다.
　F : 계란과 주스도 사 와 주세요.
　M : 네.
　F : 아, 미안합니다. 주스는 냉장고에 있었습니다. 계란만 부탁합니다.

　남자는 무엇을 사 옵니까?

해설 선택지가 사과, 계란, 주스로 구성된 그림이고, 질문에서 남자가 무엇을 사 오는지를 물었으므로, 대화를 들을 때 남자가 사 오는 것이 무엇인지를 파악해요. 남자가 りんごを買いにスーパーに行ってきます(사과를 사러 슈퍼에 갔다 오겠습니다)라고 한 후, 여자가 卵とジュースも買ってきてください(계란과 주스도 사 와 주세요)라고 했지만, 그 뒤에 여자가 다시 卵だけお願いします(계란만 부탁합니다)라고 했으므로, 사과와 계란 그림으로 구성된 3이 정답이에요. 1은 계란이 그림에 없고, 2, 4의 주스는 여자가 처음에 주스를 사 와 달라고 했으나 마지막에 계란만 사 와 달라고 번복하였으므로 오답이에요.

어휘 買う かう 图사다　くる 图오다　今 いま 명지금　〜から 조~부터
　りんご 명사과　スーパー 명슈퍼　行く いく 图가다
　卵 たまご 명계란　ジュース 명주스　〜てください ~(해) 주세요
　冷蔵庫 れいぞうこ 명냉장고　ある 图있다　〜だけ 조~만

해석 회사에서, 여자와 남자가 이야기하고 있습니다. 여자는 언제 비행기를 탑니까?

　F : 이번 주, 도쿄에 여행을 갑니다.
　M : 도쿄까지는 비행기를 타고 갑니까?
　F : 네.
　M : 언제 갑니까?
　F : 수요일입니다. 수요일 오후라든가 목요일 오전 중에 가고 싶었습니다만, 티켓이 없었기 때문에 수요일 오전 중에 갑니다.

　여자는 언제 비행기를 탑니까?

1 **수요일 오전**
2 수요일 오후
3 목요일 오전
4 목요일 오후

해설 선택지가 수요일 오전, 수요일 오후, 목요일 오전, 목요일 오후이고, 질문에서 여자가 비행기를 언제 타는지를 물었으므로, 대화를 들을 때 여자가 언제 비행기를 타는지를 파악해요. 여자가 水曜日の午前中に行きます(수요일 오전 중에 갑니다)라고 했으므로, 1 すいようびの　ごぜん(수요일 오전)이 정답이에요. 2, 3은 티켓이 없었다고 했고, 4는 언급되지 않았으므로 오답이에요.

어휘 会社 かいしゃ 명회사　飛行機 ひこうき 명비행기
　乗る のる 图타다　今週 こんしゅう 명이번 주
　東京 とうきょう 명도쿄(지명)　旅行 りょこう 명여행
　行く いく 图가다　〜まで 조~까지　いつ 명언제
　水曜日 すいようび 명수요일　午後 ごご 명오후
　〜とか 조~라든가　木曜日 もくようび 명목요일
　午前中 ごぜんちゅう 오전 중　〜たい ~(하)고 싶다
　チケット 명티켓　〜ので 조~때문에　ごぜん 명오전

6

[음성]
会社で、女の人と男の人が話しています。女の人はいつ飛行機に乗りますか。

F：今週、東京に旅行に行きます。
M：東京までは飛行機に乗って行きますか。
F：はい。
M：いつ行きますか。
F：水曜日です。水曜日の午後とか木曜日の午前中に行きたかったですが、チケットがなかったので水曜日の午前中に行きます。

女の人はいつ飛行機に乗りますか。

[문제지]

1 **すいようびの　ごぜん**
2 すいようびの　ごご
3 もくようびの　ごぜん
4 もくようびの　ごご

7

[음성]
デパートで、男の人と店の人が話しています。男の人はどんなTシャツを買いますか。

M：すみません。どんなTシャツがありますか。
F：鳥の絵と犬の絵のTシャツがあります。
M：犬の絵がいいですね。
F：はい、色はどうしますか。白と黒がありますよ。
M：黒いのをください。

男の人はどんなTシャツを買いますか。

[문제지]

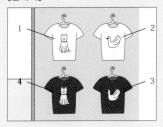

1　2　4　3

해석 백화점에서, 남자와 가게 사람이 이야기하고 있습니다. 남자는 어떤
티셔츠를 삽니까?

M: 실례합니다. 어떤 티셔츠가 있습니까?

F: 새 그림과 강아지 그림 티셔츠가 있습니다.

M: 강아지 그림이 좋네요.

F: 네, 색깔은 어떻게 합니까? 흰색과 검정색이 있어요.

M: 검정색인 것을 주세요.

남자는 어떤 티셔츠를 삽니까?

해설 선택지에 여러 종류의 티셔츠 그림이 제시되었고, 질문에서 남자가
어떤 티셔츠를 사는지를 물었으므로, 대화를 들을 때 남자가 어떤 티
셔츠를 사는지를 파악해요. 남자가 犬の絵がいいですね(강아지 그
림이 좋네요)라고 한 후 黒いのをください(검정색인 것을 주세요)
라고 했으므로, 강아지가 그려진 검정색 티셔츠 그림인 4가 정답이에
요. 1, 2는 검정색 티셔츠를 달라고 했고, 3은 강아지 그림이 좋다고
했으므로 오답이에요.

어휘 デパート 圏백화점   店 みせ 圏가게   Tシャツ 圏티셔츠
買う かう 圖사다   どんな 어떤   ある 圖있다   鳥 とり 圏새
絵 え 圏그림   犬 いぬ 圏강아지, 개   いい ぃ형좋다
色 いろ 圏색깔   白 しろ 圏흰색   黒 くろ 圏검정색
~ください ~주세요

실전 테스트 2

p.228

| 1 2 | 2 4 | 3 1 | 4 3 | 5 3 |
| 6 4 | 7 2 | | | |

문제 1에서는, 먼저 질문을 들어 주세요. 그리고 이야기를 듣고,
문제 용지의 1부터 4 중에서, 가장 알맞은 것을 하나 골라주세요.

1

[음성]

食堂で、男の人と女の人が話しています。女の人はどんな
メニューを選びましたか。

M: 前田さんは何にしますか。僕はすしにします。この店
はすしがおいしいですよ。

F: 私は…、今日はすしよりそばが食べたいです。

M: そうですか。じゃ、飲み物は何にしますか。お茶と
コーラがあります。

F: 私はお茶にします。

女の人はどんなメニューを選びましたか。

[문제지]

해석 식당에서, 남자와 여자가 이야기하고 있습니다. 여자는 어떤 메뉴를
골랐습니까?

M: 마에다 씨는 무엇으로 합니까? 저는 스시로 하겠습니다. 이 가게
는 스시가 맛있어요.

F: 저는…, 오늘은 스시보다 소바가 먹고 싶어요.

M: 그렇습니까? 그럼, 음료는 무엇으로 합니까? 차와 콜라가 있어요.

F: 저는 차로 할게요.

여자는 어떤 메뉴를 골랐습니까?

해설 선택지가 스시, 소바, 차, 콜라로 구성된 그림이고, 질문에서 여자가
어떤 메뉴를 골랐는지를 물었으므로, 대화를 들을 때 여자가 고른 메
뉴가 무엇인지를 파악해요. 여자가 今日はすしよりそばが食べた
いです(오늘은 스시보다 소바가 먹고 싶어요)라고 한 후, 私はお茶
にします(저는 차로 할게요)라고 했으므로, 소바와 차 그림으로 구
성된 2가 정답이에요. 1, 3의 스시는 남자가 고른 메뉴이고, 4의 콜라
는 남자가 언급하였으나 여자가 선택하지 않았으므로 오답이에요.

어휘 食堂 しょくどう 圏식당   メニュー 圏메뉴   選ぶ えらぶ 圖고르다
何 なに 圏무엇   ~にする ~로 하다   僕 ぼく 圏저, 나(남자의 자칭)
すし 圏스시, 초밥   この 이   店 みせ 圏가게   おいしい ぃ형맛있다
私 わたし 圏저, 나   今日 きょう 圏오늘   ~より 图~보다
そば 圏소바   食べる たべる 圖먹다   ~たい ~(하)고 싶다
じゃ 圈그럼   飲み物 のみもの 圏음료   お茶 おちゃ 圏차
コーラ 圏콜라   ある 圖있다

2

[음성]

女の人と男の人が話しています。女の人はどこへ行きます
か。

F: すみません。病院はどこですか。

M: あそこの交差点で右に曲がってください。道の左側に
ビルが2つあります。

F: はい。

M: 高いほうのビルが病院です。

F: わかりました。ありがとうございます。

女の人はどこへ行きますか。

[문제지]

해석 여자와 남자가 이야기하고 있습니다. 여자는 어디에 갑니까?

　　F : 실례합니다. 병원은 어디입니까?

　　M : 저기 교차로에서 오른쪽으로 돌아주세요. 길의 왼편에 빌딩이
　　　　두 개 있습니다.

　　F : 네.

　　M : 높은 쪽의 빌딩이 병원입니다.

　　F : 알겠습니다. 감사합니다.

　　여자는 어디에 갑니까?

해설 선택지로 약도가 제시되었고, 질문에서 여자가 어디에 가는지를 물었으므로, 대화를 들을 때 여자가 가는 곳이 어디인지를 파악해요. 남자가 交差点で右に曲がってください。道の左側にビルが2つあります(교차로에서 오른쪽으로 돌아주세요. 길의 왼편에 빌딩이 두 개 있습니다)라고 한 후, 高いほうのビルが病院です(높은 쪽의 빌딩이 병원입니다)라고 했으므로, 교차로에서 오른쪽으로 돌았을 때 왼편의 높은 빌딩인 4가 정답이에요.

어휘 行く いく 图 가다 　病院 びょういん 圏 병원 　どこ 圏 어디

　　あそこ 圏 저기 　交差点 こうさてん 圏 교차로 　右 みぎ 圏 오른쪽

　　曲がる まがる 图 돌다 　～てください ~(해) 주세요 　道 みち 圏 길

　　左側 ひだりがわ 圏 왼편 　ビル 圏 빌딩, 건물 　ある 图 있다

　　高い たかい い형 높다 　ほう 圏 쪽 　わかる 图 알다, 이해하다

해석 학교에서, 남학생과 여학생이 이야기하고 있습니다. 남학생은 내일 무엇을 가지고 옵니까?

　　M : 내일 요리 수업에 무엇을 가지고 옵니까?

　　F : 우리는 샌드위치를 만들기 때문에, 빵과 채소, 햄이 필요합니다.

　　M : 그렇습니까? 그러면, 제가 빵과 채소를 가져오겠습니다.

　　F : 그럼, 저는 햄을 가지고 올게요.

　　M : 아, 우유를 부탁해도 됩니까?

　　F : 알겠습니다. 그것도 가지고 올게요.

　　남학생은 내일 무엇을 가지고 옵니까?

해설 선택지가 빵, 채소, 우유, 햄으로 구성된 그림이고, 질문에서 남학생이 내일 무엇을 가지고 오는지를 물었으므로, 대화를 들을 때 남학생이 내일 가져와야 하는 것이 무엇인지를 파악해요. 남학생이 僕がパンと野菜を持ってきます(제가 빵과 채소를 가져오겠습니다)라고 했으므로, 빵과 채소 그림으로 구성된 1이 정답이에요. 2, 3, 4의 우유와 햄은 여학생이 가져와야 하는 것이므로 오답이에요.

어휘 学校 がっこう 圏 학교 　学生 がくせい 圏 학생 　明日 あした 圏 내일

　　持つ もつ 图 가지다 　くる 图 오다 　料理 りょうり 圏 요리

　　授業 じゅぎょう 圏 수업 　何 なに 圏 무엇

　　私たち わたしたち 圏 우리 　サンドイッチ 圏 샌드위치

　　作る つくる 图 만들다 　～から 图 ~때문에, 니까 　パン 圏 빵

　　野菜 やさい 圏 채소 　ハム 圏 햄 　必要だ ひつようだ な형 필요하다

　　じゃあ 젭 그러면 　僕 ぼく 圏 저, 나(남자의 자칭) 　じゃ 젭 그럼

　　牛乳 ぎゅうにゅう 圏 우유 　～てもいい ~(해)도 된다

　　わかる 图 알다, 이해하다 　それ 圏 그것

3

[음성]

学校で、男の学生と女の学生が話しています。男の学生は明日何を持ってきますか。

M : 明日の料理の授業に何を持ってきますか。

F : 私たちはサンドイッチを作りますから、パンと野菜、ハムが必要です。

M : そうですか。じゃあ、僕がパンと野菜を持ってきます。

F : じゃ、私はハムを持ってきます。

M : あ、牛乳をお願いしてもいいですか。

F : わかりました。それも持ってきます。

男の学生は明日何を持ってきますか。

4

[음성]

女の人と男の人が話しています。二人は何時に会いますか。

F : 午後一緒に本屋へ行きませんか。

M : いいですよ。何時に会いましょうか。

F : 4時はどうですか。

M : 僕は仕事が5時に終わります。ご飯を食べてから7時に会うのはどうですか。

F : あ、じゃあ、本屋に行く前に、一緒に食事するのはどうですか。

M : いいですね。じゃ、6時に会ってまずはご飯を食べに行きましょう。

F：はい、そうしましょう。

二人は何時に会いますか。

[문제지]

1　4じ

2　5じ

3　6じ

4　7じ

해석　여자와 남자가 이야기하고 있습니다. 두 사람은 몇 시에 만납니까?

　F：오후에 같이 서점에 가지 않을래요?

　M：좋아요. 몇 시에 만날까요?

　F：4시는 어때요?

　M：저는 일이 5시에 끝나요. 밥을 먹고 나서 7시에 만나는 것은 어때요?

　F：아, 그러면, 서점에 가기 전에, 함께 식사하는 것은 어때요?

　M：좋네요. 그럼, 6시에 만나서 우선은 밥을 먹으러 갑시다.

　F：네, 그렇게 해요.

　두 사람은 몇 시에 만납니까?

1　4시

2　5시

3　6시

4　7시

해설　선택지가 4시, 5시, 6시, 7시이고, 질문에서 두 사람이 몇 시에 만나는지를 물었으므로, 대화를 들을 때 두 사람이 만나는 시간을 파악해요. 남자가 6時に会ってまずはご飯を食べに行きましょう(6시에 만나서 우선은 밥을 먹으러 갑시다)라고 했으므로, 3 6じ(6시)가 정답이에요. 1은 여자가 처음에 제안한 시간이나 남자가 안 된다고 했고, 2는 남자의 일이 끝나는 시간이며, 4는 남자가 밥을 각자 먹고 7시에 만나자고 제안하였으나 6시에 만나는 것으로 하였으므로 오답이에요.

어휘　何〜 なん〜 몇〜　〜時 〜じ 〜시　会う あう 图 만나다
　　　午後 ごご 图 오후　一緒に いっしょに 图 같이　本屋 ほんや 图 서점
　　　行く いく 图 가다　いい い형 좋다　僕 ぼく 图 저, 나(남자의 자칭)
　　　仕事 しごと 图 일　終わる おわる 图 끝나다　ご飯 ごはん 图 밥
　　　食べる たべる 图 먹다　〜てから 〜(하)고 나서　じゃあ 접 그러면
　　　前 まえ 图 전, 앞　食事 しょくじ 图 식사　する 图 하다
　　　じゃ 접 그럼　まず 囝 우선　〜に行く 〜にいく 〜(하)러 가다

5

[음성]

女の人と男の人が話しています。男の人は週に何回アルバイトをしていますか。

　F：今週末は何をしますか。

　M：スーパーでアルバイトをします。

　F：そうですか。土曜日も日曜日もアルバイトをしますか。

　M：はい、そして火曜日もアルバイトをします。もともとは月曜日にもしていましたが、授業がありますから、先月からは月曜日はしていません。

　F：そうですか。大変ですね。

男の人は週に何回アルバイトをしていますか。

[문제지]

1　1かい

2　2かい

3　3かい

4　4かい

해석　여자와 남자가 이야기하고 있습니다. 남자는 일주일에 몇 회 아르바이트를 하고 있습니까?

　F：이번 주말은 무엇을 합니까?

　M：슈퍼에서 아르바이트를 합니다.

　F：그렇습니까? 토요일도 일요일도 아르바이트를 합니까?

　M：네, 그리고 화요일도 아르바이트를 합니다. 원래는 월요일에도 하고 있었습니다만, 수업이 있어서, 지난달부터는 월요일은 하지 않고 있습니다.

　F：그렇군요. 힘들겠네요.

　남자는 일주일에 몇 회 아르바이트를 하고 있습니까?

1　1회

2　2회

3　3회

4　4회

해설　선택지가 1회, 2회, 3회, 4회이고, 질문에서 남자가 일주일에 몇 회 아르바이트를 하고 있는지를 물었으므로, 대화를 들을 때 남자가 일주일에 아르바이트하는 횟수를 파악해요. 여자가 土曜日も日曜日もアルバイトをしますか(토요일도 일요일도 아르바이트를 합니까)라고 묻자, 남자가 はい、そして火曜日もアルバイトをします(네, 그리고 화요일도 아르바이트를 합니다)라고 했으므로, 3 3かい(3회)가 정답이에요.

어휘　週 しゅう 图 일주일　何〜 なん〜 몇〜　〜回 〜かい 〜회
　　　アルバイト 图 아르바이트　する 图 하다　〜ている 〜(하)고 있다
　　　今週末 こんしゅうまつ 이번 주말　何 なに 图 무엇
　　　スーパー 图 슈퍼　土曜日 どようび 图 토요일
　　　日曜日 にちようび 图 일요일　そして 접 그리고
　　　火曜日 かようび 图 화요일　もともと 囝 원래
　　　月曜日 げつようび 图 월요일　授業 じゅぎょう 图 수업

ある 图 있다 　〜から 国 ~해서 　先月 せんげつ 图 지난달

〜から 国 ~부터 　大変だ たいへんだ な형 힘들다

6

[음성]

<ruby>学校<rt>がっこう</rt></ruby>で、<ruby>先生<rt>せんせい</rt></ruby>が<ruby>話<rt>はな</rt></ruby>しています。<ruby>夏休<rt>なつやす</rt></ruby>みはいつからですか。

M：みなさん、<ruby>今日<rt>きょう</rt></ruby>は<ruby>五日<rt>いつか</rt></ruby>ですね。テストは<ruby>七日<rt>なのか</rt></ruby>ですから、あと<ruby>二日<rt>ふつか</rt></ruby>しかありません。がんばって<ruby>勉強<rt>べんきょう</rt></ruby>していますか。<ruby>九日<rt>ここのか</rt></ruby>からは<ruby>夏休<rt>なつやす</rt></ruby>みなので、もう<ruby>少<rt>すこ</rt></ruby>しがんばりましょう。

<ruby>夏休<rt>なつやす</rt></ruby>みはいつからですか。

[문제지]

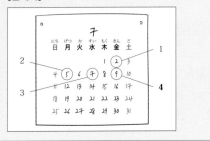

해석 학교에서, 선생님이 이야기하고 있습니다. 여름 방학은 언제부터입니까?

M：여러분, 오늘은 5일입니다. 시험은 7일이니까, 앞으로 2일밖에 없습니다. 힘내서 공부하고 있나요? 9일부터는 여름 방학이니까, 조금 더 힘냅시다.

여름 방학은 언제부터입니까?

해설 선택지가 2일, 5일, 7일, 9일이고, 여름 방학이 언제부터인지를 물었으므로, 선생님의 말을 들을 때 여름 방학이 시작되는 날짜를 파악해요. 선생님이 九日からは夏休み(9일부터는 여름 방학)라고 했으므로, 4 9일이 정답이에요. 1은 앞으로 2일 후에 시험이 있다고 한 것이고, 2는 오늘 날짜이며, 3은 시험을 보는 날짜이므로 오답이에요.

어휘 学校 がっこう 图 학교 　先生 せんせい 图 선생(님)

夏休み なつやすみ 图 여름 방학 　いつ 언제 　〜から 国 ~부터

みなさん 图 여러분 　今日 きょう 图 오늘 　五日 いつか 图 5일

テスト 图 시험, 테스트 　七日 なのか 图 7일 　〜から 国 ~니까, 해서

あと 團 앞으로 　二日 ふつか 图 2일 　〜しか 国 ~밖에

ある 图 있다 　がんばる 图 힘내다, 열심히 하다

勉強 べんきょう 图 공부 　〜ている ~(하)고 있다

九日 ここのか 图 9일 　〜ので 国 ~니까

もう少し もうすこし 團 조금 더

7

[음성]

<ruby>電話<rt>でんわ</rt></ruby>で<ruby>女<rt>おんな</rt></ruby>の<ruby>人<rt>ひと</rt></ruby>が<ruby>話<rt>はな</rt></ruby>しています。<ruby>二人<rt>ふたり</rt></ruby>は、<ruby>午後<rt>ごご</rt></ruby>、<ruby>何<rt>なに</rt></ruby>を<ruby>買<rt>か</rt></ruby>いに<ruby>行<rt>い</rt></ruby>きますか。

F：もしもし、<ruby>佐藤<rt>さとう</rt></ruby>さん？<ruby>鈴木<rt>すずき</rt></ruby>です。<ruby>今度結婚<rt>こんどけっこん</rt></ruby>する<ruby>森<rt>もり</rt></ruby>さんへのプレゼントを<ruby>買<rt>か</rt></ruby>いに<ruby>行<rt>い</rt></ruby>くの、<ruby>今日<rt>きょう</rt></ruby>の<ruby>午後<rt>ごご</rt></ruby>でしたよね。<ruby>私<rt>わたし</rt></ruby>たちはカップにしましょう。<ruby>森<rt>もり</rt></ruby>さん、<ruby>会社<rt>かいしゃ</rt></ruby>で<ruby>使<rt>つか</rt></ruby>うカップが<ruby>小<rt>ちい</rt></ruby>さくて、<ruby>大<rt>おお</rt></ruby>きいのが<ruby>欲<rt>ほ</rt></ruby>しいと<ruby>言<rt>い</rt></ruby>っていました。それから、<ruby>花<rt>はな</rt></ruby>より<ruby>犬<rt>いぬ</rt></ruby>の<ruby>絵<rt>え</rt></ruby>のものがいいと<ruby>思<rt>おも</rt></ruby>います。

<ruby>二人<rt>ふたり</rt></ruby>は、<ruby>午後<rt>ごご</rt></ruby>、<ruby>何<rt>なに</rt></ruby>を<ruby>買<rt>か</rt></ruby>いに<ruby>行<rt>い</rt></ruby>きますか。

[문제지]

해석 전화로 여자가 이야기하고 있습니다. 두 사람은, 오후, 무엇을 사러 갑니까?

F：여보세요, 사토 씨? 스즈키입니다. 이번에 결혼하는 모리 씨의 선물을 사러 가는 거, 오늘 오후였지요. 우리는 컵으로 합시다. 모리 씨, 회사에서 사용하는 컵이 작아서, 큰 것이 가지고 싶다고 말했어요. 그리고, 꽃보다는 강아지 그림인 것이 좋다고 생각합니다.

두 사람은, 오후, 무엇을 사러 갑니까?

해설 선택지에 여러 종류의 컵이 그림으로 제시되었고, 질문에서 두 사람이 무엇을 사러 가는지를 물었으므로, 여자의 말을 들을 때 두 사람이 어떤 컵을 사는지를 파악해요. 여자가 会社で使うカップが小さくて、大きいのが欲しいと言っていました。それから、花より犬の絵のものがいいと思います(회사에서 사용하는 컵이 작아서, 큰 것이 가지고 싶다고 말했어요. 그리고, 꽃보다는 강아지 그림인 것이 좋다고 생각합니다)라고 했으므로, 크고 강아지 그림이 있는 컵 그림인 2가 정답이에요. 1, 3은 꽃 그림보다는 강아지 그림이 있는 것이 좋겠다고 했고, 4는 큰 것을 가지고 싶다고 했으므로 오답이에요.

어휘 電話 でんわ 图 전화 　午後 ごご 图 오후 　買う かう 图 사다

行く いく 图 가다 　今度 こんど 图 이번 　結婚 けっこん 图 결혼

する 图 하다 　プレゼント 图 선물 　今日 きょう 图 오늘

私たち わたしたち 图 우리 　カップ 图 컵 　〜にする ~로 하다

会社 かいしゃ 图 회사 　使う つかう 图 사용하다

小さい ちいさい い형 작다 　大きい おおきい い형 크다

欲しい ほしい い형 갖고 싶다

〜と言っていた 〜といっていた ~라고 말했다 　それから 쩹 그리고

花 はな 图 꽃 　〜より 国 ~보다 　犬 いぬ 图 강아지, 개

絵 え 图 그림 　もの 图 것 　いい い형 좋다

〜と思う 〜とおもう ~라고 생각하다

1 4	2 3	3 1	4 2	5 2
6 1	7 4			

문제 1에서는, 먼저 질문을 들어 주세요. 그리고 이야기를 듣고, 문제 용지의 1부터 4 중에서, 가장 알맞은 것을 하나 골라주세요.

1

[음성]
女の学生と男の学生が話しています。女の学生は先生に何を渡しますか。

F：田中さん、この前借りた辞書とペンです。返しますね。ありがとうございました。

M：どういたしまして。

F：あ、宿題のプリントは田中さんに渡しますか。

M：え、まだ出していませんか。昨日、クラスのみんなのを先生に渡しましたので、自分で先生に出してください。

F：そうですか。わかりました。

女の学生は先生に何を渡しますか。

[문제지]

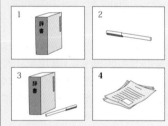

해석 여학생과 남학생이 이야기하고 있습니다. 여학생은 선생님에게 무엇을 전달합니까?

F：다나카 씨, 일전 빌렸던 사전과 펜입니다. 돌려줄게요. 감사했습니다.

M：천만에요.

F：아, 숙제 프린트는 다나카 씨에게 전달합니까?

M：어, 아직 내지 않았습니까? 어제, 반 모두의 것을 선생님에게 전달했기 때문에, 스스로 선생님에게 내 주세요.

F：그렇습니까? 알겠습니다.

여학생은 선생님에게 무엇을 전달합니까?

해설 선택지가 사전, 펜, 내용이 있는 종이 그림이고, 질문에서 여학생이 선생님에게 무엇을 전달하는지를 물었으므로, 대화를 들을 때 선생님께 여학생이 무엇을 전달해야 하는지를 파악해요. 여학생이 宿題の プリントは田中さんに渡しますか(숙제 프린트는 다나카 씨에게 전달합니까)라고 하자, 남학생이 先生に出してください(선생님에

게 내 주세요)라고 했으므로, 숙제 프린트 그림인 4가 정답이에요. 1, 2, 3의 사전과 펜은 다나카 씨에게 빌렸던 것을 전달한 것이므로 오답이에요.

어휘 学生 がくせい 圏학생　先生 せんせい 圏선생(님)
渡す わたす 圄전달하다　この前 このまえ 圏일전
借りる かりる 圄빌리다　辞書 じしょ 圏사전　ペン 圏펜
返す かえす 圄돌려주다　宿題 しゅくだい 圏숙제
プリント 圏프린트, 인쇄자료　まだ 囝아직
~ている (한) 상태이다, ~(하)고 있다　昨日 きのう 圏어제
クラス 圏반, 클래스　みんな 圏모두　~ので 㽉~때문에
自分で じぶんで 스스로　出す だす 圄내다, 제출하다
~てください ~(해) 주세요　わかる 圄알다, 이해하다

2

[음성]
男の人と女の人が話しています。二人はいつ映画を見に行きますか。

M：今週の金曜日、映画を見に行きませんか。

F：金曜日はちょっと…。土曜日はどうですか。

M：すみません、土曜日は家族みんなで山に行く予定です。

F：あ、じゃ、来週の金曜日はどうですか。

M：金曜日もいいですが、来週の火曜日はどうですか。休みの日ですし、いいと思います。

F：いいですね、じゃ、その日に会いましょう。

二人はいつ映画を見に行きますか。

[문제지]

1 こんしゅうの　きんようび

2 こんしゅうの　どようび

3 らいしゅうの　かようび

4 らいしゅうの　きんようび

해석 남자와 여자가 이야기하고 있습니다. 두 사람은 언제 영화를 보러 갑니까?

M：이번 주 금요일, 영화를 보러 가지 않을래요?

F：금요일은 조금…. 토요일은 어때요?

M：죄송합니다, 토요일은 가족 다같이 산에 갈 예정입니다.

F：아, 그럼, 다음 주 금요일은 어때요?

M：금요일도 좋습니다만, 다음 주 화요일은 어때요? 휴일이고, 좋다고 생각합니다.

F：좋네요, 그럼, 그 날 만납시다.

두 사람은 언제 영화를 보러 갑니까?

1 이번 주 금요일

2 이번 주 토요일

3 다음 주 화요일

4 다음 주 금요일

해설 선택지가 이번 주 금요일, 이번 주 토요일, 다음 주 화요일, 다음 주 금요일이고, 질문에서 두 사람이 언제 영화를 보러 가는지를 물었으므로, 대화를 들을 때 두 사람이 영화를 보러 가는 날을 파악해요. 남자가 来週の火曜日はどうですか(다음 주 화요일은 어때요?)라고 묻자, 여자가 いいですね、じゃ、その日に会いましょう(좋네요, 그럼, 그 날 만납시다)라고 했으므로, 3 らいしゅうの かようび(다음 주 화요일)가 정답이에요. 1은 남자가 언급했지만 여자가 거절했고, 2는 남자가 가족끼리 산에 간다고 했으며, 4는 여자와 남자 모두 괜찮다고 했으나 최종적으로 화요일로 정했으므로 오답이에요.

어휘 映画 えいが 영화 見る みる 튕 보다
　　行く いく 튕 가다 今週 こんしゅう 뗑 이번 주
　　金曜日 きんようび 뗑 금요일 ちょっと 囝 조금
　　土曜日 どようび 토요일 家族 かぞく 뗑 가족 みんなで 다같이
　　山 やま 산 予定 よてい 뗑 예정 じゃ 囼 그럼
　　来週 らいしゅう 뗑 다음 주 いい 뗑 좋다
　　火曜日 かようび 뗑 화요일 休みの日 やすみのひ 휴일
　　〜と思う 〜とおもう 〜라고 생각하다 その 그 日 ひ 뗑 날
　　会う あう 튕 만나다

3

[음성]
女の人と男の人が話しています。男の人は何を買って帰りますか。

F：今日、ケーキを作りますから、帰るとき、バターとさとうを買ってきてください。
M：さとう、家になかったですか。
F：はい、昨日全部食べました。
M：わかりました。ぎゅうにゅうとか他のものはいりませんか。
F：はい、大丈夫です。

男の人は何を買って帰りますか。

[문제지]

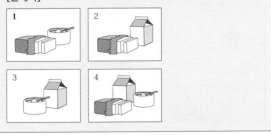

해석 여자와 남자가 이야기하고 있습니다. 남자는 무엇을 사서 돌아옵니까?
　　F : 오늘, 케이크를 만드니까, 돌아올 때, 버터와 설탕을 사 와 주세요.
　　M : 설탕, 집에 없었습니까?
　　F : 네, 어제 전부 먹었습니다.
　　M : 알겠습니다. 우유라든가 다른 것은 필요 없습니까?
　　F : 네, 괜찮습니다.

남자는 무엇을 사서 돌아옵니까?

해설 선택지가 버터, 설탕, 우유로 구성된 그림이고, 질문에서 남자가 무엇을 사서 돌아오는지를 물었으므로, 대화를 들을 때 남자가 사야 하는 것이 무엇인지를 파악해요. 여자가 バターとさとうを買ってきてください(버터와 설탕을 사 와 주세요)라고 했으므로, 버터와 설탕 그림으로 구성된 1이 정답이에요. 2, 3, 4의 우유는 여자가 필요없다고 했으므로 오답이에요.

어휘 買う かう 튕 사다 帰る かえる 튕 돌아오다 今日 きょう 오늘
　　ケーキ 케이크 作る つくる 튕 만들다 〜から 죄 〜니까
　　とき 때 バター 버터 さとう 설탕 くる 튕 오다
　　〜てください 〜(해) 주세요 家 いえ 뗑 집 ない 뗑 없다
　　昨日 きのう 어제 全部 ぜんぶ 전부 食べる たべる 튕 먹다
　　わかる 튕 알다, 이해하다 ぎゅうにゅう 뗑 우유 〜とか 죄 〜라든가
　　他 ほか 뗑 다름 もの 뗑 것 いる 튕 필요하다
　　大丈夫だ だいじょうぶだ 괜찮다

4

[음성]
スーパーで、男の人と女の人が話しています。二人は何を買いますか。

M：今日もりんごを買いますか。
F：うーん、りんごは先週食べましたから、オレンジやももを買いましょう。
M：今日はオレンジが安いからオレンジにしましょう。
F：いいですよ。二人で食べるから3つ買いますね。
M：明後日、友だちがうちに遊びにくるから、5つにしましょう。
F：はい。

二人は何を買いますか。

[문제지]

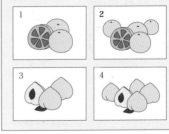

해석 슈퍼에서, 남자와 여자가 이야기하고 있습니다. 두 사람은 무엇을 삽니까?
　　M : 오늘도 사과를 삽니까?
　　F : 음, 사과는 지난주에 먹었으니까, 오렌지나 복숭아를 삽시다.
　　M : 오늘은 오렌지가 싸니까 오렌지로 합시다.
　　F : 좋아요. 두 명이서 먹으니까 3개 살게요.
　　M : 모레, 친구들이 집에 놀러 오니까, 5개로 합시다.
　　F : 네.

두 사람은 무엇을 삽니까?

해설 선택지가 오렌지 3개, 오렌지 5개, 복숭아 3개, 복숭아 5개 그림이고, 질문에서 두 사람이 무엇을 사는지를 물었으므로, 대화를 들을 때 두 사람이 무엇을 몇 개 사는지 파악해요. 남자가 オレンジが安いから オレンジにしましょう(오렌지가 싸니까 오렌지로 합시다)라고 한 후, 友だちがうちに遊びにくるから、5つにしましょう(친구들이 집에 놀러 오니까, 5개로 합시다)라고 했으므로, 오렌지 5개 그림인 2가 정답이에요. 1은 여자가 처음에 언급한 것이고, 3, 4의 복숭아는 여자가 언급하였으나 남자가 오렌지를 사자고 했으므로 오답이에요.

어휘 スーパー 團 슈퍼　買う かう 園 사다　今日 きょう 團 오늘
りんご 園 사과　先週 せんしゅう 園 지난주　食べる たべる 園 먹다
～から 國 ~니까　オレンジ 園 오렌지　～や 國 ~나
もも 園 복숭아　安い やすい 回 싸다　～にする ~로 하다
いい 回 좋다　二人 ふたり 園 두 명　明後日 あさって 園 모레
友だち ともだち 園 친구　うち 園 집　遊ぶ あそぶ 園 놀다
くる 園 오다

5

[음성]
店で、女の人と男の人が話しています。男の人は来週何曜日にアルバイトをしますか。

F：森山さん、来週の月曜日か水曜日に時間がありますか。

M：え、何かありますか。

F：来週、山下さんが一週間アルバイトに来ることができません。

M：そうですか。水曜日は大丈夫です。

F：じゃあ、その日はお願いします。それから、週末もできますか。

M：すみません。土曜日と日曜日は友だちと旅行に行きます。

男の人は来週何曜日にアルバイトをしますか。

[문제지]
1 げつようび
2 すいようび
3 どようび
4 にちようび

해석 가게에서, 여자와 남자가 이야기하고 있습니다. 남자는 다음 주 무슨 요일에 아르바이트를 합니까?

F : 모리야마 씨, 다음 주 월요일이나 수요일에 시간이 있습니까?

M : 엇, 뭔가 있습니까?

F : 다음 주, 야마시타 씨가 일주일간 아르바이트에 올 수 없습니다.

M : 그렇습니까? 수요일은 괜찮습니다.

F : 그럼, 그 날은 부탁합니다. 그리고, 주말도 할 수 있습니까?

M : 죄송합니다. 토요일과 일요일은 친구와 여행을 갑니다.

남자는 다음 주 무슨 요일에 아르바이트를 합니까?

---

1 월요일
2 수요일
3 토요일
4 일요일

해설 선택지가 월요일, 수요일, 토요일, 일요일이고, 질문에서 남자가 다음 주 무슨 요일에 아르바이트를 하는지를 물었으므로, 대화를 들을 때 남자가 아르바이트하는 요일을 파악해요. 남자가 水曜日は大丈夫です(수요일은 괜찮습니다)라고 했으므로, 2 すいようび(수요일)가 정답이에요. 1은 여자가 언급했으나 남자가 수요일이 괜찮다고 하였고, 3, 4는 주말에는 남자가 친구와 여행을 간다고 했으므로 오답이에요.

어휘 店 みせ 園 가게　来週 らいしゅう 園 다음 주　何～ なん～ 무슨~
曜日 ようび 園 요일　アルバイト 園 아르바이트　する 園 하다
月曜日 げつようび 園 월요일　水曜日 すいようび 園 수요일
時間 じかん 園 시간　ある 園 있다　何 なに 園 무엇
一週間 いっしゅうかん 園 일주일간　来る くる 園 오다
～ことができる ~(할) 수 있다　大丈夫だ だいじょうぶだ 國 괜찮다
じゃあ 國 그럼　その 그　日 ひ 園 날　それから 國 그리고
週末 しゅうまつ 園 주말　できる 園 할 수 있다
土曜日 どようび 園 토요일　日曜日 にちようび 園 일요일
友だち ともだち 園 친구　旅行 りょこう 園 여행　行く いく 園 가다

6

[음성]
電話で男の人が話しています。二人はどこに行きますか。

M：もしもし、鈴木さん? 今日一緒にラーメンを食べに行きますよね。学校からラーメン屋までは歩いていくことができます。まず、学校を出てまっすぐ行くと、交差点があります。その交差点で左に曲がってください。道の右側にラーメン屋があります。店の前で会いましょう。

二人はどこに行きますか。

[문제지]

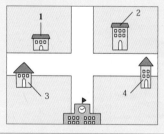

해석 전화로 남자가 이야기하고 있습니다. 두 사람은 어디에 갑니까?

M : 여보세요, 스즈키 씨? 오늘 같이 라멘을 먹으러 가지요. 학교에서 라멘 가게까지는 걸어서 갈 수 있어요. 우선, 학교를 나와서 곧장 가면, 교차로가 있습니다. 그 교차로에서 왼쪽으로 돌아 주세요. 길의 오른편에 라멘 가게가 있습니다. 가게 앞에서 만납시다.

두 사람은 어디에 갑니까?

해설 선택지로 약도가 제시되었고, 질문에서 두 사람이 어디에 가는지를 물

었으므로, 남자의 말을 들을 때 두 사람이 가는 곳이 어디인지를 파악해요. 남자가 学校を出てまっすぐ行くと、交差点があります。その交差点で左に曲がってください。道の右側にラーメン屋があります(학교를 나와서 곧장 가면, 교차로가 있습니다. 그 교차로에서 왼쪽으로 돌아 주세요. 길의 오른편에 라멘 가게가 있습니다)라고 했으므로 교차로를 왼쪽으로 돌았을 때 오른편에 있는 1이 정답이에요.

어휘 電話 でんわ 圏전화　行く いく 图가다　今日 きょう 圏오늘
　　一緒に いっしょに 閉같이　ラーメン 圏라멘
　　食べる たべる 图먹다　行く いく 图가다　学校 がっこう 圏학교
　　~から 图~에서　ラーメン屋 ラーメンや 라멘 가게
　　~まで 图~까지　歩く あるく 图걷다　~ことができる ~(할) 수 있다
　　まず 閉우선　出る でる 图나오다　まっすぐ 閉곧장
　　交差点 こうさてん 圏교차로　ある 图있다
　　その 그　左 ひだり 圏왼쪽　曲がる まがる 图돌다
　　~てください ~(해) 주세요　道 みち 圏길
　　右側 みぎがわ 圏오른편　店 みせ 圏가게　前 まえ 圏앞
　　会う あう 图만나다

7

[음성]
うちで、女の人と男の人が話しています。女の人は明日どんなワンピースを着ますか。
F：明日、南さんの誕生日パーティーにこのワンピースを着ていくつもりですが、どうですか。
M：パーティーだからリボンとか絵が一つもないものより、大きいリボンがあるのがいいと思います。
F：自分の誕生日じゃないので、大きいリボンはちょっと…。
M：じゃあ、小さいリボンがたくさんあるこれはどうですか。
F：うん…、それよりこの小さいねこの絵があるものはどうですか。
M：いいですね。
F：じゃ、明日はこれを着ます。

女の人は明日どんなワンピースを着ますか。

[문제지]

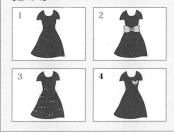

해석 집에서, 여자와 남자가 이야기하고 있습니다. 여자는 내일 어떤 원피스를 입습니까?
　　F：내일, 미나미 씨의 생일파티에 이 원피스를 입고 갈 예정입니다

만, 어때요?
M：파티니까 리본이라든가 그림이 하나도 없는 것보다, 큰 리본이 있는 것이 좋다고 생각합니다.
F：저의 생일이 아니라서, 큰 리본은 조금….
M：그러면, 작은 리본이 많이 있는 이건 어때요?
F：음…, 그것보다 이 작은 고양이 그림이 있는 것은 어때요?
M：좋네요.
F：그럼, 내일은 이걸 입을게요.

여자는 내일 어떤 원피스를 입습니까?

해설 선택지에 여러 종류의 원피스 그림이 제시되었고, 질문에서 여자가 내일 어떤 원피스를 입는지를 물었으므로, 대화를 들을 때 여자가 내일 입을 원피스가 무엇인지를 파악해요. 여자가 この小さいねこの絵があるものはどうですか(이 작은 고양이 그림이 있는 것은 어때요)라고 묻자, 남자가 いいですね(좋네요)라고 했고, 그 후 여자가 じゃ、明日はこれを着ます(그럼, 내일은 이걸 입을게요)라고 했으므로, 작은 고양이가 그려진 원피스 그림인 4가 정답이에요. 1은 여자가 어떤지 물어봤지만 남자가 다른 것이 좋겠다고 했고, 2는 남자가 언급하였지만 여자가 자신의 생일이 아니므로 다른 것이 좋겠다고 하였으며, 3은 남자가 언급하였지만 여자가 마음에 들어하지 않았으므로 오답이에요.

어휘 うち 圏집　明日 あした 圏내일　ワンピース 圏원피스
　　着る きる 图입다　誕生日 たんじょうび 圏생일
　　パーティー 圏파티　この 이　いく 图가다
　　~つもりだ ~(할) 예정이다　~から 图~니까　リボン 圏리본
　　~とか 图~라든가　絵 え 圏그림　一つ ひとつ 圏하나
　　ない い형없다　もの 圏것　~より 图~보다
　　大きい おおきい い형크다　ある 图있다　いい い형좋다
　　~と思う ~とおもう ~라고 생각하다　自分 じぶん 圏저, 자신
　　~ので 图~해서　ちょっと 閉조금　じゃあ 젭그러면
　　小さい ちいさい い형작다　たくさん 閉많이　これ 圏이것
　　それ 圏그것　ねこ 圏고양이　じゃ 젭그럼

문제 2 포인트 이해

문항별 분할 바로가기

실전 테스트 1   p.240

출제 형태 및 문제 풀이 Step   p.236

1 4	2 3	3 2	4 1	5 3
6 2				

[음성]

<ruby>男<rt>おとこ</rt></ruby>の<ruby>人<rt>ひと</rt></ruby>と<ruby>女<rt>おんな</rt></ruby>の<ruby>人<rt>ひと</rt></ruby>が<ruby>話<rt>はな</rt></ruby>しています。<ruby>男<rt>おとこ</rt></ruby>の<ruby>人<rt>ひと</rt></ruby>は<ruby>何<rt>なに</rt></ruby>を<ruby>飲<rt>の</rt></ruby>みますか。

M：<ruby>佐藤<rt>さとう</rt></ruby>さん、<ruby>何<rt>なに</rt></ruby>にしますか。

F：うーん、<ruby>私<rt>わたし</rt></ruby>はジュースにします。コーヒーとか<ruby>牛乳<rt>ぎゅうにゅう</rt></ruby>とかを<ruby>飲<rt>の</rt></ruby>むとお<ruby>腹<rt>なか</rt></ruby>が<ruby>痛<rt>いた</rt></ruby>くなりますので。

M：そうですか。じゃあ、<ruby>僕<rt>ぼく</rt></ruby>はコーヒーにします。あ、お<ruby>茶<rt>ちゃ</rt></ruby>もありますよ。

F：あ、そうですか。じゃあ、<ruby>私<rt>わたし</rt></ruby>、お<ruby>茶<rt>ちゃ</rt></ruby>にします。

M：はい、わかりました。<ruby>頼<rt>たの</rt></ruby>んできます。

<ruby>男<rt>おとこ</rt></ruby>の<ruby>人<rt>ひと</rt></ruby>は<ruby>何<rt>なに</rt></ruby>を<ruby>飲<rt>の</rt></ruby>みますか。

[문제지]

1 ジュース

2 コーヒー

3 ぎゅうにゅう

4 おちゃ

해석 남자와 여자가 이야기하고 있습니다. 남자는 무엇을 마십니까?

　　M：사토 씨, 무엇으로 하겠습니까?

　　F：음, 저는 주스로 하겠습니다. 커피라든가 우유라든가를 마시면 배가 아파져서요.

　　M：그렇습니까? 그럼, 저는 커피로 하겠습니다. 아, 차도 있네요.

　　F：아, 그렇습니까? 그럼, 저, 차로 하겠습니다.

　　M：네, 알겠습니다. 주문하고 오겠습니다.

　　남자는 무엇을 마십니까?

　　1 주스

　　2 커피

　　3 우유

　　4 차

어휘 飲む のむ 图마시다　何 なに 圓무엇　～にする ～로 하다
　　私 わたし 圓저, 나　ジュース 圓주스　コーヒー 圓커피
　　～とか ～라든가　牛乳 ぎゅうにゅう 圓우유　お腹 おなか 圓배
　　痛い いたい い형아프다　～くなる ～(해) 지다　～ので 图～해서
　　じゃあ 图그럼　僕 ぼく 圓저, 나(남자의 자칭)　お茶 おちゃ 圓차
　　ある 图있다　わかる 图알다, 이해하다
　　頼む たのむ 图주문하다, 부탁하다　くる 图오다

문제 2에서는, 먼저 질문을 들어주세요. 그리고 이야기를 듣고, 문제 용지의 1부터 4 중에서, 가장 알맞은 것을 하나 골라주세요.

1

[음성]

<ruby>男<rt>おとこ</rt></ruby>の<ruby>人<rt>ひと</rt></ruby>と<ruby>女<rt>おんな</rt></ruby>の<ruby>人<rt>ひと</rt></ruby>が<ruby>話<rt>はな</rt></ruby>しています。<ruby>二人<rt>ふたり</rt></ruby>は<ruby>週末<rt>しゅうまつ</rt></ruby>に<ruby>何<rt>なに</rt></ruby>をしますか。

M：<ruby>今週<rt>こんしゅう</rt></ruby>の<ruby>週末<rt>しゅうまつ</rt></ruby>、<ruby>映画館<rt>えいがかん</rt></ruby>に<ruby>行<rt>い</rt></ruby>きましょう。それから、<ruby>買<rt>か</rt></ruby>い<ruby>物<rt>もの</rt></ruby>もしましょう。

F：<ruby>今週末<rt>こんしゅうまつ</rt></ruby>は<ruby>外<rt>そと</rt></ruby>に<ruby>出<rt>で</rt></ruby>たくないです。

M：じゃ、<ruby>家<rt>いえ</rt></ruby>で<ruby>一緒<rt>いっしょ</rt></ruby>に<ruby>料理<rt>りょうり</rt></ruby>をしませんか。

F：<ruby>今週<rt>こんしゅう</rt></ruby>はゆっくり<ruby>休<rt>やす</rt></ruby>みたいです。<ruby>料理<rt>りょうり</rt></ruby>よりテレビでサッカーを<ruby>見<rt>み</rt></ruby>るのはどうですか。

M：いいですね。そうしましょう。

<ruby>二人<rt>ふたり</rt></ruby>は<ruby>週末<rt>しゅうまつ</rt></ruby>に<ruby>何<rt>なに</rt></ruby>をしますか。

[문제지]

해석 남자와 여자가 이야기하고 있습니다. 두 사람은 주말에 무엇을 합니까?

　　M：이번 주 주말, 영화관에 갑시다. 그리고, 쇼핑도 합시다.

　　F：이번 주말은 밖에 나가고 싶지 않아요.

　　M：그럼, 집에서 같이 요리를 하지 않을래요?

　　F：이번 주는 느긋하게 쉬고 싶어요. 요리보다 텔레비전으로 축구를 보는 것은 어떻습니까?

　　M：좋네요. 그렇게 합시다.

　　두 사람은 주말에 무엇을 합니까?

해설 선택지로 제시된 영화 보기, 쇼핑 하기, 요리 하기, 축구 보기 그림 중, 두 사람이 주말에 무엇을 하는지를 묻는 문제예요. 대화 중, テレビでサッカーを見るのはどうですか(텔레비전으로 축구를 보는 것은 어떻습니까?)라는 여자의 말에 남자가 いいですね。そうしましょう(좋네요. 그렇게 합시다)라고 언급했으므로, 축구 보기 그림인 4가 정답이에요. 1, 2는 여자가 밖에 나가고 싶지 않다고 하였고, 3은 여자가 느긋하게 쉬고 싶다고 했으므로 오답이에요.

어휘 週末 しゅうまつ 圏주말　今週 こんしゅう 圏이번 주

映画館 えいがかん 圏영화관　行く いく 園가다

それから 園그리고　買い物 かいもの 圏쇼핑　する 園하다

今週末 こんしゅうまつ 圏이번 주말　外 そと 圏밖, 바깥

出る でる 園나가다　〜たい ~(하)고 싶다　じゃ 園그럼

家 いえ 圏집　一緒に いっしょに 凰같이　料理 りょうり 圏요리

ゆっくり 凰느긋하게, 푹　休む やすむ 園쉬다　〜より 曲~보다

テレビ 圏텔레비전　サッカー 圏축구　見る みる 園보다

いい い刨좋다　そう 凰그렇게

2

[음성]

会社で、女の人と男の人が話しています。男の人が使う車
は誰のものですか。

F：森さん、車を買いましたか。

M：いいえ、これは僕の車じゃないです。

F：誰のですか。お父さんのものですか。

M：いいえ、兄の車です。兄が母からもらったものですが、
　　今は使わないから、僕が使っています。

F：そうですか。私の姉も車を持っていますが、毎日車で
　　会社に行きますから、私は使うことができません。

男の人が使う車は誰のものですか。

[문제지]

1 おとうさん

2 おかあさん

3 あに

4 あね

해석 회사에서, 여자와 남자가 이야기하고 있습니다. 남자가 사용하는 차
　　는 누구의 것입니까?

　　F : 모리 씨, 차를 샀습니까?

　　M : 아니요, 이것은 제 차가 아닙니다.

　　F : 누구의 것입니까? 아버지의 것입니까?

　　M : 아니요, 형의 차입니다. 형이 어머니로부터 받은 것입니다만, 지
　　　금은 사용하지 않아서, 제가 사용하고 있어요.

　　F : 그렇습니까? 제 언니도 차를 가지고 있습니다만, 매일 차로 회사
　　　에 가기 때문에, 저는 사용할 수 없습니다.

　　남자가 사용하는 차는 누구의 것입니까?

　　1 아버지

　　2 어머니

　　3 형

　　4 누나

해설 1 '아버지', 2 '어머니', 3 '형', 4 '누나' 중 남자가 사용하는 차가 누구
　　의 것인지를 묻는 문제예요. 대화 중, 남자가 兄の車です(형의 차입
　　니다)라고 언급했으므로, **3 あに(형)**가 정답이에요. 1은 여자가 언급
　　하였지만 남자가 아니라고 말했고, 2는 형이 어머니에게 받은 차라고

한 것이며, 4는 여자의 언니가 차를 가지고 있다고 한 것이므로 오답
이에요.

어휘 会社 かいしゃ 圏회사　使う つかう 園사용하다

車 くるま 圏차　誰 だれ 圏누구　もの 圏것, 물건

買う かう 園사다　これ 圏이것　僕 ぼく 圏저, 나(남자의 자칭)

お父さん おとうさん 圏아버지　兄 あに 圏형, 오빠

母 はは 圏어머니　〜から 函~로부터　もらう 園받다

今 いま 圏지금　〜から 函~해서, 때문에　〜ている ~(하)고 있다

私 わたし 圏저, 나　姉 あね 圏언니, 누나　持つ もつ 園가지다, 들다

毎日 まいにち 圏매일　行く いく 園가다

〜ことができる ~(할) 수 있다　おかあさん 圏어머니

3

[음성]

電話で女の人が話しています。金曜日にどの教室に行きま
すか。

F：もしもし、田中さん？林です。金曜日のテストの場
　　所は2階の1番教室だと言いましたが、2階じゃあ
　　りません。1階の2番教室です。そして、テストの
　　時間は10時からです。だから、その日は10時までに
　　1階に来てください。

金曜日にどの教室に行きますか。

[문제지]

1　1かいの　1ばん　きょうしつ

2　1かいの　2ばん　きょうしつ

3　2かいの　1ばん　きょうしつ

4　2かいの　2ばん　きょうしつ

해석 전화로 여자가 이야기하고 있습니다. 금요일에 어느 교실에 갑니까?

　　F : 여보세요, 다나카 씨? 하야시입니다. 금요일 시험 장소는 2층의
　　　1번 교실이라고 말했습니다만, 2층이 아닙니다. 1층의 2번 교실
　　　입니다. 그리고, 시험 시간은 10시부터입니다. 그러니까, 그 날은
　　　10시까지 1층으로 와 주세요.

　　금요일에 어느 교실에 갑니까?

　　1 1층의 1번 교실

　　2 1층의 2번 교실

　　3 2층의 1번 교실

　　4 2층의 2번 교실

해설 1 '1층의 1번 교실', 2 '1층의 2번 교실', 3 '2층의 1번 교실', 4 '2층
　　의 2번 교실' 중 금요일에 어느 교실에 가야 하는지를 묻는 문제예요.
　　여자가 1階の2番教室です(1층의 2번 교실입니다)라고 언급했으
　　므로, **2 1かいの　2ばん　きょうしつ(1층의 2번 교실)**가 정답이
　　에요. 1, 4는 언급되지 않았고, 3의 2층의 1번 교실은 여자가 언급하
　　였지만, 잘못 전달한 것이라고 했으므로 오답이에요.

어휘 電話 でんわ 圏전화　金曜日 きんようび 圏금요일　どの 어느

教室 きょうしつ 圏교실　行く いく 園가다　テスト 圏시험, 테스트

場所 ばしょ 圏장소　～階 ～かい ~층　～番 ～ばん ~번

～と言う ～という ~라고 말하다　そして 圂 그리고

時間 じかん 圏시간　～時 ～じ ~시　～から 函~부터

だから 圂 그러니까　その 그　日 ひ 圏날　～までに ~까지

来る くる 圄 오다　～てください ~(해) 주세요

어휘　日本語 にほんご 圏일본어　学校 がっこう 圏학교

電話番号 でんわばんごう 圏전화번호　何～ なん～ 몇~

～番 ～ばん ~번　来週 らいしゅう 圏다음 주　～から 函~부터

夜 よる 圏밤　クラス 圏클래스, 수업　勉強 べんきょう 圏공부

する 圄하다　～たい ~(하)고 싶다　お名前 おなまえ 圏이름

教える おしえる 圄가르치다　～てください ~(해) 주세요

わかる 圄알다, 이해하다　じゃ 圂 그럼　一度 いちど 한 번

来る くる 圄 오다　授業 じゅぎょう 圏수업　～について ~에 대해서

案内 あんない 圏안내

4

[음성]

日本語学校で、女の人と男の人が話しています。女の人
の電話番号は何番ですか。

F：すみません。来週から夜の日本語クラスで勉強したい
　です。

M：そうですか。お名前と電話番号を教えてください。

F：サラ・スミスです。電話番号は531-4189です。

M：はい、サラさん。えーと、電話番号が531-4819です
　よね。

F：いいえ。4189です。

M：あ、はい、わかりました。じゃ、来週一度来てくださ
　い。授業について案内します。

女の人の電話番号は何番ですか。

[문제지]

1　531-4189

2　531-4819

3　538-4189

4　538-4819

5

[음성]

男の人と女の人が話しています。女の人はクリスマスカー
ドを何枚買いましたか。女の人です。

M：来週クリスマスですね。クリスマスカードは買いました
　か。僕は友だちにあげるカードを3枚買いました。

F：私も両親と友だちにあげるカードを4枚買いました。
　前田さんは家族には書きませんか。

M：そうですね。明日両親にあげるカードを2枚買いま
　す。

女の人はクリスマスカードを何枚買いましたか。

[문제지]

1　2まい

2　3まい

3　4まい

4　5まい

해석 일본어 학교에서, 여자와 남자가 이야기하고 있습니다. 여자의 전화
　번호는 몇 번입니까?

　F : 실례합니다. 다음 주부터 밤의 일본어 클래스에서 공부하고 싶습
　　니다.

　M : 그렇습니까? 이름과 전화번호를 가르쳐 주세요.

　F : 사라·스미스입니다. 전화번호는 531-4189입니다.

　M : 네, 사라 씨. 음, 전화번호가 531-4819 이지요.

　F : 아니요. 4189입니다.

　M : 아, 네, 알겠습니다. 그럼, 다음 주 한 번 와 주세요. 수업에 대해서
　　안내하겠습니다.

　여자의 전화번호는 몇 번입니까?

　1 531-4189

　2 531-4819

　3 538-4189

　4 538-4819

해설 선택지로 제시된 전화번호 중, 여자의 전화번호가 몇 번인지를 묻는
　문제예요. 대화 중, 여자가 電話番号は531-4189です(전화번호는
　531-4189입니다)라고 언급했으므로, 1 531-4189가 정답이에요.
　2의 4819는 남자가 잘못 듣고 대답한 번호이고, 3, 4의 538은 1과
　발음이 비슷한 8로 바꿔 혼동을 준 번호이므로 오답이에요.

해석 남자와 여자가 이야기하고 있습니다. 여자는 크리스마스 카드를 몇
　장 샀습니까? 여자입니다.

　M : 다음 주 크리스마스네요. 크리스마스 카드는 샀습니까? 저는 친
　　구들에게 줄 카드를 3장 샀습니다.

　F : 저도 부모님과 친구들에게 줄 카드를 4장 샀습니다. 마에다 씨는
　　가족에게는 쓰지 않습니까?

　M : 그렇네요. 내일 부모님에게 줄 카드를 2장 사겠습니다.

　여자는 크리스마스 카드를 몇 장 샀습니까?

　1 2장

　2 3장

　3 4장

　4 5장

해설 1 '2장', 2 '3장', 3 '4장', 4 '5장' 중 여자가 크리스마스 카드를 몇 장
　샀는지를 묻는 문제예요. 대화 중 여자가 私も両親と友だちにあげ
　るカードを4枚買いました(저도 부모님과 친구들에게 줄 카드를 4
　장 샀습니다)라고 언급했으므로, 3 4まい(4장)가 정답이에요. 1은
　남자가 내일 부모님께 줄 카드를 2장 산다고 한 것이고, 2는 남자가
　친구들에게 줄 카드를 3장 샀다고 한 것이며, 4는 언급되지 않았으
　로 오답이에요.

어휘 クリスマスカード 몡 크리스마스 카드　何～ なん～ 몇~

　　～枚 ～まい ~장　買う かう 图 사다　来週 らいしゅう 몡 다음 주

　　クリスマス 몡 크리스마스　僕 ぼく 몡 저, 나(남자의 자칭)

　　友だち ともだち 몡 친구(들)　あげる 图 주다　カード 몡 카드

　　私 わたし 몡 저, 나　両親 りょうしん 몡 부모님

　　家族 かぞく 몡 가족　書く かく 图 쓰다　明日 あした 몡 내일

6

[음성]

男の学生と女の学生が話しています。女の学生は夏休みにどこへ行きますか。

M：今度の夏休みにどこへ行きますか。

F：去年、山に行きましたので、今年は海に行きます。

M：いいですね。僕は駅前のデパートでアルバイトをします。

F：すごいですね。

女の学生は夏休みにどこへ行きますか。

[문제지]

1　やま

2　うみ

3　えき

4　デパート

해석 남학생과 여학생이 이야기하고 있습니다. 여학생은 여름방학에 어디에 갑니까?

　M : 이번 여름방학에 어디에 갑니까?

　F : 작년, 산에 갔었기 때문에, 올해는 바다에 갑니다.

　M : 좋네요. 저는 역 앞의 백화점에서 아르바이트를 합니다.

　F : 대단하네요.

　여학생은 여름방학에 어디에 갑니까?

　1　산

　2　바다

　3　역

　4　백화점

해설 1 '산', 2 '바다', 3 '역', 4 '백화점' 중 여학생이 여름방학에 어디에 가는지를 묻는 문제예요. 대화 중, 여학생이 今年は海に行きます(올해는 바다에 갑니다)라고 언급했으므로, 2 うみ(바다)가 정답이에요. 1은 여학생이 작년에 간 곳이고, 3, 4는 남학생이 역 앞의 백화점에서 아르바이트를 한다고 한 것이므로 오답이에요.

어휘 学生 がくせい 몡 학생　夏休み なつやすみ 몡 여름방학

　　どこ 몡 어디　行く いく 图 가다　今度 こんど 몡 이번

　　去年 きょねん 몡 작년　山 やま 몡 산　～ので 图 ~때문에

　　今年 ことし 몡 올해　海 うみ 몡 바다　いい い형 좋다

　　僕 ぼく 몡 저, 나(남자의 자칭)　駅前 えきまえ 몡 역 앞

　　デパート 몡 백화점　アルバイト 몡 아르바이트　する 图 하다

　　すごい い형 대단하다

실전 테스트 2

p.242

1 4	**2** 2	**3** 3	**4** 2	**5** 4
6 1				

문제 2에서는, 먼저 질문을 들어주세요. 그리고 이야기를 듣고, 문제 용지의 1부터 4 중에서, 가장 알맞은 것을 하나 골라주세요.

1

[음성]

女の人と男の人が話しています。女の人は週末に何をしましたか。

F：前田さん、週末に何をしましたか。

M：友だちとサッカーをする予定でしたが、雨が降りましたから、映画を見に行きました。

F：そうですか。私は両親が旅行に行きましたので、家で一人でゆっくり休みました。

女の人は週末に何をしましたか。

[문제지]

해석 여자와 남자가 이야기하고 있습니다. 여자는 주말에 무엇을 했습니까?

　F : 마에다 씨, 주말에 무엇을 했습니까?

　M : 친구와 축구를 할 예정이었습니다만, 비가 내렸기 때문에, 영화를 보러 갔습니다.

　F : 그렇습니까. 저는 부모님이 여행을 갔기 때문에, 집에서 혼자 푹 쉬었습니다.

　여자는 주말에 무엇을 했습니까?

해설 선택지로 제시된 축구하는 그림, 영화를 보는 그림, 여행을 하는 그림, 쉬는 그림 중, 여자가 주말에 무엇을 했는지를 묻는 문제예요. 대화 중, 여자가 家で一人でゆっくり休みました(집에서 혼자 푹 쉬었습니다)라고 언급했으므로, 쉬는 그림인 4가 정답이에요. 1은 남자가 하려고 했지만 비가 와서 못 했다고 했고, 2는 남자가 주말에 한 일이며, 3은 여자의 부모님이 여행을 간 것이므로 오답이에요.

어휘 週末 しゅうまつ 몡 주말　何 なに 몡 무엇　する 图 하다

　　友だち ともだち 몡 친구(들)　サッカー 몡 축구

　　予定 よてい 몡 예정　雨 あめ 몡 비　降る ふる 图 내리다

　　～から 图 ~때문에　映画 えいが 몡 영화　見る みる 图 보다

〜に行く 〜にいく ~(하)러 가다　私 わたし 圀저, 나

両親 りょうしん 圀부모님　旅行 りょこう 圀여행

〜ので 쬐~때문에　家 いえ 圀집　一人 ひとり 혼자

ゆっくり 児푹　休む やすむ 튕쉬다

くる 튕오다　とても 児정말, 매우　楽しい たのしい い휑즐겁다

友だち ともだち 圀친구　一緒に いっしょに 児함께

兄 あに 圀형, 오빠　私 わたし 圀저, 나　妹 いもうと 圀여동생

料理 りょうり 圀요리　教室 きょうしつ 圀교실

有名だ ゆうめいだ 나휑유명하다　先生 せんせい 圀선생(님)

クラス 圀수업, 클래스　〜ので 쬐~때문에　いろいろ 児여러 가지

勉強 べんきょう 圀공부　する 튕하다

〜ことができる ~(할) 수 있다

2

[음성]

男の人と女の人が話しています。男の人は誰とコンサート
に行きましたか。

M：昨日コンサートに行ってきました。とても楽しかったで
　す。

F：わー、友だちと一緒に行きましたか。

M：いえ、兄と一緒に行きました。

F：そうですか。私は昨日妹と料理教室に行ってきまし
　た。

M：料理教室はどうでしたか。

F：有名な先生のクラスだったので、いろいろ勉強するこ
　とができました。

男の人は誰とコンサートに行きましたか。

[문제지]

1 ともだち

2 あに

3 いもうと

4 せんせい

3

[음성]

女の学生が話しています。女の学生は何人家族ですか。

F：はじめまして。鈴木まりあです。私は両親と一緒に
　住んでいます。姉が一人、兄が一人いますが、今はみん
　な他のところに住んでいます。妹や弟はいませんが、
　犬が一匹います。名前はマロンで、とてもかわいいで
　す。

女の学生は何人家族ですか。

[문제지]

1 3にん

2 4にん

3 5にん

4 6にん

해석 남자와 여자가 이야기하고 있습니다. 남자는 누구와 콘서트를 갔습
　니까?

　M：어제 콘서트에 갔다 왔어요. 정말 즐거웠습니다.

　F：와, 친구와 함께 갔나요?

　M：아뇨, 형과 함께 갔습니다.

　F：그렇습니까. 저는 어제 여동생과 요리교실에 갔다 왔습니다.

　M：요리교실은 어땠습니까?

　F：유명한 선생님의 수업이었기 때문에, 여러 가지 공부할 수 있었습
　　니다.

　남자는 누구와 콘서트를 갔습니까?

　1 친구

　2 형

　3 여동생

　4 선생님

해설 1 '친구', 2 '형', 3 '여동생', 4 '선생님' 중 남자가 누구와 콘서트를 갔
　는지를 묻는 문제예요. 대화 중, 남자가 兄と一緒に行きました(형
　과 함께 갔습니다)라고 언급했으므로, 2 あに(형)가 정답이에요. 1은
　여자가 언급하였지만 남자가 아니라고 했고, 3은 여자가 여동생과 요
　리교실에 갔다 왔다고 한 것이며, 4는 여자가 다녀온 요리교실이 유
　명한 선생님의 수업이었다고 한 것이므로 오답이에요.

어휘 コンサート 圀콘서트　行く いく 튕가다　昨日 きのう 圀어제

해석 여학생이 이야기하고 있습니다. 여학생은 몇 인 가족입니까?

　F：처음 뵙겠습니다. 스즈키 마리아입니다. 저는 부모님과 함께 살
　　고 있습니다. 언니가 1명, 오빠가 1명 있습니다만, 지금은 모두
　　다른 곳에 살고 있습니다. 여동생이나 남동생은 없습니다만, 강아
　　지가 한 마리 있습니다. 이름은 마론이고, 정말 귀엽습니다.

　여학생은 몇 인 가족입니까?

　1 3인

　2 4인

　3 5인

　4 6인

해설 선택지가 1 '3인', 2 '4인', 3 '5인', 4 '6인'이고, 이중 여학생이 몇 인
　가족인지를 묻는 문제예요. 여학생이 私は両親と一緒に住んでい
　ます。姉が一人、兄が一人います(저는 부모님과 함께 살고 있습니
　다. 언니가 1명, 오빠가 1명 있습니다)라고 언급했으므로, 3 5にん
　(5인)이 정답이에요.

어휘 学生 がくせい 圀학생　何〜 なん〜 몇~　〜人 〜にん ~인, 명

家族 かぞく 圀가족　私 わたし 圀저, 나　両親 りょうしん 圀부모님

一緒に いっしょに 児함께　住む すむ 튕살다

〜ている ~(하)고 있다　姉 あね 圀언니, 누나

一人 ひとり 圀1명, 혼자　兄 あに 圀오빠, 형　いる 튕있다

今 いま 圀지금　みんな 圀모두　他 ほか 圀다름

ところ 圀곳, 장소　妹 いもうと 圀여동생　〜や 쬐~이나

弟 おとうと 圀남동생　犬 いぬ 圀강아지　〜匹 〜ひき ~마리

名前 なまえ 图이름　とても 图정말, 매우　かわいい い형귀엽다

遅い おそい い형늦다　起きる おきる 图일어나다
〜ので 조〜때문에　タクシー 图택시　私 わたし 图저, 나
いつも 图항상　電車 でんしゃ 图전철　乗る のる 图타다
バス 图버스　ほう 图쪽　速い はやい い형빠르다

4

[음성]
女の学生と男の学生が話しています。男の学生は今日何で学校に来ましたか。

F：林さん、毎朝何で学校に来ていますか。

M：自転車で来ています。

F：今日テストがあるのに、大変じゃなかったですか。

M：そこまで大変ではないですが、今日は遅く起きましたので、タクシーで来ました。

F：そうですか。私はいつも電車に乗ってきます。バスもありますが、電車のほうが速いので、電車で来ます。

男の学生は今日何で学校に来ましたか。

[문제지]

1 じてんしゃ

2 タクシー

3 でんしゃ

4 バス

해석 여학생과 남학생이 이야기하고 있습니다. 남학생은 오늘 무엇으로 학교에 왔습니까?

　F : 하야시 씨, 매일 아침 무엇으로 학교에 오고 있습니까?

　M : 자전거로 오고 있습니다.

　F : 오늘 시험이 있는데, 힘들지 않았습니까?

　M : 그렇게까지 힘들지는 않습니다만, 오늘은 늦게 일어났기 때문에, 택시로 왔습니다.

　F : 그렇습니까. 저는 항상 전철을 타고 옵니다. 버스도 있습니다만, 전철 쪽이 빠르기 때문에, 전철로 옵니다.

　남학생은 오늘 무엇으로 학교에 왔습니까?

　1 자전거

　2 택시

　3 전철

　4 버스

해설 1 '자전거', 2 '택시', 3 '전철', 4 '버스' 중 남학생이 오늘 무엇으로 학교에 왔는지를 묻는 문제예요. 대화 중, 남학생이 今日は遅く起きましたので、タクシーで来ました(오늘은 늦게 일어났기 때문에, 택시로 왔습니다)라고 언급했으므로, 2 タクシー(택시)가 정답이에요. 1은 남학생이 평소에 자전거를 타지만 오늘은 택시를 탔다고 했고, 3은 여학생이 타고 오는 것이며, 4는 여학생이 버스로도 학교에 올 수 있지만 전철보다 느리다고 한 것이므로 오답이에요.

어휘 学生 がくせい 图학생　今日 きょう 图오늘　学校 がっこう 图학교
来る くる 图오다　毎朝 まいあさ 图매일 아침　何 なに 图무엇
〜ている ~(하)고 있다　自転車 じてんしゃ 图자전거
テスト 图시험, 테스트　ある 图있다　〜のに 조~는데
大変だ たいへんだ な형힘들다　そこまで 그렇게까지

5

[음성]
男の人と女の人が話しています。男の人は週に何回運動をしていますか。

M：森さん、運動をどのくらいしていますか。

F：前は週に5回走っていましたが、今月は仕事が忙しくて、週に3回だけです。

M：そうですか。僕は毎日30分、運動しています。

F：週末もですか。

M：はい。

F：じゃ、週に7回も運動しているのですか。すごいですね。

男の人は週に何回運動をしていますか。

[문제지]

1 2かい

2 3かい

3 5かい

4 7かい

해석 남자와 여자가 이야기하고 있습니다. 남자는 일주일에 몇 회 운동을 하고 있습니까?

　M : 모리 씨, 운동을 어느 정도 하고 있습니까?

　F : 전에는 주에 5회 달렸습니다만, 이번 달은 일이 바빠서, 주에 3회 뿐입니다.

　M : 그렇습니까? 저는 매일 30분, 운동하고 있습니다.

　F : 주말도요?

　M : 네.

　F : 그러면, 주에 7회나 운동하고 있는 거예요? 대단하네요.

　남자는 일주일에 몇 회 운동을 하고 있습니까?

　1 2회

　2 3회

　3 5회

　4 7회

해설 1 '2회', 2 '3회', 3 '5회', 4 '7회' 중 남자가 일주일에 몇 회 운동하는지를 묻는 문제예요. 대화 중, 여자가 週に7回も運動しているのですか。すごいですね(주에 7회나 운동하고 있는 거예요? 대단하네요)라고 언급했으므로, 4 7かい(7회)가 정답이에요. 1은 언급되지 않았고, 2는 여자가 지금 주 3회 운동하고 있다고 했으며, 3은 여자가 예전에는 주 5회 운동했었다고 한 것이므로 오답이에요.

어휘 週 しゅう 图일주일, 주　何〜 なん〜 몇〜　〜回 〜かい ~회
運動 うんどう 图운동　する 图하다　どの 어느　〜くらい 조~정도

～ている ~(하)고 있다, (하)다	前 まえ 图 전, 앞	
走る はしる 图 달리다	今月 こんげつ 图 이번 달	
仕事 しごと 图 일	忙しい いそがしい い형 바쁘다	
～だけ 图 ~뿐, 만	僕 ぼく 图 저, 나(남자의 자칭)	
毎日 まいにち 图 매일	～分 ～ふん ~분 週末 しゅうまつ 图 주말	
じゃ 웹 그럼	すごい い형 대단하다	

行く いく 图 가다	僕 ぼく 图 저, 나(남자의 자칭)	何 なに 图 무엇
ワンピース 图 원피스	昨日 きのう 图 어제	かばん 图 가방
～たい ~(하)고 싶다	～と言っていた ～といていた ~라고 하다	
でも 웹 하지만	明日 あした 图 내일	パーティー 图 파티
新しい あたらしい い형 새롭다	服 ふく 图 옷	着る きる 图 입다
～ので 图 ~때문에	今日 きょう 图 오늘	シャツ 图 셔츠
くつ 图 신발		

6

[음성]

男の人と女の人が話しています。女の人はデパートで何を買いますか。

M：中田さん、どこへ行きますか。

F：デパートへ行きます。佐藤さんはどこへ行きますか。

M：僕もデパートへ行きます。何を買いに行きますか。

F：ワンピースを買いに行きます。

M：昨日かばんが買いたいと言っていませんでしたか。

F：はい、でも、明日のパーティーで新しい服が着たいので、今日は服を買います。佐藤さんは何を買いますか。

M：僕はシャツとくつを買いに行きます。

女の人はデパートで何を買いますか。

[문제지]

 1
 2
 3
 4

해석 남자와 여자가 이야기하고 있습니다. 여자는 백화점에서 무엇을 삽니까?

M：나카타 씨, 어디에 갑니까?

F：백화점에 갑니다. 사토 씨는 어디에 갑니까?

M：저도 백화점에 갑니다. 무엇을 사러 갑니까?

F：원피스를 사러 갑니다.

M：어제 가방이 사고 싶다고 하지 않았습니까?

F：네, 하지만, 내일 파티에서 새 옷을 입고 싶기 때문에, 오늘은 옷을 삽니다. 사토 씨는 무엇을 삽니까?

M：저는 셔츠와 신발을 사러 갑니다.

여자는 백화점에서 무엇을 삽니까?

해설 선택지로 제시된 원피스, 가방, 셔츠, 신발 그림 중, 여자가 무엇을 사는지를 묻는 문제예요. 여자가 ワンピースを買いに行きます(원피스를 사러 갑니다)라고 언급했으므로, 원피스 그림인 1이 정답이에요. 2는 여자가 사고 싶다고는 했지만 오늘은 사지 않는다고 했고, 3, 4는 남자가 살 것이므로 오답이에요.

어휘 デパート 图 백화점 買う かう 图 사다 どこ 图 어디

실전 테스트 3

p.245

1 2	2 4	3 3	4 3	5 1
6 2				

문제 2에서는, 먼저 질문을 들어주세요. 그리고 이야기를 듣고, 문제 용지의 1부터 4 중에서, 가장 알맞은 것을 하나 골라주세요.

1

[음성]

男の人と女の人が話しています。女の人は姉から何をもらいましたか。

M：本村さん、誕生日おめでとうございます。これ、プレゼントです。どうぞ。

F：わ、これ読みたかった本です。ありがとうございます。

M：どういたしまして。あ、今持っているかばんも今日もらったものですか。

F：はい、姉からのプレゼントです。このくつも兄がくれたものです。

M：かわいいくつですね。

F：はい、そして、弟からも花をもらいました。

女の人は姉から何をもらいましたか。

[문제지]

 1
 2
 3
 4

해석 남자와 여자가 이야기하고 있습니다. 여자는 언니로부터 무엇을 받았습니까?

M：모토무라 씨, 생일 축하합니다. 이거, 선물입니다. 받으세요.

F：와, 이거 읽고 싶었던 책입니다. 감사합니다.

M：천만에요. 아, 지금 들고 있는 가방도 오늘 받은 것입니까?

F：네, 언니로부터의 선물입니다. 이 신발도 오빠가 준 것입니다.

M : 귀여운 신발이네요.

F : 네, 그리고, 남동생에게도 꽃을 받았습니다.

여자는 언니로부터 무엇을 받았습니까?

해설 선택지로 제시된 책, 가방, 신발, 꽃 그림 중, 여자가 언니로부터 무엇을 받았는지를 묻는 문제예요. 대화 중, 今持っているかばんも今日もらったものですか(지금 들고 있는 가방도 오늘 받은 것입니까?)라는 남자의 말에 여자가 はい、姉からのプレゼントです(네, 언니로부터의 선물입니다)라고 언급했으므로, 가방 그림인 2가 정답이에요. 1은 남자가 여자에게 준 선물이고, 3은 여자가 오빠에게 받은 것이며, 4는 여자가 남동생에게 받은 것이므로 오답이에요.

어휘 姉 あね 圏언니, 누나　～から 國～로부터, 에게　もらう 園받다
　　誕生日 たんじょうび 圏생일　これ 圏이거, 이것
　　プレゼント 圏선물　どうぞ 團받으세요　読む よむ 園읽다
　　～たい ~(하)고 싶다　本 ほん 圏책　今 いま 圏지금
　　持つ もつ 園들다, 가지다　～ている ~(하)고 있다　かばん 圏가방
　　今日 きょう 圏오늘　もの 圏것　この 이　くつ 圏신발
　　兄 あに 圏오빠, 형　くれる 園주다　かわいい い圏귀엽다
　　そして 웹그리고　弟 おとうと 圏남동생　花 はな 圏꽃

2

[음성]
女の人と男の人が話しています。田中さんは誰ですか。

F : この写真のめがねをかけている人が田中さんですか。

M : いえ、それは石川さんです。田中さんはめがねはかけていません。ぼうしをかぶっています。

F : あ、じゃあ、この人が田中さんですか。

M : はい、そうです。

田中さんは誰ですか。

[문제지]

1	2
3	4

해석 여자와 남자가 이야기하고 있습니다. 다나카 씨는 누구입니까?

F : 이 사진의 안경을 쓰고 있는 사람이 다나카 씨 입니까?

M : 아뇨, 그것은 이시카와 씨입니다. 다나카 씨는 안경은 쓰고 있지 않습니다. 모자를 쓰고 있습니다.

F : 아, 그러면, 이 사람이 다나카 씨입니까?

M : 네, 그렇습니다.

다나카 씨는 누구입니까?

해설 선택지로 제시된 여러 명의 여자 그림 중, 다나카 씨가 누구인지를 묻는 문제예요. 대화 중 남자가 田中さんはめがねはかけていません。ぼうしをかぶっています(다나카 씨는 안경은 쓰고 있지 않습

니다. 모자를 쓰고 있습니다)라고 언급했으므로, 안경은 쓰지 않고 모자를 쓴 여자 그림인 4가 정답이에요.

어휘 この 이　写真 しゃしん 圏사진　めがねをかける 안경을 쓰다
　　～ている ~(하)고 있다　人 ひと 圏사람　それ 圏그것
　　ぼうしをかぶる 모자를 쓰다　じゃあ 웹그러면

3

[음성]
女の人と男の人が話しています。女の人はチケットを何枚買いますか。

F : 今度の旅行、行く人は何人ですか。

M : 大人5人と子ども2人なので、7人です。

F : じゃ、みなみ動物園のチケットを7枚買いますね。

M : いや、そこ、子どもはチケットがなくても大丈夫です。

F : そうですか。

M : はい。そして、先月友だちからそこのチケットを1枚もらったので、4枚買ってください。

F : はい、わかりました。

女の人はチケットを何枚買いますか。

[문제지]

1 1まい

2 2まい

3 4まい

4 7まい

해석 여자와 남자가 이야기하고 있습니다. 여자는 티켓을 몇 장 삽니까?

F : 이번 여행, 가는 사람은 몇 명입니까?

M : 어른 5명과 아이 2명이니까, 7명입니다.

F : 그럼, 미나미 동물원의 티켓을 7장 사겠습니다.

M : 아뇨, 거기, 아이는 티켓이 없어도 괜찮습니다.

F : 그렇습니까?

M : 네. 그리고, 지난달 친구로부터 그곳의 티켓을 1장 받았으니까, 4장 사 주세요.

F : 네, 알겠습니다.

여자는 티켓을 몇 장 삽니까?

1 1장

2 2장

3 4장

4 7장

해설 1 '1장', 2 '2장', 3 '4장', 4 '7장' 중 여자가 티켓을 몇 장 사는지를 묻는 문제예요. 대화 중, 남자가 4枚買ってください(4장 사 주세요)라고 언급했으므로, 3 4まい(4장)가 정답이에요. 1은 남자가 친구에게 티켓을 1장 받았다고 한 것이고, 2는 아이가 2명 있다고 한 것이며, 4는 총 인원수가 7명이라고 한 것이므로 오답이에요.

어휘 チケット 圏티켓　何～ なん～ 몇～　～枚 ～まい ~장
　　買う かう 園사다　今度 こんど 圏이번　旅行 りょこう 圏여행

行く いく 图가다　人 ひと 图사람　～人 ～にん ~명, 인

大人 おとな 图어른　子ども こども 图아이　2人 ふたり 2명

～ので 조~니까　じゃ 죕그럼　動物園 どうぶつえん 图동물원

そこ 图거기, 그곳　ない い형없다　～ても 조~해도

大丈夫だ だいじょうぶだ な형괜찮다　そして 죕그리고

先月 せんげつ 图지난달　友だち ともだち 图친구

～から ~로부터　もらう 图받다　～てください ~(해) 주세요

わかる 图알다, 이해하다

学校 がっこう 图학교　行く いく 图가다　午前 ごぜん 图오전

授業 じゅぎょう 图수업　聞く きく 图듣다

来週 らいしゅう 图다음 주　料理 りょうり 图요리

テスト 图시험, 테스트　ある 图있다　～から 조~때문에

友だち ともだち 图친구　一緒に いっしょに 图함께

サンドイッチ 图샌드위치　作る つくる 图만들다

練習 れんしゅう 图연습　明日 あした 图내일

休みの日 やすみのひ 쉬는 날, 휴일　～ので 조~해서

母 はは 图어머니, 엄마　映画 えいが 图영화　見る みる 图보다

～に行く ～にいく ~(하)러 가다　予定 よてい 图예정

4

[음성]

女の学生が話しています。女の学生は今日の午後、何を
しましたか。

F：今日は朝早く起きて、英語の宿題をしました。そのあ
と、学校に行って午前の授業を聞きました。来週、料
理のテストがありますから、午後は友だちと一緒に
サンドイッチを作る練習をしました。明日は休みの日
なので、午後に母と映画を見に行く予定です。

女の学生は今日の午後、何をしましたか。

[문제지]

1 しゅくだいを　しました

2 じゅぎょうを　ききました

3 りょうりを　しました

4 えいがを　みました

해석　여학생이 이야기하고 있습니다. 여학생은 오늘 오후, 무엇을 했습니
까?

F：오늘은 아침 일찍 일어나서, 영어 숙제를 했습니다. 그 후, 학교에
가서 오전 수업을 들었습니다. 다음 주, 요리 시험이 있기 때문에,
오후는 신구를과 함께 샌드위치를 만드는 연습을 했습니다. 내일
은 쉬는 날이라서, 오후에 어머니와 영화를 보러 갈 예정입니다.

여학생은 오늘 오후, 무엇을 했습니까?

1 숙제를 했습니다

2 수업을 들었습니다

3 요리를 했습니다

4 영화를 봤습니다

해설　1 '숙제를 했습니다', 2 '수업을 들었습니다', 3 '요리를 했습니다',
4 '영화를 봤습니다' 중 여학생이 오늘 오후에 한 일을 묻는 문제예
요. 여학생이 午後は友だちと一緒にサンドイッチを作る練習を
しました(오후는 친구들과 함께 샌드위치를 만드는 연습을 했습니
다)라고 언급했으므로 3 りょうりを　しました(요리를 했습니다)가
정답이에요. 1은 오늘 아침 일어난 후에 한 것이고, 2는 오늘 오전에
수업을 들었다고 했으며, 4는 내일 오후에 할 일이므로 오답이에요.

어휘　学生 がくせい 图학생　今日 きょう 图오늘　午後 ごご 图오후
する 图하다　朝 あさ 图아침　早く はやく 图일찍
起きる おきる 图일어나다　英語 えいご 图영어
宿題 しゅくだい 图숙제　その 그　あと 图후

5

[음성]

男の学生と女の学生が話しています。男の学生はどこでア
ルバイトをしますか。

M：僕、今日からアルバイトをします。

F：どこでしますか。レストランですか。

M：はい、駅前の大きいレストランです。

F：あ、そこ知っています。私はとなりのスーパーで働い
ています。

M：そうですか。

F：はい、今日も学校が終わってからアルバイトに行きま
す。

男の学生はどこでアルバイトをしますか。

[문제지]

1 レストラン

2 えき

3 スーパー

4 がっこう

해석　남학생과 여학생이 이야기하고 있습니다. 남학생은 어디에서 아르바
이트를 합니까?

M：저, 오늘부터 아르바이트를 합니다.

F：어디에서 합니까? 레스토랑입니까?

M：네, 역 앞의 큰 레스토랑입니다.

F：아, 거기 알고 있습니다. 저는 옆의 슈퍼에서 일하고 있습니다.

M：그렇습니까?

F：네, 오늘도 학교가 끝나고 나서 아르바이트하러 갑니다.

남학생은 어디에서 아르바이트를 합니까?

1 레스토랑

2 역

3 슈퍼

4 학교

해설　1 '레스토랑', 2 '역', 3 '슈퍼', 4 '학교' 중 남학생이 어디에서 아르바
이트를 하는지를 묻는 문제예요. 대화 중, 남학생이 駅前の大きいレ
ストランです(역 앞의 큰 레스토랑입니다)라고 언급했으므로, 1 레
스토랑(레스토랑)이 정답이에요. 2는 남학생이 아르바이트 하는

곳이 역 앞에 있다고 한 것이고, 3은 여학생이 아르바이트 하는 곳이
며, 4는 학교가 끝나고 아르바이트를 하러 간다고 한 것이므로 오답
이에요.

어휘 学生 がくせい 圐학생　アルバイト 圐아르바이트　する 圄하다
　　 僕 ぼく 圐저, 나(남자의 자칭)　今日 きょう 圐오늘　〜から 國〜부터
　　 どこ 圐어디　レストラン 圐레스토랑　駅前 えきまえ 圐역 앞
　　 大きい おおきい ㅣ圐크다　そこ 圐거기　知る しる 圄알다
　　 〜ている 〜(하)고 있다　私 わたし 圐저, 나　となり 圐옆, 이웃
　　 スーパー 圐슈퍼　働く はたらく 圄일하다　学校 がっこう 圐학교
　　 終わる おわる 圄끝나다　〜てから 〜(하)고 나서
　　 〜に行く 〜にいく 〜(하)러 가다　えき 圐역

6

[음성]
学校で、先生と男の学生が話しています。男の学生は椅
子をいくつ持ってきますか。

F：田中くん、下の教室から椅子を持ってきてください。

M：はい、いくつ持ってきますか。

F：5つ必要ですが、この教室に3つありますから、2つ
　　持ってきてください。

M：はい、わかりました。

男の学生は椅子をいくつ持ってきますか。

[문제지]

1　1つ

2　2つ

3　3つ

4　5つ

해석 학교에서, 선생님과 남학생이 이야기하고 있습니다. 남학생은 의자
　　 를 몇 개 가져옵니까?
　　 F：다나카 군, 아래 교실에서 의자를 가져와 주세요.
　　 M：네, 몇 개 가져옵니까?
　　 F：5개 필요합니다만, 이 교실에 3개 있으니까, 2개 가져와 주세요.
　　 M：네, 알겠습니다.

　　 남학생은 의자를 몇 개 가져옵니까?

　　 1　1개

　　 2　2개

　　 3　3개

　　 4　5개

해설 1 '1개', 2 '2개', 3 '3개', 4 '5개' 중 남학생이 의자를 몇 개 가져오는
　　 지를 묻는 문제예요. 대화 중, 선생님이 2つ 持ってきてください(2
　　 개 가져와 주세요)라고 언급했으므로, 2 2つ(2개)가 정답이에요. 1
　　 은 언급되지 않았고, 3은 교실에 3개가 있다고 한 것이며, 4는 필요
　　 한 의자 개수가 5개라고 한 것이므로 오답이에요.

어휘 学校 がっこう 圐학교　先生 せんせい 圐선생(님)
　　 学生 がくせい 圐학생　椅子 いす 圐의자　いくつ 몇 개
　　 持つ もつ 圄가지다, 들다　くる 圄오다　下 した 圐아래

教室 きょうしつ 圐교실　〜から 國〜에서
〜てください 〜(해) 주세요　必要だ ひつようだ な圐필요하다
この 이　ある 圄있다　〜から 國〜니까　わかる 圄알다, 이해하다

문제 3　발화 표현

문항별 분할 바로가기

출제 형태 및 문제 풀이 Step　　　　　　　　　p.248

[음성]
友だちをうちに呼びたいです。友だちに何と言いますか。

M：1　うちに来ませんか。

　　 2　大きなうちですね。

　　 3　今行ってもいいですか。

해석 친구를 집에 부르고 싶습니다. 친구에게 뭐라고 말합니까?
　　 M：1 집에 오지 않을래요?

　　　　 2 큰 집이네요.

　　　　 3 지금 가도 괜찮습니까?

어휘 友だち 圐친구　うち 圐집　呼ぶ よぶ 圄부르다　〜たい 〜(하)고 싶다
　　 来る くる 圄오다　大きな おおきな 큰　今 いま 圐지금
　　 行く いく 圄가다　〜てもいい 〜(해)도 괜찮다, (해)도 좋다

실전 테스트 1　　　　　　　　　　　p.252

1 1	2 3	3 1	4 2	5 2

문제 3에서는, 그림을 보면서 질문을 들어주세요. ➡(화살표)의 사
람은 뭐라고 말합니까? 1부터 3 중에서, 가장 알맞은 것을 하나 골
라주세요.

1

[문제지]

[음성]
ご飯が食べたいです。友だちに何と言いますか。

M：1　ご飯を食べに行きましょう。

　　 2　何を食べましたか。

　　 3　今は食べたくないです。

해석 밥을 먹고 싶습니다. 친구에게 뭐라고 말합니까?

    M : 1 밥을 먹으러 갑시다.

       2 무엇을 먹었습니까?

       3 지금은 먹고 싶지 않습니다.

해설 친구에게 밥을 먹자고 하는 말을 고르는 문제예요.

    1 (O) ご飯を食べに行きましょう(밥을 먹으러 갑시다)는 밥을 먹
으러 가자고 하는 말이므로 정답이에요.

    2 (X) 何を食べましたか(무엇을 먹었습니까?)는 무엇을 먹었는지
묻는 말이므로 오답이에요.

    3 (X) 今は食べたくないです(지금은 먹고 싶지 않습니다)는 식사
권유를 받은 친구가 할 수 있는 말이므로 오답이에요.

어휘 ご飯 ごはん 圏밥, 식사　食べる たべる 圄먹다

   ~たい ~(하)고 싶다　友だち ともだち 圏친구

   ~に行く ~にいく ~(하)러 가다　何 なに 圏무엇　今 いま 圏지금

2

[문제지]

[음성]

友だちから誕生日プレゼントをもらいました。何と言いま
すか。

    F : 1 どういたしまして。

       2 いってきます。

      3 ありがとうございます。

해석 친구로부터 생일 선물을 받았습니다. 뭐라고 말합니까?

    F : 1 천만에요.

       2 다녀오겠습니다.

      3 감사합니다.

해설 생일 선물을 준 친구에게 고맙다고 하는 말을 고르는 문제예요.

    1 (X) どういたしまして(천만에요)는 선물을 준 친구가 감사 인사에
대한 대답으로 할 수 있는 말이므로 오답이에요.

    2 (X) いってきます(다녀오겠습니다)는 외출할 때 하는 인사말이므
로 오답이에요.

    3 (O) ありがとうございます(감사합니다)는 고마움을 전하는 의도
이므로 정답이에요.

어휘 友だち ともだち 圏친구　~から 图~로부터

   誕生日 たんじょうび 圏생일　プレゼント 圏선물　もらう 圄받다

3

[문제지]

[음성]

テレビを買います。店の人に何と言いますか。

    M : 1 これをください。

       2 これはいつ買いましたか。

       3 これはうちにあります。

해석 텔레비전을 삽니다. 가게 사람에게 뭐라고 말합니까?

    M : 1 이것을 주세요.

       2 이것은 언제 샀습니까?

       3 이것은 집에 있습니다.

해설 가게 사람에게 텔레비전을 사겠다고 하는 말을 고르는 문제예요.

    1 (O) これをください(이것을 주세요)는 가리키고 있는 텔레비전을
사겠다는 의도이므로 정답이에요.

    2 (X) これはいつ買いましたか(이것은 언제 샀습니까?)는 언제 텔
레비전을 샀는지 묻는 말이므로 오답이에요.

    3 (X) これはうちにあります(이것은 집에 있습니다)는 이미 집에
텔레비전이 있다는 말이므로 오답이에요.

어휘 テレビ 圏텔레비전　買う かう 圄사다　店 みせ 圏가게

   人 ひと 圏사람　これ 圏이것　~ください ~주세요　いつ 圏언제

   うち 圏집　ある 圄있다

4

[문제지]

[음성]

友だちとテストの勉強がしたいです。何と言いますか。

    F : 1 テストはどうでしたか。

       2 一緒に勉強しませんか。

       3 友だちと勉強しますか。

해석 친구와 시험 공부를 하고 싶습니다. 뭐라고 말합니까?

    F : 1 시험은 어땠습니까?

2 一緒に勉強しませんか？

3 友だちと勉強しますか？

해설 친구에게 같이 시험 공부를 하자고 권유하는 말을 고르는 문제예요.

1 (X) テストはどうでしたか(시험은 어땠습니까?)는 시험이 어땠
는지 묻는 말이므로 오답이에요.

2 (O) 一緒に勉強しませんか(함께 공부하지 않을래요?)는 친구에
게 함께 공부하자고 권유하는 말이므로 정답이에요.

3 (X) 友だちと勉強しますか(친구와 공부합니까?)는 친구와 함께
공부하는지 묻는 말이므로 오답이에요.

어휘 友だち ともだち 圏친구　テスト 圏시험, 테스트
勉強 べんきょう 圏공부　する 圐하다　～たい ~(하)고 싶다
一緒に いっしょに 튄함께

5

[문제지]

[음성]
子どもたちが階段で遊んでいます。何と言いますか。

M : 1 そこに行きましょう。

2 そこは危ないですよ。

3 そこで遊びたかったです。

해석 아이들이 계단에서 놀고 있습니다. 뭐라고 말합니까?

M : 1 거기에 갑시다.

2 거기는 위험해요.

3 거기에서 놀고 싶었습니다.

해설 아이들에게 계단에서 노는 것은 위험하다고 주의를 주는 말을 고르는
문제예요.

1 (X) そこに行きましょう(거기에 갑시다)는 계단에 가자는 말이므
로 오답이에요.

2 (O) そこは危ないですよ(거기는 위험해요)는 계단이 위험하다
는 말이므로 정답이에요.

3 (X) そこで遊びたかったです(거기에서 놀고 싶었습니다)는 계
단에서 놀고 싶었다는 말이므로 오답이에요.

어휘 子ども こども 圏아이　～たち ~들　階段 かいだん 圏계단
遊ぶ あそぶ 圐놀다　～ている ~(하)고 있다　そこ 圏거기
行く いく 圐가다　危ない あぶない い형위험하다
～たい ~(하)고 싶다

| 1 2 | 2 1 | 3 2 | 4 3 | 5 3 |

문제 3에서는, 그림을 보면서 질문을 들어주세요. ➡(화살표)의 사
람은 뭐라고 말합니까? 1부터 3 중에서, 가장 알맞은 것을 하나 골
라주세요.

1

[문제지]

[음성]
郵便局ではがきが買いたいです。何と言いますか。

M : 1 これははがきですか。

2 このはがきはいくらですか。

3 このはがきを買いますか。

해석 우체국에서 엽서를 사고 싶습니다. 뭐라고 말합니까?

M : 1 이것은 엽서입니까?

2 이 엽서는 얼마입니까?

3 이 엽서를 삽니까?

해설 우체국에서 엽서를 살 때 하는 말을 고르는 문제예요.

1 (X) これははがきですか(이것은 엽서입니까?)는 엽서인지 아닌
지 묻는 말이므로 오답이에요.

2 (O) このはがきはいくらですか(이 엽서는 얼마입니까?)는 엽서
의 가격을 묻는 말이므로 정답이에요.

3 (X) このはがきを買いますか(이 엽서를 삽니까?)는 우체국의
직원이 할 수 있는 말이므로 오답이에요.

어휘 郵便局 ゆうびんきょく 圏우체국　はがき 圏엽서　買う かう 圐사다
～たい ~(하)고 싶다　これ 圏이것　この 이　いくら 圏얼마

2

[문제지]

[음성]

今（いま）からケーキを食（た）べます。友（とも）だちと一緒（いっしょ）に食（た）べたいです。
何（なん）と言（い）いますか。

F：1 これ一緒（いっしょ）に食（た）べませんか。

2 ケーキを食（た）べました。

3 このケーキ、食（た）べてもいいですか。

해석 지금부터 케이크를 먹습니다. 친구와 함께 먹고 싶습니다. 뭐라고 말합니까?

F：1 이거 함께 먹지 않을래요?

2 케이크를 먹었습니다.

3 이 케이크, 먹어도 됩니까?

해설 친구에게 케이크를 권하는 말을 고르는 문제예요.

1 (O) これ一緒に食べませんか(이거 함께 먹자고 권유하는 말이므로 정답이에요.

2 (X) ケーキを食べました(케이크를 먹었습니다)는 케이크를 먹었다는 말이므로 오답이에요.

3 (X) このケーキ、食べてもいいですか(이 케이크, 먹어도 됩니까?)는 케이크를 먹어도 되는지 여부를 묻는 말이므로 오답이에요.

어휘 今 いま 圐지금 ～から 죄~부터 ケーキ 圐케이크

食べる たべる 图먹다 友だち ともだち 圐친구

一緒に いっしょに 凰함께 ～たい ~(하)고 싶다 これ 圐이거

～てもいい ~(해)도 된다

3

[문제지]

[음성]

家（いえ）に帰（かえ）りました。お母（かあ）さんに何（なん）と言（い）いますか。

M：1 おかえり。

2 ただいま。

3 いってきます。

해석 집에 돌아왔습니다. 어머니에게 뭐라고 말합니까?

M：1 어서 와.

2 다녀왔습니다.

3 다녀오겠습니다.

해설 집에 돌아왔을 때 집에 있는 어머니에게 하는 말을 고르는 문제예요.

1 (X) おかえり(어서 와)는 집에 있는 사람이 집에 돌아온 사람에게 할 수 있는 인사말이므로 오답이에요.

2 (O) ただいま(다녀왔습니다)는 집에 돌아왔을 때 하는 인사말이므로 정답이에요.

3 (X) いってきます(다녀오겠습니다)는 집을 나설 때 하는 인사말이므로 오답이에요.

어휘 家 いえ 圐집 帰る かえる 图돌아오다

お母さん おかあさん 圐어머니, 엄마

4

[문제지]

[음성]

友（とも）だちが鉛筆（えんぴつ）を持（も）っていません。何（なん）と言（い）いますか。

F：1 この鉛筆（えんぴつ）は私（わたし）のだよ。

2 この鉛筆（えんぴつ）をくれる？

3 この鉛筆（えんぴつ）を使（つか）ってもいいよ。

해석 친구가 연필을 가지고 있지 않습니다. 뭐라고 말합니까?

F：1 이 연필은 내 것이야.

2 이 연필을 줄래?

3 이 연필을 사용해도 좋아.

해설 친구에게 연필을 빌려줄 때 하는 말을 고르는 문제예요.

1 (X) この鉛筆は私のだよ(이 연필은 내 것이야)는 연필이 자기 것이라는 의미이므로 오답이에요.

2 (X) この鉛筆をくれる?(이 연필을 줄래?)는 연필을 달라는 의미이므로 오답이에요.

3 (O) この鉛筆を使ってもいいよ(이 연필을 사용해도 좋아)는 연필을 빌려주려는 의도의 말이므로 정답이에요.

어휘 友だち ともだち 圐친구 鉛筆 えんぴつ 圐연필

持つ もつ 图가지다 ～ている ~(하)고 있다 この 이

私 わたし 圐나, 저 くれる 图주다 使う つかう 图사용하다

～てもいい ~(해)도 좋다

5

[문제지]

[음성]

教室の中が暑いです。友だちに何と言いますか。

M: 1 暑いですから、窓を開けました。
2 窓は開いていますよ。
3 すみません、窓を開けてください。

해석 교실 안이 덥습니다. 친구에게 뭐라고 말합니까?

M: 1 더우니까, 창문을 열었습니다.
2 창문은 열려 있어요.
3 실례합니다, 창문을 열어 주세요.

해설 교실 안이 더우므로 창문을 열어달라고 부탁하는 말을 고르는 문제예요.

1 (X) 暑いですから、窓を開けました(더우니까, 창문을 열었습니다)는 창문을 이미 열었다는 말이므로 오답이에요.
2 (X) 窓は開いていますよ(창문은 열려 있어요)는 창문이 이미 열려있다는 말이므로 오답이에요.
3 (O) すみません、窓を開けてください(실례합니다, 창문을 열어 주세요)는 창문을 열어달라고 부탁하는 말이므로 정답이에요.

어휘 教室 きょうしつ 圏 교실　中 なか 圏 안, 속　暑い あつい い형 덥다　友だち ともだち 圏 친구　～から 조 ~니까　窓 まど 圏 창문　開ける あける 동 열다　開く あく 동 열리다　～ている ~(되)어 있다　～てください ~(해) 주세요

실전 테스트 3

p.258

1 2	**2** 3	**3** 2	**4** 3	**5** 1

문제 3에서는, 그림을 보면서 질문을 들어주세요. ➡(화살표)의 사람은 뭐라고 말합니까? 1부터 3 중에서, 가장 알맞은 것을 하나 골라주세요.

1

[문제지]

[음성]

映画のチケットが2枚あります。友だちと見たいです。何と言いますか。

M: 1 好きな映画は何ですか。
2 一緒に映画館に行きましょう。
3 映画は二人で見ますか。

해석 영화 티켓이 2장 있습니다. 친구와 보고 싶습니다. 뭐라고 말합니까?

M: 1 좋아하는 영화는 무엇입니까?
2 함께 영화관에 갑시다.
3 영화는 두 명이서 봅니까?

해설 친구에게 영화를 함께 보자고 권유하는 말을 고르는 문제예요.

1 (X) 好きな映画は何ですか(좋아하는 영화는 무엇입니까?)는 좋아하는 영화가 무엇인지를 묻는 말이므로 오답이에요.
2 (O) 一緒に映画館に行きましょう(함께 영화관에 갑시다)는 영화를 함께 보자고 권유하는 말이므로 정답이에요.
3 (X) 映画は二人で見ますか(영화는 두 명이서 봅니까?)는 권유를 받은 친구가 할 수 있는 말이므로 오답이에요.

어휘 映画 えいが 圏 영화　チケット 圏 티켓　～枚 ～まい ~장　ある 동 있다　友だち ともだち 圏 친구　見る みる 동 보다　～たい ~(하)고 싶다　好きだ すきだ な형 좋아하다　何 なん 圏 무엇　一緒に いっしょに 🔢 함께　映画館 えいがかん 圏 영화관　行く いく 동 가다　二人 ふたり 圏 두 명

2

[문제지]

[음성]

バスが東京駅まで行くかどうか知りたいです。何と言いますか。

M：1 東京駅はどこですか。

2 このバスは東京駅から来ましたか。

3 このバス、東京駅に行きますか。

해석 버스가 도쿄역까지 가는지 어떤지 알고 싶습니다. 뭐라고 말합니까?

M：1 도쿄역은 어디입니까?

2 이 버스는 도쿄역에서 왔습니까?

3 이 버스, 도쿄역에 갑니까?

해설 버스가 도쿄역에 가는지 묻는 말을 고르는 문제예요.

1 (X) 東京駅はどこですか(도쿄역은 어디입니까?)는 도쿄역이 어디에 있는지를 묻는 말이므로 오답이에요.

2 (X) このバスは東京駅から来ましたか(이 버스는 도쿄역에서 왔습니까?)는 버스가 도쿄역에서 왔는지 묻는 말이므로 오답이에요.

3 (O) このバス、東京駅に行きますか(이 버스, 도쿄역에 갑니까?)는 버스가 도쿄역에 가는지 묻는 말이므로 정답이에요.

어휘 バス 몡버스　東京駅 とうきょうえき 몡도쿄역　～まで 조~까지
行く いく 동가다　～かどうか ~인지 어떤지　知る しる 동알다
～たい ~(하)고 싶다　どこ 몡어디　この 이　～から 조~에서
来る くる 동오다

3

[문제지]

[음성]
友だちと一緒にご飯を食べます。何と言いますか。

F：1 いってきます。

2 いただきます。

3 どういたしまして。

해석 친구와 함께 밥을 먹습니다. 뭐라고 말합니까?

F：1 다녀오겠습니다.

2 잘 먹겠습니다.

3 천만에요.

해설 밥을 먹기 전에 하는 말을 고르는 문제예요.

1 (X) いってきます(다녀오겠습니다)는 외출할 때 하는 인사말이므로 오답이에요.

2 (O) いただきます(잘 먹겠습니다)는 밥을 먹기 전에 하는 인사말이므로 정답이에요.

3 (X) どういたしまして(천만에요)는 감사 인사를 받았을 때 겸손함을 표현하는 인사말이므로 오답이에요.

어휘 友だち ともだち 몡친구　一緒に いっしょに 분함께
ご飯 ごはん 몡밥　食べる たべる 동먹다

4

[문제지]

[음성]
友だちと一緒に海に行きたいです。何と言いますか。

F：1 海に行きましたか。

2 海に行きません。

3 海に行きませんか。

해석 친구와 함께 바다에 가고 싶습니다. 뭐라고 말합니까?

F：1 바다에 갔습니까?

2 바다에 가지 않습니다.

3 바다에 가지 않겠습니까?

해설 친구에게 함께 바다에 가자고 권유하는 말을 고르는 문제예요.

1 (X) 海に行きましたか(바다에 갔습니까?)는 바다에 갔었는지를 묻는 말이므로 오답이에요.

2 (X) 海に行きません(바다에 가지 않습니다)은 바다에 가지 않는다는 말이므로 오답이에요.

3 (O) 海に行きませんか(바다에 가지 않겠습니까?)는 함께 바다에 가자고 권유하는 말이므로 정답이에요.

어휘 友だち ともだち 몡친구　一緒に いっしょに 분함께
海 うみ 몡바다　行く いく 동가다　～たい ~(하)고 싶다

5

[문제지]

[음성]
図書館で隣の人たちがうるさいです。何と言いますか。

M：1 少し静かにしてください。

2 すみません、うるさかったですか。

3 隣に座りますか。

해석 도서관에서 옆 사람들이 시끄럽습니다. 뭐라고 말합니까?

M：1 조금 조용히 해 주세요.

2 죄송합니다, 시끄러웠습니까?

3 옆에 앉습니까?

해설 도서관에서 옆 사람들에게 조용히 해 달라는 말을 고르는 문제예요.

1 (O) 少し静かにしてください(조금 조용히 해 주세요)는 조용히
해 달라고 하는 말이므로 정답이에요.

2 (X) すみません、うるさかったですか(죄송합니다, 시끄러웠습
니까?)는 조용히 해 달라고 부탁받은 옆 사람들이 할 수 있는 말이
므로 오답이에요.

3 (X) 隣に座りますか(옆에 앉습니까?)는 옆에 앉는지를 물어보는
말이므로 오답이에요.

어휘 図書館 としょかん 圏 도서관   隣 となり 圏 옆, 이웃   人 ひと 圏 사람

~たち ~들   うるさい い형 시끄럽다   少し すこし 閉 조금

静かだ しずかだ な형 조용하다   する 圄 하다

~てください ~(해) 주세요   座る すわる 圄 앉다

문제 4 즉시 응답

출제 형태 및 문제 풀이 Step   p.262

[음성]

M : 明日誰に会いますか。

F : 1 誰にも会いませんでした。

　　2 学校で会います。

　　3 お母さんです。

해석 M : 내일 누구를 만납니까?

　　F : 1 누구도 만나지 않았습니다.

　　　　2 학교에서 만납니다.

　　　　3 어머니입니다.

어휘 明日 あした 圏 내일   誰 だれ 圏 누구   会う あう 圄 만나다

学校 がっこう 圏 학교   お母さん おかあさん 圏 어머니

실전 테스트 1   p.266

1 3	2 1	3 2	4 3	5 2
6 1				

문제 4는, 그림 등이 없습니다. 문장을 듣고, 1부터 3 중에서, 가장
알맞은 것을 하나 골라 주세요.

1

[음성]

F : すみません。このかばんはいくらですか。

M : 1 三つです。

　　2 Mサイズです。

　　3 1,500円です。

해석 F : 실례합니다. 이 가방은 얼마입니까?

　　M : 1 세 개입니다.

　　　　2 M사이즈입니다.

　　　　3 1,500엔입니다.

해설 여자가 남자에게 가방의 가격을 묻고 있어요.

1 (X) いくつですか(몇 개입니까?)라는 질문에 대한 답변이므로 오
답이에요.

2 (X) かばん(가방)과 관련된 Mサイズ(M사이즈)를 사용하여 혼동
을 준 오답이에요.

3 (O) いくらですか(얼마입니까?)라는 의문문에 대한 적절한 응답
이에요.

어휘 この 이   かばん 圏 가방   いくら 圏 얼마   三つ みっつ 圏 세 개

サイズ 圏 사이즈   ~円 ~えん ~엔

2

[음성]

M : 森さん、休みの日は何をしますか。

F : 1 山に登ります。

　　2 運動は毎日しています。

　　3 今から休みませんか。

해석 M : 모리 씨, 쉬는 날은 무엇을 합니까?

　　F : 1 산을 오릅니다.

　　　　2 운동은 매일 하고 있습니다.

　　　　3 지금부터 쉬지 않을래요?

해설 남자가 여자에게 쉬는 날에 하는 것이 무엇인지 묻고 있어요.

1 (O) 쉬는 날에는 산을 오른다는 말이므로 적절한 응답이에요.

2 (X) 何をしますか(무엇을 합니까?)와 관련된 運動しています
(운동하고 있습니다)를 사용하여 혼동을 준 오답이에요.

3 (X) 休み(쉼)와 관련된 休みませんか(쉬지 않을래요?)를 사용하
여 혼동을 준 오답이에요.

어휘 休み やすみ 圏 쉼, 휴식   日 ひ 圏 날   何 なに 圏 무엇

する 圄 하다   山 やま 圏 산   登る のぼる 圄 오르다

運動 うんどう 圏 운동   毎日 まいにち 圏 매일

~ている ~(하)고 있다   今 いま 圏 지금   ~から 조 ~부터

休む やすむ 圄 쉬다

3

[음성]

M : 今日、テストですね。テストは何時からですか。

F : 1 3時間です。

　　2 2時です。

　　3 四日です。

해석 M : 오늘, 시험이네요. 시험은 몇 시부터입니까?

　　F : 1 3시간입니다.

　　　　2 2시입니다.

　　　　3 4일입니다.

해설 남자가 여자에게 시험 시작 시간이 언제인지 묻고 있어요.

1 (X) テストは何時間しますか(시험은 몇 시간 합니까?)라는 질문에 대한 답변이므로 오답이에요.

2 (O) 시험이 2시부터 시작된다는 말이므로 적절한 응답이에요.

3 (X) テストはいつですか(시험은 며칠입니까?)라는 질문에 대한 답변이므로 오답이에요.

어휘 今日 きょう 圀오늘　テスト 圀시험, 테스트　何〜 なん〜 몇〜
　　〜時 〜じ ~시　〜から 죄~부터　時間 じかん 圀시간
　　四日 よっか 圀4일

4

[음성]
F : 林さん、この映画を見ましたか。
M : 1　はい、映画館に行きましょう。
　　2　映画はどうでしたか。
　　3　はい、友だちと見ました。

해석 F : 하야시 씨, 이 영화를 봤습니까?
　　M : 1　네, 영화관에 갑시다.
　　　　2　영화는 어땠습니까?
　　　　3　네, 친구와 봤습니다.

해설 여자가 남자에게 이 영화를 봤는지 묻고 있어요.
　　1 (X) '네'는 영화를 봤다는 말인데, 뒤에는 '영화관에 갑시다'라고 하므로 앞뒤가 맞지 않는 오답이에요.
　　2 (X) 映画(영화)와 したか(~니까?)를 반복 사용하여 혼동을 준 오답이에요.
　　3 (O) 영화를 봤다는 말이므로 적절한 응답이에요.

어휘 この 이　映画 えいが 圀영화　見る みる 圄보다
　　映画館 えいがかん 圀영화관　行く いく 圄가다
　　友だち ともだち 圀친구

5

[음성]
F : 宿題はいつまでに出しますか。
M : 1　先生です。
　　2　明日です。
　　3　授業があります。

해석 F : 숙제는 언제까지 냅니까?
　　M : 1　선생님입니다.
　　　　2　내일입니다.
　　　　3　수업이 있습니다.

해설 여자가 남자에게 숙제를 내야 하는 날짜를 묻고 있어요.
　　1 (X) 의문사 誰(누구)를 사용한 질문에 대한 답변이므로 오답이에요. 宿題(숙제)와 관련된 先生(선생님)을 사용하여 혼동을 주기도 했어요.
　　2 (O) 숙제를 내일까지 내야 한다는 말이므로 적절한 응답이에요.
　　3 (X) 宿題(숙제)와 관련된 授業(수업)를 사용하여 혼동을 준 오답이에요.

어휘 宿題 しゅくだい 圀숙제　いつ 圀언제　〜までに ~까지
　　出す だす 圄내다, 제출하다　先生 せんせい 圀선생(님)
　　明日 あした 圀내일　授業 じゅぎょう 圀수업　ある 圄있다

6

[음성]
M : かわいいコートですね。どこで買いましたか。
F : 1　母にもらいました。
　　2　明日デパートに行きます。
　　3　去年買いました。

해석 M : 귀여운 코트네요. 어디에서 샀습니까?
　　F : **1　어머니에게 받았습니다.**
　　　　2　내일 백화점에 갑니다.
　　　　3　작년에 샀습니다.

해설 남자가 여자에게 코트를 산 곳이 어디인지 장소를 묻고 있어요.
　　1 (O) 코트를 산 게 아니라 어머니에게 받았다는 말이므로 적절한 응답이에요. どこで(어디에서)를 사용하여 출처를 묻는 질문에는 장소가 아닌 사람으로 답변할 수 있어요.
　　2 (X) どこで買いましたか(어디에서 샀습니까?)와 관련된 デパート(백화점)를 사용하여 혼동을 준 오답이에요.
　　3 (X) 의문사 いつ(언제)를 사용한 질문의 답변이며, 買いましたか(샀습니까)와 관련된 買いました(샀습니다)를 사용하여 혼동을 준 오답이에요.

어휘 かわいい い형귀엽다　コート 圀코트　どこ 圀어디
　　買う かう 圄사다　母 はは 圀어머니, 엄마　もらう 圄받다
　　明日 あした 圀내일　デパート 圀백화점　行く いく 圄가다
　　去年 きょねん 圀작년

실전 테스트 2　　　　　　　　　　p.266

1 3	2 2	3 1	4 2	5 2
6 1				

문제 4는, 그림 등이 없습니다. 문장을 듣고, 1부터 3 중에서, 가장 알맞은 것을 하나 골라 주세요.

1

[음성]
F : 昨日はどうして授業に来ませんでしたか。
M : 1　彼は昨日の授業に来ました。
　　2　今日は授業がありません。
　　3　風邪で授業に行くことができませんでした。

해석 F : 어제는 어째서 수업에 오지 않았습니까?
　　M : 1　그는 어제 수업에 왔습니다.

2 오늘은 수업이 없습니다.

　　3 감기로 수업에 갈 수 없었습니다.

해설 여자가 남자에게 어제 수업에 오지 않은 이유를 묻고 있어요.

　　1 (X) 昨日(어제)를 반복 사용하고, 来ませんでしたか(오지 않았습니까?)와 관련된 来ました(왔습니다)를 사용하여 혼동을 준 오답이에요.

　　2 (X) 授業(수업)를 반복 사용하고, 昨日(어제)와 관련된 今日(오늘)를 사용하여 혼동을 준 오답이에요.

　　3 (O) 어제 수업에 오지 못한 이유를 설명하는 말이므로 적절한 응답이에요.

어휘 昨日 きのう 圏어제　どうして 凰어째서

　　授業 じゅぎょう 圏수업　来る くる 圄오다　彼 かれ 圏그

　　今日 きょう 圏오늘　ある 圄있다　風邪 かぜ 圏감기

　　行く いく 圄가다　～ことができる ~(할) 수 있다

[음성]

F : 兄弟が何人いますか。

M : 1 弟は5さいです。

　　2 兄が二人います。

　　3 姉は大学1年生です。

해석 F : 형제가 몇 명 있습니까?

　　M : 1 남동생은 5살입니다.

　　　2 형이 2명 있습니다.

　　　3 누나는 대학교 1학년입니다.

해설 여자가 남자에게 형제가 몇 명 있는지 인원을 묻고 있어요.

　　1 (X) 의문사 何さい(몇 살)를 사용한 질문의 답변이므로 오답이에요. 兄弟(형제)와 관련된 弟(남동생)를 사용하여 혼동을 주기도 했어요.

　　2 (O) 형이 2명 있다고 하는 말이므로 적절한 응답이에요.

　　3 (X) 姉は何年生ですか(누나는 몇 학년입니까?)라는 질문에 대한 답변이므로 오답이에요.

어휘 兄弟 きょうだい 圏형제　何～ なん～ 몇~　～人 ～にん ~명

　　いる 圄있다　弟 おとうと 圏남동생　～さい ~살

　　兄 あに 圏형, 오빠　二人 ふたり 圏2명　姉 あね 圏누나, 언니

　　大学 だいがく 圏대학교　～年生 ～ねんせい ~학년

[음성]

M : 田中さんの誕生日プレゼントはこのかばんにしましょう。

F : 1 はい、そうしましょう。

　　2 いいえ、誕生日じゃないです。

　　3 私はかばんをもらいました。

해석 M : 다나카 씨의 생일 선물은 이 가방으로 합시다.

　　F : 1 네, 그렇게 합시다.

　　　2 아뇨, 생일이 아닙니다.

　　　3 저는 가방을 받았습니다.

해설 남자가 여자에게 다나카 씨의 생일 선물은 이 가방으로 하자고 권유하고 있어요. 따라서 권유를 수락하거나 거절하는 응답을 정답으로 선택해요.

　　1 (O) 남자의 권유를 수락하는 말이므로 적절한 응답이에요.

　　2 (X) '아뇨'라고 남자의 권유를 거절하였는데, 뒤에는 '생일이 아닙니다'라고 하므로 앞뒤가 맞지 않는 오답이에요. 誕生日(생일)를 반복 사용하여 혼동을 주기도 했어요.

　　3 (X) かばん(가방)을 반복 사용하여 혼동을 준 오답이에요.

어휘 誕生日 たんじょうび 圏생일　プレゼント 圏선물　この 이

　　かばん 圏가방　～にする ~로 하다　私 わたし 圏저, 나

　　もらう 圄받다

[음성]

M : すみません、近くに銀行がありますか。

F : 1 銀行のとなりにスーパーがあります。

　　2 いえ、近くに銀行はありません。

　　3 あそこは銀行ではありません。

해석 M : 실례합니다, 근처에 은행이 있습니까?

　　F : 1 은행 옆에 슈퍼가 있습니다.

　　　2 아뇨, 근처에 은행은 없습니다.

　　　3 저기는 은행이 아닙니다.

해설 남자가 여자에게 근처에 은행이 있는지 묻고 있어요.

　　1 (X) 은행이 어디에 있는지 물었는데, 슈퍼의 위치를 설명하므로 오답이에요.

　　2 (O) 근처에 은행이 없다는 말이므로 적절한 응답이에요.

　　3 (X) ではありません(~이 아닙니다)을 사용하여 혼동을 준 오답이에요. 銀行(은행)를 반복 사용하여 혼동을 주기도 했어요.

어휘 近く ちかく 圏근처　銀行 ぎんこう 圏은행　ある 圄있다

　　となり 圏옆　スーパー 圏슈퍼　あそこ 圏저기

[음성]

F : 夏休みに一緒に山に行かない?

M : 1 いや、行かなかったよ。

　　2 うん、いいよ。

　　3 え、今から?

해석 F : 여름 방학에 함께 산에 가지 않을래?

　　M : 1 아니, 가지 않았어.

　　　2 응, 좋아.

　　　3 어, 지금부터?

해설 여자가 남자에게 함께 산에 가자고 권유하고 있어요. 따라서 권유를 수락하거나 거절하는 응답을 정답으로 선택해요.

　　1 (X) '아니'라고 산에 가자는 권유를 거절하였는데, 뒤에는 '가지 않았어'라고 하므로 앞뒤가 맞지 않는 오답이에요.

　　2 (O) 여자의 권유를 수락하는 말이므로 적절한 응답이에요.

　　3 (X) 여름방학에 가자고 권유하였는데, 지금 당장 가는 것인지 묻고

있으므로 상황에 맞지 않는 오답이에요.

어휘 夏休み なつやすみ 圏여름 방학 一緒に いっしょに 凰함께

　　　山 やま 圏산 行く いく 圄가다 いい い형좋다

　　　今 いま 圏지금 〜から 졔~부터

6

[음성]

M : 今朝何時に起きましたか。

F : 1 ７時です。

　　 2 ６時間です。

　　 3 ５分です。

해석 M : 오늘 아침 몇 시에 일어났습니까?

　　 F : 1 7시입니다.

　　　　 2 6시간입니다.

　　　　 3 5분입니다.

해설 남자가 여자에게 오늘 아침에 일어난 시간을 묻고 있어요.

　　 1 (O) 오늘 아침 7시에 일어났다는 말이므로 적절한 응답이에요.

　　 2 (X) 何時間ですか(몇 시간입니까?)라는 질문에 대한 답변이므로 오답이에요.

　　 3 (X) 何分ですか(몇 분입니까?)라는 질문에 대한 답변이므로 오답이에요.

어휘 今朝 けさ 圏오늘 아침 何〜 なん〜 몇〜 〜時 〜じ ~시

　　　起きる おきる 圄일어나다 〜時間 〜じかん ~시간

　　　〜分 〜ふん ~분

실전 테스트 3

1 2	2 2	3 1	4 3	5 3
6 1				

문제 4는, 그림 등이 없습니다. 문장을 듣고, 1부터 3 중에서, 가장 알맞은 것을 하나 골라 주세요.

1

[음성]

M : 森山さんの誕生日はいつですか。

F : 1 去年でした。

　　 2 あさってです。

　　 3 ４か月間します。

해석 M : 모리야마 씨의 생일은 언제입니까?

　　 F : 1 작년이었습니다.

　　　　 2 모레입니다.

　　　　 3 4개월간 합니다.

해설 남자가 여자에게 생일이 언제인지 날짜를 묻고 있어요.

1 (X) いつでしたか(언제였습니까?)라는 질문에 대한 답변이므로 오답이에요.

2 (O) 생일이 모레라는 말이므로 적절한 응답이에요.

3 (X) 何か月間しますか(몇 개월간 합니까?)라는 질문에 대한 답변이므로 오답이에요.

어휘 誕生日 たんじょうび 圏생일 いつ 圏언제 去年 きょねん 圏작년

　　　あさって 圏모레 〜か月 〜かげつ ~개월, 달 〜間 〜かん ~간

　　　する 圄하다

2

[음성]

M : これは林さんの本ですか。

F : 1 林さんは本屋にいます。

　　 2 はい、私の本です。

　　 3 いいえ、林さんはいません。

해석 M : 이것은 하야시 씨의 책입니까?

　　 F : 1 하야시 씨는 서점에 있습니다.

　　　　 2 네, 제 책입니다.

　　　　 3 아뇨, 하야시 씨는 없습니다.

해설 남자가 여자에게 이것이 하야시 씨의 책인지를 묻고 있어요.

　　 1 (X) 林さんはどこにいますか(하야시 씨는 어디에 있습니까?)라는 질문에 대한 답변이므로 오답이에요.

　　 2 (O) '네'라고 하야시 씨의 책이라고 대답한 뒤에 '제 책입니다'라고 말한 것으로 볼 때 여자가 바로 하야시 씨임을 알 수 있으므로 정답이에요.

　　 3 (X) '아뇨'라고 하야시 씨의 책이 아니라고 대답하였는데, 뒤에는 '하야시 씨는 없습니다'라고 하므로 앞뒤가 맞지 않는 오답이에요.

어휘 これ 圏이것 本 ほん 圏책 本屋 ほんや 圏서점 いる 圄있다

　　　私 わたし 圏저, 나

3

[음성]

F : 今日一緒に帰りませんか。

M : 1 いいですね、そうしましょう。

　　 2 はい、今日は一緒に来ました。

　　 3 いいえ、帰りました。

해석 F : 오늘 같이 돌아가지 않을래요?

　　 M : 1 좋아요, 그렇게 합시다.

　　　　 2 네, 오늘은 같이 왔습니다.

　　　　 3 아뇨, 돌아갔습니다.

해설 여자가 남자에게 함께 귀가하자고 권유하고 있어요. 따라서 권유를 수락하거나 거절하는 응답을 정답으로 선택해요.

　　 1 (O) 여자의 권유를 수락하는 말이므로 적절한 응답이에요.

　　 2 (X) '네'라고 같이 돌아가자는 권유를 수락하였는데, 뒤에는 '오늘은 같이 왔습니다'라고 하므로 앞뒤가 맞지 않는 오답이에요. 一緒に(같이)를 반복 사용하여 혼동을 주기도 했어요.

　　 3 (X) '아뇨'라고 여자의 권유를 거절하였는데, 뒤에는 '돌아갔습니

다'라고 하므로 앞뒤가 맞지 않는 오답이에요. 帰りませんか(돌아
가지 않을래요?)와 관련된 帰りました(돌아갔습니다)를 사용하여
혼동을 주기도 했어요.

어휘 今日 きょう 圏오늘　一緒に いっしょに 图같이

帰る かえる 图돌아가다　いい い형좋다　来る くる 图오다

4

[음성]
F：昼ご飯、どうでしたか。
M：1 食べたくないです。
　　2 おいしいラーメンを作ります。
　　3 おいしかったです。

해석 F : 점심, 어땠습니까?
　　M : 1 먹고 싶지 않습니다.
　　　　2 맛있는 라멘을 만듭니다.
　　　　3 맛있었습니다.

해설 여자가 남자에게 점심이 어땠는지 즉, 맛있었는지를 묻고 있어요.
　　1 (X) 昼ご飯(점심)과 관련된 食べたくないです(먹고 싶지 않습니
　　　다)를 사용하여 혼동을 준 오답이에요.
　　2 (X) 昼ご飯(점심)과 관련된 ラーメン(라멘)을 사용하여 혼동을
　　　준 오답이에요.
　　3 (O) 점심이 맛있었다고 한 말이므로 적절한 응답이에요.

어휘 昼ご飯 ひるごはん 圏점심(식사)　食べる たべる 图먹다

　　～たい ~(하)고 싶다　おいしい い형맛있다　ラーメン 圏라멘

　　作る つくる 图만들다

5

[음성]
F：キムさんはどこから来ましたか。
M：1 キムさんは来ませんでした。
　　2 毎日来ています。
　　3 韓国から来ました。

해석 F : 김 씨는 어디에서 왔습니까?
　　M : 1 김 씨는 오지 않았습니다.
　　　　2 매일 오고 있습니다.
　　　　3 한국에서 왔습니다.

해설 여자가 남자에게 어디에서 왔는지 묻고 있어요.
　　1 (X) 来ましたか(왔습니까?)와 관련된 来ませんでした(오지 않
　　　았습니다)를 사용하여 혼동을 준 오답이에요.
　　2 (X) 来ましたか(왔습니까?)와 관련된 来ています(오고 있습니
　　　다)를 사용하여 혼동을 준 오답이에요.
　　3 (O) 한국에서 왔다는 말이므로 적절한 응답이에요.

어휘 どこ 圏어디　～から 図~에서　来る くる 图오다

　　毎日 まいにち 圏매일　～ている ~(하)고 있다

　　韓国 かんこく 圏한국

6

[음성]
M：あそこの赤いかばんは誰のですか。
F：1 南さんのものだと思います。
　　2 あそこにかばんを置きますね。
　　3 赤いかばんはありません。

해석 M : 저기의 빨간 가방은 누구의 것입니까?
　　F : 1 미나미 씨의 것이라고 생각합니다.
　　　　2 저기에 가방을 두겠습니다.
　　　　3 빨간 가방은 없습니다.

해설 남자가 여자에게 빨간 가방이 누구의 것인지 묻고 있어요.
　　1 (O) 빨간 가방이 미나미 씨의 것이라고 한 말이므로 적절한 응답
　　　이에요.
　　2 (X) あそこ(저기), かばん(가방)을 반복 사용하여 혼동을 준 오답
　　　이에요.
　　3 (X) 赤いかばん(빨간 가방)을 반복 사용하여 혼동을 준 오답이
　　　에요.

어휘 あそこ 圏저기　赤い あかい い형빨갛다　かばん 圏가방

　　誰 だれ 圏누구　もの 圏것　～と思う ～とおもう ~라고 생각하다

　　置く おく 图두다　ある 图있다

언어지식 (문자 · 어휘)

문제 1	1 3	2 1	3 4	4 2	5 1	6 1	7 3
문제 2	8 4	9 2	10 1	11 3	12 2		
문제 3	13 1	14 4	15 4	16 2	17 3	18 1	
문제 4	19 4	20 2	21 1				

언어지식 (문법)

문제 1	1 3	2 1	3 2	4 4	5 3	6 4	7 3
	8 1	9 2					
문제 2	10 4	11 1	12 2	13 4			
문제 3	14 3	15 1	16 2	17 4			

독해

문제 4	18 1	19 2	
문제 5	20 3	21 2	
문제 6	22 3		

청해

문제 1	1 4	2 3	3 1	4 3	5 4	6 2	7 3
문제 2	1 2	2 4	3 2	4 3	5 4	6 3	
문제 3	1 1	2 2	3 3	4 3	5 1		
문제 4	1 2	2 3	3 1	4 2	5 2	6 1	

1

앞前에 서 주세요.

해설 前는 3 まえ로 발음해요.

어휘 前 まえ 圆앞 横 よこ 圆옆 間 あいだ 圆사이 後ろ うしろ 圆뒤
たつ 图서다 ~てください ~(해) 주세요

2

빨간 꽃을 열 송이 十本 샀습니다.

해설 十本은 1 じゅっぽん으로 발음해요. 숫자 10을 의미하는 十는 じゅ
う로 발음하고, 꽃이나 연필 등 가늘고 긴 물건을 세는 단위인 本은
ほん으로 발음하지만, 十本은 촉음이 있는 じゅっ과 반탁음 ぽん으
로 발음하는 것에 주의해요.

어휘 十本 じゅっぽん 圆열 송이 あかい い형빨갛다 はな 圆꽃
かう 图사다

3

야마다 씨는 옷이 많多い습니다.

해설 多い는 4 おおい로 발음해요.

어휘 多い おおい い형많다 大きい おおきい い형크다
汚い きたない い형지저분하다 少ない すくない い형적다
ふく 圆옷

4

잘 들어聞いて 주세요.

해설 聞いて는 2 きいて로 발음해요.

어휘 聞く きく 图듣다 置く おく 图두다 磨く みがく 图갈고 닦다
書く かく 图쓰다 よく 图잘 ~てください ~(해) 주세요

5

사토 씨로부터 전화電話가 있었습니다.

해설 電話는 1 でんわ로 발음해요. でん이 탁음인 것에 주의해요.

어휘 電話 でんわ 圆전화 ~から 图~로부터 ある 图있다

6

어머니母는 은행에서 15년 일하고 있습니다.

해설 母는 1 はは로 발음해요.

어휘 母 はは 圆어머니, 엄마 父 ちち 圆아버지, 아빠
弟 おとうと 圆남동생 妹 いもうと 圆여동생 ぎんこう 圆은행
~ねん ~년 はたらく 图일하다 ~ている ~(하)고 있다

7

매우 아름다운 사진写真이네요.

해설 写真은 3 しゃしん으로 발음해요. しゃ와 しん이 모두 탁음이 아닌
것에 주의해요.

어휘 写真 しゃしん 圆사진 とても 图매우 うつくしい い형아름답다

8

같이 피아노ぴあの를 치지 않을래요?

해설 ぴあの를 가타카나로 올바르게 표기한 것은 4 ピアノ예요. 1, 2, 3
은 없는 단어예요.

어휘 ピアノ 圆피아노 いっしょに 图같이 ひく 图(악기를) 치다, 켜다

9

수영을 배웁니다ならいます.

해설 ならいます는 2 習います로 표기해요. 1, 3, 4는 없는 단어예요.

어휘 習う ならう 图배우다 すいえい 圆수영

10

내일 가족かぞく과 여행을 갑니다.

해설 かぞく는 1 家族로 표기해요. 2, 3, 4는 없는 단어예요. 家(か, 집)를
선택지 3과 4의 宅(たく, 집)와 구별해서 알아두고, 族(ぞく, 무리)를
선택지 2와 4의 旅(りょ, 여행)와 구별해서 알아두어요.

어휘 家族 かぞく 圆가족 あした 圆내일 りょこう 圆여행 いく 图가다

11

굵은ふとい 펜은 어디에 있습니까?

해설 ふとい는 3 太い로 표기해요. 1, 2, 4는 없는 단어예요.

어휘 太い ふとい い형굵다 ペン 圆펜 どこ 圆어디 ある 图있다

12

눈이 아파서 약くすり을 먹었습니다.

해설 くすり는 2 薬로 표기해요. 1은 없는 단어예요.

어휘 薬 くすり 圆약 茶 ちゃ 圆차 め 圆눈 いたい い형아프다
のむ 图(약을) 먹다, 마시다

13

오늘은 (   ) 를 입었기 때문에 춥지 않습니다.

1 스웨터   2 손수건
3 넥타이   4 단추

해설 선택지가 모두 명사예요. 빈칸 뒤의 내용과 함께 쓸 때 セーターを
きたので(스웨터를 입었기 때문에)라는 문맥이 가장 자연스러우므
로, 1 セーター(스웨터)가 정답이에요. 2는 ハンカチを持つ(손수
건을 지니다), 3은 ネクタイをしめる(넥타이를 매다), 4는 ボタンを

つける(단추를 달다)와 같이 자주 써요.

어휘 きょう 圓오늘　きる 圄입다　～ので 조~때문에　さむい い형춥다
セーター 圓스웨터　ハンカチ 圓손수건　ネクタイ 圓넥타이
ボタン 圓단추, 버튼

14

오늘 아침 늦게 (　　　), 수업에 늦었습니다.

1 외워서	2 대답해서
3 멈춰서	**4 일어나서**

해설 선택지가 모두 동사예요. 문장 전체를 보았을 때 けさおそくおきて、
じゅぎょうにおくれました(오늘 아침 늦게 일어나서, 수업에 늦었습니
다)라는 문맥이 가장 자연스러우므로 4 おきて(일어나서)가 정답이
에요. 1은 歌をおぼえて歌う(노래를 외워서 부르다), 2는 質問に
こたえてください(질문에 대답해 주세요), 3은 車がとまってこまる
(차가 멈춰서 곤란하다)와 같이 자주 써요.

어휘 けさ 圓오늘 아침　おそい い형늦다, 느리다　じゅぎょう 圓수업
おくれる 圄늦다　おぼえる 圄외우다, 기억하다
こたえる 圄대답하다　とまる 圄멈추다　おきる 圄일어나다

15

이 지도를 2 (　　　) 복사해 주세요.

1 자루	2 대
3 마리	**4 장**

해설 선택지가 모두 수를 세는 단위예요. 빈칸 앞에서 언급한 ちず(지도)
를 세는 단위로는 まい(장)를 사용하는 것이 가장 적절하므로 4 ま
い(장)가 정답이에요. 1은 연필이나 꽃과 같이 가늘고 긴 물건, 2는
자동차, 3은 동물을 셀 때 사용하는 단위예요.

어휘 この 이　ちず 圓지도　コピー 圓복사　する 圄하다
～てください ～(해) 주세요　～ほん ～자루, 송이　～だい ~대
～ひき ～마리　～まい ~장

16

어제 친구와 야구의 (　　　)을 했습니다.

1 문제	**2 연습**
3 영화	4 잡지

해설 선택지가 모두 명사예요. 빈칸 앞, 뒤의 내용과 함께 쓸 때 やきゅう
のれんしゅうをしました(야구의 연습을 했습니다)라는 문맥이 가장
자연스러우므로 2 れんしゅう(연습)가 정답이에요. 빈칸 바로 앞의
やきゅうの(야구의)만 보고 3 えいが(영화)나 4 ざっし(잡지)를 정
답으로 고르지 않도록 주의해요. 1은 えいごのもんだい(영어의 문
제), 3은 にほんのえいが(일본의 영화), 4는 アメリカのざっし(미
국의 잡지)와 같이 자주 써요.

어휘 きのう 圓어제　ともだち 圓친구　やきゅう 圓야구　する 圄하다
もんだい 圓문제　れんしゅう 圓연습　えいが 圓영화
ざっし 圓잡지

17

A "아빠, (　　　)."
B "어서 오렴."

1 잘 먹겠습니다	2 안녕(히 가세요)
3 다녀왔습니다	4 죄송합니다

해설 선택지가 모두 인사말이에요. 제시문 전체를 보았을 때 B가 おかえ
り(어서 오렴)라고 말하고 있으므로 A가 ただいま(다녀왔습니다)라
고 말하는 것이 문맥상 가장 자연스러워요. 따라서 3 ただいま(다녀
왔습니다)가 정답이에요. 1은 식사하기 전에, 2는 누군가와 헤어질
때, 4는 사과할 때 주로 써요.

어휘 おとうさん 圓아빠, 아버지

18

마쓰다 씨는 공원을 (　　　) 있습니다.

1 달리고	2 헤엄치고
3 오르고	4 찍고

해설 제시된 그림은 여자가 달리고 있는 그림이에요. 그림에 따라 제시된 문장
을 보면 まつださんはこうえんをはしっています(마쓰다 씨는 공원
을 달리고 있습니다)라는 문맥이 가장 적절하므로 1 はしって(달리
고)가 정답이에요.

어휘 こうえん 圓공원　～ている ～(하)고 있다　はしる 圄달리다
およぐ 圄헤엄치다　のぼる 圄오르다　とる 圄(사진을) 찍다

19

재작년 대학에 들어갔습니다.

1 1개월 전에 대학에 들어갔습니다.
2 2개월 전에 대학에 들어갔습니다.
3 1년 전에 대학에 들어갔습니다.
4 2년 전에 대학에 들어갔습니다.

해설 제시문에 사용된 おととし가 '재작년'이라는 의미이므로, 이와 의미
가 같은 にねんまえ(2년 전)를 사용한 4 にねんまえにだいがく
にはいりました(2년 전에 대학에 들어갔습니다)가 정답이에요.

어휘 おととし 圓재작년　だいがく 圓대학　はいる 圄들어가다
～かげつ ~개월　まえ 圓전　～ねん ~년

20

이모의 집은 멉니다.

1 어머니의 남동생의 집은 멉니다.
2 어머니의 여동생의 집은 멉니다.
3 어머니의 할아버지의 집은 멉니다.
4 어머니의 할머니의 집은 멉니다.

해설 제시문에 사용된 おば가 '이모'라는 의미이므로, 이와 의미가 같은 ははのいもうと(어머니의 여동생)를 사용한 2 ははのいもうとの いえはとおいです(어머니의 여동생의 집은 멉니다)가 정답이에요.

어휘 おば 圐 이모, 고모   いえ 圐 집   とおい い형 멀다
 はは 圐 어머니, 엄마   おとうと 圐 남동생   いもうと 圐 여동생
そふ 圐 할아버지   そぼ 圐 할머니

21

방이 어두웠습니다. 그래서 밝게 했습니다.

1 방의 전등을 켰습니다.
2 방의 청소를 했습니다.
3 방의 침대를 바꿨습니다.
4 방의 문을 닫았습니다.

해설 제시문 へやがくらかったです。それであかるくしました(방이 어두웠습니다. 그래서 밝게 했습니다)와 의미가 가장 비슷한 1 へやの でんきをつけました(방의 전등을 켰습니다)가 정답이에요.

어휘 へや 圐 방   くらい い형 어둡다   それで 젭 그래서
あかるい い형 밝다   する 圐 하다   でんき 圐 전등, 전기
つける 圐 켜다   そうじ 圐 청소   ベッド 圐 침대   かえる 圐 바꾸다
ドア 圐 문   しめる 圐 닫다

언어지식 (문법) p.287

들으면서 학습하기

1

주말은 항상 밖 (   ) 저녁밥을 먹습니다.

1 이   2 은
3 에서   4 도

해설 빈칸에 들어갈 적절한 조사를 고르는 문제예요. 빈칸 앞의 そと(밖)와 빈칸 뒤의 晩ごはんを(저녁밥을)를 보면, '밖에서 저녁밥'이라는 말이 문맥상 자연스러워요. 따라서 3 で(에서)가 정답이에요.

어휘 週末 しゅうまつ 圐 주말   いつも 圐 항상   そと 圐 밖
晩ごはん ばんごはん 圐 저녁밥   食べる たべる 圐 먹다
～が 조 ~이, 가   ～は 조 ~은, 는   ～で 조 ~에서   ～も 조 ~도

2

외국에 있는 친구 (   ) 편지를 썼습니다.

1 에게   2 일지
3 를   4 나

해설 빈칸에 들어갈 적절한 조사를 고르는 문제예요. 빈칸 앞의 友だち(친구)와 빈칸 뒤의 手紙を(편지를)를 보면, '친구에게 편지를'이라는 말이 문맥상 자연스러워요. 따라서 1 へ(에게)가 정답이에요.

어휘 外国 がいこく 圐 외국   いる 圐 있다   友だち ともだち 圐 친구
手紙 てがみ 圐 편지   書く かく 圐 쓰다   ～へ 조 ~에게, 에
～か 조 ~(일)지   ～を 조 ~를, 을   ～や 조 ~(이)나

3

어제, 서점에서 영어 (   ) 사전을 샀습니다.

1 에게   **2 의**
3 와   4 가

해설 빈칸에 들어갈 적절한 조사를 고르는 문제예요. 빈칸 앞의 英語(영어)와 빈칸 뒤의 じしょを(사전을)를 보면, '영어의 사전'이라는 말이 문맥상 자연스러워요. 따라서 2 の(의)가 정답이에요.

어휘 昨日 きのう 圐 어제   本屋 ほんや 圐 서점   英語 えいご 圐 영어
じしょ 圐 사전   買う かう 圐 사다   ～に 조 ~에게   ～の 조 ~의
～と 조 ~와, 과   ～が 조 ~가, 이

4

미국 여행에서 갈 곳이 (   ) 정해졌습니다.

1 아직   2 그다지
3 매우   **4 대체로**

해설 빈칸에 들어갈 적절한 부사를 고르는 문제예요. 빈칸 뒤의 決まりました(정해졌습니다)를 보면, '대체로 정해졌습니다'라는 말이 문맥상 자연스러워요. 따라서 4 だいたい(대체로)가 정답이에요.

어휘 アメリカ 圐 미국   旅行 りょこう 圐 여행   行く いく 圐 가다
ところ 圐 곳, 장소   決まる きまる 圐 정해지다, 결정되다
まだ 圐 아직   あまり 圐 그다지   たいへん 圐 매우
だいたい 圐 대체로

5

(회사에서)
오카다 "하야시 씨, 이것을 기노시타 씨에게 전해 주세요."
하야시 "네, (   )."

1 있었습니다   2 없습니다
3 알겠습니다   4 모릅니다

해설 빈칸에 들어갈 적절한 회화 표현을 고르는 문제예요. 빈칸 앞의 はい(네)를 보면 모든 선택지가 정답의 후보예요. 오카다가 これを木下さんに伝えてください(이것을 기노시타 씨에게 전해 주세요)라고 했으므로 はい、わかりました(네, 알겠습니다)라고 대답하는 것이 문맥상 자연스러워요. 따라서 3 わかりました(알겠습니다)가 정답이에요. 부탁을 승낙할 때는 はい、わかりました(네, 알겠습니다)라고 대답할 수 있음을 알아두세요.

어휘 会社 かいしゃ 圐 회사   これ 圐 이것   伝える つたえる 圐 전하다
～てください ~(해) 주세요   ある 圐 있다   わかる 圐 알다

6

오늘은 매우 덥네요. 차가운 물을 (   ) 싶습니다.

1 마셔서   2 마신
3 마시다   **4 마시고**

해설 빈칸 뒤의 문형에 접속하는 알맞은 동사 형태를 고르는 문제예요. 빈칸 뒤의 たい는 동사 ます형과 접속하여 '~(하)고 싶다'라는 의미의

문형을 만들 수 있어요. 그러므로 동사 ます형인 선택지 4 飲み(마시고)를 빈칸에 넣으면 飲みたい(마시고 싶다)가 돼요. 따라서 4 飲み(마시고)가 정답이에요. 동사 ます형 + たい가 '~(하)고 싶다'라는 의미의 문형임을 알아두세요.

어휘 今日 きょう 圀오늘　とても 凰매우　あつい い형덥다
　　　冷たい つめたい い형차갑다　水 みず 圀물　~たい ~(하)고 싶다
　　　飲む のむ 图마시다

7

내일 음악실에서 함께 피아노를 (　　　)?

| 1 치고 있습니까 | 2 치고 있었습니까 |
| 3 치지 않겠습니까 | 4 쳤습니까 |

해설 빈칸에 들어갈 적절한 문형을 고르는 문제예요. 빈칸 앞의 ピアノを(피아노를)를 보면, 모든 선택지가 정답의 후보예요. 문장 전체를 보면 明日おんがくしつでいっしょにピアノをひきませんか(내일 음악실에서 함께 피아노를 치지 않겠습니까)라는 말이 문맥상 자연스러워요. 따라서 3 ひきませんか(치지 않겠습니까)가 정답이에요. 3의 ませんか는 '~(하)지 않겠습니까', 1의 ていますか는 '~(하)고 있습니까', 2의 ていましたか는 '~(하)고 있었습니까', 4의 ましたか는 '~(했)습니까'라는 의미임을 알아두세요.

어휘 明日 あした 圀내일　おんがくしつ 圀음악실　いっしょに 凰함께
　　　ピアノ 圀피아노　ひく 치다, 연주하다　~ている ~(하)고 있다

8

A "이 안에 (　　　) 있습니까?"
B "아니요, 그곳은 비어 있습니다."

| 1 누군가 | 2 누구에게 |
| 3 누구도 | 4 누구에 |

해설 빈칸에 들어갈 적절한 조사가 포함된 선택지를 고르는 문제예요. 빈칸 앞의 中に(안에)와 빈칸 뒤의 いますか(있습니까)를 보면, '안에 누군가 있습니까'라는 말이 문맥상 자연스러워요. 따라서 '~(인)가'라는 의미의 조사 か가 포함된, 1 だれか(누군가)가 정답이에요.

어휘 この 이　中 なか 圀안, 속　いる 图있다　そこ 圀그곳
　　　あく 图비다　~ている ~(해) 있다, (한) 상태이다　だれ 圀누구
　　　~か 国~(인)가　~に 国~에게　~も 国~도　~へ 国~에

9

마쓰다 "이 씨는 (　　　) 까지 일본에 있습니까?"
이　　　 "저는 내년 8월까지 일본에 있습니다."
마쓰다 "그렇습니까? 그 때까지 많이 놉시다."

| 1 몇 개 | 2 언제 |
| 3 어디 | 4 누구 |

해설 빈칸에 들어갈 적절한 의문사를 고르는 문제예요. 빈칸 앞의 イさんは(이 씨는)와 빈칸 뒤의 まで(까지)를 보면, 모든 선택지가 정답의 후보예요. 빈칸이 포함된 문장 전체를 보면 イさんはいつまで日本にいますか(이 씨는 언제까지 일본에 있습니까)라는 말이 문맥상 자연스러워요. 따라서 2 いつ(언제)가 정답이에요.

어휘 ~まで 国~까지　日本 にほん 圀일본　いる 图있다
　　　私 わたし 刊저, 나　来年 らいねん 圀내년　~月 ~がつ ~월
　　　その 그　時 とき 圀때　たくさん 凰많이　遊ぶ あそぶ 图놀다
　　　いくつ 圀몇 개　いつ 圀언제　どこ 圀어디　どなた 圀누구

10

야마다 씨의 형은 키 가 ★크고 말랐 습니다.

| 1 말랐 | 2 키 |
| 3 가 | 4 크고 |

해설 빈칸 뒤의 です는 い형용사 보통형 또는 명사와 접속할 수 있으므로 1 ほそい(마르다) 또는 2 せ(키)를 마지막 빈칸에 넣어서 'ほそいです(말랐습니다)' 혹은 'せです(키입니다)'를 만들어요. 이후 나머지 선택지들을 의미적으로 배열했을 때, 2 せ 3 が 4 高くて 1 ほそい(키가 크고 말랐)로 배열하는 것이 전체 문맥과 어울리므로 4 高くて(크고)가 정답이에요.

어휘 お兄さん おにいさん 圀형, 오빠　ほそい い형마르다, 가늘다
　　　せ 圀키　~が 国~가　高い たかい い형(키가) 크다, 높다

11

오늘은 학교에 가지고 갈 ★도시락 을 스스로 만들었습니다.

| 1 도시락 | 2 을 |
| 3 가지고 | 4 갈 |

해설 서로 연결할 수 있는 선택지가 있는지 확인해요. 선택지 3에 사용된 동사 て형은 선택지 4의 いく와 접속하여 ていく(~(하)고 가다)라는 문형을 만들 수 있어요. 그러므로 선택지 3 持って와 4 いく를 우선 연결해요. 이후 나머지 선택지들을 의미적으로 배열하면 3 持って 4 いく 1 おべんとう 2 を(가지고 갈 도시락을)가 돼요. 전체 문맥과도 자연스럽게 연결되므로 1 おべんとう(도시락)가 정답이에요.

어휘 今日 きょう 圀오늘　学校 がっこう 圀학교　じぶんで 스스로
　　　作る つくる 图만들다　おべんとう 圀도시락　~を 国~을, 를
　　　持つ もつ 图가지다　~ていく ~(하)고 가다

12

제가 지금 입고 있는 기모노 는 할머니로부터 ★받은 것 입니다.

| 1 것 | 2 받은 |
| 3 는 | 4 할머니로부터 |

해설 빈칸 앞의 きもの는 명사이므로 조사와 접속할 수 있어요. 그러므로 3 は(는)를 첫 번째 빈칸에 넣어서 'きものは(기모노는)'를 만들어요. 이후 나머지 선택지들을 의미적으로 배열하면 3 は 4 おばあさんから 2 もらった 1 もの(는 할머니로부터 받은 것)가 돼요. 전체 문맥과도 자연스럽게 연결되므로 2 もらった(받은)가 정답이에요.

어휘 私 わたし 刊저, 나　いま 圀지금　着る きる 图입다
　　　~ている ~(하)고 있다　きもの 圀기모노　もの 圀것, 물건
　　　もらう 图받다　~は 国~는, 은　おばあさん 圀할머니
　　　~から 国~(로)부터

13

> (교실 안에서)
> A "조금 춥기 때문에 에어컨 ★을 꺼도 괜찮습니까?"
> B "네, 괜찮습니다."
>
> 1 꺼도   2 에어컨
> 3 때문에   **4 을**

해설 선택지 1의 ても는 빈칸 뒤의 いい와 접속하여 てもいい(~(해)도 괜찮다)라는 문형을 만들 수 있어요. 그러므로 1의 けしても(꺼도)를 마지막 빈칸에 넣어서 'けしてもいい(꺼도 괜찮다)'를 만들어요. 이후 나머지 선택지들을 의미적으로 배열하면 3ので 2 エアコン 4を 1 けしても(때문에 에어컨을 꺼도)가 돼요. 전체 문맥과도 자연스럽게 연결되므로 4 を(을)가 정답이에요.

어휘 きょうしつ 図 교실   中 なか 図 안, 속   ちょっと 图 조금
寒い さむい い형 춥다   ~てもいい ~(해)도 괜찮다
だいじょうぶだ な형 괜찮다   けす 图 끄다   エアコン 図 에어컨
~ので 图 ~때문에   ~を 图 ~을, 를

14-17

> 테일러 씨와 우디 씨는 "좋아하는 음식"의 작문을 쓰고, 학급 모두의 앞에서 읽습니다.
>
> (1) 테일러 씨의 작문
>
> > [14]저는 음식 중에서, 타코야끼를 가장 좋아합니다. 타코야끼는 집에서도 간단하게 만들 수 있기 때문에, 자주 만들어 [14]. 집에서 타코야끼를 만들 때는 좋아하는 음식을 넣어서 만들 수 있습니다.
> >
> > [15]이번주 주말은 저의 집에서 친구와 함께 타코야끼 [15] 만들어 먹을 예정입니다. 매우 기대됩니다.
>
> (2) 우디 씨의 작문
>
> > 저는 햄버거를 매우 좋아합니다. [16]매일 한 번은 햄버거를 먹습니다. [16] 집 앞에 있는 가게가 매우 맛있어서 자주 갑니다.
> >
> > [17]하지만, 햄버거를 매일 먹는 것은 몸에 좋지 않다고 [17]. 앞으로는 햄버거를 주말만 먹는 것으로 하겠습니다.

어휘 好きだ すきだ な형 좋아하다   食べもの たべもの 図 음식, 먹을 것
さくぶん 図 작문   書く かく 图 쓰다   クラス 図 학급, 클래스
みんな 図 모두   前 まえ 図 앞   読む よむ 图 읽다
私 わたし 図 저, 나   中 なか 図 중, 안   たこやき 図 타코야끼
一番 いちばん 图 가장   家 いえ 図 집   かんたんだ な형 간단하다
作る つくる 图 만들다   ~ことができる ~(할) 수 있다
~ので 图 ~때문에   よく 图 자주, 잘   時 とき 図 때
入れる いれる 图 넣다   今週 こんしゅう 図 이번주
週末 しゅうまつ 図 주말   友だち ともだち 図 친구
いっしょに 图 함께   食べる たべる 图 먹다   よてい 図 예정

とても 图 매우   楽しみだ たのしみだ な형 기대되다
ハンバーガー 図 햄버거   毎日 まいにち 図 매일
~回 ~かい ~번, 회   前 まえ 図 앞   ある 图 있다   店 みせ 図 가게
おいしい い형 맛있다   行く いく 图 가다   しかし 집 하지만
体 からだ 図 몸   よい い형 좋다   これから 앞으로   ~だけ 图 ~만
~ことにする ~(하)는 것으로 하다

14

> 1 먹지 않습니다   2 먹지 않았습니다
> **3 먹고 있습니다**   4 먹어 주세요

해설 빈칸에 들어갈 적절한 문형을 고르는 문제예요. 모든 선택지가 빈칸 앞의 作って(만들어)에 접속할 수 있어요. 빈칸 앞 부분인 たこやきは 家でもかんたんに作ることができるので、よく作って(타코야끼는 집에서도 간단하게 만들 수 있기 때문에, 자주 만들어)를 보면, 선택지 3 食べています(먹고 있습니다)와 4 食べてください(먹어 주세요)가 정답의 후보예요. 앞 문장에서 私は食べ物の中で、たこやきが一番好きです(저는 음식 중에서, 타코야끼를 가장 좋아합니다)라고 했으므로 食べています(먹고 있습니다)가 빈칸에 들어가는 것이 문맥상 자연스러워요. 따라서 3 食べています(먹고 있습니다)가 정답이에요. 3의 ています는 '~(하)고 있습니다', 1의 ません은 '~(하)지 않습니다', 2의 ませんでした는 '~(하)지 않았습니다', 4의 てください는 '~(해) 주세요'라는 의미임을 알아두세요.

어휘 ~ている ~(하)고 있다   ~てください ~(해) 주세요

15

> **1 를**   2 가
> 3 와   4 에

해설 빈칸에 들어갈 적절한 조사를 고르는 문제예요. 빈칸 앞의 今週の週末は私の家で友だちといっしょにたこやき(이번주 주말은 저의 집에서 친구와 함께 타코야끼)와 빈칸 뒤의 作って食べるよていです(만들어 먹을 예정입니다)를 보면, '이번주 주말은 저의 집에서 친구와 함께 타코야끼를 만들어 먹을 예정입니다'라는 말이 문맥상 자연스러워요. 따라서 1 を(를)가 정답이에요.

어휘 ~を 图 ~를, 을   ~が 图 ~가, 이   ~と 图 ~와, 과
~に 图 ~에, 에게

16

> 1 더욱   **2 특히**
> 3 하지만   4 그러면

해설 빈칸에 들어갈 적절한 부사 또는 접속사를 고르는 문제예요. 빈칸이 포함된 문장인 [16] 家の前にあるお店がとてもおいしくてよく行きます([16] 집 앞에 있는 가게가 매우 맛있어서 자주 갑니다)를 보면, 선택지 2 とくに(특히), 3 でも(하지만)가 정답의 후보예요. 빈칸 앞 문장에서 毎日一回はハンバーガーを食べます(매일 한 번은 햄버거를 먹습니다)라고 했으므로 빈칸 앞의 내용과 관련하여 강조하고 싶은 추가 설명을 할 때 사용하는 부사 とくに(특히)가 빈칸에 들어가는 것이 문맥상 자연스러워요. 따라서 2 とくに(특히)가 정답이에요.

17

1 들어 봅니다	2 듣지 않습니다
3 들읍시다	**4 들었습니다**

해설 빈칸에 들어갈 적절한 문형을 고르는 문제예요. 모든 선택지가 빈칸 앞의 조사 と(~(라)고)에 접속할 수 있어요. 빈칸이 포함된 문장을 보면 しかし、ハンバーガーを毎日食べるのは体によくないと聞きました(하지만, 햄버거를 매일 먹는 것은 몸에 좋지 않다고 들었습니다)라는 말이 문맥상 자연스러워요. 따라서 4 聞きました(들었습니다)가 정답이에요. 4의 ました는 '~(했)습니다', 1의 てみます는 '~(해) 봅니다', 2의 ないです는 '~(하)지 않습니다', 3의 ましょう는 '~(합)시다'라는 의미임을 알아두세요.

어휘 聞く きく 图듣다 ~てみる ~(해) 보다

독해 p.294

틀으면서
학습하기

18

　내일은 학급 모두와 수영장에 갑니다. 여느 때는 8시까지 학교에 갑니다만, 수영장이 10시에 열리기 때문에, 내일은 9시까지 학교에 갑니다. 또, 내일은 교과서 대신에 도시락과 마실 것을 가지고 갑니다. 빨리 내일이 되어서, 수영장에서 헤엄치고 싶습니다.

이 글에 대해서 맞는 것은 어느 것입니까?

1 **여느 때는 8시까지 학교에 갑니다. 하지만, 내일은 9시까지 학교에 갑니다.**

2 여느 때는 9시까지 학교에 갑니다. 하지만, 내일은 8시까지 학교에 갑니다.

3 내일은 학교에 교과서를 가지고 갑니다.

4 내일은 학교에 도시락만 가지고 갑니다.

해설 에세이 형식의 지문으로, 이 글에 대해 맞는 것을 묻고 있어요. 지문 초반부에서 いつもは 8 時までに学校に行きますが、プールが 10時にあくので、明日は 9 時までに学校に行きます(여느 때는 8시까지 학교에 갑니다만, 수영장이 10시에 열리기 때문에, 내일은 9시까지 학교에 갑니다)라고 언급하고 있으므로 1 いつもは 8 時までに学校に行きます。でも、明日は 9 時までに学校に行きます(여느 때는 8시까지 학교에 갑니다. 하지만, 내일은 9시까지 학교에 갑니다)가 정답이에요. 3과 4는 지문에서 내일은 교과서 대신에 도시락과 마실 것을 가지고 간다고 했으므로 오답이에요.

어휘 明日 あした 图내일 クラス 图학급 みんな 图모두
プール 图수영장 行く いく 图가다 いつも 图여느 때, 보통 때
~時 ~じ ~시 ~までに ~까지(기한) 学校 がっこう 图학교
あく 图열리다 ~ので 图~때문에 また 图또, 또한
きょうかしょ 图교과서 代わりに かわりに 대신에
おべんとう 图도시락 飲みもの のみもの 图마실 것
持つ もつ 图가지다 早く はやく 图빨리 なる 图되다
泳ぐ およぐ 图헤엄치다 ~たい ~(하)고 싶다 この 이 ぶん 图글

19

이것은 사라 씨가 존 씨에게 보낸 이메일입니다.

> 존 씨에게
>
> 　감기로 지난주 일본어 수업을 쉬었습니다만, 존 씨로부터 빌린 노트를 보고, 수업 내용을 알았습니다. 정말로 감사합니다. 내일 수업에, 빌린 노트를 가지고 가겠습니다. 또, 제가 만든 쿠키도 가지고 갈 것이므로, 함께 먹읍시다. 그럼, 내일 수업에서 만납시다.
>
> 사라

사라 씨는 어째서 존 씨에게 이메일을 보냈습니까?

1 수업 내용을 알려주고 싶기 때문

2 **빌린 노트를 돌려주고 싶기 때문**

3 맛있는 쿠키를 만들고 싶기 때문

4 내일 함께 수업에 가고 싶기 때문

해설 이메일 형식의 지문으로, 사라 씨가 존 씨에게 이메일을 보낸 이유를 묻고 있어요. 지문의 중반부에서 明日の授業に、借りたノートを持って行きます(내일 수업에, 빌린 노트를 가지고 가겠습니다)라고 언급하고 있으므로 2 借りたノートを返したいから(빌린 노트를 돌려주고 싶기 때문)가 정답이에요. 1은 사라 씨가 존 씨로부터 빌린 노트를 보고 수업 내용을 알았다고 한 것이고, 3은 사라 씨가 만든 쿠키를 가져간다고 한 것이며, 4는 내일 수업에서 만나자고 한 것이므로 오답이에요.

어휘 これ 图이것 送る おくる 图보내다 メール 图이메일, 메일
かぜ 图감기 先週 せんしゅう 图지난주 日本語 にほんご 图일본어
授業 じゅぎょう 图수업 休む やすむ 图쉬다 ~から 图~로부터
借りる かりる 图빌리다 ノート 图노트 見る みる 图보다
ないよう 图내용 分かる わかる 图알다 本当に ほんとうに 정말로
明日 あした 图내일 持つ もつ 图가지다 行く いく 图가다
また 图또 私 わたし 图저, 나 作る つくる 图만들다
クッキー 图쿠키 ~ので 图~므로 いっしょに 图함께
食べる たべる 图먹다 では 图그럼 会う あう 图만나다
どうして 图어째서 教える おしえる 图알려주다, 가르치다
~たい ~(하)고 싶다 ~から 图~때문 返す かえす 图돌려주다
おいしい 图맛있다

20-21

이것은 린 씨가 쓴 작문입니다.

첫 기모노

린・메이

저는 일본에 오기 전부터 기모노를 입어 보고 싶었습니다. 사진으로 본 기모노가 매우 예뻤기 때문입니다. 그리고 어제, 기모노를 입을 수 있었습니다.

하지만, [20]기모노를 입는 것은 생각보다 어려웠습니다. 매우 어려워서, 혼자서는 입을 수 없었습니다. 그래도, 가게 사람 덕분에 간단하게 입을 수 있었습니다.

기모노를 입은 후 이웃 마을의 벚꽃 축제에 갔습니다. 그곳에서 벚꽃과 함께 예쁜 사진을 많이 찍었습니다. 또, 벚꽃 나무 아래에서 맛있는 야키소바도 먹었습니다. 음식을 먹을 때나 화장실에 갈 때는 조금 불편했습니다만, [21]기모노를 입고 축제에 갈 수 있어서, 매우 즐거운 하루였습니다.

어휘 これ 圀이것 書く かく 图쓰다 さくぶん 圀작문
はじめて 튀처음(으로) きもの 圀기모노 私 わたし 圀저, 나
日本 にほん 圀일본 来る くる 图오다 前 まえ 圀전
~から 国~부터 着る きる 图입다 ~てみる ~(해) 보다
~たい ~(하)고 싶다 しゃしん 圀사진 見る みる 图보다
とても 튀매우 きれいだ な図예쁘다 ~から 国~때문
そして 집그리고 昨日 きのう 圀어제 ~ことができる ~(할) 수 있다
しかし 집하지만 こと 圀것 おもう 图생각하다 ~より 国~보다
難しい むずかしい い図어렵다 一人 ひとり 圀혼자
でも 집그래도 お店 おみせ 圀가게 人 ひと 圀사람
おかげで 덕분에 かんたんだ な図간단하다 あと 圀후
となり 圀이웃 まち 圀마을 さくら 圀벚꽃 まつり 圀축제
行く いく 图가다 そこ 圀그곳 いっしょに 튀함께
たくさん 튀많이 とる 图찍다 また 튀또 木 き 圀나무
下 した 圀아래 おいしい い図맛있다 やきそば 圀야키소바
食べる たべる 图먹다 食べ物 たべもの 圀음식, 먹을 것
時 とき 圀때 ~や 国~(이)나 トイレ 圀화장실
少し すこし 튀조금 ふべんだ な図불편하다
楽しい たのしい い図즐겁다 一日 いちにち 圀하루

20

글에 대해서 맞는 것은 어느 것입니까?

1 '나'는 일본에 오기 전에는 기모노를 입고 싶지 않았습니다.
2 '나'는 일본에 오기 전에도 자주 기모노를 입었습니다.
3 혼자서 기모노를 입는 것은 어려웠습니다.
4 혼자서 기모노를 입는 것은 간단했습니다.

해설 지문에 대해서 맞는 것을 찾기 위해 선택지에 자주 언급되는 きもの (기모노)를 지문에서 찾아 그 주변을 주의 깊게 읽어요. 두 번째 단락에서 きものを着ることはおもったより難しかったです。とても難しくて、一人では着ることができませんでした(기모노를 입는 것은 생각보다 어려웠습니다. 매우 어려워서, 혼자서는 입을 수 없었습니

다)라고 언급하고 있으므로 3 一人できものを着ることは難しかったです(혼자서 기모노를 입는 것은 어려웠습니다)가 정답이에요. 1과 2는 일본에 오기 전부터 기모노를 입어 보고 싶었다고 했으므로 오답이에요.

어휘 ぶん 圀글 ~について ~에 대해서 正しい ただしい い図맞다
どれ 圀어느 것 よく 튀자주 ~ている ~(하)다, (하)고 있다

21

어째서 즐거운 하루였습니까?

1 아름다운 기모노 사진을 많이 봤기 때문
2 기모노를 입고 축제에 갔기 때문
3 스스로 기모노를 입을 수 있었기 때문
4 맛있는 음식을 먹었기 때문

해설 지문에서 밑줄 친 楽しい一日でした(즐거운 하루였습니다)의 이유가 무엇인지를 앞부분에서 찾아요. 밑줄의 앞부분에서 きものを着てまつりに行くことができて(기모노를 입고 축제에 갈 수 있어서)라고 언급하고 있으므로, 2 きものを着てまつりに行ったから(기모노를 입고 축제에 갔기 때문)가 정답이에요. 1은 벚꽃과 함께 예쁜 사진을 많이 찍었다고 한 것이고, 3은 혼자서 기모노를 입지 못해서 도움을 받았다고 했으며, 4는 야키소바를 먹었다고 했지만 그것이 즐거운 하루였다고 생각한 이유는 아니므로 오답이에요.

어휘 どうして 튀어째서 うつくしい い図아름답다 自分で じぶんで 스스로

22

모리 씨는 일요일에, 초등학교 2학년인 딸과 함께 등산하러 가고 싶습니다. 모리 씨는 어느 코스에 갑니까?

1 A코스 2 B코스
3 C코스 4 D코스

해설 모리 씨가 고르는 코스를 묻는 문제예요. 질문에서 제시된 조건 (1) 日よう日(일요일), (2) 小学校 2 年生のむすめといっしょに(초등학교 2학년인 딸과 함께)에 따라 지문을 보면,
(1) 일요일 : 각 코스의 よう日(요일)를 보면 일요일에 진행하는 코스는 C코스와 D코스예요.
(2) 초등학교 2학년인 딸과 함께 : C코스와 D코스 각각의 마지막 부분의 설명을 보면 초등학교 2학년인 딸과 함께 갈 수 있는 코스는 '초등학교 1학년 이상의 아이와 갈 수 있습니다'라고 설명하는 C코스뿐이에요.
따라서, 3 C코스(C코스)가 정답이에요.

어휘 日よう日 にちようび 圀일요일 小学校 しょうがっこう 圀초등학교
~年生 ~ねんせい ~학년 むすめ 圀딸 いっしょに 튀함께
山登り やまのぼり 圀등산 ~に行く ~にいく ~(하)러 가다
~たい ~(하)고 싶다 どの 어느 コース 圀코스 行く いく 图가다

가족 등산 교실

튼튼한 몸을 위해서 가족끼리 히가시 산에 등산하러 가지 않겠습니까?

A코스	B코스
・요일 : 토요일 ・시간 : 오전 10 : 00~ 　　　　오후 4 : 00 ・초등학교 2학년 이상의 　아이와 갈 수 있습니다.	・요일 : 토요일 ・시간 : 오전 9 : 00~ 　　　　오후 4 : 00 ・초등학교 3학년 이상의 　아이와 갈 수 있습니다.

C코스	D코스
・요일 : 일요일 ・시간 : 오전 10 : 00~ 　　　　오후 3 : 00 ・초등학교 1학년 이상의 　아이와 갈 수 있습니다.	・요일 : 일요일 ・시간 : 오전 9 : 00~ 　　　　오후 4 : 00 ・초등학교 3학년 이상의 　아이와 갈 수 있습니다.

어휘　家族 かぞく 圓 가족　教室 きょうしつ 圓 교실

丈夫だ じょうぶだ な형 튼튼하다, 건강하다　体 からだ 圓 몸

~ために ~위해서　山 さん 圓 산　よう日 ようび 圓 요일

土よう日 どようび 圓 토요일　時間 じかん 圓 시간

午前 ごぜん 圓 오전　午後 ごご 圓 오후　いじょう 圓 이상

子ども こども 圓 아이　~ことができる ~(할) 수 있다

청해　p.303

문항별 분할
바로가기

☞ 문제 1의 디렉션과 예제를 들려줄 때 1번부터 7번까지의 문제의
선택지를 미리 읽고 내용을 재빨리 파악해둡니다. 음성에서 では、
始めます(그러면, 시작합니다)가 들리면, 곧바로 문제 풀 준비를 합
니다.

음성 디렉션과 예제

もんだい1では、はじめにしつもんを聞いてください。そ
れから話を聞いて、もんだいようしの1から4の中から、
いちばんいいものを一つえらんでください。では練習しま
しょう。

男の学生と女の学生が話しています。**女の学生は何の写
真を撮りますか。**

M：写真を撮る宿題、来週までですよね。田中さんは何を
　　撮りますか。

F：私は花が好きですから、花を撮ります。林くんは何を
　　撮りますか。

M：うちの猫を撮ります。実は学校の木を撮る練習をして
　　いましたが、上手に撮るのが難しくてやめました。

F：そうですか。家に犬もいますよね。

M：はい。でも、よく動くので撮るのが難しいです。

女の学生は何の写真を撮りますか。

いちばんいいものは1ばんです。かいとうようしのもんだ
い1の例のところを見てください。いちばんいいものは1
ばんですから、答えはこのように書きます。では、始めま
す。

해석　문제 1에서는, 먼저 질문을 들어주세요. 그리고 이야기를 듣고, 문제
용지의 1부터 4 중에서, 가장 알맞은 것을 하나 골라주세요. 그러면
연습해봅시다.

남학생과 여학생이 이야기하고 있습니다. **여학생은 무슨 사진을 찍
습니까?**

M : 사진을 찍는 숙제, 다음 주까지지요? 다나카 씨는 무엇을 찍나
　　요?

F : 저는 꽃을 좋아하기 때문에, 꽃을 찍을 거예요. 하야시 군은 무
　　엇을 찍나요?

M : 우리 고양이를 찍습니다. 실은 학교의 나무를 찍는 연습을 했었
　　습니다만, 잘 찍는 것이 어려워서 그만두었습니다.

F : 그래요? 집에 개도 있지요?

M : 네. 그렇지만, 자주 움직이기 때문에 찍는 것이 어렵습니다.

여학생은 무슨 사진을 찍습니까?

가장 알맞은 것은 1번입니다. 정답 용지의 문제 1의 예시 부분을 봐
주세요. 가장 알맞은 것이 1번이기 때문에, 정답은 그와 같이 표시합
니다. 그러면, 시작합니다.

1

[음성]

女の人と男の人が話しています。二人は何を買いますか。

F：さとしの自転車、この小さいものはどうですか。

M：来年、小学生になるから、もっと大きいもののほうが
　　いいと思います。

F：そうですね。そうしましょう。色はどうしますか。黒と
　　白がありますよ。

M：黒がかわいいですね。

F：うーん、ときどきあなたと一緒に夜、公園で自転車に
　　乗るから、黒は危ないと思いますよ。

M：そうですね。じゃ、これにしましょう。

二人は何を買いますか。

[문제지]

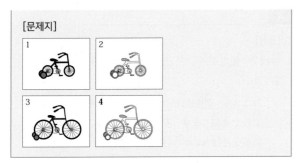

해석 여자와 남자가 이야기하고 있습니다. 두 사람은 무엇을 삽니까?

　F : 사토시의 자전거, 이 작은 것은 어때요?

　M : 내년, 초등학생이 되니까, 좀 더 큰 것인 쪽이 좋다고 생각해요.

　F : 그러네요. 그렇게 해요. 색깔은 어떻게 할까요? 검정색과 흰색이
　　　있네요.

　M : 검정색이 귀엽네요.

　F : 음, 가끔 당신과 함께 밤, 공원에서 자전거를 타니까, 검정색은
　　　위험하다고 생각해요.

　M : 그러네요. 그럼, 이걸로 합시다.

　두 사람은 무엇을 삽니까?

해설 선택지에 여러 종류의 자전거 그림이 제시되었고, 질문에서 두 사람
이 무엇을 사는지를 물었으므로, 대화를 들을 때 두 사람이 무슨 자전
거를 사는지를 파악해요. 남자가 もっと大きいもののほうがいい
(좀 더 큰 것인 쪽이 좋다)라고 한 후, 여자가 黒は危ないと思いま
すよ(검정색은 위험하다고 생각해요)라고 했으므로 큰 흰색 자전거
그림인 4가 정답이에요. 1, 2는 아이가 내년에 초등학생이 되니까 큰
것이 좋겠다고 했고, 3은 검정색은 위험하다고 했으므로 오답이에요.

어휘 二人 ふたり 圏 두 사람, 두 명　買う かう 통 사다

　　 自転車 じてんしゃ 圏 자전거　この 이　小さい ちいさい い형 작다

　　 もの 圏 것　来年 らいねん 圏 내년

　　 小学生 しょうがくせい 圏 초등학생　なる 통 되다　〜から 조 〜니까

　　 もっと 甲 좀 더, 더　大きい おおきい い형 크다　ほう 圏 쪽, 편

　　 いい い형 좋다　〜と思う 〜とおもう 〜라고 생각하다

　　 色 いろ 圏 색깔　黒 くろ 圏 검정색　白 しろ 圏 흰색　ある 통 있다

　　 かわいい い형 귀엽다　ときどき 甲 가끔　あなた 圏 당신

　　 一緒に いっしょに 甲 함께　夜 よる 圏 밤　公園 こうえん 圏 공원

　　 乗る のる 통 타다　危ない あぶない い형 위험하다　じゃ 젤 그럼

　　 これ 圏 이것　〜にする 〜로 하다

2

[음성]

図書館で、男の人と女の人が話しています。男の人はどの
本を借りますか。

　M：すみません、「犬の生活」という本が借りたいです。
　　　その本はどこにありますか。

　F：大きい犬の絵がある本ですか。

　M：はい。

　F：それは今はありません。来週、借りることができます。

　M：あ、そうですか。じゃ、「動物の世界」という本はあり
　　　ますか。

　F：はい、それはあそこにあります。鳥の絵がある、厚くて
　　　重い本です。

　M：はい、わかりました。

男の人はどの本を借りますか。

[문제지]

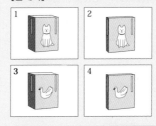

해석 도서관에서, 남자와 여자가 이야기하고 있습니다. 남자는 무슨 책을
借립니까?

　M : 실례합니다, '개의 생활'이라고 하는 책을 빌리고 싶습니다. 그
　　　책은 어디에 있습니까?

　F : 커다란 개 그림이 있는 책 말인가요?

　M : 네.

　F : 그것은 지금은 없습니다. 다음 주, 빌릴 수 있습니다.

　M : 아, 그렇습니까? 그럼, '동물의 세계'라는 책은 있습니까?

　F : 네, 그것은 저쪽에 있습니다. 새 그림이 있는, 두껍고 무거운 책
　　　입니다.

　M : 네, 알겠습니다.

　남자는 무슨 책을 빌립니까?

해설 선택지에 여러 종류의 책 그림이 제시되었고, 질문에서 남자가 무슨
책을 빌리는지를 물었으므로, 대화를 들을 때 남자가 무슨 책을 빌리
는지를 파악해요. 남자가 「動物の世界」という本はありますか('동
물의 세계'라는 책은 있습니까?)라고 묻자, 여자가 はい、それはあ
そこにあります。鳥の絵がある、厚くて重い本です(네, 그것은
저쪽에 있습니다. 새 그림이 있는, 두껍고 무거운 책입니다)라고 했으
므로, 새 그림의 두꺼운 책 그림인 3이 정답이에요. 1, 2는 개 그림이
있는 책은 지금 없다고 했고, 4는 새 그림이 있는 두꺼운 책이라고 했
으므로 오답이에요.

어휘 図書館 としょかん 圏 도서관　本 ほん 圏 책

　　 借りる かりる 통 빌리다　犬 いぬ 圏 개　生活 せいかつ 圏 생활

　　 〜という 〜라고 하는　〜たい 〜(하)고 싶다　その 그　どこ 圏 어디

　　 ある 통 있다　大きい おおきい い형 크다　絵 え 圏 그림

　　 それ 圏 그것　今 いま 圏 지금　来週 らいしゅう 圏 다음 주

　　 〜ことができる 〜(할) 수 있다　じゃ 젤 그럼　動物 どうぶつ 圏 동물

　　 世界 せかい 圏 세계　あそこ 圏 저기　鳥 とり 圏 새

　　 厚い あつい い형 두껍다　重い おもい い형 무겁다

　　 わかる 통 알다, 이해하다

[음성]

男<small>おとこ</small>の学生<small>がくせい</small>と女<small>おんな</small>の学生<small>がくせい</small>が話<small>はな</small>しています。女<small>おんな</small>の学生<small>がくせい</small>が旅行<small>りょこう</small>に行<small>い</small>く日<small>ひ</small>はいつですか。

M：みなみさん、今度<small>こんど</small>、アメリカに旅行<small>りょこう</small>に行<small>い</small>くと聞<small>き</small>きました。いつ行<small>い</small>きますか。

F：はい、四日<small>よっか</small>に行<small>い</small>って、二十日<small>はつか</small>に帰<small>かえ</small>ります。

M：わあ、いいですね。僕<small>ぼく</small>は八日<small>ようか</small>、大阪<small>おおさか</small>に旅行<small>りょこう</small>に行<small>い</small>きます。

F：そうですか。いつ帰<small>かえ</small>ってきますか。

M：十日<small>とおか</small>です。

女<small>おんな</small>の学生<small>がくせい</small>が旅行<small>りょこう</small>に行<small>い</small>く日<small>ひ</small>はいつですか。

[문제지]

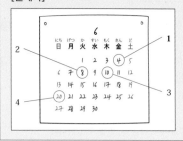

해석 남학생과 여학생이 이야기하고 있습니다. 여학생이 여행을 가는 날은 언제입니까?

M : 미나미 씨, 이번에, 미국에 여행을 간다고 들었습니다. 언제 갑니까?

F : 네, 4일에 가서, 20일에 돌아옵니다.

M : 와, 좋네요. 저는 8일, 오사카에 여행을 갑니다.

F : 그렇습니까? 언제 돌아옵니까?

M : 10일입니다.

여학생이 여행을 가는 날은 언제입니까?

해설 선택지가 4일, 8일, 10일, 20일이고, 질문에서 여학생이 여행을 가는 날을 물었으므로, 대화를 들을 때 여학생이 언제 여행을 가는지를 파악해요. 여학생이 四日<small>よっか</small>に行<small>い</small>って、二十日<small>はつか</small>に帰<small>かえ</small>ります(4일에 가서, 20일에 돌아옵니다)라고 했으므로, 4일인 1이 정답이에요. 2는 남학생이 여행을 가는 날이고, 3은 남학생이 여행에서 돌아오는 날이며, 4는 여학생이 여행에서 돌아오는 날이므로 오답이에요.

어휘 学生 がくせい 圏학생　旅行 りょこう 圏여행　行く いく 圏가다

日 ひ 圏날　今度 こんど 圏이번　アメリカ 圏미국

聞く きく 圏듣다　いつ 圏언제　四日 よっか 圏4일

二十日 はつか 圏20일　帰る かえる 圏돌아오다　いい い圏좋다

僕 ぼく 圏저, 나(남자의 자칭)　八日 ようか 圏8일

大阪 おおさか 圏오사카(지명)　くる 圏오다　十日 とおか 圏10일

[음성]

学校<small>がっこう</small>で、先生<small>せんせい</small>が話<small>はな</small>しています。学生<small>がくせい</small>は明日<small>あした</small>、何<small>なに</small>を持<small>も</small>ってきますか。

F：みなさん、明日<small>あした</small>はピクニックです。お弁当<small>べんとう</small>と飲<small>の</small>み物<small>もの</small>は学校<small>がっこう</small>で準備<small>じゅんび</small>します。みなさんは友<small>とも</small>だちと一緒<small>いっしょ</small>に食<small>た</small>べるお菓子<small>かし</small>を持<small>も</small>ってきてください。それから、カメラなどの高<small>たか</small>いものは持<small>も</small>ってこないでください。

学生<small>がくせい</small>は明日<small>あした</small>、何<small>なに</small>を持<small>も</small>ってきますか。

[문제지]

해석 학교에서, 선생님이 이야기하고 있습니다. 학생은 내일, 무엇을 가져옵니까?

F : 여러분, 내일은 피크닉입니다. 도시락과 음료수는 학교에서 준비합니다. 여러분은 친구와 함께 먹을 과자를 가져와 주세요. 그리고, 카메라 등의 비싼 물건은 가져오지 말아 주세요.

학생은 내일, 무엇을 가져옵니까?

해설 선택지가 도시락, 음료수, 과자, 카메라 그림이고, 질문에서 학생이 내일 무엇을 가져와야 하는지를 물었으므로, 선생님의 말을 들을 때 내일 학생들이 무엇을 가져와야 하는지를 파악해요. 선생님이 みなさんは友<small>とも</small>だちと一緒<small>いっしょ</small>に食<small>た</small>べるお菓子<small>かし</small>を持<small>も</small>ってきてください(여러분은 친구와 함께 먹을 과자를 가져와 주세요)라고 했으므로, 과자 그림인 3이 정답이에요. 1, 2는 학교에서 준비한다고 했고, 4는 카메라 등의 비싼 물건은 가져오지 말라고 했으므로 오답이에요.

어휘 学校 がっこう 圏학교　先生 せんせい 圏선생(님)

学生 がくせい 圏학생　明日 あした 圏내일

持つ もつ 圏가지다, 들다　くる 圏오다　みなさん 圏여러분

ピクニック 圏피크닉　お弁当 おべんとう 圏도시락

飲み物 のみもの 圏음료수　準備 じゅんび 圏준비

友だち ともだち 圏친구　一緒に いっしょに 凰함께

食べる たべる 圏먹다　お菓子 おかし 圏과자

～てください ~(해) 주세요　それから 쥅그리고　カメラ 圏카메라

～など 조~등　高い たかい い圏비싸다　もの 圏것

～ないでください ~(하)지 말아 주세요

5

[음성]

店で、男の人と店の人が話しています。男の人はいくら払いますか。

M：すみません。このりんごはいくらですか。

F：600円です。

M：じゃ、このみかんとももはいくらですか。

F：みかんは500円、ももは1000円です。

M：そうですか。じゃあ、りんごとみかんをください。

F：はい、1100円です。

男の人はいくら払いますか。

[문제지]

1　500えん

2　600えん

3　1000えん

4　1100えん

해석　가게에서, 남자와 가게 사람이 이야기하고 있습니다. 남자는 얼마 지불합니까?

M : 실례합니다. 이 사과는 얼마인가요?

F : 600엔입니다.

M : 그럼, 이 귤과 복숭아는 얼마인가요?

F : 귤은 500엔, 복숭아는 1000엔입니다.

M : 그렇습니까? 그러면, 사과와 귤을 주세요.

F : 네, 1100엔입니다.

남자는 얼마 지불합니까?

1　500엔

2　600엔

3　1000엔

4　1100엔

해설　선택지가 500엔, 600엔, 1000엔, 1100엔 이고, 질문에서 남자가 얼마를 지불하는지를 물었으므로, 대화를 들을 때 남자가 지불해야 하는 금액을 파악해요. 남자가 りんごとみかんをください(사과와 귤을 주세요)라고 하자, 가게 사람이 はい、1100円です(네, 1100엔입니다)라고 했으므로, 4 1100えん(1100엔)이 정답이에요. 1은 귤, 2는 사과, 3은 복숭아의 가격이므로 오답이에요.

어휘　店 みせ 圏가게　払う はらう 圏지불하다　この 이　りんご 圏사과
いくら 圏얼마　~円 ~えん ~엔　じゃ 圏그럼　みかん 圏귤
もも 圏복숭아　じゃあ 圏그러면　~ください ~주세요

6

[음성]

男の学生と女の学生が話しています。女の学生は何になりたいと言っていますか。

M：田中さんは何になりたいですか。

F：子どもの頃は、先生になりたかったですが、今は医者になりたいです。佐藤さんは何になりたいですか。

M：僕は子どもの頃は、サッカー選手になりたかったですが、今は警官になりたいです。

女の学生は何になりたいと言っていますか。

[문제지]

1　せんせい

2　いしゃ

3　サッカーせんしゅ

4　けいかん

해석　남학생과 여학생이 이야기하고 있습니다. 여학생은 무엇이 되고 싶다고 말하고 있습니까?

M : 다나카 씨는 무엇이 되고 싶습니까?

F : 어릴 때는, 선생님이 되고 싶었습니다만, 지금은 의사가 되고 싶습니다. 사토 씨는 무엇이 되고 싶습니까?

M : 저는 어릴 때는, 축구 선수가 되고 싶었지만, 지금은 경찰관이 되고 싶습니다.

여학생은 무엇이 되고 싶다고 말하고 있습니까?

1　선생님

2　의사

3　축구 선수

4　경찰관

해설　선택지가 선생님, 의사, 축구 선수, 경찰관이고, 질문에서 여학생은 무엇이 되고 싶어하는지를 물었으므로, 대화를 들을 때 여학생이 되고 싶어하는 것이 무엇인지를 파악해요. 여학생이 今は医者になりたいです(지금은 의사가 되고 싶습니다)라고 했으므로, 2 いしゃ(의사)가 정답이에요. 1은 여학생이 어릴 때 되고 싶어했던 것이고, 3은 남학생이 어릴 때 되고 싶어했던 것이며, 4는 남학생이 지금 되고 싶다고 말한 것이므로 오답이에요.

어휘　学生 がくせい 圏학생　なる 圏되다　~たい ~(하)고 싶다
何 なに 圏무엇　子どもの頃 こどものころ 어릴 때
先生 せんせい 圏선생(님)　今 いま 圏지금　医者 いしゃ 圏의사
僕 ぼく 圏저, 나(남자의 자칭)
サッカー選手 サッカーせんしゅ 圏축구 선수
警官 けいかん 圏경찰관, 경관

[음성]

学校で、先生が話しています。学生は明日、どんな新聞を持ってきますか。

M：みなさん、明日の授業では新聞を使います。新聞を持ってきてください。今日の新聞を持ってきてください。今日は七月八日ですから、先月の六月のものや、明日、九日のものは持ってこないでください。今日の新聞を買って、先に読んでから明日の授業に来てください。

学生は明日、どんな新聞を持ってきますか。

[문제지]

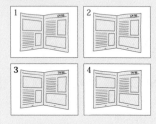

해석 학교에서, 선생님이 이야기하고 있습니다. 학생은 내일, 어떤 신문을 가지고 옵니까?

M : 여러분, 내일 수업에서는 신문을 사용합니다. 신문을 가지고 와 주세요. 오늘 신문을 가지고 와 주세요. 오늘은 7월 8일이니까, 지난달인 6월 것이나, 내일, 9일 것은 가져오지 말아 주세요. 오늘의 신문을 사서, 먼저 읽고 나서 내일 수업에 와 주세요.

학생은 내일, 어떤 신문을 가지고 옵니까?

해설 선택지로 날짜가 다른 신문 그림이 제시되었고, 질문에서 학생이 내일 어떤 신문을 가지고 와야 하는지를 물었으므로, 선생님의 말을 들을 때 학생이 내일 어떤 날짜의 신문을 가져와야 하는지를 파악해요. 선생님이 今日の新聞を持ってきてください。今日は七月八日ですから(오늘 신문을 가지고 와 주세요. 오늘은 7월 8일이니까)라고 했으므로 7월 8일 신문 그림인 3이 정답이에요. 1, 2, 4는 오늘인 7월 8일 신문 외의 다른 날짜의 신문을 가져오지 말아 달라고 했으므로 오답이에요.

어휘 学校 がっこう 몡학교　先生 せんせい 몡선생(님)
学生 がくせい 몡학생　明日 あした 몡내일　新聞 しんぶん 몡신문
持つ もつ 图가지다, 들다　来る くる 图오다　みなさん 몡여러분
授業 じゅぎょう 몡수업　使う つかう 图사용하다
~てください ~(해) 주세요　今日 きょう 몡오늘
七月 しちがつ 몡7월　八日 ようか 몡8일　~から ~니까
先月 せんげつ 몡지난달　六月 ろくがつ 몡6월　もの 몡것
~や 国~이나　九日 ここのか 몡9일
~ないでください ~(하)지 말아 주세요　買う かう 图사다
先に さきに 图먼저　読む よむ 图읽다　~てから ~(하)고 나서

☞ 문제 2의 디렉션과 예제를 들려줄 때 1번부터 6번까지의 문제의 선택지를 미리 읽고 내용을 재빨리 파악해둡니다. 음성에서 では、始めます(그러면, 시작합니다)가 들리면, 곧바로 문제 풀 준비를 합니다.

음성 디렉션과 예제

もんだい2では、はじめにしつもんを聞いてください。それから話を聞いて、もんだいようしの1から4の中から、いちばんいいものを一つえらんでください。では練習しましょう。

女の人と男の人が話しています。二人は週末、どこに行きますか。

F：週末、どこに行きましょうか。
M：先週は海に行きましたから、海や山など、遠いところには行きたくありません。
F：そうですね。じゃあ、美術館はどうですか。
M：美術館はちょっと…。あ、映画館はどうですか。
F：いいですね。私、見たい映画があります。
M：じゃあ、そこにしましょう。

二人は週末、どこに行きますか。

いちばんいいものは4ばんです。かいとうようしのもんだい2の例のところを見てください。いちばんいいものは4ばんですから、答えはこのように書きます。では、始めます。

해석 문제 2에서는, 먼저 질문을 들어주세요. 그리고 이야기를 듣고, 문제 용지의 1부터 4 중에서, 가장 알맞은 것을 하나 골라주세요. 그러면 연습해봅시다.

여자와 남자가 이야기하고 있습니다. **두 사람은 주말, 어디에 갑니까?**

F : 주말, 어디에 갈까요?
M : 지난주는 바다에 갔었으니까, 바다나 산 등, 먼 곳에는 가고 싶지 않아요.
F : 그러네요. 그러면, 미술관은 어때요?
M : 미술관은 좀…. 아, 영화관은 어때요?
F : 좋네요. 저, 보고 싶은 영화가 있어요.
M : 그러면, 거기로 합시다.

두 사람은 주말, 어디에 갑니까?

가장 알맞은 것은 4번입니다. 정답 용지의 문제 2의 예시 부분을 봐 주세요. 가장 알맞은 것이 4번이기 때문에, 정답은 그와 같이 표시합니다. 그러면, 시작합니다.

1 바다
2 산
3 미술관
4 영화관

1

[음성]

男の人と女の人が話しています。女の人は週末、何をしましたか。

M：鈴木さん、週末に何をしましたか。

F：友だちと山に行く予定でしたが、友だちが風邪をひいたので、一人で美術館に行ってきました。

M：そうですか。僕はサッカーの大会に出ました。大会に勝って映画のチケットをもらいました。今週末、一緒に行きませんか。

F：はい、いいですね。

女の人は週末、何をしましたか。

[문제지]

해석 남자와 여자가 이야기하고 있습니다. 여자는 주말, 무엇을 했습니까?

　　M : 스즈키 씨, 주말에 무엇을 했습니까?

　　F : 친구와 산에 갈 예정이었습니다만, 친구가 감기에 걸려서, 혼자서 미술관에 갔다 왔습니다.

　　M : 그렇습니까? 저는 축구 대회에 나갔습니다. 대회에 이겨서 영화 티켓을 받았습니다. 이번 주말, 같이 가지 않겠습니까?

　　F : 네, 좋습니다.

　　여자는 주말, 무엇을 했습니까?

해설 선택지로 제시된 등산, 미술관 관람, 축구, 영화 보기 그림 중, 여자가 주말에 무엇을 했는지를 묻는 문제예요. 대화 중, 여자가 一人で美術館に行ってきました(혼자서 미술관에 갔다 왔습니다)라고 언급했으므로, 미술관을 관람하는 그림인 2가 정답이에요. 1은 원래 주말에 산에 가려고 했으나 친구가 감기에 걸려서 못 갔다고 했고, 3은 남자가 주말에 한 일이며, 4는 남자가 여자에게 이번 주말에 같이 영화를 보자고 제안한 것이므로 오답이에요.

어휘 週末 しゅうまつ 圆 주말　何 なに 圆 무엇　する 图 하다
　　友だち ともだち 圆 친구　山 やま 圆 산　行く いく 图 가다
　　予定 よてい 圆 예정　風邪をひく かぜをひく 감기에 걸리다
　　～ので 图 ~해서　一人で ひとりで 혼자서
　　美術館 びじゅつかん 圆 미술관　くる 图 오다
　　僕 ぼく 圆 저, 나(남자의 자칭)　サッカー 圆 축구
　　大会 たいかい 圆 대회　出る でる 图 나가다　勝つ かつ 图 이기다
　　映画 えいが 圆 영화　チケット 圆 티켓　もらう 图 받다
　　今週末 こんしゅうまつ 圆 이번 주말　一緒に いっしょに 團 같이
　　いい い형 좋다

2

[음성]

女の人と男の人が写真を見ながら話しています。男の人の妹はどの人ですか。

F：田中さん、この写真のズボンをはいている人が妹さんですか。

M：いいえ、妹はスカートをはいています。

F：じゃあ、スカートをはいていて、髪が長いこの人が妹さんですか。

M：違います。スカートをはいていて、背が一番高い人が妹です。

F：あ、この人ですね。

男の人の妹はどの人ですか。

[문제지]

해석 여자와 남자가 사진을 보면서 이야기하고 있습니다. 남자의 여동생은 어느 사람입니까?

　　F : 다나카 씨, 이 사진의 바지를 입고 있는 사람이 여동생입니까?

　　M : 아뇨, 여동생은 치마를 입고 있습니다.

　　F : 그럼, 치마를 입고 있고, 머리가 긴 이 사람이 여동생입니까?

　　M : 아닙니다. 치마를 입고 있고, 키가 가장 큰 사람이 여동생입니다.

　　F : 아, 이 사람이군요.

　　남자의 여동생은 어느 사람입니까?

해설 선택지로 제시된 여러 명의 여자 그림 중, 남자의 여동생이 누구인지를 묻는 문제예요. 대화 중, 남자가 スカートをはいていて、背が一番高い人が妹です(치마를 입고 있고, 키가 가장 큰 사람이 여동생입니다)라고 언급했으므로, 그림에서 키가 가장 큰 여자인 4번이 정답이에요. 1은 여동생은 치마를 입고 있다고 했고, 2, 3은 여동생은 키가 가장 큰 사람이라고 했으므로 오답이에요.

어휘 写真 しゃしん 圆 사진　見る みる 图 보다　～ながら 图 ~(하)면서
　　妹 いもうと 圆 여동생　人 ひと 圆 사람　この 이　ズボン 圆 바지
　　はく 图 입다　～ている ~(하)고 있다
　　妹さん いもうとさん (남의) 여동생　スカート 圆 치마
　　じゃあ 접 그럼　髪 かみ 圆 머리, 머리카락　長い ながい い형 길다
　　違う ちがう 아니다, 다르다　背 せ 圆 키　一番 いちばん 團 가장
　　高い たかい い형 크다

[음성]

電話で、男の人が話しています。今晩、何を食べますか。

M：もしもし、林さん？高橋です。今晩、クラスのみんなで
　　ピザ屋に行く予定でしたが、今日は閉まっていると聞
　　きました。だから、駅前のすし屋に午後7時まで来て
　　ください。学校から近いラーメン屋やカレー屋も考え
　　てみましたが、予約ができないので、すし屋にしまし
　　た。

今晩、何を食べますか。

[문제지]

1 ピザ

2 すし

3 ラーメン

4 カレー

해석 전화로, 남자가 이야기하고 있습니다. 오늘 밤, 무엇을 먹습니까?

　　M : 여보세요, 하야시 씨? 다카하시입니다. 오늘 밤, 반의 모두와 피
　　자 가게에 갈 예정이었습니다만, 오늘은 닫혀 있다고 들었습니
　　다. 그래서, 역 앞의 스시 가게에 오후 7시까지 와 주세요. 학교
　　에서 가까운 라멘 가게나 카레 가게도 생각해 봤습니다만, 예약
　　을 할 수 없어서, 스시 가게로 했습니다.

　　오늘 밤, 무엇을 먹습니까?

　　1 피자

　　2 스시

　　3 라멘

　　4 카레

해설 1 '피자', 2 '스시', 3 '라멘', 4 '카레' 중 무엇을 먹는지를 묻는 문제예
　　요. 남자가 駅前のすし屋に午後7時まで来てください(역 앞의 스
　　시 가게에 오후 7시까지 와 주세요)라고 언급했으므로, 2 すし(스시)
　　가 정답이에요. 1은 원래 피자 가게에 갈 예정이었으나 오늘 가게 문
　　을 닫았다고 했고, 3, 4는 라멘과 카레는 예약이 불가능해서 선택하
　　지 않았다고 했으므로 오답이에요.

어휘 電話 でんわ 圏전화　今晩 こんばん 圏오늘 밤
　　食べる たべる 圏먹다　クラス 圏반, 클래스　みんな 圏모두
　　ピザ屋 ピザや 圏피자 가게　行く いく 圏가다　予定 よてい 圏예정
　　今日 きょう 圏오늘　閉まる しまる 圏닫히다
　　～ている ~(해) 있다, ~(한) 상태이다　聞く きく 圏듣다
　　だから 圏그래서　駅前 えきまえ 圏역 앞
　　すし屋 すしや 圏스시 가게　午後 ごご 圏오후　～時 ~じ ~시
　　～まで 国~까지　来る くる 圏오다　～てください ~(해) 주세요
　　学校 がっこう 圏학교　～から 国~에서　近い ちかい い圏가깝다
　　ラーメン屋 ラーメンや 圏라멘 가게　～や ~(이)나
　　カレー屋 カレーや 圏카레 가게　考える かんがえる 圏생각하다
　　～てみる ~(해) 보다　予約 よやく 圏예약　できる 圏할 수 있다
　　～ので 国~해서　～にする ~로 하다

[음성]

学校で、男の学生と先生が話しています。男の学生はどう
して学校に遅れましたか。

M：先生、遅れてすみません。

F：どうして遅れましたか。朝、遅く起きましたか。

M：いいえ。

F：じゃあ、電車が遅れて来ましたか。

M：いえ、お腹が痛かったので、とちゅうで電車をおりて
　　トイレに行きました。だから、遅くなりました。

F：そうですか。病院は行かなくても大丈夫ですか。

M：はい、今はもう大丈夫です。

男の学生はどうして学校に遅れましたか。

[문제지]

1 あさ　おそく　おきたから

2 でんしゃが　おくれて　きたから

3 トイレに　いったから

4 びょういんに　いったから

해석 학교에서, 남학생과 선생님이 이야기하고 있습니다. 남학생은 어째
　　서 학교에 늦었습니까?

　　M : 선생님, 늦어서 죄송합니다.

　　F : 어째서 늦었습니까? 아침, 늦게 일어났습니까?

　　M : 아니요.

　　F : 그럼, 전철이 늦게 왔습니까?

　　M : 아뇨, 배가 아팠기 때문에, 도중에 전철을 내려서 화장실에 갔
　　　　습니다. 그래서, 늦게 되었습니다.

　　F : 그렇습니까? 병원은 가지 않아도 괜찮습니까?

　　M : 네, 지금은 이제 괜찮습니다.

　　남학생은 어째서 학교에 늦었습니까?

　　1 아침 늦게 일어났기 때문에

　　2 전철이 늦게 왔기 때문에

　　3 화장실에 갔기 때문에

　　4 병원에 갔기 때문에

해설 1 '아침 늦게 일어났기 때문에', 2 '전철이 늦게 왔기 때문에', 3 '화장
　　실에 갔기 때문에', 4 '병원에 갔기 때문에' 중 남학생이 어째서 학교
　　에 늦었는지를 묻는 문제예요. 대화 중, 남학생이 お腹が痛かった
　　ので、とちゅうで電車をおりてトイレに行きました。だから、遅
　　くなりました(배가 아팠기 때문에, 도중에 전철을 내려서 화장실에
　　갔습니다. 그래서, 늦게 되었습니다)라고 언급했으므로, 3 トイレに
　　いったから(화장실에 갔기 때문에)가 정답이에요. 1, 2, 4는 선생
　　님이 언급하였지만, 남학생이 학교에 늦은 이유는 아니므로 오답이
　　에요.

어휘 学校 がっこう 圏학교　学生 がくせい 圏학생
　　先生 せんせい 圏선생(님)　遅れる おくれる 圏늦다
　　どうして 圏어째서　朝 あさ 圏아침　遅い おそい い圏늦다

起きる おきる 图 일어나다　じゃあ 圈 그럼　電車 でんしゃ 图 전철
来る くる 图 오다　お腹 おなか 图 배　痛い いたい い형 아프다
～ので 图 ~해서　とちゅう 图 도중　おりる 图 내리다
トイレ 图 화장실　行く いく 图 가다　だから 圈 그래서
なる 图 되다　病院 びょういん 图 병원　～ても 图 ~(해)도
大丈夫だ だいじょうぶだ な형 괜찮다　今 いま 图 지금
もう 图 이제, 이미　～から 图 ~때문에

어휘 二人 ふたり 图 두 사람, 두 명　明日 あした 图 내일
　　会う あう 图 만나다　一緒に いっしょに 图 같이
　　ステーキ 图 스테이크　食べる たべる 图 먹다
　　～に行く ～にいく ~(하)러 가다　いい い형 좋다
　　銀行 ぎんこう 图 은행　前 まえ 图 앞　ところ 图 곳　どこ 图 어디
　　じゃあ 圈 그럼　駅 えき 图 역　その 그　レストラン 图 레스토랑
　　電車 でんしゃ 图 전철　～より ~보다　バス 图 버스　ほう 图 쪽
　　早い はやい い형 빠르다, 이르다　学校 がっこう 图 학교
　　乗る のる 图 타다　～ことができる ~(할) 수 있다　～から 图 ~니까

5

[음성]

女の人と男の人が話しています。二人は明日、どこで会いますか。

F：明日、一緒にステーキを食べに行きませんか。

M：いいですよ。銀行の前のところですよね。どこで会いましょうか。

F：じゃあ、ひがし駅の前はどうですか。

M：そのレストランは電車より、バスのほうが早いです。学校の前でバスに乗ることができますから、学校で会いましょう。

F：はい、そうしましょう。

二人は明日、どこで会いますか。

[문제지]

1 レストラン

2 ぎんこう

3 えき

4 がっこう

6

[음성]

学校で、男の学生と女の学生が話しています。二人はお弁当をいくつ買いますか。

M：明日、公園に何人行きますか。

F：20人です。

M：あ、田中さんと森山さんは行くことができないと言っていたので、お弁当は18個買いますね。

F：先生のものも必要だから、19個買いましょう。

M：はい、わかりました。

二人はお弁当をいくつ買いますか。

[문제지]

1 17こ

2 18こ

3 19こ

4 20こ

해석 여자와 남자가 이야기하고 있습니다. 두 사람은 내일, 어디에서 만납니까?

　F : 내일, 같이 스테이크를 먹으러 가지 않을래요?

　M : 좋아요. 은행 앞에 있는 곳이지요? 어디서 만날까요?

　F : 그럼, 히가시 역 앞은 어때요?

　M : 그 레스토랑은 전철보다, 버스 쪽이 빨라요. 학교 앞에서 버스를 탈 수 있으니까, 학교에서 만납시다.

　F : 네, 그렇게 합시다.

　두 사람은 내일, 어디에서 만납니까?

　1 레스토랑

　2 은행

　3 역

　4 학교

해설 1 '레스토랑', 2 '은행', 3 '역', 4 '학교' 중 두 사람이 내일 어디에서 만나는지를 묻는 문제예요. 대화 중, 学校で会いましょう(학교에서 만납시다)라는 남자의 말에 여자는 はい、そうしましょう(네, 그렇게 합시다)라고 언급했으므로, 4 がっこう(학교)가 정답이에요. 1은 내일 학교 앞에서 만나서 레스토랑에 가자고 한 것이고, 2는 레스토랑이 은행 앞에 있다고 한 것이며, 3은 여자가 제안하였지만 남자가 반대하였으므로 오답이에요.

해석 학교에서, 남학생과 여학생이 이야기하고 있습니다. 두 사람은 도시락을 몇 개 삽니까?

　M : 내일, 공원에 몇 명 갑니까?

　F : 20명입니다.

　M : 아, 다나카 씨와 모리야마 씨는 갈 수 없다고 말했으므로, 도시락은 18개 살게요.

　F : 선생님 것도 필요하니까, 19개 삽시다.

　M : 네, 알겠습니다.

　두 사람은 도시락을 몇 개 삽니까?

　1 17개

　2 18개

　3 19개

　4 20개

해설 1 '17개', 2 '18개', 3 '19개', 4 '20개' 중 두 사람이 도시락을 몇 개 사는지를 묻는 문제예요. 대화 중 19個買いましょう(19개 삽시다)라는 여자의 말에, 남자가 はい、わかりました(네, 알겠습니다)라고 언급했으므로, 3 19こ(19개)가 정답이에요. 1은 17개라는 언급은 없었고, 2는 남자가 선생님 것을 빼고 계산했을 때의 개수이며, 4는 공원에 20명이 갈 예정이었으나 두 사람이 못 오게 됐다고 남자가 언급하였으므로 오답이에요.

어휘 学校 がっこう 圐학교   学生 がくせい 圐학생

二人 ふたり 圐두 사람, 두 명   お弁当 おべんとう 圐도시락

いくつ 圐몇 개   買う かう 圐사다   明日 あした 圐내일

公園 こうえん 圐공원   何〜 なん〜 몇〜   〜人 〜にん ~명

行く いく 圐가다   〜ことができる ~(할) 수 있다

〜と言う 〜という ~라고 말하다   〜ている ~(하)다, ~(해) 있다 (상태)

〜ので 图~므로   〜個 〜こ ~개   先生 せんせい 圐선생(님)

もの 圐것   必要だ ひつようだ な형필요하다   〜から 图~니까

わかる 圐알다, 이해하다

☞ 문제 3은 예제를 들려줄 때 1번부터 5번까지의 문제의 그림을 보고 상황을 미리 떠올려봅니다. 음성에서 では、始めます(그러면, 시작합니다)가 들리면, 곧바로 문제 풀 준비를 합니다.

음성 디렉션과 예제

[문제지]

もんだい３では、えを見ながらしつもんを聞いてください。➡（やじるし）の人は何と言いますか。１から３の中から、いちばんいいものを一つえらんでください。では練習しましょう。

水が飲みたいです。お店の人に何と言いますか。

F：1 こちらです。どうぞ。
　　2 すみません、水ください。
　　3 水、おいしいですね。

いちばんいいものは２ばんです。かいとうようしのもんだい３の例のところを見てください。いちばんいいものは２ばんですから、答えはこのように書きます。では、始めます。

해석 문제 3에서는, 그림을 보면서 질문을 들어주세요. ➡(화살표)의 사람은 뭐라고 말합니까? 1부터 3 중에서, 가장 알맞은 것을 하나 골라주세요. 그러면 연습해봅시다.

　　물을 마시고 싶습니다. 가게의 사람에게 뭐라고 말합니까?
　　F：1 여기입니다. 어서 들어오세요.
　　　　2 실례합니다, 물 주세요.
　　　　3 물, 맛있네요.

　　가장 알맞은 것은 2번입니다. 정답 용지의 문제 3의 예시 부분을 봐주세요. 가장 알맞은 것이 2번이기 때문에, 정답은 그와 같이 표시합니다. 그러면, 시작합니다.

1

[문제지]

[음성]
友だちが熱いものを食べています。何と言いますか。

F：1 これお水です。どうぞ。
　　2 この水を飲みました。
　　3 お水を少し飲みますね。

해석 친구가 뜨거운 것을 먹고 있습니다. 뭐라고 말합니까?
　　F：1 여기 물입니다. 드세요.
　　　　2 이 물을 마셨습니다.
　　　　3 물을 조금 마실게요.

해설 뜨거운 음식을 먹고 있는 친구에게 물을 건넬 때 하는 말을 고르는 문제예요.
　　1 (O) これお水です。どうぞ(여기 물입니다. 드세요)는 친구에게 물을 권유하는 말이므로 정답이에요.
　　2 (X) この水を飲みました(이 물을 마셨습니다)는 내가 물을 마셨다는 말이므로 오답이에요.
　　3 (X) お水を少し飲みますね(물을 조금 마실게요)는 뜨거운 것을 먹고 있는 친구가 할 수 있는 말이므로 오답이에요.

어휘 友だち ともだち 圐친구   熱い あつい い형뜨겁다   もの 圐것
　　食べる たべる 圐먹나   〜ている ~(하)고 있다   これ 圐여기, 이것
　　お水 おみず 圐물   どうぞ 图드세요   飲む のむ 圐마시다
　　少し すこし 图조금

2

[문제지]

[음성]
友だちが週末に何をしたか知りたいです。何と言いますか。

M：1 今週末は何をするの？
　　2 週末はどうだった？
　　3 次の週末に会わない？

해석 친구가 주말에 무엇을 했는지 알고 싶습니다. 뭐라고 말합니까?

M : 1 이번 주말은 무엇을 해?

　2 주말은 어땠어?

　3 다음 주말에 만나지 않을래?

해설 친구에게 주말에 무엇을 했는지 묻는 말을 고르는 문제예요.

1 (X) 今週末は何をするの?(이번 주말은 무엇을 해?)는 주말에 무엇을 할 예정인지를 묻는 말이므로 오답이에요.

2 (O) 週末はどうだった?(주말은 어땠어?)는 주말에 무엇을 했는지 묻는 의도이므로 정답이에요.

3 (X) 次の週末に会わない?(다음 주말에 만나지 않을래?)는 다음 주말에 만나자고 제안하는 말이므로 오답이에요.

어휘 友だち ともだち 圓친구　週末 しゅうまつ 圓주말　何 なに 圓무엇
　する 圄하다　知る しる 圄알다　～たい ~(하)고 싶다
　今週末 こんしゅうまつ 圓이번 주말　次 つぎ 圓다음
　会う あう 圄만나다

3

[문제지]

[음성]

明日は会議があるので、早く来てほしいです。何と言いますか。

M : 1 すみません、明日も来てほしいです。

　2 すみません、明日は来ないでください。

　3 すみません、明日は早く来てください。

해석 내일은 회의가 있기 때문에, 빨리 오길 바랍니다. 뭐라고 말합니까?

M : 1 실례합니다, 내일도 오길 바랍니다.

　2 실례합니다, 내일은 오지 말아 주세요.

　3 실례합니다, 내일은 빨리 와 주세요.

해설 동료 직원에게 내일 빨리 와 달라고 요청하는 말을 고르는 문제예요.

1 (X) すみません、明日も来てほしいです(실례합니다, 내일도 오길 바랍니다)는 내일도 와 달라고 요청하는 말이므로 오답이에요.

2 (X) すみません、明日は来ないでください(실례합니다, 내일은 오지 말아 주세요)는 내일은 오지 말라고 요청하는 말이므로 오답이에요.

3 (O) すみません、明日は早く来てください(실례합니다, 내일은 빨리 와 주세요)는 내일 빨리 와 달라고 요청하는 말이므로 정답이에요.

어휘 明日 あした 圓내일　会議 かいぎ 圓회의　ある 圄있다
　～ので 조~때문에　早く はやく 凰빨리　来る くる 圄오다
　～てほしい ~(하)길 바라다　～ないでください ~(하)지 말아 주세요
　～てください ~(해) 주세요

4

[문제지]

[음성]

お母さんが家に帰ってきました。何と言いますか。

M : 1 いってらっしゃい。

　2 ただいま。

　3 おかえりなさい。

해석 어머니가 집에 돌아왔습니다. 뭐라고 말합니까?

M : 1 다녀오세요.

　2 다녀왔습니다.

　3 잘 다녀오셨어요.

해설 어머니가 집에 돌아왔을 때 어머니에게 하는 인사말을 고르는 문제예요.

1 (X) いってらっしゃい(다녀오세요)는 외출하는 사람을 배웅할 때 할 수 있는 말이므로 오답이에요.

2 (X) ただいま(다녀왔습니다)는 집에 돌아온 사람이 할 수 있는 말이므로 오답이에요.

3 (O) おかえりなさい(잘 다녀오셨어요)는 집에 돌아온 사람에게 할 수 있는 말이므로 정답이에요.

어휘 お母さん おかあさん 圓어머니　家 いえ 圓집
　帰ってくる かえってくる 돌아오다

5

[문제지]

[음성]

友だちと山に登っています。少し疲れました。何と言いますか。

F : 1 あのう、少し休みましょう。

　2 あのう、少し休みましたか。

　3 あのう、少し休んでもいいですよ。

해석 친구와 산에 오르고 있습니다. 조금 지쳤습니다. 뭐라고 말합니까?

F : 1 저기, 조금 쉽시다.

2 저기, 조금 쉬었습니까?

3 저기, 조금 쉬어도 좋아요.

해설 등산 중, 친구에게 지쳤으니 잠깐 쉬자고 하는 말을 고르는 문제예요.

1 (O) あのう、少し休みましょう(저기, 조금 쉽시다)는 잠깐 쉬자고 권유하는 말이므로 정답이에요.

2 (X) あのう、少し休みましたか(저기, 조금 쉬었습니까?)는 이미 쉬었는지 묻는 말이므로 오답이에요.

3 (X) あのう、少し休んでもいいですよ(저기, 조금 쉬어도 좋아요)는 친구가 할 수 있는 말이므로 오답이에요.

어휘 友だち ともだち 몡친구   山 やま 몡산   登る のぼる 통오르다

~ている ~(하)고 있다   少し すこし 튀조금

疲れる つかれる 통지치다, 피로하다   休む やすむ 통쉬다

~てもいい ~(해)도 좋다

☞ 문제 4는 문제지에 아무것도 인쇄되어 있지 않습니다. 따라서, 예제를 들려줄 때, 그 내용을 들으면서 즉시 응답의 문제 풀이 Step 을 떠올려 봅니다. 음성에서 では、始めます(그러면, 시작합니다) 가 들리면, 실제 문제 풀 준비를 합니다.

음성 디렉션과 예제

もんだい4は、えなどがありません。ぶんを聞いて1から3の中から、いちばんいいものを一つえらんでください。では練習しましょう。

F：兄弟はいますか。

M：1 いえ、あまりありません。

2 はい、妹がいます。
3 家族が多いですね。

いちばんいいものは2ばんです。かいとうようしのもんだい4の例のところを見てください。いちばんいいものは2ばんですから、答えはこのように書きます。では、始めます。

해석 문제 4는, 그림 등이 없습니다. 문장을 듣고 1부터 3 중에서, 가장 알맞은 것을 하나 골라 주세요. 그러면 연습해봅시다.

F : 형제는 있습니까?

M : 1 아니요, 그다지 없습니다.

2 네, 여동생이 있습니다.

3 가족이 많네요.

가장 알맞은 것은 2번입니다. 정답 용지의 문제 4의 예시 부분을 봐 주세요. 가장 알맞은 것이 2번이기 때문에, 정답은 그와 같이 표시합니다. 그러면, 시작합니다.

1

[음성]

M：宿題はもう終わりましたか。

F：1 はい、難しいです。

2 いいえ、まだです。
3 これは英語の宿題です。

해석 M : 숙제는 이미 끝났습니까?

F : 1 네, 어렵습니다.

2 아뇨, 아직입니다.

3 이것은 영어 숙제입니다.

해설 남자가 여자에게 숙제를 이미 끝냈는지 묻고 있어요.

1 (X) '네'라고 숙제를 끝냈다고 대답하였는데, 뒤에는 '어렵습니다' 라고 하므로 앞뒤가 맞지 않는 오답이에요.

2 (O) 숙제가 아직 끝나지 않았다는 말이므로 적절한 응답이에요.

3 (X) これは何ですか(이것은 무엇입니까?)라는 질문에 대한 답변 이므로 오답이에요. 宿題(숙제)를 반복 사용하여 혼동을 주기도 했어요.

어휘 宿題 しゅくだい 몡숙제   もう 튀이미   終わる おわる 통끝나다

難しい むずかしい い형어렵다   まだ 튀아직   これ 몡이것

英語 えいご 몡영어

2

[음성]

F：今日はここまでにしましょう。

M：1 もう休みません。

2 いえ、帰ります。

3 はい、わかりました。

해석 F : 오늘은 여기까지로 합시다.

M : 1 더 쉬지 않습니다.

2 아뇨, 돌아가겠습니다.

3 네, 알겠습니다.

해설 여자가 남자에게 이만 하던 일을 끝내자고 권유하고 있어요. 따라서 권유를 수락하거나 거절하는 응답을 정답으로 선택해요.

1 (X) 여자는 일을 끝내자고 권유하였는데, '쉬지 않습니다'라고 하 므로 상황에 맞지 않는 오답이에요.

2 (X) '아뇨'라고 여자의 권유를 거절하였는데, 뒤에는 '돌아가겠습니 다'라고 하므로 앞뒤가 맞지 않는 오답이에요.

3 (O) 여자의 권유를 수락하는 말이므로 적절한 응답이에요.

어휘 今日 きょう 몡오늘   ここ 몡여기   ~まで 조~까지

~にする ~로 하다   もう 튀더, 또   休む やすむ 통쉬다

帰る かえる 통돌아가다   わかる 통알다, 이해하다

3

[음성]

M：どんな $\overset{ほん}{本}$ が好きですか。

F：1 この $\overset{ほん}{本}$ です。

2 $\overset{ほん}{本}$ が好きです。

3 $\overset{わたし}{私}$ も好きです。

해석 M : 어떤 책을 좋아합니까?

F : 1 이 책입니다.

2 책을 좋아합니다.

3 저도 좋아합니다.

해설 남자가 여자에게 좋아하는 책이 무엇인지 묻고 있어요.

1 (O) 이 책을 좋아한다는 말이므로 적절한 응답이에요.

2 (X) 本が好きです(책을 좋아합니다)를 반복 사용하여 혼동을 준 오답이에요.

3 (X) 好きですか(좋아합니까?)와 관련된 好きです(좋아합니다)를 반복 사용하여 혼동을 준 오답이에요.

어휘 どんな 어떤　本 ほん 圕책　好きだ すきだ 〔な형〕 좋아하다

この 이　私 わたし 圕저, 나

4

[음성]

F：$\overset{びょういん}{病院}$ はどう $\overset{い}{行}$ きますか。

M：1 $\overset{ぼく}{僕}$ は $\overset{びょういん}{病院}$ に $\overset{い}{行}$ きます。

2 まっすぐ $\overset{い}{行}$ って $\overset{ひだり}{左}$ です。

3 $\overset{びょういん}{病院}$ の $\overset{みぎ}{右}$ にあります。

해석 F : 병원은 어떻게 갑니까?

M : 1 저는 병원에 갑니다.

2 곧장 가서 왼쪽입니다.

3 병원의 오른쪽에 있습니다.

해설 여자가 남자에게 병원에 어떻게 가는지 방법을 묻고 있어요.

1 (X) どこに行きますか(어디에 갑니까?)라는 질문에 대한 답변이 므로 오답이에요. 病院(병원), 行きます(갑니다)를 사용하여 혼동을 주기도 했어요.

2 (O) 병원에 가는 길과 위치를 알려주고 있으므로 적절한 응답이에요.

3 (X) 병원에 어떻게 가는지 묻고 있는데, 병원의 오른쪽에 있다고 응답하므로 오답이에요. 病院(병원)을 반복 사용하여 혼동을 주기도 했어요.

어휘 病院 びょういん 圕병원　どう 團어떻게　行く いく 圄가다

僕 ぼく 圕저, 나(남자의 자칭)　まっすぐ 團곧장, 똑바로

左 ひだり 圕왼쪽　右 みぎ 圕오른쪽　ある 圄있다

5

[음성]

M：$\overset{いっしょ}{一緒}$ に $\overset{しゃしん}{写真}$ 、どうですか。

F：1 これは $\overset{わたし}{私}$ のカメラです。

2 それはちょっと…。

3 いえ、とりませんでした。

해석 M : 함께 사진, 어떻습니까?

F : 1 이것은 제 카메라입니다.

2 그건 조금….

3 아뇨, 찍지 않았습니다.

해설 남자가 여자에게 함께 사진을 찍자고 권유하고 있어요. 따라서 권유 를 수락하거나 거절하는 응답을 정답으로 선택해요.

1 (X) 写真(사진)과 관련된 カメラ(카메라)를 사용하여 혼동을 준 오답이에요.

2 (O) 남자의 권유를 거절하는 말이므로 적절한 응답이에요.

3 (X) '아뇨'라고 남자의 권유를 거절하였는데, 뒤에는 '찍지 않았습 니다'라고 하므로 앞뒤가 맞지 않는 오답이에요. 写真(사진)과 관 련된 とりませんでした(찍지 않았습니다)를 사용하여 혼동을 주 기도 했어요.

어휘 一緒に いっしょに 團함께　写真 しゃしん 圕사진　これ 圕이것

私 わたし 圕저, 나　カメラ 圕카메라　それ 圕그것

ちょっと 團조금　とる 圄찍다

6

[음성]

F：$\overset{ひる}{昼}$ ご $\overset{はん}{飯}$ は $\overset{なに}{何}$ を $\overset{た}{食}$ べましたか。

M：1 ラーメンを $\overset{た}{食}$ べました。

2 $\overset{なに}{何}$ も $\overset{た}{食}$ べたくないです。

3 $\overset{ひる}{昼}$ ご $\overset{はん}{飯}$ はもう $\overset{た}{食}$ べました。

해석 F : 점심은 무엇을 먹었습니까?

M : 1 라멘을 먹었습니다.

2 아무것도 먹고 싶지 않습니다.

3 점심은 이미 먹었습니다.

해설 여자가 남자에게 점심에 먹은 것이 무엇인지 묻고 있어요.

1 (O) 점심으로 라멘을 먹었다는 말이므로 적절한 응답이에요.

2 (X) 何(무엇)와 관련된 何も(아무것도), 食べましたか(먹었습니 까?)와 관련된 食べたくないです(먹고 싶지 않습니다)를 사용하 여 혼동을 준 오답이에요.

3 (X) 昼ご飯(점심), 食べました(먹었습니다)를 반복 사용하여 혼 동을 준 오답이에요.

어휘 昼ご飯 ひるごはん 圕점심(식사)　何 なに 圕무엇

食べる たべる 圄먹다　ラーメン 圕라멘　何も なにも 團아무것도

~たい ~(하)고 싶다　もう 團이미

실전모의고사 2

언어지식 (문자 · 어휘)

문제 1	**1** 4	**2** 1	**3** 2	**4** 4	**5** 2	**6** 3	**7** 1
문제 2	**8** 1	**9** 4	**10** 1	**11** 2	**12** 3		
문제 3	**13** 4	**14** 2	**15** 1	**16** 4	**17** 3	**18** 1	
문제 4	**19** 3	**20** 4	**21** 1				

언어지식 (문법)

문제 1	**1** 3	**2** 4	**3** 1	**4** 2	**5** 4	**6** 3	**7** 2
	8 1	**9** 1					
문제 2	**10** 1	**11** 3	**12** 1	**13** 4			
문제 3	**14** 3	**15** 2	**16** 4	**17** 1			

독해

문제 4	**18** 2	**19** 4
문제 5	**20** 2	**21** 3
문제 6	**22** 3	

청해

문제 1	**1** 3	**2** 4	**3** 4	**4** 1	**5** 2	**6** 3	**7** 2
문제 2	**1** 2	**2** 3	**3** 4	**4** 3	**5** 2	**6** 1	
문제 3	**1** 2	**2** 1	**3** 3	**4** 2	**5** 3		
문제 4	**1** 3	**2** 1	**3** 2	**4** 3	**5** 2	**6** 1	

들으면서 학습하기

1

돈金은 어디에 있습니까?

해설 金는 4 かね로 발음해요.

어휘 お金 おかね 團돈 店 みせ 團가게 水 みず 團물
　　皿 さら 團접시 どこ 團어디 ある 團있다

2

아침朝은 책을 읽습니다.

해설 朝는 1 あさ로 발음해요.

어휘 朝 あさ 團아침 夜 よる 團밤 昼 ひる 團낮 今 いま 團지금
　　ほん 團책 よむ 團읽다

3

학교에 학생이 구십 명九十人 있습니다.

해설 九十人은 2 きゅうじゅうにん으로 발음해요. じゅう가 장음인 것에
　　주의하고, 人은 음독으로 にん 또는 じん으로 발음할 수 있는데 사람
　　을 세는 단위로 사용할 때는 にん으로 발음하는 것에 주의해요.

어휘 九十人 きゅうじゅうにん 團구십 명 がっこう 團학교
　　がくせい 團학생 いる 團있다

4

어두운暗い 곳에서 공부를 하지 말아 주세요.

해설 暗いと는 4 くらい로 발음해요. く가 탁음이 아닌 것에 주의해요.

어휘 暗い くらい い형어둡다 黒い くろい い형검다 ところ 團곳
　　べんきょう 團공부 する 團하다 ～てください ~(해) 주세요

5

화요일火よう日에 부모님을 만납니다.

해설 火よう日는 2 かようび로 발음해요.

어휘 火よう日 かようび 團화요일 月よう日 げつようび 團월요일
　　金よう日 きんようび 團금요일 日よう日 にちようび 團일요일
　　りょうしん 團부모님 あう 團만나다

6

야마다 씨와 놀고遊んで 왔습니다.

해설 遊んで는 3 あそんで로 발음해요.

어휘 遊ぶ あそぶ 團놀다 飲む のむ 團마시다
　　頼む たのむ 團부탁하다 読む よむ 團읽다 くる 團오다

7

쉬는 날은 항상 바다海에 갑니다.

해설 海는 1 うみ로 발음해요.

어휘 海 うみ 團바다 山 やま 團산 川 かわ 團강 池 いけ 團연못
　　やすみのひ 쉬는 날 いつも 團항상 いく 團가다

8

일이 진행되지 않습니다すすみません.

해설 すすみません은 1 進みません으로 표기해요. 2, 3은 없는 단어예요.

어휘 進む すすむ 團진행되다, 나아가다 住む すむ 團살다 しごと 團일

9

좋아하는 과자는 초콜릿ちょこれーと입니다.

해설 ちょこれーと를 가타카나로 올바르게 표기한 것은 4 チョコレート
　　예요. 1, 2, 3은 없는 단어예요.

어휘 チョコレート 團초콜릿 すきだ な형좋아하다 おかし 團과자

10

이번 주こんしゅう, 시험이 있습니다.

해설 こんしゅう는 1 今週로 표기해요.

어휘 今週 こんしゅう 團이번 주 来週 らいしゅう 團다음 주
　　今月 こんげつ 團이번 달 来月 らいげつ 團다음 달
　　テスト 團시험 ある 團있다

11

여기를 오른쪽みぎ으로 돌아 주세요.

해설 みぎ는 2 右로 표기해요.

어휘 右 みぎ 團오른쪽 左 ひだり 團왼쪽 ここ 團여기 まがる 團돌다
　　～てください ~(해) 주세요

12

이 책은 매우 두껍あつい습니다.

해설 あつい는 3 厚い로 표기해요. 1, 4는 없는 단어예요.

어휘 厚い あつい い형두껍다 安い やすい い형싸다 この 이
　　ほん 團책 とても 團매우

13

여기는 10층까지 있는데, (　　) 가 없어서 불편합니다.
　　1 라디오　　　　　　　　2 난로
　　3 택시　　　　　　　　**4 엘리베이터**

해설 선택지가 모두 명사예요. 문장 전체를 보았을 때 여기는 10かい까지
　　있는데, エレベーターがないのでふべんです(여기는 10층까
　　지 있는데, 엘리베이터가 없어서 불편합니다)라는 문맥이 가장 자연

스러우므로 4 エレベーター(엘리베이터)가 정답이에요. 1은 ラジオ
でニュースをきく(라디오로 뉴스를 듣다), 2는 ストーブがないの
で、さむい(난로가 없어서, 춥다), 3은 タクシーにのっていく(택시
를 타고 가다)와 같이 자주 쓰여요.

어휘 ここ 명여기 ～かい ～층 ～まで 조～까지 ある 통있다
～のに 조～는데 ない い형없다 ～ので 조～(해)서
ふべんだ な형불편하다 ラジオ 명라디오 ストーブ 명난로
タクシー 명택시 エレベーター 명엘리베이터

14

식사가 끝나고 나서, 접시를 깨끗하게 (   ).

1 뒤집어쏩니다	**2 씻습니다**
3 멈춥니다	4 삽니다

해설 선택지가 모두 동사예요. 빈칸 앞의 내용과 함께 쓸 때 さらをきれ
いにあらいます(접시를 깨끗하게 씻습니다)라는 문맥이 가장 자연
스러우므로 2 あらいます(씻습니다)가 정답이에요. 1은 シャワーを
あびる(샤워를 하다), 3은 車がとまる(차가 멈추다), 4는 服をかう
(옷을 사다)와 같이 자주 쓰여요.

어휘 しょくじ 명식사 おわる 통끝나다 ～てから ～(하)고 나서
さら 명접시 きれいだ な형깨끗하다 あびる 통(물을) 뒤집어쓰다
あらう 통씻다 とまる 통멈추다 かう 통사다

15

이것은 아이라도 사용할 수 있는 (   ) 가방입니다.

1 가벼운	2 무거운
3 더러운	4 어려운

해설 선택지가 모두 い형용사예요. 빈칸 앞, 뒤의 내용과 함께 쓸 때 こど
もでもつかうことができるかるいかばん(아이라도 사용할 수 있
는 가벼운 가방)이라는 문맥이 가장 자연스러우므로 1 かるい(가벼
운)가 정답이에요. 2는 おもいにもつ(무거운 짐), 3은 きたないへ
や(더러운 방), 4는 むずかしいもんだい(어려운 문제)와 같이 자주
쓰여요.

어휘 これ 명이것 こども 명아이 ～でも 조～라도 つかう 통사용하다
～ことができる ～(할) 수 있다 かばん 명가방 かるい い형가볍다
おもい い형무겁다 きたない い형더럽다 むずかしい い형어렵다

16

운동한 후, 콜라를 2 (   ) 마셨습니다.

1 마리	2 권
3 장	**4 잔**

해설 선택지가 모두 수를 세는 단위예요. 빈칸 앞에서 언급한 コーラ(콜
라)를 세는 단위로는 はい(잔)를 사용하는 것이 가장 적절하므로 4
はい(잔)가 정답이에요. 1은 동물, 2는 책, 3은 종이를 셀 때 사용하
는 단위예요.

어휘 うんどう 명운동 する 통하다 あと 명후, 뒤 コーラ 명콜라
のむ 통마시다 ～ひき ～마리 ～さつ ～권 ～まい ～장

～はい ～잔

17

영어는 서툴기 때문에, 조금 (   ) 말해 주세요.

1 가장	2 마침
3 천천히	4 곧장

해설 선택지가 모두 부사예요. 빈칸 앞, 뒤의 내용과 함께 쓸 때 すこし
ゆっくりはなしてください(조금 천천히 말해 주세요)라는 문맥이 가
장 자연스러우므로 3 ゆっくり(천천히)가 정답이에요. 1은 いちばん
好きな食べ物(가장 좋아하는 음식), 2는 ちょうどいい時間(마침
좋은 시간), 4는 まっすぐ行く(곧장 가다)와 같이 자주 쓰여요.

어휘 えいご 명영어 にがてだ な형서툴다, 못하다 ～ので 조～때문에
すこし 부조금 はなす 통말하다 ～てください ～(해) 주세요
いちばん 부가장 ちょうど 부마침, 꼭 ゆっくり 부천천히, 느긋하게
まっすぐ 부곧장

18

어제는 친구와 (   ) 에서 자전거를 탔습니다.

1 공원	2 역
3 은행	4 부엌

해설 선택지가 모두 명사예요. 빈칸 뒤의 내용과 함께 쓸 때 こうえんでじ
てんしゃにのりました(공원에서 자전거를 탔습니다)라는 문맥이 가
장 자연스러우므로 1 こうえん(공원)이 정답이에요. 2는 えきで電車
にのる(역에서 전철을 타다), 3은 ぎんこうでお金をかりる(은행에
서 돈을 빌리다), 4는 だいどころで皿をあらう(부엌에서 접시를 닦
다)와 같이 자주 쓰여요.

어휘 きのう 명어제 ともだち 명친구 じてんしゃ 명자전거
のる 통타다 こうえん 명공원 えき 명역 ぎんこう 명은행
だいどころ 명부엌

19

역 앞에 식당이 있습니다.

1 역 앞에 화장실이 있습니다.
2 역 앞에 채소 가게가 있습니다.
3 역 앞에 레스토랑이 있습니다.
4 역 앞에 우체국이 있습니다.

해설 제시문에 사용된 しょくどう가 '식당'이라는 의미이므로, 이와 의미가
유사한 レストラン(레스토랑)을 사용한 3 えきまえにレストランが
あります(역 앞에 레스토랑이 있습니다)가 정답이에요.

어휘 えきまえ 명역 앞 しょくどう 명식당 ある 통있다
トイレ 명화장실 やおや 명채소 가게 レストラン 명레스토랑
ゆうびんきょく 명우체국

20

> 시계가 많이 있습니다.
>
> 1 시계가 작습니다.
> 2 시계가 큽니다.
> 3 시계가 적습니다.
> **4 시계가 많습니다.**

해설 제시문에 사용된 たくさんあります가 '많이 있습니다'라는 의미이므로, 이와 의미가 유사한 おおいです(많습니다)를 사용한 4 とけいがおおいです(시계가 많습니다)가 정답이에요.

어휘 とけい 몡시계   たくさん 뷔많이   ある 돵있다   ちいさい い혱작다
おおきい い혱크다   すくない い혱적다   おおい い혱많다

21

> 모리 씨는 제 누나와 결혼했습니다.
>
> **1 누나는 모리 씨의 부인입니다.**
> 2 누나는 모리 씨의 친구입니다.
> 3 누나는 모리 씨의 학생입니다.
> 4 누나는 모리 씨의 선생님입니다.

해설 제시문 もりさんはわたしのあねとけっこんしました(모리 씨는 제 누나와 결혼했습니다)와 가장 의미가 비슷한 1 あねはもりさんのおくさんです(누나는 모리 씨의 부인입니다)가 정답이에요.

어휘 わたし 몡저, 나   あね 몡누나, 언니   けっこん 몡결혼
する 돵하다   おくさん 몡부인, 아내   ともだち 몡친구
せいと 몡학생   せんせい 몡선생님

언어지식 (문법) p.333

들으면서
학습하기

1

> 오늘은 혼자 (   ) 밥을 먹습니다.
>
> 1 에게   2 에
> **3 서**   4 를

해설 빈칸에 들어갈 적절한 조사를 고르는 문제예요. 빈칸 앞의 명사 一人는 조사 で와 접속하여 一人で(혼자서)라는 의미로 사용돼요. 따라서 3 で(서)가 정답이에요. 一人(혼자)에 조사 で(에서)를 결합하여 一人で(혼자서)라고 표현하는 것을 알아두세요.

어휘 きょう 몡오늘   一人 ひとり 몡혼자, 한 명   ごはん 몡밥
食べる たべる 돵먹다   〜へ 졲~에게   〜に 졲~에
〜で 졲~에서   〜を 졲~를

2

> 저의 책상 위에는 펜 (   ) 노트 등이 있습니다.
>
> 1 의   2 이
> 3 은   **4 이나**

해설 빈칸에 들어갈 적절한 조사를 고르는 문제예요. 빈칸 앞의 ペン(펜)과 빈칸 뒤의 ノートなど(노트 등이)를 보면, '펜이나 노트 등이'라는 말이 문맥상 자연스러워요. 따라서 4 や(이나)가 정답이에요.

어휘 私 わたし 몡저, 나   つくえ 몡책상   上 うえ 몡위   ペン 몡펜
ノート 몡노트   〜など 졲~등   ある 돵있다   〜の 졲~의
〜が 졲~이, 가   〜は 졲~은   〜や 졲~이나

3

> A "(   ) 귀엽네요."
> B "감사합니다. 이것은 어제 백화점에서 샀습니다."
>
> **1 그것**   2 그
> 3 저것   4 저

해설 빈칸에 들어갈 적절한 지시어를 고르는 문제예요. 빈칸 뒤의 かわいいですね(귀엽네요)를 보면, 선택지 1 それ(그것), 3 あれ(저것)가 정답의 후보예요. B가 これは(이것은)라고 했으므로 '그것 귀엽네요'라는 말이 문맥상 자연스러워요. 따라서 1 それ(그것)가 정답이에요.

어휘 かわいい い혱귀엽다   これ 몡이것   昨日 きのう 몡어제
デパート 몡백화점   かう 돵사다   それ 몡그것   その 그
あれ 몡저것   あの 저

4

> (학교에서)
> 선생님 "여러분, 내일은 여러분의 어머니가 학교에 오는 날입니다.
> 　　　　그러니까, 교실을 (   ) 합시다."
>
> 1 깨끗   **2 깨끗하게**
> 3 깨끗한   4 깨끗하다

해설 선택지가 모두 な형용사의 활용형이므로 빈칸 뒤의 문형에 접속하는 알맞은 형용사 형태를 고르는 문제예요. 빈칸 뒤의 しましょう는 する의 활용 표현이고, する는 'な형용사 어간 + に'와 접속하여 '~(하)게 하다'라는 의미의 문형을 만들 수 있어요. 그러므로 선택지 2 きれいに(깨끗하게)를 빈칸에 넣으면 きれいにしましょう(깨끗하게 합시다)가 돼요. 따라서 2 きれいに(깨끗하게)가 정답이에요. な형용사 어간 + にする가 '~(하)게 하다'라는 의미의 문형임을 알아두세요.

어휘 学校 がっこう 몡학교   先生 せんせい 몡선생(님)
みなさん 몡여러분   明日 あした 몡내일
お母さん おかあさん 몡어머니, 엄마   来る くる 돵오다
日 ひ 몡날   だから 졥그러니까   きょうしつ 몡교실
〜にする ~(하)게 하다   きれいだ な혱깨끗하다

5

> 회사까지 무엇 (   ) 타고 왔습니까?
>
> 1 이   2 을
> 3 도   **4 에**

해설 빈칸에 들어갈 적절한 조사를 고르는 문제예요. 빈칸 뒤의 동사 乗る(타다)는 조사 を(을)가 아닌 조사 に(에)에 접속하여 '~을 타다'라는 의미로 사용돼요. 따라서 4 に(에)가 정답이에요.

어휘 会社 かいしゃ 圀회사　～まで 조~까지　何 なに 圀무엇
　　乗る のる 图타다　くる 图오다　～が 조~이　～を 조~을
　　～も 조~도　～に 조~에

6

이 반은 학생이 적습니다. 10명 (　　) 없습니다.

1 부터	2 등
3 밖에	4 만

해설 빈칸에 들어갈 적절한 조사를 고르는 문제예요. 빈칸 앞의 10人(10
　　명)과 빈칸 뒤의 いません(없습니다)을 보면, 선택지 3 しか(밖에),
　　4 だけ(만)가 정답의 후보예요. 앞 문장에서 学生이 少ないです(학
　　생이 적습니다)라고 말하고 있으므로, 10人しかいません(10명밖에
　　없습니다)이라는 말이 문맥상 자연스러워요. 따라서 3 しか(밖에)가
　　정답이에요.

어휘 この 이　クラス 圀반　学生 がくせい 圀학생
　　少ない すくない 이형적다　～人 ～にん ~명　いる 图있다
　　～から 조~부터　～など 조~등　～しか 조~밖에　～だけ 조~만

7

(콘서트에서)
A "여기에서 사진을 (　　)."
B "죄송합니다. 몰랐습니다."
A "주의해 주세요."

1 찍읍시다	**2 찍지 말아 주세요**
3 찍고 싶지 않습니다	4 찍지 않았습니다

해설 빈칸에 들어갈 적절한 문형을 고르는 문제예요. 빈칸 앞의 ここで写
　　真を(여기에서 사진을)를 보면, 모든 선택지가 정답의 후보예요. B가
　　すみません。知りませんでした(죄송합니다. 몰랐습니다)라고 했
　　으므로 '여기에서 사진을 찍지 말아 주세요'라는 말이 문맥상 자연스
　　러워요. 따라서 ? とらないでください(찍지 말아 주세요)가 정답이
　　에요. 2의 ないでください는 '~(하)지 말아 주세요', 1의 ましょうは
　　'~(합)시다', 3의 たくないです는 '~(하)고 싶지 않습니다', 4의 ま
　　せんでした는 '~(하)지 않았습니다'라는 의미임을 알아두세요.

어휘 コンサート 圀콘서트　ここ 圀여기　写真 しゃしん 圀사진
　　知る しる 图알다　注意 ちゅうい 圀주의　する 图하다
　　～てください ~(해) 주세요　とる 图찍다　～たい ~(하)고 싶다

8

(찻집에서)
사토　"야마다 씨, 이 가게, 커피 이외에 주스도 (　　). 아,
　　　　차도 (　　)."
야마다 "그러면, 저는 차로 하겠습니다."

1 있습니다	2 그렇습니다
3 알겠습니다	4 됐습니다

해설 빈칸에 들어갈 적절한 회화 표현을 고르는 문제예요. 첫 번째 빈칸 앞
　　의 この店、コーヒーいがいにジュースも(이 가게, 커피 이외에 주
　　스도)를 보면, '이 가게, 커피 이외에 주스도 있습니다'라는 말이 문맥

상 자연스러워요. 선택지 1 あります(있습니다)를 두 번째 빈칸에 넣
었을 때도 문맥상 자연스러우므로 1 あります(있습니다)가 정답이
에요.

어휘 きっさてん 圀찻집　この 이　店 みせ 圀가게　コーヒー 圀커피
　　いがい 圀이외　ジュース 圀주스　お茶 おちゃ 圀차
　　じゃ 젭그러면　私 わたし 圀저, 나　～にする ~로 하다
　　ある 图있다　そうだ 그렇다, 그러하다　わかる 图알다, 이해하다
　　けっこうだ 나형됐다, 필요없다

9

그는 항상 빨리 오기 때문에, (　　) 와 있을 거라고 생각합니다.

1 이미	2 많이
3 매우	4 조금

해설 빈칸에 들어갈 적절한 부사를 고르는 문제예요. 빈칸 앞의 はやく来
　　るから(빨리 오기 때문에)와 빈칸 뒤의 来ていると(와 있을 거라고)
　　를 보면, '빨리 오기 때문에, 이미 와 있을 거라고'라는 말이 문맥상
　　자연스러워요. 따라서 1 もう(이미)가 정답이에요.

어휘 彼 かれ 圀그　いつも 图항상　はやく 图빨리　来る くる 图오다
　　～から 조~때문에　～ている ~(해) 있다, (한) 상태이다
　　～と思う ～とおもう ~라고 생각하다　もう 图이미, 벌써
　　たくさん 图많이　とても 图매우　ちょっと 图조금

10

지금은 수업 중 이므로 ★조용 히 해 주세요.

1 조용	2 히
3 이므로	4 중

해설 빈칸 뒤의 して는 する의 て형이고, する는 조사 に와 접속하여 に
　　する(~(히) 하다)라는 문형을 만들 수 있어요. 그러므로 선택지 2의
　　に를 마지막 빈칸에 넣어서 'にしてください(히 해 주세요)'를 만들어
　　요. 이후 나머지 선택지들을 의미적으로 배열하면 4 ちゅう 3 だか
　　ら 1 しずか 2 に(중 이므로 조용히)가 돼요. 전체 문맥과도 자연스
　　럽게 연결되므로 1 しずか(조용)가 정답이에요.

어휘 今 いま 圀지금　じゅぎょう 圀수업　～にする ~(히) 하다, (하)게 하다
　　～てください ~(해) 주세요　しずかだ 나형조용하다
　　～から 조~므로　～ちゅう ~중

11

이 방은 낮 이더라도 어둡기 ★때문에 불을 켜고 있습니다.

1 어둡기	2 불을
3 때문에	4 이더라도

해설 선택지 4의 でも는 빈칸 앞의 명사와 접속하여 ～でも(~더라도)라
　　는 문형을 만들 수 있어요. 그러므로 4 でも(이더라도)를 첫 번째 빈
　　칸에 넣어서 '昼でも(낮이더라도)'를 만들어요. 이후 나머지 선택지
　　들을 의미적으로 배열하면 4 でも 1 くらい 3 ので 2 電気を(이더
　　라도 어둡기 때문에 불을)가 돼요. 전체 문맥과도 자연스럽게 연결되
　　므로 3 ので(때문에)가 정답이에요.

어휘 この 이　へや 🅝방　昼 ひる 🅝낮

電気をつける でんきをつける 불을 켜다　～ている ~(하)고 있다

くらい 🅘형어둡다　～ので 🅩~때문에　～でも 🅩~(하)더라도, (해)도

12

일주일 전에 태어난 <u>여동생</u> <u>은</u> ★<u>계속</u> <u>자고</u> 있습니다.

1 계속　　　　　　　　　2 자고
3 여동생　　　　　　　　4 은

해설 빈칸 뒤의 います는 いる의 ます형이고, いる는 동사 て형과 접
속하여 ている(~(하)고 있다)라는 문형을 만들 수 있어요. 그러므
로 선택지 2의 寝て(자고)를 마지막 빈칸에 넣어서 '寝ています
(자고 있습니다)'를 만들어요. 이후 나머지 선택지들을 의미적으로 배열
하면 3 いもうと 4 は ずっと 2 寝て(여동생은 계속 자고)가 돼요. 전
체 문맥과도 자연스럽게 연결되므로 1 ずっと(계속)가 정답이에요.

어휘 一週間 いっしゅうかん 🅝일주일　前 まえ 🅝전

生まれる うまれる 🅓태어나다　～ている ~(하)고 있다

ずっと 🅟계속, 쭉　寝る ねる 🅓자다　いもうと 🅝여동생

～は 🅩~은

13

마에다 "다나카 씨, 크리스마스 <u>에</u> <u>무엇</u> ★<u>이</u> <u>먹고 싶</u> 습니까?"
다나카 "크리스마스니까 치킨이 좋겠네요."

1 무엇　　　　　　　　　2 먹고 싶
3 에　　　　　　　　　　4 이

해설 빈칸 앞의 クリスマス는 명사이므로 조사와 접속할 수 있어요. 그러
므로 3 に(에) 또는 4 が(이)를 첫 번째 빈칸에 넣어서 'クリスマス
に(크리스마스에)' 혹은 'クリスマスが(크리스마스가)'를 만들어요.
이후 나머지 선택지들을 의미적으로 배열하면 3 に 1 なに 4 が 2
食べたい(에 무엇이 먹고 싶) 혹은 4 が 1 なに 3 に 2 食べたい
(가 무엇에 먹고 싶)가 돼요. 빈칸이 포함된 문장을 '크리스마스에 무
엇이 먹고 싶습니까'로 배열하는 것이 전체 문맥과 어울리므로 4 が
(이)가 정답이에요.

어휘 クリスマス 🅝크리스마스　～から 🅩~니까　チキン 🅝치킨

いい 🅘형좋다　なに 🅝무엇　食べる たべる 🅓먹다

～たい ~(하)고 싶다　～に 🅩~에　～が 🅩~이

14-17

톰 씨와 사만다 씨는 "나의 꿈"의 작문을 쓰고, 반 모두의 앞에서
읽습니다.

(1) 톰 씨의 작문

> 저는 [14]꽃집 [14] 일하고 싶습니다. 아이 때부터 예쁜
> 꽃을 보는 것을 좋아했습니다. 또한, 꽃을 선물했을 때, 사람
> 이 기뻐하고 있는 얼굴을 보는 것도 정말 좋아합니다. 그래서,
> [15]언젠가 저의 꽃집을 열고, 매일 꽃과 함께 일하고 싶습니
> 다. 그 때는 저의 꽃집에 [15] .

(2) 사만다 씨의 작문

> 제 꿈은 의사가 되는 것입니다. [16]제 남동생은 어릴 때, 병
> 으로 항상 병원에 있었습니다. 하지만, 지금 남동생은 축구
> 도 할 수 있을 정도로 [16] 건강합니다. 남동생이 건강하게
> 된 것은, 병원의 의사 선생님 덕분입니다. [17]그 의사 선생님
> 을 보고 의사가 되고 싶다고 생각했습니다. 더욱 공부해서,
> 많은 사람의 병을 [17] .

어휘 私 わたし 🅝나, 저　ゆめ 🅝꿈　さくぶん 🅝작문

書く かく 🅓쓰다　クラス 🅝반　みんな 🅝모두　前 まえ 🅝앞

読む よむ 🅓읽다　花屋 はなや 🅝꽃집　はたらく 🅓일하다

～たい ~(하)고 싶다　子ども こども 🅝아이　ころ 🅝때

～から 🅩~부터　きれいだ 🅝형예쁘다　花 はな 🅝꽃

見る みる 🅓보다　こと 🅝것　好きだ すきだ 🅝형좋아하다

また 🅟또한　プレゼント 🅝선물　する 🅓하다　とき 🅝때

人 ひと 🅝사람　よろこぶ 🅓기뻐하다　～ている ~(하)고 있다

顔 かお 🅝얼굴　大好きだ だいすきだ 🅝형정말 좋아하다

だから 🅒그래서　いつか 🅟언젠가　自分 じぶん 🅝저, 자신

開く ひらく 🅓열다　まいにち 🅝매일　いっしょに 🅟함께　その 그

医者 いしゃ 🅝의사　なる 🅓되다　弟 おとうと 🅝남동생

小さい ちいさい 🅘형어리다, 작다　病気 びょうき 🅝병

いつも 🅟항상　病院 びょういん 🅝병원　いる 🅓있다

でも 🅒하지만　今 いま 🅝지금　サッカー 🅝축구

できる 🅓할 수 있다　～くらい ~정도

元気だ げんきだ 🅝형건강하다　お医者さん おいしゃさん 의사 선생님

おかげ 🅝덕분　～と思う ～とおもう ~라고 생각하다　もっと 🅟더욱

勉強 べんきょう 🅝공부　たくさん 🅟많이

14

1 을　　　　　　　　　　2 에
3 에서　　　　　　　　　4 은

해설 빈칸에 들어갈 적절한 조사를 고르는 문제예요. 빈칸 앞의 花屋(꽃
집)와 빈칸 뒤의 はたらきたいです(일하고 싶습니다)를 보면, '꽃집
에서 일하고 싶습니다'라는 말이 문맥상 자연스러워요. 따라서 3 で
(에서)가 정답이에요.

어휘 ～を 🅩~을　～に 🅩~에　～で 🅩~에서　～は 🅩~은

15

1 옵니다　　　　　　　　2 와 주세요
3 왔습니까　　　　　　　4 와도 괜찮습니까

해설 빈칸에 들어갈 적절한 문형을 고르는 문제예요. 모든 선택지가 빈칸
앞의 조사 に(에)에 접속할 수 있어요. 빈칸 앞 부분인 そのときは 私
の花屋に(그 때는 저의 꽃집에)를 보면, 선택지 2 来てください(와
주세요)와 3 来ましたか(왔습니까)가 정답의 후보예요. 앞 문장에서
いつか自分の花屋を開いて、まいにち花といっしょにはたらき
たいです(언젠가 저의 꽃집을 열고, 매일 꽃과 함께 일하고 싶습니
다)라고 했으므로 来てください(와 주세요)가 빈칸에 들어가는 것이

문맥상 자연스러워요. 따라서 2 来てください(와 주세요)가 정답이
에요. 2의 てください는 '~(해) 주세요', 3의 ましたか는 '~(했)습니
까', 4의 てもいいですか는 '~(해)도 괜찮습니까'라는 의미임을 알
아두세요.

어휘 来る くる 園오다　～てください ~(해) 주세요
　　～てもいい ~(해)도 괜찮다

16

1 그다지	2 더욱
3 아직	**4 매우**

해설 빈칸에 들어갈 적절한 부사를 고르는 문제예요. 빈칸이 포함된 문장
인 でも、今弟はサッカーもできるくらい 16 元気です(하지
만, 지금 남동생은 축구도 할 수 있을 정도로 16 건강합니다)를
보면, 선택지 3 まだ(아직), 4 とても(매우)가 정답의 후보예요. 앞
문장에서 私の弟は小さいころ、病気でいつも病院にいました
(제 남동생은 어릴 때, 병으로 항상 병원에 있었습니다)라고 했으므
로 とても(매우)가 빈칸에 들어가는 것이 문맥상 자연스러워요. 따라
서 4 とても(매우)가 정답이에요.

어휘 あまり 園그다지　もっと 園더욱　まだ 園아직　とても園매우

17

1 치료하고 싶습니다	2 치료했습니다
3 치료합시다	4 치료하고 있습니다

해설 빈칸에 들어갈 적절한 문형을 고르는 문제예요. 모든 선택지가 빈칸
앞의 조사 を(을)에 접속할 수 있어요. 빈칸 앞 부분인 もっと勉強し
て、たくさんの人の病気を(더욱 공부해서, 많은 사람의 병을)를 보
면, 선택지 1 なおしたいです(치료하고 싶습니다), 2 なおしまし
た(치료했습니다), 4 なおしています(치료하고 있습니다)가 정답의
후보예요. 앞 문장에서 そのお医者さんを見て医者になりたいと
思いました(그 의사 선생님을 보고 의사가 되고 싶다고 생각했습니
다)라고 했으므로 なおしたいです(치료하고 싶습니다)가 빈칸에 들
어가는 것이 문맥상 자연스러워요. 따라서 1 なおしたいです(치료
하고 싶습니다)가 정답이에요. 1의 たいです는 '~(하)고 싶습니다',
2의 ました는 '~(했)습니다', 3의 ましょう는 '~(합)시다', 4의 てい
ますます는 '~(하)고 있습니다'라는 의미임을 알아두세요.

어휘 なおす 園치료하다, 고치다

18

(교실에서)
학생이 이 종이를 보았습니다.

> 학급 여러분에게
>
> 　다음 주 목요일은 동물원에 갑니다. 동물원에서는 다양한
> 동물을 볼 수 있습니다. 특히 1월에 태어난 판다가 유명합니
> 다.
> 　동물을 보기 전에, 먼저 학급의 모두와 사진을 찍습니다.
> 점심밥은 동물을 본 뒤, 예쁜 꽃이 피어있는 곳에서 먹습니다.

학생은 동물원에서 먼저 무엇을 합니까?

1 동물을 봅니다.
2 학급의 모두와 사진을 찍습니다.
3 점심밥을 먹습니다.
4 꽃이 피어있는 곳에 갑니다.

해설 안내문 형식의 지문으로, 학생이 동물원에서 먼저 할 일을 묻고 있어
요. 지문의 중반부에서 どうぶつを見るまえに、まずクラスのみん
なで写真をとります(동물을 보기 전에, 먼저 학급의 모두와 사진을
찍습니다)라고 언급하고 있으므로 2 クラスのみんなで写真をとり
ます(학급의 모두와 사진을 찍습니다)가 정답이에요. 1은 학급의 모
두와 사진을 찍은 뒤에 할 일이고, 3과 4는 동물을 본 뒤 할 일이므로
오답이에요.

어휘 教室 きょうしつ 園교실　学生 がくせい 園학생　この 이
　紙 かみ 園종이　見る みる 園보다　クラス 園학급, 반
　みなさん 園여러분　来週 らいしゅう 園다음 주
　木曜日 もくようび 園목요일　どうぶつえん 園동물원
　行く いく 園가다　いろいろだ 国型다양하다　どうぶつ 동물
　～ことができる ~(할) 수 있다　とくに 園특히　～月 ～がつ ~월
　生まれる うまれる 園태어나다　パンダ 園판다
　有名だ ゆうめいだ 国型유명하다　まえ 園전　まず 園먼저
　みんな 園모두　写真 しゃしん 園사진　とる 찍다
　昼ごはん ひるごはん 園점심밥　あと 園뒤, 후
　きれいだ 国型예쁘다　花 はな 園꽃　咲く さく 園(꽃이) 피다
　～ている ~(되)어 있다　ところ 園곳　食べる たべる 園먹다
　はじめに 먼저　何 なに 園무엇　する 園하다

(회사에서)

요시무라 씨의 책상 위에, 이 메모가 있습니다.

> 요시무라 씨
>
> 아까, 스즈키 부장님으로부터 전화가 있었습니다.
> 내일(28일) 10시의 회의가 모레(29일)로 바뀌었습니다.
> 시간은 바뀌지 않습니다만, 회의에 오는 사람이 5인에서 7인
> 으로 바뀌었습니다.
> 그래서, 회의실의 예약을 잘 부탁합니다, 라고 부장님이 말
> 했습니다.
>
> 야마다

메모에 대해서 맞는 것은 어느 것입니까?

1 회의의 날짜는 바뀌지 않습니다만, 시간이 오전으로 바뀌었습니다.

2 회의의 날짜는 바뀌지 않습니다만, 시간이 오후로 바뀌었습니다.

3 회의의 날짜가 모레로 바뀌었습니다. 인원 수는 바뀌지 않습니다.

4 회의의 날짜가 모레로 바뀌었습니다. 인원 수도 바뀌었습니다.

해설 메모 형식의 지문으로, 메모에 대해 맞는 것을 묻고 있어요. 지문 중
반부에서 明日(28일) 10時のかいぎが明後日(29일)に変わりま
した(내일(28일) 10시의 회의가 모레(29일)로 바뀌었습니다)라고
언급했고, かいぎに来る人が5人から7人に変わりました(회의에
오는 사람이 5인에서 7인으로 바뀌었습니다)라고 언급하고 있으므
로 4 かいぎの日が明後日に変わりました。人数も変わりました
(회의의 날짜가 모레로 바뀌었습니다. 인원 수도 바뀌었습니다)가 정
답이에요. 1과 2는 회의의 날짜가 바뀌었다고 했고, 3은 회의에 오는
사람도 5인에서 7인으로 바뀌었다고 했으므로 오답이에요.

어휘 会社 かいしゃ 명회사   机 つくえ 명책상   上 うえ 명위   この 이
メモ 명메모   ある 동있다   さっき 아까   ぶちょう 명부장(님)
~から 조~로부터   電話 でんわ 명전화   明日 あした 명내일
~日 ~にち ~일   ~時 ~じ ~시   かいぎ 명회의
明後日 あさって 명모레   変わる かわる 동바뀌다
時間 じかん 명시간   来る くる 동오다   人 ひと 명사람
~人 ~にん ~인, ~명   ~から 조~에서   それで 접그래서
かいぎしつ 명회의실   よやく 명예약
~と言っていた ~といっていた ~라고 말했다
~について ~에 대해서   正しい ただしい い형맞다, 올바르다
どれ 명어느 것   日 ひ 명날짜, 날   午前 ごぜん 명오전
午後 ごご 명오후   人数 にんずう 명인원 수

사유리 씨는 미셸 씨에게 편지를 썼습니다.

> 미셸 씨에게
>
> 잘 지내시나요? 도쿄는 벌써 봄입니다. 캐나다는 어떻습니
> 까?
> ①미셸 씨가 도쿄에 왔던 것이 2년 전의 겨울이네요.
> 미셸 씨가 "일본의 영화가 좋아서, [20]일본어 공부를 하러
> 왔습니다. 영화에서 봤던 도쿄에 살 수 있어서 기쁩니다"라고
> 말했던 것을 지금도 기억하고 있습니다.
> 미셸 씨와 사이 좋게 되고 나서 같이 바다에 가거나, 산에
> 올라가거나 했지요. [21]시골의 할머니 집에 둘이서 놀러
> 갔던 것이 ②가장 즐거웠습니다. 예쁜 별을 보면서 여러 가지
> 이야기를 했었네요.
> 미셸 씨가 캐나다로 돌아가서 쓸쓸합니다. 올해의 여름 방
> 학은 제가 캐나다로 만나러 갈게요.
> 그러면, 또 연락하겠습니다.
>
> 사유리로부터

어휘 てがみ 명편지   書く かく 동쓰다   げんきだ な형잘 지내다, 건강하다
東京 とうきょう 명도쿄   もう 부벌써   春 はる 명봄
カナダ 명캐나다   来る くる 동오다   ~年 ~ねん ~년
前 まえ 명전   冬 ふゆ 명겨울   日本 にほん 명일본
えいが 명영화   好きだ すきだ な형좋다, 좋아하다
日本語 にほんご 명일본어   勉強 べんきょう 명공부   する 동하다
みる 동보다   すむ 동살다   ~ことができる ~(할) 수 있다
うれしい い형기쁘다   言う いう 동말하다   こと 명것
今でも いまでも 지금도   おぼえる 동기억하다
~ている ~(하)고 있다   なかよく 부사이 좋게   なる 동되다
~てから ~(하)고 나서   いっしょに 부같이   海 うみ 명바다
行く いく 동가다   ~たり~たりする ~(하)거나 ~(하)거나 하다
山 やま 명산   登る のぼる 동올라가다   いなか 명시골
おばあさん 명할머니   うち 명집   ふたり 명두 사람, 두 명
あそぶ 동놀다   ~に行く ~にいく ~(하)러 가다   いちばん 부가장
楽しい たのしい い형즐겁다   きれいだ な형예쁘다   星 ほし 명별
~ながら ~(하)면서   いろいろだ な형여러 가지이다
はなし 명이야기   帰る かえる 동돌아가다   さびしい い형쓸쓸하다
ことし 명올해   夏 なつ 명여름   休み やすみ 명방학, 휴가
私 わたし 명저, 나   会う あう 동만나다   では 접그러면
また 부또   れんらく 명연락   ~より 조~로부터

> ①미셸 씨가 도쿄에 왔던 것은 어째서입니까?
>
> 1 영화 공부를 하고 싶었기 때문에
>
> **2 일본어 공부를 하고 싶었기 때문에**
>
> 3 도쿄가 좋았기 때문에
>
> 4 도쿄에 살아보고 싶었기 때문에

해설 지문에서 밑줄 친 ミシェルさんが東京に来た(미셸 씨가 도쿄에 왔

던)의 이유가 무엇인지를 뒷부분에서 찾아요. 밑줄의 뒷부분에서 미셀 씨가 말하는 내용을 보면 日本語の勉強をしに来ました(일본어 공부를 하러 왔습니다)라고 언급하고 있으므로, 2 日本語の勉強がしたかったから(일본어 공부를 하고 싶었기 때문에)가 정답이에요. 1은 일본의 영화가 좋다고 말한 것이고, 3과 4는 영화에서 봤던 도쿄에 살 수 있어서 기쁘다고 말한 것이므로 오답이에요.

어휘 どうして 图어째서 ～たい ~(하)고 싶다 ～から 图~때문에
～てみる ~(해) 보다

21

무엇이 ②가장 즐거웠습니까?

1 바다에 갔던 것
2 산에 올라갔던 것
3 할머니의 집에 갔던 것
4 캐나다에 만나러 갔던 것

해설 지문에서 밑줄 친 いちばん楽しかったです(가장 즐거웠습니다)가 무엇을 말하는 것인지를 앞부분에서 찾아요. 밑줄의 앞부분에서 いなかのおばあさんのうちにふたりであそびに行ったことが(시골의 할머니 집에 둘이서 놀러 갔던 것)라고 언급하고 있으므로 3 おばあさんのうちに行ったこと(할머니의 집에 갔던 것)가 정답이에요. 1과 2는 미셀 씨와 함께 했던 것으로 언급되었으나 가장 즐거웠던 것은 아니고, 4는 앞으로 할 예정인 것이므로 오답이에요.

어휘 何 なに 图무엇

22

야마다 씨는 스포츠 교실에 가고 싶습니다. 매주 화요일에는 영어 회화 교실이 있기 때문에, 스포츠 교실에 갈 수 없습니다. 회사가 6시에 끝나므로 6시 30분보다 뒤에 시작되는 것이 좋습니다. 또한, 가격이 5,000엔 이하인 것으로 하고 싶습니다. 야마다 씨는 어느 교실에 갑니까?

1 골프
2 배드민턴
3 수영
4 테니스

해설 야마다 씨가 무엇을 배우는 교실에 가는지 묻는 문제예요. 질문에서 제시된 조건 (1) 毎週火よう日には英会話の教室がありますので、スポーツ教室に行くことができません(매주 화요일에는 영어 회화 교실이 있기 때문에, 스포츠 교실에 갈 수 없습니다), (2) 6時30分より後に始まるもの(6시 30분보다 뒤에 시작되는 것), (3) 5,000円以下のもの(5,000엔 이하인 것)에 따라 지문을 보면,

(1) 매주 화요일은 갈 수 없음 : 지문에서 よう日(요일)를 보면 화요일이 포함되어 있는 バドミントン(배드민턴) 교실은 갈 수 없어요.

(2) 6시 30분보다 뒤에 시작되는 것 : 지문에서 時間(시간)을 보면 バドミントン(배드민턴) 교실을 제외하고, 6시 30분 이후에 시작되는 것은 ゴルフ(골프)와 すいえい(수영)예요.

(3) 5,000엔 이하인 것 : 지문에서 お金(돈)를 보면 ゴルフ(골프)와 すいえい(수영) 중에서 5,000엔 이하인 것은 3,000엔인 すい

えい(수영)예요.

따라서, 3 すいえい(수영)가 정답이에요.

어휘 スポーツ 图스포츠, 운동 　教室 きょうしつ 图교실 　行く いく 图가다
～たい ~(하)고 싶다 　毎週 まいしゅう 图매주
火よう日 かようび 图화요일 　英会話 えいかいわ 图영어 회화
ある 图있다 　～ので 图~때문에, 므로 　～ことができる ~(할) 수 있다
会社 かいしゃ 图회사 　～時 ～じ ~시 　終わる おわる 图끝나다
～分 ～ふん ~분 　～より 图~보다 　後 あと 图뒤, 이후
始まる はじまる 图시작되다 　もの 图것, 물건 　いい い형좋다
また 집또한 　ねだん 图가격 　～円 ～えん ~엔 　～以下 いか 图이하
～にする ~로 하다 　どの 어느 　ゴルフ 图골프
バドミントン 图배드민턴 　すいえい 图수영 　テニス 图테니스

◆ 5월의 스포츠 교실☆彡 ◆

좋아하는 스포츠를 하고 건강해 집시다♥

[교실 안내]

❶ 골프	❷ 배드민턴
✱ 요일 : 매주 월·수	✱ 요일 : 매주 화·목
✱ 시간 : 오후 7시~ 　　　 8시 30분	✱ 시간 : 오후 6시 30분~ 　　　 7시 30분
✱ 돈 : 10,000엔	✱ 돈 : 4,000엔
✱ 골프가 처음인 사람이라도 　 괜찮습니다.	✱ 배드민턴 선수였던 선생님 　 이 가르칩니다.

❸ 수영	❹ 테니스
✱ 요일 : 매주 수·금	✱ 요일 : 매주 목·금
✱ 시간 : 오후 7시~8시	✱ 시간 : 오후 6시~7시
✱ 돈 : 3,000엔	✱ 돈 : 5,000엔
✱ 한 클래스에, 15명 이하입 　 니다.	✱ 초등학교 1학년부터 6학 　 년까지의 클래스입니다.

기타야마 스포츠 센터
(☎전화: 012-435-3584)

어휘 ～月 ～がつ ~월 　あんない 图안내 　好きだ すきだ な형좋아하다
する 图하다 　げんきだ な형건강하다 　～になる ~(해) 지다
よう日 ようび 图요일 　毎週 まいしゅう 图매주
月 げつ 图월(요일) 　水 すい 图수(요일) 　時間 じかん 图시간
午後 ごご 图오후 　お金 おかね 图돈 　はじめて 图처음(으로)
人 ひと 图사람 　～でも 图~라도
大丈夫だ だいじょうぶだ な형괜찮다 　火 か 图화(요일)
木 もく 图목(요일) 　せんしゅ 图선수 　せんせい 图선생(님)
おしえる 图가르치다 　金 きん 图금(요일) 　一～ ひと~ 한~
クラス 图클래스 　～人 ～にん ~명, 인 　以下 いか 图이하
小学校 しょうがっこう 图초등학교 　～年生 ～ねんせい ~학년
～から 图~부터 　～まで 图~까지 　センター 图센터
電話 でんわ 图전화

☞ 문제 1의 디렉션과 예제를 들려줄 때 1번부터 7번까지의 문제의 선택지를 미리 읽고 내용을 재빨리 파악해둡니다. 음성에서 では、始めます(그러면, 시작합니다)가 들리면, 곧바로 문제 풀 준비를 합니다. 음성 디렉션과 예제는 실전모의고사 1의 해설 (p.108)에서 확인할 수 있습니다.

1

[음성]
学校で、男の学生と女の学生が話しています。二人は明日何を持ってきますか。

M：明日の英語の授業に何を持ってきますか。

F：明日は映画を見るから、テキストは持ってこなくてもいいですよ。

M：そうですか。

F：はい、でも映画を見て思ったことを英語で書く予定だから、ノートは持ってきてくださいと先生が言っていました。

M：他に必要なものはないですか。

F：うーん、あ、ペンも必要です。

M：わかりました。ありがとうございます。

二人は明日何を持ってきますか。

[문제지]

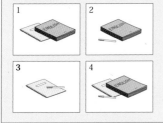

해석 학교에서, 남학생과 여학생이 이야기하고 있습니다. 두 사람은 내일 무엇을 가지고 옵니까?

M : 내일 영어 수업에 무엇을 가지고 옵니까?

F : 내일은 영화를 보니까, 교과서는 가지고 오지 않아도 됩니다.

M : 그렇습니까?

F : 네, 그렇지만 영화를 보고 생각한 것을 영어로 적을 예정이니까, 공책은 가지고 와 주세요라고 선생님이 말했습니다.

M : 이외에 필요한 것은 없습니까?

F : 음, 아, 펜도 필요합니다.

M : 알겠습니다. 감사합니다.

두 사람은 내일 무엇을 가지고 옵니까?

해설 선택지가 교과서, 공책, 펜으로 구성된 그림이고 질문에서 두 사람이 내일 무엇을 가지고 와야 하는지를 물었으므로, 대화를 들을 때 두 사

람이 가져와야 하는 것이 무엇인지를 파악해요. 여학생이 ノートは持ってきてください라고 말하고 있었습니다(공책은 가지고 와 주세요라고 선생님이 말합니다)라고 말한 후 あ、ペンも必要です(아, 펜도 필요합니다)라고 했으므로 공책과 펜 그림으로 구성된 3이 정답이에요. 1, 2, 4의 교과서는 가져오지 않아도 된다고 했으므로 오답이에요.

어휘 学校 がっこう 圏학교　学生 がくせい 圏학생

二人 ふたり 圏두 사람　明日 あした 圏내일　持つ もつ 圏가지다

くる 圏오다　英語 えいご 圏영어　授業 じゅぎょう 圏수업

何 なに 圏무엇　映画 えいが 圏영화　見る みる 圏보다

~から 国~니까　テキスト 圏교과서　~てもいい ~(해)도 된다

でも 圏그렇지만　思う おもう 圏생각하다　こと 圏것

書く かく 圏적다, 쓰다　予定 よてい 圏예정　ノート 圏공책, 노트

~てください ~(해) 주세요　先生 せんせい 圏선생(님)

~と言っていた ~といっていた ~라고 말했다　他に ほかに 이외에

必要だ ひつようだ [なき]필요하다　もの 圏것　ない [い형]없다

ペン 圏펜　わかる 圏알다, 이해하다

2

[음성]
男の人と女の人が話しています。女の人はどんな財布を買いますか。

M：佐藤さん、どんな財布が好きですか。

F：私は長いものより短いものが好きです。長いものはかばんに入らないので。

M：じゃ、これはどうですか。小さい星の絵があるもの。

F：かわいいですけど、今使っているものも絵があるので、ちょっと…。

M：ここに絵がないものもありますね。これはどうですか。

F：いいですね。これにします。

女の人はどんな財布を買いますか。

[문제지]

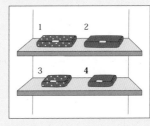

해석 남자와 여자가 이야기하고 있습니다. 여자는 어떤 지갑을 삽니까?

M : 사토 씨, 어떤 지갑이 좋습니까?

F : 저는 긴 것 보다 짧은 것이 좋습니다. 긴 것은 가방에 들어가지 않아서요.

M : 그럼, 이것은 어떻습니까? 작은 별 그림이 있는 것.

F : 귀엽습니다만, 지금 쓰고 있는 것도 그림이 있어서, 조금….

M : 여기에 그림이 없는 것도 있네요. 이것은 어떻습니까?

F : 좋네요. 이걸로 하겠습니다.

여자는 어떤 지갑을 삽니까?

해설 선택지에 여러 종류의 지갑 그림이 제시되었고, 질문에서 여자가 어떤 지갑을 사는지를 물었으므로, 대화를 들을 때 여자가 사는 지갑이 무엇인지를 파악해요. 여자가 私は長いものより短いものが好きです(저는 긴 것보다 짧은 것이 좋습니다)라고 하였고, 그 뒤 남자가 ここに絵がないものもありますね。これはどうですか(여기에 그림이 없는 것도 있네요. 이것은 어떻습니까?)라고 하자, 여자가 いいですね。これにします(좋네요. 이걸로 하겠습니다)라고 했으므로 무늬가 없는 짧은 지갑 그림인 4가 정답이에요. 1, 2는 여자가 긴 것보다 짧은 지갑이 좋다고 했고, 3은 남자가 언급했지만 여자가 마음에 들어 하지 않았으므로 오답이에요.

어휘 財布 さいふ 圏지갑　買う かう 围사다　どんな 어떤
好きだ すきだ 左형좋다, 좋아하다　私 わたし 圏저, 나
長い ながい い형길다　もの 圏것　～より 조~보다
短い みじかい い형짧다　かばん 圏가방　入る はいる 围들어가다
～ので 조~해서　じゃ 집그럼　これ 圏이것
小さい ちいさい い형작다　星 ほし 圏별　絵 え 圏그림
ある 围있다　かわいい い형귀엽다　～けど 조~지만
今 いま 圏지금　使う つかう 围쓰다, 사용하다
～ている ~(하)고 있다　ちょっと 里조금　ここ 圏여기
ない い형없다　いい い형좋다　～にする ~로 하다

3

[음성]
女の人と男の人が話しています。銀行はどこですか。
F：すみません。銀行はどこですか。
M：この道をまっすぐ行くと、交差点があります。そこで右に曲がってください。
F：はい。
M：そうすると、右側に本屋があります。本屋のとなりが銀行です。
F：そうですか。ありがとうございます。

銀行はどこですか。

[문제지]

해석 여자와 남자가 이야기하고 있습니다. 은행은 어디입니까?
　F：실례합니다. 은행은 어디입니까?
　M：이 길을 곧장 가면, 교차로가 있습니다. 거기에서 오른쪽으로 돌아 주세요.
　F：네.
　M：그러면, 오른편에 서점이 있습니다. 서점의 옆이 은행입니다.
　F：그렇습니까? 감사합니다.

은행은 어디입니까?

해설 선택지로 지도 그림이 제시되었고, 질문에서 은행이 어디인지를 물었으므로, 대화를 들을 때 은행의 위치를 파악해요. 남자가 この道をまっすぐ行くと、交差点があります。そこで右に曲がってください(이 길을 곧장 가면, 교차로가 있습니다. 거기에서 오른쪽으로 돌아 주세요)라고 한 뒤, 右側に本屋があります。本屋のとなりが銀行です(오른편에 서점이 있습니다. 서점의 옆이 은행입니다)라고 했으므로, 교차로를 오른쪽으로 돌았을 때 서점의 옆인 4가 정답이에요.

어휘 銀行 ぎんこう 圏은행　どこ 圏어디　この 이　道 みち 圏길
まっすぐ 里곧장, 쭉　行く いく 围가다　～と 조~(하)면
交差点 こうさてん 圏교차로　ある 围있다　そこ 圏거기, 그곳
右 みぎ 圏오른쪽　曲がる まがる 围돌다
～てください ~(해) 주세요　そうすると 집그러면
右側 みぎがわ 圏오른편　本屋 ほんや 圏서점　となり 圏옆

4

[음성]
男の人と女の人が話しています。女の人は何でおばあさんの家に行きますか。
M：田中さん、明日何をしますか。
F：明日はおばあさんの家に行きます。
M：そうですか。どうやって行きますか。
F：今回はバスに乗って行きます。近いので、自転車も考えてみましたが、明日雨だと聞いたのでバスに乗ります。
M：電車やタクシーはどうですか。
F：おばあさんの家は駅から遠いし、タクシーは高いのであまり使いません。

女の人は何でおばあさんの家に行きますか。

[문제지]

1 バス

2 じてんしゃ

3 でんしゃ

4 タクシー

해석 남자와 여자가 이야기하고 있습니다. 여자는 무엇으로 할머니 집에 갑니까?
　M：다나카 씨, 내일 무엇을 합니까?
　F：내일은 할머니 집에 갑니다.
　M：그렇습니까? 어떻게 갑니까?
　F：이번은 버스를 타고 갑니다. 가까워서, 자전거도 생각해 봤습니다만, 내일 비라고 들어서 버스를 탑니다.
　M：전철이나 택시는 어떻습니까?
　F：할머니 집은 역에서 멀고, 택시는 비싸서 그다지 사용하지 않습니다.

여자는 무엇으로 할머니 집에 갑니까?

1 버스
2 자전거
3 전철
4 택시

해설 선택지가 버스, 자전거, 전철, 택시이고, 질문에서 여자가 무엇으로 할머니 집에 가는지를 물었으므로, 대화를 들을 때 여자가 할머니 집까지 무엇을 타고 가는지를 파악해요. 여자가 今回はバスに乗って行きます(이번은 버스를 타고 갑니다)라고 했으므로, 1 バス(버스)가 정답이에요. 2는 내일 비가 온다고 해서 타지 않는다고 했고, 3은 할머니 집이 역에서 멀어서 사용하지 않는다고 했으며, 4는 비싸서 사용하지 않는다고 했으므로 오답이에요.

어휘 おばあさん 圏 할머니　家 いえ 圏 집　行く いく 圏 가다
明日 あした 圏 내일　何 なに 圏 무엇　する 圏 하다
どうやって 어떻게　今回 こんかい 圏 이번　バス 圏 버스
乗る のる 圏 타다　近い ちかい い형 가깝다　~ので 조 ~해서, 때문에
自転車 じてんしゃ 圏 자전거　考える かんがえる 圏 생각하다
~てみる ~(해) 보다　雨 あめ 圏 비　~と 조 ~라고
聞く きく 圏 듣다　電車 でんしゃ 圏 전철　~や ~(이)나
タクシー 圏 택시　駅 えき 圏 역　~から 조 ~에서, 부터
遠い とおい い형 멀다　~し 조 ~(하)고
高い たかい い형 비싸다, 높다　あまり 圏 그다지
使う つかう 圏 사용하다

5

[음성]
旅行会社の人が学生に話しています。学生は、始めに何をしますか。

M：みなさん、京都に着きました。晩ご飯の前に、部屋に荷物を置いてきてください。晩ご飯の後は部屋で休んでもいいです。明日は博物館に行きますので、今夜はゆっくり休んでください。

学生は、始めに何をしますか。

[문제지]

해석 여행 회사의 사람이 학생에게 이야기하고 있습니다. 학생은, 우선 무엇을 합니까?

M : 여러분, 교토에 도착했습니다. 저녁 식사 전에, 방에 짐을 두고 와 주세요. 저녁 식사 후는 방에서 쉬어도 됩니다. 내일은 박물관에 가니까, 오늘 밤은 푹 쉬어 주세요.

학생은, 우선 무엇을 합니까?

해설 선택지가 식사 하기, 방에 짐 두기, 방에서 쉬기, 박물관 관람하기 그

림이고, 질문에서 학생이 우선 무엇을 해야 하는지를 물었으므로, 남자의 말을 들을 때 학생이 가장 먼저 해야 할 일이 무엇인지를 파악해요. 남자가 晩ご飯の前に、部屋に荷物を置いてきてください(저녁 식사 전에, 방에 짐을 두고 와 주세요)라고 했으므로 방에 짐을 두는 그림인 2가 정답이에요. 1은 식사는 방에 짐을 두고 온 후에 한다고 했고, 3은 식사 후에 방에서 쉬어도 좋다고 했으며, 4는 내일 박물관을 간다고 했으므로 오답이에요.

어휘 旅行会社 りょこうがいしゃ 圏 여행 회사　学生 がくせい 圏 학생
始めに はじめに 우선　みなさん 圏 여러분
京都 きょうと 圏 교토(지명)　着く つく 圏 도착하다
晩ご飯 ばんごはん 圏 저녁 (식사)　前 まえ 圏 전, 앞
部屋 へや 圏 방　荷物 にもつ 圏 짐　置く おく 圏 두다　くる 圏 오다
~てください ~(해) 주세요　後 あと 圏 후, 뒤　休む やすむ 圏 쉬다
~てもいい ~(해)도 된다　明日 あした 圏 내일
博物館 はくぶつかん 圏 박물관　行く いく 圏 가다
~ので 조 ~니까　今夜 こんや 圏 오늘 밤　ゆっくり 圏 푹

6

[음성]
デパートで、男の人と店の人が話しています。男の人はハンカチを何枚買いますか。

M：このハンカチを3枚ください。

F：はい、少し待ってください。

M：あ、すみません。もう2枚買いたいです。

F：すみませんが、今これは4枚しかないので、5枚買うことはできません。

M：そうですか。じゃ、4枚お願いします。

男の人はハンカチを何枚買いますか。

[문제지]

1 2まい
2 3まい
3 4まい
4 5まい

해석 백화점에서, 남자와 가게 사람이 이야기하고 있습니다. 남자는 손수건을 몇 장 삽니까?

M : 이 손수건을 3장 주세요.

F : 네, 조금 기다려 주세요.

M : 아, 죄송합니다. 2장 더 사고 싶습니다.

F : 죄송합니다만, 지금 이것은 4장밖에 없어서, 5장 살 수는 없습니다.

M : 그렇습니까? 그러면, 4장 부탁합니다.

남자는 손수건을 몇 장 삽니까?

1 2장
2 3장
3 4장
4 5장

해설 선택지가 2장, 3장, 4장, 5장이고, 질문에서 남자가 손수건을 몇 장
　　사는지를 물었으므로, 대화를 들을 때 남자가 손수건을 몇 장 사는지
　　를 파악해요. 남자가 4枚お願いします(4장 부탁합니다)라고 했으
　　므로 3 4まい(4장)가 정답이에요. 1은 남자가 2장을 추가 구매하고
　　싶다고 한 것이고, 2는 처음에 남자가 사려고 했던 개수이며, 4는 5
　　장을 사려고 했으나 매장에 4장밖에 없다고 하여 사지 못했으므로 오
　　답이에요.

어휘 デパート 📖백화점　店 みせ 📖가게　ハンカチ 📖손수건
　　何～ なん～ 몇～　～枚 ～まい ~장　買う かう 📖사다　この 이
　　～ください ~주세요　少し すこし 📖조금　待つ まつ 📖기다리다
　　～てください ~(해) 주세요　もう 📖더　～たい ~(하)고 싶다
　　今 いま 📖지금　これ 📖이것　～しか 📖~밖에　ない 📖없다
　　～ので 📖~해서　～ことはできる ~(할) 수 있다　じゃ 📖그러면

7

[음성]

女の人と男の人が話しています。二人は何を買いますか。

F：昼ご飯にピザが作りたいです。でも、トマトがありま
　せん。一緒に買いに行きませんか。

M：いいですよ。チーズとか他のものは全部ありますか。

F：はい、あります。あと、ピザと一緒に飲むコーラを買い
　ましょう。

M：そうしましょう。

二人は何を買いますか。

[문제지]

1	2
3	4

해석 여자와 남자가 이야기하고 있습니다. 두 사람은 무엇을 삽니까?

　　F : 점심에 피자를 만들고 싶습니다. 그런데, 토마토가 없어요. 같이
　　　　사러 가지 않을래요?

　　M : 좋아요. 치즈라든가 다른 것은 전부 있습니까?

　　F : 네, 있습니다. 그리고, 피자와 함께 마실 콜라를 삽시다.

　　M : 그렇게 합시다.

　　두 사람은 무엇을 삽니까?

해설 선택지가 토마토, 콜라, 치즈로 구성된 그림이고, 질문에서 두 사람이
　　무엇을 사는지를 물었으므로, 대화를 들을 때 두 사람이 무엇을 사는
　　지를 파악해요. 여자가 トマトがありません(토마토 없어요)이라
　　고 한 후, あと、ピザと一緒に飲むコーラを買いましょう(그리고,
　　피자와 함께 마실 콜라를 삽시다)라고 했으므로, 토마토와 콜라 그림
　　으로 구성된 2가 정답이에요. 1은 콜라가 그림에 없고, 3, 4의 치즈는
　　이미 집에 있다고 했으므로 오답이에요.

어휘 二人 ふたり 📖두 사람　買う かう 📖사다

昼ご飯 ひるごはん 📖점심(식사)　ピザ 📖피자
作る つくる 📖만들다　～たい ~(하)고 싶다　でも 📖그런데
トマト 📖토마토　ある 📖있다　一緒に いっしょに 📖같이, 함께
～に行く ～にいく ~(하)러 가다　いい 📖좋다　チーズ 📖치즈
～とか ~라든가　他 ほか 📖다름　もの 📖것　全部 ぜんぶ 📖전부
あと 그리고　飲む のむ 📖마시다　コーラ 📖콜라

> ☞ 문제 2의 디렉션과 예제를 들려줄 때 1번부터 6번까지의 문제의
> 선택지를 미리 읽고 내용을 재빨리 파악해둡니다. 음성에서 では、
> 始めます(그러면, 시작합니다)가 들리면, 곧바로 문제 풀 준비를
> 합니다. 음성 디렉션과 예제는 실전모의고사 1의 해설 (p.112)에서
> 확인할 수 있습니다.

1

[음성]

女の人と男の人が話しています。男の人は兄弟が何人い
ますか。

F：森さん、森さんの家族は何人ですか。

M：5人です。両親と、あと、兄が二人います。鈴木さん
　は何人家族ですか。

F：私は4人家族です。両親と、弟と私です。

男の人は兄弟が何人いますか。

[문제지]

1 ひとり

2 ふたり

3 よにん

4 ごにん

해석 여자와 남자가 이야기하고 있습니다. 남자는 형제가 몇 명 있습니까?

　　F : 모리 씨, 모리 씨의 가족은 몇 명입니까?

　　M : 5명입니다. 부모님과, 그리고, 형이 두 명 있습니다. 스즈키 씨는
　　　　몇 인 가족입니까?

　　F : 저는 4인 가족입니다. 부모님과, 남동생과 저입니다.

　　남자는 형제가 몇 명 있습니까?

1 한 명

2 두 명

3 네 명

4 다섯 명

해설 1 '한 명', 2 '두 명', 3 '네 명', 4 '다섯 명' 중 남자의 형제가 몇 명인지
　　를 묻는 문제예요. 대화 중 남자가 兄が二人います(형이 두 명 있습
　　니다)라고 언급했으므로 2 ふたり(두 명)가 정답이에요. 1은 여자가
　　남동생이 한 명 있다고 했고, 3은 여자가 4인 가족이라고 한 것이며,
　　4는 남자의 가족이 5명이라고 한 것이므로 오답이에요.

어휘 兄弟 きょうだい 📖형제　何～ なん～ 몇～　～人 ～にん ~명, 인
　　いる 📖있다　家族 かぞく 📖가족　両親 りょうしん 📖부모님
　　あと 그리고　兄 あに 📖형, 오빠　二人 ふたり 📖두 명

私 わたし 圀 저, 나　弟 おとうと 圀 남동생　ひとり 圀 한 명

静かだ しずかだ な형 조용하다　ところ 圀 곳
一人 ひとり 圀 혼자, 한 명　こと 圀 것　好きだ すきだ な형 좋아하다
わかる 图 알다, 이해하다

2

[음성]

学校で、男の学生と女の学生が話しています。女の学生は今日、どこで勉強しますか。

M：南さんは今日どこで勉強しますか。

F：今日は学校の図書館が閉まっているので、家で勉強します。

M：そうですか。じゃあ、一緒に勉強しませんか。喫茶店で何か飲みながらしましょう。

F：うーん、すみません。私は静かなところで一人で勉強することが好きです。

M：そうですか。わかりました。

女の学生は今日、どこで勉強しますか。

[문제지]

1 がっこう
2 としょかん
3 いえ
4 きっさてん

3

[음성]

学校で、先生が学生に話しています。学生は机の上に何を置きますか。

F：みなさん、今からテストをします。テキストやノートはかばんの中に入れてください。それから、今回のテストは、鉛筆と消しゴムを使うことができません。だから、鉛筆と消しゴムはしまってください。今回はペンを使います。黒いペンだけ出してください。

学生は机の上に何を置きますか。

[문제지]

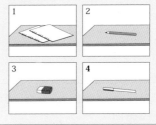

해석 학교에서, 남학생과 여학생이 이야기하고 있습니다. 여학생은 오늘, 어디에서 공부합니까?

M：미나미 씨는 오늘 어디에서 공부합니까?

F：오늘은 학교의 도서관이 닫혀 있어서, 집에서 공부합니다.

M：그렇습니까? 그럼, 같이 공부하지 않을래요? 카페에서 무언가 마시면서 합시다.

F：음, 죄송합니다. 저는 조용한 곳에서 혼자서 공부하는 것을 좋아합니다.

M：그렇습니까? 알겠습니다.

여학생은 오늘, 어디에서 공부합니까?

1 학교
2 도서관
3 집
4 카페

해설 1 '학교', 2 '도서관', 3 '집', 4 '카페' 중, 여학생이 오늘 어디에서 공부하는지를 묻는 문제예요. 여학생이 家で勉強します(집에서 공부합니다)라고 언급했으므로, 3 いえ(집)가 정답이에요. 1, 2는 오늘 학교 도서관이 닫혀 있다고 했고, 4는 남학생이 카페에서 같이 공부하자고 제안하였지만 여학생이 거절하였으므로 오답이에요.

어휘 学校 がっこう 圀 학교　学生 がくせい 圀 학생　今日 きょう 圀 오늘
勉強 べんきょう 圀 공부　する 图 하다　どこ 圀 어디
図書館 としょかん 圀 도서관　閉まる しまる 图 닫히다
～ている ~(해) 있다, (한) 상태이다　～ので 图 ~해서　家 いえ 圀 집
じゃあ 젭 그럼　一緒に いっしょに 囝 같이
喫茶店 きっさてん 圀 카페, 찻집　何か なにか 무언가
飲む のむ 图 마시다　～ながら ~(하)면서　私 わたし 圀 저, 나

해석 학교에서, 선생님이 학생에게 이야기하고 있습니다. 학생은 책상 위에 무엇을 둡니까?

F：여러분, 지금부터 시험을 봅니다. 교과서나 노트는 가방 안에 넣어 주세요. 그리고, 이번 시험은, 연필과 지우개를 사용할 수 없습니다. 그러므로, 연필과 지우개는 치워 주세요. 이번은 펜을 사용합니다. 검은 펜만 꺼내 주세요.

학생은 책상 위에 무엇을 둡니까?

해설 선택지로 제시된 노트, 연필, 지우개, 펜 그림 중, 학생이 책상 위에 무엇을 두어야 하는지를 묻는 문제예요. 선생님이 黒いペンだけ出してください(검은 펜만 꺼내 주세요)라고 언급했으므로, 펜 그림인 4가 정답이에요. 1은 지금부터 시험을 보기 때문에 노트를 가방에 넣어 달라고 했고, 2, 3은 이번 시험에서는 연필과 지우개를 사용할 수 없기 때문에 책상에서 치워 달라고 했으므로 오답이에요.

어휘 学校 がっこう 圀 학교　先生 せんせい 圀 선생(님)
学生 がくせい 圀 학생　机 つくえ 圀 책상　上 うえ 圀 위
置く おく 图 두다　みなさん 圀 여러분　今 いま 圀 지금
～から 图 ~부터　テストをする 시험을 보다, 시험을 실시하다
テキスト 圀 교과서　～や ~(이)나　ノート 圀 노트
かばん 圀 가방　中 なか 圀 안, 속　入れる いれる 图 넣다
～てください ~(해) 주세요　それから 젭 그리고
今回 こんかい 圀 이번　テスト 圀 시험　鉛筆 えんぴつ 圀 연필
消しゴム けしゴム 圀 지우개　使う つかう 图 사용하다
～ことができる ~(할) 수 있다　だから 젭 그러므로
しまう 图 치우다, 넣다　ペン 圀 펜　黒い くろい い형 검다
～だけ 图 ~만　出す だす 图 꺼내다

4

男の人と女の人が話しています。女の人のかばんは誰のものですか。

M：かわいいかばんですね。いつ買いましたか。

F：あ、これ、私のものじゃないです。

M：え、お母さんとかお姉さんのものですか。

F：いえ、母や姉はこんなかわいいかばんは使いません。

M：じゃ、誰のものですか。

F：妹のです。友だちがこれと同じかばんを持っているから、今は使わないと言っていました。だから、私が借りています。

女の人のかばんは誰のものですか。

[문제지]

1 はは

2 あね

3 いもうと

4 ともだち

해석 남자와 여자가 이야기하고 있습니다. 여자의 가방은 누구의 것입니까?

　　M : 귀여운 가방이네요. 언제 샀습니까?

　　F : 아, 이거, 제 것이 아닙니다.

　　M : 어, 어머니라든가 언니의 것인가요?

　　F : 아뇨, 엄마나 언니는 이런 귀여운 가방은 사용하지 않습니다.

　　M : 그럼, 누구의 것입니까?

　　F : 여동생의 것이에요. 친구가 이것과 같은 가방을 가지고 있어서, 지금은 안 쓴다고 말했어요. 그래서, 제가 빌리고 있습니다.

　　여자의 가방은 누구의 것입니까?

　　1 엄마

　　2 언니

　　3 여동생

　　4 친구

해설 1 '엄마', 2 '언니', 3 '여동생', 4 '친구' 중 여자의 가방이 누구의 것인지를 묻는 문제예요. 대화 중, 여자가 妹のです(여동생의 것이에요)라고 언급했으므로, 3 いもうと(여동생)가 정답이에요. 1, 2는 어머니와 언니는 이런 가방을 사용하지 않는다고 했고, 4는 여동생의 친구가 같은 가방을 가지고 있다고 한 것이므로 오답이에요.

어휘 かばん 圆 가방　もの 圆 것　かわいい い형 귀엽다　いつ 圆 언제
　　買う かう 图 사다　これ 圆 이거, 이것　私 わたし 圆 저, 나
　　お母さん おかあさん 圆 어머니, 엄마　〜とか ~라든가
　　お姉さん おねえさん 圆 언니, 누나　母 はは 圆 엄마, 어머니
　　〜や 图 ~(이)나　姉 あね 圆 언니, 누나　こんな 이런
　　使う つかう 图 사용하다, 쓰다　じゃ 圙 그럼　誰 だれ 圆 누구
　　妹 いもうと 圆 여동생　友だち ともだち 圆 친구
　　同じだ おなじだ な형 같다　持つ もつ 图 가지다
　　〜ている ~(하)고 있다, (한) 상태이다　〜から 图 ~해서

今 いま 圆 지금　〜と言っていた 〜といっていた ~라고 말했다
だから 圙 그래서　借りる かりる 图 빌리다

5

会社で、女の人と男の人が話しています。男の人の家から会社までどのくらいかかりますか。

F：佐藤さん、家から会社まで何時間かかりますか。

M：1時間かかります。林さんはどのくらいかかりますか。

F：私は2時間かかります。だから、来週引っ越します。

M：そうですか。そこからはどのくらいかかりますか。

F：30分です。

M：いいですね。僕も両親と一緒に住んでいた時は、2時間半かかりました。すごく大変だったので、去年引っ越しました。

F：2時間半ですか。それは本当に大変でしたね。

男の人の家から会社までどのくらいかかりますか。

[문제지]

1 30ぷん

2 1じかん

3 2じかん

4 2じかんはん

해석 회사에서, 여자와 남자가 이야기하고 있습니다. 남자의 집에서 회사까지 어느 정도 걸립니까?

　　F : 사토 씨, 집에서 회사까지 몇 시간 걸립니까?

　　M : 1시간 걸립니다. 하야시 씨는 어느 정도 걸립니까?

　　F : 저는 2시간 걸립니다. 그래서, 나음 주 이사합니다.

　　M : 그렇습니까? 거기에서는 얼마나 걸립니까?

　　F : 30분 입니다.

　　M : 좋네요. 저도 부모님과 함께 살았을 때는, 2시간 반 걸렸습니다. 굉장히 힘들어서, 작년에 이사했어요.

　　F : 2시간 반이요? 그건 정말로 힘들었겠네요.

　　남자의 집에서 회사까지 어느 정도 걸립니까?

　　1 30분

　　2 1시간

　　3 2시간

　　4 2시간 반

해설 1 '30분', 2 '1시간', 3 '2시간', 4 '2시간 반' 중 남자의 집에서 회사까지 얼마나 걸리는지를 묻는 문제예요. 남자가 1時間かかります(1시간 걸립니다)라고 언급했으므로 2 1じかん(1시간)이 정답이에요. 1은 여자가 다음 주 이사하는 집에서 회사까지 걸리는 시간이고, 3은 지금 여자의 집에서 회사까지 걸리는 시간이며, 4는 남자의 부모님 집에서 회사까지 걸리는 시간이므로 오답이에요.

어휘 会社 かいしゃ 圆 회사　家 いえ 圆 집　〜から 图 ~에서
　　〜まで 图 ~까지　かかる 图 (시간이) 걸리다　何〜 なん〜 몇~
　　時間 じかん 圆 시간　どのくらい 어느 정도　私 わたし 圆 저, 나

だから 圏 그래서 来週 らいしゅう 圏 다음 주

引っ越す ひっこす 圄 이사하다 そこ 圏 거기, 그곳

~分 ~ふん ~분 いい い형 좋다 僕 ぼく 圏 저, 나(남자의 자칭)

両親 りょうしん 圏 부모님 一緒に いっしょに 圉 함께

住む すむ 圄 살다 ~ている ~(하)다, ~(하)고 있다 時 とき 圏 때

半 はん 圏 반, 절반 すごく 圉 굉장히

大変だ たいへんだ な형 힘들다 ~ので ~해서

去年 きょねん 圏 작년 それ 圏 그것 本当に ほんとうに 정말로

一緒に いっしょに 圉 같이, 함께 買い物 かいもの 圏 쇼핑

~に行く ~にいく ~(하)러 가다 いい い형 좋다 でも 圏 그런데

僕 ぼく 圏 저, 나(남자의 자칭) 午前 ごぜん 圏 오전

~中 ~ちゅう ~중 テスト 圏 시험 ある 圄 있다

私 わたし 圏 저, 나 その 그 時 とき 圏 때

アルバイト 圏 아르바이트 終わる おわる 圄 끝나다

~てから ~(하)고 나서 友だち ともだち 圏 친구 ご飯 ごはん 圏 밥

食べる たべる 圄 먹다 予定 よてい 圏 예정 ~ので 조 ~라서

後 あと 圏 후, 뒤 電話 でんわ 圏 전화 する 圄 하다

わかる 圄 알다, 이해하다 じゃ 圏 그럼 待つ まつ 圄 기다리다

~ている ~(하)고 있다

6

[음성]

女の人と男の人が話しています。明日、二人は一緒に何をしますか。

F：田中さん、明日一緒に買い物に行きませんか。

M：いいですよ。でも、僕、明日の午前中はテストがあります。

F：私もその時はアルバイトがあります。

M：あ、テストが終わってから友だちとご飯も食べる予定なので、ご飯を食べた後電話します。

F：わかりました。じゃ、電話待っていますね。

明日、二人は一緒に何をしますか。

[문제지]

 1
 2
 3
 4

해석 여자와 남자가 이야기하고 있습니다. 내일, 두 사람은 함께 무엇을 합니까?

F : 다나카 씨, 내일 같이 쇼핑하러 가지 않을래요?

M : 좋아요. 그런데, 저, 내일 오전 중은 시험이 있어요.

F : 저도 그때는 아르바이트가 있어요.

M : 아, 시험이 끝나고 나서 친구와 밥도 먹을 예정이라서, 밥을 먹은 후 전화하겠습니다.

F : 알겠습니다. 그럼, 전화 기다리고 있을게요.

내일, 두 사람은 함께 무엇을 합니까?

해설 선택지로 제시된 쇼핑, 시험 보기, 아르바이트, 식사 그림 중, 두 사람이 내일 함께 무엇을 하는지를 묻는 문제예요. 대화 중 明日一緒に買い物に行きませんか(내일 같이 쇼핑하러 가지 않을래요?)라는 여자의 말에 남자가 いいですよ(좋아요)라고 언급했으므로, 쇼핑하는 그림인 1이 정답이에요. 2는 남자가 내일 오전에 시험이 있다고 한 것이고, 3은 여자가 내일 오전에 아르바이트가 있다고 한 것이며, 4는 남자가 내일 밥을 먹고 여자에게 전화하겠다고 한 것이므로 오답이에요.

어휘 明日 あした 圏 내일 二人 ふたり 圏 두 사람, 두 명

☞ 문제 3은 예제를 들려줄 때 1번부터 5번까지의 그림을 보고 상황을 미리 떠올려봅니다. 음성에서 では、始めます(그러면, 시작합니다)가 들리면, 곧바로 문제 풀 준비를 합니다. 음성 디렉션과 예제는 실전모의고사 1의 해설 (p.116)에서 확인할 수 있습니다.

1

[문제지]

[음성]

レストランでカレーを頼みました。長い時間出てきません。何と言いますか。

F：1 すみません、カレーはできませんか。

2 すみません、カレーはまだですか。

3 すみません、カレーにしましたか。

해석 레스토랑에서 카레를 주문했습니다. 긴 시간 나오지 않습니다. 뭐라고 말합니까?

F : 1 실례합니다, 카레는 할 수 없나요?

2 실례합니다, 카레는 아직인가요?

3 실례합니다, 카레로 했습니까?

해설 점원에게 카레가 언제 나오는지 묻는 말을 고르는 문제예요.

1 (X) すみません、カレーはできませんか(실례합니다, 카레는 할 수 없나요?)는 카레를 주문할 수 있는지 묻는 말이므로 오답이에요.

2 (O) すみません、カレーはまだですか(실례합니다, 카레는 아직인가요?)는 카레가 언제 나오는지 묻는 말이므로 정답이에요.

3 (X) すみません、カレーにしましたか(실례합니다, 카레로 했습니까?)는 점원이 손님에게 할 수 있는 말이므로 오답이에요.

어휘 レストラン 圏 레스토랑 カレー 圏 카레

頼む たのむ 圄 주문하다, 부탁하다 長い ながい い형 길다

時間 じかん 图시간　出てくる でてくる 나오다
できる 图할 수 있다　まだ 里아직　〜にする ~로 하다

2

[문제지]

[음성]

友<small>とも</small>だちにケーキをあげます。何<small>なん</small>と言<small>い</small>いますか。

M：1 ケーキ、どうですか。

　　2 このケーキをあげませんか。

　　3 どのケーキですか。

해석 친구에게 케이크를 줍니다. 뭐라고 말합니까?

M：1 케이크, 어떻습니까?

　　2 이 케이크를 주지 않을래요?

　　3 어느 케이크입니까?

해설 친구에게 케이크를 줄 때 하는 말을 고르는 문제예요.

1 (O) ケーキ、どうですか(케이크, 어떻습니까?)는 케이크를 권하는 의도의 말이므로 정답이에요.

2 (X) このケーキをあげませんか(이 케이크를 주지 않을래요?)는 누군가에게 선물할 케이크를 고를 때 하는 말이므로 오답이에요.

3 (X) どのケーキですか(어느 케이크입니까?)는 여러 가지의 케이크 중 어느 케이크인지를 물을 때 하는 말이므로 오답이에요.

어휘 友<small>とも</small>だち ともだち 图친구　ケーキ 图케이크　あげる 图주다
　　この 이　どの 이느

3

[문제지]

[음성]

今<small>いま</small>ペンを持<small>も</small>っていません。友<small>とも</small>だちに借<small>か</small>りたいです。何<small>なん</small>と言<small>い</small>いますか。

M：1 どんなペンが必要<small>ひつよう</small>ですか。

　　2 これは借<small>か</small>りたペンですか。

　　3 ペンを借<small>か</small>りてもいいですか。

해석 지금 펜을 가지고 있지 않습니다. 친구에게 빌리고 싶습니다. 뭐라고 말합니까?

M：1 어떤 펜이 필요합니까?

　　2 이것은 빌린 펜입니까?

　　3 펜을 빌려도 됩니까?

해설 친구에게 펜을 빌릴 때 하는 말을 고르는 문제예요.

1 (X) どんなペンが必要ですか(어떤 펜이 필요합니까?)는 펜을 빌려주는 친구가 할 수 있는 말이므로 오답이에요.

2 (X) これは借りたペンですか(이것은 빌린 펜입니까?)는 친구가 가지고 있는 펜이 누군가에게 빌린 펜인지 묻는 말이므로 오답이에요.

3 (O) ペンを借りてもいいですか(펜을 빌려도 됩니까?)는 친구에게 펜을 빌려도 되는지 묻는 말이므로 정답이에요.

어휘 今 いま 图지금　ペン 图펜　持つ もつ 图가지다
　　〜ている ~(하)고 있다　友だち ともだち 图친구
　　借りる かりる 图빌리다　〜たい ~(하)고 싶다　どんな 어떤
　　必要だ ひつようだ 图필요하다　これ 图이것
　　〜てもいい ~(해)도 된다

4

[문제지]

[음성]

客<small>きゃく</small>に熱<small>あつ</small>いお茶<small>ちゃ</small>を出<small>だ</small>します。何<small>なん</small>と言<small>い</small>いますか。

F：1 もう熱<small>あつ</small>くないですか。

　　2 熱<small>あつ</small>いので注意<small>ちゅうい</small>してください。

　　3 今<small>いま</small>、熱<small>あつ</small>いお茶<small>ちゃ</small>はありません。

해석 손님에게 뜨거운 차를 냅니다. 뭐라고 말합니까?

F：1 이제 뜨겁지 않습니까?

　　2 뜨거우니까 주의해 주세요.

　　3 지금, 뜨거운 차는 없습니다.

해설 손님에게 차가 뜨거우니 주의하라고 하는 말을 고르는 문제예요.

1 (X) もう熱くないですか(이제 뜨겁지 않습니까?)는 손님이 할 수 있는 말이므로 오답이에요.

2 (O) 熱いので注意してください(뜨거우니까 주의해 주세요)는 뜨거운 차를 주의해 달라는 말이므로 정답이에요.

3 (X) 今、熱いお茶はありません(지금, 뜨거운 차는 없습니다)은 지금은 뜨거운 차를 주문할 수 없다고 하는 말이므로 오답이에요.

어휘 客 きゃく 图손님　熱い あつい い형뜨겁다　お茶 おちゃ 图차
　　出す だす 图내다　もう 里이제　〜ので 图~니까
　　注意 ちゅうい 图주의　する 图하다　〜てください ~(해) 주세요
　　今 いま 图지금　ある 图있다

5

[문제지]

[음성]

週末（しゅうまつ）に友（とも）だちと運動（うんどう）したいです。何（なん）と言（い）いますか。

M：1 週末（しゅうまつ）に運動（うんどう）しましたか。
　　2 運動（うんどう）は週末（しゅうまつ）にしていますか。
　　3 週末（しゅうまつ）に運動（うんどう）しませんか。

해석 주말에 친구와 운동하고 싶습니다. 뭐라고 말합니까?

　　M：1 주말에 운동했습니까?
　　　　2 운동은 주말에 하고 있습니까?
　　　　3 주말에 운동하지 않겠습니까?

해설 친구에게 주말에 함께 운동하자고 권유하는 말을 고르는 문제예요.

　　1 (X) 週末（しゅうまつ）に運動（うんどう）しましたか(주말에 운동했습니까?)는 지난 주말에 운동을 했는지 묻는 말이므로 오답이에요.
　　2 (X) 運動（うんどう）は週末（しゅうまつ）にしていますか(운동은 주말에 하고 있습니까?)는 운동을 주말에 하고 있는지 묻는 말이므로 오답이에요.
　　3 (O) 週末（しゅうまつ）に運動（うんどう）しませんか(주말에 운동하지 않겠습니까?)는 주말에 운동을 하자고 권유하는 말이므로 정답이에요.

어휘 週末（しゅうまつ）圏주말　友（とも）だち ともだち圏친구
　　運動（うんどう）うんどう圏운동　する圄하다　〜たい ~(하)고 싶다
　　〜ている ~(하)고 있다

☞ 문제 4는 문제지에 아무것도 인쇄되어 있지 않습니다. 따라서, 예제를 들려줄 때, 그 내용을 들으면서 즉시 응답의 문제 풀이 step 을 떠올려 봅니다. 음성에서 では、始（はじ）めます(그러면, 시작합니다) 가 들리면, 실제 문제 풀 준비를 합니다. 음성 디렉션과 예제는 실전모의고사 1의 해설 (p.118)에서 확인할 수 있습니다.

1

[음성]

F：このバス、みなみ駅（えき）まで行（い）きますか。
M：1 みなみ駅（えき）で電車（でんしゃ）に乗（の）ります。
　　2 はい、みなみ駅（えき）に行（い）きたいです。
　　3 このバスは行（い）きません。

해석 F：이 버스, 미나미 역까지 갑니까?
　　M：1 미나미 역에서 전철을 탑니다.
　　　　2 네, 미나미 역에 가고 싶습니다.
　　　　3 이 버스는 가지 않습니다.

해설 여자가 남자에게 버스가 미나미 역까지 가는지 묻고 있어요.

　　1 (X) みなみ駅（미나미 역）를 반복 사용하고, 駅（역）와 관련된 電車（でんしゃ）に乗（の）ります(전철을 탑니다)를 사용하여 혼동을 준 오답이에요.
　　2 (X) '네'라고 버스가 미나미 역에 간다고 대답하였는데, 뒤에는 '미나미 역에 가고 싶습니다'라고 하므로 앞뒤가 맞지 않는 오답이에요.
　　3 (O) 버스가 미나미 역에 가지 않는다는 말이므로 적절한 응답이에요.

어휘 この 이　バス圏버스　駅（えき）圏역　〜まで 国~까지
　　行（い）く いく圄가다　電車（でんしゃ）でんしゃ圏전철　乗（の）る のる圄타다
　　〜たい ~(하)고 싶다

2

[음성]

M：今（いま）から食事（しょくじ）に行（い）きませんか。
F：1 はい、そうしましょう。
　　2 これは食（た）べません。
　　3 はい、ご飯（はん）は食（た）べました。

해석 M：지금부터 식사하러 가지 않겠습니까?
　　F：1 네, 그렇게 합시다.
　　　　2 이것은 먹지 않습니다.
　　　　3 네, 밥은 먹었습니다.

해설 남자가 여자에게 식사하러 가자고 권유하고 있어요. 따라서 권유를 수락하거나 거절하는 응답을 정답으로 선택해요.

　　1 (O) 남자의 권유를 수락하는 말이므로 적절한 응답이에요.
　　2 (X) 食事（식사）와 관련된 食（た）べません(먹지 않습니다)을 사용하여 혼동을 준 오답이에요.
　　3 (X) '네'라고 남자의 권유를 수락하였는데, 뒤에는 '밥은 먹었습니다'라고 하므로 앞뒤가 맞지 않는 오답이에요.

어휘 今（いま）圏지금　〜から 国~부터　食事（しょくじ）圏식사
　　〜に行（い）く 〜にいく ~(하)러 가다　これ圏이것
　　食（た）べる たべる圄먹다　ご飯（はん）ごはん圏밥

3

[음성]

F：明日（あした）は何（なに）をしますか。
M：1 運動（うんどう）をしました。
　　2 映画（えいが）が見（み）たいです。
　　3 雨（あめ）だと聞（き）きました。

해석 F：내일은 무엇을 합니까?
　　M：1 운동을 했습니다.
　　　　2 영화가 보고 싶습니다.
　　　　3 비라고 들었습니다.

해설 여자가 남자에게 내일 무엇을 하는지 묻고 있어요.

　　1 (X) 내일 할 일을 물었는데, 이미 한 일에 대해서 이야기하고 있으므로 오답이에요.
　　2 (O) 내일 영화가 보고 싶다는 말이므로 정답이에요.

3 (X) 내일 할 일을 물었는데, 내일의 날씨에 대해서 이야기하고 있으므로 오답이에요.

어휘 明日 あした 圀내일 何 なに 圀무엇   する 圄하다
運動 うんどう 圀운동   映画 えいが 圀영화   見る みる 圄보다
～たい ~(하)고 싶다   雨 あめ 圀비   ～と 圂~라고
聞く きく 圄듣다

4

[음성]
F：今度、私の家に遊びに来ませんか。
M：1 今、家に帰ります。
　　2 どこで遊びますか。
　　3 はい、今度行きますね。

해석 F : 이 다음, 저의 집에 놀러 오지 않을래요?
　　M : 1 지금, 집에 돌아갑니다.
　　　　2 어디에서 놉니까?
　　　　3 네, 다음에 갈게요.

해설 여자가 남자에게 다음에 집에 놀러오라고 권유하고 있어요. 따라서 권유를 수락하거나 거절하는 응답을 정답으로 선택해요.
　　1 (X) 家(집)를 반복 사용하여 혼동을 준 오답이에요.
　　2 (X) 遊びに(놀러)와 관련된 遊びますか(놉니까?)를 사용하여 혼동을 준 오답이에요.
　　3 (O) 여자의 권유를 수락하는 말이므로 적절한 응답이에요.

어휘 今度 こんど 圀이 다음, 다음에   私 わたし 圀저, 나   家 いえ 圀집
遊ぶ あそぶ 圄놀다   ～に来る ～にくる ~(하)러 오다
今 いま 圀지금   帰る かえる 圄돌아가다, 돌아오다   どこ 圀어디
行く いく 圄가다

5

[음성]
M：何時に家を出ますか。
F：1 三日です。
　　2 8時です。
　　3 6時間です。

해석 M : 몇 시에 집을 나옵니까?
　　F : 1 3일입니다.
　　　　2 8시입니다.
　　　　3 6시간입니다.

해설 남자가 여자에게 집을 나오는 시간을 묻고 있어요.
　　1 (X) いつですか(언제입니까?)라는 질문에 대한 답변이므로 오답이에요.
　　2 (O) 8시에 집을 나온다는 말이므로 적절한 응답이에요.
　　3 (X) 何時間ですか(몇 시간입니까?)라는 질문에 대한 답변이므로 오답이에요.

어휘 何～ なん～ 몇~   ～時 ～じ ~시   家 いえ 圀집
出る でる 圄나오다   三日 みっか 圀3일   時間 じかん 圀시간

6

[음성]
M：このかさ、使ってもいいですか。
F：1 **すみません、私のじゃないので…。**
　　2 かさは持っていません。
　　3 はい、私が使いました。

해석 M : 이 우산, 사용해도 괜찮습니까?
　　F : 1 **죄송합니다, 제 것이 아니라서….**
　　　　2 우산은 가지고 있지 않습니다.
　　　　3 네, 제가 사용했습니다.

해설 남자가 여자에게 우산을 사용해도 되는지 묻고 있어요.
　　1 (O) 우산이 자신의 것이 아니라서 사용해도 되는지 알 수 없다는 말이므로 적절한 응답이에요.
　　2 (X) かさ(우산)를 반복 사용하여 혼동을 준 오답이에요.
　　3 (X) '네'라고 사용해도 된다고 대답하였는데, 뒤에는 '제가 사용했습니다'라고 하므로 앞뒤가 맞지 않는 오답이에요.

어휘 この 이   かさ 圀우산   使う つかう 圄사용하다
～てもいい ~(해)도 괜찮다   私 わたし 圀저, 나   ～ので 圂~해서
持つ もつ 圄가지다   ～ている ~(하)고 있다

일본어도 역시,
1위 해커스

japan.Hackers.com

언어지식 (문자·어휘)

문제 1	1 4	2 1	3 3	4 2	5 2	6 2	7 3
문제 2	8 4	9 4	10 4	11 1	12 3		
문제 3	13 2	14 1	15 2	16 1	17 4	18 3	
문제 4	19 1	20 4	21 3				

언어지식 (문법)

문제 1	1 4	2 2	3 1	4 3	5 1	6 3	7 2
	8 2	9 3					
문제 2	10 4	11 1	12 3	13 3			
문제 3	14 1	15 3	16 1	17 2			

독해

문제 4	18 2	19 4
문제 5	20 2	21 3
문제 6	22 2	

청해

문제 1	1 3	2 2	3 3	4 2	5 2	6 1	7 4
문제 2	1 2	2 2	3 3	4 4	5 1	6 3	
문제 3	1 1	2 2	3 3	4 1	5 2		
문제 4	1 3	2 2	3 2	4 3	5 1	6 1	

들으면서
학습하기

1

대단히 큰 개犬네요.

해설 犬는 4 いぬ로 발음해요.

어휘 犬 いぬ 몡 개　鳥 とり 몡 새　猫 ねこ 몡 고양이
　　魚 さかな 몡 물고기　とても 閉 대단히, 정말　おおきい い형 크다

2

역 앞에서 여성인 사람人에게 길을 물었습니다.

해설 人는 1 ひと로 발음해요. と가 탁음이 아닌 것에 주의해요.

어휘 人 ひと 몡 사람　子 こ 몡 아이　えきまえ 몡 역 앞
　　おんな 몡 여성, 여자　みち 몡 길　きく 동 묻다

3

비싸도 튼튼丈夫한 것을 삽니다.

해설 丈夫는 3 じょうぶ로 발음해요. じょう가 탁음인 것과 요음 じょ와 う가 함께 사용된 장음인 것에 주의해요.

어휘 丈夫だ じょうぶだ な형 튼튼하다　たかい い형 비싸다
　　~ても 조 ~해도　もの 몡 것　かう 동 사다

4

남동생이 서점에 들어갔습니다入りました.

해설 入りました는 2 はいりました로 발음해요.

어휘 入る はいる 동 들어가다　売る うる 동 팔다　止る とまる 동 멈추다
　　送る おくる 동 보내다　おとうと 몡 남동생　ほんや 몡 서점

5

저는 오늘도 회사会社에 갑니다.

해설 会社는 2 かいしゃ로 발음해요. かい가 탁음이 아닌 것과 しゃ가 요음인 것에 주의해요.

어휘 会社 かいしゃ 몡 회사　わたし 몡 저, 나　きょう 몡 오늘
　　いく 동 가다

6

금요일金よう日부터 여름방학입니다.

해설 金よう日는 2 きんようび로 발음해요.

어휘 金よう日 きんようび 몡 금요일　土よう日 どようび 몡 토요일
　　火よう日 かようび 몡 화요일　月よう日 げつようび 몡 월요일
　　~から 조 ~부터　なつやすみ 몡 여름방학

7

그녀는 파란青い 옷을 입고 있습니다.

해설 青い는 3 あおい로 발음해요.

어휘 青い あおい い형 파랗다　黒い くろい い형 까맣다
　　白い しろい い형 하얗다　赤い あかい い형 빨갛다　かのじょ 몡 그녀
　　ふく 몡 옷　きる 동 입다　~ている ~(하)고 있다

8

이 사과는 팔백엔はっぴゃくえん입니다.

해설 はっぴゃくえん은 4 八百円으로 표기해요.

어휘 八百円 はっぴゃくえん 몡 팔백 엔　六万円 ろくまんえん 몡 육만 엔
　　六千円 ろくせんえん 몡 육천 엔　八千円 はっせんえん 몡 팔천 엔
　　この 이　りんご 몡 사과

9

조용しずか히 해 주세요.

해설 しずか는 4 静か로 표기해요. 2, 3은 없는 단어예요.

어휘 静かだ しずかだ な형 조용하다　する 동 하다
　　~てください ~(해) 주세요

10

테이블てーぶる의 위에 사과가 있습니다.

해설 てーぶる를 가타카나로 올바르게 표기한 것은 4 テーブル예요. 1, 2, 3은 없는 단어예요.

어휘 テーブル 몡 테이블　うえ 몡 위　りんご 몡 사과　ある 동 있다

11

이제부터 잠깐 나갔다でかけて 올게요.

해설 でかけて는 1 出かけて로 표기해요. 3, 4는 없는 단어예요.

어휘 出かける でかける 동 나가다, 외출하다　これから 이제부터
　　ちょっと 閉 잠깐　くる 동 오다

12

지금부터 전철でんしゃ을 탑니다.

해설 でんしゃ는 3 電車로 표기해요. 1, 2는 없는 단어예요.

어휘 電車 でんしゃ 몡 전철　いま 몡 지금　~から 조 ~부터
　　のる 동 타다

13

자기 전에 항상 (　　　)를 합니다.

1 텔레비전　　　　　　　2 샤워
3 라디오　　　　　　　　4 문

해설 선택지가 모두 명사예요. 빈칸 뒤의 내용과 함께 쓸 때 シャワーをあ

びます(샤워를 합니다)라는 문맥이 가장 자연스러우므로 2 シャワー(샤워)가 정답이에요. 1은 テレビを見る(텔레비전을 보다), 3은 ラジオを聞く(라디오를 듣다), 4는 ドアを開ける(문을 열다)와 같이 자주 쓰여요.

어휘 ねる 图자다   まえ 图전   いつも 图항상
 シャワーをあびる 샤워를 하다   テレビ 图텔레비전
ラジオ 图라디오   ドア 图문, 도어

14

이쪽의 책장에 책을 (　　　) 주세요.

1 늘어놓아	2 팔아
3 빌려줘	4 끝나

해설 선택지가 모두 동사예요. 빈칸 앞의 내용과 함께 쓸 때 ほんだなに ほんをならべて(책장에 책을 늘어놓아)라는 문맥이 가장 자연스러우므로 1 ならべて(늘어놓아)가 정답이에요. 2는 りんごをうる(사과를 팔다), 3은 お金をかす(돈을 빌려주다), 4는 仕事がおわる(일이 끝나다)와 같이 자주 쓰여요.

어휘 こちら 图이쪽   ほんだな 图책장   ほん 图책
～てください ~(해) 주세요   ならべる 图늘어놓다   うる 图팔다
かす 图빌려주다   おわる 图끝나다

15

숙제를 (　　　) 때문에, 지금 낼 수 없습니다.

1 외웠기	**2 잊었기**
3 만들었기	4 이야기했기

해설 선택지가 모두 동사예요. 문장 전체를 보았을 때 しゅくだいをわすれたので、いまだすことができません(숙제를 잊었기 때문에, 지금 낼 수 없습니다)라는 문맥이 가장 자연스러우므로 2 わすれた(잊었기)가 정답이에요. 빈칸 바로 앞의 しゅくだいを(숙제를)만 보고 1 おぼえた(외웠기)를 정답으로 선택하지 않도록 주의해요. 1은 なまえをおぼえる(이름을 외우다), 3은 料理をつくる(요리를 만들다), 4는 ともだちとはなす(친구와 이야기하다)와 같이 자주 쓰여요.

어휘 しゅくだい 图숙제   ～ので 图~때문에   いま 图지금
だす 图내다, 제출하다   ～ことができる ~(할) 수 있다
おぼえる 图외우다, 기억하다   わすれる 图잊다   つくる 图만들다
はなす 图이야기하다

16

여동생은 내년 5 (　　　) 가 됩니다.

1 세	2 명
3 층	4 권

해설 선택지가 모두 수를 세는 단위예요. 문장 전체를 보았을 때 いもうと はらいねん 5 さいになります(여동생은 내년 5세가 됩니다)라는 문맥이 가장 자연스러우므로 나이를 셀 때 사용하는 1 さい(세)가 정답이에요. 2는 인원수, 3은 건물의 층, 4는 책을 셀 때 사용하는 단위예요.

어휘 いもうと 图여동생   らいねん 图내년   なる 图되다
～さい ~세, 살   ～にん ~명, 인   ～かい ~층   ～さつ ~권

17

도쿄까지 가는 버스의 (　　　) 를 샀습니다.

1 사전	2 편지
3 일기	**4 표**

해설 선택지가 모두 명사예요. 빈칸 앞의 내용과 함께 쓸 때 バスのきっぷ(버스의 표)라는 문맥이 가장 자연스러우므로 4 きっぷ(표)가 정답이에요. 1은 日本語のじしょ(일본어 사전), 2는 ともだちからの てがみ(친구로부터의 편지), 3은 今日のにっき(오늘의 일기)와 같이 자주 쓰여요.

어휘 とうきょう 图도쿄(지명)   ～まで 图~까지   いく 图가다
バス 图버스   かう 图사다   じしょ 图사전   てがみ 图편지
にっき 图일기   きっぷ 图표

18

밥을 먹기 전에 "(　　　)"라고 말합니다.

1 안녕히 주무세요
2 다녀오겠습니다
3 잘 먹겠습니다
4 잘 먹었습니다

해설 선택지가 모두 인사말이에요. 제시문 전체를 보았을 때 ごはんをたべるまえに「いただきます」といいます(밥을 먹기 전에 "잘 먹겠습니다"라고 말합니다)라는 문맥이 가장 자연스러우므로 3 いただきます(잘 먹겠습니다)가 정답이에요. 1은 자기 전에, 2는 외출하기 전에, 4는 식사를 마친 후에 주로 쓰여요.

어휘 ごはん 图밥   たべる 图먹다   まえ 图전   ～という ~라고 말하다

19

부모님은 매일 아침 운동을 합니다.

1 아버지와 어머니는 매일 아침 운동을 합니다.
2 할아버지와 할머니는 매일 아침 운동을 합니다.
3 형과 남동생은 매일 아침 운동을 합니다.
4 누나와 여동생은 매일 아침 운동을 합니다.

해설 제시문에 사용된 りょうしん이 '부모님'이라는 의미이므로, 이와 의미가 같은 ちちとはは(아버지와 어머니)를 사용한 1 ちちとははまいあさうんどうをします(아버지와 어머니는 매일 아침 운동을 합니다)가 정답이에요.

어휘 りょうしん 图부모님   まいあさ 매일 아침   うんどう 图운동
する 图하다   ちち 图아버지, 아빠   はは 图어머니, 엄마
そふ 图할아버지   そぼ 图할머니   あに 图형, 오빠
おとうと 图남동생   あね 图누나, 언니   いもうと 图여동생

20

<u>이 요리는 답니다.</u>

1 이 요리는 고기가 들어가 있습니다.
2 이 요리는 간장이 들어가 있습니다.
3 이 요리는 소금이 들어가 있습니다.
4 이 요리는 설탕이 들어가 있습니다.

해설 제시문에 사용된 あまいです가 '답니다'라는 의미이므로, 이와 의미가 유사한 さとうがはいっています(설탕이 들어가 있습니다)를 사용한 4 このりょうりはさとうがはいっています(이 요리는 설탕이 들어가 있습니다)가 정답이에요.

어휘 この 이   りょうり 圐요리   あまい い형달다   にく 圐고기
はいる 图들어가다   ～ている ~(해) 있다, (한) 상태이다
しょうゆ 圐간장   しお 圐소금   さとう 圐설탕

<u>이 계란은 저기에서 샀습니다.</u>

1 저기는 우체국입니다.
2 저기는 서점입니다.
3 저기는 슈퍼입니다.
4 저기는 수영장입니다.

해설 제시문 このたまごはあそこでかいました(이 계란은 저기에서 샀습니다)와 가장 의미가 비슷한 3 あそこはスーパーです(저기는 슈퍼입니다)가 정답이에요.

어휘 この 이   たまご 圐계란   あそこ 圐저기   かう 图사다
ゆうびんきょく 圐우체국   ほんや 圐서점   スーパー 圐슈퍼
プール 圐수영장

언어지식 (문법) p.379

혼다 씨는 영국인 (   ) 결혼했습니다.

1 의   2 이
3 도   **4 과**

해설 빈칸에 들어갈 적절한 조사를 고르는 문제예요. 빈칸 앞의 イギリス人(영국인)과 빈칸 뒤의 けっこんしました(결혼했습니다)를 보면, 선택지 2 が(이), 3 も(도), 4 と(과)가 정답의 후보예요. 문장 전체를 보면 本田さんはイギリス人とけっこんしました(혼다 씨는 영국인과 결혼했습니다)라는 말이 문맥상 자연스러워요. 따라서 4 と(과)가 정답이에요.

어휘 イギリス人 イギリスじん 圐영국인   けっこんする 图결혼하다
～の 函~의   ～が 函~이, 가   ～も 函~도   ～と 函~과, 와

오늘은 하늘 (   ) 매우 파랗습니다.

1 이나   **2 이**
3 을   4 에

해설 빈칸에 들어갈 적절한 조사를 고르는 문제예요. 빈칸 앞의 そら(하늘)와 빈칸 뒤의 とても青いです(매우 파랗습니다)를 보면, '하늘이 매우 파랗습니다'라는 말이 문맥상 자연스러워요. 따라서 2 が(이)가 정답이에요.

어휘 今日 きょう 圐오늘   そら 圐하늘   とても 囝매우
青い あおい 이형파랗다   ～や ~(이)나   ～が 函~이, 가
～を 函~을, 를   ～に 函~에, 에게

어두운 곳에서 책 (   ) 읽는 것은 눈에 좋지 않습니다.

1 을   2 이나
3 은   4 과

해설 빈칸에 들어갈 적절한 조사를 고르는 문제예요. 빈칸 앞의 本(책)과 빈칸 뒤의 読むことは(읽는 것은)를 보면, '책을 읽는 것은'이라는 말이 문맥상 자연스러워요. 따라서 1 を(을)가 정답이에요.

어휘 暗い くらい 이형어둡다   ところ 圐곳, 장소   本 ほん 圐책
読む よむ 图읽다   こと 圐것, 일   目 め 圐눈   よい 이형좋다
～を 函~을, 를   ～や 函~(이)나   ～は 函~은, 는   ～と 函~과, 와

A "실례합니다, 마쓰모토 씨는 지금 (   ) 에 있습니까?"
B "조금 전 화장실에 갔습니다."

1 누구   2 무엇
3 어디   4 언제

해설 빈칸에 들어갈 적절한 의문사를 고르는 문제예요. 빈칸 앞의 今(지금)와 빈칸 뒤의 にいますか(에 있습니까)를 보면, '지금 어디에 있습니까'라는 말이 문맥상 자연스러워요. 따라서 3 どこ(어디)가 정답이에요.

어휘 今 いま 圐지금   いる 图있다   さっき 圐조금 전   トイレ 圐화장실
行く いく 图가다   だれ 圐누구   なに 圐무엇   どこ 圐어디
いつ 圐언제

선생님 "다음 주 수요일은 히타치 공원에 갑니다. 그 날은, 자신의 도시락을 (   ) 와 주세요."
학생   "네, 알겠습니다."

1 가지고   2 가진
3 가지   4 가지다

해설 빈칸 뒤의 문형에 접속하는 알맞은 동사 형태를 고르는 문제예요. 빈칸 뒤의 きては는 くる의 て형이고, くる는 동사 て형과 접속하여 '~(하)고 오다'라는 의미의 문형을 만들 수 있어요. 그러므로 동사 て

형인 선택지 1 持って(가지고)를 빈칸에 넣으면 持ってきて(가지고 와)가 돼요. 따라서 1 持って(가지고)가 정답이에요. 동사 て형 + くる가 '~(하)고 오다'라는 의미의 문형임을 알아두세요.

어휘 先生 せんせい 圏선생(님)   来週 らいしゅう 圏다음 주
水よう日 すいようび 圏수요일   こうえん 圏공원   行く いく 圏가다
その 그   日 ひ 圏날   じぶん 圏자신, 자기   おべんとう 圏도시락
くる 圏오다   ~てください ~(해) 주세요   学生 がくせい 圏학생
分かる わかる 圏알다   持つ もつ 圏가지다

6

3시간 (   ) 숙제를 했습니다. 하지만 아직 끝나지 않았습니다.

1 부터   2 보다
3 정도   4 이

해설 빈칸에 들어갈 적절한 조사를 고르는 문제예요. 빈칸 앞의 3時間(3시간)과 빈칸 뒤의 宿題を(숙제를)를 보면, '3시간 정도 숙제를'이라는 말이 문맥상 자연스러워요. 따라서 3 くらい(정도)가 정답이에요.

어휘 時間 じかん 圏시간   宿題 しゅくだい 圏숙제   する 圏하다
でも 접하지만   まだ 閉아직   おわる 圏끝나다
~ている ~(한) 상태이다   ~から 조~부터   ~より 조~보다
~くらい 조~정도   ~が 조~이, 가

7

이번 여름방학은 (   ) 혼자서 해외여행을 갑니다.

1 점점   **2 처음으로**
3 전혀   4 매우

해설 빈칸에 들어갈 적절한 부사를 고르는 문제예요. 빈칸 앞의 今度の夏休みは(이번 여름방학은)와 빈칸 뒤의 一人で(혼자서)를 보면, '이번 여름방학은 처음으로 혼자서'라는 말이 문맥상 자연스러워요. 따라서 2 はじめて(처음으로)가 정답이에요.

어휘 今度 こんど 圏이번   夏休み なつやすみ 圏여름방학
一人 ひとり 圏혼자, 한 사람   海外 かいがい 圏해외
旅行 りょこう 圏여행   行く いく 圏가다   だんだん 圏점점
はじめて 閉처음으로   ぜんぜん 閉전혀   たいへん 閉매우

8

그저께 꽃을 샀습니다. 어제는 책을 샀습니다. 오늘은 아무것도 (   ) 않을 예정입니다.

1 사   **2 사지**
3 사다   4 산

해설 빈칸 뒤의 문형에 접속하는 알맞은 동사 형태를 고르는 문제예요. 빈칸 뒤의 ない는 동사 ない형과 접속하여 '~(하)지 않다'라는 의미의 문형을 만들 수 있어요. 그러므로 동사 ない형인 선택지 2 買わ(사지)를 빈칸에 넣으면 買わない(사지 않다)가 돼요. 따라서 2 買わ(사지)가 정답이에요. 동사 ない형 + ない가 '~(하)지 않다'라는 의미의 문형임을 알아두세요.

어휘 おととい 圏그저께   花 はな 圏꽃   買う かう 圏사다

昨日 きのう 圏어제   本 ほん 圏책   今日 きょう 圏오늘
何も なにも 아무것도   ~つもりだ ~(할) 예정이다

9

기노시타 "내일은 어디에서 만나는 것이 좋습니까?"
요시다   "역 앞에서 (   )."
기노시타 "네. 그럼, 내일 또 봐요."

1 만나지 않습니다   2 만나고 있습니다
3 만납시다   4 만났습니다

해설 빈칸에 들어갈 적절한 문형을 고르는 문제예요. 빈칸 앞의 駅の前で(역 앞에서)를 보면, 1 会いません(만나지 않습니다), 3 会いましょう(만납시다), 4 会いました(만났습니다)가 정답의 후보예요. 기노시타가 明日はどこで会うのがいいですか(내일은 어디에서 만나는 것이 좋습니까)라고 했으므로 '역 앞에서 만납시다'라는 말이 문맥상 자연스러워요. 따라서 3 会いましょう(만납시다)가 정답이에요. 3의 ましょう는 '~(합)시다', 1의 ません은 '~(하)지 않습니다', 2의 ています는 '~(하)고 있습니다', 4의 ました는 '~(했)습니다'라는 의미임을 알아두세요.

어휘 明日 あした 圏내일   どこ 어디   会う あう 圏만나다
いい い형좋다   駅 えき 圏역   前 まえ 圏앞   じゃ 접그럼
また 閉또   ~ている ~(하)고 있다

10

저는 학교에서 <u>가까운</u> 곳 ★<u>에</u> <u>살고 있어서</u> 학교까지는 걸어서 5분입니다.

1 살고 있어서   2 곳
3 가까운   **4 에**

해설 서로 연결할 수 있는 선택지가 있는지 확인해요. 선택지 2의 ところ는 명사이므로 조사와 접속할 수 있어요. 그러므로 2 ところ와 4 に를 우선 연결해요. 이후 나머지 선택지들을 의미적으로 배열하면 3 近い 2 ところ 4 に 1 住んでいて(가까운 곳에 살고 있어서)가 돼요. 전체 문맥과도 자연스럽게 연결되므로 4 に(에)가 정답이에요.

어휘 私 わたし 圏저, 나   学校 がっこう 圏학교   ~から 조~에서
~まで 조~까지   歩く あるく 圏걷다   ~分 ~ふん ~분
住む すむ 圏살다   ~ている ~(하)고 있다   ところ 圏곳, 장소
近い ちかい い형가깝다   ~に 조~에

11

엄마는 매주 금요일, 아벨 씨 <u>에게</u> <u>프랑스어</u> ★<u>를</u> 배우고 있습니다.

1 를   2 에게
3 배우고   4 프랑스어

해설 빈칸 뒤의 います는 いる의 ます형이고, いる는 동사 て형과 접속하여 ている(~(하)고 있다)라는 문형을 만들 수 있어요. 그러므로 선택지 3의 習って(배우고)를 마지막 빈칸에 넣어서 '習っています(배우고 있습니다)'를 만들어요. 이후 나머지 선택지들을 의미적으로 배열하면 2 に 4 フランス語 1 を 3 習って(에게 프랑스어를 배우고)가 돼요. 전체 문맥과도 자연스럽게 연결되므로 1 を(를)가 정답이에요.

어휘 母 はは 🅜엄마, 어머니　毎週 まいしゅう 🅜매주

金よう日 きんようび 🅜금요일　～ている ~(하)고 있다

～を 🅙~를, 을　～に 🅙~에게　習う ならう 🅥배우다

フランス語 フランスご 🅜프랑스어

12

> 스즈키 　"어제 파티는 어땠습니까?"
>
> 무라야마 "매우 즐거웠 습니다만 ★요리가 맛있지 않았습니다."
>
> 1 맛있지　　　　　　　　2 습니다만
>
> **3 요리가**　　　　　　　　4 즐거웠

해설 빈칸 뒤의 なかった는 ない의 과거형이고, ない는 'い형용사 어간 + く'와 접속하여 くない(~(하)지 않다)라는 문형을 만들 수 있어요. 그러므로 선택지 1의 おいしく(맛있지)를 마지막 빈칸에 넣어서 'おいしくなかった(맛있지 않았다)'를 만들어요. 이후 나머지 선택지들을 의미적으로 배열하면 4 楽しかった 2 ですが 3 りょうりが 1 おいしく(즐거웠습니다만 요리가 맛있지)가 돼요. 전체 문맥과도 자연스럽게 연결되므로 3 りょうりが(요리가)가 정답이에요.

어휘 昨日 きのう 🅜어제　パーティー 🅜파티　とても 🅐매우

おいしい 🅘맛있다　～が 🅙~(이)지만　りょうり 🅜요리

楽しい たのしい 🅘즐겁다

13

> (도서관에서)
>
> A "이 컴퓨터 를 ★사용해도 괜찮 습니까?"
>
> B "죄송합니다, 그 컴퓨터는 고장 나 있습니다."
>
> 1 괜찮　　　　　　　　　2 컴퓨터
>
> **3 사용해도**　　　　　　　4 를

해설 서로 연결할 수 있는 선택지가 있는지 확인해요. 선택지 3의 ても는 선택지 1의 いい와 접속하여 てもいい(~(해)도 괜찮다)라는 문형을 만들 수 있어요. 그러므로 선택지 3 使っても와 1 いい를 우선 연결해요. 이후 나머지 선택지들을 의미적으로 배열하면 2 パソコン 4 を 3 使っても 1 いい(컴퓨터를 사용해도 괜찮)가 돼요. 전체 문맥과도 자연스럽게 연결되므로 3 使っても(사용해도)가 정답이에요.

어휘 図書館 としょかん 🅜도서관　この 이　その 그　パソコン 🅜컴퓨터

こわれる 🅥고장 나다　～ている ~(한) 상태이다

いい 🅘괜찮다, 좋다　使う つかう 🅥사용하다　～ても ~(해)도

～を 🅙~를, 을

14-17

> 루카쿠 씨와 로버트 씨는 "여행하고 싶은 나라"의 작문을 쓰고, 학급 모두의 앞에서 읽습니다.

(1) 루카쿠 씨의 작문

> 축구를 좋아하는 저는 축구가 유명한 이탈리아를 여행해보고 싶습니다. 이탈리아에 가서 텔레비전으로 보던 시합을 보고 싶습니다. 또한, [14]이탈리아의 음식은 매우 맛있다고 **14** . 그래서, 이탈리아에서 맛있는 것도 많이 먹고 싶습니다.
>
> [15]이탈리아는 우리나라 **15** 멉니다만, 꼭 가보고 싶습니다.

(2) 로버트 씨의 작문

> 제가 여행하고 싶은 나라는 한국입니다. [16]한국에는 제가 좋아하는 가수가 **16** . 그래서, 한국에 가서 좋아하는 가수의 콘서트에 가보고 싶습니다. [17]또한, 한국에서밖에 팔고 있지 않는 앨범 등도 사고 싶습니다.
>
> 올해는 공부를 열심히 하지 않으면 안 되기 때문에, 내년 여름방학에 한국에 **17** .

어휘 旅行 りょこう 🅜여행　～たい ~(하)고 싶다　国 くに 🅜나라

さくぶん 🅜작문　書く かく 🅥쓰다　クラス 🅜학급, 클래스

みんな 🅜모두　前 まえ 🅜앞　読む よむ 🅥읽다

サッカー 🅜축구　好きだ すきだ 🅝좋아하다　私 わたし 🅜저, 나

有名だ ゆうめいだ 🅝유명하다　イタリア 🅜이탈리아

～てみる ~(해) 보다　行く いく 🅥가다　テレビ 🅜텔레비전

見る みる 🅥보다　～ている ~(하)다, (하)고 있다　しあい 🅜시합

また 🅐또한　食べもの たべもの 🅜음식　とても 🅐매우

おいしい 🅘맛있다　それで 🅒그래서　もの 🅜것

たくさん 🅐많이　食べる たべる 🅥먹다　遠い とおい 🅘멀다

ぜひ 🅐꼭　韓国 かんこく 🅜한국　かしゅ 🅜가수

コンサート 🅜콘서트　～しか ~밖에　売る うる 🅥팔다

アルバム 🅜앨범　～など 🅙~등　買う かう 🅥사다

今年 ことし 🅜올해　勉強 べんきょう 🅜공부

がんばる 🅥열심히 하다　～てはいけない ~(하)면 안 된다

～ので 🅙~때문에　来年 らいねん 🅜내년

なつやすみ 🅜여름방학

14

> **1 말합니다**　　　　　　　2 대답합니다
>
> 3 합니다　　　　　　　　　4 있습니다

해설 빈칸에 들어갈 적절한 동사를 고르는 문제예요. 빈칸 앞의 イタリアの食べものはとてもおいしいと(이탈리아의 음식은 매우 맛있다고)를 보면, '이탈리아의 음식은 매우 맛있다고 말합니다'라는 말이 문맥상 자연스러워요. 따라서 1 言います(말합니다)가 정답이에요. 참고로 3 します(합니다)는 する(하다)의 ます형이고 する는 '(행동을) 하다'라는 의미이므로 오답이며, 조사 と 뒤에 동사 言う가 접속

하면 と言う(~라고 하다)라는 문형이 되는 것을 알아두세요.

어휘 言う いう 图 말하다   答える こたえる 图 대답하다
する 图 (행동)하다   いる 图 있다

15

1 에	2 의
3 에서	4 만

해설 빈칸에 들어갈 적절한 조사를 고르는 문제예요. 빈칸 앞의 イタリア
は私の国(이탈리아는 우리나라)와 빈칸 뒤의 遠いです が(멉니다
만)를 보면, '이탈리아는 우리나라에서 멉니다만'이라는 말이 문맥상
자연스러워요. 따라서 3 から(에서)가 정답이에요.

어휘 ~へ 조 ~에   ~の 조 ~의   ~から 조 ~에서   ~だけ 조 ~만, 뿐

16

1 있기 때문입니다	2 없었습니다
3 있을 때입니다	4 없는 편이 좋습니다

해설 빈칸에 들어갈 적절한 문형을 고르는 문제예요. 모든 선택지가 빈칸
앞의 조사 が(가)에 접속할 수 있어요. 빈칸 앞 부분인 韓国には私
が好きなかしゅが(한국에는 제가 좋아하는 가수가)를 보면, 선택
지 1 いるからです(있기 때문입니다), 2 いませんでした(없었습니
다)가 정답의 후보예요. 뒷 문장에서 それで、韓国に行って好きな
かしゅのコンサートに行ってみたいです(그래서, 한국에 가서 좋
아하는 가수의 콘서트에 가보고 싶습니다)라고 했으므로 いるから
です(있기 때문입니다)가 빈칸에 들어가는 것이 문맥상 자연스러워
요. 따라서 1 いるからです(있기 때문입니다)가 정답이에요. 1의 か
らです는 '~(하)기 때문입니다', 2의 ませんでした는 '~(하)지 않았
습니다', 3의 ときです는 '~(할) 때입니다', 4의 ほうがいいです는
'~(하)는 편이 좋습니다'라는 의미임을 알아두세요.

어휘 とき 图 때   ~ないほうがいい ~(하)지 않는 편이 좋다

17

1 가고 있습니다	**2 갈 예정입니다**
3 가 주세요	4 가지 않습니다

해설 빈칸에 들어갈 적절한 문형을 고르는 문제예요. 모든 선택지가 빈칸
앞의 조사 に(에)에 접속할 수 있어요. 빈칸 앞 부분인 今年は勉強
をがんばらなくてはいけないので、来年のなつやすみに韓国
に(올해는 공부를 열심히 하지 않으면 안 되기 때문에, 내년 여름방
학에 한국에)를 보면, 선택지 2 行くつもりです(갈 예정입니다), 3
行ってください(가 주세요)가 정답의 후보예요. 앞 문장에서 また、
韓国でしか売っていないアルバムなども買いたいです(또한, 한
국에서밖에 팔고 있지 않는 앨범 등도 사고 싶습니다)라고 했으므로
行くつもりです(갈 예정입니다)가 빈칸에 들어가는 것이 문맥상 자
연스러워요. 따라서 2 行くつもりです(갈 예정입니다)가 정답이에
요. 2의 つもりです는 '~(할) 예정입니다', 1의 ています는 '~(하)
고 있습니다', 3의 てください는 '~(해) 주세요', 4의 ないです는
'~(하)지 않습니다'라는 의미임을 알아두세요.

어휘 ~つもりだ ~(할) 예정이다   ~てください ~(해) 주세요

들으면서
학습하기

18

내일부터 프랑스 여행에 갑니다. 한 달 간 여행을 하기 때문에, 어
제는 방 청소를 했습니다. 그리고, 프랑스에서 갈 미술관이나 유명
한 레스토랑도 찾아봤습니다. 오늘은 여행에 가지고 갈 짐을 가방에
넣고 빨리 잘 예정입니다.

'나'는 어제, 무엇을 했습니까?

1 여행을 갔다 왔습니다.

2 방 청소를 했습니다.

3 미술관에 갔습니다.

4 짐을 가방에 넣었습니다.

해설 에세이 형식의 지문으로, '나'가 어제 한 일에 대해서 묻고 있어요. 지
문의 초반부에서 昨日は部屋のそうじをしました(어제는 방 청소를
했습니다)라고 언급하고 있으므로, 2 部屋のそうじをしました(방
청소를 했습니다)가 정답이에요. 1은 내일부터 프랑스 여행을 간다는
것이고, 3은 프랑스 여행에서 갈 미술관을 찾아봤다는 것이며, 4는
오늘 할 예정인 일이므로 오답이에요.

어휘 明日 あした 图 내일   ~から 조 ~부터   フランス 图 프랑스
旅行 りょこう 图 여행   行く いく 图 가다   ~か月 ~かげつ ~달, 개월
~間 ~かん ~간   する 图 하다   ~ので 조 ~때문에
昨日 きのう 图 어제   部屋 へや 图 방   そうじ 图 청소
そして 접 그리고   びじゅつかん 图 미술관   ~や 조 ~(이)나
有名だ ゆうめいだ な형 유명하다   レストラン 图 레스토랑
しらべる 图 찾아보다, 조사하다   今日 きょう 图 오늘
持つ もつ 图 가지다   にもつ 图 짐   かばん 图 가방
入れる いれる 图 넣다   早く はやく 图 빨리   寝る ねる 图 자다
よてい 图 예정   私 わたし 图 나, 저   何 なに 图 무엇   くる 图 오다

19

이것은 야마모토 씨가 이시다 선생님에게 보낸 이메일입니다.

이시다 선생님
다음 주 금요일까지 내는 숙제의 일로 질문이 있습니다.
영어 교재에 몇 번 읽어도 모르는 부분이 있어서, 내일
선생님이 있는 곳으로 물어보러 가도 괜찮을까요? 시간은
언제라도 괜찮습니다.
이 이메일을 읽고 답장을 주세요. 잘 부탁 드립니다.
야마모토

이 이메일을 읽고, 이시다 선생님은 우선 무엇을 합니까?

1 질문을 읽습니다.

2 교재를 읽습니다.

3 야마모토 씨가 있는 곳으로 갑니다.

4 야마모토 씨에게 답장을 합니다.

해설 이메일 형식의 지문으로, 이시다 선생님이 우선 해야 할 일을 묻고 있

어요. 지문의 후반부에서 このメールを読んでへんじをください (이 이메일을 읽고 답장을 주세요)라고 언급하고 있으므로 4 山本さんにへんじをします(야마모토 씨에게 답장을 합니다)가 정답이에요. 1과 2는 이메일을 쓴 야마모토 씨가 영어 교재를 읽다가 질문이 생겼다는 것이고, 3은 야마모토 씨가 내일 선생님이 있는 곳으로 간다는 것이므로 오답이에요.

어휘 これ 몡 이것　先生 せんせい 몡 선생(님)　送る おくる 됭 보내다
　　 メール 몡 이메일, 메일　来週 らいしゅう 몡 다음 주
　　 金曜日 きんようび 몡 금요일　～までに ～까지　出す だす 됭 내다
　　 しゅくだい 몡 숙제　こと 몡 일, 것　しつもん 몡 질문　ある 됭 있다
　　 英語 えいご 몡 영어　テキスト 몡 교재, 교과서
　　 何度 なんど 몡 몇 번, 여러 번　読む よむ 됭 읽다　わかる 됭 알다
　　 ところ 몡 부분, 곳　明日 あした 몡 내일　聞く きく 됭 묻다
　　 ～に行く ～にいく ～(하)러 가다　～てもいい ～(해)도 괜찮다
　　 時間 じかん 몡 시간　いつでも 뷘 언제라도
　　 大丈夫だ だいじょうぶだ 나형 괜찮다　この 이　へんじ 몡 답장
　　 はじめに 우선　何 なに 몡 무엇　する 됭 하다

20-21

저는 매일 카페에 갑니다. 커피는 물론 좋아합니다만, 이유는 그것이 아닙니다. [20]카페에 가는 이유는 혼자서 느긋하게 있고 싶기 때문입니다. 옛날에는 카페에 컴퓨터를 가지고 가서 업무를 하거나, 가게의 사람과 친구가 되어 이야기를 하거나 했었습니다만, 최근은 하고 있지 않습니다. 그것은, 혼자의 시간이 소중하다는 것을 알기 때문입니다.

어른이 되면, 업무나 가족의 일로 바빠서 쉴 시간을 갖는 것도 간단하지 않습니다. 그러나, 계속 바쁘면 머리나 마음이 지쳐 갑니다. [21]혼자서 느긋하게 있는 시간은 누구에게나 필요한, 소중한 것이라고 생각합니다.

어휘 私 わたし 몡 저, 나　毎日 まいにち 몡 매일
　　 きっさてん 몡 카페, 찻집　行く いく 됭 가다　コーヒー 몡 커피
　　 もちろん 뷘 물론　好きだ すきだ 나형 좋아하다　りゆう 몡 이유
　　 それ 몡 그것　一人 ひとり 몡 혼자, 한 명　ゆっくりする 느긋하게 있다
　　 ～たい ～(하)고 싶다　～から 조 ~때문　昔 むかし 몡 옛날
　　 パソコン 몡 컴퓨터, PC　持つ もつ 됭 가지다　仕事 しごと 몡 업무, 일
　　 する 됭 하다　～たり～たりする ～(하)거나 ～(하)거나 하다
　　 店 みせ 몡 가게　人 ひと 몡 사람　友だち ともだち 몡 친구
　　 なる 됭 되다　話 はなし 몡 이야기　～ている ～(하)다, ~(하)고 있다
　　 さいきん 몡 최근　時間 じかん 몡 시간　たいせつだ 나형 소중하다
　　 ～という ～라는　こと 몡 것, 일　しる 됭 알다　大人 おとな 몡 어른
　　 かぞく 몡 가족　いそがしい い형 바쁘다　休む やすむ 됭 쉬다
　　 かんたんだ 나형 간단하다　しかし 젭 그러나　ずっと 뷘 계속
　　 あたま 몡 머리　～や 조 ~(이)나　こころ 몡 마음
　　 つかれる 됭 지치다　～ていく ~(해)가다　だれ 몡 누구
　　 ひつようだ 나형 필요하다　～と思う ～とおもう ~(라)고 생각하다

20

어째서 매일 카페에 갑니까?

1 커피를 좋아하기 때문에
2 혼자서 느긋하게 있고 싶기 때문에
3 카페에서 업무를 하기 때문에
4 가게의 사람과 친구가 되었기 때문에

해설 지문에서 밑줄 친 毎日きっさてんに行きます(매일 카페에 갑니다)의 이유가 무엇인지를 뒷부분에서 찾아요. 밑줄의 뒷부분에서 きっさてんに行くりゆうは一人でゆっくりしたいからです(카페에 가는 이유는 혼자서 느긋하게 있고 싶기 때문입니다)라고 언급하고 있으므로 2 一人でゆっくりしたいから(혼자서 느긋하게 있고 싶기 때문에)가 정답이에요. 1은 커피는 물론 좋아하지만 그것이 매일 카페에 가는 이유는 아니라고 했고, 3과 4는 지금은 하지 않는 일이고, 카페에 가는 이유도 아니므로 오답이에요.

어휘 どうして 뷘 어째서

21

'나'는 무엇을 말하고 싶습니까?

1 매일 업무를 하는 편이 좋습니다.
2 가족과의 시간은 소중합니다.
3 혼자의 시간은 소중합니다.
4 때때로 친구와 만나는 편이 좋습니다.

해설 필자의 생각을 묻고 있으므로 지문의 후반부를 읽어요. 마지막 단락에서 一人でゆっくりする時間はだれにでもひつような、たいせつなことだと思います(혼자서 느긋하게 있는 시간은 누구에게나 필요한, 소중한 것이라고 생각합니다)라고 언급하고 있으므로 3 一人の時間はたいせつです(혼자의 시간은 소중합니다)가 정답이에요.

어휘 何 なに 몡 무엇　言う いう 됭 말하다
　　 ～ほうがいい ～(하)는 편이 좋다　ときどき 뷘 때때로
　　 会う あう 됭 만나다

22

토마스 씨는 주말에 딸기 축제에 가고 싶습니다. 밖에서 할 수 있는 이벤트가 좋습니다. 토마스 씨는 어떤 이벤트에 갑니까?

1 ①
2 ②
3 ③
4 ④

해설 토마스 씨가 갈 이벤트를 묻는 문제예요. 질문에 제시된 조건 (1) 週末(주말), (2) 外でできるイベント(밖에서 할 수 있는 이벤트)에 따라 지문을 보면,
　　 (1) 주말 : 첫 번째 표의 曜日(요일) 부분을 보면 ①, ②, ③, ④ 모두 주말인 토요일 혹은 일요일이 포함되어 있어요.
　　 (2) 밖에서 할 수 있는 이벤트 : 첫 번째 표의 ばしょ(장소) 부분을 보면 밖에서 하는 이벤트는 ② 혹은 ④예요. 그러나 ②와 ④ 모두

* 표시된 부분을 보면 雨が降る日は休みです(비가 내리는 날은 쉽니다)라고 언급하고 있어요. 두 번째 표의 날씨를 보면 토요일은 비가 온다고 표시되어 있기 때문에 밖에서 하는 이벤트를 할 수가 없어요. 따라서, ②와 ④ 중에서 토요일만 포함되어 있는 ④는 토마스 씨가 갈 수가 없고, 비가 오지 않는 일요일도 포함되어 있는 ②만 토마스 씨가 갈 수 있어요.

따라서, 2 ②가 정답이에요.

어휘 週末 しゅうまつ 圏주말　いちご 圏딸기　まつり 圏축제
行く いく 图가다　～たい ~(하)고 싶다　外 そと 圏밖
できる 图할 수 있다　イベント 圏이벤트
好きだ すきだ な형좋다, 좋아하다　どんな 어떤

딸기 축제에 어서 오세요
3월 17일 (월) ~ 3월 23일 (일)

	이벤트	요일	장소
①	딸기 잼을 만들어서, 가지고 돌아갑니다.	월·수·금·일	니시 센터의 101호실
②	스스로 딸기를 따서, 가지고 돌아갑니다.	금·토·일	니시 딸기 공원 * 비가 내리는 날은 쉽니다.
③	딸기를 사용한 맛있는 케이크를 만듭니다.	월·목·토	니시 센터의 203호실
④	딸기 나무를 심을 수 있습니다.	화·금·토	니시 센터의 정원 * 비가 내리는 날은 쉽니다.

<축제 기간의 날씨>

월	화	수	목	금	토	일
☀	☂	☂	☀	☀	☂	☀

어휘 ～月 ～がつ ~월　～日 ～にち ~일　月 げつ 圏(요일)
日 にち 圏일(요일)　曜日 ようび 圏요일　ばしょ 圏장소
ジャム 圏잼　作る つくる 图만들다　持つ もつ 图가지다
帰る かえる 图돌아가다　水 すい 圏수(요일)　金 きん 圏금(요일)
センター 圏센터　～号室 ～ごうしつ ~호실　自分で じぶんで 스스로
とる 图따다, 집다　土 ど 圏토(요일)　パーク 圏공원, 파크
雨 あめ 圏비　降る ふる 图(비, 눈등이) 내리다　日 ひ 圏날
休み やすみ 圏쉼, 휴일　使う つかう 图사용하다
おいしい い형맛있다　ケーキ 圏케이크　木 もく 圏목(요일)
木 き 圏나무　うえる 图심다　～ことができる ~(할) 수 있다
火 か 圏화(요일)　庭 にわ 圏정원　期間 きかん 圏기간
天気 てんき 圏날씨

문항별 분할 바로가기

☞ 문제 1의 디렉션과 예제를 들려줄 때 1번부터 7번까지의 문제의 선택지를 미리 읽고 내용을 재빨리 파악해둡니다. 음성에서 では, 始めます(그러면, 시작합니다)가 들리면, 곧바로 문제 풀 준비를 합니다. 음성 디렉션과 예제는 실전모의고사 1의 해설 (p.108)에서 확인할 수 있습니다.

1

[음성]
女の人と男の人が話しています。二人は何を持っていきますか。

F：森さんが入院したと聞きました。明日、一緒にお見舞いに行きませんか。
M：いいですよ。何か持っていきましょう。
F：はい、何にしましょうか。
M：花はどうですか。
F：それいいですね。お菓子とか飲み物も買うのはどうですか。
M：入院しているときは、病院の食べ物以外は食べることができないと思います。だから、食べ物の代わりに、森さんが好きな本も持っていきましょう。
F：そうしましょう。

二人は何を持っていきますか。

[문제지]

해석 여자와 남자가 이야기하고 있습니다. 두 사람은 무엇을 가지고 갑니까?
F : 모리 씨가 입원했다고 들었습니다. 내일, 같이 병문안 가지 않겠습니까?
M : 좋아요. 무언가 가지고 갑시다.
F : 네, 무엇으로 할까요?
M : 꽃은 어떻습니까?
F : 그거 좋네요. 과자라든가 마실 것도 사는 것은 어떻습니까?
M : 입원하고 있을 때는, 병원의 음식 이외는 먹을 수 없다고 생각합니다. 그러니까, 먹을 것 대신에, 모리 씨가 좋아하는 책도 가지고 갑시다.
F : 그렇게 합시다.

두 사람은 무엇을 가지고 갑니까?

해설 선택지가 꽃, 음료수, 책, 과자로 구성된 그림이고, 질문에서 두 사람이 무엇을 가지고 가는지를 물었으므로, 대화를 들을 때 두 사람이 가지고 가는 것이 무엇인지를 파악해요. 남자가 花はどうですか(꽃은 어떻습니까?)라고 하자, 여자가 それいいですね(그거 좋네요)라고 하였고, 그 후 남자가 森さんが好きな本も持っていきましょう(모리 씨가 좋아하는 책도 가지고 갑시다)라고 했으므로, 꽃과 책 그림으로 구성된 3이 정답이에요. 1, 2, 4의 과자와 음료는 남자가 병원에서는 병원 음식 이외에는 먹을 수 없을 것이니 대신에 책을 가지고 가자고 했으므로 오답이에요.

어휘 二人 ふたり 圀 두 사람　持つ もつ 圄 가지다　行く いく 圄 가다
入院 にゅういん 圀 입원　する 圄 하다　聞く きく 圄 듣다
明日 あした 圀 내일　一緒に いっしょに 囲 같이
お見舞い おみまい 圀 병문안　いい 囲 좋다　何 なに 圀 무엇
〜にする 〜로 하다　花 はな 圀 꽃　それ 圀 그거, 그것
お菓子 おかし 圀 과자　〜とか 〜라든가
飲み物 のみもの 圀 마실 것, 음료수　買う かう 圄 사다
〜ている 〜(하)고 있다　とき 圀 때　病院 びょういん 圀 병원
食べ物 たべもの 圀 음식, 먹을 것　以外 いがい 圀 이외
食べる たべる 圄 먹다　〜ことができる 〜할 수 있다
〜と思う 〜とおもう 〜(라)고 생각하다　だから 쥅 그러니까
代わりに かわりに 대신에　好きだ すきだ 囲 좋아하다
本 ほん 圀 책

[음성]
学校で先生が話しています。明日、学生はどこに集まりますか。

F : みなさん、明日は博物館に行きます。明日、朝8時までひがし駅に来てください。学校ではありません。駅にみんな来てから、博物館に行きます。博物館に行ったあとは、その前にある食堂で昼ご飯を食べます。

明日、学生はどこに集まりますか。

[문제지]

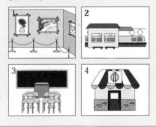

해석 학교에서 선생님이 이야기하고 있습니다. 내일, 학생은 어디에 모입니까?

F : 여러분, 내일은 박물관에 갑니다. 내일, 아침 8시까지 히가시 역으로 와 주세요. 학교가 아닙니다. 역에 모두 오고 나서, 박물관에 갑니다. 박물관에 간 이후는, 그 앞에 있는 식당에서 점심을 먹습니다.

내일, 학생은 어디에 모입니까?

해설 선택지가 박물관, 역, 학교, 식당 그림이고, 질문에서 내일 학생이 어디에 모이는지를 물었으므로, 선생님의 말을 들을 때 학생이 모이는 장소가 어디인지를 파악해요. 선생님이 明日、朝8時までひがし駅に来てください(내일, 아침 8시까지 히가시 역으로 와 주세요)라고 했으므로, 역 그림인 2가 정답이에요. 1은 역에 모인 후 다 같이 박물관으로 이동한다고 했고, 3은 내일은 학교가 아니라 역 앞에서 모인다고 한 것이며, 4는 박물관 관람 후 식당에 간다고 한 것이므로 오답이에요.

어휘 学校 がっこう 圀 학교　先生 せんせい 圀 선생(님)
明日 あした 圀 내일　集まる あつまる 圄 모이다　みなさん 圀 여러분
博物館 はくぶつかん 圀 박물관　行く いく 圄 가다　朝 あさ 圀 아침
〜時 〜じ 〜시　〜まで 쥅 〜까지　駅 えき 圀 역　来る くる 圄 오다
〜てください 〜(해) 주세요　みんな 圀 모두　〜てから 〜(하)고 나서
あと 圀 이후, 뒤　その 그　前 まえ 圀 앞　ある 있다
食堂 しょくどう 圀 식당　昼ご飯 ひるごはん 圀 점심(식사)
食べる たべる 圄 먹다

[음성]
女の人と男の人が話しています。二人はどんなケーキを買いますか。

F : 田中さんの誕生日パーティーにこのいちごケーキを買っていくのはどうですか。
M : 田中さんはチョコレートが好きだから、チョコレートケーキにしましょう。チョコレートケーキの上にきれいな花があるこれはどうですか。
F : うーん、ケーキは果物のケーキがおいしいと思います。チョコレートケーキの上にいちごがある、あれはどうですか。
M : あ、いいですね。あれにしましょう。

二人はどんなケーキを買いますか。

[문제지]

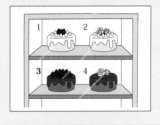

해석 여자와 남자가 이야기하고 있습니다. 두 사람은 어떤 케이크를 삽니까?

F : 다나카 씨의 생일 파티에 이 딸기 케이크를 사 가는 건 어때요?
M : 다나카 씨는 초콜릿을 좋아하니까, 초콜릿 케이크로 합시다. 초콜릿 케이크 위에 예쁜 꽃이 있는 이것은 어떻습니까?
F : 음, 케이크는 과일 케이크가 맛있다고 생각합니다. 초콜릿 케이

크 위에 딸기가 있는, 저것은 어때요?

M : 아, 좋네요. 저것으로 합시다.

두 사람은 어떤 케이크를 삽니까?

해설 선택지에 여러 종류의 케이크 그림이 제시되었고, 질문에서 두 사람
이 어떤 케이크를 사는지를 물었으므로, 대화를 들을 때 두 사람이 사
는 케이크가 무엇인지를 파악해요. 여자가 チョコレートケーキの上
にいちごがある、あれはどうですか(초콜릿 케이크 위에 딸기가
있는, 저것은 어때요?)라고 하자, 남자가 いいですね。あれにしま
しょう(좋네요. 저것으로 합시다)라고 했으므로, 딸기가 올라간 초콜
릿 케이크 그림인 3이 정답이에요. 1, 2는 초콜릿 케이크로 하자고 했
고, 4는 남자가 언급하였으나 여자가 과일이 올라간 케이크가 맛있다
고 반대했으므로 오답이에요.

어휘 二人 ふたり 圏 두 사람　ケーキ 圏 케이크　買う かう 圏 사다
誕生日 たんじょうび 圏 생일　パーティー 圏 파티　この 이
いちご 圏 딸기　いく 圏 가다　チョコレート 圏 초콜릿
好きだ すきだ な형 좋아하다　〜から 조 〜니까　〜にする 〜로 하다
上 うえ 圏 위　きれいだ な형 예쁘다　花 はな 꽃　ある 圏 있다
これ 圏 이것　果物 くだもの 圏 과일　おいしい い형 맛있다
〜と思う 〜とおもう 〜라고 생각하다　あれ 圏 저것　いい い형 좋다

F : 아뇨, 6회입니다. 14일 일요일은 쉬는 날입니다. 그리고, 28일
일요일에는 시험이 있습니다.

학교에 오지 않는 날은 언제입니까?

해설 선택지가 6일, 14일, 27일, 28일이고, 질문에서 학교에 오지 않는 날
이 언제인지를 물었으므로, 대화를 들을 때 학교에 오지 않는 날이 언
제인지를 파악해요. 여자가 14日の日曜日は休みの日です(14일
일요일은 쉬는 날입니다)라고 했으므로, 14일인 2가 정답이에요. 1
은 수업이 6일부터 시작된다고 한 것이고, 3은 마지막 수업이 있는
날이며, 4는 시험을 보는 날이므로 오답이에요.

어휘 日本語 にほんご 圏 일본어　学校 がっこう 圏 학교
来る くる 圏 오다　日 ひ 圏 날　〜か月 〜かげつ 〜개월
〜間 〜かん 〜간　週末 しゅうまつ 圏 주말　授業 じゅぎょう 圏 수업
受ける うける 圏 받다　〜たい 〜(하)고 싶다
今月 こんげつ 圏 이번 달　明日 あした 圏 내일　〜から 조 〜부터
始まる はじまる 圏 시작되다　〜日 〜にち 〜일
土曜日 どようび 圏 토요일　終わる おわる 圏 끝나다
じゃあ 젭 그러면　〜回 〜かい 〜회　ある 圏 있다
日曜日 にちようび 圏 일요일　休みの日 やすみのひ 쉬는 날, 휴일
そして 젭 그리고　テスト 圏 시험

4

[음성]
日本語学校で、男の人と女の人が話しています。学校に
来ない日はいつですか。

M : すみません。一か月間、週末の日本語の授業が受け
たいです。

F : そうですか。今月の週末の授業は明日の6日から始まっ
て、27日の土曜日に終わります。

M : うーん、じゃあ、授業は一か月間7回ありますか。

F : いいえ、6回です。14日の日曜日は休みの日です。そ
して、28日の日曜日にはテストがあります。

学校に来ない日はいつですか。

[문제지]

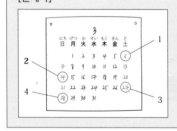

해석 일본어 학교에서, 남자와 여자가 이야기하고 있습니다. 학교에 오지
않는 날은 언제입니까?

M : 실례합니다. 1개월간, 주말의 일본어 수업을 받고 싶습니다.

F : 그렇습니까? 이번 달 주말 수업은 내일 6일부터 시작되고, 27일
토요일에 끝납니다.

M : 음, 그러면, 수업은 1개월간 7회 있습니까?

5

[음성]
女の人が話しています。女の人は始めに何をしますか。

F : 来週は友だちと旅行に行きます。だから、今日は旅行
で使うかばんを買いにデパートへ行きます。明日は、
午前中に友だちと旅行の計画をたてて、午後は旅行
に持っていくお菓子を買いにスーパーへ行きます。友
だちとの旅行は初めてなので、とても楽しみです。

女の人は始めに何をしますか。

[문제지]

1 りょこうに　いく

2 かばんを　かう

3 けいかくを　たてる

4 おかしを　かう

해설 여자가 이야기하고 있습니다. 여자는 우선 무엇을 합니까?

F : 다음 주는 친구와 여행을 갑니다. 그래서, 오늘은 여행에서 사용
할 가방을 사러 백화점에 갑니다. 내일은, 오전 중에 친구와 여
행 계획을 세우고, 오후는 여행에 가지고 갈 과자를 사러 슈퍼에
갑니다. 친구와의 여행은 처음이기 때문에, 매우 기대됩니다.

여자는 우선 무엇을 합니까?

1 여행을 간다

2 가방을 산다

3 계획을 세운다

4 과자를 산다

해설 선택지가 여행을 간다, 가방을 산다, 계획을 세운다, 과자를 산다 이

고, 질문에서 여자가 우선 무엇을 하는지를 물었으므로, 한 사람의 말을 들을 때 여자가 우선 무엇을 하는지를 파악해요. 여자가 今日は旅行で使うかばんを買いにデパートへ行きます(오늘은 여행에서 사용할 가방을 사러 백화점에 갑니다)라고 했으므로, 2 かばんをかう(가방을 산다)가 정답이에요. 1은 다음 주에 여행을 간다고 하였고, 3은 내일 오전에 친구와 여행 계획을 세운다고 하였으며, 4는 내일 오후에 할 일이므로 오답이에요.

어휘 始めに はじめに 우선　来週 らいしゅう 圏 다음 주
　　友だち ともだち 圏 친구　旅行に行く りょこうにいく 여행을 가다
　　だから 個 그래서　今日 きょう 圏 오늘　旅行 りょこう 圏 여행
　　使う つかう 園 사용하다　かばん 圏 가방　買う かう 園 사다
　　デパート 圏 백화점　行く いく 園 가다　明日 あした 圏 내일
　　午前 ごぜん 圏 오전　～中 ～ちゅう ~중
　　計画をたてる けいかくをたてる 계획을 세우다　午後 ごご 圏 오후
　　持つ もつ 園 가지다　お菓子 おかし 圏 과자　スーパー 圏 슈퍼
　　初めて はじめて 里 처음　～ので 절 ~때문에　とても 里 매우
　　楽しみ たのしみ 圏 기대

6

[음성]
大学で、女の人と男の人が話しています。女の人は何階の教室を借りますか。

F：すみません。今週の土曜日に6階の教室を借りたいです。

M：週末は6階と7階の教室を使うことができません。4階や5階の教室はどうですか。

F：何人まで入ることができますか。

M：5階は30人、4階は20人です。

F：練習に来るのは15人ですから、4階の教室でお願いします。

女の人は何階の教室を借りますか。

[문제지]

1　4かい

2　5かい

3　6かい

4　7かい

해석 대학교에서, 여자와 남자가 이야기하고 있습니다. 여자는 몇 층의 교실을 빌립니까?

　F : 실례합니다. 이번 주 토요일에 6층의 교실을 빌리고 싶습니다.

　M : 주말은 6층과 7층의 교실을 사용할 수 없습니다. 4층이나 5층의 교실은 어떻습니까?

　F : 몇 명까지 들어갈 수 있습니까?

　M : 5층은 30명, 4층은 20명입니다.

　F : 연습에 오는 것은 15명이니까, 4층의 교실로 부탁합니다.

　여자는 몇 층의 교실을 빌립니까?

1　4층

2　5층

3　6층

4　7층

해설 선택지가 4층, 5층, 6층, 7층이고, 질문에서 여자가 몇 층의 교실을 빌리는지를 물었으므로, 대화를 들을 때 여자가 빌리는 교실이 몇 층인지를 파악해요. 여자가 4階の教室でお願いします(4층의 교실로 부탁합니다)라고 했으므로, 1 4かい(4층)가 정답이에요. 2는 남자가 제안했으나 여자가 4층을 골랐고, 3, 4의 6층과 7층의 교실은 주말에는 사용할 수 없다고 했으므로 오답이에요.

어휘 大学 だいがく 圏 대학교　何～ なん～ 몇~　～階 ～かい ~층
　　教室 きょうしつ 圏 교실　借りる かりる 園 빌리다
　　今週 こんしゅう 圏 이번 주　土曜日 どようび 圏 토요일
　　～たい ~(하)고 싶다　週末 しゅうまつ 圏 주말
　　使う つかう 사용하다　～ことができる ~(할) 수 있다
　　～や 個 ~(이)나　～人 ～にん ~명　～まで 個 ~까지
　　入る はいる 園 들어가다　練習 れんしゅう 圏 연습
　　来る くる 園 오다　～から 個 ~니까

7

[음성]
食堂で、女の人と店の人が話しています。女の人は何を食べますか。

F：すみません、カレーお願いします。

M：すみませんが、さっきカレーの野菜がなくなりました。とんかつはいかがですか。

F：あ、そうですか。じゃ、とんかつにします。あと、アイスクリームはありますか。

M：はい、チョコレートアイスクリームとバニラアイスクリームがあります。

F：あ、バニラでお願いします。

女の人は何を食べますか。

[문제지]

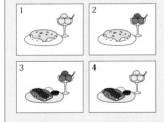

해석 식당에서, 여자와 가게 사람이 이야기하고 있습니다. 여자는 무엇을 먹습니까?

　F : 실례합니다, 카레 부탁합니다.

　M : 죄송합니다만, 아까 카레의 야채가 다 떨어졌습니다. 돈가스는 어떠세요?

　F : 아, 그렇습니까? 그럼, 돈가스로 하겠습니다. 그리고, 아이스크림은 있습니까?

M : 네, 초콜릿 아이스크림과 바닐라 아이스크림이 있습니다.

F : 아, 바닐라로 부탁합니다.

여자는 무엇을 먹습니까?

해설 선택지가 카레, 돈가스, 초콜릿 아이스크림, 바닐라 아이스크림 그림이고, 질문에서 여자가 무엇을 먹는지를 물었으므로, 대화를 들을 때 여자가 먹는 것이 무엇인지를 파악해요. 여자가 とんかつにします (돈가스로 하겠습니다)라고 하고, 그 후 バニラでお願いします(바닐라로 부탁합니다)라고 했으므로, 돈가스와 바닐라 아이스크림 그림으로 구성된 4가 정답이에요. 1, 2의 카레는 야채가 다 떨어져서 주문이 안 된다고 했고, 3은 바닐라와 초콜릿 아이스크림 중 여자가 바닐라를 골랐으므로 오답이에요.

어휘 食堂 しょくどう 圆식당　店 みせ 圆가게　食べる たべる 圆먹다

　　カレー 圆카레　さっき 圆아까　野菜 やさい 圆야채

　　なくなる 圆다 떨어지다　とんかつ 圆돈가스　じゃ 圙그럼

　　～にする ~로 하다　あと 그리고　アイスクリーム 圆아이스크림

　　ある 圆있다　チョコレート 圆초콜릿　バニラ 圆바닐라

☞ 문제 2의 디렉션과 예제를 들려줄 때 1번부터 6번까지의 선택지를 미리 읽고 내용을 재빨리 파악해둡니다. 음성에서 では、始めます(그러면, 시작합니다)가 들리면, 곧바로 문제 풀 준비를 합니다. 음성 디렉션과 예제는 실전모의고사 1의 해설 (p.112)에서 확인할 수 있습니다.

1

[음성]

会社で、男の人と女の人が話しています。女の人は今朝、何を食べましたか。

M：本村さん、今朝何を食べましたか。

F：いつもはサンドイッチを食べますが、今日は遅く起きたので、バナナしか食べませんでした。

M：お腹空いていませんか。

F：はい、空いています。田中さんは何を食べましたか。

M：昨日の夜作ったカレーが残っていたので、それを食べました。でも、少ししか食べなかったので、僕もお腹空いています。

F：じゃ、お昼は会社の前のラーメン屋に行きましょう。そこ、ランチセットにはご飯とジュースまでついています。

M：はい、そうしましょう。

女の人は今朝、何を食べましたか。

[문제지]

1 サンドイッチ

2 バナナ

3 カレー

4 ラーメン

해석 회사에서, 남자와 여자가 이야기하고 있습니다. 여자는 오늘 아침, 무엇을 먹었습니까?

M : 모토무라 씨, 오늘 아침 무엇을 먹었습니까?

F : 보통 때는 샌드위치를 먹습니다만, 오늘은 늦게 일어났기 때문에, 바나나밖에 먹지 않았습니다.

M : 배고프지 않습니까?

F : 네, 고픕니다. 다나카 씨는 무엇을 먹었습니까?

M : 어젯밤 만든 카레가 남아 있었기 때문에, 그것을 먹었습니다. 하지만, 조금밖에 먹지 않았기 때문에, 저도 배고픕니다.

F : 그럼, 점심은 회사 앞의 라멘 가게에 갑시다. 거기, 런치 세트에는 밥과 주스까지 딸려 있어요.

M : 네, 그렇게 합시다.

여자는 오늘 아침, 무엇을 먹었습니까?

1 샌드위치

2 바나나

3 카레

4 라멘

해설 1 '샌드위치', 2 '바나나', 3 '카레', 4 '라멘' 중 여자가 오늘 아침 무엇을 먹었는지를 묻는 문제예요. 대화 중 여자가 今日は遅く起きたので、バナナしか食べませんでした (오늘은 늦게 일어났기 때문에, 바나나밖에 먹지 않았습니다)라고 언급했으므로 2 バナナ(바나나)가 정답이에요. 1은 여자가 보통 때의 아침에 먹는 것이라고 했고, 3은 남자가 아침에 먹은 것이며, 4는 두 사람이 오늘 점심으로 먹을 것이므로 오답이에요.

어휘 会社 かいしゃ 圆회사　今朝 けさ 圆오늘 아침

　　食べる たべる 圆먹다　何 なに 圆무엇　いつも 圆보통 때, 평소

　　サンドイッチ 圆샌드위치　今日 きょう 圆오늘

　　遅い おそい 圓늦다　起きる おきる 圆일어나다

　　～ので 圙~때문에　バナナ 圆바나나　～しか 圙~밖에

　　お腹空く おなかすく 배고프다　～ている ~(아)나, ~(해) 있다

　　空く すく 圆(배가) 고프다, 비다　昨日 きのう 圆어제　夜 よる 圆밤

　　作る つくる 圆만들다　カレー 圆카레　残る のこる 圆남다

　　それ 圆그것　でも 圙하지만　少し すこし 圓조금

　　僕 ぼく 圆저, 나(남자의 자칭)　じゃ 圙그럼

　　お昼 おひる 圆점심(식사)　前 まえ 圆앞

　　ラーメン屋 ラーメンや 圆라멘 가게　行く いく 圆가다　そこ 圆거기

　　ランチセット 圆런치 세트　ご飯 ごはん 圆밥　ジュース 圆주스

　　～まで 圙~까지　つく 圆딸리다, 붙다

2

[음성]

電話で、男の人と女の人が話しています。女の人の家はどこですか。

M：林さん、今みなみ駅の前ですが、ここから林さんの家までどう行きますか。

F：駅を出ると、交差点があります。そこを右に曲がってください。

M：はい。
F：右に曲がってまっすぐ行くと、また交差点があります。今度はそこを左に曲がってください。
M：はい、最初は右、その次は左ですね。
F：そうです。左に曲がると右側にあるのが私の家です。
M：はい、わかりました。

女の人の家はどこですか。

[문제지]

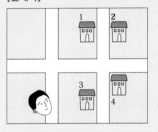

해석 전화로, 남자와 여자가 이야기하고 있습니다. 여자의 집은 어디입니까?

M : 하야시 씨, 지금 미나미 역 앞입니다만, 여기에서 하야시 씨의 집까지 어떻게 갑니까?
F : 역을 나오면, 교차로가 있습니다. 거기를 오른쪽으로 돌아 주세요.
M : 네.
F : 오른쪽으로 돌아서 쭉 가면, 또 교차로가 있습니다. 이번은 거기를 왼쪽으로 돌아 주세요.
M : 네, 처음은 오른쪽, 그 다음은 왼쪽이네요.
F : 그렇습니다. 왼쪽으로 돌면 오른편에 있는 것이 저의 집입니다.
M : 네, 알겠습니다.

여자의 집은 어디입니까?

해설 선택지로 제시된 약도에서, 여자의 집이 어디인지를 묻는 문제예요. 대화 중, 여자가 駅を出ると、交差点があります。そこを右に曲がってください(역을 나오면, 교차로가 있습니다. 거기를 오른쪽으로 돌아 주세요)라고 한 후, 右に曲がってまっすぐ行くと、また交差点があります。今度はそこを左に曲がってください(오른쪽으로 돌아서 쭉 가면, 또 교차로가 있습니다. 이번은 거기를 왼쪽으로 돌아 주세요)라고 하고, 左に曲がると右側にあるのが私の家です(왼쪽으로 돌면 오른편에 있는 것이 저의 집입니다)라고 언급해요. 따라서 여자의 집은 역을 나와서 첫 번째 교차로를 오른쪽으로 돈 후, 두 번째 교차로에서 왼쪽으로 돌았을 때 오른편에 있는 2번이에요.

어휘 電話 でんわ 몡전화　家 いえ 몡집　今 いま 몡지금　駅 えき 몡역
前 まえ 몡앞　ここ 몡여기　〜から 조〜에서　〜まで 조〜까지
行く いく 동가다　出る でる 동나오다　交差点 こうさてん 몡교차로
ある 동있다　そこ 몡거기　右 みぎ 몡오른쪽
曲がる まがる 동돌다　〜てください ~(해) 주세요
まっすぐ 哘쭉, 똑바로　また 哘또　今度 こんど 몡이번
左 ひだり 몡왼쪽　最初 さいしょ 몡처음　その 그
次 つぎ 몡다음　右側 みぎがわ 몡오른편　私 わたし 몡저, 나
わかる 동알다, 이해하다

[음성]
学校で、女の学生が話しています。女の学生の趣味は何ですか。

F：はじめまして、田中みきです。私の夢は先生になることです。英語を勉強することも、誰かに教えることも好きなので、英語の先生になりたいです。それから、趣味は小説を読むことです。いつか小説を書いてみたいですが、それはまだ難しいです。

女の学生の趣味は何ですか。

[문제지]

1 えいごを べんきょうする こと
2 えいごを おしえる こと
3 しょうせつを よむ こと
4 しょうせつを かく こと

해석 학교에서, 여학생이 이야기하고 있습니다. 여학생의 취미는 무엇입니까?

F : 처음 뵙겠습니다, 다나카 미키입니다. 제 꿈은 선생님이 되는 것입니다. 영어를 공부하는 것도, 누군가에게 가르치는 것도 좋아하기 때문에, 영어 선생님이 되고 싶습니다. 그리고, 취미는 소설을 읽는 것입니다. 언젠가 소설을 써 보고 싶습니다만, 그것은 아직 어렵습니다.

여학생의 취미는 무엇입니까?

1 영어를 공부하는 것
2 영어를 가르치는 것
3 소설을 읽는 것
4 소설을 쓰는 것

해설 1 '영어를 공부하는 것', 2 '영어를 가르치는 것', 3 '소설을 읽는 것', 4 '소설을 쓰는 것' 중, 여학생의 취미가 무엇인지를 묻는 문제예요. 여학생이 趣味は小説を読むことです(취미는 소설을 읽는 것입니다)라고 언급했으므로, 3 しょうせつを よむ こと(소설을 읽는 것)가 정답이에요. 1, 2는 여학생이 좋아하는 일이지만 취미라고는 하지 않았고, 4는 언젠가 해 보고 싶은 일이라고 한 것이므로 오답이에요.

어휘 学校 がっこう 몡학교　学生 がくせい 몡학생　趣味 しゅみ 몡취미
私 わたし 몡저, 나　夢 ゆめ 몡꿈　先生 せんせい 몡선생(님)
なる 동되다　こと 몡것　英語 えいご 몡영어
勉強 べんきょう 몡공부　する 동하다　誰 だれ 누구
教える おしえる 동가르치다　好きだ すきだ 냐형좋아하다
〜ので 조〜때문에　〜たい ~(하)고 싶다　それから 젭그리고
小説 しょうせつ 몡소설　読む よむ 동읽다　いつか 哘언젠가
書く かく 동쓰다　〜てみる ~(해) 보다　それ 몡그것
まだ 哘아직　難しい むずかしい 냐형어렵다

4

[음성]

家で、女の人と男の人が話しています。男の人は皿を何枚並べますか。

F：今日、家にお客さんが来るから、テーブルに皿を並べてください。

M：お客さんが4人だから、4枚並べますね。

F：いえ、私たちのものも必要だから、6枚並べてください。

M：あ、そうですね。じゃ、6枚並べます。

F：あ、すみません。両親も来ることになりました。8枚お願いします。

M：はい、わかりました。

男の人は皿を何枚並べますか。

[문제지]

1 2まい

2 4まい

3 6まい

4 8まい

해석 집에서, 여자와 남자가 이야기하고 있습니다. 남자는 접시를 몇 장 늘어놓습니까?

F：오늘, 집에 손님이 오니까, 테이블에 접시를 늘어놔 주세요.

M：손님이 4명이니까, 4장 늘어놓겠습니다.

F：아뇨, 우리 것도 필요하니까, 6장 늘어놓아 주세요.

M：아, 그러네요. 그럼, 6장 늘어놓을게요.

F：아, 미안해요. 부모님도 오게 되었습니다. 8장 부탁해요.

M：네, 알겠어요.

남자는 접시를 몇 장 늘어놓습니까?

1 2장

2 4장

3 6장

4 8장

해설 1 '2장', 2 '4장', 3 '6장', 4 '8장' 중 남자가 접시를 몇 장 늘어놓아야 하는지를 묻는 문제예요. 대화 중, 여자가 8枚お願いします(8장 부탁해요)라고 언급했으므로, 4 8まい(8장)가 정답이에요. 1은 언급되지 않았고, 2는 손님이 4명 온다고 한 것이며, 3은 여자가 처음에는 6장을 늘어놓아 달라고 부탁했지만 부모님도 오게 되었으니 8장으로 부탁한다고 하였으므로 오답이에요.

어휘 家 いえ 圀집　皿 さら 圀접시　何〜 なん〜 몇〜　〜枚 〜まい 〜장
並べる ならべる 동늘어놓다　今日 きょう 圀오늘
お客さん おきゃくさん 圀손님　来る くる 동오다　〜から 조〜니까
テーブル 圀테이블　〜てください ~(해) 주세요　〜人 〜にん ~명
私たち わたしたち 圀우리　もの 圀것
必要だ ひつようだ 호형필요하다　じゃ 접그럼
両親 りょうしん 圀부모님　〜ことになる ~(하)게 되다

5

[음성]

学校で、女の学生と男の学生が話しています。男の学生はどんな運動をしていますか。

F：最近どんな運動をしていますか。

M：今はテニスをしています。

F：そうですか。サッカーをよく見ているから、サッカーをしていると思っていました。

M：サッカーは見るのが好きです。佐藤さんはどんな運動をしていますか。

F：私はスキーが好きですが、今は夏なのでダンスをしています。

M：そうですか。じゃあ、今年の冬に一緒にスキーをしに行きませんか。

F：いいですよ。

男の学生はどんな運動をしていますか。

[문제지]

1 テニス

2 サッカー

3 スキー

4 ダンス

해석 학교에서, 여학생과 남학생이 이야기하고 있습니다. 남학생은 어떤 운동을 하고 있습니까?

F：최근 어떤 운동을 하고 있습니까?

M：지금은 테니스를 하고 있습니다.

F：그렇습니까? 축구를 자주 보니까, 축구를 하고 있을 거라고 생각했습니다.

M：축구는 보는 것을 좋아합니다. 사토 씨는 어떤 운동을 하고 있습니까?

F：저는 스키를 좋아합니다만, 지금은 여름이라서 댄스를 하고 있습니다.

M：그렇습니까? 그러면, 올해 겨울에 같이 스키를 타러 가지 않을래요?

F：좋아요.

남학생은 어떤 운동을 하고 있습니까?

1 테니스

2 축구

3 스키

4 댄스

해설 1 '테니스', 2 '축구', 3 '스키', 4 '댄스' 중 남학생이 어떤 운동을 하고 있는지를 묻는 문제예요. 대화 중, 남학생이 今はテニスをしています(지금은 테니스를 하고 있습니다)라고 언급했으므로, 1 テニス(테니스)가 정답이에요. 2는 축구 하는 것이 아닌 보는 것을 좋아한다고

했고, 3은 여학생이 좋아하는 운동이라고 했으며, 4는 여학생이 지금
하고 있는 운동이라고 했으므로 오답이에요.

어휘 学校 がっこう 圏학교　学生 がくせい 圏학생
　　運動 うんどう 圏운동　最近 さいきん 圏최근　どんな 어떤
　　する 圏하다　〜ている 〜(하)고 있다, 〜(하)다　今 いま 圏지금
　　テニス 圏테니스　サッカー 圏축구　よく 튀자주
　　見る みる 圏보다　〜から 조〜니까
　　〜と思う 〜とおもう 〜라고 생각하다　好きだ すきだ 녜형좋아하다
　　私 わたし 圏저, 나　スキー 圏스키　夏 なつ 圏여름
　　〜ので 조〜라서　ダンス 圏댄스　じゃあ 圙그러면, 그럼
　　今年 ことし 圏올해　冬 ふゆ 圏겨울　一緒に いっしょに 튀같이
　　スキーをする 스키를 타다　〜に行く 〜にいく 〜(하)러 가다
　　いい 녜형좋다

6

[음성]
男の人と店の人が話しています。男の人の電話番号は何
番ですか。

M：すみません、来週の土曜日のランチを予約したいで
　す。
F：はい、お名前と電話番号を教えてください。
M：森たかしです。電話番号は518-6781です。
F：はい、来週土曜日のランチ、森たかしさま。電話番号
　は518-6718ですね。
M：いえ、6781です。
F：すみません、6781ですね。予約ありがとうございます。

男の人の電話番号は何番ですか。

[문제지]
1 518-6718
2 581-6718
3 518-6781
4 581-6781

해석 남자와 가게 사람이 이야기하고 있습니다. 남자의 전화번호는 몇 번
입니까?
M : 실례합니다, 다음 주 토요일 런치를 예약하고 싶습니다.
F : 네, 이름과 전화번호를 알려 주세요.
M : 모리 타카시 입니다. 전화번호는 518-6781입니다.
F : 네, 다음 주 토요일 런치, 모리 타카시 님. 전화번호는 518-
　　6718이지요.
M : 아뇨, 6781입니다.
F : 죄송합니다, 6781이지요. 예약 감사합니다.

남자의 전화번호는 몇 번 입니까?
1 518-6718
2 581-6718
3 518-6781

해설 선택지로 제시된 전화번호 중, 남자의 전화번호가 몇 번인지를 묻는
문제예요. 대화 중, 남자가 電話番号は518-6781です(전화번호는
518-6781입니다)라고 언급했으므로, 3 518-6781이 정답이에요.
1은 가게 사람이 언급하였지만 잘못 듣고 말한 번호이고, 2, 4는 발
음이 비슷한 1(いち)와 8(はち)의 순서를 바꿔 혼동을 준 선택지이
므로 오답이에요.

어휘 店 みせ 圏가게　電話番号 でんわばんごう 圏전화번호
　　何〜 なん〜 몇〜　〜番 〜ばん 〜번　来週 らいしゅう 圏다음 주
　　土曜日 どようび 圏토요일　ランチ 圏런치, 점심
　　予約 よやく 圏예약　する 圏하다　〜たい 〜(하)고 싶다
　　お名前 おなまえ 圏이름　教える おしえる 圏가르치다
　　〜てください 〜(해) 주세요　〜さま 〜님

> ☞ 문제 3은 예제를 들려줄 때 1번부터 5번까지의 그림을 보고 상
> 황을 미리 떠올려봅니다. 음성에서 では、始めます(그러면, 시작
> 합니다)가 들리면, 곧바로 문제 풀 준비를 합니다. 음성 디렉션과 예
> 제는 실전모의고사 1의 해설 (p.116)에서 확인할 수 있습니다.

1

[문제지]

[음성]
暑いので、タクシーで行きたいです。友だちに何と言いま
すか。
F：1 暑いから、タクシーで行きましょう。
　　2 タクシーの中が暑かったです。
　　3 このタクシーに乗ってきました。

해석 덥기 때문에, 택시로 가고 싶습니다. 친구에게 뭐라고 말합니까?
F : 1 더우니까, 택시로 갑시다.
　　2 택시 안이 더웠습니다.
　　3 이 택시를 타고 왔습니다.

해설 날씨가 더우니까 친구에게 택시로 이동하자고 권유하는 말을 고르는
문제예요.
　　1 (O) 暑いから、タクシーで行きましょう(더우니까, 택시로 갑시
　　다)는 택시로 이동하자고 권유하는 말이므로 정답이에요.
　　2 (X) タクシーの中が暑かったです(택시 안이 더웠습니다)는 택
　　시 내부가 더웠다고 하는 말이므로 오답이에요.
　　3 (X) このタクシーに乗ってきました(이 택시를 타고 왔습니다)는
　　택시에서 내렸을 때 할 수 있는 말이므로 오답이에요.

어휘 暑い あつい 〔い형〕덥다　～ので 〔조〕~때문에　タクシー 〔명〕택시
行く いく 〔동〕가다　～たい ~(하)고 싶다　友だち ともだち 〔명〕친구
～から 〔조〕~니까　中 なか 〔명〕안, 속　この 이　乗る のる 〔동〕타다
くる 〔동〕오다

2

[문제지]

[음성]
人<ruby>ひと</ruby>の足<ruby>あし</ruby>をふみました。何<ruby>なん</ruby>と言<ruby>い</ruby>いますか。

M：1 こちらこそ。
　　2 ごめんなさい。
　　3 おだいじに。

해석 사람의 발을 밟았습니다. 뭐라고 말합니까?
　　M：1 저야말로.
　　　　2 미안합니다.
　　　　3 몸 조심해요.

해설 발을 밟은 것을 사과하는 말을 고르는 문제예요.
　　1 (X) こちらこそ(저야말로)는 상대방에게 자신도 동일하게 생각하
　　　고 있음을 나타낼 때 사용하는 말이므로 오답이에요.
　　2 (O) ごめんなさい(미안합니다)는 사과할 때 사용하는 말이므로
　　　정답이에요.
　　3 (X) おだいじに(몸 조심해요)는 병문안을 갔을 때 사용하는 말이
　　　므로 오답이에요.

어휘 人 ひと 〔명〕사람　足 あし 〔명〕발, 다리　ふむ 〔동〕밟다

3

[문제지]

[음성]
客<ruby>きゃく</ruby>が店<ruby>みせ</ruby>に入<ruby>はい</ruby>ってきました。何<ruby>なん</ruby>と言<ruby>い</ruby>いますか。

F：1 いってきます。
　　2 いただきます。
　　3 いらっしゃいませ。

해석 손님이 가게에 들어왔습니다. 뭐라고 말합니까?
　　F：1 다녀오겠습니다.
　　　　2 잘 먹겠습니다.
　　　　3 어서오세요.

해설 가게에 들어온 손님에게 하는 말을 고르는 문제예요.
　　1 (X) いってきます(다녀오겠습니다)는 집에서 외출할 때 하는 인
　　　사말이므로 오답이에요.
　　2 (X) いただきます(잘 먹겠습니다)는 식사 전 하는 인사말이므로
　　　오답이에요.
　　3 (O) いらっしゃいませ(어서오세요)는 가게에 들어온 손님에게 하
　　　는 인사말이므로 정답이에요.

어휘 客 きゃく 〔명〕손님　店 みせ 〔명〕가게　入る はいる 〔동〕들어오다
くる 〔동〕오다

4

[문제지]

[음성]
友<ruby>とも</ruby>だちが大<ruby>おお</ruby>きい荷物<ruby>にもつ</ruby>を持<ruby>も</ruby>っています。何<ruby>なん</ruby>と言<ruby>い</ruby>いますか。

M：1 手伝<ruby>てつだ</ruby>いましょうか。
　　2 手伝<ruby>てつだ</ruby>いましたか。
　　3 手伝<ruby>てつだ</ruby>いませんか。

해석 친구가 큰 짐을 들고 있습니다. 뭐라고 말합니까?
　　M：1 도와줄까요?
　　　　2 도와줬습니까?
　　　　3 도와주지 않을래요?

해설 큰 짐을 든 친구에게 도와줄지 물어보는 말을 고르는 문제예요.
　　1 (O) 手伝いましょうか(도와줄까요?)는 친구에게 도와줄지 물어
　　　보는 말이므로 정답이에요.
　　2 (X) 手伝いましたか(도와줬습니까?)는 친구에게 누군가를 도와
　　　줬는지 묻는 말이므로 오답이에요.
　　3 (X) 手伝いませんか(도와주지 않을래요?)는 누군가를 도와주자
　　　고 권유하는 말이므로 오답이에요.

어휘 友だち ともだち 〔명〕친구　大きい おおきい 〔い형〕크다
荷物 にもつ 〔명〕짐　持つ もつ 〔동〕들다, 가지다
～ている ~(하)고 있다　手伝う てつだう 〔동〕돕다

5

[문제지]

[음성]

シャツが大きいです。店の人に何と言いますか。

M：1 すみません、このサイズがいいです。

　　2 **すみません、少し小さいものをください。**

　　3 すみません、これは小さいですか。

해석 셔츠가 큽니다. 가게 사람에게 뭐라고 말합니까?

　　M：1 실례합니다, 이 사이즈가 좋습니다.

　　　　2 **실례합니다, 조금 작은 것을 주세요.**

　　　　3 실례합니다, 이것은 작습니까?

해설 가게 사람에게 셔츠가 클 때 하는 말을 고르는 문제예요.

　　1 (X) すみません、このサイズがいいです(실례합니다, 이 사이즈가 좋습니다)는 셔츠의 사이즈가 본인에게 맞다고 하는 말이므로 오답이에요.

　　2 (O) すみません、少し小さいものをください(실례합니다, 조금 작은 것을 주세요)는 셔츠가 크니까 좀 더 작은 것을 달라고 요청하는 말이므로 정답이에요.

　　3 (X) すみません、これは小さいですか(실례합니다, 이것은 작습니까?)는 셔츠가 작은지 묻는 말이므로 오답이에요.

어휘 シャツ 圏 셔츠　大きい おおきい い형 크다　店 みせ 圏 가게
ひと 圏 사람　この 이　サイズ 圏 사이즈　いい い형 좋다
少し すこし 悍 조금　小さい ちいさい い형 작다　もの 圏 것
ください 주세요　これ 圏 이것

☞ 문제 4는 문제지에 아무것도 인쇄되어 있지 않습니다. 따라서, 예제를 들려줄 때, 그 내용을 들으면서 즉시 응답의 문제 풀이 step을 떠올려 봅니다. 음성에서 では、始めます(그러면, 시작합니다)가 들리면, 실제 문제 풀 준비를 합니다. 음성 디렉션과 예제는 실전모의고사 1의 해설 (p.118)에서 확인할 수 있습니다.

1

[음성]

F：この本はいくらですか。

M：1 500ページです。

　　2 3冊です。

　　3 **1,500円です。**

해석 F：이 책은 얼마입니까?

M：1 500페이지입니다.

　　2 3권입니다.

　　3 **1,500엔입니다.**

해설 여자가 남자에게 책의 가격을 묻고 있어요.

　　1 (X) 何ページまでありますか(몇 페이지까지 있습니까?)라는 질문에 대한 답변이므로 오답이에요. 本(책)과 관련된 ページ(페이지)를 사용하여 혼동을 주기도 했어요.

　　2 (X) 何冊ですか(몇 권입니까?)라는 질문에 대한 답변이므로 오답이에요. 本(책)과 관련된 冊(권)를 사용하여 혼동을 주기도 했어요.

　　3 (O) 책의 가격이 1,500엔이라는 말이므로 적절한 응답이에요.

어휘 この 이　本 ほん 圏 책　いくら 圏 얼마　〜ページ ~페이지
〜冊 〜さつ ~권　〜円 〜えん ~엔

2

[음성]

M：どちらまで行きますか。

F：1 東京駅から来ました。

　　2 **東京駅までお願いします。**

　　3 いえ、東京駅で降りたかったです。

해석 M：어디까지 갑니까?

　　F：1 도쿄역에서 왔습니다.

　　　　2 **도쿄역까지 부탁합니다.**

　　　　3 아뇨, 도쿄역에서 내리고 싶었습니다.

해설 남자가 여자에게 어디까지 가는지 묻고 있어요.

　　1 (X) どこから来ましたか(어디에서 왔습니까?)라는 질문에 대한 답변이므로 오답이에요.

　　2 (O) 도쿄역까지 가달라는 말이므로 적절한 응답이에요.

　　3 (X) 의문사 どちら(어디)를 사용한 질문에 いえ(아뇨)로 답했으므로 오답이에요. 의문사 의문문에는 はい/いいえ(예/아니오)로 답할 수 없어요.

어휘 どちら 圏 어디, 어느 쪽　〜まで 图 ~까지　行く いく 图 가다
東京 とうきょう 圏 도쿄(일본의 지명)　駅 えき 圏 역
〜から 图 ~에서　来る くる 图 오다　降りる おりる 图 내리다
〜たい ~(하)고 싶다

3

[음성]

M：これはデパートで買ったスカートですか。

F：1 デパートへ買いに行きます。

　　2 **これはもらったものです。**

　　3 スカートは高かったです。

해석 M：이것은 백화점에서 산 치마입니까?

　　F：1 백화점에 사러 갑니다.

　　　　2 **이것은 받은 것입니다.**

　　　　3 치마는 비쌌습니다.

해설 남자가 여자에게 치마를 백화점에서 산 것인지 묻고 있어요.

1 (X) デパート(백화점)를 반복 사용하고, 買った(산)와 관련된 買いに(사러)를 사용하여 혼동을 준 오답이에요.

2 (O) 치마를 백화점에서 산 것이 아니라 받았다는 말이므로 적절한 응답이에요.

3 (X) スカート(치마)를 반복 사용하고, 買った(산)와 관련된 高かったです(비쌌습니다)를 사용하여 혼동을 준 오답이에요.

어휘 これ 몡이것   デパート 몡백화점   買う かう 툉사다
スカート 몡치마   ～に行く ～にいく ~(하)러 가다   もらう 툉받다
もの 몡것   高い たかい い형비싸다

4

[음성]
F : 英語のテストはどうでしたか。
M : 1 英語はあまり好きじゃないです。
　　 2 テストは昨日でした。
　　 3 思ったより難しかったです。

해석 F : 영어 시험은 어땠습니까?
　　 M : 1 영어는 그다지 좋아하지 않습니다.
　　　　 2 시험은 어제였습니다.
　　　　 3 생각보다 어려웠습니다.

해설 여자가 남자에게 영어 시험이 어땠는지 즉, 쉬웠는지 아니면 어려웠는지를 묻고 있어요.

1 (X) 英語(영어)를 반복 사용하여 혼동을 준 오답이에요.

2 (X) テストはいつでしたか(시험은 언제였습니까?)라는 질문에 대한 답변이므로 오답이에요. テスト(시험)를 반복 사용하여 혼동을 주기도 했어요.

3 (O) 시험이 어려웠다는 말이므로 적절한 응답이에요.

어휘 英語 えいご 몡영어   テスト 몡시험   あまり 뷔그다지
好きだ すきだ 친형좋아하다   昨日 きのう 몡어제
思う おもう 툉생각하다   ～より 조~보다
難しい むずかしい い형어렵다

5

[음성]
M : 今日は何時に起きましたか。
F : 1 6時です。
　　 2 3時間です。
　　 3 30分です。

해석 M : 오늘은 몇 시에 일어났습니까?
　　 F : 1 6시입니다.
　　　　 2 3시간입니다.
　　　　 3 30분입니다.

해설 남자가 여자에게 오늘 일어난 시간을 묻고 있어요.

1 (O) 6시에 일어났다는 말이므로 적절한 응답이에요.

2 (X) 何時間ですか(몇 시간입니까?)라는 질문에 대한 답변이므로 오답이에요.

3 (X) 何分ですか(몇 분입니까?)라는 질문에 대한 답변이므로 오답

이에요.

어휘 今日 きょう 몡오늘   何～ なん～ 몇～   ～時 ～じ ~시
起きる おきる 툉일어나다   時間 じかん 몡시간   ～分 ～ふん ~분

6

[음성]
F : 山田さんはまだ来ていないの。
M : 1 山田さんはあそこにいるよ。
　　 2 うん、山田さんはまだいるよ。
　　 3 もう来ているの。

해석 F : 야마다 씨는 아직 오지 않았어?
　　 M : 1 야마다 씨는 저기에 있어.
　　　　 2 응, 야마다 씨는 아직 있어.
　　　　 3 이미 와 있어?

해설 여자가 남자에게 야마다 씨가 아직 오지 않았는지 묻고 있어요.

1 (O) 야마다 씨가 이미 와 있고, 저 쪽에 있다는 말이므로 정답이에요.

2 (X) '응'이라고 야마다 씨가 아직 오지 않았다고 대답하였는데, 뒤에는 '야마다 씨는 아직 있어'라고 하므로 앞뒤가 맞지 않는 오답이에요.

3 (X) 来ていないの(오지 않았어?)와 관련된 来ているの(와 있어?)를 사용하여 혼동을 준 오답이에요.

어휘 まだ 뷔아직   来る くる 툉오다   ～ている ~(하)다   あそこ 몡저기
いる 툉있다   もう 뷔이미

일본어도 역시,
1위 해커스

japan.Hackers.com

해커스일본어를 선택한 선배들의
일본어 실력 수직상승 비결!

해커스일본어와 함께라면
일본어 실력상승의 주인공은 바로 여러분입니다.

수업만 따라가도
어려운 문법 고민 해결!
송*미 수강생

저는 **최연지 선생님**의 문법 강의가 매우 도움이 되었습니다. 저는 몇 그룹의 동사인지 등 외우는 것을 별로 좋아하지 않았습니다. 하지만 **선생님이 문법 요점을 알기 쉽게 알려주셔서** 아마 포기하지 않고 끝까지 들었다고 생각합니다. 그 결과 수업에 나오는 내용과 예시 암기만 하였을 뿐인데 **대부분의 문법 문제 푸는 것이 가능**해졌습니다.

정답과 오답까지 꼼꼼하게
챙기는 JLPT 필승 전략!
오*혜 수강생

사실 저는 해커스를 인강으로 듣기 전에 타 학원 강의를 먼저 들었어요. 하나도 못 알아듣겠고 공부법과 왜 이게 정답인지를 알려주는 게 아니라 굉장히 스킬적인 기술만 알려주시더라구요. **해커스일본어 선생님은** 찍어 맞추기가 아닌 **왜 이것이 정답이고 왜 다른 건 오답이 되는지** 정확하게 천천히 알려주셔서 저 같은 **일본어 왕초보도 N3 자격증을 취득**할 수 있었습니다.

암기가 아닌,
이해하는 일본어 학습법!
이현* 수강생

최연지 선생님 강의의 장점은 **단어를 공부하고, 사진이랑 그 단어를 사용하는 예문까지 알려주시는** 점입니다! 단어만 외우는 것보다 문장까지 같이 보니까, 어떻게 쓰이는지 더 이해가 잘되는 것 같아요!